天柱山

中国·安徽

天柱山风景名胜区

Tianzhushan Tourist Attraction

世界地质公园｜国家5A

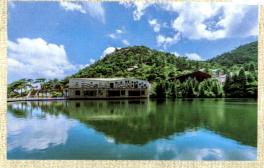

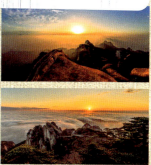

　　天柱山位于安徽省潜山市境内，因主峰如"一柱擎天"而得名，最高峰海拔1489.8米。是世界地质公园、国家5A级旅游景区、首批国家重点风景名胜区、国家森林公园、国家自然与文化遗产地。

　　天柱山位于神奇的北纬30°线上，生物丰富多样，富硒、富锌、富负氧离子，"三富"资源丰富。拥有全球范围内规模大、剥露深、出露好、超高压矿物和岩石组合丰富的大别山超高压变质带，自然景观雄奇灵秀。

　　天柱山又名皖山，安徽简称"皖"由此而来。公元前106年，汉武帝刘彻登礼天柱山，号曰"南岳"，道家尊其为"第十四洞天，五十七福地"。三祖禅寺被尊为佛教禅宗祖庭。这里是黄梅戏和七仙女的故乡，京剧的发源地，我国最早长篇叙事诗《孔雀东南飞》和"小乔初嫁了"两大爱情故事的发生地。

宁波
NINGBO
Ancient Port，Peaceful City

宁波，东南沿海重要港口城市、长三角南翼经济中心、国家历史文化名城，东亚文化之都，典型的江南水乡兼海港城市，是世界文化遗产中国大运河的南端入海口，也是"海上丝绸之路"的东方始发港，被誉为记载"一带一路"历史的古港"活化石"。

　　宁波的历史可以上溯到 7000 年以前，河姆渡遗址的发掘，证明宁波是世界上较早种植水稻的地区之一。井头山遗址又把宁波人文起源的历史往前推进到 8000 多年前，为实证海洋文明是中华文明的重要来源提供了重要证据。近代一个"宁波帮"，创造了一百多个中国纪录。

　　宁波文化旅游资源丰富，美景美食相得益彰，传统文化与现代文明交相辉映，硬核实力不断增强。宁波是首批中国优秀旅游城市、"5·19 中国旅游日"发祥地。在这里，天一阁是世界古老的三大家族图书馆之一，溪口雪窦山是中国五大佛教名山之一，宁波舟山港年货物吞吐量位居全球前列，国家旅游度假区宁波东钱湖令人心旷神怡。宁波老外滩、南塘老街、月湖盛园、九龙湖、四明山、宁海森林温泉……一大批城市特色街区和休闲旅游业态也等着您的到来。作为 2023 年第十九届亚运会的分会场，宁波海上运动氛围浓厚，在象山北纬 30° 美丽海岸线，可以打开 N 种新玩法。

　　近年来，宁波以"海丝古港 微笑宁波"为文旅品牌，形成了"海丝文化""海湾风情""海天佛国""海鲜美味"的"四海"文化旅游产品。未来宁波以"文化高地、旅游名城"为发展目标，按照"山海统筹、城乡兼顾、重点引领、区域协调"的布局理念，重点构筑"一带三区"空间布局，建设"六大板块"，穿珠成线，连片成面，形成宁波文化旅游发展新格局。

　　阿拉宁波欢迎您！

顺着运河来看海　伴着书香游宁波！

CBE 浐灞生态区

浐灞生态区成立于2004年，规划面积129平方公里，是全国率先以生态命名的开发区和国家绿色生态示范区。成立以来，始终坚持"生态立区，产业兴城"的发展战略。

全区创新打造"生态＋文旅"体验区，全力推进文旅产业高质量发展。探索旅游演艺＋"微"度假的特色发展道路。拥有西安世博园、西安浐灞国家湿地公园等六大生态公园，打造城市绿肺；引进西北首家保利大剧院，上演《千里江山》等文化演出百余场；两大名牌演艺《驼铃传奇》秀、《西安千古情》，让"家门口"的文化盛宴常有常新。西安国际会展中心、长安书院等用现代建筑语言打造浐灞特色国际合作交流平台；依托洲际、万豪、喜来登等二十余家高品质酒店群以及独特的水韵光影秀，串联超美水岸经济带。打造"星河如梦灞上夜""冬季来浐灞看鸟"沉浸式旅游品牌，发布丝路光影、浪漫诗情、静谧月光、纵享潮流、长安新光影五大主题夜游线路，让游客体验浐灞夜色；推出"漫游浐灞""畅游浐灞""乐游浐灞"等多条沉浸式文旅体验线路。浐河、灞河穿城而过，水上项目独树一帜，文旅资源突出，会奖旅游人群全年导流，后海等网红打卡地引爆客流，形成"吃住行游购娱"全链条文旅产业发展模式，不断扩大文旅融合外延。

独具特色的灞柳迎送、月光宝盒、星河如梦、灞上明珠等文旅新场景，创造着西安不一样的诗与远方。多彩浐灞，大美如画！

宁波 松兰山 旅游度假区

时尚东海岸·扬帆松兰山

宁波松兰山旅游度假区位于浙江省宁波市象山县，总面积约31.22平方公里，其中陆域9.77平方公里，海域21.45平方公里。度假区山海交融，岬湾众多，沙滩连绵，"山、海、岛、崖、滩、湾"滨海资源齐全，与佛罗里达、墨西哥湾、夏威夷等三大世界疗养胜地同处北纬30°黄金线，拥有大片陆岸沙滩，是我国华东地区优选的滨海度假目的地。旅游度假区内海洋文化底蕴深厚、历史悠久，是浙江省级旅游度假区、第十九届杭州亚运会帆船帆板比赛地、浙江省海洋运动中心所在地、中国海洋论坛永久会址。

度假区牢固树立"碧海银滩也是金山银山"的理念，全力打响"时尚东海岸"品牌，奋力争创浙江省首家滨海型国家旅游度假区。现有国家4A级旅游景区1家，高品质度假住宿设施8家，其他酒店及特色民宿70余家，培育形成以度假酒店、海洋运动、海鲜美食、房车露营、温泉康养、节庆赛事等为主的度假产品体系，是集休闲、娱乐、运动、度假、会议等于一体的综合性滨海旅游度假胜地，被誉为"东方不老岛"上的一颗璀璨明珠。

亚帆中心

东台西溪天仙缘景区

DONGTAI XIXI FAIRY LOVE SCENIC AREA

天仙缘景区
Dongtai XIXI • Fairy Love Scenic Area

东台，依海而生，拓海而兴。西溪是两淮海盐文化的起源地，国家非物质文化遗产"董永传说"的发源地，全国重点文物保护单位海春轩塔屹立千年，北宋"三相"为民造福恩施至今。

西溪景区东至串场河，南至引江河，西靠204国道，北至向东河，辖管5个社区（村）和一个核心景区，规划总面积16平方公里，城区开发面积7.5平方公里，耕地面积2397亩。天仙缘景区与西溪植物园互动串联，形成3平方公里的核心区。发展"夜演、夜娱、夜宿、夜购、夜宴、夜游"等夜间文旅业态，年接待游客达300万人次，园区总收入超20亿元。

十年厚植深耕，西溪景区坚持"城市休闲客厅"的发展定位，努力探索经济、文化、社会、民生、农村等发展路径，奋力开拓景区发展新格局。西溪先后被评为国家4A级旅游景区、江苏省影视基地、省智慧旅游景区、省级夜间文旅消费集聚区、江苏省首批现代服务业高质量发展集聚示范区，列入"国家夜间文旅消费集聚区"重点培育对象，获评"首批全国非遗旅游景区"和"全国非遗与旅游融合发展优选项目"，连续六年蝉联盐城5A级旅游园区，成为江苏沿海亮丽的文化名片，长三角一体化发展中独树一帜的文化品牌。

武陵山国家森林公园

山水福地·神奇涪陵

涪陵依山傍水、江峡相拥，地貌多姿、风景无限，形成了大山大水、大开大阖、大收大藏的特有空间格局。两江交汇之处有泾渭分明的平湖美景，百里乌江画廊有水墨天成的奇石险滩，武陵山大裂谷有壁立千仞的地球古老"伤痕"，大木花谷有四季常新的高山花卉奇观，吸引无数游客流连忘返，已成为涪陵的亮丽名片。

涪陵人文底蕴深厚，白鹤梁题刻文化、榨菜文化、枳巴文化、易理文化、三线文化、红色文化等资源荟萃，拥有"水下碑林"白鹤梁、"地下长城"816工程、"理学圣地"点易洞等人文胜迹，黄庭坚、程颐、朱熹、道隆、周煌、张载等历史名人在涪陵留下脍炙人口的传奇故事和传世文章。

乌江画廊

816工程

白鹤梁水下博物馆

武陵山大裂谷天门洞索桥

一城·新城区 一山·拖龙山 一河·顺堤河 一湖·大龙湖

徐州大龙湖旅游度假区位于新城区核心区，于2016年10月设立，2019年8月大龙湖旅游度假区管理办公室成立，开始正式运转。作为新城区生态景观核心区域，度假区以"一湖（大龙湖）、一河（顺堤河）、一山（拖龙山）、一城（新城区）"构成独特的空间格局。

度假区核心区域内植被覆盖面积约5.5平方公里，其中水域面积约2.5平方公里（含顺堤河段），绿化面积约3平方公里。整个度假区植被覆盖率达81.49%。各种鱼类40余种，植物150余种，是迁徙水禽极其重要的越冬栖息地，共有鸟类80余种，其中有国家二级保护动物苍鹭十余只，常能见到"落霞与孤鹜齐飞，秋水共长天一色"的宜人景色。

度假区内文体旅资源丰富，文体旅活动多姿多彩。其中风之曲帆船俱乐部作为徐州市首个帆船运动项目训练基地，也是全市唯一一家水上运动基地，让居民在家门口即可实现"航海梦"；大龙湖房车露营基地可同时容纳50余辆房车，带动借水而宿、枕星而眠的房车旅游新模式；徐州奥体中心总面积24万平方米，是目前淮海经济区规模大、服务项目全、设施先进的综合体育服务场馆，已累计接待健身休闲市民760余万人次；塘坊体育公园总面积1.5万平方米，拥有主城区首家独立的全民健身中心，包含11个室内场馆和3块户外运动场地。举办迷你马拉松、环湖健康跑、丝路信使骑行等体育活动；助力非遗活态传承，发掘核心景点7.3万平方米草坪资源，连续举办六届大龙湖风筝节，先后荣获江苏省风筝放飞基地、徐州市风筝运动基地、徐州市非遗风筝传承基地等称号，获批为省级"文旅促消费优秀案例"、省级文旅产业融合发展示范区、省级体旅融合发展示范基地、淮河流域幸福河湖、江苏省幸福河湖。

度假区持续推进产业集聚，年初交付的淮海经济区金融服务中心总面积151万平方米，正锚定中心城市核心功能区定位要求，深入实施百家金融机构、百家总部企业"双百"招引工程，打造区域性金融产业高地；淮海国际博览中心总面积67万平方米，已陆续举办多场国际大型展会，成为淮海经济区会展经济新名片；徐州大龙湖国际会议中心总面积10万平方米，作为淮海经济区规模大、品质高的会议中心，与大龙湖生态山水交相辉映。通过产业集群发展，2022年新城区实现税收21亿元，切实将生态优势转化为高质量发展胜势。

大龙湖 徐州

落霞与孤鹜齐飞
秋水共长天一色

达孜

西藏

　　达孜，藏语意为"虎峰"，地处拉萨河两岸河谷平原地区，距离拉萨城区仅20公里，素有拉萨"东大门"之称，交通便利。达孜区内共有寺庙、日追拉康14座，历史文化厚重，其中历史悠久的甘丹寺、扎叶巴寺，在国内外均享有盛名。达孜自然资源丰富，有唐嘎湿地等多处湿地资源。

　　扎叶巴寺位于达孜区邦堆乡叶巴村叶巴沟，全寺建筑紧嵌在崖峰壁间，至今已有1500多年历史，是西藏历史上有名的寺庙之一。寺庙周围的植被四季常青，每到春夏时节，漫山的野花和翠绿的松柏交相辉映，为扎叶巴寺平添了亮丽的色彩。

　　甘丹寺修建在海拔3800米的达孜区章多乡旺固尔山和贡巴山的山坳至山顶处，群楼密布，重重叠叠，是一座规模宏大、气势雄伟的寺院建筑群。始建于15世纪初，是由黄教创始人宗喀巴亲自主持修建的，距今已有600多年的历史。

　　桑阿寺位于达孜县老城区中心，建于1419年，由宗喀巴大师创建，是一座格鲁派密宗寺庙，至今有600多年历史。

　　白纳沟位于德庆镇白纳村，距离拉萨城36公里，在白纳沟深处有众多大小湖泊、美丽清澈的河流、绿油油的草地、各种各样的植被，还有野生鹿、雪豹、狼、棕熊等野生动物，是难得一见的美丽景区。

　　巴嘎雪湿地是雅鲁藏布江中游河谷黑颈鹤国家自然保护区的核心区。进入湿地，景色美不胜收，在吸引黑颈鹤与斑头雁等国家保护鸟类的同时吸引了众多的游客驻足领略，更成了摄影爱好者的天堂。

　　云上达孜工业旅游景区紧邻拉萨市，与拉萨市城市总体规划确定的未来城市发展用地相接，区位优势十分明显。景区于2022年成功创建AAA级工业旅游景区，与此同时成功申请成为国家工业旅游示范基地。

　　2018年以来，达孜区坚持西藏自治区"一产上水平，二产抓重点，三产大发展"的产业指导原则，积极打造文化产业和旅游产业融合示范建设，大力推进达孜工业园区工业旅游发展，有效整合工业生产、非遗传承以及购物消费等多种要素，扩大旅游产品的有效供给。初步形成以工业体验、观光科普、非遗文化、民俗文化、藏医文化、美食文化为特色的文化产业和旅游产业融合示范区。

龙门石窟

洛阳

人类文化的瑰宝
石窟艺术的明珠

世界文化遗产——龙门石窟位于洛阳市城南6公里的伊阙峡谷，这里香山和龙门山两山对峙，伊河水从中穿流而过，古称"伊阙"。隋炀帝迁都洛阳后，把皇宫的正门正对伊阙，从此，伊阙便被人们习惯性地称为龙门。龙门因山清水秀、环境清幽、气候宜人，被列入洛阳八大景之冠。唐代大诗人白居易曾说"洛都四郊，山水之胜，龙门首焉"，此处素为文人墨客观游胜地。又因石质优良，宜于雕刻，故而古人择此而建石窟。这里青山绿水、万象生辉，伊河两岸东西山崖壁上的窟龛星罗棋布、密如蜂房。

龙门石窟景区有丰富的文化旅游资源。有东、西山石窟、白园、香山寺等国际国内知名景区，其中东西两山现存窟龛2345个、佛塔70余座，造像10万余尊，碑刻题记2860多块，是我国三大佛教石窟艺术宝库之一。香山寺位于龙门石窟景区东山（香山）的山腰上，占地3000平方米，最早修建于公元516年，公元690年重修，现今已是龙门石窟景区的一处重要文化景点。白园位于龙门东山（香山）北麓的琵琶峰上，占地3万多平方米，是唐代风格的建筑园林，是我国鲜有的纪念大诗人白居易的主题公园，主要景点有青谷区、乐天堂、诗廊等10余处。

1961年龙门石窟被公布为全国重点文物保护单位。1982年龙门石窟被公布为国家风景名胜区。2000年11月，联合国教科文组织将龙门石窟列入《世界遗产名录》。2006年1月龙门石窟被授予全国文明风景旅游区。2007年5月龙门石窟被评定为国家5A级旅游景区。

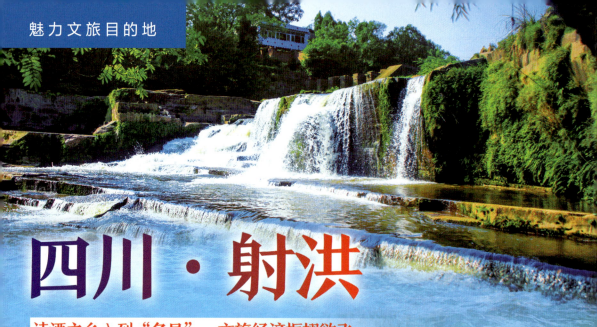

四川·射洪

诗酒之乡入列"名县"　文旅经济振翅欲飞

　　射洪已有1500多年的历史，素有"子昂故里""诗酒之乡""涪江明珠"的美誉。这里生态优美，交通便捷，人文荟萃，风景绝美，民俗灿烂，"乡村旅游文化惠民系列活动""遂宁陈子昂国际诗歌周""端午龙舟赛""舍得老酒节"等旅游节会品牌独具特色。

　　射洪已成功创建国家4A级旅游景区3家、3A级旅游景区4家、省级工业旅游示范基地2个、省级及以上研学旅行基地5个。2023年，射洪入围全国县域旅游综合实力百强县。在2023四川省文化和旅游发展大会上，射洪被正式授牌成为第五批天府旅游名县。

　　以创建"天府旅游名县"和省级全域旅游示范区为契机，射洪实现了从"单一景观点设计建设"向"全域吸引物规划开发"的思维转变，把文化传习、工业创新、乡村振兴、城镇更新深度融入旅游业的发展进程之中，形成了"南酒北诗""多元共融"的旅游大格局。

　　"千山景色此间有，万古书台别地无。"以陈子昂笔下的金华山为核心，子昂故里文化旅游区已创成国家4A级旅游景区、省级研学实践基地，成为文旅融合的典型案例。

　　凭借着国家非物质文化遗产——沱牌曲酒传统酿造技艺、中国食品文化遗产——泰安作坊，跻身国家4A级旅游景区之列的沱牌舍得文化旅游区已成为四川省工旅融合的典范。

　　龙凤峡沉寂一亿五千万年的恐龙化石和硅化木，一经出土就吸引了世界眼球，在这里建成的侏罗纪国家地质公园已创建成为国家4A级旅游景区、全国科普教育基地、港澳青少年游学基地。

爽爽贵阳

红色息烽
Hongse xifeng

红色息烽

息烽隶属贵州省贵阳市,息烽之名由明朝崇祯皇帝于崇祯三年(1630)御赐,寓意"平息烽火"。境内山峦起伏、地势险要,素有"川黔锁钥、黔中咽喉"之称,自古为兵家必争之地。

息烽拥有"红色、温泉"两大特别资源和"生态、乡村"两大特色优势。**红色资源丰厚**。是列入首批全国 30 条红色旅游精品线路和 100 个红色旅游经典景区名录的县。境内有全国爱国主义教育基地息烽集中营革命历史纪念馆、息烽乌江峡两个全国红色旅游经典景区,其中,息烽集中营革命历史纪念馆被列为"建党百年红色旅游精品线路"。**温泉美名远扬**。息烽已发现温泉资源点 12 个。已开发资源点 3 个,有被誉为"液体黄金""天乳珍泉"之美誉的息烽温泉疗养院,有世界三大氡泉之一的南山天沐温泉,有农文旅研融合、康养结合、养生度假绝佳去处的南山驿站温泉。**自然生态良好**。有西望山、南望山、天台山三大原始丛林;境内的乌江峡,山青水碧,悬崖峭壁集聚了乌江画廊的百里锦绣,素有"小三峡"之称。充分发挥山地资源优势,打造息烽县国际滑翔伞基地省级体育旅游示范点。**乡村富有特色**。有省级乡村旅游重点镇 1 个,省市级乡村旅游重点村 7 个。**文化底蕴深厚**。半边天文化发祥于息烽养龙司镇堡子村,这里书写了"中国男女同工同酬"的动人篇章,凝聚出"巾帼风范、敢为人先"的堡子精神。

息 烽 集 中 营 革 命 历 史 纪 念 馆

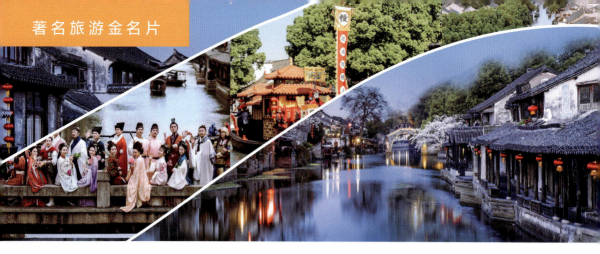

嘉兴市西塘镇：一座生活着的千年古镇

"春秋的水，唐宋的镇，明清的建筑，现代的人"，在浙江，古镇有很多，但嘉善县西塘镇一定是特别的——一座生活着的千年古镇。

推开窗凭栏而眺，老人们在屋檐下悠闲地聊天，孩子们在弄堂里追逐游戏，袅袅炊烟从屋顶缓缓升起……西塘以其独有的模式告诉世人：西塘，不独属于前来的游客，也属于生活在这里的每一个人。

西塘始终坚持用"生活"这一世代相传的载体，保护与传承古镇的文化DNA，最大限度保留和提升了西塘的烟火气，让每年超千万游客对西塘心驰神往、流连忘返，是国内外游客心目中"生活着的千年古镇"。

多达25万平方米的明清古建筑群保存完好，让西塘成功列入联合国教科文组织《中国世界文化遗产预备名单》。

打莲湘、扭秧歌、调龙舞狮……每年的农历四月初三，西塘古镇人声鼎沸、热闹非凡。每到这一天，四乡八邻的民众就会汇聚到西塘古镇，举行隆重的庆祝仪式，这些仪式堪称中国民间信仰的"活化石"。

在古镇，你可以听到柔和婉转的嘉善田歌，你可以亲手制作独有的盘扣，还能尝一口非遗传统技艺制作的八珍糕。

当西塘汉服文化周的鼓乐声响起，一场场朝代嘉年华惊艳上演，周之隆重，汉之华美，唐之迤逦，明之端庄，将散落在浩繁古卷中的汉文化遗珠，一一串起，款款呈现，引领着游客经历一场千年历史的穿越……自2013年成功举办首届中国西塘汉服文化周以来，西塘已经连续举办了十届。如今，西塘汉服文化周已经成为汉服界的盛事，"穿汉服、游西塘""看汉服、到西塘"已成为汉服文化与传统文化爱好者的共识。这场"以衣为带"的国风盛宴，已成为一张绚丽的文化名片，为西塘这颗明珠更添光彩。

这里的老西塘人会热情地招呼天南海北到自家做客的游人，为他们讲述更多的"西塘故事"；把西塘视为"第二故乡"的新西塘人对这里发自内心地热爱。他们带来的新思想、新理念，在这片水乡沃土落地生花……大江南北，无问西东，他们愿与西塘这个千年古镇一起生活。

INFORMATION OF
CHINA TOURIST ATTRACTIONS

中国旅游景区纵览

2023~2024

美丽中国编辑部　编

中国旅游出版社

CHINA TRAVEL & TOURISM PRESS

美丽中国编辑部

编　　辑：王　军　王　丛　张　旭　陈　冰

撰　　稿：郭　强

特约编辑：战冬梅　赵永芬　杨素珍　吴丽云　向子凝

摄　　影：董　清　陈　杰　郭北洋　杨树田　吴多明　张永富

　　　　　汪炳奎　何立新　江　煌　卢　进　冷新宇　李　刚

　　　　　朱兴宇　王达军　张　华　卞志武　陈晓冰　杨振一

　　　　　陈碧信　车　刚　滕卫华　周　杰　闻家麟　王卫东

　　　　　蔡　健　殷锡翔　范学锋　马培华　马福江　罗德林

目　录

旅游景区相关发展综述

旅游景区基本资讯

特别推荐

特殊版面

【封　　面】　江苏·连云港市

【封面拉页】　四川·蜀南竹海景区

　　　　　　　四川·兴文石海景区

【封　　二】　浙江·嘉善大云旅游度假区

【封二对页】　安徽·天柱山风景区

【封　　三】　内蒙古·亿利库布其七星湖沙漠生态旅游区

【封　　底】　山西·临汾市黄河壶口瀑布风景名胜区

旅游景区相关发展综述

Development Situation of Tourist Attractions

2022 年旅游景区行业发展情况综述

战冬梅

近三年来疫情的影响，经济发展的不确定性，个人和家庭的经济情况、游客的消费心理、生活心态都发生了重大的变化，"圈山圈水"、靠忽悠、靠一阵风的流量来吸引游客的模式已经画上了终止符。旅游景区对待"爆款""网红""种草"等喧嚣的词汇更加理性，越来越多的旅游景区意识到脚踏实地沉下心来用心耕耘才是可持续之道。浪淘沙之后是真金，时间和耐心是高质量的基础和前提。

疫情前，旅游景区也一直提转型升级，但由于国内旅游市场包括长途市场的火爆，还有入境游的需求支撑，使得部分旅游景区的转型升级依然是雷声大雨点小，依然在靠景区门票、靠自己的稀缺资源吃老本，甚至说短期内也只能吃老本。疫情发生后的这三年，旅游景区遭受重创，但仍然在负重前行，创新亮点频出。近程游、微旅游的兴起给旅游景区提供了可能的量的基础，旅游景区要做的就是提供给游客更多的消费和生活的场景。疫情的发生，不只是倒逼了旅游景区进行转型升级的高质量发展，也提供了更大的可能性和客观的基础。

一、旅游景区发展趋势

从圈起来的唯我独尊，到放下身段的与众同乐，再到无边界的不分你我，直至元宇宙下的虚实相合。

很长一段时间以来，传统旅游景区把稀缺资源圈起来，唯我独尊，靠资源靠门票，一览众山小。这一点从早期的高 A 级旅游景区名单以及大众出游的选择就能看出来。由此，旅游景区也迎来了高速发展的黄金期。随着我国社会主要矛盾转化为人民日益增长的美好生活需要和不平衡不充分的发展之间的矛盾，游客的多样化需求以及国家层面对国有景区门票的价格导向等，高高在上的高 A 级旅游景区被拉入"凡尘"。这从近些年的 5A 级旅游景区名单也能看出来，越来越多"名不见经传"的景区胜出，这些旅游景区甚至让之前"大名鼎鼎"的部分老牌旅游景区"耻与为伍"。实际上，这是从需求侧到供给侧还有政策层面的共同意志和体现。

现在，进入全面大众旅游时代，从"景区 +"到"+ 景区"，旅游景区的边界日渐消失。"景区"这两个字单独出现的频率越来越低，但是"景区"又在各种场景中无处不在，旅游综合体、街区、社区、村镇、度假区、目的地、文化带，处处可见景区，泛景区化无处不在。美团数据显示，春节期间，以场景为主题而非以景区名称为主题的泛搜索意图次数提升 42.1%。

疫情之下，元宇宙概念日益受到科技巨头的青睐，多地政府超前布局，众多景区也已经付诸行动。2022 年 1 月，工信部明确表示要培育进军元宇宙、区块链、人工智能等新兴领域的创新型中小企业。北京通州区则表示力争通过 3 年努力，将城市副中心打造成以文旅内容为特色的元宇宙应用示范区。上海首次将元宇宙写入地方"十四五"产业规划，还发起设立百亿

级元宇宙新赛道产业基金，打造具有国际竞争力的头部元宇宙企业。广东省横琴新区提出了打造"元宇宙超级试验场"的试点项目。围绕元宇宙赋能文旅产业转型升级，景区企业纷纷进入元宇宙赛道。2021年年底，张家界成为全国首个设立元宇宙研究中心的景区，引发诸多争议。西安大唐不夜城景区宣布打造全球首个基于唐朝历史文化背景的元宇宙项目——《大唐·开元》。此外，主题公园也纷纷考虑元宇宙布局，如上海海昌海洋公园、香港海洋公园、华侨城等。深圳冒险小王子元宇宙主题乐园以《冒险小王子》原创主题形象和故事为核心，园区内游乐设备结合时下先进的 AR/VR 和全息投影技术，增强互动性和体验感。迪士尼也披露了元宇宙战略并已获批一项元宇宙专利。韩国乐天世界在科技巨头 Naver 的 Zepeto 元宇宙中推出乐园的虚拟复制品。

未来元宇宙将以其身临其境的数字化自然风景、丰富多彩的数字化人文体验、跨越时空的非接触游览体验和历史、现实与未来的认知交融体验不断开启景区的新未来，赋以景区更多的发展动能。但目前元宇宙仍处于行业发展的初级阶段，无论是底层技术还是应用场景，与未来的成熟形态相比仍有较大差距，这也同时意味着

元宇宙相关产业可拓展的空间巨大。元宇宙在旅游景区的应用从概念到真正落地，要走的路也更长。但其虚实结合、情景交融、既独立于现实景区又与现实景区互补的发展方向是确定的。

此外，2022年，陕西华山、福建武夷山、山东崂山、湖南张家界大峡谷等多家旅游景区出台免门票政策，探索打破"门票经济"、提升旅游产品供给质量。根据武夷山景区发布的消息，自6月18日实施免门票政策以来，截至9月30日，已接待游客118.26万人次，相较于2021年同比增长109.38%。在免门票政策的带动下，武夷山市旅游市场强劲复苏，其他景区获得政策溢出效应，旅游住宿业回暖，旅游社团队业务增加，旅游从业人员就业率提高，整体旅游收益增长。2022年国庆期间，武夷山市累计接待游客23.22万人次，同比增长209.6%；累计实现旅游收入3.02亿元，同比增长265.45%。与此同时，免门票对武夷山这样门票收入占公司营业收入比重大的景区，直接影响企业经营利润。如何消化免门票政策的成本，丰富旅游产品，催生新业态，延伸产业链，华山景区已经做出了一些积极的探索。如推出数字藏品、文创产品、休闲旅游项目，提升旅游体验感，让游客在山巅之上喝华山咖啡、吃文

创雪糕等。未来如何科学全面研判免门票政策对景区自身运营和周边地区社会经济发展的影响，研究进一步优化免门票政策，调整景区发展思路，从而实现社会效益与经济效益的协同发展，将是未来景区进一步降低门票价格并逐步实现免门票政策取得实效的关键。

二、旅游景区发展重点业态与领域

（一）后冬奥时代的冰雪类景区将为游客提供更具差异化的冰雪活动场景与空间

随着北京冬奥会的成功举办，冰雪旅游"向内而生"，"三亿人上冰雪"从愿景变为现实，根据中国旅游研究院《中国冰雪旅游发展报告（2022）》，尽管有疫情影响，但是在北京冬奥会、冰雪出境旅游回流、旅游消费升级以及冰雪设施全国布局等供需两方面刺激下，全国冰雪休闲旅游人数从2016~2017冰雪季的1.7亿人次增加2020~2021冰雪季的2.54亿人次，预计2021~2022冰雪季我国冰雪休闲旅游人数将达到3.05亿人次，我国冰雪休闲旅游收入有望达到3233亿元。

与旺盛的冰雪消费意愿一致的是，万亿元资金也在引领着全国冰雪旅游重资产的投资热潮，传统冰雪类景区建设和新兴室内冰雪场景打造并肩而行。但同时根据

2022年热门冰雪旅游景区名单，10个入选景区基本上在东北（6个）、河北（2个）、北京（2个）这三个地区。后冬奥时代，传统冰雪类景区如何摆脱季节性束缚、进行差异化新场景的构建，新兴室内冰雪场景如何吸引传统冰雪景区消费者进入等问题依然任重而道远。未来如何用更好的风景吸引人，用更好的冰雪故事吸引人，将是坚持"冰天雪地也是金山银山"高质量发展之路的关键。

（二）红色旅游景区正成为培养文化自信和国家认同的精神高地

近年来，红色旅游热度持续走高，从2021年中国共产党成立100周年到2022年喜迎党的二十大召开，每逢节假日，尤其是国庆节期间，节日的家国情怀使得红色旅游景区一度迎来客流高峰。2022年9月30日上午，习近平总书记出席烈士纪念日向人民英雄敬献花篮仪式，极大激发了人民爱党爱国的热情。各地推出的打卡红色地标、探访红色旧址、缅怀革命先烈等红色主题活动备受欢迎。

党的二十大报告提出，弘扬以伟大建党精神为源头的中国共产党人精神谱系，用好红色资源，深入开展社会主义核心价值观宣传教育，深化爱国主义、集体主义、社会主义教育，着力培养担当民族复兴大任的时代新人。根据中共中央宣传部"中国这十年"系列主题新闻发布会，全国红色旅游经典景区已扩展至300处，形成了全面反映新民主主义革命、社会主义革命和建设、改革开放和社会主义现代化建设、新时代中国特色社会主义四个历史时期成就的红色旅游经典景区体系。星罗棋布的红色资源，正在转化成为寓教于游的红色旅游景区，成为广大党员开展党史学习教育、加强党性修养的有效载体，成为干部群众特别是青少年传承红色基因、接受红色精神洗礼的生动课堂。

（三）旅游景区在全面推进乡村振兴、实现共同富裕中发挥更重要的产业促进和带动作用

党的十九大报告提出乡村振兴战略以来，乡村旅游从顶层设计到基层实践，在乡村振兴中扮演着越来越重要的角色。党的二十大报告明确提出"全面推进乡村振兴。全面建设社会主义现代化国家，最艰巨最繁重的任务仍然在农村。坚持农业农村优先发展，坚持城乡融合发展，畅通城乡要素流动。加快建设农业强国，扎实推动乡村产业、人才、文化、生态、组织振兴"。乡村旅游在乡村经济社会发展中的综合效益不断凸显。从早期的景区依托型乡村旅游，到乡村景区化的村景融合，景

区日益成为乡村旅游的底色。疫情三年来，短距离、低消费、高频次的近程旅游和本地休闲游的兴起，带动乡村旅游热度进一步升温，由游客定义的各种消费场景也在重新定义乡村的风景，重构乡村旅游中的景区内容。一幢诗意的乡村民居，一条古意盎然的乡间小道，一个山林野趣中的小酒馆，游客于乡村游中驻足的每一个场景，皆成为城市人蜂拥而至的新风景，成为记得住乡愁的好去处。

未来，乡村景区将通过科技赋能进一步丰富共同富裕的新内涵。浙江省杭州市余杭区永安数字稻香小镇，引入稻乡农村职业经理人和力石科技的数字乡村项目，以现代农业和传统文化吸引城市旅游者和外地参访者，让传统的农业生产区成为近悦远来、主客共享、城乡融合的乡村振兴示范村。通过发展乡村旅游，农民打开了眼界，拓展了视野，提升了综合素质和生活质量。

（四）主题公园在大众消费市场依然占据突出位置

2022年的主题公园虽然受多地散发疫情的影响，但在疫情的间隙却展现出强劲的复苏能力。本地常住人口达到百万级的大城市、千万级的大都市和亿级的都市圈，53个周末的近程出游、365天8小时之外的本地休闲所形成的内生性市场容量是国内主题公园复苏最为有力的市场基础。

此外，科技创新和现代制造业不仅为主题公园注入了全新动能，也直接介入产品研发和场景营造过程，并重新塑造旅游市场竞争和产业发展的大格局。郑州银基国际旅游度假区在国庆节假日期间，融科普、科技和文化娱乐于一体的动物王国、冰雪酒店、冰雪世界、御温泉、摩天轮和云岩湖露营六大项目同时开业，赢得了家庭旅游市场的广泛认可。

（五）"文博游"持续走热，博物馆展览受青少年群体的青睐

越来越多的博物馆正在探索以新方式新手段增加个性化、沉浸式的体验，以活化历史文化，拉近馆藏文物和人们生活的距离，通过线上独立运营虚拟平台，宣传教育性文博内容，展示创新文博衍生产品，联结各类文化圈群，实现虚拟流量的积累。与此同时，随着人民群众文化素质的提升、公共文化供给的丰富，以及互联网的普及和社交媒体的兴起，志趣相同的年轻人相约看展，并在社交媒体上分享自己的看展经验，以"看展式社交"推动了博物馆热。文化和旅游部数据中心专项调查数据显示，2022年中秋、国庆节假日期间参与文化活动的游客占比93.1%，同比提高2.2个

百分点。根据《工人日报》报道，2023 年 1 ～ 5 月，最受欢迎景区前 10 类中，博物馆、展览馆排在第 4 位，"95 后"预订博物馆订单的占比达到 25%。据国家文物局统计，2022 年，全国新增备案博物馆 322 家，全国正式备案博物馆总数已经达到 6565 家；举办线下展览 3.4 万个，教育活动 23 万场，接待观众 5.78 亿人次。

三、旅游景区投资总体情况

旅游景区依然是文旅类投资的热点。2022 年，浙江省、江苏省重大项目清单文旅类项目中，旅游景区类或涉景区类的项目大都超过 50%。如常州东方侏罗纪旅游度假区、无锡吴越春秋鸿山奇境、江苏大运河文化带建设工程、连云港园博园、沭阳华东花木大世界、开元森泊南北湖旅游度假区、衢州市六春湖景区生态观光及滑雪运动公园、新城滨海城市带"欢乐海湾"等。

主题公园市场继续被国际国内资本看好。"北京市 2022 年重点工程计划的通知"中，乐高乐园被列为"文化旅游产业"新建项目。四川省眉山市中国首个乐高乐园 2023 年 10 月开园；2021 年年底私募股权投资公司 MBK Partners 完成对海昌海洋公园旗下 4 个主题公园项目的收购。海昌

海洋公园与保利文化及中丝集团合作，聚合三方的优势资源，共同发展轻资产类型运营业务，助力打造集团成为以海洋文化为特色的生活娱乐平台。2022 年广州华侨城汽车欢乐世界、四川自贡方特恐龙王国、肇庆万达国家度假区、西安欢乐谷剑网 3 主题乐园、深圳冒险小王子元宇宙主题乐园、哈尔滨融创·冰雪影都一期、珠海长隆海洋科学乐园等将相继开业。

（一）盈利渠道单一的旅游景区经营压力巨大

2022 年上半年，散点疫情的持续发生，当地经济活动、人员流动、商旅出行均受到一定的影响，以景区门票、酒店住宿为主要收入的旅游景区，游客量断崖式下跌、酒店客房出租率、会议及用餐人数急剧下滑，房地产行业受到政策控制，且疫情期间大宗物资和原材料价格上涨、能源费普遍调价，都对旅游景区业务经营造成了一定的冲击，以"华侨城""宋城演艺"等为代表的上市企业业绩明显承压、上半年较上年同期出现下滑。

（二）旅游景区积极谋求上市拓展融资渠道

我国现有数万家旅游景区，涵盖各类旅游吸引物，是文旅产业发展的基石。近年来，加速拥抱资本市场，也一直是旅游景区

业重要的发展趋势之一。作为投资大、回报慢、培育周期长的行业，旅游景区有着强烈的获取低成本、长周期资本的需求。相比信贷等传统债权类融资方式，通过多元化资本运作方式在股票市场和私募股权基金市场进行股权融资更契合旅游景区的行业特点。

疫情对旅游景区发展造成重大影响，旅游景区类企业经营困难较多，利润下滑明显，企业资金缺口越来越大、现金流告急，亟须资金进行恢复和发展。越来越多的景区尝试登陆资本市场进行股权融资，通过私募基金投资、挂牌上市、发行债券等方式拓展融资渠道。如云台山旅游股份有限公司、成都市青城山都江堰旅游股份有限公司、庐山旅游发展股份有限公司、安徽天柱山旅游发展有限公司等多个旅游景区类企业纷纷积极冲刺IPO，其中"云台山旅游"从2015年开始就公开谋求A股上市，目前已在河南证监局辅导备案，有望成功上市。

（三）"旅游＋科技"成为旅游景区降本提效增收的重要举措

疫情原因造成的游客线下流动性的限制促使景区数字化、网络化、智能化转型加快，政府大力支持运用大数据、人工智能、5G、物联网等技术提供非接触式旅游服务，完善景区数字服务管理系统，沉浸式体验、预约旅游等加速崛起，"美食＋旅游""博物馆＋旅游""研学＋旅游""观演＋旅游"等都受到了年轻群体的青睐，密室、剧本杀等与旅游的结合，为旅游景区类上市企业引流提供新渠道。部分旅游景区持续增加VR技术的投入、引进在线电子导览等新型智慧旅游产品，通过"云旅游"、直播旅游、引入文创产品等方式让游客"种草"，激发旅游愿望。如赣州旅游投资集团和于都县共同投资打造的长征大剧院采用独创360度机械液压可翻可转可升降舞台，主要承载中国第一部红色文旅史诗——《长征第一渡》的驻场演出，该剧融合现代科技与艺术，讲述波澜壮阔的长征故事和人类历史上的伟大壮举，让观众在全景式、沉浸式深度体验中真切感受中央红军长征时期的峥嵘岁月。

［战冬梅，中国旅游研究院
（文化和旅游部数据中心）］

2022 年红色旅游景区发展综述

杨素珍

2022 年城乡居民参与红色旅游情绪更加谨慎，红色旅游景区游客接待量在波动中复苏，节假日成为红色旅游景区接待游客的重要窗口，短途周边的年轻人和亲子家庭成为红色旅游景区主要客群。红色旅游经典景区为亲子研学、爱国主义教育提供了重要阵地，东西部地区的红色旅游景区恢复较为平稳，具有较强的发展韧性。

一、全国红色旅游市场呈现"低开稳走，稳中有进"态势。

2022 年疫情散发贯穿全年，新冠感染人数远超 2021 年，局部地区散发疫情形势多变。年初春节后全国多地疫情暴发，党中央国务院坚持动态清零总方针，地方防控"层层加码""一刀切"等过度防疫屡禁不止，居民参与红色旅游心态趋于保守。6 月份疫情好转，全国开始陆续恢复跨省游业务，精准到县的跨省熔断机制开始实施，暑期前半段跨省长线复苏明显，红色旅游市场热度提升。7 月底全国绝大多数省份出现疫情反复，暑期红色旅游市场受疫情拖累严重。国庆节过后，全国疫情再次反复，11~12 月，优化疫情防控"二十条""新十条"先后发布，12 月 13 日凌晨行程码下线，取消跨省旅游经营活动与风险区实施的联动管理，因疫情防控阻碍游客流动的措施基本取消，全国各地相继迎来感染高峰，居民出游计划调整，全年红色旅游市场"低开稳走、稳中有进"，保持波动复苏态势。根据中国旅游研究院（文化和旅游部数据中心）测算，2022 年全国红色旅游接待总人数恢复到 2019 年的 53.0%。其中第一季度红色旅游市场恢复至 2019 年的 69.92%，后三个季度受疫情影响更大，市场恢复程度有所下降。

二、红色旅游游客年轻化、亲子化特征明显

受全国人民喜迎党的二十大影响，城乡居民参与红色旅游的主动性和积极性提高，感悟红色文化、厚植家国情怀，打卡红色地标、探访红色旧址、缅怀革命先烈等红色旅游主题活动备受欢迎。调查显示，2022 年 51.81% 的游客主动参与红色旅游，红色旅游出游意愿比较稳定。和老人、与朋友一起参与红色旅游的游客比重均在 35% 左右（图 1）。随着文旅深度融合、红色旅游新模式、新业态不断涌现，红色旅游对年轻人、亲子家庭的吸引力不断增强。具备强教育属性的红色旅游成为青少年培育家国情怀、进行爱国主义教育的重要场所。越来越多的家长喜欢带孩子参与红色旅游，80 后、90 后逐渐成为红色旅游市场的主力军，尤其喜欢参与知识性强的研学旅游，喜欢在寓教于乐中让孩子增长见识，红色旅游已经成为年轻人、亲子家庭出游度假、学习教育的常态化选项。问卷调查显示，47.19% 的游客选择带孩子参与红色旅游，比 2021 年提高 10.87 个百分点。25 ～ 34 岁的游客为 37.55%，35 ～ 44 岁的游客比例为 28.77%，根据监测数据显示，红色旅游经典景区接待 14 岁及以下青少年比例为

16.34%，比 2021 年提高 5.38 个百分点。红色旅游的革命精神和时代内涵进一步巩固了年轻人的情感共鸣、同理之心和传承之志，红色旅游在国民教育体系中占据了更重要位置。

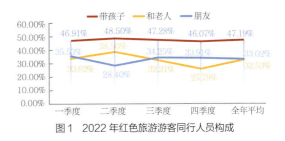

图 1　2022 年红色旅游游客同行人员构成

三、节假日成为红色旅游需求释放的重要窗口期

疫情期间，城乡居民出游情绪持续保持高度谨慎，除必要的工作和学习等之外，日常非必要出游大幅减少。2022 年 4 月，国务院办公厅发布《关于进一步释放消费潜力促进消费持续恢复的意见》，提出积极落实带薪休假制度，促进带薪休假与法定节假日、周休日合理分布、均衡配置。受空闲时间集中、地方旅游活动增多、门票减免、消费券等促销优惠手段等影响，红色旅游需求更多的向节假日、带薪年休假等适游窗口期集中，问卷调查显示，38.63% 的游客选择在节假日期间参与红色旅游，30.30% 游客选择了带薪年休，红色

旅游经典景区监测数据显示，2022 年元旦、春节、清明等七个节假日期间，红色旅游景区接待游客占其全年接待量的 31.25%，比 2021 年提高了 14.85 个百分点，其中第二季度城乡居民节假日参与红色旅游的热情高涨，清明节、劳动节和端午节期间红色旅游景区接待游客量占第二季度接待量的比例高达 85.52%，第二季度城乡居民主要选择在节假日期间参与红色旅游（图 2）。从红色旅游景区景点在各个节假日红色旅游游客接待情况来看，2022 年元旦、端午节、中秋节和国庆节红色旅游热度均高于 2021 年，国庆节成为居民参与红色旅游的重要节假日，2022 年国庆节期间，红色旅游景区接待游客比例为 31.93%，比 2021 年高 5.96 个百分点，其次是春节和劳动节，游客接待量占全年节假日接待量的比重分别为 16.55%、16.37%，受疫情反复的影响，占比均低于 2021 年水平（图 3）。

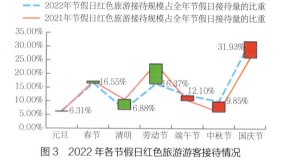

图 3　2022 年各节假日红色旅游游客接待情况

四、红色旅游"近程性"特征更加突出，红色旅游市场热度更多向客源地扩散

全年多数时间疫情防控措施趋紧，从一线城市到四线城市精准防控力度依次递增，根据疫情防控政策，多数居民会相机调整红色旅游计划，调查显示，50.07% 的红色旅游游客因疫情会变更活动场所，更愿意参观开放型旅游吸引物，49.52% 的游客因疫情会缩减出游距离。空间上红色旅游近程化特征明显，红色旅游市场景气从目的地向客源地扩散，与当地人口规模相关性提升。红色旅游需求在客源地就近释放，从跨省游、省内游流向周边游、市内游。"近距离、短停留、高频次"特征明显，本地休闲、短途周边游活跃度提升，调查显示，选择在本地市区及周边、近郊参与红色旅游的比例为 72.39%，比上年同期提高了 7.16 个百分点。跨省旅游波动收缩，市场活跃度走低，调查显示，跨省比例比上年降低 3.76 个百分点。从出游距离

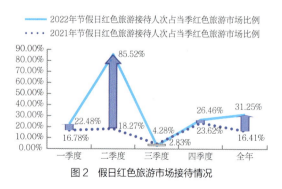

图 2　假日红色旅游市场接待情况

来看，出游距离在 300 公里以内的游客比重高达 89.93%，比上年提高 15.39 个百分点。游客将假期分成多个碎片化游程，实现了"红色景区一日游""半日打卡游"等多种出游模式，以往远程红色旅游更多的是与观光、度假、商务等结合在一起，近程红色旅游则与踏青、野餐、采摘、露营、民宿、乡村、非遗等相结合，红色旅游融合发展的新形态、新场景不断涌现，提升了红色旅游市场活力。

五、亲子研学、爱国主义教育成为红色旅游市场复苏的主要动能

红色旅游作为爱国主义教育的生动课堂，越来越多的亲子家庭重视带孩子参与红色旅游，重温革命历史、追寻红色足迹。还原度高、体验感好的沉浸式党课、艺术作品、展馆展厅、体验项目、研学＋科技等红色旅游场景受到游客关注。调查显示，以亲子研学为出游动机的游客比例为 20.77%，比 2021 年提高 4.01 个百分点，受到革命历史文化吸引的游客比例为 24.55%，以单位党建活动为动机的游客占比 24.73%，比 2021 年提高 4.46 个百分点，红色研学市场潜力不断释放，红色遗址遗迹、革命纪念馆／博物馆、名人故居等受到亲子家庭、

青少年群体的青睐。亲子研学客群偏好主要集中在以近现代史、党史、抗战史、解放战争和国家建设等相关遗址遗迹和纪念场馆，调查显示，选择抗日战争、新中国成立时期、长征时期、改革开放时期等红色旅游的游客占比分别为 27.29%、21.62%、17.46%、16.21%。前往革命会议旧址、历史事件旧址、伟人故居类等红色旅游景区的游客占比为 30.57%，前往博物馆、纪念馆、陈列馆等文博场馆等红色旅游景区游客占比 15.33%。天安门广场、圆明园遗址公园、中国国家博物馆、井冈山革命纪念馆、中国人民抗日战争纪念馆、南湖风景名胜区、石家庄西柏坡纪念馆、中山陵、深圳市博物馆等红色旅游景区受到青少年群体的青睐。数据监测显示，满洲里市红色国际秘密交通线教育基地、酉阳县赵世炎烈士故居、中国人民抗日战争纪念馆、周口市扶沟县吉鸿昌将军纪念馆、四平烈士纪念塔等景区青少年游客接待量增幅显著。游客对体现新中国发展成就的"大国重器"类旅游吸引物关注度增加，港珠澳大桥、国家海洋博物馆、平潭县"中国天眼"、中科大"阿尔法智能机器人"、杭州市云栖小镇等景区保持较高热度。调查显示，27.11% 的红

色旅游游客表示对"大国重器"类红色景区有更大兴趣，比 2021 年提升 7.71 个百分点。

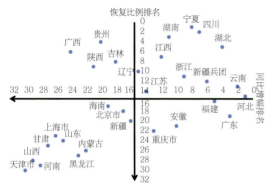

图 4　全国各省市红色旅游游客接待同比增幅
和恢复比例排名情况

六、东西部地区红色旅游发展韧性和风险抵御能力较强

随着新冠疫情在全国各地散发，被抑制的红色旅游需求始终得不到充分释放，疫情严重的区域，红色旅游市场景区游客接待量降幅较大。从区域红色旅游运行来看，东西部地区红色旅游景区游客接待规模降幅较小，从各省同比增幅排名和恢复至 2019 年比例排名来看，宁夏、四川、湖北等地的红色旅游发展比较稳定，红色旅游景区游客接待量同比增幅和恢复至 2019 年的比例在全国相对比较靠前，红色旅游具有较强的发展韧性。云南、河北、福建、广东等地虽

然同比降幅不大，但与 2019 年相比仍有较大的复苏压力，贵州、广西、吉林、陕西等红色旅游游客接待量恢复至 2019 年比例排名比较靠前，天津、陕西、河南、甘肃、黑龙江、上海、山东等地同比降幅和恢复至 2019 年的比例排名均靠后，红色旅游市场受疫情冲击较大，红色旅游市场复苏面临较大压力。从青少年游客接待恢复情况看，浙江、重庆、云南、四川、宁夏等地的红色旅游景区接待青少年游客规模增幅排名比较靠前，内蒙古、海南、重庆、浙江、辽宁、湖南等地青少年游客接待量及恢复比例相对比较乐观。从接待党员游客情况来看，重庆、浙江、云南、福建、四川、新疆生产建设兵团、安徽等地红色旅游景区接待党员游客增幅排名靠前，海南、天津、浙江、重庆、四川、山西、江苏、广东、湖北、河北等地的红色旅游景区接待党员游客规模及恢复比例最高。

七、"红色旅游＋"不断拓展，融合发展场景改善游客体验

2022 年红色旅游游客出游选择更加分散，倾向于空间开阔、人员密度低的户外旅游吸引物。红色旅游与野餐、露营、民宿、乡村等业态的融合提升了红色旅游市场活力。红色旅游表达既要有宏大叙事，

也要有贴近百姓日常生活的鲜活场景。游客个性化、品质化的旅游需求推动红色旅游跨界融合和创新，"红色＋研学＋科技""红色＋研学＋民宿""红色＋影视文学""红色＋演艺""红色＋动漫""红色＋剧本杀"等融合场景不断兴起，吸引和培育游客参与线下打卡和线上红色文化传播。沉浸式党课、红色文创、特色红培、红色民宿、红色片场等融合场景深受游客青睐。瑞金中央革命根据地纪念馆、遵义会议陈列馆等景区引入 3D 虚拟景区和线上 VR 博物馆等技术，营造的线上沉浸式互动体验场景引来众多游客打卡。调查显示，超过八成的游客认为红色文化讲解和传播、场景设置、文化活动有所创新和突破，亲近感越来越强，体验越来越好。调查显示，90.73% 的游客认为红色文化讲解和传播、场景设置、文化活动有所创新和突破，比 2021 年提高 4.23 个百分点。游客满意度为 79.0，略高于 2021 年。尤其对景区场景设置、红色文化传播及文物展示、红色文化体验项目 / 活动、景区对科技的应用、红色文化讲解等服务满意度较高。

［杨素珍，中国旅游研究院
（文化和旅游部数据中心）］

2022 年博物馆行业发展概述

综述

党的十八大以来，党中央高度重视博物馆工作，我国博物馆事业发展取得显著成绩。

2022 年，我国新增备案博物馆 322 家，全国正式备案博物馆总数已经达到 6565 家，排名全球前列。5605 家博物馆实现免费开放，占比达 90% 以上。2022 年全国博物馆举办线下展览 3.4 万个，教育活动 23 万场。虽受疫情影响，全国博物馆仍接待观众 5.78 亿人次。策划推出 3000 余个线上展览、1 万余场线上教育活动，网络总浏览量超过 41 亿次。

一、重要展览

1. "百川归海　人民至上——香山时期中国共产党领导的协商建国实践专题展览"在香山革命纪念馆开幕

2022 年 1 月 3 日，由中共北京市委宣传部、中共北京市委统战部、中国政协文史馆共同主办，香山革命纪念馆承办的

"百川归海　人民至上——香山时期中国共产党领导的协商建国实践专题展览"开幕。展览全景式地展现了香山时期中国共产党以"海纳百川"的广阔胸怀，通过协商民主方式，形成了基础广泛的人民民主统一战线；各党派、各团体、各民族、各阶层、各界人士如"百川归海"一般，从四面八方汇聚到中国共产党的旗帜下，参政议政、建言献策，是对"全过程人民民主"的生动体现。专题展览紧紧围绕中国共产党始终不渝坚持"以人民为中心"的发展思想这条主线，通过翔实的文物史料，生动展现以毛泽东同志为主要代表的中国共产党人在香山期间立党为公、执政为民，筹建人民当家做主的新中国的光辉奋斗历程，是对"人民至上"根本立场的深刻阐释。展览通过场景复原、壁式景观、微缩景观、雕塑等艺术手法，将重要历史事件生动地展示在观众面前，既展现了中国共产党领导各民主党派、无党派人士、各人民团体、人民解放军、各地区、各民族以及海外华

侨代表进行协商建国伟大实践的历史进程，又展现出中国共产党始终坚持"人民至上"的执政理念和全国各族人民、各界人士在党的领导下人心所归、民心所向的空前大团结。

2. "瑞虎佑安——二〇二二新春展"在中国国家博物馆开幕

1月19日，"瑞虎佑安——二〇二二新春展"于国家博物馆正式开展。展览从信仰礼制、历史文化、艺术生活等方面系统展示虎的历史、文化和与虎有关的节俗，营造欢庆虎年新春的祥和氛围。展览的展品品类丰富，上起商代，下迄21世纪初，既有金玉璀璨、精工细作的贵胄用器，亦有粗陶灰瓦、朴拙可爱的市井遗存，从各个侧面反映源远流长、延绵不绝的虎文化。其中七成以上的展品为首次展出。自远古时代，在与自然的相处中，先民们就已经认识了虎这一体形庞大、皮毛华丽、雄健威猛的自然界王者，对其产生敬畏和崇拜。早期祖先以传说和器物为载体，留给后世大量关于虎的记忆。虎更被赋予了浪漫想象和神话色彩。虎是仙人的坐骑和灵兽，虎的形象出现在玉佩、枕头这类贴身使用的生活器物上，也出现在孩童服饰、门头墙上，表达人们希望借助虎威驱除邪祟、保佑平安的心愿，以及对未来顺祥生活的祈福。展览展陈设计采用中国传统建筑中的意象来表现人们内心希望"回家"过年、欢度新春的文化心理与传统习俗。

3. "何以中国"展在故宫博物院开幕

1月25日，由国家文物局指导，故宫博物院、中央广播电视总台联合29家博物馆举办的"何以中国"展开幕式在故宫博物院举行。展览将源远流长、博大精深的中华文明视作一条大河，将文明的起源、传承、发展比拟于河水的源、流、汇。展览分为"源""流""汇"三个单元，每个单元下各设三节，合为"九章"。第一单元"源"，分为"天地之间""生作在兹""启蒙奠基"三节，从中国地理分析开篇，阐释中华文明生产力动因，以中国独特的物质文化，展示其中蕴含的哲学思想、价值观念、制度体系，统一多民族国家由此奠基；第二单元"流"，分为"血脉相依""和衷共济""休戚与共"三节，分别阐释中华文明通过域内各民族的交流融合、与域外文明的辉映互鉴、与自然万物的对话互动，构建中华民族共同体、人类命运共同体、地球生命共同体的辉煌历程；第三单元"汇"，分为"民本邦宁""格物维新""汇流澄鉴"三节，分别阐释中华民族尊仁重礼、家国一体的传统观念，追求极致、勇于创新的探索精神，文脉绵延、文华尽汇的中国智慧，既集大成地展示中华文化优秀成果，更鲜明地揭示一切文明历史都由人民创造、人民享有、人民传承。展览共展出珍贵文物130余件（套），上起石器时代，下至清代，包括石器、陶瓷、玉器、青铜器、金银器、书画、古籍善本、印章等类别（受展厅环境限制，大部分纸质和丝织类文物为复制品），包含何尊、长信宫灯、藏文《四部医典》等声名远播的国宝重器。

4. 中国工艺美术馆、中国非物质文化遗产馆开馆暨"中华瑰宝——中国非物质文化遗产和工艺美术展"开幕仪式在京举办

2月5日，中国工艺美术馆、中国非物质文化遗产馆落成开馆暨"中华瑰宝——中国非物质文化遗产和工艺美术展"开幕仪式在京举行。文化和旅游部党组书记、部长胡和平致辞并宣布展览开幕。中国工艺美术馆、中国非物质文化遗产馆是党中央、国务院在"十三五"期间决定建设的国家重点文化设施，是展示中华优秀传统文化、弘扬中华民族审美观与社会主义核心价值观、树立文化自信与民族自信的国家级文化殿堂。开幕展览"中华瑰宝——中国非物质文化遗产和工艺美术展"由文化和旅游部主办，分为"大国匠作""旷古

遗音""万方乐奏""丝路丹青""粉墨传奇""藉器传文""神州迎春""盛世重光"八大板块，展出工艺美术、古琴艺术、传统乐器、丝路壁画、中华戏曲、金石篆刻、木版年画、民俗表演等多个门类1298件（套）工艺美术和非遗珍品佳作。

5. "钟鸣盛世——紫禁城和承德避暑山庄藏钟表联展"开幕

1月25日，"钟鸣盛世——紫禁城和承德避暑山庄藏钟表联展"发布会在故宫博物院举行。展览由故宫博物院和承德市文物局联合主办。40件北京故宫典藏钟表、20件避暑山庄博物馆典藏钟表联袂展出。紫禁城和避暑山庄作为清代两个政治和宫廷生活中心，历史上都曾收藏大量自鸣钟表，同根同源，难分彼此。这些钟表的制作年代从18世纪延续至20世纪初，不仅涵盖了英国、法国、瑞士等西方国家的名家之作，更包括清宫做钟处和广州、苏州等地的国产精品，是清代宫廷典藏中特殊而珍贵的门类，在世界范围内的钟表收藏中亦占有重要地位。参展的承德避暑山庄博物馆钟表，曾于20世纪三四十年代参与了文物南迁，1956年自南京被运回承德后就没有离开过，此次是以整体面貌走出避暑山庄的首秀。两馆钟表特别是10对同款钟表的展出，使观众不仅领略不同时期、

不同文化、不同地域钟表的多姿多彩，亦可充分了解清代宫廷钟表收藏陈设的状况，感知宫廷时间观念发展变化的轨迹。展览于2022年1月26日至5月8日在故宫博物院乾清宫东庑展厅展出，后续将移至避暑山庄博物馆松鹤斋展区。

6. "中国共产党伟大建党精神专题展"全国巡展首站亮相北京

2月27日，由中共一大纪念馆、上海图书馆、北京鲁迅博物馆（北京新文化运动纪念馆）合作举办的"伟大精神铸就伟大时代——中国共产党伟大建党精神专题展"在北京鲁迅博物馆开幕，此次展览是中共一大纪念馆"伟大建党精神专题展暨全国巡回展"（以下简称"巡展"）首站。展览共展出中共一大纪念馆60余件和北京鲁迅博物馆50余件文物藏品。

7. "丝路光华：粤陇文物精品联展"在广东省博物馆展出

3月24日，在广东省文物局和甘肃省文物局指导下，由广东省博物馆（广州鲁迅纪念馆）与甘肃省博物馆联合主办，广州市文物考古研究院（南汉二陵博物馆）协办，敦煌研究院、甘肃省文物考古研究所、麦积山石窟艺术研究所、甘肃省简牍博物馆、敦煌市博物馆、天水市博物馆、南越王博物院（西汉南越国史研究中心）

支持的"丝路光华：粤陇文物精品联展"在广东省博物馆展出，许多珍品为首次在广东亮相。展览以粤陇两省精品文物为依托，以最新的考古发现和史料文献为基础，遴选粤陇两地文博单位文物藏品逾500件，分为"丝路之兴""丝路之盛""丝路之光"三部分，全面解读南北两地的内在联系，介绍了甘肃河西走廊和广州通海夷道的历史与渊源，呈现同一时空下跨地域的思想技术传播和交融互鉴的文化历史，阐释丝路变迁对中华文明的深刻影响。

8. 西安博物院基本陈列换颜迎宾

历经5个月提升改造的西安博物院基本陈列"古都西安"二、三展厅开放，1100余件（组）西安博物院馆藏文物精品在1300平方米的展厅全新亮相，其中100余件（组）藏品第一次用于基本陈列。改造后的"古都西安"二、三展厅将更加全面、更加丰富、更加全方位地展现古都西安的帝都风采和生活群像。这是西安博物院自2007年建成开放以来，基本陈列首次大规模的提升，既是一次展览内容的提升，也是展览形式设计和展览品质的一次提升，整个展览更加突出西安"都城"的多姿多彩，努力形成西安博物院自身的展览风格。陈列内容以原有展览框架为基础，结合近年来工作成果和观众需求，进行了针对性的内容修订和信息完善，通过"千年古都""帝都万象"和"府城华章"三个篇章讲述光辉灿烂的西安故事和中华文明。

9."木本水源——黄河流域史前文明展"在甘肃省博物馆开幕

6月11日，由甘肃省文物局指导，甘肃省博物馆主办，甘肃省文物考古研究所以及河南博物院、陕西历史博物馆、宁夏回族自治区博物馆和山东博物馆等"黄河流域博物馆联盟"单位支持的"木本水源——黄河流域史前文明展"在甘肃省博物馆开幕。展览分为共生、共融、共进三个部分，共展出200余件（套）黄河流域史前文明代表性珍贵文物，全面展现了黄河流域从一万年文化史到五千多年文明史的演进历程，实现了黄河流域博物馆资源整合与开放共享。

10."人格的力量——中国共产党人的家国情怀"展亮相国博

为喜迎党的二十大胜利召开，庆祝中国国家博物馆创建110周年，6月中旬，"人格的力量——中国共产党人的家国情怀"展在中国国家博物馆亮相。展览展出中国国家博物馆馆藏各个历史时期中国共产党人饱含对家人、对国家热爱之情的遗书、手稿、家信等珍贵文献以及各类实物170余件，分为"革命理想高于天""繁霜尽是心头血""奉献如歌家园梦""家是最小国，国是千万家"四个单元，展现一代代中国共产党人为了人民、国家、民族，为了理想信念，坚定信仰、坚守初心、担当使命的心路历程与人格魅力，和不畏艰险、不惧牺牲、不懈奋斗、不负人民的家国情怀。

11.国博举办"积厚流广——国家博物馆考古成果展"

2022年是中国国家博物馆创建110周年，由国博主办的"积厚流广——国家博物馆考古成果展"于7月2日起对外展出。展览分初期草创、筚路蓝缕、与时俱进、时代新章四部分，展出240余件考古出土的代表性文物，内容涉及国博百余年来主持或参与的约70个考古发掘和调查项目，精品纷呈，品类众多。展览立意深远，从不同时期、不同角度，用考古学语言、考古学方法、考古成果和考古资料向观众呈现源远流长的中华文明，讲述悠久灿烂的中国故事，实证中华文明多元一体，旨在让考古学走近公众，让考古成果惠及民众，服务社会。

12."册府撷珍——民族文化宫典藏古籍精品展"开幕

7月19日，由民族文化宫主办的"册府撷珍——民族文化宫典藏古籍精品展"在北京开幕，并免费对社会各界开放。该展览是民族文化宫"铸牢中华民族共同体意识系列展"的第四个基本陈列。该系列展是紧紧围绕铸牢中华民族共同体意识这条主线而策划举办的，前三个基本陈列自2020年9月1日推出后受到社会各界广泛关注。作为系列展的重要组成部分，"册府撷珍——民族文化宫典藏古籍精品展"精选近百件古籍珍品，围绕国家统一、多元一体的主题，通过辽阔疆域成一统、悠久历史谱同心、灿烂文化续根脉、伟大精神耀中华四个单元，讲述各民族共同缔造发展巩固统一的伟大祖国的历史，展现各民族交往交流交融的美丽画卷。

13. "喜迎二十大巴蜀黔韵拓传千秋——渝川黔地区博物馆馆藏拓片联展"开幕

8月11日，"喜迎二十大巴蜀黔韵拓传千秋——渝川黔地区博物馆馆藏拓片联展"在重庆市万盛经开区黑山镇展出。展览由重庆市博物馆协会、西南博物馆联盟、重庆市万盛经开区文化旅游局（文物局）主办，参与联展活动的文博单位共有22家，其中重庆11家、四川7家、贵州4家，展出81幅精美馆藏拓片，全面展示了巴、蜀、黔的人文历史和地域风貌。自古以来，四川、贵州与重庆民族文化交相辉映，巴蜀文化、夜郎文化在这里都能找到历史渊源和演进过程。

14. "和合共生——故宫·国博藏文物联展"开幕

9月28日，"和合共生——故宫·国博藏文物联展"开幕式暨故宫·国博·中国银行战略合作协议签约仪式在中国国家博物馆举行。该展是故宫博物院、中国国家博物馆首度联手推出的特展，是体现"和合共生"精神的一次积极尝试。展览依托故宫、国博的丰富典藏，共展出400余件历代文物精品，通过"天地同和""万邦协和""宜民安和""乐在人和"四个单元，从宇宙、天下、社会、道德四个由外而内、由宏观至微观的递进层面，探寻中国"和合"文化的历史渊源，展示中华民族"尚和合、求大同"的发展脉络，阐述中华"和"文化、"合"理念的内涵与价值。

15. "血浓于水：香港历史建筑中的家国情"展览在香港开幕

11月9日，国家文物局与香港特别行政区政府发展局共同主办的"血浓于水：香港历史建筑中的家国情"展览在香港文物探知馆正式开幕。此次展览是国家文物局与香港特别行政区政府发展局共同策划的庆祝香港回归25周年系列活动之一，由香港特别行政区政府古物古迹办事处、中国文物交流中心承办，广东省文化和旅游厅支持。展览从"心系神州作育英才""同气连枝血脉相通""同仇敌忾抗日救国""风雨同舟相濡以沫"四个方面,讲述香港与祖国命运相系的历史以及香港同胞与祖国心手相依的家国情怀。

16."高山仰止·回望东坡"苏轼主题展开幕

11月29日,"高山仰止·回望东坡"苏轼主题展在四川博物院开幕。为贯彻落实习近平总书记在四川考察时的重要指示精神,更好传承发展中华优秀传统文化,四川省委宣传部,文化和旅游厅,眉山市委、市政府,四川省文物局等共同主办本次展览。展览分为苏轼主题文物特展、当代书画名家作品展两大部分,全方位呈现苏东坡文化及其传承与发展。

二、重要行业活动

1.《故宫博物院藏品大系·书法编·清代卷》发布

2022年1月17日,《故宫博物院藏品大系·书法编·清代卷》(以下简称《清代卷》)发布会在故宫博物院举行。至此,历时10年的《故宫博物院藏品大系·书法编》(以下简称《书法编》)完美收官。《书法编》全套35卷,其中《清代卷》共计15卷,精选清代1400余位书家的书法作品。《书法编》是故宫博物院文物清点成果的巨

制,也是目前院藏书法文物最全的一部巨作,为中国书法的学术研究及名家研究再添了重要资料。《清代卷》全面展现了清代的翰墨盛景,首次呈现故宫博物院院藏的清代书法作品,是不可多得的中国书法史实物资料汇编,具有重要的研究、鉴赏和学习价值。

2."5G+AR助力博物馆展陈创新"学术研讨会在中国电信博物馆举办

3月30日,由中国电信和中国文物报社联合主办的"5G+AR助力博物馆展陈创新"学术研讨会在中国电信博物馆举办。中国博物馆协会、中国电信集团、中国文物报社、北京市文物局、中国文物信息咨询中心、文物出版社等单位相关负责同志,故宫博物院、中国国家博物馆等在京博物馆及清华大学、中国人民大学等高校专家、学者出席会议。

3.国家文物局与陕西省人民政府合作共建"世界一流考古机构"暨陕西考古博物馆开馆活动在西安举行

2022年4月,国家文物局、陕西省人民政府合作共建"世界一流考古机构"暨陕西考古博物馆开馆活动在西安举行。陕西考古博物馆主体建筑总面积10700平方米,是集科学发掘、保护利用、展示阐释于一体的专题博物馆,将文物与出土背景

结合，以考古视角解读遗址，勾勒我国考古的发展脉络，展示中华文明多元一体、兼容并蓄的总体特征。国家文物局有关司室、陕西省直有关部门以及国内外有关高校、各省（区、市）文博单位负责人以线上或线下方式参加活动。

4. 2022年"5·18国际博物馆日"中国主会场活动开幕式在湖北武汉举行

5月18日上午，2022年"5·18国际博物馆日"中国主会场活动开幕式以视频连线方式在国家文物局、湖北省博物馆举行。此次主会场活动由国家文物局和湖北省人民政府主办，中国博物馆协会、湖北省文化和旅游厅（湖北省文物局）、武汉市人民政府承办，湖北省博物馆协会、湖北省博物馆、武汉市相关博物馆联合协办。

在开幕式上，国家文物局发布了2021年度我国博物馆事业发展最新数据，正式启动了由国家文物局、中央文明办共同组织开展的全国博物馆志愿服务典型案例征集推介活动，公布揭晓了第十九届（2021年度）"全国博物馆十大陈列展览精品"和2022年度"最具创新力博物馆""第三届全国博物馆学优秀学术成果"等品牌活动推介结果。同时，主场活动城市配套推出的展览"穌：音乐的力量——中国早期乐器文化"正式揭幕，启动"文明的相约——

百万大学生走进博物馆"专题活动。

2022年"5·18国际博物馆日"主题为"博物馆的力量"，阐释为"博物馆有能力改变我们周围的世界"。为落实疫情防控相关要求，主会场活动严格控制现场活动规模，完善应急预案，采用线上线下相结合的传播方式，对相关活动进行网络直播或话题推送，让更多社会公众关注博物馆、参与博物馆、融入博物馆。

主会场所在的武汉地区还举办一系列特色鲜明的主题活动，如陈列展览、学术研讨、公众互动和文化遗产推介活动等。全国各地也按照国家文物局统一部署，围绕主题组织开展流动展览、免费讲解、文化讲座、文物鉴定、修复展示、文创发布、互动体验、教育研学等丰富多彩的线下活动，推出"云展览""云课堂"、文博知识竞答、征文比赛等一系列线上特色活动，更好满足公众精神文化需求。

5. 第十九届（2021年度）全国博物馆十大陈列展览精品揭晓

5月18日，由国家文物局指导，中国博物馆协会、中国文物报社主办的第十九届（2021年度）全国博物馆十大陈列展览精品推介活动结果揭晓，39个展览项目获奖，其中，中国共产党历史展览馆"'不忘初心、牢记使命'中国共产党历史展览"

等 8 个项目获特别奖，湖北省博物馆"湖北省博物馆新馆基本陈列"等 10 个项目获精品奖，上海博物馆"中国古代青铜文明"等 2 个项目获国际及港澳台合作奖。颁奖仪式在"5·18 国际博物馆日"中国主会场湖北省博物馆举行。本届推介活动竞争异常激烈，39 个项目从 158 个参评项目中脱颖而出，题材多样、特色鲜明，在主题立意、内容研究、展陈水平、技术手段、公众评价等方面均有亮点。2021 年适逢中国共产党成立 100 周年，本届推介活动专门设置了以"建党百年"为主题的特别奖。在精品奖项目中，获奖单位的地域和层级分布较为均衡，东、中、西部地区和省、市、县级博物馆均榜上有名；获奖单位涵盖历史文化类博物馆、区域综合博物馆、专题类博物馆、自然类博物馆；获奖陈列展览题材丰富，兼顾历史、文化、艺术、革命纪念、自然类等不同题材和类型，基本陈列、临时展览、专题展览均有涉及。

6. 洛阳隋唐大运河文化博物馆建成开放

5 月 18 日，隋唐大运河文化博物馆开馆暨"5·18 国际博物馆日"系列活动启动仪式在洛阳举行。隋唐大运河文化博物馆是国家"十三五"重点文化工程，也是大运河国家文化公园建设的重大项目。该馆总体设计以体现"运河源、隋唐韵、河洛技"为出发点，充分展示大运河遗产的文化内涵，唤醒人们对大运河文化遗产的历史记忆。隋唐大运河文化博物馆的建成开放为大运河文化遗产的保护展示提供了一个重要平台，在推动国际间相互交流融合、强化隋唐大运河国家文化符号、加强大运河文化遗产保护传承利用方面有着重要作用。

7. 香港故宫文化博物馆建成开馆

6 月 22 日，香港故宫文化博物馆举行建成开馆仪式。香港特别行政区行政长官林郑月娥，文化和旅游部副部长、国家文物局局长李群，故宫博物院院长王旭东等出席并致辞。李群表示，香港故宫文化博物馆的建设，是故宫所代表的中华优秀传统文化与现代化、国际化香港之间的创造性结合，是内地与香港文化文物合作的里程碑事件，是香港与内地共享中华优秀传统文化、赓续传承中华文明的创新性实践。

香港故宫文化博物馆的建成，让香港市民能够零距离欣赏珍贵文物，体悟中华优秀传统文化的厚重底蕴，增强香港繁荣昌盛的文化自信。林郑月娥表示，香港故宫文化博物馆的建设，离不开香港在"一国两制"下的独特优势、中央对香港的全力支持和对香港同胞的关爱，也离不开文化和旅游部、国家文物局和故宫博物院的信任。香港故宫文化博物馆应肩负好推动港人国民身份认同的责任，助力中华文化"走出去"。

8.中国国家博物馆创建110周年座谈会举行

中国国家博物馆创建110周年座谈会7月9日在京举行，会上宣读了习近平总书记给国家博物馆老专家的回信。中共中央政治局委员、中宣部部长黄坤明出席会议并讲话。他说，习近平总书记的回信充分体现了党中央对国家博物馆的亲切关怀、对文博事业的殷切期望。要深入学习贯彻习近平总书记关于文博工作的重要指示精神，坚持正确政治方向，坚定文化自信，努力建设中国特色、世界一流的博物馆和国家最高历史文化艺术殿堂。

9.西藏博物馆开馆仪式在拉萨举行

西藏博物馆开馆仪式7月8日上午在拉萨举行。西藏自治区党委书记王君正宣布开馆，西藏自治区党委常务副书记、西藏自治区政协党组书记庄严出席，国家文物局党组副书记、副局长顾玉才致辞。开馆仪式结束后，与会领导参观了西藏博物馆。在二楼通史展厅，王君正指出，西藏通史展是对西藏历史和文化的生动展示，是多元一体的中华文明的充分体现，要全面贯彻党的民族政策，加强民族团结进步创建工作，深入挖掘、整理、宣传西藏自古以来就是伟大祖国不可分割的一部分和各民族长期交往交流交融的历史事实，促进各民族像石榴籽一样紧紧抱在一起，共同团结奋斗、共同繁荣发展。"西藏和平解放70年成就展"运用图片、实物和文献等形式，集中展现了70年来西藏经济社会发展取得的全方位进步、历史性成就。

10.新时代博物馆陈列展览创新发展论坛在武汉举办

8月22日，由中国文物报社、中国博物馆协会、湖北省博物馆联合主办，北京天图设计工程有限公司协办的"新时代博物馆陈列展览创新发展论坛"在湖北武汉举办。中国文物报社社长柳士发、中国博物馆协会副理事长马萧林、湖北省文化和旅游厅博物馆与社会文物处处长官信出席并致辞。来自全国各地的博物馆馆长、专家学者近100人通过线下和线上方式参会。在主旨发言阶段，与会专家学者结合博物馆陈列展览创新发展实践案例和经验做法，围绕创造性转化、创新性发展要求，深入探讨如何创新展览展示传播，推出高水平精品展览，助力博物馆事业高质量发展。会议还为获得"新时代博物馆百大陈列展览精品"项目单位代表颁发了证书。

11. 中国博物馆协会召开成立四十周年座谈会

8月31日，中国博物馆协会成立四十周年座谈会在郑州召开。来自山西博物院、河南省文物局、中国博协陈列艺术委员会等单位代表分别作了交流发言。国家文物局相关司室、中国考古学会、中国文物学会、中国古陶瓷学会、河南省文物局、河南博物院、郑州市文物局、腾讯公益基金会等相关单位负责人和代表及出席中国博协第七届理事会第四次会议的副理事长、常务理事、理事通过线上线下参加了座谈会。

12. "喜迎二十大 强国复兴有我——青少年中华文物我来讲"博物馆志愿服务项目经验交流会召开

9月1日，由中宣部志愿服务促进中心、国家文物局博物馆与社会文物司共同主办的"喜迎二十大 强国复兴有我——青少年中华文物我来讲"博物馆志愿服务项目经验交流会在郑州召开。此次博物馆志愿服务项目经验交流会将目光聚焦在博物馆青少年志愿者上，目的是让青少年在参与志愿服务的过程中更加深入认识、了解中华优秀传统文化，知史爱党、讲史爱国，增强社会实践能力和责任感。

13. 第九届"中国博物馆及相关产品与技术博览会"开幕式在郑州举行

9月1日上午，由国家文物局、河南省人民政府指导，中国博物馆协会、中国自然科学博物馆学会、郑州市人民政府共同主办的第九届"中国博物馆及相关产品与技术博览会"（以下简称"博博会"）开幕式在郑州国际会议中心举行。本届博博会主题为"新时代的博物馆：创新·发展·传承"。开幕式上播放了新任国际博协主席的艾玛·纳迪女士专门向本届博博会的开幕表示祝贺的视频。本届博博会召开于全国文物工作会议之后，党的二十大前夕，共有645家企业及博物馆参展，展览总面积6万平方米。会展内容以习近平总书记给中国国家博物馆老专家回信精神和"保护第一、加强管理、挖掘价值、有效利用、让文物活起来"的新时代文物工作方针为指引，全景式反映博物馆事业在新时代取得的新发展。本届博博会期间，还举办了"第二届国际博物馆青年论坛""喜迎二十大 强国复兴有我——青少年中华文物我来讲"博物馆志愿服务项目经验交流会以及20多场中国博协专业委员会组织的学术活动。

14. 中国革命纪念馆高质量发展峰会·2022 在重庆举行

11月3日，"中国革命纪念馆高质量发

展峰会·2022"在重庆举行。本次峰会由国家文物局、重庆市人民政府主办，中共重庆市委宣传部、重庆市文化和旅游发展委员会（重庆市文物局）承办，重庆红岩革命历史博物馆执行。会议主题是学习宣传贯彻党的二十大精神，深入贯彻落实习近平总书记关于革命文物工作重要论述精神，认真学习领会习近平总书记在陕西延安和河南安阳考察革命旧址、场馆时的重要讲话精神，守正创新、踔厉奋发，统筹推进新时代革命纪念馆高质量发展。

15. 汉口中华全国总工会旧址纪念馆建成开放

11 月 17 日，汉口中华全国总工会旧址纪念馆建成开放。纪念馆位于武汉市江岸区友益街 16 号，由全国重点文物保护单位"汉口中华全国总工会旧址"和市级文物保护单位"刘少奇同志在武汉的旧居"两部分组成，两处建筑均建成于 20 世纪 20 年代，建筑面积 3160 平方米。纪念馆展览以"中华全国总工会在武汉"为主题，通过 239 件展品、458 幅史料照片，全面立体再现了武汉大革命时期，在中国共产党领导下的工人运动历史。

16. "中欧文化遗产保护科技论坛——2022 博物馆藏品保护研讨会"在故宫博物院举行

11 月 18 ~ 19 日，由中华人民共和国科学技术部、文化和旅游部、国家文物局联合指导，故宫博物院主办，中国—希腊文物保护技术联合实验室、书画保护文化和旅游部重点实验室、古陶瓷保护研究国家文物局重点科研基地承办的"中欧文化遗产保护科技论坛——2022 博物馆藏品保护研讨会"在故宫博物院举行。本次研讨会主题为"守护与创新——多领域合作创新支撑下的博物馆藏品保护与研究实践"，旨在促进中欧各国文物保护专家学者交流对话，增进理念共识，激发创新活力，为保护和传承文明之美打造交流互鉴与合作创新平台。本次研讨会是一次文物和文化遗产保护开放交流的宝贵实践。与会者对故宫博物院为新时代推进文物保护国际学术交流、科研合作、人才培养和机构建设作出的积极贡献给予了高度肯定。中欧双方代表表示，将进一步拓展文物科技协同创新的宽度与深度，围绕早期人类文明比较研究、气候变化与文化遗产保护、文化遗产风险管理、高新技术在文化遗产保护中的应用、文物保护标准化等大家共同关心的话题，推动设立国际科技合作计划，搭建平台、创新机制、共享资源、合作研究，为保护人类共同的文化遗产作出新的贡献。研讨会上，来自英国、意大利、法国、荷兰、瑞士、希腊和中国的 18 位专家学者，围绕纺织品、纸张、壁画、颜料、金属、陶瓷文物保护与科学分析新方法、新技术与新材料研究及多领域合作的博物馆藏品保护修复实践、文物保护国际合作与标准化等问题进行了深入探讨与交流。

17. 广西壮族自治区博物馆新馆开馆

11月28日，广西壮族自治区博物馆新馆开馆。成立于1934年的广西壮族自治区博物馆，是全国首批国家一级博物馆，现有藏品近10万件（套）。博物馆改扩建后面积由此前的2.1万平方米增加至3.7万平方米，其中展览面积约1万平方米，正在举办包括"广西古代文明陈列""烽火南疆——广西近现代革命史陈列"等基本陈列，"合浦启航——广西汉代海上丝绸之路""釉彩斑斓——馆藏瓷器陈列""匠心器韵——馆藏工艺珍品陈列"等专题展览，从多个角度诠释广西在中华文明多元一体格局中的发展之道。

18. 上海博物馆发布"大博物馆计划"

12月12日，上海博物馆举办"大博物馆计划"暨建馆70周年系列活动新闻发布会。发布会上，上海市文化和旅游局党组成员、上海博物馆馆长褚晓波介绍了"大博物馆计划"的发展基础、总体要求、使命与目标愿景以及主要任务。上海博物馆"大博物馆计划"主要目标为：到2025年，

上海博物馆以构建海内外体系最完整的中国古代艺术通史陈列为主的东馆建成开放；以特展主题展为主的人民广场馆整体更新改造升级；以长江口二号古船为核心的北馆启动建设，"一体三馆、全城联动、特色清晰、相辅合璧"的发展格局基本形成。力争在"十四五"期间建成"中国特色世界一流"博物馆、"一带一路"文明交流全球核心博物馆、世界顶级的中国古代艺术博物馆。

三、重要政策举措

1. 国家文物局、财政部联合印发通知加强新时代革命文物工作

为深入贯彻落实习近平总书记关于革命文物工作重要指示、在庆祝中国共产党成立100周年大会上重要讲话和党的十九届六中全会精神，国家文物局、财政部于2021年年底联合印发了《关于加强新时代革命文物工作的通知》（以下简称《通知》），就切实保护好、管理好、运用好革命文物提出要求。《通知》要求，坚持守正创新，提升革命文物整体展陈水平，拓展革命文物教育功能，聚焦革命、建设、改革各个历史时期的重大事件、重大节点，推出高质量、特色化革命文物展示展览精品，加大对革命博物馆、纪念馆陈列布展

的支持。要创新革命文物传播方式，合理运用现代科技手段，融通多媒体资源，加大革命文物数字化展示传播，增强表现力、传播力、影响力，生动传播红色文化。

2. 文化和旅游部办公厅、教育部办公厅、国家文物局办公室联合发布《关于利用文化和旅游资源、文物资源提升青少年精神素养的通知》

为进一步整合文化和旅游资源、文物资源，利用学生课后服务时间、节假日和寒暑假，面向青少年开展社会主义先进文化、革命文化和中华优秀传统文化教育，培育广大青少年艰苦奋斗、奋发向上、顽强拼搏的意志品质，丰富青少年文化生活，提升青少年精神素养，文化和旅游部办公厅、教育部办公厅、国家文物局办公室联合发布《关于利用文化和旅游资源、文物资源提升青少年精神素养的通知》（以下简称《通知》）。《通知》要求要创新利用阵地服务资源。建设青少年教育实践基地，优先保证青少年校外实践需要；博物馆、纪念馆、开放的文物保护单位、考古遗址公园、红色旅游景区等设计研学旅行精品线路，综合运用专题讲座、文艺演出、解说导览、参与志愿服务等方式，推动青少年在感悟社会主义先进文化、革命文化和中华优秀传统文化中增强文化自信；有效服

务中小学社会实践活动。鼓励公共图书馆、文化馆（站）、美术馆、博物馆、纪念馆等公共文化机构，为青少年就近参加文化活动提供场地、设备、师资等方面的便利。丰富精神文化产品供给。面向青少年，开展爱国主义、革命传统、社会主义核心价值观、中华优秀传统文化、生态文明、国家安全、普法教育等主题公益演出和展览展示活动。

3. 2022年博物馆运行评估试点工作会议在京召开

4月8日，中国博物馆协会在京召开2022年博物馆运行评估试点线上工作会议。为贯彻落实中央九部门《关于推进博物馆改革发展的指导意见》的相关要求，完善博物馆评估制度，自2021年起，国家文物局组织中国博物馆协会等单位对原博物馆运行评估办法、标准及评估指标体系进行了修订。为了进一步完善相关指标与工作流程，按照国家文物局要求，中国博物馆协会特别组织了18家不同级别、类别、地域的博物馆开展本次评估试点。

4. 文博单位要建立权责清晰的管理制度确保文物信息安全

国家文物局有关司室在北京组织召开数字藏品有关情况座谈会，针对数字藏品发展现状，围绕文博机构的公益属性、数

据安全、消费者权益等问题进行了深入讨论。与会专家认为，近年来，文物数字化新技术、新方法、新业态不断涌现，文博单位应积极推进文物信息资源开放共享，满足人民群众日益增长的文化需求。在文物信息资源开发利用中，文博单位要坚持公益属性。鼓励社会力量通过正规授权方式利用文物资源进行合理的创新创作，以信息技术激发文物价值阐释传播，文博单位不应直接将文物原始数据作为限量商品发售；要建立权责清晰、程序规范、统筹有力的管理制度，牢牢把握正确的意识形态导向，确保文物信息安全。会议以线上线下相结合的方式进行。

5. 习近平总书记给中国国家博物馆的老专家回信强调推动文物活化利用推进文明交流互鉴守护好传承好展示好中华文明优秀成果

中共中央总书记、国家主席、中央军委主席习近平7月8日给中国国家博物馆的老专家回信，在国博创建110周年之际，向国博全体同志致以热烈祝贺和诚挚问候。

中国国家博物馆的前身是1912年7月设立的国立历史博物馆筹备处。新中国成立后，在天安门广场东侧新建中国革命博物馆和中国历史博物馆，2003年两馆合并组建中国国家博物馆，2012年改扩建后正

式对外开放，现有藏品140余万件。

6. 全国文物工作会议在京召开

7月22日，全国文物工作会议在京召开，中共中央政治局常委、中央书记处书记王沪宁出席会议并讲话。他表示，要坚持以习近平新时代中国特色社会主义思想为指导，深刻领悟"两个确立"的决定性意义，增强"四个意识"、坚定"四个自信"、做到"两个维护"，坚持保护第一、加强管理、挖掘价值、有效利用、让文物活起来，全面提升文物保护利用和文化遗产保护传承水平，引导广大干部群众增强历史自觉、坚定文化自信，为建设社会主义文化强国、实现中华民族伟大复兴的中国梦作出更大贡献。

7. 国家文物局举办2022年度全国非国有博物馆馆长培训班

9月19日，由国家文物局主办、中国文物信息咨询中心承办的"2022年度全国非国有博物馆馆长培训班"在北京开班。本次培训按疫情防控要求，以网上直播授课的形式进行。课程包含非国有博物馆的设立和管理、博物馆规划与运营管理、博物馆职业道德、博物馆藏品管理与保护、博物馆教育、陈列展览的策划与实施、博物馆文创与开发经营、博物馆新媒体技术发展与运用等内容。来自全国31个省（区、

市）和新疆生产建设兵团的 76 名正式学员和近 200 名旁听学员参与培训。

8. 国家文物局发布《博物馆运行评估办法》《博物馆运行评估标准》

为进一步规范博物馆运行评估，推进博物馆事业高质量发展，根据《博物馆条例》相关规定，11 月 8 日，国家文物局制定并公布《博物馆运行评估办法》《博物馆运行评估标准》。《博物馆运行评估办法》（以下简称《办法》）是针对博物馆在三年周期内的管理运行状况而开展的专业评价活动，旨在对博物馆的运行质量进行考察和评价。《博物馆运行评估标准》（以下简称《标准》）包括范围、规范性引用文件、术语和定义、评估原则、评估指标框架、评估流程与方法、定性评估指标及考察要点、定量评估指标及考察要点等方面内容。其中，在"特色加分项"中明确对特色化、个性化发展创新表现突出的博物馆给予加分。《办法》规定，中国博物馆协会应根据《办法》和《标准》的

要求，制定评估工作方案，组织开展评估活动，拟定、发布评估结果。

9. 国家文物局、中央文明办联合发布 80 项全国博物馆志愿服务典型案例

为深入贯彻党的二十大精神，全面落实习近平总书记关于博物馆和志愿服务工作系列重要论述和重要指示批示精神，按照新时代文物工作方针要求，国家文物局、中央文明办联合组织开展了首届全国博物馆志愿服务典型案例征集推介活动，并于 2022 年年底发布了 80 项典型案例。此次征集推介活动以"传承文明，让文物活起来"为主题，旨在进一步总结、推广博物馆志愿服务经验，展示博物馆工作者昂扬向上的精神面貌和志愿服务精神，提升博物馆志愿服务水平，推动历史文化交流传播，更好弘扬传承中华优秀传统文化。

（赵永芬，中国文物学会；
王超，中国文物报社）

借鉴国外经验优化国家文化公园资金投入模式

吴丽云　　向子凝

国家文化公园是展示我国国家形象、提升文化软实力、增强国民文化自信的重要载体，建设意义重大。我国正在建设的长城、大运河、长征、黄河、长江五大国家文化公园，分布在全国 30 个省（区、市），覆盖地域广泛，亟须大量资金支持。我国现行的国家文化公园资金投入制度，以地方政府投入为主、中央政府投入为辅，但国家文化公园涉及之地部分为经济欠发达地区，导致国家文化公园建设的宏大工程与资金投入不足之间的矛盾日渐突出。据此，本文在剖析国家文化公园资金投入现存问题的基础上，借鉴国外文化遗产地的相关经验，提出优化我国国家文化公园资金投入模式的建议。

国家文化公园资金投入存在的问题

2019 年，我国正式启动国家文化公园建设。以大体量线性文化遗产形式存在的国家文化公园，其建设面临较大的资金缺口。当前，我国国家文化公园资金投入存在下述三个问题：

中央有限投入难以满足大体量线性遗产建设需求

我国现有五大国家文化公园均为线性文化遗产，分布在全国 30 个省（区、市），共涉及 358 个地级市。国家文化公园建设涉及地域广泛，建设资金需求巨大。中央层面主要通过项目筛选的方式，以专项资金支持国家文化公园的项目建设。2020 ~ 2022 年，中央预算内资金共投入 80 亿元左右用于四大国家文化公园（长江国家文化公园建设项目尚未正式投入）的项目建设。中央相对有限的预算内资金难以满足大体量、遍及全国 30 个省（区、市）

的国家文化公园建设需求，亟须地方政府承担起国家文化公园建设的主体责任，加大遗产保护和公园建设投入。

沿线经济欠发达地区建设资金投入困难

五大国家文化公园沿线不仅涉及经济发达地区，也涉及经济欠发达地区。这些经济欠发达地区经济实力不强，在发展尚存问题的前提下，难以投入资金用于遗产保护和国家文化公园建设。如西藏昌都，青海玉树、果洛等地，2022年的人均GDP分别为39250元、16814元和24364元，分别是当年我国人均GDP的45%、19%和28%，地方财政收入有限，缺乏能够投入到国家文化公园建设的经费，类似的地区还有很多。即便是经济发达省份，一个省有多个国家文化公园，涉及省内多数城市，资金缺口依然非常大。对于现有以地方投入为主的国家文化公园资金机制而言，地方经济发展情况制约了国家文化公园的建设投入，各地亟须创新资金投入渠道。

市场主体参与国家文化公园建设的程度不高

国家文化公园建设多带有社会公益属性，部分国家文化公园现有文化资源破坏严重，且地理位置远离消费中心，对社会资本的吸引力相对较小。河南省国家文化公园项目建设的研究显示，河南省内国家文化公园项目的建设投资中，民营资本投资仅占10.5%，国企投资占9.5%，其余80%的投资来自政府。当前尚缺乏充分调动各类市场主体参与国家文化公园建设的有效手段。

国家文化公园资金投入模式优化建议

借鉴国外经验，发行文化遗产彩票

国外通过从彩票收入中提取文化遗产保护基金以及发行文化遗产专项彩票等方式，为文化遗产提供了有益的保护资金。如，意大利政府自1996年起将各类彩票收入的8‰作为国家文物保护专项资金，现在意大利文物保护每年约有15亿欧元的经费来自彩票。同时，政府每年从发行彩票的收入中按一定比例增拨约1.5亿欧元用于修复和保护文化遗产，每3年执行一项修复与保护文化遗产的计划。英国于1994年设立了英国公益事业基金会，其资金主要来自国家彩票收入。国家彩票每售出1英镑，就有28便士被捐到英国公益事业基金会，基金的20%用于资助各类遗产地的遗产保护。1994～2016年，英国源自彩票收入的资金共资助了40,310个遗产项目，金额达71亿英镑。2018年，法国正式发行文化遗产专项彩票，每卖出一张专项彩票，法国遗产基金会就会收到 1.83 欧元的捐赠善款，法国遗产基金会每年能筹得 2500 万～2800 万欧元的遗产彩票捐赠资金。截至 2022 年，文化遗产彩票已为法国文化遗产保护工作贡献了近 1 亿欧元的经费，帮助 745 个遗产古迹单位完成修复工作。

我国是彩票大国，彩票行业体系相对成熟。2022 年，我国彩票销售额为 4246.52 亿元，其中体育彩票销售额达 2765.22 亿元。我国彩票行业的相对成熟，为借鉴国外经验发行文化遗产彩票提供了良好的基础。建议设置文化遗产专项彩票，由财政部总体控制规模，由文化和旅游部负责全国文化遗产彩票的管理工作。文化遗产专项彩票收入的 20% 用作文化遗产专项资金，用于保护国家文化公园的文化遗产以及其他文化遗产。

制定税收激励政策，鼓励社会资本投入国家文化公园建设

以税收激励政策鼓励社会资本积极投身文化遗产保护，是国外在文化遗产保护实践中形成的有效经验之一。1976 年，美国国家公园管理局、国内税收署等部门联合出台了《历史建筑保护税收激励计划》，鼓励个人或企业投身历史建筑遗产的修复、保护和利用。该计划提出，20% 的个人或企业所得税抵免可用于修复国家公园管理

局认定的"认证历史建筑"，这些建筑有些本身是私人或企业产权。每年约 1200 个历史建筑修复项目会被批准，撬动近 60 亿美元的社会投资，用于修复全国各地的历史建筑。该计划执行以来，已经筹集了 1163.4 亿美元社会投资，保护修缮了超过 47,000 个历史遗产，与此同时，还提供了众多就业岗位，成为美国最成功和最具成本效益的税收激励政策。2000 年，意大利颁布《资助文化产业优惠法》，规定企业投入文物古迹修复的资金一律不计入企业应缴税款的收入基数，即企业可以不为那部分资金纳税。2004 年，意大利颁布《文化遗产与景观法典》，明确取消文化遗产继承税，免除文物修复材料增值税，对文化遗产工程赞助者给予税收优惠等，以鼓励更多企业和个人加入文化遗产保护中。2014 年，意大利实行"艺术津贴"制度，规定所有捐助文物修复的企业或个人可将实际捐赠数额的 65% 用于税收抵免，政府会在三年内返还可抵免的税额。但企业可抵免税额不得超过年盈利的 0.5%，个人不超过年收入的 15%。

以税收激励手段鼓励更多个人和企业投身于遗产保护和利用，非常值得我国国家文化公园借鉴。我国国家文化公园体量大、涉及范围广、遗产类型多样，单纯依

靠政府投入不仅财政压力巨大，也会面临部分城市财政难以支持的问题。建议我国借鉴国外经验，制定适用于我国的文化遗产税收激励政策，将物质文化遗产、非物质文化遗产的保护和传承利用纳入税收激励的范畴，鼓励个人和企业投资修复、学习传承、保护利用文化遗产，同时根据投入资金的多少，允许企业和个人将用于遗产保护和利用的资金抵换为应缴纳的税金，最多不超过应纳税的 25%。

建立遗产"领养人"制度，鼓励全社会参与国家文化公园建设

1994 年，意大利建立了古建筑"领养人"制度。政府通过招标，把古建筑的一部分服务或者使用权租给私人、企业、社会组织等"领养人"，但所有权、开发权和监督保护权仍属于政府，涉及古建筑管理经营方面的人事任免、门票价格、开放时间等行政事务依然由政府相关部门决定。"领养人"在保护的前提下对古建筑进行利用，并承担古建筑的日常维护管理工作，运营所获得收入归"领养人"所有，政府通过抽成方式从中收取一定费用。借助"领养人"制度，意大利很多文化遗产和文物古迹得以更好地保存下去。

我国国家文化公园建设可以借鉴这一制度，在保留遗产资源所有权、管理权和监督权的前提下，把一部分使用权交给"领养人"，鼓励企业、机构、个人等各类主体根据资金实力、技术实力、遗产偏好等对国家文化公园内的非核心文化遗产进行"领养"，鼓励上述单位对"领养"遗产在保护的前提下合理利用，政府管理部门可收取收入的 15% ~ 20% 作为遗产保护基金，用于国家文化公园遗产的整体性保护。对于难以产生遗产利用收入的"领养人"，可通过税费抵扣的方式给予其相应优惠。目前，山西省、福建省等已经开始探索文物"领养"制度，开启了国内文物"领养"的先河。

（吴丽云、向子凝，北京第二外国语学院中国文化和旅游产业研究院）

旅游景区基本资讯

Basic information of Tourist Attractions

北京
BEIJING

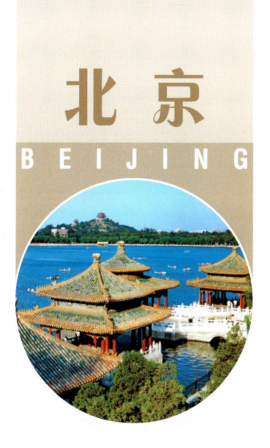

AAAAA

故宫博物院
The Palace Museum

故宫旧称紫禁城，是明清两朝的皇宫，位于北京中轴线的中心。故宫建筑分为外朝和内廷两部分。外朝以三大殿——太和殿、中和殿、保和殿为中心，左右两翼辅以文华殿、武英殿两组建筑。内廷的中心是乾清宫、交泰殿、坤宁宫，统称后三宫，是皇帝和皇后居住的正宫。其后为御花园。故宫是世界上现存规模最大、保存最为完整的木质结构古建筑之一，1987年被列为世界文化遗产。

故宫博物院成立于1925年，是一座特殊的综合性博物馆。故宫博物院不仅精心维护着明清时代遗留下来的皇家宫殿建筑，而且专业保管、修复了大批珍藏宝物，古书画、古器物、宫廷文物、书籍档案等总数超过186万件的珍贵馆藏，除了以珍宝馆、钟表馆、书画馆等众多常设专馆常年对外展出外，其他大部分文物也都不定期对公众开放。漫步在琳琅满目的珍贵文物之间，你可以更完整地了解中华民族工艺美术的伟大成就。

🏛 北京市东城区景山前街 4 号
No.4 Jingshan Qianjie, Dongcheng District

🕐 8:00—17:00（周一闭馆 Closed on Monday）

🌐 www.dpm.org.cn

🚇 1 号线。

天坛公园
Tian Tan Park

如果你想了解北京人的生活，最好到天坛里转一转，因为很多北京人的一天是从这里开始的。天坛里到处都是树，堪称城市中的森林公园，空气格外清新。在这里，你可以看到各种各样的北京人，有晨练的，有唱戏的，有拉琴的，有跳舞的，有挥毫写大字的……

而作为国家 5A 级旅游景区，天坛最吸引游客的地方除了参天的古树和形形色色的人群，更有它那极富特色的建筑。整个天坛北圆南方，寓意"天圆地方"，四周环筑坛墙两道，把全坛分为内坛、外坛两部分，大部分建筑集中于绿树环绕的内坛。祈年殿、皇乾殿、圜丘、皇穹宇、回音壁、三音石、斋宫、无梁殿、长廊、双环万寿亭、七星石……这一座座宏伟壮丽的建筑，足以令全世界的游客流连并赞叹。

🏛 北京市东城区天坛东里 7 号
No.7 Tiantan Dongli, Dongcheng District

🌐 www.tiantanpark.com

北京恭王府景区
Prince Gong's Palace

在北京北海与什刹海之间，有着这样一座曾经显赫而后很长一段时间不为人知的院落，它是清代规模最大的一座王府，占地约 6 万平方米，分为府邸和花园两部分，拥有各式建筑群落 30 多处，布局讲究，气派非凡。1988 年，王府的花园首先对外开放，立即引起世人的关注。2008 年府邸部分也全面对外开放，这座富丽、堂皇、庄重、繁华、优美的清代王府，因其府邸建制堪比故宫而立即声名显赫，被称作"城中第一佳山水"。这座王府曾先后作为和珅、永璘的宅邸，1851 年恭亲王奕訢成为宅子的新主人，王府的名称因此而得，这就是北京著名的恭王府。

🏛 北京市西城区柳荫街甲 14 号
No.14A Liuyin Street, Xicheng District

🌐 www.pgm.org.cn

🚇 6 号线。

北京奥林匹克公园
Beijing Olympic Park

北京中轴线的北端，因为 2008 年北京奥运会的成功举办，这里变成了北京又一处风光极佳的旅游名胜，那就是北京奥林匹克公园。公园北部是面积达 6.8 平方公里的奥林匹克森林公园，利用挖湖堆山的中国古代园林技术，这里建造出"奥海""仰山"，作为北京中轴线向北延伸的终点。公园南部是国家奥林匹克体育中心，建有奥运会各个主场馆，包括国家体育场"鸟巢"、国家游泳中心"水立方"、国家体育馆、国家会议中心等。2022 年冬奥会北京颁奖广场设在北京奥林匹克公园内，为 50 多个项目的冬奥健儿颁发了奖牌。

🏛 北京市朝阳区大屯乡与洼里乡
　　Datun & Wali Town, Chaoyang District

✉ 100020

颐和园
Summer Palace

1750 年，乾隆皇帝为孝敬其母孝圣皇后，动用 448 万两白银，在北京西郊，以昆明湖、万寿山为基址，以杭州西湖为蓝本，汲取江南园林的设计手法，建了一座大型山水园林——清漪园。1860 年，清漪园被英法联军焚毁，1888 年重建并改称为颐和园，作为慈禧太后退居休养、消夏游乐之所。1900 年，颐和园又遭"八国联军"的破坏，珍宝被劫掠一空，建筑再遭焚毁。清朝灭亡后，颐和园在军阀混战和国民党统治时期又频遭破坏，直到中华人民共和国成立以后，几经修缮，颐和园才陆续恢复了往日的繁华与鼎盛，这座既有皇家园林恢宏富丽的气势，又充满了自然之趣，"虽由人作，宛自天开"的山水园林，已经成为全世界的宝贵遗产，成为世界游客到北京的必游之地。

🏛 北京市海淀区新建宫门路 19 号
　　No.19 Xinjian Gongmen Road, Haidian District

✉ 100091

🌐 www.summerpalacechina.com

🚇 4 号线。

圆明园遗址公园
Yuanmingyuan Ruins Park

圆明园遗址公园位于北京市海淀区中部偏东，其东南角为清华大学西门。圆明园始建于清康熙四十六年（1707 年），园名就是康熙皇帝亲题。圆明园由圆明园、长春园、绮春园三园组成，占地 350 万平方米，其中水面面积约 140 万平方米，有园林风景百余处，建筑面积逾 16 万平方米，是清朝帝王在 150 余年间创建和经营的一座大型皇家宫苑。

清咸丰十年（1860 年），英法联军攻入北京，占领并纵火焚烧圆明园，大火持续了三天三夜，号称"万园之园"的圆明园被严重损毁。1900 年，八国联军侵入北京，圆明园又一次遭到破坏。清朝覆灭后，一些军阀、政客、官僚，纷纷从圆明园盗运建筑材料，圆明园遗址遭到进一步破坏。中华人民共和国成立后，成立了圆明园管理处，1983 年，明确把圆明园规划为遗址公园。1988 年 6 月，圆明园正式向社会开放。

🏛 北京市海淀区清华西路 28 号
　　No. 28 West Qinghua Road, Haidian District

✉ 100084

🌐 http://www.yuanmingyuanpark.cn/

北京

041

明十三陵
Ming Dynasty Tombs

在北京昌平天寿山麓，有这样一条神奇的路：路南端一座石牌坊，路中间有一座碑亭，路的两边，造型生动、雕刻精细的24只石兽和12个石人整齐排开，目不转睛、虎视眈眈地注视着每一位走在路上的人，而这条路更是通向一片神秘之所——明朝13个皇帝的陵寝所在，明十三陵。

明朝从明太祖洪武帝朱元璋开国到最后一个皇帝明思宗崇祯朱由检在煤山（今景山）自缢，共历276年，共传16帝，而其中13个皇帝的陵墓都修在这一片青山绿水间。十三陵东、西、北三面环山，陵前有小河曲折蜿蜒。这里除了有13座皇帝陵墓外，还有7座妃（太）子墓、1座太监墓。每座陵墓分别建于一座山前，而通往这些陵墓的唯一通道正是前面所说的神道，这也是明十三陵的第一个景点，也是最大的看点。

🏛 北京市昌平区十三陵镇
　　Shisanling Town, Changping District

✉ 102213

北京八达岭—慕田峪长城旅游区
Beijing Badaling—Mutianyu Great Wall Tourism Area

在北京之北，重山峻岭之巅，巍然耸立着一条气势磅礴的巨龙，这就是著名的八达岭长城。八达岭长城地势高峻险要，城墙坚固，是居庸关的前哨，也是明长城的精华。其关城有东、西两座关门，东门题"居庸外镇"，西门题"北门锁钥"，两关门均建于明代。八达岭长城分南、北两段，南段长城有7处敌楼，北段长城有12处敌楼，比较难爬，其中北5楼是券洞最多的敌楼，北6楼是面积最大的敌楼，而北8楼则是八达岭长城海拔最高的敌楼，又名"观日台"，是俯瞰长城的绝佳地点。

🏛 北京市延庆区八达岭特区办事处
　　Badaling Special Area Office, Yanqing District

✉ 102112

🌐 www.badaling.cn

🚌 877路公交车可达。

明朝万里长城的精华集中于此，所以这里有"万里长城慕田峪独秀"的美誉，这里就是慕田峪长城旅游区。"东连渤海仙源台，西映居庸紫翠连"，这里地势险要，自古以来就是拱卫京都的军事要冲。慕田峪长城是明长城遗迹中保存最好的地段之一，其独特风格的建筑构造，被遍是古松古枫的山色衬托，犹如在山巅腾飞的一条巨龙，蔚为壮观。慕田峪长城低调、奢华、内涵丰富，已经成为北京最具吸引力的旅游景区之一，更是得到各国政要的关注，如今已是国家重要的礼宾接待地。

🏛 北京怀柔区渤海镇慕田峪村
　　Mutianyu Village, Bohai Town, Huairou District

✉ 101405

🌐 www.mutianyugreatwall.com

🚌 前门旅游专线、东直门旅游专线。

AAAA

北京孔庙国子监景区
Beijing Confucius' Temple Guozijian

- 北京市东城区国子监街 13 号、15 号
  No.13, No.15 Guozijian Street, Dongcheng District
- 100007
- www.kmgzj.com

北京市规划展览馆
Beijing Planning Exhibition Hall

- 北京市东城区前门东大街 20 号（老北京火车站东侧）
  No.20 East Qianmen Avenue, Dongcheng District
- 100010
- www.bjghzl.com.cn

龙潭公园
Longtan Park

- 北京市东城区龙潭路 16 号
  No.16 Longtan Road, Dongcheng District
- 100061

明城墙遗址公园
Ming Dynasty Citywall Relics Park

- 北京市东城区崇文门东大街东便门 9 号
  No.9 Dongbianmen, East Chongwenmen Avenue, Dongcheng District
- 100062

中山公园
Zhongshan Park

- 北京市东城区中华路 4 号
  No.4 Zhonghua Road, Dongcheng District
- 100031

地坛公园
Ditan Park

- 北京市东城区安定门外大街 200 号
  No.200 Andingmenwai Street, Dongcheng District
- 100011
- www.dtpark.com

什刹海风景区
Shichahai Scenery Area

- 北京市西城区羊房胡同甲 23 号
  No.23A Yangfang Hutong, Xicheng District
- 100009

景山公园
Jingshan Park

- 北京市西城区景山西街 44 号
  No.44 West Jingshan Street, Xicheng District
- 100034

北海公园
Beihai Park

- 北京市西城区文津街 1 号
  No.1 Wenjin Street, Xicheng District
- 100034

北京动物园
Beijing Zoo

- 北京市西城区西直门外大街 137 号
  No.137 Xizhimenwai Street, Xicheng District
- 100044
- www.beijingzoo.com

北京天文馆
Beijing Planetarium

- 北京市西城区西外大街 138 号
  No.138 Xiwai Street, Xicheng District
- 100032
- www.bjp.org.cn

首都博物馆
Capital Museum

- 北京市西城区复兴门外大街 16 号
  No.16 Fuxingmenwai Avenue, Xicheng District
- 100031
- www.capitalmuseum.org.cn

北京

陶然亭公园
Taoranting (Joyous Pavilion) Park

- 北京市西城区太平街 19 号
  No.19 Taiping Street, Xicheng District
- 100050
- www.trtpark.com

中国紫檀博物馆
China Red Sandalwood Museum

- 北京市朝阳区兴隆西街 9 号
  No.9 West Xinglong Street Road, Chaoyang District
- 100025
- www.redsandalwood.com

欢乐谷
Happy Valley

- 北京市朝阳区东四环小武基北路
  Xiaowuji Beilu, East 4th Ring Road, Chaoyang District
- 100023
- bj.happyvalley.cn

中国科学技术馆
China Science & Technology Centre

- 北京市朝阳区北辰东路 5 号
  No.5 East Beichen Road, Chaoyang District
- 100101
- www.cstm.org.cn

朝阳公园
Sun Park

- 北京市朝阳区农展南路 1 号
  No.1 Nongzhan South Road, Chaoyang District
- 100026
- www.Sun-park.com

北京世界公园
Beijing World Park

- 北京市丰台区丰葆路 158 号
  No.158 Fengbao Road, Fengtai District
- 100070

北京汽车博物馆
Beijing Auto Museum

- 北京市丰台区南四环西路 126 号
  No.126 West Part of South 4th Ring Road, Fengtai District
- 100071

北京市南宫旅游景区
Beijing Nangong Tourist Attraction

- 北京市丰台区王佐镇长青路 99 号
  No.99 Changqing Road, Wangzuo Town, Fengtai District
- 100074
- www.nangonglvyou.com

北京北宫国家森林公园
Beigong Forest Park

- 北京市丰台区长辛店镇大灰厂东路 55 号
  No.55 East Dahuichang Road, Changxindian Town, Fengtai District
- 100074

北京园博园
Beijing Garden Expo

- 北京市丰台区长辛店射击场路 15 号
  No.15 Shejichang Road, Changxindian Town, Fengtai District
- 100072

中国人民抗日战争纪念馆
AntiJapanese War Memorial Museum

- 北京市丰台区宛平城内街 101 号
  No.101 Inner Street of Wanpingcheng, Fengtai District
- 100165
- www.1937china.com

北京花乡世界花卉大观园
Beijing Garden of World's Flower

- 北京市丰台区草桥南四环中路 235 号
  No.235 Middle of South 4th Ring Road, Caoqiao, Fengtai District
- 100067
- www.gowf.cn

石景山游乐园
Shijingshan Amusement Park

北京市石景山区石景山路 25 号
No.25 Shijingshan Road, Shijingshan District

100043

www.bjsjsyly.com

八大处公园
Badachu Park

北京市石景山区八大处路 3 号
No.13 Badachu Road, Shijingshan District

100041

www.badachu.com.cn

香山公园
Xiangshan Park

北京市海淀区香山公园买卖街 40 号
No.40 Maimai Street, Xiangshan Park, Haidian District

100093

www.xiangshanpark.com

中央电视塔
China Central TV Tower

北京市海淀区西三环中路 11 号
No.11 Middle Section of West 3rd Ring Road, Haidian District

100036

www.zydst.cn

玉渊潭公园
Yuyuantan Park

北京市海淀区西三环中路 10 号
No.10 Middle Section of West 3rd Ring Road, Haidian District

100038

www.yytpark.com

北京海洋馆
Beijing Aquarium

北京市海淀区高梁桥斜街乙 18 号（动物园北门）
No.18B Oblique Street of Gaoliang Bridge, Haidian District

100081

www.bj-sea.com

国家植物园
National Botanical Garden

北京市海淀区香山卧佛寺路
Wofosi Road, Xiangshan Mountain, Haidian District

100093

北京紫竹院公园
Beijing Zizhuyuan Park

北京市海淀区中关村南大街 35 号
No.35 South Zhongguancun Street, Haidian District

100044

凤凰岭自然风景区
Phoenix Range

北京市海淀区苏家坨镇凤凰岭路 19 号
No.19 Fenghuangling Road, Sujiatuo Town, Haidian District

100095

潭柘戒台风景区
Tanzhe & Jietai Senic Area

北京市门头沟区潭柘寺镇（潭柘寺）、永定镇（戒台寺）
Tanzhesi Town (Tanze Temple), Yongding Town (Jietai Temple), Mentougou District

102308

八奇洞景区
Baqi Cave Scenic Area

北京市门头沟区潭柘寺镇平原村
Pingyuan Village, Tanzhesi Town, Mentougou District

102308

谷山村景区
Gushan Village Scenic Area

北京市门头沟区妙峰山镇谷山村
Gushan Village, Miaofengshan Town, Mentougou District

100300

云居寺
Yunju Temple

北京市房山区南尚乐镇水头村
Shuitou Village, Nanshangle Town, Fangshan District

102407

北京

石花洞风景区
Shihua (Stone Flower) Cave Scenic Area

🏛 北京市房山区河北镇南车营村
　　Nancheying Village, Hebei Town, Fangshan District

✉ 102416

十渡风景名胜区
Shidu Scenic Spot

🏛 北京市房山区十渡镇
　　Shidu Town, Fangshan District

✉ 102411

周口店北京人遗址博物馆
Museum of Peking Man at Zhoukoudian

🏛 北京市房山区周口店大街 1 号
　　No.1 Zhoukoudian Street, Fangshan District

✉ 102405

圣莲山风景度假区
Shenglianshan Mountain Scenic Resort

🏛 北京市房山区史家营镇柳林水村
　　Liulinshui Village, Shijiaying Town, Fangshan District

✉ 102461

北京韩美林艺术馆
Han Meilin's Art Gallery

🏛 北京市通州区梨园镇九棵树东路 68 号
　　No.68 East Jiukeshu Road, Liyuan Town, Tongzhou Distric

✉ 101101

🌐 www.hanmeilin.com

通州大运河森林公园
Grand Canal Forest Park

🏛 北京市通州区宋梁路北运河桥南
　　South of North Bridge, Soungliang Road, Tongzhou District

✉ 101100

北京奥林匹克水上公园
Beijing Olympic Water Park

🏛 北京市顺义区白马路 19 号
　　No.19 Baima Road, Shunyi District

✉ 101300

北京顺义国际鲜花港
Shunyi International Flower Port

🏛 北京市顺义区杨镇红寺村北
　　North of Hongsi Village, Yangzhen Town, Shunyi District

✉ 101300

🌐 www.bjifp.com

居庸关长城景区
Juyongguan Great Wall Scenic Spots

🏛 北京市昌平区南口镇居庸关村
　　Juyongguan Village, Nankou Town, Changping District

✉ 102202

温都水城
Hot Spring Leisure City

🏛 北京市昌平区北七家镇宏福创业园
　　Beiqijia Town, Changping District

✉ 102209

🌐 www.81788888.com

银山塔林风景区
Yinshan Talin Secenic Area

🏛 北京市昌平区兴寿镇西湖村
　　Xihu Village, Xingchou Town, Changping District

✉ 102213

小汤山现代农业科技示范园
Xiaotangshan Modern Agricultural Technology Demonstration Park

🏛 北京市昌平区小汤山镇立汤路
　　Litang Road, Xiaotangshan Town, Changping District

✉ 102200

中国航空博物馆
China Aviation Museum

🏛 北京市昌平区小汤山镇
　　Xiaotangshan Town, Changping District

✉ 102200

天龙源温泉家园
Tianlongyuan Hotspring Villa

🏛 北京市昌平区昌平镇邓庄村西
　　Dengzhuang Village West, Changping Town, Changping District

✉ 102200

北京龙脉温泉度假村
Beijing Longmai HotSpring Holiday Village

🏛 北京市昌平区小汤山
　　Xiaotangshan, Changping District

✉ 102200

🌐 www.Longmaiwenquan.com

乐多港假日广场
Fun Capital

- 北京市昌平区城南街道邓庄村西
  West of Dengzhuang Village, Chengnan Conmunity, Changping District
- 102200

北京野生动物园
Beijing Wild Animal Park

- 北京市大兴区榆垡镇
  Yufa Town, Daxing District
- 102602

红螺寺旅游区
Hongluo Temple Tourism Area

- 北京市怀柔区红螺东路 2 号
  No.2 Hongluo East Road, Huairou District
- 101400

雁栖湖水上乐园
Yanqi Lake Water Park

- 北京市怀柔区怀北镇雁水路 3 号
  No.3 Yanshui Road, Huaibei Town, Huairou District
- 101408
- www.yanqihu.com

青龙峡旅游度假区
Qinglongxia Gorge Tourism Resort

- 北京市怀柔区怀北镇大水峪村
  Dashuiyu Village, Huaibei Town, Huairou District
- 101408

北京黄花城水长城旅游区
Beijing Huanghuacheng Lakeside Great Wall Reserve

- 北京市怀柔区九渡河镇西水峪村 16 号
  No.16 Xishuiyu Village, Jiuduhe Town, Huairou District
- 101404
- www.huanghuacheng.com

青龙山旅游区
Qinglongshan Tourism Area

- 北京市平谷区东高村镇大旺务村
  Dawangwu Village, Donggaocun Town, Pinggu District
- 101201

京东大峡谷旅游区
Jingdong Great Canyon Tourism Area

- 北京市平谷区山东庄镇鱼子山村
  Yuzishan Village, Shandongzhuang Town, Pinggu District

- 101211

京东石林峡风景区
Jingdong Shilin Valley Scenic Spot

- 北京市平谷区黄松峪乡刁窝村 73 号
  No.73 Diaowo Village, Huangsongyu Town, Pinggu District
- 101201

金海湖旅游度假区
Jinhai Lake Tourism Holiday Area

- 北京市平谷区金海湖镇坝前广场路 1 号
  No.1 Baqian Guangchang Road, Jinhaihu Town, Pinggu District
- 101201

北京丫髻山道教文化名胜区
Yaji Mountain Taosim Culture Area

- 北京市平谷区刘家店镇北吉山村北吉山大街 39 号
  No.39 Beijishan Street, Beijishan Village, Liujiadian Town, Pinggu District
- 101208

司马台长城旅游风景区
Simatai Great Wall Tourism Scenic Spot

- 北京市密云区古北口镇司马台村北
  North of Simatai Village, Gubeikou Town, Miyun District
- 101508

北京张裕爱斐堡国际酒庄
Beijing Changyu AFIP Globle International Chateau

- 北京市密云区巨各庄镇东白岩村
  Dongbaiyan Village, Jugezhuang Town, Miyun District
- 101500

北京

北京黑龙潭自然风景区
Beijing Heilong Pond Natural Scenic Spot

🏛 北京市密云区石城镇大关桥
Daguanqiao, Shicheng Town, Miyun District

✉ 101513

桃源仙谷风景名胜区
Taoyuanxiangu Scenic Area

🏛 北京市密云区石城镇南石城村
Shicheng Village, Shicheng Town, Miyun District

✉ 101513

🌐 www.bjtyxg.com

仙居谷风景区
Xianju Valley Scenic Area

🏛 北京市密云区太师屯镇令公村
Linggong Village, Taishitun Town, Miyun District

✉ 100505

🌐 http://www.xianjugu.com/

龙庆峡旅游区
Longqing Canyon Tourism Area

🏛 北京市延庆区旧县镇古城村北
North of Gucheng Village, Jiuxian Town, Yanqing District

✉ 102109

🌐 www.longqingxia.cn

百里山水画廊风景区
Hundred Miles Gallery of Landscape

🏛 北京市延庆区千家店镇下德龙湾村
Xiade Longwan Village, Qianjiadian Town, Yanqing District

✉ 102108

八达岭水关长城景区
Badaling Shuiguan Great Wall Scenic Area

🏛 北京市延庆区八达岭镇石佛寺村
Shifosi Village, Badaling Town, Yanqing District

✉ 102112

松山森林旅游区
Songshan Mountain Forest Tourism Area

🏛 北京市延庆区张山营镇松山
Songshan Mountain, Zhangshanying Town, Yanqing District

✉ 102115

北京八达岭世界葡萄博览中心
Badaling International Grape Exhibition Garden

🏛 北京市延庆区张山营镇下芦凤营村
Xialufengying Village, Zhangshanying Town, Yanqing District

✉ 102115

野鸭湖国家湿地公园
Wild Duck Lake National Wetland Park

🏛 北京市延庆区康庄镇刘浩营村西
West of Liuhaoying Village, Kangzhuang Town, Yanqing District

✉ 102101

北京世园公园
Beijing Expo Park

🏛 北京市延庆区环湖南路
South Huanhu Road, Yanqing District

✉ 102100

八达岭野生动物世界
Badaling Wildlife World

🏛 北京市延庆区八达岭镇岔道村水泉沟
Shuiquangou, Chadao Village, Badaling Town

✉ 102112

🌐 http://www.bdlsw.com.cn

天 津

TIANJIN

AAAAA

AAAA

文化街旅游区
Ancient Culture Street

　　天津古文化街位于天津市南开区东北角东门外，海河西岸，全长 580 米，以享誉数百年的古庙"天后宫"为中心，两端有巨型仿古牌楼，街内建有近百家店堂，主要经营古旧书籍、民俗用品、传统手工艺品等，是天津老字号店、民间手工艺品店的集中地，"中国味，天津味，文化味，古味"在这里得到充分体现。

🏛 天津市南开区通北路古文化街
　　Tongbei Road, Nankai District

✉ 300090

🚇 1 号线、2 号线。

盘山风景名胜区
Panshan Mountain Scenic Spot

　　"早知有盘山，何必下江南！"清乾隆皇帝的这番感叹，使盘山名扬四海。盘山四季景色秀美如画，山势雄伟险峻，主峰挂月峰海拔 864.4 米，前拥紫盖峰，后依自来峰，东连九华峰，西傍舞剑峰，五峰攒簇，怪石嶙峋。奇松生长于岩石缝隙之中，不可言状之奇石星罗棋布，雨季之时则百泉奔涌，瀑布腾空，流泉响涧，谓为壮观——这就是盘山三盘之胜：上盘松胜，蟠曲翳天；中盘石胜，怪异神奇；下盘水胜，溅玉喷珠。

🏛 天津市蓟州区渔阳南路官庄镇莲花岭村
　　South Yuyang Road, Jizhou District

✉ 301915

🌐 http://www.chinapanshan.com

🚌 旅游专线 11 路可达。

天塔湖风景区
Tianta Lake Scenic Spot

🏛 天津市河西卫津南路 1 号
　　No.1 South weijin Road, Hexi District

✉ 300060

五大道文化旅游区
Wudadao Culture Tourism Area

🏛 天津市和平区重庆道 70 号
　　No.70 Chongqing Avenue, Heping District

✉ 300050

天津市金街文化旅游景区
Tianjin Jinjie (Golden Street) Cultural Tourism Area

🏛 天津市和平区金街
　　Jinjie, Heping District

✉ 300050

周恩来邓颖超纪念馆
Zhou Enlai and Deng Yingchao Memorial

🏛 天津市南开区水上公园西路 9 号
　　No.9 West Shuishanggongyuan Road, Nankai District

✉ 300074

水上公园
Water Park

🏛 天津市南开区水上公园北路 33 号
　　No.33 Shuishang Park North Road, Nankai District

✉ 300191

意大利风情旅游区
Italy Style Tourism Area

🏛 天津市河北区光复道 39 号
　　No.39 Guangfu Avenue, Hebei District

✉ 300010

"天津之眼"摩天轮
The Eyes of Tianjin Skywheel

- 天津市河北区李公祠大街与五马路交叉口
  Intersection of Ligongci Street & Wumalu Road, Hebei District
- 300091

大悲禅寺旅游景区
Dabei Temple

- 天津市河北区天纬路 40 号
  No.40 Tianwei Road, Hebei District
- 300141

平津战役纪念馆
Pingjin Battle Memorial Museum

- 天津市红桥区平津道 8 号
  No.8 Pingjin Avenue, Hongqiao District
- 300131

天津欢乐谷
Tianjin Happy Valley

- 天津市东丽区东丽湖旅游度假区东丽大道
  Dongli Avenue, Dongli Lake Resort, Dongli District
- 300301

东丽湖恒大温泉旅游区
Dongli Lake Evergrand Hotspring Tourism Area

- 天津市东丽区东丽大道 1037 号
  No. 1037 Dongli Avenue, Dongli District
- 300300

天津杨柳青博物馆（石家大院）
Tianjin Yangliuqing Museum（Shi's Courtyard）

- 天津市西青区杨柳青镇估衣街 47 号
  No.47 Guyi Street Yangliuqing Town, Xiqing District
- 300380

精武门·中华武林园
Gate of Jingwu-China Kongfu Yard

- 天津市西青区精武镇小南河村南
  South of Xiaonanhe Village, Jingwu Town, Xiqing District
- 300381

天津热带植物观光园
Tianjin Tropical Plants Sightseeing Garden

- 天津市西青区外环线七号桥北 300 米
  300 Meters North 7th Bridge, Waihuanxian, Xiqing District
- 300112

水高庄园
Shuigao Manor

- 天津市西青区辛口镇水高庄村
  Shuigaozhuang Village, Xinkou Town, Xiqing District
- 300380

杨柳青庄园
Yangliuqing Manor

- 天津市西青区杨柳青镇北津同公路 20 公里处
  20km Beijintong Road, Yangliuqing Town, Xiqing District
- 300380

天山海世界·米立方水上乐园
Tianshan Sea World Cubic Meter Water Amusement Park

- 天津市津南区小站镇天山大道
  Tianshan Avenue, Xiaozhan Town, Jinnan District
- 300353

天士力大健康城景区
Tasly Great Health Town

- 天津市北辰区普济河东道 2 号
  No.2 Puji Hedong Road, Beichen District
- 300400

凯旋王国主题游乐园
Triumphant Return Kingdom Amusement Park

- 天津市武清区雍和道与翠通道交口
  Yonghedao, Wuqing Distirct
- 301700

武清区南湖景区
South Lake Scenic Area

- 天津市武清区下朱庄街道于庄水库
  Yuzhuang Reservoir, Xiazhuzhuang, Wuqing District
- 301700

天津滨海航母主题公园
Seashore Aircraft Carrier Theme Park

- 天津市滨海新区汉北路 269 号
  No.269 Hanbei Road, Binhai New District
- 300480

天津海昌极地海洋世界
Haichang Polar Land Ocean World

- 天津市滨海新区响螺湾商务区 61 号
  No.61 Xiangluowan Business Area, Binhai New District
- 300455

天津

051

天津东疆湾景区
Tianjin Dongjiang Bay Scenic Area

🏛 天津市滨海新区东疆保税港区
Dongjiang Bonded Port Area, Binhai New District

✉ 300463

🌐 www.djwst.com

天津方特欢乐世界
Fantawild Adventure Tianjin

🏛 天津市滨海新区中新生态城中生大道北首生态岛
Ecological Island, North End of Zhongsheng Avenue, China–Singapore Tianjin Ecological City, Binhai New District

✉ 300450

国家海洋博物馆景区
National Maritime Museum of China

🏛 天津市滨海新区中新生态城海轩道 377 号
No. 377 Haixuan Road, China–Singapore Tianjin Ecological City, Binhai New District

✉ 300450

🌐 https://www.hymuseum.org.cn/

大沽口炮台遗址景区
Dagukou Fort Relics Scenic Area

🏛 天津市滨海新区塘沽东炮台路 1 号
No.1 Paotai Road, East Tanggu, Binhai New District

✉ 300452

天津市仁爱团泊湖·国际休闲博览园
Ren'ai (Kindhearted) Tuanbo Lake International Leisure & Exposition Garden

🏛 天津市静海区团泊新城东区
East District, Tuanbo Xincheng, Jinghai District

✉ 301636

天津光合谷旅游度假区
Tianjin Guanghe Valley Tourism Resort

🏛 天津市静海区团泊新城东区
East District, Tuobo Xincheng, Jinghai District

✉ 301606

萨马兰奇纪念馆景区
Samaranch's Memorial Museum

🏛 天津市静海区健康产业园团泊大道
Tuanbo Avenue, Health Industry Garden, Jinghai District

✉ 301600

独乐寺
Dule Temple

🏛 天津市蓟州区城内武定街
Wuding Street, Jizhou District

✉ 301900

天津黄崖关长城风景游览区
Tianjin Huangyaguan Great Wall Scenic Spot

🏛 天津市蓟州区下营镇黄崖关
Huangyaguan, Xiaying Town, Jizhou District

✉ 301913

梨木台景区
Limutai Scenic Area

🏛 天津市蓟州区下营镇
Xiaying Town, Jizhou District

✉ 301913

蓟州溶洞景区
Jizhou Karst Cave Scenic Area

🏛 天津市蓟州区罗庄子镇洪水庄村北灵气山下
North Lingqi Mountain, Hongshuizhuang Village, Luozhuangzi Town, Jizhou District

✉ 301913

郭家沟景区
Guojiagou Valley Scenic Area

🏛 天津市蓟州区下营镇
Xiaying Town, Jizhou District

✉ 301913

河北
HEBEI

AAAAA

石家庄西柏坡纪念馆景区
Shijiazhuang Xibaipo Memorial Hall

1949 年 3 月，中共中央和解放军总部离开西柏坡，赴京建立中华人民共和国。为了保护作为革命遗址和文物的中共中央旧址西柏坡，由河北省博物馆联合当地政府建立了西柏坡纪念馆筹备处。1958 年因修建岗南水库，将中共中央旧址搬迁，在距原址北移 500 米，海拔升高 57 米的地方进行易地复原建设。1982 年，国务院公布西柏坡中共中央旧址为全国重点文物保护单位。西柏坡纪念馆陆续修建了西柏坡丰碑林、西柏坡雕塑园、五大书记铜铸像、西柏坡纪念碑、三大战役雕像"飙"等景点。

🏛 石家庄市平山县中部
　Middle of Pingshan County

✉ 050411

🌐 http://www.xbpjng.cn/Index.aspx

🚌 从石家庄火车北站长途客运站有直达客车到景区，从平山县汽车站有长途班车到西柏坡。

遵化清东陵
Zunhua East Qing Dynasty Tomb

清东陵是中国现存规模最宏大、体系最完整、布局最得体的帝王陵墓建筑群。自清康熙二年（1663 年）葬入顺治帝开始，至 1935 年同治的两个皇贵妃最后葬入惠妃园寝，历时 272 年之久。共葬有顺治、康熙、乾隆、咸丰、同治 5 个皇帝和 15 个皇后、136 个妃嫔以及阿哥、公主等 161 人。入关第一帝世祖顺治皇帝的孝陵位于南起金星山、北达昌瑞山主峰的中轴线上，其余皇帝陵寝则以孝陵为中轴线按照"居中为尊""长幼有序""尊卑有别"的传统观念依山势在孝陵的两侧呈扇形东西排列开来。各陵按规制营建了一系列建筑，总体布局为"前朝后寝"。"百尺为形，千尺为势"的审美思想贯穿于每一座陵寝建筑中。

🏛 唐山遵化市马兰峪镇
　Malanyu Town, Zunhua

✉ 064206

🌐 http://www.qingdongling.com

🚌 遵化汽车站有直达清东陵的班车。

山海关景区
Shanhaiguan Scenic Area

这里号称"天下第一关"，是明长城的东北关隘之一，是中国长城"三大奇关（观）之一"（东为山海关、中为镇北台、西为嘉峪关）。山海关位于秦皇岛市东北 15 公里处，因其依山襟海，故名山海关。"两京锁钥无双地，万里长城第一关"，来到天下第一关，登长城，看燕山耸翠，渝水流渐，长城如练，雄关似锁，雄伟壮丽的天下第一关城楼有如一颗璀璨的明珠，在渤海之滨闪耀着骄傲的色彩。

🏛 秦皇岛市山海关区山海关古城东大街 1 号
　No.1 East Street of Shanhaiguan Acient Town, Shanhaiguan District, Qinhuangdao

✉ 066200

🌐 http://www.shgjq.com/

🚌 从秦皇岛市可乘 33 路公交车到达景区。山海关有火车站，出站可乘 13 路、25 路公交车，或步行均可到达景区。

邯郸娲皇宫景区
Handan Emperor Wa's Palace Scenic Spot

女娲娘娘炼石补天、抟土造人之传说就发生在这里。女娲娘娘，这位华夏人文始祖的宫殿就建在这里。娲皇宫始建于北齐时期，距今已有 1400 多年历史。后经历代修葺续建，如今的娲皇宫建筑多为明清时期所建，而北齐遗迹仅留石窟与摩崖刻经，其中摩崖刻经共 6 部，是中国现存摩崖刻经中最早、字数最多的一处。每年农历三月初一至十八，为女娲诞辰、女娲祭典之日。是时全国多地的人以及海外华侨纷纷前来祭拜，是中国规模最大、肇建时间最早、影响地域最广的奉祀女娲的历史文化遗存。娲皇宫因此被誉为"华夏祖庙"，为全国祭祖圣地之一。

🏛 邯郸市涉县索堡镇
　Suobao Town, Shexian County

✉ 056400

🚌 从邯郸客车站乘坐到涉县的客车，到涉县县城后有面包车前往景区。也可在涉县乘出租车前往。

广府古城景区
Guangfu Ancient Town Scenic Area

春秋时期的土城曲梁侯国，历经千年风霜与沧桑，终于成为如今的广府古城。广府古城坐落在面积达 30 多平方公里的河北省三大洼淀之一的永年洼中央，围绕广府城墙四周的是长约 5 公里的护城河。广府古城是杨、武式太极拳的发源地，太极文化从这里走向世界。古城周围水网纵横，湖塘密布，水生植物种类繁多。这里水质优良，芦苇茂盛，鱼虾共生，碧水风荷、雁戏鸟鸣的水乡景象，使其被赞誉为"北国小江南"和"第二白洋淀"。

🏛 邯郸市永年区广府镇
Guangfu Town, Yongnian District, Handan

✉ 057150

🌐 http://www.guangfugucheng.com.cn

🚌 从邯郸乘 605 路公交车可达。

白石山风景区（国家地质公园）
Baishi Mountain Scenic Spot（National Geological Park）

巍巍八百里太行，奇峰罗列。而白石山则是最值得称道的，它雄踞太行山最北端，因山多白色大理石而得名。白石山景区有三顶、六台、九谷、八十一峰，崖耸云天、峰石彩林、佛光云海集于一身。白石山奇、雄、险、幻、秀，有"小黄山"之称，而其核心在一个"奇"字。白石山奇峰如簇、峭崖深谷、险峻壮观，山峰上奇石百态、光怪陆离，峰丛如迷阵，难以尽数，峰多、壁峭、形异、势险，置身其中，趣味无穷。

"白石山中风景异……梅花外，归来长向山中醉。"仁者爱山，白石山奇峰异景早已敞开宽阔的胸怀，迎接八方游客。

🏛 保定市涞源县城南 15 公里处阁院路 1 号
No.1 Geyuan Road, 15km South of Laiyuan County

✉ 074300

🌐 http://www.lybss.cn

野三坡风景名胜区
Yesanpo Slope Famous Scenic Spot

巍巍太行从这里沿冀、晋、豫边界千里南下，峥峥燕山从这里顺京、津、冀一路东行。两大山脉交会

处，成就了野三坡风景名胜区。野三坡是中国北方极为罕见的融雄山碧水、奇峡怪泉、文物古迹和名树古禅于一体的风景名胜区，它有兔耳岭之石、丹霞之貌、大理之城。它还有完整的地址遗迹，侵入岩、火山岩、沉积岩、变质岩各类岩石遗迹齐全，异常发育的构造节理、断层、褶皱等构造遗迹突出。它是一部生动的地质教科书，是一座天然地质博物馆，它浓缩了华北 30 亿年来地质构造的演化史，是专家学者研究全球构造和板内造山带的最佳区域，是学生教学实习的理想基地，是科普教育的生动课堂。

🏛 保定市涞水县野三坡镇苟各庄村
Gougezhuang Village, Yesanpo Town, Laishui County

✉ 074100

安新县白洋淀景区
Anxin County Baiyangdian Scenic Spot

"华北明珠"白洋淀，是华北地区最大的淡水湖泊，是著名的湿地自然保护区，是"北国江南"，是"鱼米之乡"，是中华大地上一颗璀璨的明珠。白洋淀生态独特，366 平方公里的水域内 143 个淀泊星罗棋布，3700 条沟濠纵横交错，39 个小岛点缀其中，10 万亩荷塘接天映日，12 万亩芦苇密密丛丛，既有浩浩荡荡的雄魄，又有水路相间的灵秀，造就了独特的自然风貌和人文景观。白洋淀历史悠久、文化底蕴深厚，自古即是帝王巡幸驻跸之所、英雄辈出之地。白洋淀革命文化灿烂，是革命老区，闻名中外的雁翎队在茫茫大淀谱写了一曲白洋淀人民抗日救国的英雄赞歌。

🏛 保定市安新县旅游路
Lvyou Road, Anxin County

✉ 071600

🌐 http://www.baiyangdian.biz

🚌 高铁白洋淀站乘 16 路直达安新白洋淀旅游码头。

清西陵
Western Qing Tombs

　　清西陵位于河北易县永宁山下，是清朝最后一处帝王陵墓群。清西陵始建于 1730 年，完工于 1915 年，其间 185 年，相继建成了皇帝陵 4 座、皇后陵 3 座、妃园寝 3 座，以及王爷园寝 2 座、公主园寝 1 座、阿哥园寝 1 座，共计 14 座陵寝。埋葬着雍正、嘉庆、道光、光绪 4 位皇帝及皇后、妃嫔、王爷、公主、阿哥等共计 80 人。形成了以 14 座陵寝为主，行宫、永福寺、营房、衙署为辅的 83 平方公里的广袤陵区，是现存规模宏大、保存完整、陵寝建筑类型齐全的古代皇家陵墓群。

　　清西陵具有极高的历史艺术价值，雍正皇帝的泰陵建有世界上单体规模最大的品字形石牌坊；道光皇帝的慕陵建有世界最大的楠木雕龙隆恩殿，嘉庆皇帝的昌陵隆恩殿，地面采用花斑石铺墁，有满堂宝石之誉；光绪皇帝的崇陵采用贵重的铜铁木建造，有"铜梁铁柱"之称……

　　清西陵选址在永宁山下易水河畔的宽阔谷地，这里万山拱卫、众水朝宗，金碧辉煌的古建筑群在苍松翠柏的掩映下，既雄奇壮丽，又清幽典雅。万株古松和 20 万株幼松遍布陵区，使这里成为空气清新的天然氧吧，具有极高的休闲、度假、养生价值。

🏛 保定市易县梁格庄镇东西水村
　　East Xishui Village, Lianggezhuang Town, Yixian County

✉ 074213

承德避暑山庄及周围寺庙景区
The Mountain Resort & Temples Around

　　先后共用了 89 年时间建成的避暑山庄，极尽可能与自然平衡、达到"天人合一"的最高境界。因此乾隆在《避暑山庄后序》中称其"物有天然之趣、人忘尘世之怀，较之汉唐离宫别苑有过之而无不及"。避暑山庄规模宏大，占地是颐和园的 2 倍、北海公园的 7 倍，比号称万园之园的圆明园还大，仅宫墙就长达 10 公里。在这绵延的宫墙之外，气势雄伟、金碧辉煌的皇家寺庙群随山就势拱卫山庄。这里有布达拉行宫景区（普陀宗乘之庙和须弥福寿之庙）、普宁寺景区（普宁寺和普佑寺）、磬锤峰景区（棒槌山、蛤

蟆石、普乐寺和安远庙），这一座座寺庙凝聚了汉、蒙古、藏等多民族建筑风格和艺术，每一处都承载着厚重的历史与动人的故事。

🏛 承德市双桥区丽正门路 20 号
　　No.20 Lizhengmen Road, Shuangqiao District, Chengde

✉ 067000

🌐 http://www.bishushanzhuang.com.cn

🚌 承德市内 1 路、5 路、6 路、7 路、8 路、9 路、10 路、15 路、16 路、19 路、20 路、25 路、28 路、29 路、118 路公交车均可达。

金山岭长城风景区
Jinshanling Great Wall Scenic Area

　　金山岭长城位于河北省承德市滦平县境内，与北京市密云区相邻，距北京市区 130 公里。金山岭长城始建于明洪武元年（1368 年），为大将徐达主持修建；明隆庆元年（1567 年）抗倭名将蓟镇总兵官戚继光、蓟辽总督谭纶在徐达所建长城的基础上续建、改建。

　　金山岭长城是万里长城的精华地段，素有"万里长城，金山独秀"之美誉。障墙、文字砖和挡马石是金山岭长城的三绝，素有"摄影爱好者的天堂"美誉。金山岭长城是全国重点文物保护单位、国家风景名胜区、国家 5A 级旅游景区，并列入《世界遗产名录》。

🏛 承德市滦平县金山岭长城风景区
　　Jinshanling Great Wall, Luanping County

✉ 068254

AAAA

石家庄天山海世界
Shijiazhuang Tianshanhai World

🏛 石家庄高新技术产业开发区天山大街 116 号
　　No.116 Tianshan Avenue, New and High-Tech Development Zone, Shijiazhuang

✉ 050801

以岭健康城
Yiling Health Center

🏛 石家庄市高新技术产业开发区天山大街 238 号
No.238 Tianshan Avenue, New and High-Tech Development
Zone, Shijiazhuang

✉ 050801

华北军区烈士陵园红色旅游景区
The Red Tourism Area of Martyrs Cemetery Park of North China Military

🏛 石家庄市中山西路 343 号
No.343 West Zhongshan Road, Shijiazhuang

✉ 050011

石家庄国御温泉度假村
Shijiazhuang Guoyu Hot Spring Resort

🏛 石家庄市藁城区藁新路 6 号
No.6 Gaoxin Road, Gaocheng District

✉ 052160

石家庄抱犊寨景区
Shijiazhuang Baoduzhai Scenic Area

🏛 石家庄市鹿泉区抱犊寨
Baodu Stockaded Village, Luquan District

✉ 050200

君乐宝乳业工业旅游区
Junlebao Milk Industry Tourism Area

🏛 石家庄鹿泉区石铜路 36 号
No.36 Shitong Road, Luquan District, Shijiazhuang

✉ 050221

辛集国际皮革城
Xinji International Leather City

🏛 石家庄辛集市教育路北段东侧
East Side, North Part of Jiaoyu Road, Xinji

✉ 052360

石家庄苍岩山景区
Shijiazhuang Cangyan Mountain Scenic Area

🏛 石家庄市井陉县苍岩山镇
Cangyanshan Town, Jingxing County

✉ 050300

正定隆兴寺
Zhengding Longxing Temple

🏛 石家庄市正定县中山东路 109 号
No.109 East Zhongshan Road, Zhengding County

✉ 050800

荣国府
Rongguo Mansion

🏛 石家庄市正定县兴荣路 51 号
No.51 Xingrong Road, Zhengding County

✉ 050800

五岳寨风景旅游区
Wuyuezhai Landscape Tourism Area

🏛 石家庄市灵寿县南营乡大地村
Dadi Village Nanying Town, Lingshou County

✉ 050500

灵寿花溪谷树桥旅游区
Lingshou Huaxigu Shuqiao Tourism Area

🏛 石家庄市灵寿县寨头乡水峪村
Shuiyu Village, Zhaitou Town, Lingshou County

✉ 050500

秋山景区
Qiushan(Autumn Mountain) Scenic Area

🏛 石家庄市灵寿县长峪村草坡庄
Caopozhuang, Changyu Village, Lingshou County

✉ 050500

水泉溪自然风景区
Shuiquanxi(Spring Stream) Nature Scenic Area

🏛 石家庄市灵寿县南营乡木佛塔村
Mufota Village, Nanying Town, Lingshou County

✉ 050500

石家庄嶂石岩风景名胜区
Zhangshi Rock Famous Scenic Area

🏛 石家庄市赞皇县
Zanhuang County

✉ 051230

石家庄市赞皇县棋盘山景区
Qipan (Chessboard) Mountain Scenic Area

🏛 石家庄市赞皇县城西段里沟
Duanligou, West of Zanhuang County

✉ 051230

河北

平山巨龟苑旅游区
Pingshan Huge Tortoise Garden Tourism Area

🏛 石家庄市平山县平山镇东冶村
Dongye Village, Pingshan Town, Pingshan County

✉ 050400

平山县沕沕水生态风景区
Pingshan County Mimishui Eco-Scenic Area

🏛 石家庄市平山县北冶乡沕沕水村
Mimishui Village, Beizhi Town, Pingshan County

✉ 050400

西苑温泉度假村
Xiyuan Hot Spring Resort

🏛 石家庄市平山县温塘镇
Wentang Town, Pingshan County

✉ 050402

华莹白鹿温泉景区
Huaying White Deer Hot Spring Area

🏛 石家庄市平山县温塘镇
Wentang Town, Pingshan County

✉ 050402

平山县藤龙山景区
Tenglong Mountain Scenic Area

🏛 石家庄市平山县王坡乡湾子村
Wanzi Village Wangpo Town, Pingshan County

✉ 050400

佛光山景区
Foguang (Buddha's Light) Mountain Scenic Area

🏛 石家庄市平山县北冶乡柏树庄村
Baishuzhuang Village, Beiye Town, Pingshan County

✉ 050400

驼梁山风景区
Tuoliang Mountain Scenic Area

🏛 石家庄市平山县合河口乡前大地村
Qiandadi Village, Hehekou Town, Pingshan County

✉ 050405

石家庄天桂山景区
Shijiazhuang Tiangui Mountain Scenic Area

🏛 石家庄市平山县北冶乡天桂山
Tiangui Mountain, Beizhi Town, Pingshan County

✉ 050403

平山县拦道石红色生态风景区
Pingshan County Landaoshi (Stone Blocked the Way) Red & Ecotourism Area

🏛 石家庄市平山县蛟潭庄镇拦道石村
Landaoshi Village, Jiaotanzhuang Town, Pingshan County

✉ 050400

🌐 www.landaoshi.net

平山县黑山大峡谷景区
Pingshan County Heishan(Black Mountain) Grand Canyon Scenic Area

🏛 石家庄市平山县营里乡
Yingli Town, Pingshan County

✉ 050400

平山县紫云山景区
Pingshan County Ziyun (Purple Cloud) Mountain Scenic Area

🏛 石家庄市平山县北冶乡东沟村
Donggou Village, Beiye Town, Pingshan County

✉ 050400

赵县赵州桥公园
Zhaoxian County Zhaozhou Bridge Park

🏛 石家庄市赵县城南大石桥村
Dashiqiao Village, Zhaoxian County

✉ 051530

启新水泥工业博物馆景区
Qixin Concrete Industry Museum Scenic Area

🏛 唐山市路北区新华东道 15 号
No. 15 East Xinhua Avenue, Lubei District, Tangshan

✉ 063000

开滦国家矿山公园
Kanluan National Mine Park

🏛 唐山市路南区新华东道 54 号
No.54 East Xinhua Avenue, Lunan District, Tangshan

✉ 063000

唐山市南湖公园
Tangshan Nanhu Lake Park

🏛 唐山市建设南路增 45 号
No.45A South Jianshe Road, Tangshan

✉ 063000

运河唐人街旅游区
China Town Along the Grand Canal Tourism Area

🏛 唐山市丰南区运河西路
West Yunhe Road, Fengnan District, Tangshan

✉ 063300

西那母旅游景区
Xinamu Tourism Area

🏛 唐山市丰润区丰润镇西那母庄三村
No.3 Xinamu Village, Fengrun Town, Fengrun District, Tangshan

✉ 064000

多玛乐园景区
Duoma Park

🏛 唐山市曹妃甸区
Caofeidian District, Tangshan

✉ 063200

山里各庄旅游景区
Shanligezhuang Tourism Area

🏛 唐山遵化市团瓢庄乡山里各庄村
Shangligezhuang Village, Tuanpiaozhuang Town, Zunhua

✉ 064200

尚禾源旅游景区
Shangheyuan Tourism Area

🏛 唐山遵化市兴旺寨乡
Wangzhai Town, Zunhua

✉ 064200

曹妃甸湿地景区
Caofeidian Quag Scenic Area

🏛 唐山市曹妃甸区七农场
7th Farm Center, Caofeidian District, Tangshan

✉ 063200

遵化万佛园景区
Zunhua Wanfo Garden Scenic Area

🏛 唐山遵化市东陵乡元宝山村
Yuanbaoshan Village, Dongling Town, Zunhua

✉ 064200

白羊峪长城旅游区
Baiyangyu Great Wall Torism Area

🏛 唐山迁安市大崔庄镇白羊峪村
Baiyangyu Villge, Dacuizhuang Town, Qian'an

✉ 064406

🌐 http://www.baiyangyu.com.cn/

山叶口自然风景区
Shanyekou Nature Scenic Area

🏛 唐山迁安市大五里乡山叶口村
Shanyekou Village, Dawuli Town, Qian'an

✉ 064400

滦县青龙山景区
Luanxian County Qinglong Mountain Scenic Area

🏛 唐山市滦县新城西北约 25 公里
25km Northwest of New City of Luanxian County

✉ 063700

滦州古城景区
Luanzhou Ancient Town Tourism Area

🏛 唐山市滦县滦州镇
Luanzhou Town, Luanxian County

✉ 063700

乐亭县李大钊纪念馆及故居
Laoting County Li Dazhao's Memorial Museum & Former Residence

🏛 唐山市乐亭县新城区大钊路
Dazhao Road, Xincheng District, Laoting County

✉ 063600

乐亭县月坨岛景区
Laoting County Crescent Moon Island Scenic Area

🏛 唐山市乐亭县月坨岛
Yuntuo Island, Laoting County

✉ 063604

乐亭县菩提岛景区
Laoting County Puti Island Scenic Area

🏛 唐山市乐亭县马头营镇新渔村维东码头
Matouying Town, Laoting County

✉ 063604

迁西县景忠山旅游区
Jingzhongshan Tourism Area

🏛 唐山市迁西县三屯营镇
Santunying Town, Qianxi County

✉ 064300

迁西县青山关旅游区
Qingshanguan Tourism Area

🏛 唐山市迁西县上营乡青山口村
Qingshankou Village, Shangying Town, Qianxi County

✉ 064300

迁西县凤凰山旅游区
Qianxi County Phoenix Mountain Torism Area

🏛 唐山市迁西县新集镇
Xinji Town, Qianxi County

✉ 064301

迁西县花乡果巷旅游景区
Qianxi County Flower Town Fruit Lane Tourism Area

🏛 唐山市迁西县东莲花院乡徐庄子村
Xuzhuangzi Village, East Lianhuayuan Town, Qianxi County

✉ 064301

五海庄园景区
Wuhai Manor Scenic Area

🏛 唐山市迁西县东莲花院镇东城峪村
Dongchengyu Village, Donglianhuayuan Town, Qianxi County

✉ 064300

龙井关长城漂流景区
Longjingguan Great Wall Drift Scenic Area

🏛 唐山市迁西县汉儿庄乡龙井关村
Longjingguan Village, Hanrzhuang Town, Qiangxi County

✉ 064300

秦皇岛野生动物园
Qinhuangdao Wildlife Park

🏛 秦皇岛市滨海大道中段
Middle Segment of Binhai Avenue

✉ 066000

秦皇岛新澳海底世界
Qinhuangdao Xin'ao Benthal World

🏛 秦皇岛市海港区河滨路 81 号
No.81 Haibin Road, Haigang District, Qinhuangdao

✉ 066004

秦皇求仙入海处景区
Place of Emperor Qinshihuang Entering the Sea

🏛 秦皇岛市海港区南山街 56 号
No.56 Nanshan Street, Haigang District, Qinhuangdao

✉ 066000

山海关欢乐岛海洋公园
Shanhaiguan Happiness Island Ocean Park

🏛 秦皇岛市山海关区龙源大道南侧
South Side of Longyuan Avenue, Shanhaiguan District, Qinhuangdao

✉ 066000

山海关长寿山风景旅游区
Changshou Mountain Scenic Tourist Zone

🏛 秦皇岛市山海关区三道关村
Sandaoguan Village, Shanhaiguan District, Qinhuangdao

✉ 066200

山海关角山长城
Jiaoshan Great Wall

🏛 秦皇岛市山海关区东六条 1 号
No.1 East 6th Lane, Shanhaiguan District, Qinhuangdao

✉ 066200

燕塞湖景区
Yansai Lake Scenic Area

🏛 秦皇岛市山海关区石河水库
Shihe Reservoir, Shanhaiguan District, Qinhuangdao

✉ 066200

秦皇岛集发农业观光园
Qinhuangdao Jifa Agriculture Tour Park

🏛 秦皇岛市北戴河海北路中段
Middle Segment of Haibei Road, Beidaihe

✉ 066102

鸽子窝景区
Geziwo Scenic Area

🏛 秦皇岛市北戴河区鸽赤路
Gechi Road, Beidaihe District, Qinhuangdao

✉ 066100

联峰山景区
Lianfeng Hill Scenic Area

秦皇岛市北戴河区联峰路与健秋路交会点
Intersection of Lianfeng and Jianqiu Road, Beidaihe District, Qinhuangdao

066100

冰塘峪长城风情大峡谷旅游景区
Bingtangyu Great Wall Great Canyon Torism Area

秦皇岛市抚宁区大新寨镇梁家湾村
Liangjiawan Village, Daxinzhai Town, Funing District, Qinhuangdao

066306

http://www.qhdbty.com/

南戴河国际娱乐中心
Nandaihe International Entertainment Centre

秦皇岛市抚宁区
Funing District, Qinhuangdao

066311

秦皇岛市昌黎华夏庄园
Changli Huaxia Fazenda

秦皇岛市昌黎县城北昌抚公路西侧
West of Changfu Road, Changli County

066600

沙雕大世界
Great World of Sand Sculpture

秦皇岛市昌黎县黄金海岸
Golden Beach, Changli County

066600

渔岛海洋温泉景区
Fisher Island

秦皇岛市昌黎县黄金海岸中部
Middle of Golden Beach, Changli County

066600

左右佳园景区
Left and Right Ecological Valley Scenic Area

秦皇岛市卢龙县刘田庄镇东 3 公里处
3km East of Liutianzhuang Town, Lulong County

066400

邯郸丛台公园
Handan Congtai Park

邯郸市中华北大街 159 号
No.159 North Zhonghua Street, Handan

056002

邯郸响堂山风景名胜区
Handan Xiangtang Hill Scenic Spot

邯郸峰峰矿区和村镇
Hecun Town, Fengfeng Diggings, Handan

056200

肥乡区丛台酒苑景区
Feixiang District Congtai Alcoholic Garden Scenic Area

邯郸市肥乡区丛台酒业大道 9 号
No.9 Congtaijiuye Avenue, Feixiang District, Handan

057550

武安东太行旅游景区
Wu'an East Taihang Mountain Tourism Area

邯郸市武安市活水乡 202 省道北台上村东南
Southeast of Taishang Village, North of 202 Provincial Way, Huoshui Town, Wu'an

056307

武安长寿村
Wu'an Changshou(Long Life) Village

邯郸武安市活水乡长寿村
Changshou Village, Huoshui Town, Wu'an

056307

武安古武当山
Wu'an Ancient Wudang Mountain

邯郸武安市活水乡常杨庄村
Changyangzhuang Village, Huoshui Town, Wu'an

056307

邯郸朝阳沟旅游风景区
Handan Chaoyanggou Tourist Attraction

邯郸武安市管陶乡列汇村
liehui Village, Guantao Town, Wu'an

056305

邯郸东山文化博艺园
Handan East Hill Cultural Park

邯郸武安市康二城镇大旺村西
West Dawang Village, Kangercheng Town, Wu'an

056300

武安京娘湖风景区
Wu'an Jingniang Lake Scenic Area

邯郸武安市活水乡
Huoshui Town, Wu'an

056300

河北

七步沟景区
Qibugou Scenic Area

🏛 邯郸武安市活水乡七步沟
Qibugou, Huoshui Town, Wu'an

✉ 056300

涉县五指山景区
Shexian County Wuzhi Mountain Scenic Area

🏛 邯郸市涉县城南 5 公里处
5km South of Shexian County

✉ 056400

邯郸市涉县韩王九寨旅游景区
Shexian County Hanwang Jiuzhai Tourism Area

🏛 邯郸市涉县涉城镇寨上村东 1 公里
1km East of Zhaishang Village, Shecheng Town, Shexian County

✉ 056400

赵王印象城景区
Prince Zhao Impression City Scenic Area

🏛 邯郸市广平县食品工业园区
Food Industry Garden, Guangping County

✉ 057650

天保寨景区
Tianbaozhai Scenic Area

🏛 邯郸市磁县陶泉乡花驼村
Huatuo Village, Taoquan Town, Cixian County

✉ 056500

诗经文化园景区
The Book of Song Cultural Garden

🏛 邯郸市鸡泽县东部新区
New Area of East Jize County

✉ 057350

邯郸市馆陶县粮画小镇旅游景区
Guantao County Lianghua Little Town Tourism Area

🏛 邯郸市馆陶县寿山寺乡寿东村
Shoudong Village, Shoushansi Town, Guantao County

✉ 057750

邢台天梯山景区
Xingtai Tianti Hill Scenic Spot

🏛 邢台市信都区西黄村镇东牛庄
Dongniuzhuang Village, Xihuangcun Town, Xindu District
Xingtai

✉ 054001

农业嘉年华景区
Algriculture Carnial Scenic Area

🏛 邢台市南和区 325 省道与中兴东大街交会处
Intersection of 325 Provincial Highway & East Zhongxing Street,
Nanhe District, Xingtai

✉ 054400

邢台县九龙峡自然风光旅游区
Jiulong(Nine Dragons) Valley Natural Tourism Area

🏛 邢台市邢台县浆水镇营房台村
Yingfangtai Village, Jiangshui Town, Xingtai County

✉ 054013

前南峪生态观光园
Qiannanyu Ecological Sightseeing Garden

🏛 邢台市邢台县浆水镇前南峪村
Qiannanyu Village, Jiangshui Town, Xingtai County

✉ 054013

邢台县云梦山景区
Yunmeng (Cloud & Dream) Mountain Scenic Area

🏛 邢台市邢台县冀家村乡石板房村北
North of Shibanfang Village, Jijiacun Town, Xingtai County

✉ 054001

邢台太行奇峡群景区
Xingtai Scenic Spot of Taihang Astonished Gorge Groups

🏛 邢台市邢台县西南路罗镇贺家坪村
Hejiaping Village, Luozhen Town, Xingtai County

✉ 054001

邢台市邢台县紫金山旅游区
Xingtai County Zijin Hill Tourist Zone

🏛 邢台市邢台县白岸乡前坪村
Qianping Village, Bai'an Town, Xingtai County

✉ 054001

邢台县德龙钢铁文化园景区
Xingtai County Delong Steel Culture Park

🏛 邢台市邢台县信都区南石门镇
Nanshimen Town, Xindu District, Xingtai County

✉ 054000

🌐 http://www.delongtravel.com/

临城崆山白云洞旅游区
Lincheng Kong Hill Baiyun Cave Tourist Zone

🏛 邢台市临城县西竖镇山南头村
Shannantou Village, Xishu Town, Lincheng County

✉ 054300

岐山湖景区
Qishan Lake Scenic Area

🏛 邢台市临城县
Lincheng County

✉ 054300

邢台市内丘县扁鹊庙风景名胜区
Bianque Temple Famous Scenic Spot

🏛 邢台市内丘县南赛乡神头村
Shentou Village, Nansai Town, Neiqiu County

✉ 054200

邢窑音乐小镇景区
Xingyao Music Town Tourism Area

🏛 邢台市内丘县中兴北大街
North Zhongxing Street, Neiqiu County

✉ 054299

汉牡丹园景区
Han Peony Garden Scenic Area

🏛 邢台市柏乡县龙华镇北郝村
Beihao Village, Longhua Town, Baixiang County

✉ 055450

清河羊绒小镇景区
Qinghe Pashm Town Scenic Area

🏛 邢台市清河县永兴路
Yongxing Road, Qinghe County

✉ 054800

古镇大激店旅游区
Ancient Town Dajidian Tourism Area

🏛 保定市竞秀区大激店镇大激店村
Dajidian Village, Dajidian Town, Jingxiu District, Baoding

✉ 071051

保定满城汉墓景区
Scenic Spot of Manchu City Han Tombs

🏛 保定市满城区中山西路
West Zhongshan Road, Mancheng District, Baoding

✉ 072150

冉庄地道战纪念馆
Ranzhuang Memorial Hall of Tunnel Warfare

🏛 保定市清苑区冉庄镇冉庄村
Ranzhuang Village, Ranzhuang Town, Qingyuan District, Baoding

✉ 071102

涿州三义宫景区
Zhuozhou Sanyi Palace Scenic Area

🏛 保定涿州市松林店镇楼桑庙村
Lousangmiao Village, Songlindian Town, Zhuozhou

✉ 072750

涿州永济桥景区
Zhuozhou Yongji Bridge Scenic Area

🏛 保定涿州市城北拒马河上
Over Juma River, North of Zhuozhou

✉ 072750

和道国际箱包城旅游景区
Hedao International Tourism Area

🏛 保定高碑店市白沟新城北一环与东一环交叉口
Intersection of North 1 Ring & East 1 Ring Road, New City, Baigou, Gaobeidian

✉ 074000

奥润顺达节能门窗工业旅游景区
Orient Sundar Energy Saving Doors and Windows Industrial Tourism Tourist Attractions

🏛 保定高碑店市经济开发区
Economic Development Zone, Gaobeidian

✉ 074000

河北

保定市易县狼牙山风景区
Langya(Woof's Teeth) Mountain Scenic Area

🏛 保定市易县狼牙山镇东西水村
East Xishui Village, Langyashan Town, Yixian County

✉ 074200

易水湖风景区
Yishui Lake Scenic Area

🏛 保定市易县西南 30 公里
30km Southwest of Yixian County

✉ 074200

恋乡·太行水镇旅游综合体景区
Lianxiang Taihang Water Town Tourism Complex Scenic Area

🏛 保定市易县安格庄乡
Angezhuang Town, Yixian County

✉ 074200

涞水县野三坡鱼古洞景区
Yesanpo Slope Yugu Cave Scenic Spot

🏛 保定市涞水县鱼古洞
Yugu Cave, Laishui County

✉ 074104

野三坡百里峡景区
Yesanpo Slope Baili Valley Scenic Spot

🏛 保定市涞水县
Laishui County, Baoding

✉ 074100

野三坡龙门天关—白草畔风景旅游区
Yesanpo Slope Longmen Tianguan—Baicaopan Scenic Tourist Zone

🏛 保定市涞水县
Laishui County

✉ 074100

曲阳北岳庙
Quyang Beiyue Temple

🏛 保定市曲阳县城内庙前街
Miaoqian Street, Quyang County

✉ 073100

虎山风景区
Hushan(Tiger Mountain) Scenic Area

🏛 保定市曲阳县范家庄乡虎山村
Hushan Village, Fanjiazhuang Town, Quyang County

✉ 073100

阜平天生桥瀑布风景区
Fuping Tianshengqiao Waterfall Scenic Area

🏛 保定市阜平县天生桥镇朱家营村
Zhujiaying Village, Tianshengqiao Town, Fuping County

✉ 073200

保定晋察冀边区革命纪念馆
Baoding Revolution Memorial Museum of Jinchaji Border Area

🏛 保定市阜平县城南庄镇
Chengnanzhuang Town, Fuping County

✉ 073204

阜平县云花溪谷景区
Fuping County Yunhuaxigu Scenic Area

🏛 保定市阜平县夏庄乡
Xiazhuang Town, Fuping County

✉ 073299

唐县潭瀑峡旅游景区
Tangxian County Tanpu Valley Torism Area

🏛 保定市唐县倒马关乡保徕路
Baolai Road, Daomaguan Town, Tangxian County

✉ 072359

涞源七山旅游景区
Laiyuan Qishan Tourism Area

🏛 保定市涞源县白石山镇西龙虎村
West Longhu Village, Baishishan Town, Laiyuan County

✉ 074300

檀邑溪谷文化园景区
Tanyi Xigu Cultural Garden Scenic Area

🏛 张家口市桥西区稍道沟村
Shaodaogou Village, Qiaoxi District, Zhangjiakou

✉ 075000

张家口市安家沟生态旅游区
Anjiagou Ecotourism Area

🏛 张家口市桥西区东窑子镇石匠窑村
Shijiangyao Village, Dongyaozi Town, Qiaoxi District, Zhangjiakou

✉ 075061

张家口大境门旅游区
Zhangjiakou Dajingmen Tourism Area

🏛 张家口市桥西区
Qiaoxi District, Zhangjiakou

✉ 075061

张家口鸡鸣山风景区
Zhangjiakou Jiming Mountain Scenic Area

🏛 张家口市下花园区
Xiahuayuan District, Zhangjiakou

✉ 075300

张家口万龙滑雪场
Zhangjiakou Wanlong Skiing Ground

🏛 张家口市崇礼区红花梁
Honghualiang, Chongli District, Zhangjiakou

✉ 076350

密苑·云顶乐园
Miyuan Yunding Amusement Park

🏛 张家口市崇礼区太子城
Taizicheng, Chongli District, Zhangjiakou

✉ 076350

太舞四季小镇旅游景区
Taiwu Four Season Town Tourism Area

🏛 张家口市崇礼区四台嘴乡太子城村延崇高速
Yanchong Highway, Taizicheng Village, Sitaizui Town, Chongli District, Zhangjiakou

✉ 076350

富龙四季小镇旅游风景区
Fulong Four Season Town Tourism Area

🏛 张家口市崇礼区 G95(首都环线高速)
G95 Highway, Chongli Chongli District, Zhangjiakou

✉ 076350

翠云山森林风景区
Cuiyun Mountain Forest Scenic Area

🏛 张家口市崇礼区东马线
Dongmaxian, Chongli District, Zhangjiakou

✉ 076350

桑干河大峡谷旅游区·飞瀑峡景区
Sanggan River Valley Tourism & Flying Waterfall Valley Scenic Area

🏛 张家口市宣化区王家湾乡栗家湾村
Lijiawan Village, Wangjiawan Town, Xuanhua District, Zhangjiakou

✉ 075100

元中都国家考古遗址公园
Yuan Dynasty Middle Capital National Archaeological Site Park

🏛 张家口市张北县馒头营乡白城子村
Baichengzi Village, Mantouying Town, Zhangbei County

✉ 076450

张北县中都草原度假村
Zhongdu Grassland Resort

🏛 张家口市张北县三宝营盘
Sanbao Yingpan, Zhangbei County

✉ 076450

天保那苏图景区
Tianbao Nasutu Scenic Area

🏛 张家口市张北县张北镇
Zhangbei Town, Zhangbei County

✉ 076450

坝上草原沽水福源度假村
Bashang Grassland Gushuifuyuan Resort

🏛 张家口市沽源县平定堡镇闪电河水库
Shandian (Flash) River Reservoir, Pingdingpu Town, Guyuan County

✉ 076550

河北

张家口沽源县天鹅湖旅游度假村
Tian'e (Swan) Lake Tourism Resort

🏛 张家口市沽源县平定堡镇
Pingdingpu Town, Guyuan County

✉ 076550

尚义县大青山国际旅游风景区
Daqingshan International Tourism Area

🏛 张家口市尚义县南壕堑镇
Nanhaoqian Town, Shangyi County

✉ 076750

张家口小五台·金河口旅游区
Zhangjiakou Little Wutai Jinhekou Tourism Area

🏛 张家口市蔚县常宁乡西金河口村
West Jinhekou Village, Changning Town, Yuxian County

✉ 075400

泥河湾国家考古遗址公园景区
Nihe River Bay National Archaelolgy Site Park

🏛 张家口市阳原县大田洼乡
Datianwa Town, Yangyuan County

✉ 075800

官厅水库国家湿地公园景区
Guanting Reservoir National Wetland Park

🏛 张家口市怀来县土木镇西辛堡村南侧
South of Xixinbao Village, Tumu Town, Huailai County

✉ 075400

于洪寺黄龙山庄风景区
Yuhongsi Huanglong Manor Scenic Area

🏛 张家口市怀来县新保安镇于洪寺村
Yuhongsi Village, Xinbao'an Town, Huailai County

✉ 075400

涿鹿县中国黄帝城文化旅游区
Emperor Huang's City Culture Tourism Area

🏛 张家口市涿鹿县矾山镇西三堡村
Sanbao Village, Fanshan Town, Zhuolu County

✉ 075600

磬棰峰国家森林公园
Qingchuifeng National Forest Park

🏛 承德市内武烈河东岸普乐路
East Bank of Wulie River, Pule Road, Chengde

✉ 067000

承德双塔山风景区
Chengde Shuangta Mountain Scenic Area

🏛 承德市双滦区双滨河东大街 98 号
No.98 East Binhe Street, Shuangluan District, Chengde

✉ 067000

鼎盛文化产业园景区
Dingsheng Cultrual Industry Garden

🏛 承德市双滦区
Shuangluan District, Chengde

✉ 067000

平泉市山庄老酒文化产业园景区
Pingquan Shanzhuanglaojiu Cultrue Industry Scenic Area

🏛 承德平泉市迎宾街
Yingbin Street, Pingquan

✉ 067500

承德县板城酒博园景区
Bancheng Liquor Expo Museum Scenic Area

🏛 承德市承德县下板城镇大兰窝村
Dalanwo Village, Xiabancheng Town, Chengde County

✉ 067400

兴隆县兴隆山景区
Xinglong County Xinglong Mountain Scenic Area

🏛 承德市兴隆县大水泉镇双庙村半苗公路
Banmiao Road, Shuangmiao Village, Dashuiquan Town, Xinglong County

✉ 067305

兴隆溶洞
Xinglong Cast Cave

🏛 承德市兴隆县雾灵山乡陶家台村
Taojiatai Village, Wulingshan Town, Xinglong County

✉ 067300

滦平县热河中药花海小镇景区
Rehe Chinese Herb Flower Sea Town

🏛 承德市滦平县金沟屯镇下营子村
Xiayingzi Village, Jingoutun Town，Luanping County

✉ 068250

董存瑞纪念馆
Dong Cunrui's Memorial Museum

🏛 承德市隆化县荣顺街 112 号
No.112 Rongshun Street, Longhua County

✉ 068150

潘家口水下长城景区
Panjiakou Great Wall Under Water Scenic Area

承德市宽城县潘家口水库
Panjiakou Reservoir, Kuancheng County

067600

云慢疏林大草原景区
Sparse Forest Grassland Scenic Area

承德市丰宁县外沟门乡
Waigoumen Town，Fengning County

068350

大汗行宫旅游景区
Dahan Temporary Imperial Palace Tourism Area

承德市丰宁县大滩镇
Datan Town, Fengning County

068350

丰宁京北第一草原
Fengning the First Grassland of Jingbei (North of Beijing)

承德市丰宁县大滩镇
Datan Town, Fengning County

068350

丰宁县马镇旅游区
Fengning County Mazhen Tourism Area

承德市丰宁县大滩镇扎拉营村
Zhalaying Village, Datan Town, Fengning County

068357

丰宁县七彩森林景区
Fengning County Colorful Forest Scenic Area

承德市丰宁县大滩镇
Datan Town, Fengning County

068357

塞罕坝国家森林公园
Saihanba National Forest Park

承德市围场县
Weichang County

068466

御道口牧场草原森林风景区
Yudaokou Meadow and Grassland Forest Scenic Spot

承德市围场县
Weichang County

068463

南大港湿地景区
Nandagang Wetland Scenic Area

沧州黄骅市南大港
Nandagang, Huanghua

061103

沧州东光县铁佛寺景区
Tiefo Temple Scenic Area

沧州市东光县普照大街 59 号
Puzhao Avenue, Dongguang County

061600

华斯国际裘皮产业园景区
Huasi International Fur Industry Park

沧州市肃宁县严肃尚路
Sushang Road, Suning County

062350

中国吴桥杂技大世界
China Wuqiao Acrobatics Big World

沧州市吴桥县京福路 1 号 104 国道西侧
West Side of 104th National Highway, No.1 Jingfu Road, Wuqiao County

061800

廊坊市金丰农科园景区
Jinfeng Agricultural Garden

廊坊市和平路最北端
North End of Heping Road, Langfang

065000

廊坊市文化艺术中心
Langfang Culture and Art Centre

廊坊市北凤道与和平路交口
Intersection of Beifeng & Heping Road, Langfang

065000

廊坊市自然公园
Langfang Natural Park

廊坊市广阳道广阳桥西
West of Guangyang Bridge, Langfang

065000

廊坊茗汤温泉度假村景区
Langfang Scenic Spot of Mingtang Hot Spring Holiday Village

廊坊霸州市经济技术开发区
Economic and Technological Development Zone, Bazhou

065700

河北

梦东方·未来世界旅游景区
Orient Dream — the Future World Tourism Area

🏛 廊坊市三河市迎宾路（天洋城 4 代南区北侧）
North Side of the South Part of the 4th Tianyangcheng, Yingbin Road, Sanhe

✉ 065201

中国红木城旅游景区
China Rosewood City Tourism Area

🏛 廊坊市大城县津保路与津保南线交叉路口西北约 100 米
100m Northwest of Intersection of Jinbao Road & Jinbao South Line, Dacheng County

✉ 065905

燕南春酒文化博览园景区
Yannanchun Liquor Expo Museum Scenic Area

🏛 廊坊市永清县廊霸路 99 号
No. 99 Langba Road, Yongqing County

✉ 065600

天下第一城
The First City in the World

🏛 廊坊市香河县安平经济技术开发区
Anping Economic and Technological Development Zone, Xianghe County

✉ 065402

金钥匙旅游区
Golden Keys Tourism Area

🏛 廊坊市香河县秀水街东段南侧
South Side, East Part of Xiushui Street, Xianghe County

✉ 064500

衡水湖国家自然保护区
Hengshui Lake National Natural Reserve

🏛 衡水市桃城区红旗大街 3369 号
No.3369 Hongqi Street, Taocheng District, Hengshui

✉ 053000

🌐 www.hshu.cn

衡水老白干景区
Hengshuilaobaigan Scenic Area

🏛 衡水市桃城区凌园北路 1 号
No. North Lingyuan Road, Taocheng District, Hengshui

✉ 053000

闾里古镇景区
Luli Ancient Town Scenic Area

🏛 衡水市滨湖新区魏屯镇 106 国道东侧
East Side of 106 National Way, Weitun Town, Binhu New District, Hengshui

✉ 053200

周窝音乐小镇景区
Zhouwo Music Town Scenic Area

🏛 衡水市武强县周窝镇周窝村
Zhouwo Village, Zhouwo Town, Wuqiang County

✉ 053301

武强县年画博物馆
Wuqiang County Year-Painting Museum

🏛 衡水市武强县武强镇新开街 1 号
No.1 Xinkai Street, Wuqiang Town, Wuqiang County

✉ 0533000

山西

SHANXI

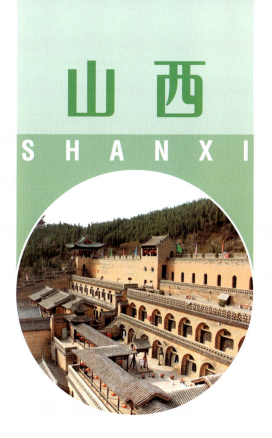

AAAAA

大同云冈石窟旅游区
Datong Yungang Grottoes Touristm Area

在山西省大同市城西约 16 公里的武州（周）山南麓、武州川的北岸，有这样一片神奇的地方，在东西绵延约 1 公里的山崖壁上，开凿着大大小小的石窟，这些洞窟中的精美雕像与雕刻一经问世，就惊艳了世人。其中造像最高的达 17 米，最小的仅有 2 厘米，佛龛有 1100 多个，大小造像 59000 余尊。这些石窟最早的距今已有 1500 年历史，是佛教艺术东传中国后，第一次由一个民族用一个朝代雕作而成并具有皇家风范的佛教艺术宝库，是 5 世纪中西文化融合的历史丰碑。

🏛 大同市云冈区云冈镇
　Yungang Town, Yungang District Datong

✉ 037007

🌐 http://tour.yungang.org

🚍 从大同火车站可乘快速旅游 603 路直达景区；在新开里可乘 3 路公交车直达景区。

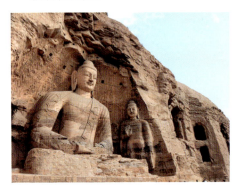

太行山大峡谷八泉峡景区
Taihang Mountain Valley Baquan(Eight Spring) Valley Scenic Area

八泉峡景区位于长治壶关太行山大峡谷中段，是大峡谷内风景壮美、内涵丰富、气势宏大的高品位景区之一。由于太行山大峡谷中的桥后山沟有八股泉水同出一地，加之峡谷中部又有两处泉群均为八个泉眼，所以此景区被命名为"八泉峡"。八泉峡集江河峡谷、石灰岩地区干旱峡谷和溪流峡谷诸般景致于一体，旅游资源丰美，地理位置处优，被称为"世界极品旅游资源"。

🏛 长治市壶关县桥上乡
　Qiaoshang Town, Huguan County

✉ 047300

阳城皇城相府旅游区
Yangcheng House of the Huangcheng Chancellor Touristm Area

皇城相府是清文渊阁大学士兼吏部尚书加三级、《康熙字典》总阅官、康熙皇帝经筵讲官、一代名相陈廷敬的故居。皇城相府由内城、外城、紫芸阡、西山院等组成。御书楼金碧辉煌，中道庄巍峨壮观，斗筑居府院连绵，河山楼雄伟险峻，藏兵洞层叠奇妙，是一处罕见的明清两代城堡式官宅民居建筑群，被专家誉为"中国北方第一文化巨族之宅"。

🏛 晋城市阳城县北留镇皇城村
　Huangcheng Village, Beiliu Town, Yangcheng County

✉ 048102

🌐 www.hcxf.com

🚍 从洛阳、临汾、晋城等城市均有到皇城相府的旅游直通车。

介休绵山风景名胜区
Mianshan Mountain Famous Scenic Area

春秋时期晋文公名臣介子推携母隐居并被焚于绵山，这就是中国寒食节的来由，而绵山也从此闻名。绵山地处汾河之阴，是太岳山（霍山）向北延伸的一条支脉。绵山风景名胜区不仅山光水色极佳，还有众多文物胜迹、佛寺神庙和革命遗址。这里有庙宇、宫观，有亭、台、楼、阁、轩、廊、榭、牌楼，有古营门、古城池、古营寨，这里堪称古建筑博物园。绵山风景名胜区是中国历史文化名山，是中国清明节（寒食节）发源地，名胜区设有中国寒食清明文化研究中心、中国寒食清明文化博物馆。

🏛 晋中介休市东南 20 公里处
　20km Southeast of Jiexiu

✉ 031200

🚍 在介休火车站、汽车站均有到景区的大巴车。

平遥古城景区
Pingyao Ancient Town Scenic Area

"水绕山环古驿楼，蜂须蝶翅麦花秋。归家未久离家路，来往风尘送客愁。"明代诗人、平遥县令苏志皋的诗句，道出了平遥别样的美。平遥，是一座具有2800多年历史的文化名城，是中国目前保存最为完整的四座古城之一。古城里，有中国现有保存完整、规模最大的县衙平遥县衙，有银行业的先河、以"汇通天下"著称于世的日升昌票号，有文庙、清虚观、城隍庙，而平遥更值得看的则是它那厚重的古城墙，现存有6座城门瓮城、4座角楼和72座敌楼。除南门城墙段已经倒塌外，其余大部分至今完好，是中国现存规模较大、历史较早、保存较完整的古城墙之一。

🏛 晋中市平遥县
　　Pingyao County

✉ 031100

🌐 http://www.pingyao.gov.cn

五台山风景名胜区
Mt. Wutai Famous Scenic Area

在远古的震旦纪，著名的"五台隆起"运动，形成了华北地区最雄浑壮伟的五台山。五台山的五座主峰，以五方来命名，分别称为东台、北台、西台、南台、中台。五台山层峦叠嶂，峰岭交错，奇峰灵崖，随处皆是，大自然为其造就了许多独特的景观。

五台山是驰名中外的佛教圣地，与四川峨眉山、安徽九华山、浙江普陀山并称为我国佛教四大名山，而五台山以其建寺历史悠久和规模宏大居于首位。五台山在中国佛教中的位置显赫。据古籍记载，五台山在东汉时期已有寺庙建筑，其后随着佛教的传播，作为文殊菩萨道场的五台山名气越传越远，地位越来越高，寺庙建筑越来越多，规模越来越大，虽然历史上经历数次损毁与重建，如今仍保留众多，已经成为中国古代建筑的稀世宝库。

🏛 忻州市五台县台怀镇
　　Taihuai Town, Wutai County

✉ 035515

🌐 http://www.wutaishan.com.cn

🚌 从太原东客站有大巴直达景区。

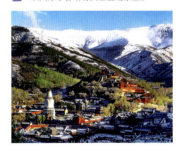

代县雁门关边塞文化旅游区
Daixian County Frontier Fortress Culture Tourist Zone of Yanmen Pass

"三边冲要无双地，九塞尊崇第一关"——雁门关，是世界文化遗产万里长城的重要组成部分，被誉为"中华第一关"。在3000多年的历史岁月中，作为古代中国北境著名边关要塞，雁门关见证和影响了中国的历史进程，积淀了多民族文化精华。作为中国历史上著名的商道，雁门关见证了古代边贸的兴衰，成就了晋商的辉煌。

雁门关边塞文化旅游区是以雁门关军事防御体系历史遗存、遗址为主要景观资源的边塞文化、长城文化、关隘文化旅游区。随着近年来的大规模修复开发，古老的雁门关已经成为融"食、住、行、游、购、娱"等综合功能为一体的边塞文化旅游目的地。

🏛 忻州市代县北20公里
　　20km North of Daixian County

✉ 034200

🌐 http://www.yanmenguan.cn

🚌 代县汽车站有到雁门关景区的大巴。

山西

洪洞县大槐树寻根祭祖园
Hongtong County Dahuishu Ancestor Memorial Garden

几个世纪以来，这里都被全世界的华人当作"家"、称作"祖"、看作"根"。据文献记载，从明洪武三年（1370年）至明永乐十五年（1417年）的近50年时间里，在这棵大槐树下就发生大规模的官方移民18次，主要迁往京、冀、豫、鲁、皖、苏等18个省市500多个县市，经过600多年的辗转迁徙、繁衍生息，从这里走出去的人们早已枝繁叶茂地遍布于世界各地。每年都有无数人回到这里寻根祭祖，"祭祖习俗"成为这里独具特色的非物质文化遗产。大槐树寻根祭祖园不但为移民后裔营造了老家的氛围，还完善了各种基础设施建设，满足移民后裔来此寻根祭祖、旅游观光、餐饮购物等多种需求，是广大移民后裔了解老家民俗的最佳选择。

🏛 临汾市洪洞县古槐北路公园街2号
No.2 Gongyuan Street, North Guhuai Road, Hongtong County

✉ 041600

🌐 www.sxhtdhs.com

云丘山景区
Yunqiu Mountain Scenic Area

云丘山位于临汾市乡宁县，地处吕梁山与汾渭地堑交会处，总面积210平方公里，最高峰玉皇顶海拔1629米。云丘山拥有丰富的自然资源、人文景观和文化遗产，是晋南地区少有的集旅游观光、休闲娱乐、度假养生、民俗体验、文化交流等功能于一体的综合性旅游度假区。相传这里是伏羲、女娲繁育华夏子孙之地；上古尧舜禹时，云丘山是尧都望岳之地，羲和观天测地在此订立二十四节气之两分两至（即春分、秋分、夏至、冬至），后稷在此传承农耕技艺，中原农耕文明由斯肇始。

云丘山峰岭叠翠、景色秀丽，素有"姑射最秀峰巅""河汾第一名胜"的美誉。云丘山生态环境极佳，拥有国内最大规模的自然冰洞群和国内最大面积的天然红叶景观。各类珍稀古树、药材遍布山中，是难得的自然基因宝库。

🏛 临汾市乡宁县关王庙乡大河村、坂儿上村境内
Inside Banrshang & Dahe Village, Guangwangmiao Town, Xiangning County

✉ 042104

🌐 http://www.yunqiushan.cn/

黄河壶口瀑布旅游区
Yellow River Hukou Waterfall Tourism Area

黄河壶口瀑布东濒山西省临汾市吉县壶口镇，西临陕西省延安市宜川县壶口镇，为两省共有旅游景区。黄河奔流至此，两岸石壁峭立，河口收束如壶口，故名壶口瀑布。壶口瀑布极为壮观，滔滔黄河水倾泻而下，激流澎湃，浊浪翻滚，水沫飞溅，烟雾迷濛，狂涛怒吼，声震数里，"黄河之水天上来""千里黄河一壶收"的气概震撼人心。壶口瀑布是中国第二大瀑布，世界上最大的黄色瀑布。

🏛 临汾市吉县黄河壶口瀑布风景旅游区七郎窝
Qilang Nest, Yellow River Hukou Waterfall Scenic Tourist Zone, Jixian County

✉ 042200

山西壶口瀑布欢迎您

Welcome to Hukou waterfall

AAAA

太原市九龙国际文化生态旅游区
Jiulong(Nine Dragons) International Cultural Ecotourism Area

🏛 太原市武宿飞机场东面
East of Wusu Airport, Taiyuan

✉ 030082

太原东湖醋园
Taiyuan Donghu Vinegar Garden

🏛 太原市杏花岭区马道坡 26 号
No.26 Madao Slope, Xinghualing District, Taiyuan

✉ 030082

太原市动物园
Taiyuan Zoo

🏛 太原市杏花岭区东山马路 2 号
No.2 Dongshan Road, Xinghualing District, Taiyuan

✉ 030009

汾河公园
Fenhe River Park

🏛 太原市迎泽区滨河东路 6 号
No.6 East Binhe Road, Yingze District, Taiyuan

✉ 030002

太原市太原森林公园
Taiyuan Forest Park

🏛 太原市尖草坪区大同路 35 号
No.35 Datong Road, Jiancaoping District, Taiyuan

✉ 030003

中国煤炭博物馆
Coal Museum of China

🏛 太原市万柏林区迎泽西大街 2 号
No.2 West Yingze Street, Wanbailin District, Taiyuan

✉ 030024

太原晋祠旅游区
Taiyuan Jinci Touristm Area

🏛 太原市晋源区晋祠镇
JInci Town, Jinyuan District, Taiyuan

✉ 030025

蒙山大佛景区
Mengshan Mountain Big Buddha Scenic Area

🏛 太原市晋源区金胜乡寺底村
Sidi Village, JinSheng Town, Jinyuan District, Taiyuan

✉ 030082

太原植物园景区
Taiyuan Botanical Garden

🏛 太原市晋源区晋源街道太古路
Taigu Road, Jinyuan Community, Jinyuan District, Taiyuan

✉ 030025

清徐宝源老醋坊景区
Qingxu Baoyuan Old Vinegar Workshop Scenic Area

🏛 太原市清徐县孟封镇杨房村北
North Yangfang Village, Mengfeng Town, Qingxu County

✉ 030400

紫林醋文化产业园
Zilin Vinegar Cultural & Industrial Park

🏛 太原市清徐县太茅路高花段 550 号
No.550 Gaohua Part, Taimao Road, Qingxu County

✉ 030400

六味斋云梦坞文化产业园景区
Liuweizhai Yunmengwu Cultural & Industrial Park

🏛 太原市清徐县徐沟镇南尹村 208 国道西侧
West Side of 208 National Way, Nanyi Village, Xugou Town, Qingxu County

✉ 030400

阳曲青龙古镇景区
Yangqu Qinglong Ancient Town Scenic Area

太原市阳曲县侯村乡
Houcun Town, Yangqu County

030100

煤矿井下探秘游景区
Mine Mysteries Tourist Attraction

大同市大同煤矿集团晋华宫矿
Jinhuagong Mine, Datong

037016

华严寺（大同市博物馆）
Huayan Temple（Datong Museum）

大同市下寺坡街 459 号
No.459 Xiasipo Street, Datong

037004

善化寺
Shanhua Temple

大同市南寺街 9 号
No.9 Nansi Street, Datong

037004

大同城墙景区
Datong Ancient City Wall Scenic Area

大同市和阳街
Heyang Street, Datong

037052

大同方特欢乐世界景区
Fantawild Adventure Datong Shanxi

大同市平城区南环路 3666 号
No.3666 South Ring Road, Pingcheng District, Datong

037006

大同魏都水世界景区
Datong Weidu Water World Scenic Area

大同市平城区魏都大道南端
South End of Weidu Avenue, Pingcheng District, Datong

037008

平型关大捷景区
Pingxing Pass Great Victory Scenic Area

大同市灵丘县白崖台乡
Baiyatai Town, Lingqiu County

034400

李二口长城景区
Lierkou Great Wall Scenic Area

大同天镇县东北 12 公里处
12km Northeast of Tianzhen County

038200

恒山风景名胜区
Famous Scenic Spot of Mount Hengshan

大同市浑源县恒山南路
South Hengshan Road, Hunyuan County

037400

阳泉市翠枫山自然风景区
Cuifeng Mountain Natural Scenic Area

阳泉市郊区平坦镇前庄村
Zhenqianzhuang Village, Pingtan Town, Yangquan

045008

阳泉市桃林沟景区
Yangquan Taolingou Scenic Area

阳泉市郊区平坦镇桃林沟村
Taolingou Village, Pingtan Town, Suburb District, Yangquan

045000

平定县娘子关景区
Pingding County Niangziguan(Pass) Scenic Area

阳泉市平定县娘子关镇 315 省道
315 Provincial Way, Niangziguan Town, Pingding County

045200

孟县藏山旅游风景名胜区
Cangshan Hill Famous Scenic Area

阳泉市孟县长池镇藏山村
Cangshan Village, Changchi Town, Yuxian County

045100

大米温泉度假村
Dachang Hot Spring Resort

阳泉市盂县梁家寨乡大米村
Dachang Village, Liangjiazhai Town, Yuxian County

045100

长治振兴小镇景区
Changzhi Zhenxing Town Tourism Area

长治市上党区振兴村
Zhenxing Village, Shangdang District, Changzhi

140402

山西

襄垣县仙堂山风景区
Xiangyuan County Xiantang Mountain Scenic Spot

长治市襄垣县下良镇
XiaLiang Town, Xiangyuan County

046200

天脊山景区
Tianji Mountain Scenic Area

长治市平顺县东寺头乡羊老岩村
Yanglaoyan Village, Dongsitou Town, Pingshun County

047400

平顺县太行水乡风景区
Taihang Water Countryside Scenic Spot

长治市平顺县阳蒿乡侯壁村
Houbi Village, Yanghao Town, Pingshun County

047400

通天峡景区
Tongtian Valley Scenic Area

长治市平顺县虹梯关乡
Hongtiguan Town, Pingshun County

047400

黎城黄崖洞景区
Licheng Huangya Cave Scenic Spot

长治市黎城县东崖底镇上赤峪村
Shangchiyu Village, Dongyadi Town, Licheng County

047600

黎城县中太行洗耳河景区
Licheng County Middle Taihang Xi'er River Scenic Area

长治市黎城县西井镇彭庄村
Pengzhuang Village, Xijing Town, Licheng County

047600

壶关县太行山大峡谷自然风光旅游区
Huguan County Natural Sight Tourist Zone of Taihang Mountain Valley

长治市壶关县解放路 38 号
No.38 Jiefang Road, Huguan County

047300

壶关欢乐太行谷景区
Huguan County Happy Taihang Valley Scenic Area

长治市壶关县南皇村
Nanhuang Village, Huguan County

047300

武乡八路军纪念馆
Wuxiang Eight Route Army Memorial Museum

长治市武乡县太行街 363 号
No.363 Taihang Street, Wuxiang County

046300

八路军文化园
Eight Route Army Culture Garden

长治市武乡县太行街
Taihang Street, Wuxiang County

046300

长治市武乡太行龙洞
Wuxiang Taihang Dragon's Cave

长治市武乡县蟠龙镇石泉村
Shiquan Village, Panlong Town, Wuxiang County

046300

炎帝陵生态文化旅游区
Emperor Yan's Tomb Ecoculture Tourism Area

晋城高平市神农镇庄里村
Zhuangli Village, Shennong Town, Gaoping

048400

泽州珏山—青莲寺景区
Zezhou Jueshan—Qinglian Temple Scenic Area

晋城市泽州县金村镇寺南庄村
Sinanzhuang Village, Jincun Town, Zezhou County

048012

大阳古镇景区
Dayang Ancient Town Scenic Area

晋城市泽州县大阳镇大东线南侧
South Side of Dadong Line, Dayang Town, Zezhou County

048012

沁水县湘峪古堡景区
Qinshui County Xiangyu Castle Scenic Area

晋城市沁水县湘峪村
Xiangyu Village, Qinshui County

048200

历山原生态农耕文化旅游区
Lishan Original Ecology Agricultural Civilization

晋城市沁水县西南部 56 公里处
56km Southwest of Qinshui County

048211

柳氏民居景区
Liu's Family Dwellings Scenic Area

🏛 晋城市沁水县西文兴村
　　West Wenxing Village, Qinshui County

蟒河自然保护区
Manghe River Natural Reserve

🏛 晋城市阳城县蟒河保护区
　　Manghe Reserve, Yangcheng County

✉ 048100

阳城县郭峪古城景区
Yangcheng County Guoyu Ancient Town Scenic Area

🏛 晋城市阳城县北留镇郭峪村
　　Guoyu Village, Beiliu Town, Yangcheng County

✉ 048100

海会书院景区
Haihui Academy Scenic Area

🏛 晋城市阳城县北留镇大桥村海会寺
　　Haihui Temple, Daqiao Village, Beiliu Town, Yangcheng County

✉ 048100

天官王府
Tianguanwangfu (Officer's Residence Buildings of Ming Dynasty)

🏛 晋城市阳城县润城镇上庄村
　　Shangzhuang Village, Runcheng Town, Yangcheng County

✉ 048100

太行山王莽岭旅游景区
Taihang Mountain Wangmangling Tourism Area

🏛 晋城市陵川县古郊乡
　　Gujiao Town, Lingchuan County

✉ 048300

司徒小镇景区
Situ Little Town Scenic Area

🏛 晋城市泽州县
　　Zezhou County

✉ 048000

崇福寺景区
Chongfu Temple Scenic Area

🏛 朔州市朔城区东大街 1 号
　　No.1 East Street, Shuozhou District

✉ 038500

应县木塔
Wooden Pagoda of Yingxian County

🏛 朔州市应县辽代文化城
　　Cultural City of Liao Dynasty, Yingxian County

✉ 037600

朔州市右玉生态旅游景区
Youyu Ecotourism Area

🏛 朔州市右玉县高墙框村
　　Gaoqiangkuang Village, Youyu County

✉ 037200

金沙滩景区
Jinshatan (Golden Beach) Scenic Area

🏛 朔州市怀仁县金沙滩镇
　　Jinshatan Town, Huairen County

✉ 038300

晋中常家庄园
Jinzhong the Chang's Family Countyard

🏛 晋中市榆次区东阳镇车辋村
　　Chewang Village, Dongyang Town, Yuci District, Jinzhong

✉ 030600

乌金山文化旅游景区
Wujin Mountain Culture Tourism Area

🏛 晋中市榆次区乌金山镇
　　Wujinshan Town, Yuci District, Jinzhong

✉ 030600

山西

Yangcheng
阳城旅游

阳城，处于黄河中游，有丰富的自然生态资源和历史人文资源。阳城县生态环境优美，有广袤的天然生态植被和雄伟的南太行风光；有特色鲜明的古堡、古民居、古院落；有以远古文化、商汤文化为代表的历史人文资源；有当代红色旅游资源，发展旅游业具有得天独厚的优势。

以皇城相府为代表的古建筑资源。 阳城古城堡、古民居、古庙宇数量多、规模大、品位高，时代序列完整，古建总量达到1040处，以皇城相府、上庄古村、郭峪古城、砥洎城和安阳潘家庄园、洪上范家十三院为代表。

以南部山区为重点的太行山水生态资源。 阳城地处太行山南段，有云蒙山、析城山、西山、鳌背山、小尖山等1200多平方公里的自然山水，兼具奇、秀、险、峻，有保存较好的喀斯特地貌和亚高山草甸，旅游开发价值极高。

以析城山为核心的历史文化资源。 阳城文化底蕴厚重，文物古迹繁多。上古帝王舜、禹、汤以及周穆王等都在此留有印迹。有学者考证，析城山是中国远古文化、商汤文化、24节气文化的发祥地之一。阳城经最新普查，阳城现存汤庙120多座，其中保存完好的达80余座，形成了阳城独有的"商汤文化现象"，具有很高的学术研究和开发利用价值。

以陈廷敬为代表的人文资源。 从唐至今，阳城县先后出过120余名进士，其中4名尚书、2名宰相。曾涌现出南宋著名画家萧照、明吏部尚书王国光、清康熙帝师、陈廷敬等一大批能臣、廉吏、学者等历史文化名人。

红色旅游资源。 作为抗战时期八路军总部通往延安的交通要道、晋豫区的创建地、解放战争时期太岳区中心所在地，阳城革命遗址、遗迹众多。红色资源开发和生态旅游结合，成为阳城经济发展的又一新的增长点。

大自然的恩赐和历经几千年的历史积淀，在阳城形成了奇山秀水以及远古文化、商汤文化、廉政文化、红色文化等多种文化类型，旅游资源具有多样性、稀有性、互补性，开发潜力巨大。

悠然阳城
TRANQUIL YANGCHENG

长按二维码
关注公众号

郭峪古城

榆次老城
Yuci Old City

🏛 晋中市榆次区
Yuci District, Jinzhong

✉ 030600

后沟古村景区
Hougou Ancient Village Scenic Area

🏛 晋中市榆次区东赵乡
Dongzhao Town, Yuci District, Jinzhong

✉ 030600

榆次小西沟景区
Yuci Xiaoxigou Scenic Area

🏛 晋中市榆次区乌金山镇小西沟村
Xiaoxigou Village, Wujinshan Town, Yuci District, Jinzhong

✉ 030600

张壁古堡景区
Zhangbi Ancient Castle Scenic Area

🏛 晋中市介休市龙凤乡张壁村
Zhangbi Village, Longfeng Town, Jiexiu

✉ 032000

麻田八路军总部纪念馆
Matian Memorial Museum of Eigth Route Army Headquarter

🏛 晋中市左权县麻田八路军总部纪念馆
Matian, Zuoquan County, Jinzhong

✉ 032600

太行龙泉旅游区
Taihang Longquan Touriam Area

🏛 晋中市左权县辽阳镇
Liaoyang Town, Zuoquan County

✉ 032600

中国大寨旅游区
Dazhai Tourist Zone of China

🏛 晋中市昔阳县大寨村
Dazhai Forest Park, Dazhai Village, Xiyang County

✉ 045300

昭馀古城茶商文化旅游景区
Zhaoyu Ancient Town Tea Merchant Culture Tourism Area

🏛 晋中市祁县西大街 7 号
No.7 West Street, Qixian County

✉ 030900

平遥县中国票号博物馆
Pingyao County Museum of the First Chinese Bank

🏛 晋中市平遥县西大街
West Avenue, Pingyao County

✉ 031100

平遥县衙博物馆
County Government Office Museum of Pingyao County

🏛 晋中市平遥县衙门街 77 号
No.77 Yamen Street, Pingyao County

✉ 031100

平遥文庙学宫博物馆
Study Palace Museum of Pingyao Confucian Learning Temple

🏛 晋中市平遥县
Pingyao County, Jinzhong

✉ 031100

平遥镇国寺
Pingyao Zhenguo Temple

🏛 晋中市平遥县郝洞村
Haodong Village, Pingyao County

✉ 031100

平遥城隍庙财神庙
Pingyao Town God's Temple

🏛 晋中市平遥县城隍庙街 51 号
No.51 Chenghuangmiao Street, Pingyao County

✉ 031100

平遥协同庆钱庄博物馆
Pingyao Xietongqing Bank Museum

🏛 晋中市平遥县南大街 45 号
No.45 South Street, Pingyao County

✉ 031100

平遥县双林寺彩塑艺术馆
Pingyao County Painted Sculpture Art Hall of Shuanglin Temple

🏛 晋中市平遥县中都乡桥头村
Qiaotou Village, Zhongdu Town, Pingyao County

✉ 031100

山西

灵石王家大院旅游区
Lingshi Tourist Zone of Wang Family's Courtyard House

🏛 晋中市灵石县静升镇
Jingsheng Town, Lingshi County

✉ 031308

红崖峡谷景区
Red Cliff Valley Scenic Area

🏛 晋中市灵石县马和乡小柏沟村东
East of Xiaobaigou Village, Mahe Town, Lingshi County

✉ 031300

石膏山景区
Shigao Mountain Scenic Area

🏛 晋中市灵石县南关镇峪口村
Yukou Village, Nanguan Town, Lingshi County

✉ 031300

运城市舜帝陵景区
Emperor Shun's Tomb Scenic Area

🏛 运城市北 10 公里（盐湖区）
10km North of Yuncheng

✉ 044000

运城盐湖（中国死海）景区
Yuncheng Salty Lake(Chinese Dead Sea) Scenic Spot

🏛 运城市解放南路 365 号
No.365 South Jiefang Road, Yuncheng

✉ 044000

运城关公故里文化旅游景区
Yuncheng Guanggong Hometown Cultural Tourism Area

🏛 运城市解州镇五一路 145 号
No.145 Wuyi Road, Xiezhou Town

✉ 044001

永济普救寺旅游区
Yongji Pujiu Temple Tourist Zone

🏛 运城永济市蒲州镇西厢村
Xixiang Village, Puzhou Town, Yongji

✉ 044500

鹳雀楼
Guanque (Stork & Sparrow) Tower

🏛 运城永济市蒲州镇
Puzhou Town, Yongji

✉ 044000

五老峰景区
Wulao Peak Scenic Spot

🏛 运城永济市舜都大道北 33 号（五老峰景区管理处）
No.33 Shundu Avenue, Yongji

✉ 044500

神潭大峡谷景区
Shentan Great Canyon Scenic Area

🏛 运城永济市水峪口古村
Shuiyukou Ancient Town, Yongji

✉ 044500

大梯子崖景区
Great Ladder Cliff Scenic Area

🏛 运城河津市下化乡半坡村
Banpo Village, Xiahua Town, Hejin

✉ 043300

黄河龙门景区
Yellow River Longmen(Dragon Gate) Scenic Area

🏛 运城河津市清涧街道龙门村
Longmen Village, Qingjian Community, Hejin

大禹渡黄河风景区
Dayudu Yellow River Scenic Area

🏛 运城芮城县东南神柏峪
Shenbaiyu, Southeast of Ruicheng County

✉ 044600

圣天湖景区
Shengtianhu(St. Heaven Lake) Scenic Area

🏛 运城市芮城县陌南镇
Monan Town, Ruicheng County

✉ 044600

Guangong
运城关公故里文化旅游景区

运城关公故里文化旅游景区位于晋陕豫黄河金三角——山西省运城市盐湖区解州镇，由解州关公文化建筑群和常平关公文化建筑群两部分组成，解杨旅游专用公路横贯东西，总体形成"一体两翼，两庙一廊"的空间布局。景区南靠巍巍中条，北依鲦鲦硝池，东襟百里盐湖，西望风陵古渡，山水相傍、钟灵毓秀，人文底蕴深厚。

解州关公文化建筑群创建于隋开皇九年（589 年），经宋改建，至明清方形成今日格局，创建至今已有 1400 多年历史，由南及北主要由结义园、正庙和关帝御园三大部分组成，是我国现存始建早、规模大、规制高、保存完整的关帝庙宇，采取"前朝后寝"及中轴对称的宫殿式布局，堪与北京故宫、曲阜孔庙并肩，被誉为"关庙之祖""武庙之冠"，景区内悬挂有康熙御笔"义炳乾坤"、乾隆钦定"神勇"、咸丰御书"万世人极"、慈禧太后亲书"威灵震叠"等匾额，堪称珍宝。凝练中国千百年古建技艺精髓，极具地域特色的琉璃、彩绘装饰，精湛的铸造、雕刻技艺，具有极高的历史文化和科学研究价值，环绕崇宁殿四周形态各异的 26 根巨型石雕蟠龙柱，精雕细刻、神韵各具。倒悬藻井、悬梁吊柱、板刻春秋并称"春秋楼三绝"，历经千年岁月，依然庄重威严、宏伟肃穆。

永乐宫旅游区
Yongle Palace Tourist Zone

🏛 运城市芮城县龙泉村
Longquan Village, Ruicheng County

✉ 044600

李家大院
The Li's Famliy Courtyard

🏛 运城市万荣县阎景村
Yanjing Village, Wanrong County

✉ 044200

万荣后土祠景区
Wanrong Houtu Temple Scenic Area

🏛 运城市万荣县荣河镇庙前村
Miaoqian Village, Ronghe Town, Wanrong County

✉ 044200

垣曲望仙大峡谷景区
Huanqu Wangxian Great Canyon Scenic Area

🏛 运城市垣曲县历山镇望仙村
Wangxian Village, Lishan Town, Huanqu County

✉ 043700

运城市垣曲历山景区
Huanqu Lishan Mountain Scenic Area

🏛 运城市垣曲县
Huanqu County, Yuncheng

✉ 043700

司马光祠景区
Si Maguang's Temple Scenic Area

🏛 运城市夏县水头镇小晁村
Xiaochao Village, Shuitou Town, Xiaxian County

✉ 044400

夏县堆云洞景区
Xiaxian Duiyundong Scenic Area

🏛 运城市夏县水头镇上牛村
Shangniu Village, Shuitou Town, Xiaxian County

✉ 044400

忻州禹王洞风景区
Xinzhou Scenic Spot of King Yu's Cave

🏛 忻州市忻府区豆罗镇
Douluo Town, Xinfu District, Xinzhou

✉ 034001

忻州古城旅游景区
Xinzhou Ancient City Tourism Area

🏛 忻州市忻府区南关大街
Nanguan Avenue, Xinfu District, Xinzhou

✉ 034000

云中河景区
Yunzhong River Scenic Area

🏛 忻州市忻府区凤栖东街
East Fengqi Street, Xinfu District, Xinzhou

✉ 034000

天涯山景区
Tianya Mountain Scenic Area

🏛 忻州原平市子干乡
Zigan Town, Yuanping

✉ 034100

凤凰山景区
Fenghuang (Phoenix) Mountain Scenic Area

🏛 忻州市定襄县受禄乡上汤头村
Shangtangtou Village, Shoulu Town, Dingxiang County

✉ 035400

定襄河边民俗博物馆
Dingxiang Hebian Folk

🏛 忻州市定襄县河边镇河一村
Heyi Village, Hebian Town, Dingxiang County

✉ 035400

憨山文化旅游景区
Hanshan Mountain Culture Tourism Area

🏛 忻州市繁峙县砂河镇
Shahe Town, Fanshi County

✉ 034300

忻州滹源景区
Xinzhou Huyuan Scenic Area

🏛 忻州市繁峙县滨河公园
Riverside Park, Fanshi County

✉ 034300

芦芽山自然保护区
Luya Mountain Natural Reserve

忻州市宁武县西马坊乡
West Mafang Town, Ningwu County

036704

宁武万年冰洞旅游区
Ningwu Ice Cave Tourism Area

忻州市宁武县涔山乡春景洼村
Chunjingwa Village, Censhan Town, Ningwu County

036700

宁武汾河源头旅游区
Source of Fenhe River Tourism Area

忻州市宁武县东寨镇
Dongzhai Town, Ningwu County

036700

静乐县天柱山旅游景区
Jingle County Tianzhu Mountain Tourism Area

忻州市静乐县城南 1 公里处的米碾河与汾河交界处
Intersection of Minian & Fenhe River, 1km South of Jingle County

035100

偏关县老牛湾风景区
Pianguan County Laoniuwan Scenic Area

忻州市偏关县老牛湾村
Laoniuwan Village, Pianguan County

036400

偏关县红门口地下长城
Red Gate Underground Great Wall

忻州市偏关县水泉镇水泉村
Shuiquan Village, Shuiquan Town, Pianguan County

036400

临汾尧庙——华门旅游区
Linfen Yaomiao-Huamen Tourism Area

临汾市尧都区尧庙镇尧庙村
Yaomiao Village, Yaomiao Town, Yaodu District, Linfen

041000

临汾市汾河公园景区
Linfen Fenhe River Park Scenic Area

临汾市尧都区滨河西路
West Binhe Road, Yaodu District, Linfen

041000

尧帝陵景区
Emperor Yao's Tomb Scenic Area

临汾市尧都区大阳镇
Dayan Town, Yaodu District, Linfen

041000

彭真故居
Peng Zhen's Former Residence

临汾侯马市侯马乡垤上村
Dieshang Village, Houma Town, Houma

043000

曲沃晋园景区
Quwo Jinyuan Scenic Area

临汾市曲沃县府东街 (晋都公园)
Jindu Park, East Xianfu Street, Quwo County

043400

曲沃晋国博物馆
Quwo Kingdom Jin's Museum

临汾市曲沃县曲村镇
Qucun Town, Quwo County

043400

襄汾县荷花小镇景区
Xiangfen County Lotus Town Scenic Area

临汾市襄汾县邓庄镇燕村
Yancun Village, Dengzhuang Town, Xiangfen County

041500

襄汾尧京酒庄
Xiangfen Chateau Yaoking

临汾市襄汾县大邓乡上西梁村
Shangxiliang Village, Dadeng Town, Xiangfen County

041500

http://www.yaojingjiuye.com/

襄汾县龙澍峪旅游景区
Xiangfen County Longshuyu Tourism Area

临汾市襄汾县襄陵镇黄崖村
Huangya Village, Xiangling Town, Xiangfen County

041500

霍太山（广胜）风景名胜区
Huotai Mountain (Guangsheng) Scenic Area

临汾市洪洞县广胜寺镇圪垌村
Gedong Village, Guangshengsi Town, Hongtong County

041600

山西

古县牡丹文化旅游区
Guxian County Peony Culture Tourism Area

🏛 临汾市古县石壁乡三合村
Sanhe Village, Shibi Town, Guxian County

✉ 042400

临汾人祖山景区
Renzu Mountain Scenic Area

🏛 临汾市吉县屯里镇桃园村口
Entrance of Taoyuan Village, Tunli Town, Jixian County

✉ 042200

临汾市乡宁云邱山景区
Xiangning Yunqiu Mountain Scenic Area

🏛 临汾市乡宁县东南部
Southeast of Xiangning County

✉ 042100

隰县小西天景区
Xixian Xiaoxitian Scenic Area

🏛 临汾市隰县城西凤凰山巅
On Top of Fenghuang Mountain, West of Xixian County

✉ 041300

黄河乾坤湾景区
Yellow River Qiankun Bay Scenic Area

🏛 临汾市永和县打石腰乡河会里村
Hehuili Village, Dashiyao Town, Yonghe County

✉ 041400

蒲县东岳庙
Puxian County Dongyue Temple

🏛 临汾市蒲县柏山路 8 号
No.8 Baishan Road, Puxian County

✉ 041200

孝义三皇庙景区
Xiaoyi Sanhuang Temple Scenic Area

🏛 孝义市新义街道贾家庄村
Jiajiazhuan Village, Xinyi Community, Xiaoyi

✉ 032300

孝义金龙山风景区
Xiaoyi Jinlong Mountain Scenic Area

🏛 孝义市高阳镇下吐京村西
West of Xiatujing Village, Gaoyang Town, Xiaoyi

✉ 032300

孝义胜溪湖森林公园
Xiaoyi Shengxi Lake Forest Park

🏛 吕梁市孝义市中阳楼街道
Zhongyanglou Community, Xiaoyi

✉ 032300

孝河湿地公园
Xiaohe River Wetland Park

🏛 吕梁孝义市时代大道与孝汾大道交叉路口东南
Southeast of Intersection of Shidai Ave. & Xiaofen St., Xiaoyi

✉ 032300

杏花村汾酒集团
Xinghua Village Fen Liquor Group

🏛 吕梁汾阳市杏花村镇
Xinghuacun Town, Fenyang

✉ 032205

汾阳贾家庄文化生态旅游区
Fenyang Jiajiazhuang Culture Ecotourism Area

🏛 吕梁汾阳市贾家庄镇贾家庄村
Jiajiazhuang Village, Jiajiazhuang Town, Fenyang

✉ 032299

交城如金温泉景区
Jiaocheng Rujin Hot Spring Scenic Area

🏛 吕梁交城县洪相镇安定村
Anding Village, Hongxiang Town, Jiaocheng County

✉ 030500

交城玄中寺景区
Jiaocheng Scenic Spot of Xuanzhong Temple

🏛 吕梁市交城县西北 10 公里
10km Northwest of Jiaocheng County

✉ 030500

交城卦山景区
Jiaocheng Scenic Spot of Guashan Mountain

🏛 吕梁市交城县城北 3 公里
3km North of Jiaocheng County

✉ 030500

蔡家崖晋绥文化景区
Caijiaya Jinsui Culture Scenic Area

🏛 吕梁市兴县蔡家崖乡蔡家崖村
Caijiaya Village, Caijiaya Town, Xingxian County

✉ 033600

临县义居寺景区
Linxian County Yixing Temple Scenic Area

🏛 吕梁市临县三交镇
　　Sanjiao Town, Linxian County

✉ 033200

🌐 http://www.yijusi.com/

临县碛口古镇景区
Linxian County Qikou Ancient Town Scenic Area

🏛 吕梁市临县碛口镇
　　Qikou Town, Linxian County

✉ 033200

方山县北武当山风景名胜区
Fangshan County Beiwudang Mountain Scenic Area

🏛 梁市方山县北武当镇
　　Beiwudang Town, Fangshan County

✉ 033100

山西

内蒙古

INNER MONGOLIA

AAAAA

响沙湾旅游区
Xiangshawan Tourism Zone

"这里的沙子会唱歌",所以,这片沙漠得名"响沙湾"。响沙湾坐落在鄂尔多斯市达拉特旗的库布其沙漠中,地处中国沙漠东端,是中国距内地及北京比较近的沙漠,罕台川河水从它前面流过,姑子梁与它临川相望。

"一粒沙世界"——这是响沙湾人与游客融于大自然的自由自在的欢乐境界。在这个沙的世界里,隐现着似超现实却又现实的世外桃源——莲沙度假岛、福沙度假岛、悦沙休闲岛、仙沙休闲岛、粒沙度假村,每一处都会给游客带来不一样的愉悦。

🏛 鄂尔多斯市达拉特旗响沙湾
　　Xiangshawan, Dalate Banner

✉ 014321

🌐 http://www.xiangsw.com

🚌 从呼和浩特、包头到东胜的班车均可到达响沙湾景区。

成吉思汗陵旅游区

Genghis Khan Mausoleum Tourist Area

成吉思汗陵旅游区是世界上唯一以成吉思汗文化为主题的大型文化旅游景区,是成吉思汗灵魂长眠之地,是内蒙古龙头旅游景区。成吉思汗陵旅游景区的两大核心区域是成吉思汗文化旅游区和成吉思汗陵园祭祀区,自南向北呈轴线坐落于美丽的巴音昌呼格草原上,主要景点有气壮山河门景、铁马金帐群雕、亚欧版图休闲广场、蒙古历史文化博物馆和成吉思汗中心广场。

成吉思汗陵旅游区每年春、夏、秋、冬均举办成吉思汗大祭,成吉思汗祭典已经被列入国家级非物质文化遗产名录。

🏛 鄂尔多斯市伊金霍洛旗伊金霍洛镇
　　Yijinhuoluo Town, Yijinhuoluo Banner

✉ 017208

🌐 http://www.chengjisihan.com.cn

满洲里中俄边境旅游区
Manzhouli Sino-Russia Border Tourism Area

中俄边境旅游区包含了中俄互市贸易区、俄罗斯套娃广场和满洲里市红色国际秘密交通线教育基地暨国门景区三部分。满洲里市红色国际秘密交通线教育基地暨国门景区是满洲里市的标志性旅游景区,也是重要的爱国主义教育基地,其中第五代国门是目前中国陆路口岸最大的国门,与俄罗斯国门相对而立,登上国门,俄罗斯后贝加尔斯克区建筑街道尽收眼底,是来满游客必到之处。俄罗斯套娃广场是以满洲里和俄罗斯相结合的历史、文化、建筑、民俗风情为理念,融食、住、行、游、购、娱为一体的大型俄罗斯特色风情园。中俄互市贸易区是我国唯一一家国家间互市贸易区,主要有俄罗斯、蒙古商品,有水晶酒具、套娃、首饰等,商品种类繁多,环境和服务都不错。

中俄边境旅游区借助满洲里得天独厚的地理环境,汇集了中国文化和俄罗斯风情的精华,形成了独具北疆特色、集旅游、购物、餐饮、娱乐于一身的休闲度假胜地。

🏛 呼伦贝尔满州里市
　　Manzhouli

✉ 021400

内蒙古

赤峰市克什克腾石阵景区
Chifeng Keshiketeng Stone Park

景区原名阿斯哈图石林，"阿斯哈图"意为"险竣的岩石"。这里的石林，石头的纹理横向排列，一层一层像千层饼。这里有第四纪冰川的遗迹，因此阿斯哈图石林也叫作冰石林，是世界上罕见的，形态和成因在全球都具有代表性，并且是目前世界上独有的一种奇特地貌景观。克什克腾石阵景区共有四个核心景区，其中一景区是最大的一个区，它将石林之秀、石林之美、石林之灵、石林之形汇集于一身，是石林中的代表性景区。

克什克腾石阵景区地处高山草甸草原与原始白桦林的交会地带，这里植被茂盛、植物资源丰富，因季节的不同而姿彩各异、魅力纷呈。"山水草原，北方石林"这一旅游品牌，已经使景区成为内蒙古旅游的一张新名片。

🏛 赤峰市克什克腾旗巴彦查干苏木巴彦乌拉嘎查
Bayanwulagacha, Bayanchagan Sumu, Keshiketeng Banner

✉ 025350

🚕 从克什克腾旗沿正北方向出发上 G303 国道达达线，终点克什克腾石阵景区（在道路右侧）。

阿尔山市柴河旅游景区
Chaihe River Tourism Area

春天，这里有千里杜鹃，夏天，这里满山翠绿，秋天，这里万山红遍，冬天，这里银装素裹。这里的旅游资源富集，有原始森林、火山遗迹，有天池群、温泉矿泉，有河流湖泊、峡谷奇峰，这里还有蒙古、汉、回、满、朝鲜等十几个民族，民俗文化丰富多彩。这里就是阿尔山柴河旅游景区。

阿尔山柴河景区坐落在大兴安岭山脉中段山脊，位于内蒙古东部经济较发达地区的核心位置，具有整合满洲里、海拉尔、扎兰屯、乌兰浩特、锡林浩特等地旅游资源、构建内蒙古旅游黄金区域的战略地位。

🏛 兴安盟阿尔山市林海街
Linhai Street, Arshan

✉ 137800

阿拉善盟胡杨林旅游区
Alashan Huyang (Diversifolious Poplar) Forest Tourism Area

阿拉善盟胡杨林旅游区位于额济纳旗的中心位置——额济纳绿洲，西邻额济纳旗政府驻地达来呼布镇，北临居延海。这里是胡杨的故乡，也是大漠的居所。胡杨有"生而一千年不死，死而一千年不倒，倒而一千年不朽"的说法，被世人称为英雄树。旅游区内的一道桥至八道桥，分布着不同的胡杨景观，是摄影爱好者的天堂。

🏛 阿拉善盟额济纳旗达来呼布镇
Dalaihubu Town, Ejina Banner

✉ 750306

AAAA

内蒙古博物院
Inner Mongolia Museum

🏛 呼和浩特市新华东街 27 号
No.27 East Xinhua Street, Huhhot

✉ 010020

蒙亮民族风情园
Mengliang Nationality Park

🏛 呼和浩特市回民区新华西街 299 号
No.299 West Xinhua Street, Huimin District, Huhhot

✉ 010030

昭君博物院
Zhaojun Museum

呼和浩特市玉泉区桃花乡
Taohua Township, Yuquan District, Huhhot

010070

呼和浩特市蒙牛工业旅游区
Huhhot Mengniu Industrial Tourism Zone

呼和浩特市和林格尔县盛乐经济园区
Shengle Economic Park, Helingeer County

011500

呼和浩特市神泉生态旅游景区
Shenquan (Magic Hot Spring) Ecotourism Area

呼和浩特市托克托县西南 11 公里处
11km Southwest of Tocton County

010200

黄河麦野谷生态休闲旅游区
The Yellow River Maiye Valley Ecotourism Area

呼和浩特市托克托县东营子村
Dongyingzi Village, Tocton County

010200

http://www.hhmyg.com/

老牛湾黄河大峡谷旅游区
Laoniuwan(Old OX Bay)Yellow River Valley Tourism Area

呼和浩特市清水河县单台子乡最南端
South End of Dantaizi Town, Qingshuihe County

011600

呼和浩特市伊利 – 乳都科技示范园
Yili Milk City Technological Demonstration Garden

呼和浩特市土默特左旗金山开发区
Jinshan Development Zone, Tumd Left Banner

010100

内蒙古敕勒川哈素海草原文化旅游区
Chilechuan Hasuhai Prairie Culture Tourism Area

呼和浩特市土默特左旗哈素海
Hasuhai, Tumd Left Banner

010070

包头市南海湿地景区
Nanhai Wetlands Scenic Area

包头市东河区南侧
South of Hedong District, Baotou

014000

包头莲花山旅游景区
Baotou Lotus Mountain Tourism Area

包头市东河区沙尔沁镇西北侧
Northwest of Shaerqin Town, Donghe District, Baotou

014040

包头市北方兵器城
Baotou North Weapon City

包头市青山区兵工路西部路南
South of Xibu Road, Binggong Road, Qingshan District, Baotou

014030

包头市梅力更风景旅游区
Baotou Meiligeng Scenic Tourism Area

包头市九原区
Jiuyuan District, Baotou

014010

美岱召文物旅游区
Meidaizhao Heritage Tourism Area

包头市土默特右旗美岱召文物保管所
Tumd Right Banner

014111

内蒙古诗画草原旅游景区
Inner Mongolia Poetry and Painting Grassland Tourism Area

包头市达茂旗巴音敖包苏木达布希拉图嘎查
Dabhilatu Gacha, Bayinaobao Sumu, Damao Banner, Baotou

014599

金沙湾生态旅游区
Jinshawan (Golden Sand Bay) Ecotourism Area

乌海市海勃湾区北 10 公里
10km North of Haibowan District, Wuhai

016000

阳光田宇国际酒庄
Sunshine Manor

乌海市海勃湾区人民北路
North Renmin Road, Haibowan District, Wuhai

016000

当代中国书法艺术馆
Contemporary Chinese Calligraphy Art Museum

乌海市海勃湾区滨河街道学府街
Xuefu Street, Binhe Community, Haibowan District, Wuhai

016000

内
蒙
古

蒙根花生态休闲区
Menggenhua Ecological Leisure Area

乌海市海勃湾区
Haibowan District, Wuhai

016000

赤峰博物馆
Chifeng Museum

赤峰市新城区富河街 10A
10A Fuhe Street, Xincheng District, Chifeng

http://www.cfbwg.org.cn/

道须沟生态旅游区
Daoxugou Ecotourism Area

赤峰市宁城县天义镇
Tianyi Town, Ningcheng County

024200

赤峰市巴林左旗召庙景区
Chifeng Balin Left Banner Zhao Temple Scenic Area

赤峰市巴林左旗林东镇
Lindong Town, Balin Left Banner

025450

达里湖旅游区
Dali Lake Tourism Area

赤峰市克什克腾旗达里诺日苏木
Dalinuori Sumu, Keshiketeng Banner

025309

赤峰市喀喇沁亲王府
Chifeng Kalaqin Mansion

赤峰市喀喇沁旗王爷府镇
Wangyefu Town, Kalaqin Banner

024400

美林谷滑雪场
Mylin Valley Skiing Ground

赤峰市喀喇沁旗美林谷
Mylin Valley, Kalaqin Banner

024400

敖汉温泉城景区
Aohan Hot Spring Scenic Area

赤峰市敖汉旗四家子镇热水汤村
Reshuitang Village, Sijiazi Town, Aohan Banner

024300

敖包相会可汗山草原旅游景区
Aobaoxianghui(Date in Aobao) Kehan Hill Prairie Tourism Area

通辽霍林郭勒市
Holingola City, Tongliao

029200

大青沟国家自然保护区
Daqinggou National Natural Reserve

通辽市科尔沁左翼后旗
Kerqin Left Wing Rear Banner

028121

孝庄园文化旅游区
Queen Xiaozhuang Culture Tourism Area

通辽市科尔沁左翼中旗花吐古拉镇境内
Huatugula Town, Kerqin Left Wing Middle Banner

029300

宝古图沙漠旅游区
Baogutu Desert Tourism Area

通辽市奈曼旗白音他拉苏木
Baiyintala Sumu, Naiman Banner, Tongliao

028319

哈民考古遗址公园
Hamin Archaeological Park

通辽市科左中旗舍伯吐镇
Shebotuo Town, Khorchin Left Wing Middle Banner, Tongliao

029322

鄂尔多斯市秦直道旅游区
Ordos Qinzhidao Tourism Area

鄂尔多斯市东胜区罕台村
Hantai Village, Dongsheng District, Ordos

017000

鄂尔多斯市九成宫生态园
Ordos Jiuchenggong Ecological Park

鄂尔多斯市东胜区罕台镇
Hantai Town, Dongsheng District, Ordos

017004

Qixinghu
亿利库布其七星湖沙漠度假区

亿利库布其七星湖沙漠度假区是由知名沙漠绿色经济企业——亿利集团，在其30年治理沙漠基础之上投资兴建的以沙漠生态旅游为亮点的国家4A级旅游景区，总规划面积10315万平方米，其中水域面积114.6万平方米、芦苇湿地面积40.7万平方米、草原面积380万平方米、沙漠面积383.7万平方米，修复后绿地面积9396万平方米，是联合国认定的"库布其国际沙漠论坛"永久会址。

七星湖沙漠度假区坐落在鄂尔多斯市杭锦旗境内，北接京藏高速和110国道，南临109、201国道、沿黄一级公路和包茂高速，呼和浩特、鄂尔多斯、包头三市可驱车直达，巴彦淖尔机场、包头机场和鄂尔多斯国际机场三大机场环抱其中，地理位置优越、交通便捷。度假区内主要有南、北两大精品旅游线路，沙漠越野、塞上绿洲、牧民新村、主题酒店四大核心区，更有研学旅行、游乐演艺、主题赛事等精彩项目囊括其中，旅游资源丰富，游客体验度高，住宿条件优越，游玩项目选择多，是集旅游度假、主题演艺、康养娱乐、生态观光、越野探险、商务会展等于一体的综合型沙漠旅游度假区。

鄂尔多斯野生动物园
Ordos Wildlife Park

- 鄂尔多斯市东胜区
  Dongsheng District, Ordos
- 017000

万家惠欢乐世界游乐园
Gathering Paradise

- 鄂尔多斯市东胜区永昌路 47 号
  No.47 Yongchang Road, Dongsheng District, Ordos
- 017000

康巴什旅游区
Kangbashi Tourism Area

- 鄂尔多斯市康巴什区
  Kangbashi District, Ordos
- 017004

准格尔召旅游区
Zhungerzhao Tourism Area

- 鄂尔多斯市准格尔旗准格尔召镇西召村
  Xizhao Village, Zhungerzhao Town, Jungar Banner
- 017100

鄂尔多斯市释尼召沙漠绿海乐园
Shinizhao Oasis Amusement Park

- 鄂尔多斯市达拉特旗树林召镇
  Shulinzhao Town, Dalate Banner
- 014300

恩格贝旅游区
Engebei Tourism Zone

- 鄂尔多斯市达拉特旗乌兰乡恩格贝
  Engebei, Wulan Town, Dalate Banner
- 014321

银肯塔拉沙漠生态旅游区
Yinkentala Desert Ecotourism Area

- 鄂尔多斯市达拉特旗展旦召苏木
  Zhandanzhao Sumu, Dalate Banner
- 014300

鄂尔多斯草原旅游区
Prairie Resort of Ordos

- 鄂尔多斯市杭锦旗锡尼镇
  Xini Town, Hangjin Banner
- 017400

察罕苏力德游牧生态旅游区
Chahan Sulide Nomadism Ecotourism Area

- 鄂尔多斯市乌审旗
  Wushen Banner
- 017300

大沙头文化旅游区
Dashatou Culture Tourism Area

- 鄂尔多斯市鄂托克前旗敖勒召其镇大沙头村
  Dashatou Village, Aolezhaoqi Town, Etuoke Front Banner
- 016200

鄂尔多斯苏勒德文化旅游村
Ordos Sulede Cultural Tourism Village

- 鄂尔多斯市鄂托克前旗布拉格苏木特布德嘎查
  Bulage Sumute Budegacha, Etuoke Front Banner
- 016215

上海庙草原文化旅游区
Shanghaimiao Prairie Culture Tourism Area

- 鄂尔多斯市鄂托克前旗上海庙镇
  Shanghaimiao Town, Etuke Front Banner
- 016200

碧海阳光温泉旅游区
Bihai Yangguang (Green Sea & Sun) Hot Spring Tourism Area

- 鄂尔多斯市鄂托克旗乌兰镇
  Wulan Town, Etuoke Banner
- 016100

布龙湖温泉度假区
Bulong Lake Hot Spring Resort

- 鄂尔多斯市鄂托克旗阿尔巴斯苏木
  Arbas Sumu, Etuoke Banner
- 016100

苏泊罕草原旅游区
Subohan Prairie Tourism Area

- 鄂尔多斯市伊金霍洛旗苏布尔嘎镇
  Subuerga Town, Yinjinhuoluo Banner
- 0477-8960303
- 017200

乌兰活佛府旅游区
Wulan Living Buddha Mansion Tourism Area

- 鄂尔多斯市伊金霍洛旗阿镇
  Azhen Town, Yijinhuoluo Banner
- 017200

水镜湖休闲度假旅游区
Shuijing Lake Leisure Tourist Area

鄂尔多斯市准格尔旗布尔陶亥乡李家塔村
Lijiata Village, Buertaohai Town, Jungar Banner

017100

鄂尔多斯市巴图湾旅游区
Ordos Batuwan Tourism Area

鄂尔多斯市乌审旗河南乡巴图湾村
Batuwan Village, Henan Town, Wushen Banner

017004

察罕苏力德游牧生态旅游区
Chahan Sulide Nomadism Ecotourism Area

鄂尔多斯市乌审旗苏力德苏木
Sulide Sumu, Wushen Banner

017004

鄂尔多斯赛车小镇文化旅游区
Ordos Racing Town Cultural Tourism Area

鄂尔多斯市康巴什区东翼
East Wing of Kangbashi District, Ordos

017010

世界反法西斯战争海拉尔纪念园
Worldwide Anti-fascist War Memorial Park

呼伦贝尔市海拉尔区北山遗址
Beishan Ruins, Hailar District, Hulun Buir

021000

扎赉诺尔猛犸旅游区
Zhalainuoer Mammoth Tourism Area

呼伦贝尔满洲里市扎赉诺尔区
Zhalainuoer District, Manzhouli

021400

内蒙古大兴安岭莫尔道嘎国家森林公园
Inner Mongolia Greater Xing'an Mountains Mordaoga National Forest Park

呼伦贝尔额尔古纳市莫尔道嘎镇
Mordaoga Town, Erguna

022191

额尔古纳湿地景区
Erguna Wetland Scenic Area

呼伦贝尔额尔古纳市拉布达林镇
Labudalin Town, Erguna

022250

根河源国家湿地公园
Source of Genhe River National Wetland Park

呼伦贝尔根河市
Genhe

022350

敖鲁古雅使鹿部落景区
Aoluguya Deer Tribe Tourism Area

呼伦贝尔根河市区西 4 公里处
Four kilometers West of Downtown Genhe

022350

新巴尔虎左旗巴尔虎蒙古部落旅游景区
Barhu Mongolia Tribe Tourism Area

呼伦贝尔市新巴尔虎左旗阿木古郎镇
Amugulang Town, Xinbarhu Left Banner

021200

呼和诺尔草原旅游度假区
Huhenuoer Prairie Tourism Resort

呼伦贝尔市陈巴尔虎旗巴彦哈达苏
Bayanhadasu, Chenbarhu Banner

021500

呼伦贝尔市陈巴尔虎旗金帐汗蒙古部落
Jinzhanghan Mongolia Tribe

呼伦贝尔市陈巴尔虎旗莫日格勒河畔
Morigele River Bank, Chenbarhu Banner

021500

达尔滨湖国家森林公园
Darbin Lake National Forest Park

呼伦贝尔市鄂伦春自治旗诺敏镇
Nuomin Town, Elunchun Banner

165450

红花尔基国家森林公园
Honghuarji National Forest Park

呼伦贝尔市鄂温克旗红花尔基镇
Honghuaerji Town, Ewenke Banner

021100

呼伦贝尔市中国达斡尔民族园
Hulun Buir China Dawoer Ethnic Garden

呼伦贝尔市莫力达瓦旗尼尔基镇
Nierji Town, Molidawa Banner

162850

内
蒙
古

河套湿地景区
Hetao Wetland Scenic Area

巴彦淖尔市临河区
Linhe District, Bayan Nur

015001

巴彦淖尔市维信国际高尔夫度假村
Bayannur City Weixin International Golf Resort

巴彦淖尔市乌拉特前旗白彦花镇
Baiyanhua Town, Wulate Front Banner

014400

集宁国际皮革城
Jining International Leather City

乌兰察布市集宁区新区现代物流园内
Inside Modern Logistics Garden, New Area, Jining District,
Ulanqab

012000

集宁战役红色纪念园
Jining Battle Red Memorial Park

乌兰察布市集宁区老虎山生态公园内
Inside Laohu Mountain Ecological Park, Jining

012000

红召九龙湾生态旅游区
Hongzhao Jiulong(Nine Dragons) Bay Ecotourism Area

乌兰察布市卓资县西北旗下营镇和红召乡
Between Qixiaying Town & Hongzhao Town, Northwest of
Zhuozi County

012300

红石崖寺生态旅游区
Hongshiya(Red Rock Cliff) Temple Ecotourism Area

乌兰察布市卓资县红召乡官庄子村
Guanzhuangzi Village, Hongzhao Town, Zhuozi County

012300

林胡古塞旅游区
Linhu Ancient Fort Tourism Area

乌兰察布市卓资县大榆树乡
Dayushu Town, Zhuozi County

012300

察尔湖旅游区
Cha'er Lake Tourism Area

乌兰察布市兴和县
Xinghe County

013650

苏木山森林公园
Sumu Mountain Forest Park

乌兰察布市兴和县城关镇南 45 公里
45km South of Chengguan Town, Xinghe County

013650

凉城县草原岱海自然生态旅游度假区
Liangcheng County Prairie Daihai Natural Ecologiacal Tourism Resort

乌兰察布市凉城县
Liangcheng County

013750

辉腾锡勒黄花沟草原旅游区
Huitengxile Yellow Flower Valley Tourism Area

乌兰察布市察右中旗辉腾锡勒
Huitengxile, Chahar Right Wing Middle Banner

013502

格根塔拉草原旅游中心
Gergen Tara Prairie Tourism Center

乌兰察布市四子王旗
Siziwang Banner

011800

日光草原 · 大河湾旅游度假区
Sunlight Grassland Dahewan Tourism Resort

乌兰察布市集宁区马连渠乡师家村和白海子镇大河湾村之间
Between Shijia Village of Malianqu Town and Dahewan Village
of Baihaizi Town, Jining District, Wulanqab

012099

阿尔山海神圣泉旅游度假区
Arshan Haishen Saint Spring Tourism Resort

兴安盟阿尔山市温泉街
Wenquan Street, Arshan

137800

五角枫生态旅游景区
Pentagon Maple Ecological Tourism Area

🏛 兴安盟科尔沁右翼中旗代钦塔拉苏木
Khintala Sumu, Horqin Right Wing Middle Banner, Hinggan League

✉ 029421

翰嘎利湖休闲旅游度假区
Hangari Lake Leisure Tourism Area

🏛 兴安盟科尔沁右翼中旗翰嘎利水库
Hangali Reservoir, Horqin Right Wing Middle Banner, Hinggan League

✉ 029499

锡林郭勒盟锡林浩特市贝子庙景区
Beizi Temple Tourism Area

🏛 锡林郭勒盟锡林浩特市北区额尔敦敖包南麓
South of Erdun Aobao, North of Xilinhot

✉ 026000

锡日塔拉草原旅游度假村
Xiritala Prairie Tourism Holiday Village

🏛 锡林郭勒盟锡林浩特市 207 国道 16 公里处路东
East 16km of 207 State Road, Xilinhot

✉ 026000

二连浩特恐龙地质公园
Erlianhot Dinasaur Geological Park

🏛 锡林郭勒盟二连浩特市区东北 9 公里处
9km Northeast of Erlianhot

✉ 011100

锡林郭勒盟西乌珠穆沁旗蒙古汗城
West Wuzhumuqin Banner Mongolia Khan City

🏛 锡林郭勒盟西乌珠穆沁旗西乌镇
Xiwu Town, West Wuzhumuqin Banner

✉ 026200

太仆寺旗御马苑旅游区
Taipusi Banner Royal Horse Range Tourism Area

🏛 锡林郭勒盟太仆寺旗
Taipusi Banner

✉ 027000

乌拉盖野狼谷景区
Wulagai Wild Wolf Valley Scenic Area

🏛 锡林郭勒盟乌拉盖管理区贺斯格乌拉牧场贺额公路 20 公里处
20km from Heyi Road, Herzgeura Ranch, Uragai Administrative Area, Xilin Gol League

✉ 026321

阿拉善盟通湖草原旅游区
Alashan League Tonghu Prairie Tourism Area

🏛 阿拉善盟阿拉善左旗
Alashan Left Banner

✉ 750300

福因寺（北寺）旅游区
Fujin Temple(North Temple)Tourism Area

🏛 阿拉善盟阿拉善左旗贺兰山北寺
North Temple, Helan Mountain, Alashan Left Banner

✉ 750306

贺兰山南寺生态旅游区
Helan Mountain South Temple Tourism Area

🏛 阿拉善盟阿拉善左旗贺兰山南寺
South Temple, Helan Mountain, Alashan Left Banner

✉ 750306

金沙堡地生态旅游区
Jinshabaodi Ecotourism Area

🏛 阿拉善盟阿拉善左旗
Alashan Left Banner

✉ 750300

腾格里沙漠月亮湖旅游区
Tengger Desert Moon Lake Tourism Area

🏛 阿拉善盟阿拉善左旗
Alashan Left Banner

✉ 750306

额济纳旗居延海景区
Juyanhai Tourism Area of Ejin Banner

🏛 阿拉善盟额济纳旗北部
North of Ejin Banner, Alxa League

✉ 735499

内蒙古

辽宁
LIAONING

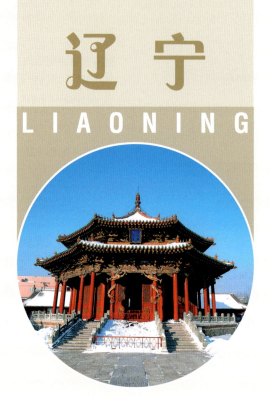

沈阳市植物园（世博园）
Shenyang Botanical Garden（Expo Garden）

沈阳市植物园（世博园）是 2006 年中国沈阳世界园艺博览会的会址，地处沈阳市东部风景秀丽的棋盘山旅游开发区中心地带，被誉为"森林中的世博园"。园区汇集东北、西北、华北地区的多种植物资源，栽植露地木本植物、露地草本植物和温室植物 2000 余种，是东北地区收集植物种类最多的植物展园。

植物园内百合塔、凤凰广场、玫瑰园为标志性主题建筑，荟萃了世界五大洲及国内重点城市的园林和建筑精品，共有 100 个展园分布于南、北两区，这些代表国际、国内各地区及不同风格的风情展园如繁星般点缀在整个园区中间，散发出人文艺术与自然景观和谐统一的独特魅力。

🏛 沈阳市浑南区双园路 301 号
　　No.301 Shuangyuan Road, Hunnan District, Shenyang

✉ 110163

🌐 http://www.syszwy.com.cn

大连金石滩国家旅游度假区
Dalian Golden beach National Tourism Resort

金石滩"因石而成名"，号称"奇石的园林"，大片大片粉红色的礁石、金黄色的石头，像巨大的花朵。金石滩三面环海，冬暖夏凉，气候宜人，延绵 30 多公里长的海岸线，凝聚了史前 9 亿年至史前 3 亿年

的地球进化历史，沉积岩石、古生物化石、海蚀崖、海蚀洞、海石柱、石林等海蚀地貌随处可见，有着"天然地质博物馆"的美誉。

金石滩国家旅游度假区由两个半岛和中央腹地组成，有世界名人蜡像馆、金石滩地质博物馆、金石园、大连滨海国家地质公园等项目，各具风格的建筑群与优美的海滨观光路、黄金海岸等自然环境融为一体，使这里既充满着异国情调，又散发着大自然神秘的诱惑，是理想的旅游度假休闲胜地。

🏛 大连市金州区金石滩街道
　　Jinshitan Community, Jinzhou District, Dalian

✉ 116650

🚍 从大连火车站乘坐城市快轨可直达终点站金石滩。

大连老虎滩海洋公园—极地海洋动物馆
Tiger Beach Ocean Park—Polar Marine Animal Museum

这里有展示极地海洋动物、体验极地生态的场馆——极地馆，有以展示珊瑚礁生物群为主的综合类海洋生物场馆——珊瑚馆，有全国最大的半自然状态的人工鸟笼——鸟语林，有展示野生海象、海狮、海狗群居生活的场馆——海兽馆，有将情景剧同动物表演相结合的欢乐剧场，有悦赏海豹的蓝湾开心岛，有全国最大的花岗岩群虎雕塑。这里还有化腐朽为神奇的马驹骥根雕艺术馆、全国最长的大型跨海空中索道、大连南部海滨旅游观光船以及惊险刺激的侏罗纪激流探险。

在极地海洋动物馆中，温顺的白鲸、聪明的海豚、呆萌的北极熊、憨态可掬的海象、风度翩翩的企鹅等百余种极地动物携千尾游鱼汇成欢乐的海洋。美丽的外籍演员、帅气的驯养师携手极地海洋精灵，为您呈现一场浪漫的海洋奇缘！

大连老虎滩海洋公园是滨城大连的一道亮丽风景，是展示海洋文化、突出滨城特色、融海洋动物、海洋生物展示、海洋动物表演、海洋游乐、海洋科普教育为一体的现代化海洋主题公园。

🏛 大连市中山区滨海中路 9 号
　　No.9 Middle Binhai Road, Zhongshan District, Dalian

✉ 110613

🌐 http://laohutan.com.cn

鞍山千山国家风景名胜区
Anshan Qianshan Mountain National Famous Scenic Area

在鞍山市东南，有这样一片奇峰异景——近千座山峰连绵起伏、错落有致，宛如千朵莲花竞秀，"欲向青天数花朵，九百九十九芙蓉"，清代诗人姚元的诗句，正是这片奇异群峰的写照，这就是被誉为"东北明珠"的千山。千山，是我国东北地区重要的文化名山，其文脉纵横、精深博大，人文历史广博浑厚，名胜古迹众多，尤以儒、释、道文化共享而独领风骚，著名的"十大禅林、九宫、十观、十二茅庵"等40余座庙宇宫观，如同璀璨的珍珠，镶嵌在千山的奇峰翠岭之间，与自然风光和谐天成、浑然一体。

🏛 鞍山市千山
Qianshan District, Anshan

✉ 114045

🌐 http://www.qianshan.gov.cn

本溪水洞国家风景名胜区
Benxi Water Tunnel National Scenic Area

本溪水洞是目前发现的世界第一长的地下充水溶洞，"北国一宝""天下奇观""亚洲一流""世界罕见"，这些荣誉与称呼仍不足以表明它的神奇与精美。本溪水洞形成于数百万年前，洞口坐南面北，内分水、旱二洞，进洞口是一座气势磅礴、可容纳千人的"迎客厅"。大厅向右，有旱洞长300米，洞穴高低错落，洞中有洞，曲折迷离，各有洞天，洞顶和岩壁钟乳石多沿裂隙成群发育，呈现各式物象，不假修凿，自然成趣，宛若龙宫仙境。

大厅正面是通往水洞的码头，千余平方米的水面，宛如一幽静别致的"港湾"，泛舟畅游水洞，欣赏水洞之大、水洞之长、水洞之深、飞瀑之美，你不

得不惊叹："钟乳奇峰景万千，轻舟碧水诗画间，钟秀只应仙界有，人间独此一洞天。"

🏛 本溪市本溪县谢家崴子村
Xiejiaweizi Village, Benxi County

✉ 117000

🌐 http://www.lnbenxishuidong.com

🚌 在本溪火车站有旅游专线车前往。在本溪东芬客运站乘坐到小市的客车，在水洞下车即可。

盘锦红海滩风景廊道
Panjin Honghaitan(Red Sea Beach) Scenic Corridor

红海滩风景廊道以红海滩为特色，以湿地资源为依托，以芦苇荡为背景，是"中国最精彩的休闲廊道"和"中国最浪漫的游憩海岸线"。碧波浩渺的苇海，数以万计的水鸟和一望无际的浅海滩涂，还有许多火红的碱蓬草，使这里成为一处自然环境与人文景观完美结合的纯绿色生态旅游系统，被喻为拥有红色春天的自然景观。

🏛 盘锦市大洼区赵圈河镇
Zhaoquanhe Town, Dawa District, Panjin

✉ 124000

AAAA

沈阳故宫博物院
Shenyang Imperial Palace Museum

🏛 沈阳市沈河区沈阳路 171 号
No.171 Shenyang Road, Shenhe District, Shenyang

✉ 110011

辽宁省博物馆
Liaoning Provincial Museum

🏛 沈阳市沈河区市府大路 363 号
No.363 Fuda Road, Shenhe District, Shenyang

✉ 110013

张氏帅府博物馆
Marshal Zhang's Mansion

🏛 沈阳市沈河区朝阳街少帅府巷 46 号
No.46 Shaoshuaifu Lane, Chaoyang Street, Shenhe District,
Shenyang

✉ 110011

沈阳科学宫
Shenyang Science Centrum

🏛 沈阳市沈河区青年大街 201 号
No.201 Qingnian Street, Shenhe District, Shenyang

✉ 110015

🌐 www.sykxg.org

老北市景区
Laobeishi Tourism Area

🏛 沈阳市和平区营口东路 45 号附近
Near No. 45 East Yingkou Road, Heping District, Shenyang

✉ 110003

沈阳 "九一八" 历史博物馆
Shenyang "9·18" Museum of History

🏛 沈阳市大东区望花南街 46 号
No.46 Wanghua South Street, Dadong District, Shenyang

✉ 110044

沈阳航空博物馆
Shenyang Aviation Museum

🏛 沈阳市皇姑区陵北街 1 号
No.1 Lingbei Street, Huanggu District, Shenyang

✉ 110034

沈阳北陵公园
Shenyang Beiling Park

🏛 沈阳市皇姑区泰山路 12 号
No.12 Taishan Road, Huanggu District, Shenyang

✉ 110032

沈阳工业博物馆
Shenyang Industry Museum

🏛 沈阳市铁西区卫工北街 14 号
No.14 North Weigong Street, Tiexi District, Shenyang

✉ 110021

沈阳绿岛旅游度假区
Shenyang Greenland Tourism Resort

🏛 沈阳市苏家屯区枫杨路 42 号
No.42 Fengyang Road, Sujiatun District, Shenyang

✉ 110101

盛京国际高尔夫俱乐部
Shengjing International Golf Club

🏛 沈阳市浑南区东陵路 210 号甲
No.210A Dongling Road, Hunnan District, Shenyang

✉ 110164

沈阳东陵公园
Shenyang Dongling Park

🏛 沈阳市浑南区东陵东路 210 号
No.210 East Dongling Road, Hunnan District, Shenyang

✉ 110161

辽宁

沈阳市中华寺
Shenyang Zhonghua Temple

🏛 沈阳市浑南区王滨乡中华寺村
Zhonghuasi Villge, Wangbin Town, Hunnan District, Shenyang

✉ 110015

沈阳棋盘山风景区
Shenyang Qipanshan Scenic Area

🏛 沈阳市浑南区棋盘山开发区森林路 88 号
No.88 Senlin Road, Qipanshan Development Area, Hunnan District, Shenyang

✉ 110179

沈阳冰川动物乐园
Shenyang Glacier Animal Paradise

🏛 沈阳市沈北新区棋盘山国际风景旅游开发区
Shenyang Qipanshan International Tourism Development Zones, New Shenbei District, Shenyang

✉ 110463

沈阳怪坡风景区
Shenyang Strange Slope Scenic Area

🏛 沈阳市沈北新区杭州路 83-3 号
No.83-3 Hangzhou Road, New Shenbei District, Shenyang

✉ 110123

沈阳市方特欢乐世界
Fantawild Adventure Shenyang

🏛 沈阳市沈北新区道义开发区盛京大街 55 号
No.55 Shengjing Avenue, Daoyi Development Area, New Shenbei District, henyang

✉ 110121

🌐 Shenyang.fangte.com

沈阳稻梦空间
Shenyang Rice Dream Space

🏛 沈阳市沈北新区兴隆台街道兴光村
Xingguang Village, Xinglongtai Community, Shenbei District, Shenyang

✉ 110121

沈阳华晨宝马铁西工厂
Shenyang Huachen BMW Tiexi Factory

🏛 沈阳市于洪区大潘镇
Dapan Town, Yuhong District, Shenyang

✉ 110141

沈阳三农博览园
Shenyang Sannong Expo

🏛 沈阳新民市大柳屯镇岗子村
Gangzi Village, Daliutun Town, Xinmin

✉ 110300

沈阳爱新觉罗皇家博物院
Shenyang Aisin Gioro Royal Museum

🏛 沈阳市法库县大孤家子镇
Dagujiazi Town, Faku County, Shenyang

✉ 110400

大连武术文化博物馆景区
Dalian Wushu Culture Museum Tourism Area

🏛 大连市西岗区仲夏路 16 号
No.16 Zhongxia Road, Xigang District, Dalian

✉ 116011

大连森林动物园
Dalian Forest Zoo

🏛 大连市西岗区石道街迎春路
Yingchun Road, Shidao Street, Xigang District, Dalian

✉ 116013

大连横山寺北普陀主题文化公园
Dalian Hengshan Temple North Putuo Theme Culture Park

🏛 大连市高新园区龙王塘街道祥坛路 1 号
No.1 Xiangtan Road, Longwangtang Community, High-tech Area, Dalian

✉ 116011

大连虎滩乐园
Dalian Tiger Beach Amusement Park

🏛 大连市中山区滨海中路 9 号
No.9 Middle Binhai Street, Zhongshan District, Dalian

✉ 116013

大连棒槌岛宾馆景区
Bangchui(Mallet) Island Hotel Scenic Area

🏛 大连市中山区迎宾路 1 号
No.1 Yingbin Road, Zhongshan District, Dalian

✉ 116001

大连圣亚海洋世界
Dalian Sun Asia Ocean World

🏛 大连市沙河口区中山路 608-6 号
No.608-6 Zhongshan Road, Shahekou District, Dalian

✉ 116023

大连现代博物馆
Dalian Modern Museum

🏛 大连市沙河口区会展路 10 号
No.10 Huizhan Road, Shahekou District, Dalian

✉ 116023

大连自然博物馆
Dalian Natural Museum

🏛 大连市沙河口区黑石礁西村街 40 号
No.40 Xicun Street, Heishijiao, Shahekou District, Dalian

✉ 116023

大连中央大道旅游购物文化中心
Dalian Central Avenue Tourism & Shopping Culture Center

🏛 大连市沙河口区西安路 107 号
No. 107 Xi'an Road, Shaheko District, Dalian

✉ 116021

🌐 http://www.qqpark.com.cn/

大连西郊森林公园
Dalian West Suburb Forest Park

🏛 大连市甘井子区红旗街道
Hongqi Community, Ganjingzi District, Dalian

✉ 116031

大连世界和平公园
Dalian World Peace Park

🏛 大连市旅顺口区

Lushunkou District, Dalian

✉ 116050

旅顺东鸡冠山景区
Lüshun East Jiguanshan Scenic Area

🏛 大连市旅顺口区启新街 1 号
No.1 Qixin Street, Lüshunkou Street, Dalian

✉ 116041

旅顺万忠墓纪念馆
Lüshun Wanzhong Tomb Museum

🏛 大连市旅顺口区九三路 23 号
No.23 93 Road, Lüshunkou District, Dalian

✉ 116041

旅顺白玉山景区
Lüshun Baiyushan Scenic Area

🏛 大连市旅顺口区白山街 1 号
No.1 Baishan Street, Lüshunkou District, Dalian

✉ 116041

旅顺日俄监狱旧址博物馆
Lüshun Japan-Russia Prison Site Museum

🏛 大连市旅顺口区元宝坊向阳街 139 号
No.139 Yuanbaofang Xiangyang Street, Lüshunkou District,
Dalian

✉ 116041

七彩南山景区
Colorful South Mountain Scenic Area

🏛 大连市旅顺口区水师营街道小南村
Xiaonan Village, Shuishiying Community, Lüshunkou District,
Dalian

✉ 116050

大连旅顺潜艇博物馆景区
Dalian Lüshun Submarine Museum

🏛 大连市旅顺口区黄金山海岸
Huanjinshan Beach, Lüshunkou District, Dalian

✉ 116050

大连英歌石植物园
Dalian Yinggeshi Botanical Garden

🏛 大连市旅顺口区龙王塘街道英歌石村
Yinggeshi Village, Longwangtang Community, Lüshunkou
District, Dalian

✉ 116050

辽宁

金州关向应纪念馆
Jinzhou Guan Xiangying's Memorial Museum

🏛 大连市金州区向应镇关家村
　Guanjia Village, Xiangying Town, Jinzhou District, Dalian

✉ 116111

紫云花汐薰衣草庄园
Ziyun Huaxi Lavender Park

🏛 大连市金州区向应街道土门子村小黑山东南麓
　Southeast of Xiaohei Hill, Tumenzi Village, Xiangying Community, Jinzhou District, Dalian

✉ 116111

大连辽参生态旅游景区
Dalian Liaoning Trepang Ecotourism Area

🏛 大连普兰店区皮口街道平岛辽参小镇
　Trepang Town, Pingdao Island, Pikou Community, Pulandian District, Dalian

✉ 116200

大连安波温泉旅游度假区
Dalian Anbo Hot Spring Tourism Resort

🏛 大连市普兰店区安波镇
　Anbo Town, Pulandian District, Dalian

✉ 116200

铭湖国际温泉滑雪度假区
Minghu Lake International Hot Spring & Ski Resort

🏛 大连市普兰店区炮台镇沈大高速公路出口处
　Near Exit of Shenda Highway, Paotai Town, Pulandian District, Dalian

✉ 116300

世外俭汤温泉度假区
Detachment Jiantang Hot Spring Resort

🏛 大连普兰店区安波镇
　Anbo Town, Pulandian District, Dalian

✉ 116300

大连香洲田园城
Xiangzhou Countryside City

🏛 大连瓦房店市谢屯镇
　Xietun Town, Wanfangdian

✉ 116300

大连将军石旅游景区
Dalian General Stone Tourism Area

🏛 大连瓦房店市西杨乡渤海村
　Bohai Village, Xiyang Town, Wafangdian

✉ 116300

大连仙峪湾旅游度假区
Dalian Xianyu Bay Tourism Resort

🏛 大连市瓦房店市仙峪湾镇望海村
　Wanghai Village, Xianyuwan Town, Wafangdian

✉ 116315

大连冰峪省级旅游度假区
Dalian Bingyu Provincial Tourism Resort

🏛 大连庄河市仙人洞镇
　Xianrendong Town, Zhuanghe

✉ 116407

庄河天门山国家森林公园
Zhuanghe Tianmen Mountain National Forest Park

🏛 大连庄河市仙人洞镇北部
　North Xianrendong Town, Zhuanghe

✉ 116409

大连海王九岛旅游度假区
Dalian Haiwang Nine Islands Tourism Resort

🏛 大连庄河市王家镇
　Wangjia Town, Zhuanghe

✉ 116433

鞍山玉佛苑
Anshan Jade Buddha Garden

🏛 鞍山市铁东区绿化街 58 号
　No.58 Green Street, Tiedong District, Anshan

✉ 114004

鞍山市鞍钢集团展览馆旅游区
Anshan Iron And Steel Group Corporation Museum Tourism Area

🏛 鞍山市铁西区环钢路 1 号
　No.1 Huangang Road, Tiexi District, Anshan

✉ 114021

千山老院子景区
Qianshan Old Yard Tourism Area

🏛 鞍山市立山区 316 省道北
　　North of 316 Provincial Way, Lishan District, Anshan

✉ 114031

鞍山市山水庄园
Anshan Shanshui Manor

🏛 鞍山市千山区谷首峪村
　　Gushouyu Village, Qianshan District, Anshan

✉ 114041

鞍山汤岗子温泉景区
Anshan Tanggangzi Hotspring Scenic Area

🏛 鞍山市千山区汤岗子镇温泉街 1 号
　　No.1 Wenquan Street, Tanggangzi Town, Qianshan District, Anshan

✉ 114048

鞍山祥和度假庄园
Anshan Xianghe Resort Manor

🏛 鞍山市千山区汤岗子镇祥家村海华路 8 号
　　No.8 Haihua Road, Xiangjia Village, Tanggangzi Town, Qianshan District, Anshan

✉ 114048

鞍山佳宁欢乐谷景区
Anshan Jianing Happy Valley Tourism Area

🏛 鞍山市千山区大屯镇于家沟村
　　Yujiagou Village, Datun Town, Qianshan District, Anshan

✉ 114041

御汤泉旅游度假区
Yutangquan Tourist Resort

🏛 鞍山市千山区凤翔路与鞍山路交叉口
　　Intersection of Fengxiang & Anshan Road, Qianshan District, Anshan

✉ 114041

双龙山旅游景区
Shuanglongshan Tourist Scenic Area

🏛 鞍山市千山区旧腾路
　　Jiuteng Road, Qianshan District, Anshan

✉ 114041

鞍山天源农业景区
Anshan Tianyuan Algricluture Scenic Area

🏛 鞍山海城市耿庄镇
　　Gengzhuang Town, Haicheng

✉ 114224

岫岩龙泉湖旅游度假区
Xiuyan Longquan Lake Tourism Resort

🏛 鞍山市岫岩县前营子镇燕窝村
　　Yanwo Village, Qianyingzi Town, Xiuyan County

✉ 114300

鞍山岫岩清凉山风景区
Xiuyan Qingliang Mountain Scenic Area

🏛 鞍山市岫岩汤沟镇
　　Tanggou Town, Xiuyan County

✉ 114300

龙潭湾风景区
Longtan Bay Scenic Area

🏛 鞍山市岫岩县龙潭镇
　　Longtan Town, Xiuyan County

✉ 114300

抚顺热高乐园
Fushun Hot Go Happy World

🏛 抚顺市高湾经济区高望路 1 号
　　No.1 Gaowang Road, Gaowan Economic Area, Fushun

✉ 113123

🌐 www.hotgopark.com

沈抚示范区皇家海洋乐园
Shenfu Demonstration Zone Royal Ocean Park

🏛 抚顺市高湾经济区
　　Gaowan Economic Area, Fushun

✉ 113123

抚顺雷锋纪念馆
Fushun Lei Feng Memorial Museum

🏛 抚顺市望花区和平路东段 61 号
　　No.61 Heping Road East, Wanghua District, Fushun

✉ 113001

🌐 www.leifeng.org.cn

辽宁

抚顺三块石国家森林公园
Fushun Sankuaishi National Forest Park

🏛 抚顺市抚顺县后安镇佟孔子村鸽子洞屯
Gezidong Tun, Tongkongzi Village, Hou'an Town, Fushun County

✉ 113113

抚顺天女山森林公园
Fushun Tiannü Mountain Forest Park

🏛 抚顺市抚顺县抚金线
Fujin Line, Fushun County

✉ 113100

抚顺赫图阿拉城
Fushun Hetuala City

🏛 抚顺市新宾县永陵镇南
South Yongling Town, Xinbin County

✉ 113200

新宾猴石森林公园
Xinbin Houshi Forest Park

🏛 抚顺市新宾县木奇镇赵家林场
Zhaojia Forest Farm, Muqi Town, Xinbin County

✉ 113214

抚顺市和睦国家森林公园
Fushun Hemu National Forest Park

🏛 抚顺市新宾县永陵镇和睦村
Hemu Village, YonglingTown, Xinbin County

✉ 113200

清原红河峡谷漂流
Qingyuan Red River Canyon Drift

🏛 抚顺市清原县红河谷森林公园内
Red River Canyon Forest Park, Qingyuan County

✉ 113300

抚顺筐子沟原生态风景区
Fushun Kuangzigou Original Ecology Scenic Area

🏛 抚顺清原县枸乃甸乡
Gounaidian Town, Qingyuan County

✉ 113300

本溪大冰沟森林公园
Benxi Dabinggou Forest Park

🏛 本溪市南芬区思山岭乡
Sishanling Town, Nanfen District, Benxi

✉ 117014

本溪大峡谷景区
Benxi Grand Canyon Scenic Area

🏛 本溪市南芬区郭家街道解放村
Jiefang Village, Guojia Community, Nanfen District, Benxi

✉ 117014

本溪小市一庄景区
Benxi Xiaoshi Yizhuang Scenic Area

🏛 本溪市本溪县小市镇本桓公路
Benhuan Way, Xiaoshi Town, Benxi County

✉ 117100

本溪关门山水库风景区
Benxi Guanmenshan Reservoir Scenic Area

🏛 本溪市本溪县关门山水库管理处
Guanmenshan Reservoir Administrative Office, Benxi County

✉ 117100

本溪关门山国家森林公园
Guanmenshan Mountain National Forest Park

🏛 本溪市本溪县山城子镇陈英村
Chenying Village, Shanchengzi Town, Benxi County

✉ 117100

本溪九顶铁刹山风景区
Benxi Jiuding Tiecha Mountain Scenic Area

🏛 本溪市本溪县南甸镇
Niandian Town, Benxi County

✉ 117104

汤池沟绿石谷森林公园
Tangchigou Green Stone Valley Forest Park

🏛 本溪市本溪县草河掌镇胡家堡村
Hujiabao Village, Caohezhang Town, Benxi County

✉ 117100

Wunüshan
五女山景区

　　五女山景区坐落于辽宁省本溪市桓仁满族自治县县城东北 8 公里的浑江右岸，面积 10.8 平方公里，包括五女山山城遗址展示区、自然景观区和五女山博物馆三部分。景区以山岳湖泊风光为依托，以五女山山城为核心，以再现高句丽历史文化为主题，形成了集山岳观光、遗址游览、文化体验、滨湖漫游、科普教育等功能于一体的综合型旅游风景区。

　　五女山景区山峰奇秀、湖水荡漾、风光旖旎，以世界文化遗产地、高句丽发祥地、清王朝肇兴之地、中国易学标本地四大名片著称于世，具有极高的观赏游憩价值和历史文化价值。五女山景区 1991 年入选国家森林公园名录，1996 年被公布为全国重点文物保护单位，1999 年入选了全国十大考古新发现之一，2002 年被评为国家 4A 级旅游景区，2004 年五女山山城荣登世界文化遗产名录，2005 年获批为国家地质公园，还荣获省级风景名胜区和辽宁省五十佳景之一等荣誉，2020 年 12 月正式列入国家 5A 级旅游景区创建名单，被确定为全省 8 大红色旅游线路之一。在国内外具有极高的知名度和美誉度，形成了较高的市场吸引力和影响力。

　　"山巅王都·千古卫城"，优质的自然风光和厚重的历史文化遗址吸引着来自四面八方的国内外游客来此体验独特的高句丽文化，感受边疆民族的发祥史，体味五女山的无穷魅力。

大石湖风景区
Big Stone Lake Scenic Area

- 本溪市本溪县东营坊乡新城子村
  Xinchengzi Town, Dongyingfang Town, Benxi County
- 117100

桓仁五女山风景区
Huanren Wunü Mountain Scenic Area

- 本溪市桓仁县桓仁镇刘家沟村
  Liujiagou Village, Huanren Town, Huanren County
- 117200

桓仁东方大雅河漂流旅游区
Huanren Easten Daya River Drift Tourism Area

- 本溪市桓仁县普乐堡镇老漫子村
  Laomanzi Village, Pulebao Town, Huanren County
- 117200

本溪桓仁虎谷峡景区
Benxi Huanren Hugu Valley Scenic Area

- 本溪市桓仁县雅河乡和向阳乡交界处
  Intersection of Yahe & Xiangyang Town, Huanren County
- 117200

枫林谷森林公园
Maple Valley Forest Park

- 本溪市桓仁县向阳乡
  Xiangyang Town, Huanren County
- 117200

丹东鸭绿江国家风景名胜区
Dandong Yalu River National Famous Scenic Area

- 丹东市振兴区兴一路南端 10 号
  No.10 South Xingyi Road, Zhenxing District, Dandong
- 118000

丹东抗美援朝纪念馆
Dandong The Resist-America, Aid Korea Memorial Museum

- 丹东市锦江山大街 68 号
  No.68 Jinjiangshan Street, Dandong
- 118000

丹东五龙山风景区
Dandong Wulong (Five Dragons) Mountain Scenic Area

- 丹东市振安区五龙背镇老古沟村
  Laogugou Village, Wulongbei Town, Zhen'an District, Dandong
- 118005

凤凰山国家风景名胜区
Phoenix Mountains National Famous Scenic Area

- 丹东凤城市凤凰城区凤凰大街
  Fenghuang Street, Fenghuangcheng District, Fengcheng
- 118100

凤城大梨树生态农业观光旅游区
Fengcheng Dalishu Ecological & Agriculturae Sightseeing Tourist Area

- 丹东凤城市凤山乡大梨树村
  Dalishu Village, Fengshan Town, Fengcheng
- 118100

蒲石河森林公园景区
Pushi River Forest Park Scenic Area

- 丹东市凤城市赛马镇东甸村
  Dongdian Village, Saima Town, Fengcheng
- 118100

东港大鹿岛风景区
Donggang Dalu Island Scenic Area

- 丹东东港市大鹿岛村旅游公司
  Daludao Village Travel Company, Donggang
- 118300

东港獐岛风景区
Donggang Zhangdao Island Scenic Area

- 丹东东港市北井子镇
  Beijing Zi Town, Donggang
- 118300

辽宁天华山风景名胜区
Liaoning Tianhua Mountain Scenic Area

- 丹东市宽甸县灌水镇
  Guanshui Town, Kuandian County
- 118223

宽甸县天桥沟国家森林公园
Kuandian County Tianqiaogou National Forest Park

- 丹东市宽甸县双山子镇黎明村
  Liming Village, Shuangshanzi Town, Kuandian County
- 118224

河口旅游区
Hekou Tourism Area

🏛 丹东市宽甸县长甸镇河口村
Hekou Village, Changdian Town, Kuandian County

✉ 118200

锦州笔架山风景区
Jinzhou Bijia Mountain Scenic Area

🏛 锦州市笔架山经济技术开发区渤海大街 1 号
No.1 Bohai Street, Bijiashan Economic and Technological Development Zone, Jinzhou

✉ 121007

锦州市博物馆（广济寺）
Jinzhou Museum(Guangji Temple)

🏛 锦州市古塔区北三里 1 号
No.1 Beisanli, Guta District, Jinzhou

✉ 121000

锦州世界园林博览园
Jinzhou World Park Expo Garden

🏛 锦州市滨海新区
Binhai New District, Jinzhou

✉ 121000

锦州北普陀山风景名胜区
Jinzhou North Putuo Mountain Famous Scenic Area

🏛 锦州市太和区钟屯乡
Zhongtun Village, Taihe District, Jinzhou

✉ 121001

锦州辽沈战役纪念馆
Jinzhou Liaoshen Campaign Memorial Museum

🏛 锦州市凌河区北京路五段 1 号
No.1 Section 5 Beijing Road, Linghe District, Jinzhou

✉ 121001

岩井寺旅游景区
Yanjing Temple Tourism Area

🏛 锦州市凌海市温滴楼乡温滴楼村
Wendilou Village, Wendilou Town, Linghai

✉ 121200

🌐 http://www.jz-yanjingsi.com/

辽西九华山风景区
Liaoxi Jiuhua Mountain Scenic Area

🏛 锦州凌海市大凌河镇
Dalinghe Town, Linghai

✉ 121200

锦州市东方华地温泉湿地旅游区
Jinzhou Dongfang Huadi Hot Spring Wetland Tourism Area

🏛 锦州凌海市大有经济区滨海公路凌海段一号
No.1 Linghai Part, Binhai Road, Dayou Economic Area, Linghai

✉ 121200

辽宁医巫闾山国家风景名胜区
Liaoning Yiwulüshan National Famous Scenic Area

🏛 锦州北镇市巫闾山自然保护区森林管理处
Wulüshan Nature Reserve Management Office, Beizhen

✉ 121300

北镇青岩寺风景区
Beizhen Qingyan Temple Scenic Area

🏛 锦州北镇市常兴店镇
Changxingdian Town, Beizhen

✉ 121306

大芦花风景区
Daluhua (Reed Flower) Scenic Area

🏛 锦州北镇市鲍家乡桃园村
Taoyuan Village, Baojia Toen, Beizhen

✉ 121300

北镇大朝阳温泉山城旅游区
Beizhen Dachaoyang Hot Spring Town Tourism Area

🏛 锦州北镇市大朝阳国家森林公园门外
Outside of Dachaoyang National Forest Park, Beizhen

✉ 121300

辽宁义县奉国寺
Yixian County Fengguo Temple

🏛 锦州市义县东街 54 号
No.54 East Street, Yixian County

✉ 121100

营口熊岳望儿山风景旅游区
Yingkou Xiongyue Wang'ershan Village Tourism Area

🏛 营口市熊岳镇望儿山村
Wang'ershan Village, Xiongyue Town, Yingkou

✉ 115214

鲅鱼圈月亮湖景区
Bayuquan Moonlake Tourism Area

营口市鲅鱼圈区城区西南部
Southwest of Bayuquan District, Yingkou

115007

仙人岛—白沙湾黄金海岸景区
Xianrendao (Fairy Island) & Baishawan (White Sand Bay) Golden Beach Scenic Area

营口盖州市九垄地、归州街道
Jiulongdi Community, Guizhou Community, Gaizhou

115200

辽宁团山国家海洋公园
Liaoning Tuanshan National Marine Park

营口盖州市北海新区
Beihai New District, Gaizhou

115000

赤山风景区
Chishan (Red Mountain) Scenic Area

营口盖州市万福镇东
East of Wanfu Town, Gaizhou

115200

营口洪溪谷旅游度假区
Yingkou Rainbow Valley Tourism Resort

地址：营口盖州市双台乡思拉堡村
Silabao Village, Shuangtai Town, Gaizhou

115200

黄家沟旅游度假区
Huangjiagou Tourism Resort

阜新市细河区四合镇黄家沟村
Guangjiagou Village, Sihe Town, Xihe District, Fuxin

123000

阜新万人坑死难矿工纪念馆景区
Fuxin Wanrenkeng Dead Miners Menorial Museum Scenic Area

阜新市太平区孙家湾街道新园街 1 号
No.1 Xinyuan Street, Sunjiawan Community, Taiping District, Fuxin

123003

阜新市海棠山风景区
Fuxin Haitang Mountain Scenic Area

阜新市阜蒙县大板镇大板村
Daban Village, Daban Town, Fumeng County

123122

阜新瑞应寺风景区
Fuxin Ruiying Temple Scenic Area

阜新市阜蒙县佛寺镇佛寺村
Fosi Village, Fosi Town, Fumeng County

123128

宝地斯帕温泉度假区
Baodi Spa Hot Spring Resort

阜新市阜蒙县东梁镇吐呼噜村
Tuhulu Village, Dongliang Town, Fumeng County

123100

辽阳市广佑寺景区
Liaoyang City Guangyou Temple Tourism Area

辽阳市白塔区中华大街一段 60 号
No. 60, First Part of Zhonghua Street, Baita District, Liaoyang

111000

辽阳市太子河历史文化风光带景区
Liaoyang City Taizi River Historical and Cultural Scenic Area

辽阳市白塔区中华大街与中华大桥交叉口
Intersection of Zhonghua Street & Zhonghua Bridge, Baita District, Liaoyang

111000

辽阳龙石风景区
Liaoyang Longshi Scenic Area

辽阳市宏伟区东环路 38 号
No.38 East Ring, Hongwei District, liaoyang

111000

辽宁汤河国际温泉旅游度假区
Liaoning Tanghe International Hot Spring Tourism Resort

辽阳市弓长岭区汤河镇柳河村
Liuhe Village, Tanghe Town, Gongchangling District, Liaoyang

111008

www.tanghespring.com

辽阳市雷锋纪念馆
Liaoyang Lei Feng's Memorial Museum

辽阳市弓长岭区汤河镇三官庙村
Sanguanmiao Village, Tanghe Town, Gongchangling District, Liaoyang

111008

辽阳佟二堡国际皮草购物旅游区
Liaoyang Tongerbao International Fur Shopping & Tourism Area

🏛 辽阳灯塔市佟二堡镇
Tongerbao Town, Dengta

✉ 111300

盘锦广厦艺术街
Panjin Guangsha Art Street

🏛 盘锦市兴隆台区兴隆台大街与石化路交汇处
Intersection of Xinglongtai Ave. & Shihua Road, Xinglongtai District, Panjin

✉ 124106

盘锦苇海鼎翔旅游度假区
Panjin Weihai Dingxiang Tourism Resort

🏛 盘锦市兴隆台区新生街
Xinsheng Street, Xinglongtai District, Panjin

✉ 124106

盘锦辽河碑林景区
Panjin Liaohe Stele Forest Scenic Area

🏛 盘锦市双台子区胜利街 281 号
No.281 Shengli Street, Shuangtaizi District, Panjin

✉ 124000

盘锦北旅天源景区
Panjin Beilutianyuan Scenic Area

🏛 盘锦市大洼区新立镇丽都小区
Lidu Community, Xinli Town,

✉ 124200

盘锦中尧七彩庄园
Panjin Zhongyao Colorful Manor

🏛 盘锦市大洼区王家镇唐海线
Tanghai Line, Wangjia Town, Dawa District, Panjin

✉ 124200

盘锦特产博物馆群
Panjin Local Products Museums

🏛 盘锦市盘山县盘锦特产博物园内
Inside Panjin Local Products Museum Garden, Panshan County

✉ 124100

铁岭调兵山市蒸汽机车博物馆
Diaobingshan Steam Locomotive Museum

🏛 铁岭调兵山市晓明镇
Xiaoming Town, Diaobingshan

✉ 112702

铁岭莲花湿地景区
Tieling Lotus Wetland Scenic Area

🏛 铁岭市铁岭县凡河新区黑龙江路与嵩山路交汇处
Intersection of Heilongjiang Road & Songshan Road, Fanhe New District, Tieling County

✉ 112000

城子山风景区
Chengzi Mountain Scenic Area

🏛 铁岭市西丰县凉泉镇
Liangquan Town, Xifeng County

✉ 112400

朝阳凤凰山国家森林公园
Mount Phoenix National Forest Park

🏛 朝阳市双塔区凌凤街
Lingfeng Street, Shuangta District, Chaoyang

✉ 122000

辽宁朝阳鸟化石国家地质公园
Liaoning Chaoyang Bird Fossil National Geological Park

🏛 朝阳市龙城区七道泉子镇上河首村
Shangheshou Village, Qidaoquanzi Town, Longcheng District, Chaoyang

✉ 122000

朝阳化石谷景区
Chaoyang Fossil Valley Scenic Area

🏛 朝阳市龙城区传奇路 1 号
No.1 Chuanqi Road, Longcheng District, Chaoyan

✉ 122000

朝阳县千佛洞风景区
Chaoyang County Qianfo Cave Scenic Area

🏛 朝阳市朝阳县南双庙乡山后村
Houshan Village, Shuangmiao Town, Chaoyang County

✉ 122600

北票大黑山国家森林公园
Beipiao Daheishan National Forest Park

🏛 朝阳北票市大黑山
Daheishan, Beipiao

✉ 122127

辽宁

109

朝阳牛河梁国家考古遗址公园
Chaoyang Niuheliang National Archaeoloty Site Park

朝阳市凌源市和建平县交界处
Intersection of Lingyuan & Jianping County

122500

龙凤山风景区
Longfeng(Dragon & Phoenix) Mountain Scenic Area

朝阳市喀左县尤杖子乡
Youzhangzi Town, Kazuo County

122300

龙源旅游区
Longyuan(Source of Dragon) Tourism Area

朝阳市喀左县尤杖子乡
Youzhangzi Town, Kazuo County

122300

葫芦岛欢乐龙湾旅游景区
Huludao Happy Dragon Bay Tourism Scenic Area

葫芦岛兴城市四家村街道邴家村滨海路南
South of Binhai Road, Bingjia Village, Sijiacun Community, Xingcheng

125100

葫芦岛市葫芦古镇
Huludao City Hulu Ancient Towm

葫芦岛市龙港区笊笠村
Zhaoli Village, Longgang District, Huludao

125003

龙湾海滨风景区
Longwan Seaside Scenic Area

葫芦岛市龙港区海滨路南段 12 号

No.12 South Part of Haibin Road, Longgang District, Huludao

125003

龙潭大峡谷自然风景区
Longtan Grand Canyon Natural Scenic Area

葫芦岛市建昌县老大杖子乡
Laodazhangzi Town, Jianchang County

125300

连山灵山风景名胜区
Lianshan Lingshan Mountain Famous Scenic Area

葫芦岛市连山区神庙子乡凉水井子村
Liangshuijingzi Village, Shenmiao Town, Lianshan District, Huludao

125001

兴城古城
Xingcheng Ancient City

葫芦岛兴城市内
Xingcheng

125100

觉华岛风景区
Juehua Island Scenic Area

葫芦岛市兴城市觉华岛乡
Juehuadao Town, Xingcheng

125100

兴城海滨国家风景名胜区
Xingcheng Waterfront National Famous Scenic Area

葫芦岛兴城市海滨风景区内
In the Seashore Scenic Area, Xingcheng

125100

绥中九门口水上长城
Suizhong Nine Entrance to the Water on the Great Wall

葫芦岛市绥中县李家堡乡
Lijiabao village, Suizhong County

125200

银泰水星海洋乐园
Yintai Shuixing Sea Park

葫芦岛市绥中县东戴河新区
Dongdaihe New District, Suizhong County

125200

吉 林

JILIN

AAAAA

长春世界雕塑公园
Changchun World Sculpture Park

这里荟萃了来自 216 个国家和地区 404 位雕塑家的 454 件（组）雕塑艺术作品，这里是雕塑艺术的殿堂，是国际重要的雕塑艺术交流园地。公园主题雕塑"友谊·和平·春天"耸立于春天广场中央，气势宏伟，蔚为壮观，堪称镇园之作。公园两大主体建筑"长春雕塑艺术馆"与"松山韩蓉非洲艺术收藏博物馆"，充分体现了雕塑艺术给建筑师带来的设计灵感，广受赞誉。

长春世界雕塑公园不仅收录国内外雕塑名家的经典名品，也收录青年雕塑家的佳作。公园本身更是采用了传统和现代相结合的设计理念，中西合璧的造园技艺，达到了自然环境与人文景观的和谐统一，凸显了天人合一的深邃意境。

- 长春市南关区人民大街 9518 号
  No.9518 People Street, Nanguan District, Changchun
- 130022
- http://www.ccwsp.com
- 1 号线市政府站 B 出口。

长春市伪满皇宫博物院
Puppet Manchurian Palace

伪满皇宫旧址是清朝末代皇帝爱新觉罗·溥仪充当伪满洲国傀儡皇帝时的宫廷遗址，是国内现存比较完整的宫廷遗址之一，也是日本武力侵占中国东北、推行法西斯殖民统治的最典型的历史见证。伪满皇宫博物院是在伪满皇宫旧址上建立的宫廷遗址型博物馆，主要负责伪满皇宫旧址的保护、恢复、利用和文物资料的征集、保管、研究，深入挖掘其特殊的历史文化内涵，开展近现代史和爱国主义教育。

- 长春市宽城区光复北路 5 号
  No.5 North Guangfu Road, Kuancheng District, Changchun
- 130051
- http://www.wmhg.com.cn
- 4 号线伪满皇宫站下车。

长春净月潭国家森林公园
Jingyuetan National Forest Park

长春净月潭国家森林公园距市中心人民广场仅 18 公里，是"喧嚣都市中的一块净土"，有"亚洲第一大人工林海""绿海明珠""都市氧吧"之美誉，是长春市的生态绿核和城市名片。100 平方公里的人工林海环抱一潭秀水，潭水清澈，银波荡漾，其秀美的景色堪与台湾的日月潭相媲美，被誉为日月潭的姊妹潭。净月潭国家森林公园内有大小山头百余座，森林覆盖率达 80% 以上，山、水、林相依的生态景象构成了净月潭四季变幻的风情画卷。这里处处皆景致，四季貌不同，是春踏青、夏避暑、秋赏景、冬玩雪的理想之地。

- 长春市净月大街 5840 号
  No.5840 Jingyue Street, Changchun
- 130117
- 3 号线净月公园站下车。

长影世纪城旅游区
Changying Movie Wonderland Tourism Area

1945 年 10 月成立的长春电影制片厂，曾先后创造新中国电影的七个第一，是"新中国电影的摇篮"。长影世纪城依托长春电影制片厂深厚的电影文化底蕴，以其高科技含量、高新颖程度、高制作水平和高民族文化特质，充分展示了电影文化，特别是特效电影文化独有的魅力。长影世纪城是中国独有世界级特效电影主题公园，娱乐项目分为创新科技、惊险刺激、体验演艺、游艺欣赏四大板块。飞翔式穹幕影院"华夏翱翔"、世界首座正交多幕特种影院"空间迷城"、惊恐刺激的丧尸医院、6 层楼高的 3D 巨幕、将动感技术与球形银幕完美结合的"星际探险"、非常实验室、精灵王国、玛雅古城……每个项目都科技含量高、体验性强、互动性强。

- 长春市净月开发区长双公路 4.5 公里处
  4.5km at Changshuang Road, Jingyue Development Zone, Changchun
- 130022
- www.changying.com
- 3 号线、6 号线。

通化高句丽文物古迹旅游景区
Tonghua Gaogouli Heritage & Historic Site Torism Area

　　高句丽文物古迹旅游景区位于通化集安市，是奴隶制国家高句丽王朝的遗迹。包括国内城、丸都山城、王陵 14 座及贵族墓葬 26 座。其中，国内城、丸都山城（始名尉那岩城）是高句丽早中期（1～5世纪）的都城，其特点是平原城与山城相互依附共为都城。国内城与丸都山城城外，在群山环抱的通沟平原上，现存近 7000 座高句丽时代墓葬——洞沟古墓群，堪称东北亚地区古墓群之冠。高句丽文物古迹旅游景区从不同侧面反映了高句丽的历史发展进程，是高句丽留给人类弥足珍贵的文化、艺术宝库。2004 年 7 月，高句丽王城、王陵及贵族墓葬被列入《世界遗产名录》。

🏛　通化集安市迎宾路 49 号
　　No. 49 Yingbin Road, Ji'an

✉　134200

敦化六鼎山文化旅游区
Dunhua Liudingshan Cultural Tourism Area

　　六鼎山文化旅游区是吉林省第一家文化旅游区，是东北亚旅游黄金大通道的重要节点和旅游目的地。旅游区集悠久闻名的佛教文化、沧桑神奇的渤海文化、源远流长的清始祖文化、如诗如画的生态文化于一身，形成了独具魅力的复合型文化景观。这里有唐渤海国王室贵族墓葬群——六顶山古墓群，有世界最大的满族祭祀祠堂——清祖祠，有世界最高的释迦牟尼青铜坐佛——金鼎大佛，有世界知名尼众道场——正觉寺，这里还有宗教文化展示中心——佛教文化艺术馆。这里群山绵亘、百花成海，这里是文化圣境、度假天堂。

🏛　延边州敦化市南 5 公里处
　　5km South of Dunhua

✉　133700

🌐　www.jindingdafo.com

吉林长白山国家自然保护区
Jilin National Natural Reserve of Mountain Changbai

　　长白山是一座巨型休眠火山，其独特的地理位置和地质构造，形成了神奇壮观的火山地貌。火山喷发后形成的高山湖泊——长白山天池，像一块瑰丽的碧玉镶嵌在雄伟的长白山群峰之中。长白山天池是中国最大的火山湖，也是世界上最深的高山湖泊。长白山国家自然保护区内河流众多、水源丰富，是松花江、鸭绿江、图们江的发源地。

　　长白山国家自然保护区有丰富完整的生物资源、深远厚重的历史文化、美丽奇特的自然风光。长白山以其雄奇壮美、原始荒古跻身于"中华十大名山""中国十大最美森林"之列。

🏛　延边州安图县二道白河镇
　　Erdao Baihe Town, Antu County

✉　133613

🌐　http://cbs.jl.gov.cn

🚌　松江河镇和二道白河镇都有出租车可到景区。

长春农博园
Changchun Agricultural Expo Garden

🏛　长春市南关区飞虹路
　　Feihong Road, Nanguan District, Changchun

✉　130022

孔子文化园
Confucius' Culture Park

🏛　长春市南关区
　　Nanguan District, Changchun

✉　130022

吉林

长春天怡温泉度假山庄
Changchun Tianyi Hot Spring Resort

🏛 长春市南关镇新湖镇红田村金家沟
Jinjiagou, Hongtian Village, Xinhu Town, Nanguan District, Changchun

✉ 130022

长影旧址博物馆
Changchun Film Studio Site Museum

🏛 长春市朝阳区红旗街 1118 号
No.1118 Hongqi Street, Chaoyang District, Changchun

✉ 130012

长春莲花山滑雪场
Changchun Mountain Lotus Flower Skiround

🏛 长春市二道区四家乡青山村
Qingshan Village, Sijia Town, Erdao District, Changchun

✉ 130031

北湖湿地公园
North Lake Wetland Park

🏛 长春市二道区高新北区
North Hi-tech Area, Erdao District, Changchun

✉ 130031

长春市天定山旅游度假小镇景区
Changchun Providence Hill Town Scenic Area

🏛 长春市二道区泉眼镇
Quanyan Town, Erdao District, Changchun

✉ 130031

关东文化园
Guandong Culture Park

🏛 长春市绿园区
Lüyuan District, Changchun

✉ 130062

御龙温泉
Yulong Hot Spring

🏛 长春市双阳区杨家村
Yangjia Village, Shuangyang District, Changchun

✉ 130600

长春市国信南山温泉旅游景区
Changchun Guoxin Nanshan Hot Spring Tourism Area

🏛 长春市双阳区长清公路长春国信南山温泉酒店

Guoxin Nanshan Hot Spring Hotel, Changqing Road, Shuangyang District, Changchun

✉ 130600

九台庙香山旅游度假区
Jiutai Temple Xiangshan Mountain Tourism Resort

🏛 长春市九台区泥坡河镇
Nipohe Town, Jiutai District

✉ 130500

长春凯撒森林温泉旅游度假区
Changchun Caesar Forest Hot Spring Tourism Resort

🏛 长春市净月开发区净月大街 6366 号
No.6366 Jingyue Street, Jingyue Development Zone, Changchun

✉ 30117

榆树钱酒文化庄园景区
Yushu Qianjiu Culture Manor Scenic Area

🏛 长春榆树市环城乡榆陶公路
Yutao Way, Huancheng Town, Yushu

✉ 130400

吉林市博物馆
Jilin Museum

🏛 吉林市吉林大街 100 号
No.100 Jilin Street, Jilin

✉ 132000

吉林市圣鑫葡萄酒庄园
Jilin Shengxin Wine Manor

🏛 吉林市莲花镇
Lianhua Town, Jilin

✉ 132011

吉林松花湖风景名胜区
Jilin Songhua Lake Famous Scenic Area

🏛 吉林市丰满区江湾路 4 号
No.4 Jiangwan Road, Fengman District, Jilin

✉ 132011

万科松花湖度假区
Vanke Songhua Lake Resort

🏛 吉林市丰满区青山大街 888 号
No.888 Qingshan Street, Fengman District, Jilin

✉ 132013

蛟河拉法山国家森林公园
Jiaohe Lafashan National Forest Park

🏛 吉林蛟河市北部
　　North of Jiaohe, Jilin

✉ 132500

吉林北大湖滑雪场
Jilin North Lake Skiing Ground

🏛 吉林市永吉县北大湖镇
　　Beidahu Town, Yongji County

✉ 132224

四平市叶赫那拉城景区
Siping Yehenala City Scenic Area

🏛 四平市铁东区叶赫镇
　　Tiedong District, Yehe Town, Siping

✉ 136505

四平战役纪念馆
Memorial Museum of Siping Battle

🏛 四平市铁西区公园北街
　　North Gongyuan Avenue, Siping

✉ 136000

双辽—马树森林公园
Shuangliao Mashu Forest Park

🏛 四平双辽市红旗街道
　　Hongqi Community, Shuangliao

✉ 136400

北方巴厘岛景区
North Bali Island Scenic Area

🏛 四平市梨树县霍家店经济开发区
　　Huojiadian Economic Development Zone, Lishu County

✉ 135505

伊通满族自治县博物馆
Yitong Manchu Autonomous County Museum

🏛 四平市伊通县人民大路 1129 号
　　No.1129 Renmin Road, Yitong County

✉ 130700

道路交通体验公园
Road Traffic Experience Park

🏛 辽源市龙山区工农乡苇塘村
　　Weitang Village, Gongnong Town, Longshan District, Liaoyuan

✉ 136200

青少年平安教育馆
Youth Peace Education Base

🏛 辽源市龙山区人民大街 4456 号
　　No.4456 Renmin Street, Longshan District, Liaoyuan

✉ 136200

东北沦陷时期辽源市矿工墓陈列馆
Miners' Tomb Museum in Japanese Colonial State in Enemyoccupied Era in Northeast China

🏛 辽源市西安区安家街安仁路 36 号
　　No.36 Anren Road, Anjiajie, Xi'an District, Liaoyuan

✉ 136201

鴜鹭湖旅游度假区
Cilu(Heron) Lake Tourism Resort

🏛 辽源市东辽县金洲乡
　　Jinzhou Town, Dongliao County

✉ 136600

通天酒业科技园景区
Tontine Wine Industry Technology Garden Scenic Area

🏛 通化市团结路 2199 号
　　No.2199 Tuanjie Road, Tonghua

✉ 134000

通化市白鸡峰国家森林公园
Tonghua Baiji Peak National Forest Park

🏛 通化市金厂镇龙头村
　　Longtou Village, Jinchang Town, Tonghua

✉ 134001

杨靖宇烈士陵园
Yang Jingyu Martyr Cemetery

🏛 通化市靖宇路 888 号
　　No.888 Jingyu Road, Tonghua

✉ 134000

梅河口市鸡冠山景区
Meihekou Jiguan Mountain Scenic Area

🏛 通化梅河口市吉乐乡
　　Jile Town, Meihekou

✉ 135000

梅河口市城市客厅旅游景区
Meihekou City Parlor Tourism Area

🏛 通化市梅河口市滨河南街 732 号
　　No.732 South Binhe Street, Meihekou

✉ 135000

吉
林

集安五女峰国家森林公园
Ji'an Five Female Peak National Forest Park

🏛 通化集安市集锡公路 21 公里处
21 km of Jixi Road, Ji'an

✉ 134200

振国壹号庄园景区
Zhenguo No.1 Manor Scenic Area

🏛 通化市通化县英额布镇
Ying'ebu Town, Tonghua County

✉ 134100

大泉源酒业历史文化景区
Daquanyuan Wine History & Culture Scenic Area

🏛 通化市通化县大泉源乡宝泉街
Baoquan Street, Daquanyuan Town, Tonghua County

✉ 134100

辉南龙湾群国家森林公园
Huinan Longwanqun National Forest Park

🏛 通化市辉南县金川镇
Jinchuan Town, Hunnan County

✉ 135100

松江河国家森林公园
Songjianghe National Forest Park

🏛 白山市抚松县松江河镇
Songjianghe Town, Fusong County

✉ 134500

白山市长白山峡谷浮石林风景区
Changbai Stone Forest Scenic Area

🏛 白山市长白县十四道沟镇
Shisidaogou Town, Changbai County

✉ 134402

望天鹅风景区
Wangtian'e (Seeing the Swan) Scenic Area

🏛 白山市长白县长白镇白山大街 10 号
No.10 Baishan Street, Changbai Town, Changbai County

✉ 134400

松原市规划展览馆
Songyuan Planning Exhibition Hall

🏛 松原市宁江区滨江大道与中山大街交会处
Intersection of Binjiang Ave. & Zhongshan St., Ningjiang District, Songyuan

✉ 138000

查干湖旅游度假区
Chagan Lake Tourism Resort

🏛 松原市前郭县蒙古屯乡川头村
Chuantou Village, Menggutun Town, Qianguo County

✉ 131107

查干浩特旅游景区
Chaganhaote Tourism Area

🏛 白城市查干浩特开发区
Chaganhaote Development Zone, Baicheng

✉ 137000

大安市嫩江湾湿地公园
Da'an Nenjiang River Bay Wetland Park

🏛 白城大安市老坎子
Laokanzi, Da'an

✉ 131300

吉林莫莫格国家自然保护区
Momoge National Natural Reserve

🏛 白城市镇赉县莫莫格乡
Momoge Town, Zhenlai County

✉ 137200

吉林向海国家自然保护区
Xianghai National Natural Reserve

🏛 白城市通榆县向海乡
Xianghai Village, Tongyu County

✉ 137200

梦都美民俗旅游度假村
Mengdumei Folk Custom Tourism Resort

🏛 延边州延吉市依兰镇春兴村
Chunxing Village, Yilan Town, Yanji

✉ 133000

延边博物馆
Yanbian Museum

🏛 延边州延吉市参花街
Shenhua Street, Yanji

✉ 133000

延边朝鲜族民俗园
Yanbian Chaoxian(Korean) Nationality Folk Custom Garden

🏛 延边州延吉市南部 2 公里
2km South of Yanji

✉ 133000

延吉市帽儿山（恐龙）文化旅游区
Yanji Maorshan Dinosaur Culture Tourism Area

🏛 延边州延吉市小营镇
Xiaoying Town, Yanji

✉ 133000

延边州海兰湖风景区
Hailan Lake Scenic Area

🏛 延吉、龙井、图们三市的交界处
Intersection of Yanji, Longjing & Tumen

✉ 133300

敦化雁鸣湖省级旅游度假区
Yanming Lake Provincial Tourism Resort

🏛 延边州敦化市雁鸣湖镇
Yanminghu Town, Dunhua

✉ 133700

珲春防川风景区
Hunchun Fangchuan Scenic Spot

🏛 延边州珲春市防川镇
Fangchuan Town, Hunchun

✉ 133300

延边和龙青龙渔业景区
Yanbian Helong Qinglong Fishing Industry Scenic Area

🏛 延边和龙市头道镇青龙村
Qinglong Village, Toudao Town, Helong

✉ 133503

安图大关东文化园
Antu Great Guangdong(East Shanhaiguan) Culture Park

🏛 延边州安图县永庆乡东清村
Dongqing Village, Yongqing Town, Antu County

✉ 133600

安图创兴长白山原始萨满部落风景区
Antu Chuangxing Changbai Mountain Original Shaman Tribe Scenic Area

🏛 延边州安图县
Antu County

✉ 133600

大戏台河景区
Big Xitaihe Scenic Area

🏛 延边州安图县二道白松镇黄松蒲林场东南 5 公里处
5km Southeast of Huangsongpu Forest Center, Erdao Baihe Town, Antu County

✉ 133000

安图县魔界景区
Antu County Magic World Scenic Area

🏛 延边州安图县二道白河镇红丰村
Hongfeng Village, Erdao Baihe Town, Antu County

✉ 133000

长白山历史文化园
Changbai Mountain History & Culture Garden

🏛 延边州安图县松江镇
Songjiang Town, Antu County

✉ 133000

峡谷浮石林
Gorge Float Stone Forest

🏛 延边州长白山山门东南 6 公里处
6km Southeast of the Gate of Changbai Mountain Scenic Area

✉ 133000

吉林

黑龙江
HEILONGJIANG

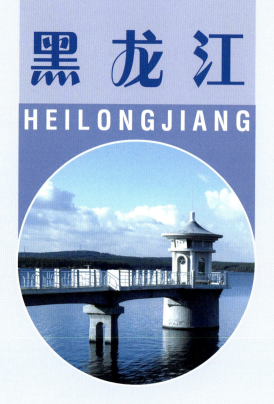

AAAAA

太阳岛公园
Sun Island Park

20 世纪 80 年代，一曲甜美婉转的《太阳岛上》，让这个美丽的小岛名扬海内外。经过数十年的维护与经营，如今的太阳岛，已经成为冬季看冰灯玩冰雪、夏季避暑、春秋景更美的旅游胜地。

太阳岛公园坐落在哈尔滨市松花江北部，水域开阔壮丽，洲岛湿地景色秀美，原野广漠壮观，湿地植被丰富，生态环境良好。太阳岛具有浓郁的欧陆风情，岛上保留着不同时期、不同流派、形式多样的巴洛克式、哥特式等风格的建筑，还有由 20 多座俄罗斯风格别墅建筑组成的俄罗斯风情小镇，别具一格。

太阳岛具有独特的冰雪文化，冬季飞雪轻舞，玉树银花，银装素裹，构成了一幅独具特色的北国风景画卷，素有"北国风光赛江南"之美誉。一年一度的太阳岛国际雪雕艺术博览会，作为哈尔滨国际冰雪节的重要内容早已驰名中外。

🏛 哈尔滨市松北区临江街 10 号
　　No.10 Linjiang Street, Songbei District, Harbin

✉ 150010

🚢 在防洪纪念塔、九站或道外七道街码头可以乘坐轮船直达太阳岛。在通江街可乘坐龙珠索道直达太阳岛。

汤旺河林海奇石风景区
Tangwanghe Forest Sea & Wonderful Stone Scenic Spot

它坐落于小兴安岭的一处高地，紧邻汤旺河，因有着上千种奇岩怪岩而闻名，是目前国内发现的唯一的造型丰富、类型齐全、特征典型的印支期花岗岩地质遗迹。景区内百余座花岗岩石峰构成了奇特的地质地貌景观——花岗岩石林，这些奇岩怪石或拔地而起，高大险峻，四壁陡直如削；或沿山脉分布，高低错落，类禽似兽，形态各异；或散落于林间，如精雕细琢，鬼斧神工，奇情妙景令人叹为观止。

除了千姿百态的怪石，这里还有着各种高耸入云的参天古木，整个景区内植被繁茂，山色葱翠。漫步古树白桦的幽径之间，既可闻百鸟欢歌，赏松柏轻舞，又可嗅杜鹃幽香，观兴安奇石。这里有叠瀑溪涧，这里是天然氧吧，这里就是一处绝好的世外桃源。

🏛 伊春市汤旺河区东风大街 102 号
　　No.102 Dongfeng Avenue, Tangwanghe District, Yichun

✉ 153037

🚌 伊春汽车站有直达汤旺河的汽车，五营也有到汤旺河的客车。

镜泊湖风景区
Jingbo Lake Scenic Spot

黑龙江

"山上平湖水上山，北国风光胜江南"，镜泊湖环境幽雅，自然风光恬静、秀丽，是我国北方著名的风景区和避暑胜地，被誉为"北方的西湖"。镜泊湖全湖分为北湖、中湖、南湖和上湖四个湖区，山中有湖，湖中有岛，岛上有山。这里有气势轩昂的大孤山，有精巧别致的珍珠门，有形神兼备的道士山。湖中大小岛屿星罗棋布，著名的湖中八大景犹如八颗光彩照人的明珠镶嵌在这条飘在万绿丛中的缎带上。

在湖的北岸半岛上，有一些建筑别致的小别墅和旅游设施，这就是镜泊湖的游览中心镜泊山庄。除了镜泊山庄以外，整个湖周围很少有建筑物，只有山峦和葱郁的树林，呈现一派秀丽的大自然风光，而这正是镜泊湖的诱人之处。

🏛 牡丹江市西三条路 190 号
　　No.190 Xisantiao Road, Mudanjiang

✉ 157000

🌐 http://www.jphgroup.cn

🚌 牡丹江火车站前每天有大巴直达主景区。

中国五大连池世界地质公园
Wudalianchi World Geological Park

300 年前，老黑山与火烧山喷发，熔岩阻塞白河河道形成五个溪水相连的火山堰塞湖，这就是五大连池。五大连池地处小兴安岭山地向松嫩平原的过渡地带，一条蜿蜒曲折的河流，宛如一条蓝色绸带，串联起这五个湖泊，从拔地而起的 14 座火山锥之间穿流而过。柔美灵动的湖水中倒映着雄峻青山，山水辉映，构成一幅优美的中国传统山水画卷。

"名山如画屏，珠带五湖清。"五大连池世界地质公园山奇、石怪、泉神、洞异、湖秀、林幽，被科学家称为"打开的火山教科书""天然地质博物馆"。多层次、多类型独具风韵的世界地质名胜，正以其青山雄峻、碧水轻柔的和谐身姿，以其气势雄浑而意蕴幽邃的恢宏山水，以其历经沧桑、生命灵动的迷人图景，给人以怦然心动的震撼，成为中国传统山水审美视野下不可多得的典范。

🏛 黑河五大连池市
  Wudalianchi

✉ 164155

🌐 http://www.wdlcggp.org.cn

🚄 从黑河到景区可乘 K7036、4032、4084 次列车。

虎林市虎头旅游景区
Hulin Hutou Tourism Area

虎头旅游景区拥有大界江、大湿地、大冰雪、大森林等塞北自然风光和战争遗址、历史文物等旅游资源，文化底蕴丰厚，是集生态旅游、红色旅游、森林旅游、跨境旅游、冰雪旅游为一体的综合性景区。

🏛 鸡西虎林市虎头镇
  Hutou Town, Hulin

✉ 158405

漠河北极村风景旅游区
Beiji(North Pole) Village Tourism Area

北极村风景旅游区雄居祖国的最北端，位于黑龙江上游南岸、大兴安岭山脉北麓，与俄罗斯隔黑龙江相望，素有"金鸡之冠""神州北极"和"不夜城"之美誉，是全国观赏北极光和极昼极夜的最佳观测点。北极村是中国最北的城镇，是中国"北方第一哨"所在地，在这里，你不仅能看到美丽的极光，体验极昼极夜的神奇与神秘，还能在中国最北的北极圣诞滑雪场滑雪，在中国最北的邮局里为亲朋寄张明信片。当然不能少了在中国最北的"神州北极"广场留影，这是你到达中国大陆最北端的见证和标志。

🏛 大兴安岭地区漠河县漠河乡
  Mohe Town, Mohe County

✉ 165300

🌐 http://www.beijicunlvyou.com

🚄 从漠河到北极村有长途汽车。乘火车最好在哈尔滨中转，K7039、K7041 次列车均可达漠河。

AAAA

哈尔滨黑龙江电视塔（龙塔）旅游区
Harbin Heilongjiang TV Tower（Dragon Tower）Tourist Zone

🏛 哈尔滨市高新技术开发区长江路
  Changjiang Road, New and High-Tech Technological Development Zone, Harbin

✉ 150090

华南城休闲文化旅游区
Huanancheng Leisure & Culture Tourism Area

🏛 哈尔滨市长江路与华南中路交会处
  Intersection of Changjiang Road & Middle Huanan Road, Harbin

✉ 150010

哈尔滨极地馆
Harbin Polarland

🏛 哈尔滨市松北区太阳大道 3 号
No.3 Taiyang Avenue, Songbei District, Harbin

✉ 150122

🌐 www.hrbpolarland.com

哈尔滨东北虎林园
Harbin Manchurian Tiger Garden

🏛 哈尔滨市松北区松北街 88 号
No.88 Songbei Street, Songbei District, Harbin

✉ 150021

哈尔滨融创乐园
Harbin SUNAC Land

🏛 哈尔滨松北区世茂大道 99-1 号
No.99-1 Shimao Avenue, Songbei District, Harbin

✉ 150028

哈尔滨波塞冬旅游景区
Harbin Poseidon Tourism Area

🏛 哈尔滨市松北区汇江路 1 号
No.1 Huijiang Road, Songbei District, Harbin

✉ 150028

中央大街景区
The Centre Avenue Tourism Area

🏛 哈尔滨市道里区红霞街 89 号
No.89 Hongxia Street, Daoli District, Harbin

✉ 150018

哈尔滨索菲亚广场
Harbin Sofia Square

🏛 哈尔滨市道里区透笼街 88 号
No.88 Toulong Street, Daoli District, Harbin

✉ 150010

哈尔滨游乐园
Harbin Amusement Park

🏛 哈尔滨市南岗区东大直街 1 号
No.1 East Dazhi Street, Nangang District, Harbin

✉ 150001

黑龙江省科技馆
Hailongjiang Provincial Technology Hall

🏛 哈尔滨市南岗区中山路
Zhongshan Road, Nangang District, Harbin

✉ 150006

哈尔滨白鱼泡湿地公园
Harbin Baiyupao Wetland Park

🏛 哈尔滨市道外区东直路 150 号
No.150 Dongzhi Road, Daowai District, Harbin

✉ 150050

伏尔加庄园
Volga Manor

🏛 哈尔滨市香坊区城高子镇
Chenggaozi Town, Xiangfang District, Harbin

✉ 150038

松松小镇旅游区
Songsong Little Town Tourism Area

🏛 哈尔滨市香坊区三大动力路 8 号乐松广场 3 楼
3rd Floor, Lesong Square, No.8 Sandadongli Road, Xiangfang District, Harbin

✉ 150036

北方森林动物园
Northern Forest Zoo

🏛 哈尔滨市阿城区哈牡公路
Hamu Highway, Acheng District, Harbin

✉ 150036

金龙山国际旅游度假区
Jinlongshan (Golden Dragon Mountain) International Tourism Resort

🏛 哈尔滨市阿城区金龙山镇
Jinlongshan Town, Acheng District, Harbin

✉ 150300

森工平山旅游区
Sengong Pingshan Tourism Area

🏛 哈尔滨市阿城区平山镇
Pingshan Town, Acheng District, Harbin

✉ 150324

黑龙江

哈尔滨美丽岛温泉水乐园
Harbin Beauty Island Hot Spring Water Park

🏛 哈尔滨市阿城区长江路阿城方向 23 公里处
23km to Acheng, Changjiang Road, Acheng District, Harbin

✉ 150300

亚布力滑雪旅游度假区
Yabuli Skiing Tourism Resort

🏛 哈尔滨尚志市亚布力镇
Yabuli Town, Shangzhi

✉ 150631

蒙牛乳业工业旅游景区
Mengniu Milk Industrial Tourism Area

🏛 哈尔滨尚志市开发区
Development Zone, Shangzhi

✉ 150601

苇河林业局红豆杉景区
Yew Forest Scenic Area

🏛 哈尔滨尚志市苇河镇
Weihe Town, Shangzhi

✉ 150628

凤凰山国家森林公园
Fenghuang(Phoenix) Mountain National Forest Park

🏛 哈尔滨五常市山河屯林业局
Shanhetun Forest Bureau, Wuchang

✉ 150232

罗勒密山景区
Luolemi Mountain Scenic Area

🏛 哈尔滨市方正县方正林业局石河林场与红旗林场
Shihe & Hongqi Forest Center, Fangzheng County

✉ 150800

二龙山风景区
Erlong Hill Scenic Spot

🏛 哈尔滨市宾县县城西南 6 公里处路南
6 Kilometers Southwest of Binxian County

✉ 150400

英杰旅游景区
Yingjie Tourism Scenic Area

🏛 哈尔滨市滨县宾州镇友联村
Youlian Village, Binzhou Town, Binxian County

✉ 150400

哈尔滨香炉山景区森林公园
Harbin Xianglushan Scenic Area Forest Park

🏛 哈尔滨市宾县平坊镇益阳村
Yiyang Village, Pingfang Town, Binxian County

✉ 150400

清河林业旅游区
Qinghe Forestry Tourism Area

🏛 哈尔滨市通河县清河林业局
Qinghe Forest Bureau, Tonghe County

✉ 150913

黑龙江扎龙国家自然保护区
Zhalong National Natural Reserve

🏛 齐齐哈尔市东南 30 公里处
30km Southeast of Qiqihar

✉ 161005

龙沙动植物园景区
Longsha Zoo & Botanical Garden

🏛 齐齐哈尔市建华区碾北公路 1 号
No.1 Nianbei Road, Jianhua District, Qiqihar

✉ 161006

齐齐哈尔市龙沙公园
Qiqihar Longsha Park

🏛 齐齐哈尔市龙沙区公园路 32 号
No.32 Gongyuan Road, Longsha District, Qiqihar

✉ 161005

明月岛风景区
Mingyue Island Scenic Area

🏛 齐齐哈尔市龙沙区公园路 32 号
No.32 Gongyuan Road, Longsha District, Qiqihar

✉ 161005

齐齐哈尔鹤城欢乐世界
Qiqihar Hecheng Happy World

🏛 齐齐哈尔市龙沙区腾飞路
Tengfei Road, Longsha District, Qiqihar

✉ 161005

齐齐哈尔水师森林温泉度假区
Qiqihar Shuishi Forest Hot Spring Resort

🏛 齐齐哈尔市昂昂溪区水师营镇水师森林公园内
Inside Shuishi Forest Park, Shuishiying Town, Ang'angxi District, Qiqihar

✉ 161031

扎龙温泉旅游名镇（鹤之汤）度假景区
Zhalong Hot Spring Tourism Town Resort

🏛 齐齐哈尔市铁峰区扎龙乡
Zhalong Town, Tiefeng District, Qiqihar

✉ 161000

泰来江桥抗战纪念地
Tailai Jiangqiao Memorial Place for Anti-Japanese War

🏛 齐齐哈尔市泰来县江桥镇
Jiangqiao Town, Tailai County

✉ 162407

泰湖国家湿地公园
Taihu Lake National Wetland Park

🏛 齐齐哈尔市泰来县公园路
Gongyuan Road, Tailai County

✉ 162400

龙腾生态温泉度假区
Longteng Ecological Hot Spring Resort

🏛 齐齐哈尔富裕县龙安桥镇
Long'anqiao Town, Fuyu County

✉ 161200

森工东方红湿地旅游景区
Sengong Dongfanghong Wetland Tourism Area

🏛 鸡西虎林市东方红林业局
Dongfanghong Forest Bureau, Hulin

✉ 158419

密山北大荒书法长廊
Beidahuang Calligraphy Gallery

🏛 鸡西密山市
Mishan

✉ 158300

密山铁西森林公园
Mishan Tiexi Forest Park

🏛 鸡西密山市密山镇铁西村
Tiexi Village, Mishan Town, Mishan

✉ 158300

当壁镇兴凯湖旅游度假区
Xingkai Lake Tourism Resort

🏛 鸡西密山市当壁镇
Dangbi Town, Mishan

✉ 158316

兴凯湖新开流景区
Xingkai Lake New River Scenic Area

🏛 鸡西密山市兴凯湖国家级自然保护区内
Inside Xingkai Lake National Nature Reserve, Mishan

✉ 158200

麒麟山风景区
Qilin Mountain Scenic Area

🏛 鸡西市鸡东县兴农镇
Xingnong Town, Jidong County

✉ 158200

鹤岗国家森林公园
Hegang National Forest Park

🏛 鹤岗市东山区
Dongshan District, Hegang

✉ 154100

鹤岗市清源湖旅游景区
Hegang Qingyuan Lake Tourism Area

🏛 鹤岗市东山区
Dongshan District, Hegang

✉ 154106

萝北县名山岛风景区
Luobei County Mingshan Island Scenic Area

🏛 鹤岗市萝北县凤翔镇大街东镇
East Part of Street, Fengxiang Town, Luobei County

✉ 154200

鹤岗市萝北太平沟景区
Hegang Taipinggou Scenic Area

🏛 鹤岗市萝北县太平沟乡
Taipinggou Town, Luobei County

✉ 154200

鹤岗市宝泉岭现代农业生态园
Hegang Baoquanling Modern Agriculture Eco-Park

🏛 鹤岗市萝北县双汇路 7 号
No.7 Shuanghui Road, Luobei County

✉ 154200

黑龙江

绥滨月牙湖景区
Suibin Yueya Lake Tourism Area

🏛 鹤岗市绥滨县松滨大街 1 号
No.1 Songbin Avenue, Suibin County

✉ 156210

青山国家森林公园
Qingshan Mountoin National Forest Park

🏛 双鸭山市岭东区
Lingdong District, Shuangyashan

✉ 155105

双鸭山安邦河湿地公园
Shuangyashan Anbang River Wetland Park

🏛 双鸭山市集贤县福利镇
Fuli Town, Jixian County

✉ 155900

北大荒农机博览园景区
Beidahuang (Great Northern Wilderness) Agricultural Machinery Expo Park

🏛 双鸭山市友谊县友谊农场
Youyi Farm Center, Youyi County

✉ 155800

农垦八五三燕窝岛旅游度假区
Nongken 853 Yanwo Island Tourism Resort

🏛 双鸭山市宝清县农垦八五三农场
853 Farm Center, Reclamation General Administration, Baoqing County

✉ 155630

大庆市博物馆
Daqing Museum

🏛 大庆市开发区文苑街 2 号
No.2 Wenyuan Street, Development Zone, Daqing

✉ 163001

大庆市城市规划展示馆
Daqing City Planning Exhibition Museum

🏛 大庆市萨尔图区东风新村
Dongfeng New Village, Saertu District, Daqing

✉ 163001

大庆赛车小镇旅游区
Daqing Racing Town Tourism Area

🏛 大庆市萨尔图区北二路北侧
North Side of North 2nd Road, Saertu District, Daqing

✉ 163001

大庆铁人王进喜纪念馆
Daqing Memorial Museum of "Ironman" WangJinxi

🏛 大庆市让胡路区世纪大道中原路南
South Zhongyuan Road, Shiji Avenue, Ranghulu District, Daqing

✉ 163311

大庆市黑龙江伊利乳业工业园景区
Daqing Heilongjiang Yili Milk Industrial Garden Scenic Area

🏛 大庆市让胡路区喇嘛甸镇铁东 168 号
No.168 Tiedong, Lamadian Town, Ranghulu District, Daqing

✉ 163712

大庆石油博物馆
Daqing Petroleum Museum

🏛 大庆市让胡路区西苑路 18 号
No.18 Xiyuan Road, Ranghulu District, Daqing

✉ 163712

北国温泉养生休闲基地
North Country Hot Spring Base for Good Health

🏛 大庆市林甸县庆丰街南三段路西
West Side of South 3 Part, Qingfeng Street, Lindian County

✉ 166300

鹤鸣湖湿地温泉景区
Heming Lake Wetland Hot Spring Scenic Area

🏛 大庆市林甸县三合乡南岗村
Nagang Village, Sanhe Town, Lindian County

✉ 166300

林甸温泉欢乐谷旅游景区
Lindian Hot Spring Happy Valley Tourism Scenic Area

🏛 大庆市林甸县西城街
Xicheng Street, Lindian County

✉ 166300

飞泷四季温泉景区
Feilong Four Season Hot Spring Scenic Area

🏛 大庆市林甸县长盛街南四段路西
West Side, South 4th Part, Changsheng Street, Lindian County

✉ 166300

大庆连环湖温泉景区
Daqing Lianhuan Lake Hot Spring Scenic Area

🏛 大庆市杜尔伯特县连环湖镇
Lianhuanhu Town, Durbote County

✉ 166251

大庆嘎日迪景区
Daqing Garidi Scenic Area

🏛 大庆市杜尔伯特县连环湖镇南岗村
Nangang Village, Lianhuanhu Town, Durbote County

✉ 166251

阿木塔草原蒙古风情岛
Amuta Prairie Mongolia Style Island

🏛 大庆市杜尔伯特县胡吉吐莫镇阿木塔半岛
Amuta Byland, Ujitumo Town, Durbote County

✉ 166200

林都山水公园旅游景区
Forest City Shanshui Park Tourism Area

🏛 伊春市伊美区
Yimei District, Yichun

✉ 153000

伊春西岭宝宇森林生态旅游度假区
Yichun Xiling Baoyu Forest Ecotourism Resort

🏛 伊春市乌翠区西岭林场乌带公路 38 公里处
38km of Wudai Road, Xiling Forest Center, Wucui District, Yichun

✉ 153013

伊春美溪回龙湾国家森林公园
Yichun Meixi Huilongwan National Forest Park

🏛 伊春市伊美区
Yimei District, Yichun

✉ 153021

上甘岭溪水国家森林公园
Shangganling Xishui National Forest Park

🏛 伊春市友好区
Youhao District, Yichun

✉ 153031

九峰山养心谷旅游区
Jiufeng(Nine Peaks) Mountain Healthcare Tourism Area

🏛 伊春市金林区鹤伊公路 72 公里处
72km of Heyi Road, Jinlin District, Yichun

✉ 153026

伊春桃山森林公园
Yichun Taoshan(Peach Mountain) Forest Park

🏛 伊春铁力市桃山镇桃园街
Taoyuan Street, Taoshan Town, Tieli

✉ 152514

嘉荫茅兰沟国家森林公园
Jiayin Maolangou National Forest Park

🏛 伊春市嘉荫县朝阳镇
Chaoyang Town, Jiayin County

✉ 153200

伊春市嘉荫恐龙国家地质公园
Jiayin Dinosaur Museum Geological Park

🏛 伊春市嘉荫县红光乡
Hongguang Town, Jiayin County

✉ 153200

新青国家湿地公园
Xinqing National Wetland Park

🏛 伊春市丰林县
Fenglin County

✉ 153036

伊春五营国家森林公园
Yichun Wuying National Forest Park

🏛 伊春市丰林县
Feilin County

✉ 153036

敖其湾赫哲族旅游区
Aoqi Bay Hezhe Nationality Tourism Area

🏛 佳木斯市郊区
Suburb District, Jiamusi

✉ 154002

同江三江口生态旅游区
Tongjiang Sanjiangkou Ecotourism Area

🏛 佳木斯同江市北 4 公里三江口
Sanjiangkou, 4 Kilometers of Tongjiang

✉ 156400

同江市街津口赫哲旅游度假区
Tongjiang Jiejinkou Hezhe Nationality Tourism Resort

🏛 佳木斯同江市街津口乡
Jiejinkou Town, Tongjiang

✉ 156425

富锦国家湿地公园
Fujin National Wetland Park

🏛 佳木斯富锦市锦山镇
Jinshan Town, Fujin

✉ 156100

黑
龙
江

富锦市万亩水稻公园
Fujin Ten Thousand Mu Rice Park

佳木斯富锦市聚贤村西 3 公里处
3km West of Juxian Village, Fujin

156100

大亮子河国家森林公园
Daliangzi River National Forest Park

佳木斯市小兴安岭南麓汤原县大亮子河红松母树林场境内
Dalingzi River, Tangyuan County

154700

抚远市黑瞎子岛旅游区
Fuyuan Heixiazi Island Tourism Area

佳木斯抚远市黑龙江和乌苏里江的交汇处
Intersection of Heilong River & Wusuli River, Fuyuan

156500

黑瞎子岛探秘野熊园
Heixiazi Island Explore Wild Bear Park

佳木斯抚远市黑瞎子岛中部景观大道西北侧
Northwest Side of Middle Sightseeing Avenue, Heixiazi Island,
Fuyuan

156500

牡丹江黑宝熊乐园度假区
Mudanjiang Black Bear Paradise Holiday Resort

牡丹江市三道关二村
Ercun Village, Sandaoguan, Mudanjiang

157030

三道关国家森林公园
Sandaoguan National Forest Park

牡丹江市西北部
Northwest of Mudanjiang

157000

绥芬河爱情谷景区
Suifenhe Love Valley Scenic Area

牡丹江市绥芬河市天长山水库路
Shuiku Road, Tianchangshan, Suifenhe

157300

横道东北虎林园
Hengdao Manchurian Tiger Garden

牡丹江海林市横道河子镇
Hengdaohezi Town, Hailin

157100

横道河子俄罗斯风情小镇旅游区
Hengdaohezi Russian Style Town Tourism Area

牡丹江海林市横道河子镇
Hengdaohezi Town, Hailin

157100

海浪河欢乐谷景区
Hailang River Happy Valley Scenic Area

牡丹江海林市新安镇山嘴子村
Shanzuizi Village, Xin'an Town, Hailin

157000

海林市威虎山影视城
Hailin Weihushan Film & Television City

牡丹江海林市横道河子镇
Hengdaohezi Town, Hailin

157100

柴河九寨
Chaihe Jiuzhai

牡丹江海林市柴河林业局
Chaihe Forest Centre, Hailin

157131

亿龙水上风情园
Yilong Upwater Amusement Park

牡丹江海林市新安镇
Xin'an Town, Hailin

157125

牡丹江市森工雪乡旅游区
Mudanjiang Sengong Snowy Home Tourism Area

牡丹江海林市长汀镇大海林林业局
Dahailin Forest Bureau, Changjiang Town, Hailin

157125

宁安市火山口国家森林公园
Ning'an Crater National Forest Park

🏛 牡丹江宁安市火山口旅游公路
Huoshankou Travel Road, Ning'an

✉ 157400

飞龙潭山庄景区
Feilongtan (Flying Dragon Pond) Villa Scenic Area

🏛 牡丹江宁安市火山口旅游公路
Huoshankou Travel Road, Ning'an

✉ 157400

宁安渤海上京龙泉府遗址旅游景区
Ning'an Bohai Shangjing Longquafu Site Tourism Area

🏛 牡丹江宁安市
Ning'an

✉ 157400

东宁要塞遗址
Dongning Fort Ruins

🏛 牡丹江市东宁县三岔口镇
Sanchakou Town, Dongning County

✉ 157200

黑河市瑷珲历史陈列馆
Heihe Aihui Historial Exhibition Hall

🏛 黑河市爱辉区爱辉镇
Aihui Town, Aihui District, Heihe

✉ 164312

黑河新生鄂伦春民俗旅游景区
Heihe Xinsheng Elunchun Folk-Custom Tourism Area

🏛 黑河市爱辉区新生鄂伦春民族乡
Xinsheng Elunchun Town, Aihui District, Heihe

✉ 164300

北安庆华军工遗址博物馆景区
Bei'an Qinghua Military Industry Site Museum

🏛 黑河北安市东直街
Dongzhi Street, Bei'an

✉ 164000

大沽河国家森林公园
Great Zhanhe River National Forest Park

🏛 黑河五大连池市沾河林业局辖区内
Within the Domain of Zhanhe Forest Bureau, Wudalianchi

✉ 164100

山口湖风景区
Shankou Lake Scenic Area

🏛 黑河五大连池市
Wudalianchi

✉ 164100

孙吴胜山要塞旅游景区
Sunwu Shengshan Fortress Tourism Area

🏛 黑河市孙吴县满达乡
Manda Town, Sunwu County

✉ 164200

肇东市伊利乳业工业园区
Zhaodong Yili Milk Industry Area

🏛 绥化肇东市经济开发区肇昌公路 11 公里处
11km Zhaochang Road, Economic Development Area, Zhaodong

✉ 151100

绥棱生态文化旅游景区
Suileng Ecological Culture Tourism Area

🏛 绥化市绥棱县绥棱林业局
Suileng Forest Bureau, Suileng County

✉ 152205

大兴安岭寒温带植物园
Daxing'anling Cold-Cool Temperature Zone Botanic Garden

🏛 大兴安岭地区加格达奇区
Jiagedaqi District, Daxing'anling

✉ 165000

大兴安岭鹿鼎山景区
Daxing'anling Luding Mountain Scenic Area

🏛 大兴安岭地区呼玛县
Huma County

✉ 165100

黑龙江

上海

SHANGHAI

AAAAA

上海野生动物园
Shanghai Wild Animal Park

上海野生动物园是集野生动物饲养、展览、繁育保护、科普教育与休闲娱乐为一体的主题公园。园区居住着大熊猫、金丝猴、金毛羚牛、朱鹮、亚洲独角犀、白犀牛、猎豹、长颈鹿、斑马、羚羊等来自国内外的珍稀野生动物 200 余种，上万余只。

上海野生动物园分为车入区、步行区及"水域探秘"三大游览区域。在步行区，不仅可以观赏到大熊猫、亚洲独角犀、非洲象、亚洲象、长颈鹿、黑猩猩、长臂猿、狐猴、火烈鸟、朱鹮等众多珍稀野生动物，更有诸多特色的动物行为展示和互动体验呈现。车入区为"人在车中，动物自由"的展览模式，既可以身临其境地感受群群斑马、羚羊、角马、犀牛等食草动物簇拥在一起悠闲觅食，又能领略猎豹、东北虎、非洲狮、熊、狼等大型猛兽"部落"展现的野性雄姿。"水域探秘"游览项目则打破传统观赏动物模式，以乘船游览方式 360° 无遮挡在水上看野生动物，为游客带来全新的观赏体验。

🏛 上海市浦东新区南六公路 178 号
No.178 Nanliu Highway, Pudong New District

✉ 201300

🌐 http://www.shwzoo.com

🚇 16 号线。

上海科技馆
Shanghai Science and Technology Museum

上海科技馆坐落于上海浦东新区行政文化中心的世纪广场，是上海市政府为在 21 世纪提高城市综合竞争力和全体市民素质而投资兴建的重大公益性社会文化项目。上海科技馆以科学传播为宗旨，以科普展示为载体，围绕"自然·人·科技"的大主题，有生物万象、地壳探秘、设计师摇篮、智慧之光、地球家园、

信息时代、机器人世界、探索之光、人与健康、宇航天地、彩虹儿童乐园 11 个常设展厅，蜘蛛和动物世界 2 个特别展览，中国古代科技和中外科学探索者 2 个浮雕长廊，中国科学院和中国工程院院士信息墙，还有由巨幕、球幕、四维、太空四大特种影院组成的科学影城，足以引发观众探索自然与科技奥秘的兴趣。

🏛 上海市浦东新区世纪大道 2000 号
No.2000 Shiji Avenue, Pudong New Distrist

✉ 200127

🌐 www.sstm.org.cn

🚇 2 号线。

上海东方明珠广播电视塔
Shanghai Oriental Pearl Radio & TV Tower

上海东方明珠广播电视塔（简称"东方明珠"）坐落于上海黄浦江畔、浦东陆家嘴嘴尖，卓然秀立于陆家嘴地区现代化建筑楼群，与隔江的外滩万国建筑博览群交相辉映，展现了上海作为国际大都市的壮观景色。

东方明珠 11 个大小不一、高低错落的球体从蔚蓝的天空串联到绿色如茵的草地上，远处看宛如两颗红宝石的巨大球体，晶莹夺目，描绘了一幅"大珠小珠落玉盘"的如梦画卷。入夜，遥望东方明珠，色彩缤纷、璀璨夺目；登塔俯瞰夜上海，流光溢彩、美不胜收。

上海

东方明珠集都市观光、时尚餐饮、购物娱乐、历史陈列、浦江游览、会展演出等多功能于一身，已成为上海的标志性建筑和旅游热门景点之一，被列入上海十大新景观。

🏛 上海市浦东新区世纪大道 1 号
No.1 Shiji Avenue, Pudong New District

✉ 200120

🌐 https://www.orientalpearltower.com

🚇 2 号线。

中国共产党一大·二大·四大纪念馆景区
The Memorial Museum of the 1st, 2nd and 4th National Congress of the Communist Party of China

中国共产党一大·二大·四大纪念馆景区包括中国共产党第一次全国代表大会会址纪念馆（以下简称"一大会址纪念馆"）、中共二大会址及四大会址纪念馆三家景区，其中一大会址纪念馆位于上海市黄陂南路 374 号，主要任务是对中共一大会址的保护管理，对有关中共党史、中国革命史文物资料的征集、保管、陈列和对中共创建历史进行研究，对中外观众的讲解和接待。中共二大会址位于上海南成都路辅德里 625 号（今老成都北路 7 弄 30 号）。1922 年 7 月 16 ～ 23 日，中国共产党第二次全国代表大会在此召开。四大会址位于上海虹口区东宝兴路 254 弄 28 支弄 8 号，1925 年 1 月 11 ～ 22 日，中国共产党第四次代表大会在这里召开。会址原为坐西朝东的砖木结构假三层石库门民居，毁于 1932 年"一·二八"淞沪战争。1987 年 11 月 17 日，上海市公布中共四大会址为上海市革命纪念地。2011 年，上海市择址四川北路 1468 号筹建中共"四大"纪念馆，2012 年 9 月 7 日正式开馆。

🏛 上海市黄陂南路 374 号，老成都北路 7 弄 30 号，四川北路 1468 号
No.374 South Huangpi Road, No. 30, 7th Lane, North Old Chengdu Road, No. 1468 North Sichuan Road, Shanghai

✉ 200000

AAAA

上海豫园
Shanghai Yuyuan Garden

🏛 上海市黄浦区安仁街 218 号
No.218 Anren Street, Huangpu District, Shanghai

✉ 200010

上海博物馆
Shanghai Museum

🏛 上海市黄浦区人民大道 201 号
No.01 Renmin Avenue, Huangpu District, Shanghai

✉ 200003

上海城市规划展示馆
Shanghai City Planning Exhibition Hall

🏛 上海市黄浦区人民大道 100 号
No.100 Renmin Avenue, Huangpu District, Shanghai

✉ 200003

上海杜莎夫人蜡像馆
Shanghai Madame Tussauds Wax Museum

🏛 上海黄浦区南京西路 2-68 号
No.2-68 West Nanjing Road, Huangpu District, Shanghai

✉ 200001

徐家汇源景区
Xujiahuiyuan Scenic Area

🏛 上海市徐汇区漕溪北路 90 号
No.90 North Caoxi Road, Xuhui District, Shanghai

✉ 200030

宋庆龄故居纪念馆
Memorial Museum of Song Qingling Former Residence

🏛 上海市徐汇区淮海中路 1843 号
No.1843 Middle Huaihai Road, Xuhui District, Shanghai

✉ 200030

上海植物园
Shanghai Botanical Garden

🏛 上海市徐汇区龙吴路 1111 号
No.111 Wulong Road, Xuhui District, Shanghai

✉ 200231

上海龙华烈士陵园
Shanghai Longhua Martyr Mausoleum

🏛 上海市徐汇区龙华西路 180 号
No.180 West Longhua Road, Xuhui District, Shanghai

✉ 200232

上海动物园
Shanghai Zoo

🏛 上海市长宁区虹桥路 2381 号
No.2381 Hongqiao Road, Changning District, Shanghai

✉ 200335

上海长风公园·长风海洋世界景区
Changfeng Park·Changfeng Benthal World

🏛 上海市普陀区大渡河路 189 号
No.189 Da Duhe Road, Putuo District, Shanghai

✉ 200062

上海北外滩国客中心景区
Shanghai North Bund International Guest Center Scenic Area

🏛 上海市虹口区东大名路 500 号
No. 500 East Daming Road, Hongkou District, Shanghai

✉ 200080

上海犹太难民纪念馆
The Shanghai Jewish Refugees Museum

🏛 上海市虹口区长阳路 62 号
No.62 Changyang Road, Hongkou District, Shanghai

✉ 200086

🌐 http://www.shhkjrm.com/

上海笔墨宫坊景区
Shanghai Bimo(Pen & Ink) Gongfang(Workshop) Scenic Area

🏛 上海市杨浦区军工路 1300 号 16 栋
Building 16, No.1300 Jungong Road, Yangpu District, Shanghai

✉ 200082

上海国际时尚中心
Shanghai International Fashion Center

🏛 上海市杨浦区杨树浦路 2866 号
No.2866 Yangshupu Road, Yangpu District, Shanghai

✉ 200082

上海共青森林公园
Shanghai Communist Young League Forest Park

🏛 上海市杨浦区军工路 2000 号
No.2000 Jungong Road, Yangpu District, Shanghai

✉ 200438

上海锦江乐园
Shanghai Jinjiang Action Park

🏛 上海市闵行区虹梅路 201 号
No.201 Hongmei Road, Minhang District, Shanghai

✉ 201102

召稼楼古镇景区
Zhaojialou Ancient Town

🏛 上海市闵行区浦江镇革新村
Gexin Village, Pujiang Town, Minhang District, Shanghai

✉ 201100

上海韩湘水博园
Shanghai Hanxiang Water Expo Garden

🏛 上海市闵行区江川西路 3805 号
No.3805 West Jiangchuan Road, Minhang District, Shanghai

✉ 201100

上海七宝古镇
Shanghai Qibao Ancient Town

🏛 上海市闵行区青年路与横沥路路口
Intersection of Qingnian & Hengli Road, Minhang District, Shanghai

✉ 201100

上海闵行文化公园
Shanghai Minhang Cultural Park

🏛 上海市闵行区吴中路 2019 号
No. 2019 Wuzhong Road, Minhang District, Shanghai

✉ 201100

上海

吴淞炮台湾湿地森林公园
Wusong Paotaiwan Wetland Forest Park

🏛 上海市宝山区塘后路 206 号
　　No.206 Tanghou Road, Baoshan District, Shanghai

✉ 201900

上海宝山国际民间艺术博览馆
Shanghai Baoshan International Folk Arts Exposition

🏛 上海市宝山区沪太路 4788 号
　　No.4788 Hutai Road, Baoshan District, Shanghai

✉ 201907

上海闻道园
Shanghai Wendao Garden

🏛 上海市宝山区潘泾路 2888 号
　　No.2888 Panjing Road, Baoshan District, Shanghai

✉ 201900

顾村公园
Gucun Park

🏛 上海市宝山区顾村镇沪太路 4788 号
　　No.4788 Hutai Road, Gucun Town, Baoshan District, Shanghai

✉ 201900

美兰湖景区
Meilan Lake Scenic Area

🏛 上海市宝山区沪太路 6655 号
　　No.6655 Hutai Road, Baoshan District, Shanghai

✉ 201900

上海玻璃博物馆
Shanghai Glass Museum

🏛 上海市宝山区长江西路
　　West Changjiang Road, Baoshan District, Shanghai

✉ 201900

嘉定州桥景区
Jiading Zhouqiao Bridge Scenic Are

🏛 上海市嘉定区沙霞路 68 号
　　No.68 Shaxia Road, Jiading District, Shanghai

✉ 201800

上海南翔景区
Shanghai Nanxiang Scenic Area

🏛 上海市嘉定区南翔镇解放街 206 号
　　No.206 Jiefang Street, Nanxiang Town, Jiading District, Shanghai

✉ 201802

上海马陆葡萄公园
Malu Grape Garden

🏛 上海市嘉定区马陆镇大治路 285 号
　　No.285 Dazhi Road, Malu Town, Jiading District, Shanghai

✉ 201800

上海古猗园
Shanghai Guyi Garden

🏛 上海市嘉定区沪宜公路 218 号
　　No.218 Huyi Highway, Jiading District, Shanghai

✉ 201802

汽车博览公园
Automobile Expo Garden

🏛 上海市嘉定区安亭镇博园路 7001 号
　　No.7001 Boyuang Road, Anting Town, Jiading District, Shanghai

✉ 201800

上海国际赛车场旅游景区
Shanghai International Autodrome Tourism Area

🏛 上海市嘉定区安亭镇东北
　　Northeast of Anting Town, Jiading District, Shanghai

✉ 201800

金茂大厦 88 层观光厅
Jinmao Building 88 Floors Sightseeing Hall

🏛 上海市浦东新区世纪大道 88 号
　　Jinmao Building, No.88 Shiji Avenue, Pudong New Distrist, Shanghai

✉ 200121

上海环球金融中心观光厅
Shanghai World Financial Center Sightseeing Hall

🏛 上海市浦东新区世纪大道 100 号
　　No.100 Shiji Avenue, Pudong New District, Shanghai

✉ 200120

上海世纪公园
Shanghai Century Park

🏛 上海市浦东新区芳甸路 666 号
　　No.666 Fangdian Road, Pudong New District, Shanghai

✉ 200135

上海鲜花港景区
Shanghai Flower Port

🏛 上海市浦东新区东海农场振东路 2 号
　　No.2 Zhendong Road, Donghai Farm, Pudong New District, Shanghai

✉ 200135

中国航海博物馆
China Maritime Museum

🏛 上海市浦东新区临港新城申港大道 197 号
No.197 Shengang Avenue, Lingang New City, Pudong New District, Shanghai

✉ 201306

上海海洋水族馆
Shanghai Ocean Aquarium

🏛 上海市浦东新区陆家嘴环路 1388 号
No.1388 Lujiazui Ring Road, Pudong New District, Shanghai

✉ 200120

上海薰衣草公园
Shanghai Lavender Park

🏛 上海市浦东新区申迪东路 399 弄 187 号
No. 187, Lane 399, East Shendi Road, Pudong New District, Shanghai

✉ 200120

上海之巅观光厅
Top of Shanghai Sightseeing Hall

🏛 上海市浦东新区陆家嘴上海中心大厦第 118 层
Floor 118, Shanghai Tower, Lujiazui, Pudong New District, Shanghai

✉ 200120

上海枫泾古镇旅游景区
Shanghai Fengjing Ancient Town Tourism Area

🏛 上海市金山区枫泾镇
Fengjing Town, Jinshan District, Shanghai

✉ 201501

上海市金山城市沙滩景区
Shanghai Jinshan City Sand Beach Scenic Area

🏛 上海市金山区沪杭公路 7741 号
No.7741 Huhang Expressway, Jinshan District, Shanghai

✉ 200540

东林寺
Donglin Temple

🏛 上海市金山区朱泾镇东林街 150 号
No.150 Donglin Street, Zhujing Town, Jinshan District, Shanghai

✉ 200540

上海金山嘴渔村
Shanghai Jinshanzui Fishing Village

🏛 上海市金山区山阳镇沪杭公路 6394 号
No. 6394 Huhang Highway, Shanyang Town, Jinshan District, Shanghai

✉ 200540

上海廊下郊野公园景区
Shanghai Langxia County Park Scenic Area

🏛 上海市金山区廊下镇漕廊公路 9133 号
No.9133 Caolang Expressway, Langxia Town, Jinshan District, Shanghai

✉ 201540

上海花开海上生态园
Shanghai Blooming Garden

🏛 上海市金山区朱泾镇待泾村秀泾 6060 号
No.6060 Xiujing, Daijing Village, Zhujing Town, Jinshan District, Shanghai

✉ 201540

上海佘山国家森林公园东佘山园
Shanghai Sheshan National Forest Park Dongsheshan Park

🏛 上海市松江区青松公路 9258 号
No.9258 Qingsong Expressway, Songjiang District, Shanghai

✉ 201602

上海月湖雕塑公园
Shanghai Yuehu Lake Sculpture Park

🏛 上海佘山国家旅游度假区林荫新路 1158 号
No.1158 New Linyin Road, Songjiang District, Shanghai

✉ 201602

上海欢乐谷
Happy Valley Shanghai

🏛 上海市松江区佘山镇林湖路 888 号
No.888 Linhu Road, Sheshan Town, Songjiang District, Shanghai

✉ 201602

上海辰山植物园
Shanghai Chenshan Botanical Garden

🏛 上海市松江区辰花公路 3888 号
No.3888 Chenhua Road, Songjiang District, Shanghai

✉ 201602

方塔园
Fangta Garden

🏛 上海市松江区松江镇中山东路 235 号
No.235 East Zhongshan Road, Songjiang Town, Songjiang District, Shanghai

✉ 200540

上
海

上海雪浪湖生态园
Shanghai Xuelang Lake Ecological Park

上海市松江区新浜镇胡曹路
Hucao Road, Xinbang Town, Songjiang District, Shanghai

201600

上海影视乐园
Shanghai Film Shooting Base

上海市松江区车墩镇
Chedun Town, Songjiang District, Shanghai

201600

上海广富林文化遗址
Shanghai Guangfulin Cultural Site

上海市松江区广富林街道广富林村
Guangfulin Village, Guangfulin Community, Songjiang District, Shanghai

201600

上海云堡未来市艺术文创景区
Shanghai Rabornova Art and Cultural Creation Scenic Area

上海市松江区洞泾镇王家库路 885 弄
Lane 885, Wangjiashe Road, Dongjing Town, Songjiang District, Shanghai

201600

上海蓝精灵乐园
Shanghai SMURFS Paradise

上海市松江区辰花路 5088 号
No.5088 Chenhua Road, Songjiang District, Shanghai

201600

上海醉白池公园
Shanghai Zuibaichi Park

上海市松江区人民南路 64 号
No.64 South Renmin Road, Songjiang District, Shanghai

201600

陈云故居暨青浦革命历史纪念馆
Chenyun Former Residence and Qingpu Memorial Hall of Revolutionary History

上海市青浦区朱枫公路 3516 号
No.3516 Zhufeng Highway, Qingpu District, Shanghai

201715

上海大观园
Shanghai Grand View Garden

上海市青浦区金泽镇青商路 701 号
No.701 Qingshang Road, Jinze Town, Qingpu District, Shanghai

201718

上海市青少年校外活动营地——东方绿舟
Oriental Green Boat

上海市青浦区沪青平公路 6888 号
No.6888 Huqingping Highway, Qingpu District, Shanghai

201713

上海朱家角古镇旅游区
Shanghai Zhujiajiao Ancient Town Tourism Spot

上海市青浦区朱家角镇美周路 36 号
No.36 Meizhou Road, Zhujiajiao Town, Qingpu District, Shanghai

201713

上海联怡枇杷乐园
Shanghai Lianyi Loquat Park

上海市青浦区外青松公路 7166 号
No. 7166 Waiqingsong Highway, Qingpu District, Shanghai

201713

上海都市菜园景区
Shanghai Urban Vegetable Garden

上海市奉贤区海湾镇海兴路 888 弄 1 号
No.1, Lane 888, Haixing Road, Haiwan Town, Fengxian District, Shanghai

201400

上海市碧海金沙景区
Blue Sea & Golden Sand Scenic Area

上海市奉贤区海湾旅游区海涵路 2 号
No.2 Haihan Road, Seashore Tourism Area, Fengxian District, Shanghai

201400

上海海湾国家森林公园
Haiwan National Forest Park

上海市奉贤区海湾镇随塘河路 1677 号
No.1677 Suitanghe Road, Haiwan Town, Fengxian District, Shanghai

201423

东平国家森林公园
Dongping National Forest Park

上海市崇明区北沿公路 2188 号
No.2188 Beiyan Expressway, Chongming District, Shanghai

202177

明珠湖公园·西沙湿地公园
Pearl Lake·Xisha (West Sand) Wetland Park

🏛 上海市崇明区三华公路 333 号
No.333 Sanhua Expressway, Chongming District, Shanghai

✉ 202150

前卫生态村
Qianwei Ecological Village

🏛 上海市崇明区竖新镇前卫村
Qianwei Village, Shuxin Town, Chongming District, Shanghai

✉ 202177

江南三民文化村
South of Yangzi River Sanmin Culture Village

🏛 上海市崇明区林风公路 2201 号
No.2201Linfeng Road, Chongming District, Shanghai

✉ 202150

上海紫海鹭缘景区
Shanghai Zihailuyuan Scenic Area

🏛 上海市崇明区东平镇北沿公路 2018 号
No.2018 Beiyan Road, Dongping Town, Chongming District, Shanghai

✉ 202177

上海东滩湿地公园
Shanghai Dongtan Wetland Park

🏛 上海市崇明区东滩东旺路
Dongwang Road, Dongtan, Chongming District, Shanghai

✉ 202177

上海长兴岛郊野公园
Shanghai Changxing Island County Park

🏛 上海市崇明区长兴岛凤凰公路东侧秋柑路 199 号
No.199 Qiugan Road, East of Fenghuang Expressway, Changxing Island, Chongming District, Shanghai

✉ 202177

上海高家庄生态园
Shanghai Gaojiazhuang Ecological Park

🏛 上海市崇明区港西镇港东公路 999 号
No.999 Gangdong Expressway, Gangxi Town, Chongming District, Shanghai

✉ 202150

上海

江苏
JIANGSU

南京市夫子庙秦淮风光带
Nanjing Fuzimiao(Confucius' Temple) Qinhuai Scenic Area

　　一篇优美的文学作品《桨声灯影里的秦淮河》让如画般的秦淮河驻进了无数人的心中。秦淮河是南京的"母亲河",是孕育金陵古老文化的摇篮。南京夫子庙是祭祀我国古代著名的思想家、教育家孔子的庙宇,具有典型的明清建筑风格。夫子庙秦淮风光带以夫子庙古建筑群为中心,以十里内秦淮河为轴线,集自然风光、山水园林、庙宇学堂、街市民居、乡土人情于一身。在这"江南锦绣之邦,金陵风雅之薮",美称"十里珠帘"的夫子庙秦淮风光带上,点缀着数不尽的名胜佳景,仿佛镶嵌在夫子庙秦淮风光带上的颗颗璀璨的明珠,汇集着说不完的逸闻掌故。

🏛 南京市秦淮区贡院街 95 号
　　No. 95 Gongyuan Street, Qinhuai District, Nanjing
✉ 210001
🌐 njfzm.net
🚇 1 号线（三山街站下）、3 号线（夫子庙站下）。

南京钟山风景名胜区
Nanjing Zhongshan Mountain Famous Scenic Area

　　自古被誉为"江南四大名山"之一的钟山,位于南京城东,有"钟山龙蟠"之美誉。这里有明朝开国

皇帝朱元璋与皇后马氏的陵寝——明孝陵（钟山南麓独龙阜玩珠峰下）,这里有伟大的民主革命先行者孙中山先生的陵墓——中山陵（钟山中茅峰南麓）,这里有东吴大帝孙权纪念馆,有南京抗日航空烈士纪念馆,这里还有中国梅花艺术中心、紫金山科普馆、美龄宫、灵谷景区、中山植物园……这里的山、水、城、林浑然一体,自然景观丰富优美,文化底蕴博大深厚。钟山,是古都南京的骄傲,是古都南京的胜地。

🏛 南京市玄武区中山门外石象路 7 号
　　No.7 Shixiang Road, Outside Zhongshanmen, Xuanwu District, Nanjing
✉ 210014
🌐 zschina.org.cn
🌐 http://www.zschina.org.cn
🚇 2 号线。

无锡太湖鼋头渚风景区
Wuxi Taihu Lake Yuantouzhu Scenic Area

　　"太湖佳绝处,毕竟在鼋头",大文豪郭沫若这句诗赞,让太湖和鼋头渚名扬境内海外。太湖是我国五大淡水湖之一,风光秀美、雄奇,碧水辽阔,烟波浩渺,峰峦隐现,气象万千。鼋头渚为太湖西北岸无锡境内的一个半岛,因有巨石突入湖中,状如浮鼋翘首而得名。鼋头渚山清水秀,天作胜景。早在 1916 年,社会名流、达官贵人纷纷在鼋头渚附近营造私家花园和别墅。后经统一规划布局,精心缀连,并进行扩建,形成充山隐秀、鼋渚春涛、万浪卷雪、十里芳径、太湖仙岛等众多独具特色的美景,使这一风景区

日趋完美，成为江南最大的山水园林之一。

🏛 无锡市滨湖区鼋渚路 1 号
No.1 Yuanzhu Road, Binhu District, Wuxi

✉ 214086

🌐 www.ytz.com.cn

无锡灵山景区
Wuxi Lingshan Scenic Spot

88 米高的释迦牟尼佛青铜立像"灵山大佛"、千年古刹"祥符禅寺"，让这座"层峦丛翠"、景色旖旎的灵山与源远流长的佛教文化完美地结合起来，成为中国最为完整，也是唯一集中展示释迦牟尼成就的佛教文化主题景区。

灵山景区规模气势宏大，内容生动广博，以历史的传承、时代的特色，形成传统文化和现代艺术、佛教文化和科技文明相互交融的独特旅游文化景观。"灵山大佛""九龙灌浴""灵山梵宫""五印坛城"等诸多佛教文化精品景观交相辉映，形成了一个完整有序、各自独立又密切关联的展现佛教文化的景观群。

🏛 无锡市滨湖区马山灵山路 1 号
No.1 Mashan Lingshan Road, Binhu District, Wuxi

📞 0510-85680358

✉ 214091

🌐 lsly.chinalingshan.com

http://www.chinalingshan.com

无锡中视股份三国水浒景区
Wuxi CCTV Three Kingdoms and Water Margin Scenic Spot

到这里，你就仿佛来一次穿越之旅。你可能来到了三国时期——这里拍过《三国演义》，还有可能来到了大宋王朝——这里拍过《水浒传》，你可能到了任何一个朝代，因为这里拍了太多的影视剧。无锡中视股份三国水浒景区依山傍湖而建，尽享太湖之灵气、秀气。在这里，不但能乘船泛舟湖心，饱览太湖的美景神韵，体味江南的水乡雅致，还能欣赏气势磅礴、扣人心弦的马戏"三英战吕布"、展现影视特技拍摄奥秘的"斗杀西门庆"以及古典华丽的"铜雀朝歌""燕青打擂""横槊赋诗""连环计"等表演节目，

重温那些家喻户晓、脍炙人口的经典故事。

🏛 无锡市湖滨区大浮镇
Dafu Town, Hubin District, Wuxi

✉ 214081

🌐 www.ctvwx.com

无锡惠山古镇景区
Huishan Ancient Town Tourism Area

惠山古镇景区由原锡惠公园（锡惠名胜区）和惠山历史文化街区合并而成，其中，锡惠公园（锡惠名胜区）又称锡惠景区，是国家重点公园、国家重点风景名胜区；惠山历史文化街区地处锡惠山麓，江南运河之畔，由绣嶂街、秦园街和寺塘泾河两侧的上、下河塘围合而成，是中国历史文化名街。

惠山古镇景区文物古迹众多、山水林泉俱佳。有风景名胜景点 200 多处，有古街、古园、古寺、古泉、古书院、古诗社、古祠堂等多种传统文化资源，时跨数千年历史。所谓唐宋元明清，自古说到今。其中市级以上文物保护单位 23 个 44 处，有无锡露天历史博物馆和无锡人民精神家园之称。

🏛 无锡市梁溪区宝善街 18 号
No. 18 Baoshan Street, Liangxi District, Wuxi

✉ 214035

🌐 www.chinahuishan.com/

徐州市云龙湖风景区
Xuzhou Yunlong Lake Tourism Area

"天工美景已如画，人意雕琢又著花"，云龙湖风景区山清水秀、风光如画，一条玉带般的湖中路，把湖面分成东、西两湖。环湖路依山顺堤、宽阔平坦，锁绕一湖碧水，三面青山，叠翠连绵，烟波浩渺，有"徐州西湖"之誉。

云龙湖风景区文物古迹与自然景观众多，有汉画像石馆、汉墓、刘备涌泉、水上世界、生态岛、十里杏花、滨湖公园及苏公塔等。风景区旅游资源丰富，四季风光层次鲜明，异彩纷呈，是徐州旅游的一张亮丽名片。

🏛 徐州市泉山区中山路延长段
Zhongshan Road, Quanshan District, Xuzhou

✉ 221000

🌐 www.ylhfjq.com

常州环球恐龙城
Changzhou Global Dinosaur City

这里有"东方侏罗纪"中华恐龙园，有惊险刺激的 4D 过山车"过山龙"，有绚烂多彩的花车，有世外桃源般的"恐龙谷温泉"，有真实还原侏罗纪时代的水域"侏罗纪水世界"，有欢乐不夜城"迪诺水镇"……在这里，各种各样的恐龙、各种各样的游戏，会让你大开眼界！

🏛 常州市新北区长江东路 1 号
   No.1 East Changjiang, Xinbei District, Changzhou

✉ 213022

🌐 www.cncly.com

春秋淹城旅游区
Mystical Yancheng Chunqiu Dream

"明清看北京，隋唐看西安，春秋看淹城。"中国春秋淹城旅游区全方位演绎春秋时代灿烂的历史文化，共有春秋淹城遗址、淹城春秋乐园、淹城野生动物世界、淹城传统商业街坊和淹城宝林禅寺五大区块。其中春秋淹城遗址是国内保存最完整、形制最独特的春秋地面城池遗址。其"三城三河"的建筑形制世界独有。淹城春秋乐园是春秋文化主题公园，建于淹城遗址的东部、北部，取材春秋时期的政治、军事、经济、文化等方面内容，以情景体验的形式，将春秋文化与演艺项目和体验式游乐项目相结合。

🏛 常州市武进区武宜中路 197 号
   No.197 Middle Wuyi Road, Wujin District, Changzhou

✉ 213159

🌐 http://www.yclyq.com

天目湖旅游度假区
Tianmu Lake Tourism Resort

精致山水的典范——天目湖，是江南明珠，绿色仙境，钟灵毓秀，诗意天成。天目湖，四面群山枕水，湖中岛屿散落，山绕水、水映山，如梦似幻，"水秀山清眉远长，江南烟雨隐楼台"，天目湖旅游度假区 320 平方公里水天一色，森林植被覆盖率高达 95%，平均负氧离子含量高出城市 15 倍以上。度假

区由天目山水园、天目湖水世界、南山竹海景区和御水温泉景区构成。这里不仅可以游山玩水，还可在天目茶苑品茶，在慈母堂传递游子乡情，在状元阁体味报国之豪情壮志。当然最惬意的还是乘坐游船，身游柔情山水间，神飞梦幻仙境里。

🏛 常州溧阳市天目湖镇
   Tianmu hu Town, Liyang

✉ 213300

🌐 www.tmhtour.com

苏州拙政园·留园·虎丘山风景区
Suzhou Humble Administrator's Garden, Liuyuan (Lingering Garden) & Huqiu Mountain Scenic Area

风景区包括了著名的苏州拙政园、苏州留园和苏州虎丘山风景区三部分。

拙政园位于古城苏州东北隅，是苏州现存最大的古典园林。拙政园以水为中心，山水萦绕，厅榭精美，花木繁茂，充满诗情画意，具有浓郁的江南水乡特色。园南还建有苏州园林博物馆，是国内唯一的园林专题博物馆。

🏛 苏州市东北街 178 号
   Zhuozheng Garden：No.178 Dongbei Street, Suzhou

✉ 215001

🌐 www.szzzy.cn

留园始建于明嘉靖年间，原是明嘉靖年间太仆寺卿徐泰时的东园。留园以园内建筑布置精巧、奇石众多而知名。园中假山为叠石名家周秉忠（时臣）所作。留园分中、东、西、北四个景区，其间以曲廊相连，迂回连绵，通幽度壑，秀色迭出。假山气势浑厚，山上古木参天，显出一派山林森郁的气氛。苏州留园与拙政园、北京颐和园、承德避暑山庄并称中国四大名园。1997 年，包括留园在内的苏州古典园林被列为世界文化遗产。

🏛 苏州市留园路 338 号
   Liuyuan Garden：No.338 Liuyuan Road, Suzhou

✉ 215008

🚇 1 号线、2 号线。

虎丘山的历史更为久远，相传远古时虎丘山曾为海湾中的一座随着海潮时隐时现的小岛，历经沧海桑田的变迁，最终从海中涌出，成为孤立在平地上的山

江苏

丘，人们便称它为海涌山。据《史记》记载，吴王阖闾葬于此，传说葬后三日有"白虎蹲其上"，故名虎丘。虎丘山虽不高，却有"江左丘壑之表"的风范，被誉为"吴中第一山"。

🏛 苏州市虎丘山门内 8 号
Huqiu Mountain：No.8 Huqiushan Gate, Suzhou

✉ 215008

🌐 www.gardenly.com

金鸡湖景区
Jinji (Golden Cock) Lake Scenic Area

金鸡湖景区是开放式国家 5A 级旅游景区，全国唯一的"国家商务旅游示范区"的集中展示区。景区按照"园区即景区、商务即旅游"的城市商务旅游功能布局，以金鸡湖为中心，精心打造了文化会展区、时尚购物区、休闲美食区、城市观光区、中央水景区五大功能区。

金鸡湖景区拥有八大景观：世界第一天幕、亚洲最大水上摩天轮、水墨长堤李公堤、湖滨大道·圆融雕塑、月光码头、桃花岛·玲珑岛、春到湖畔、金鸡湖大桥·瀑布。

金鸡湖景区立足"大旅游""大经济"格局，"会、展、食、住、行、游、购、娱"多业态集聚、多要素融合，旅游与相关产业协同发展，与园林古城交相辉映，共同构成苏州"古韵今风"的双面绣，向海内外游客充分展示国际商务旅游目的地的独特魅力。

🏛 苏州市东苏州工业园区内
Inside Suzhou Industry Area, East of Suzhou

✉ 215028

🌐 www.sipjinjilake.com

🚇 1 号线。

苏州吴中太湖旅游区
Wuzhong Taihu Lake Tourist Area

吴中太湖旅游区以太湖为主线，囊括了"中国碧螺春之乡"东山景区，"天下第一智慧山"穹隆山景区和"苏州最美的山村"旺山景区、太湖湖滨国家湿地公园以及周边太湖公园、西山景区、光福景区等 8 家

景区。其中东山又名洞庭东山，是延伸于太湖中的一个半岛，三面环水，万顷湖光连天，渔帆鸥影点点。东山既有山川林石之美，又有人文风物之萃。

穹隆山景区历史悠长，人文景观丰富，集政治、军事、宗教、文化于一山。穹隆山自然资源更是富集，林海千亩，树高景深，是苏州地区最大的"天然森林氧吧"。

旺山是以都市农业为定位，利用山水田园景观、自然绿色生态等环境资源并借助于现代物质技术条件，融现代农业、乡村文化、度假观光以及环保教育、农事体验、竞技游乐于一体，真实展现"吴中生态绿园，旺山诗梦乡里"的"田园梦境"。

太湖湖滨国家湿地公园位于环太湖景观大道中心区，主要由"栈桥探幽""芦荡迷宫""悠然双亭""风车蝶影""八仙过海"等八大景观组成，是忘却城市喧嚣、亲近太湖山水、体验自然野趣、感受吴地风情之佳处。

🏛 苏州市吴中区
Wuzhong District, Suzhou

✉ 275107

🌐 www.taihutravel.com

苏州同里古镇游览区
Wuzhou Tongli Ancient Town Scenic Spot

同里古镇有悠久的历史。据清嘉庆《同里志》记载，从宋代起，同里已是吴中重镇。由于它与外界只通舟楫，很少遭受兵乱之灾，便成为富绅豪商避乱安居的理想之地。古镇内有众多保留完好的建于明清两代的花园、寺观、宅第和名人故居，明清建筑风格的明清街是古镇重要的商业街之一。耕乐堂为明代处士朱祥所建，是传统的前宅后园布局。王绍鏊纪念馆、陈去病故居、崇本堂、松石悟园、嘉荫堂等众多景点星列于古镇各处，15 条小河把古镇区分隔成多个小岛，49 座古桥又将其连成一体，让古镇成为"小桥、流水、人家"的风情画卷。

🏛 苏州市吴江区同里镇
Tongli Town, Wujiang District, Suzhou

✉ 215217

🌐 www.tongli.net

中国第一水乡——周庄古镇游览区
China First Water Village—Zhouzhuang Ancient Town Scenic Spot

　　"全球十大最美小镇""全球优秀生态景区""首批中国十大历史文化名镇""首批全国特色景观旅游名镇""国家文化产业示范基地""联合国迪拜国际改善居住环境最佳范例奖"……诸多荣誉加身的"中国第一水乡"——周庄，粉墙、黛瓦、驳岸、拱桥、吴侬软语、阿婆茶香、橹声欸乃、昆曲悠远，一幅"小桥流水人家"的天然画卷。周庄，坐落在人间天堂苏杭之间，庄内河道纵横，800 多户原住民枕河而居，60% 以上的民居依旧保存着明清时期的建筑风貌，14 座建于元、明、清各代的古石桥将这些古老建筑相连，使这里的每一处都如诗如画。

🏛　苏州昆山市周庄镇淀南路 488 号
　　No.488 Diannan Road, Zhouzhuang Town, Kunshan

✉　215325

🌐　www.zhouzhuang.net

沙家浜虞山尚湖风景区
Shajiabang Yu Mountain & Shang Lake Scenic Spot

　　京剧《沙家浜》让这一片茫茫芦苇荡声名鹊起。在这里，河湖相连，芦苇密布，水与芦苇构成了一个辽阔、曲折又清香的水上芦苇迷宫。在这里，你常常会看到穿着蓝印花布衣衫的船娘与船工，摇着手摇船，逶迤穿行在芦苇迷宫之中，穿过木桥，走过狭长的水道，在芦花飞舞的季节，宛若在一幅流动的水墨画中信步徜徉。

　　"十里青山半入城，万亩碧波涌西门"，虞山峰峦连绵起伏，山南坡短而陡，以奇石高耸著称，山北坡长而缓，多幽深溪涧。尚湖位于虞山之南，相传因商末姜太公在此隐居垂钓而得名。尚湖烟波浩渺，水质清澈，与十里虞山交相辉映，湖内湿地遍布，荷香洲、钓鱼渚、鸣禽洲、桃花岛等七个洲岛镶嵌其中，形成一幅自然山水画卷。

🏛　苏州市常熟市尚湖风景区
　　Shanghu Lake Scenic Spot, Changshu

✉　215559

🌐　www.shajiabang.com

南通濠河风景名胜区
Nantong Hao River Scenic Spot

　　濠河是国内保存最为完整的古护城河之一，濠河历史悠久，史载后周显德五年（958 年）"筑城即有河"，素有"江城翡翠项链"之称。濠河风景区以千年古护城河——濠河为依托，严格保护现存的寺街、西南营等历史街区，保留了典型州府型制的古城格局和风貌。濠河风景区绿树如荫，风光秀美，"城包水、水包城、城水一体"的格局独特，是汇自然景观与人文景观于一身的环城敞开式国家 5A 级旅游景区。

🏛　南通市濠河西路 19 号
　　No.19 West Haohe Road, Nantong

✉　226001

🌐　http://www.mlhaohe.com

连云港花果山风景名胜区
Lianyungang Huaguo Mountain Scenic Area

　　一说起花果山，人人都知道这是《西游记》中齐天大圣、美猴王孙悟空的老家，那是一片神奇之地，是人间仙境。自古就有"东海第一胜境"和"海内四大灵山之一"美誉的花果山，因这一神话故事而家喻户晓，名闻海内外。花果山风景名胜区集山石、海景、古迹、神话于一身，丰富的人文景观和秀美的自然景观令人赞叹。这里古树参天、水流潺潺、花果飘香、猕猴嬉闹，这里有奇峰异洞、怪石云海，景色神奇瑰丽。与《西游记》故事相关联的孙悟空降生地的女娲遗石、栖身之水帘洞以及七十二洞、唐僧崖、猪八戒石、沙僧石等，神形惟妙惟肖、栩栩如生。

🏛　连云港市海州区花果山乡
　　Huaguoshan Village, Haizhou District, Lianyungang

✉　222061

🌐　http://egov.lyghgs.cn

周恩来故里旅游景区
Zhou Enlai's Former Residence

　　周恩来故里旅游景区包括周恩来纪念馆、周恩来故居、周恩来童年读书旧址、驸马巷、河下古镇。周恩来纪念馆位于古城淮安北门外夹城内的桃花垠，由纪念岛、宽阔的水面和湖四周环形绿地组成，纪念岛

Lianyungang
大圣故里 西游胜境
——神奇浪漫之都连云港

连云港地处中国海岸线的中部、江苏省北端，是中国首批沿海开放城市、新亚欧大陆桥东端起点、"一带一路"交会点支点城市、中国优秀旅游城市、全国文明城市、西游记文化发源地。

连云港，一颗镶嵌在世界滨海生态旅游廊道和世界陆桥东部丝路旅游带交会点上的璀璨明珠，山海相拥、港城相依，文化旅游资源丰富。西游、山海、丝路、淮盐等独特区域文化绽放着绚丽的人文风采，花果神山、连云碧海、剔透水晶、泽润温泉等特色文化旅游资源名扬四海，享有"神奇浪漫之都""东海胜境"之美誉。这里有号称"东方天书"、距今约一万年的古老的将军崖岩画，有距今约 4600 年的藤花落史前双重城址，有比敦煌莫高窟早近 300 年的孔望山东汉佛道教摩崖造像。吴承恩受山海胜景与神话传说启迪，写下传世经典《西游记》，李汝珍在此创作了古典长篇小说《镜花缘》。

目前，全市有 42 家国家 A 级旅游景区、200 多个景点，其中，国家 5A 级旅游景区 2 家、国家 4A 级旅游景区 13 家。拥有美猴王孙悟空的老家——花果山、全国十大美丽海岛——连岛、海天胜境——海上云台山、东海温泉小镇、世界超大的水晶市场等特色资源。

上建有主馆和陈列馆，周恩来生平业绩陈列馆藏品丰富，文物价值弥足珍贵。

周恩来故居坐落在淮安区驸马巷 7 号，由东西相连的两个宅院组成，整体为青砖、灰瓦、木质结构的平房，是明清时期典型的苏北民居风格。东宅院为原状陈列，有周恩来的读书房、诞生地、主堂屋、嗣父母住房、乳母住房等，还有周恩来童年时用过的厨房、水井、菜地以及他种的榆树等。

河下古镇位于淮安区西北隅，已有 2500 多年的历史。这里曾诞生巾帼英雄梁红玉、大文学家吴承恩等历史名人，文化底蕴十分深厚。

驸马巷是明朝朱元璋所封驸马黄琛在淮安时的居住地，如今依然保持旧日的风貌，巷道两侧的座座民宅青砖灰瓦、粉墙相间，古建筑上的砖雕、石雕精美绝伦、富含寓意，贯穿小巷南北的古老的青石板路，与周恩来故居整体协调，构成历史街区的基本格调。

🏛 淮安市淮安区永怀路 2 号
　　No.2 Yonghuai Road, Huai'an District, Huai'an

✉ 223200

盐城大丰麋鹿国家自然保护区
Yancheng Dafeng Elk National Nature Reserve

大丰麋鹿国家自然保护区位于江苏省东部的黄海之滨，是世界上占地面积最大、野生麋鹿种群数量最多，并拥有最大麋鹿基因库的自然保护区。这里有林地、芦荡、草滩、沼泽地、盐裸地，这里不仅孕育着种群数量繁多的麋鹿，还是丹顶鹤、黑嘴鸥、震旦鸦雀等珍稀鸟类的栖息地。大丰麋鹿国家自然保护区为人类拯救濒危物种提供了成功的范例，使我国野生动物保护事业进入了一个新的领域。

🏛 盐城市大丰区林场
　　Forest Farm, Dafeng

✉ 224136

🌐 www.chinamlw.org

🚌 可从盐城汽车站乘长途班车到达景区。

瘦西湖公园
Slim West Lake Park

从隋唐时期就开始修建，以后陆续建园，及至清

代盛世，由于康熙、乾隆两代帝王的六次南巡，造就了如今瘦西湖"两岸花柳全依水，一路楼台直到山"的湖山盛况。五亭桥、二十四桥、荷花池、钓鱼台、石壁流淙、熙春台、万花园、小金山、徐园……无论是漫步湖边，还是泛舟湖上，如画长卷徐徐展开，烟花三月的扬州瘦西湖，让你沉醉。

🏛 扬州市大虹桥路 28 号
　　No.28 Dahongqiao Road, Yangzhou

✉ 225002

🌐 www.shouxihu.com

镇江三山景区
Zhenjiang Three Mountains Scenic Area

镇江三山景区包括金山景区、焦山景区和北固山景区三大部分，其中金山景区位于市区西北。金山原是屹立于扬子江中的一个岛屿，"万川东注，一岛中立"，有江心一朵"芙蓉"之美称。后由于沧桑变迁，长江易道，至清同治年间（1861—1875 年），这个"千载江心寺"才开始与南岸陆地相连，水上风光变为陆上胜境。金山上最著名的，莫过于金山佛寺。金山佛寺不仅建筑风格独特，宏伟壮丽，更是因为《白蛇传》中的"水漫金山"、梁红玉击鼓战金山、妙高台苏东坡赏月、七峰亭岳飞祥梦、金山方丈道月以及留云亭康熙书写"江天一览"等千百年来脍炙人口的故事而享誉古今、蜚声海外，成为我国四大名寺之一，金山也因此成为江南名山。

"山不在高，有仙则灵。"焦山有东汉隐士焦光隐居在此，采药炼丹，治病救人，后人为了纪念他，改山名为焦山。这里有闻名遐迩的江南第一大碑林——

焦山碑林，有"碑中之王""大字之祖"之称的旷世奇碑——"瘗鹤铭"也出自焦山。

"何处望神州？满眼风光北固楼。"辛弃疾的名诗正是对北固山景观的真实写照。北固山历来有"天下第一江山"之美誉。山上名楼——多景楼与"岳阳楼""黄鹤楼"齐名，古代并称"万里长江三大名楼"。北固山是三国时"甘露寺刘备招亲"的故事发生地，也是孙权创业江东的要塞，山上山下的许多名胜古迹，均与三国时代孙刘联盟、拒曹鼎立的历史事实和传说有关，以险峻著称的北固山，因三国故事而名扬千古。

🏛 镇江市东吴路 3 号
　　No.3 Dongwu Road, Zhenjiang

✉ 212001

🌐 http://zjssjq.com

镇江茅山风景区
Zhenjiang Maoshan Mountain Scenic Spot

茅山是道教上清派的发祥地，被后人称为"第一福地，第八洞天"，享有"秦汉神仙府，梁唐宰相家"之美誉。茅山自然景观独特秀丽，景色怡人。山上景点众多，有九峰、十九泉、二十六洞、二十八池之胜景，层峦叠嶂，云雾缭绕，奇岩怪石林立密集，大小溶洞深幽迂回，灵泉圣池星罗棋布，曲洞溪流纵横交织，绿树蔽山，青竹繁茂，物华天宝。

茅山还是新四军苏南抗日根据地的中心，是全国六大抗日根据地之一。茅山北麓、望母山山巅之上有苏南抗战胜利纪念碑，茅山脚下是茅山新四军纪念馆。

🏛 镇江句容市茅山镇
　　Maoshan Town, Jurong

✉ 212446

🌐 www.maoshanchina.com.cn

溱湖风景区
Qin Lake Scenic Spot

溱湖风景区是以溱湖为核心，以溱湖国家湿地公园、溱潼古镇、泰州华侨城、农业生态园四大景区为主体，融湿地观光、古镇旅游、温泉度假、科普教育、民俗体验、休闲娱乐、拓展培训等功能于一体的生态旅游区。溱湖又名喜鹊湖，是天然形成的湖泊，形如玉佩，有 9 条河流通达湖区，自然形成"九龙朝

阙"的奇异景观。溱湖湖面开阔，湖中有绿岛，蒲草丰茂，水清流洁，水平如镜。溱潼古镇四面环水，波光粼粼，环境优美，人文底蕴深厚、民俗风情独特，素有"水乡明珠"之称。

🏛 泰州市姜堰区溱潼镇
　　Qintong Town, Jiangyan District, Taizhou

✉ 225500

🌐 www.qinlake.com

🚌 从泰州及姜堰均有专线车到景区。

泗洪洪泽湖湿地国家自然保护区
Sihong Hongze Lake Wetland National Nature Reserve

洪泽湖湿地国家自然保护区位于泗洪县东南部，始建于 1985 年，是集科普、科教、游览等功能于一体的综合性国家级湿地自然保护区。洪泽湖湿地国家自然保护区由以原杨毛嘴湿地为中心的天然湿地生态系统、湖滨珍禽鸟类保护区、生态森林公园（休闲度假区）、生物多样化科普区、万亩水产养殖生态示范区和万亩无公害稻蟹立体养殖示范区六大功能区组合而成，以湿地生态系统、大鸨等鸟类、鱼类产卵场及地质剖面为主要保护对象。湿地自然保护区内水域、滩涂广阔、湿地生态系统保存完好，是江苏省面积最大的淡水湿地自然保护区。

🏛 宿迁市泗洪县洪泽湖湿地
　　Houngzehu Wetland, Sihong County

✉ 223900

AAAA

南京市朝天宫景区（南京市博物馆）
Nanjing Chaotian Palace(Nanjing Museum)

🏛 南京市秦淮区朝天宫 6 号
　　No.6 Chaotian Palace, Qinhuai District, Nanjing

✉ 210002

🌐 www.njmm.cn

南京市玄武湖景区
Nanjing Xuanwu Lake Scenic Area

🏛 南京市玄武区玄武巷 1 号
No.1 Xuanwu lane, Xuanwu District, Nanjing

✉ 210009

梅园新村纪念馆
Meiyuan Xincun Memorial Museum

🏛 南京市玄武区梅园新村汉府街 18 号
No.18 Hanfu Street, Meiyuanxin Village, Xuanwu District,
Nanjing

✉ 210018

南京总统府景区
Nanjing President Residence Scenic Spot

🏛 南京市玄武区长江路 292 号
No.292 Changjiang Road, Xuanwu District, Nanjing

✉ 210018

🌐 www.njztf.cn

南京博物院
Nanjing Museum

🏛 南京市玄武区中山东路 321 号
No.321 East Zhongshan Road, Xuanwu District, Nanjing

✉ 210016

🌐 www.njmuseum.com

侵华日军南京大屠杀遇难同胞纪念馆
The Memorial Museum of the Victims in Nanjing Massacre by Japanese Invaders

🏛 南京市建邺区水西门大街 418 号
No.418 Shuiximen Street, Jianye District, Nanjing

📞 025-86612230

✉ 210017

🌐 www.nj19371213.net

南京阅江楼风景区
Nanjing Yuejianglou Scenic Spot

🏛 南京市鼓楼区建宁路 202 号
No.202 Jianning Road, Gulou District, Nanjing

✉ 210015

🌐 www.yuejianglou.com

红山森林动物园
Hongshan Forest Zoo

🏛 南京市鼓楼区和燕路 168 号
No.168 Heyan Road, Huangjiayu, Gulou District, Nanjing

✉ 210028

🌐 www.njhszoo.com

南京市渡江胜利纪念馆
Nanjing Memorial Museum for the Victory in Crossing River

🏛 南京市鼓楼区渡江路 1 号
No.1 Dujiang Road, Gulou District, Nanjing

✉ 210009

南京珍珠泉风景区
Nanjing Pearl Spring Scenic Area

🏛 南京市浦口区珍珠街 178 号
No.178 Zhenzhu Street, Pukou District, Nanjing

✉ 210031

🌐 www.zhenzhuquan.com.cn

南京市金牛湖景区
Nanjing Jinjiu Lake Scenic Area

🏛 南京市六合区八百桥镇桂子山
Guizi Mountain, Babaiqiao Town, Luhe District, Nanjing

✉ 211500

🌐 www.jinniuhu.cn

平山森林公园
Pingshan Forest Park

🏛 南京市六合区马鞍镇
Ma'an Town, Liuhe District, Nanjing

✉ 211500

南京市栖霞山风景名胜区
Nanjing Qixia Mountain Scenic Area

🏛 南京市栖霞区栖霞街 88 号
No.88 Qixia Street, Qixia District, Nanjing

✉ 210033

江苏

145

南京市欢乐谷景区
Nanjing Happy Valley Scenic Area

🏛 南京市栖霞区欢乐谷北路 8 号
No.8 North Huanlegu Road, Qixia District, Nanjing

✉ 210046

🌐 njwap.happyvalley.cn

南京市科技馆
Nanjing Science & Technology Museum

🏛 南京市雨花台区紫荆花路 9 号
No.9 Zijinghua Road, Yuhuatai District, Nanjing

✉ 210012

🌐 www.njstm.org.cn

南京市雨花台烈士陵园
Nanjing Yuhuatai Martyrs Cemetery

🏛 南京市雨花路 215 号
No.215 Yuhua Road, Nanjing

✉ 210012

🌐 www.travel-yuhuatai.com

南京明文化村（阳山碑材）景区
Nanjing Ming Dynasty Culture Village

🏛 南京市江宁区中山门外
Outside Zhongshanmen, Jiangning District, Nanjing

✉ 210008

汤山紫清湖生态温泉度假区
Tangshan Ziqing Lake Ecological Hot Spring Resort

🏛 南京市江宁区汤山镇环镇北路 8 号
No.8 North Huanzhen Road, Tangshan Town, Jiangning District

✉ 211100

南京牛首山唐明文化旅游区
Nanjing Niushou Mountain Tang & Ming Dynasty Culture Tourism Area

🏛 南京市江宁区谷里街道
Guli Community, Jiangning District, Nanjing

✉ 210008

🌐 www.niushoushan.net

高淳老街历史文化景区
Gaochun Old Street History & Culture Scenic Area

🏛 南京市高淳区淳溪镇中山大街 114 号
No.114 Zhongshan Street, Gaochun District, Nanjing

✉ 211300

🌐 www.njgclj.com

南京高淳国际慢城
Nanjing International Network of Cities Where Living is Easy

🏛 南京市高淳区桠溪镇生态路
Shengtai Road, Yaxi Town, Gaochun District, Nanjing

✉ 211300

🌐 www.chinacittaslow.com

游子山国家森林公园风景区
Youzi Mountain National Forest Park Scenic Area

🏛 南京市高淳区东坝集镇
Dongbaji Town, Gaochun District, Nanjing

✉ 211301

🌐 www.jsyouzishan.com

南京白马如意文化艺术中心（周园）
Nanjing Baimaruyi Culture Art Centre（Zhouyuan Garden）

🏛 南京市溧水区白马镇
Baima Town, Lishui District, Nanjing

✉ 211200

梅园横山风景区
Plum Garden & Hengshan Scenic Area

🏛 无锡市梁溪西路卞家湾 13 号
No.13 Bianjia Bay, Liangxi Road, Wuxi

✉ 214001

🌐 www.wuximeiyuan.com

东林书院
Donglin Ancient Academy

🏛 无锡市解放东路 867 号
No.867 East Jiefang Road, Wuxi

✉ 214002

🌐 www.wxdlsy.com

无锡蠡园风景区
Wuxi Li Garden Scenic Area

🏛 无锡市青祁村 70 号
No.70 Qingqi Village, Wuxi

✉ 214075

🌐 www.wxlihu.com

无锡市薛福成故居
Wuxi Xue Fucheng's Former Residence

无锡市学前街 152 号
No.152 Xueqian Street, Wuxi

214001

无锡市城中公园（崇安寺景区）
Wuxi Chengzhong Park(Chong'an Temple Scenic Area)

无锡市崇安区崇安寺公园路 14 号
No.14 Park Road, Chong'an Temple, Chong'an District, Wuxi

214002

清名桥古运河景区
Qingming Bridge Ancient Canal Scenic Area

无锡市南长区向阳路 38 号
No.38Xiangyang Road, Nanchang District, Wuxi

214021

www.qmqgyh.com

无锡博物院
Wuxi Museum

无锡市南长区钟书路 100 号
No.100 Zhongshu Road, Nanchang District, Wuxi

214062

www.wxmuseum.com

无锡市南禅寺景区
Wuxi Nanchan Temple Scenic Area

无锡市南长区向阳路 32 号
No.32 Xiangyang Road, Nanchang District, Wuxi

214026

无锡荡口古镇景区
Wuxi Dangkou Ancient Town Scenic Area

无锡市锡山区鹅湖镇蘅芳路
Hengfang Road, Ehu Town, Xishan District, Wuxi

214101

www.dangkouguzhen.com

阳山桃花源景区
Yangshan Taohuayuan (Peach Blossom Garden) Scenic Area

无锡市惠山区阳山镇
Yangshan Town, Huishan District, Wuxi

214174

www.wxysthy.com

无锡动物园·太湖欢乐园
Wuxi Animal Zoo—Taihu Lake Fun Park

无锡市滨湖区钱荣路 99 号
No.99 Qianrong Road, Binhu District, Wuxi

214062

www.wxzoo.com.cn

无锡华莱坞影都
Wuxi Hualaiwu Film City

无锡市滨湖区雪浪街道蠡湖大道 2009 号
No.2009 Lihu Avenue, Xuelang Community, Binhu District, Wuxi

214123

www.wuxistudio.com

无锡阖闾城遗址博物馆
Wuxi Helü Ancient City Relics Museum

无锡市滨湖区马山闾江 2 号
No.2 Mashanlujiang, Binhu District, Wuxi

214123

www.hlcruinspark.com

中国吴文化博物馆·无锡市鸿山遗址博物馆
China Wu Culture Museum—Wuxi Hongshan Relics Museum

无锡市新区鸿山街道飞凤路 200 号
No.200 Feifeng Road, Hongshan Community, New District, Wuxi

214001

无锡中华赏石园景区
China Ornamental Stone Garden Scenic Area

无锡市新区鸿山街道飞凤路 202 号
No.202 Feifeng Road, Hongshan Town, New District, Wuxi

214001

www.wupark.cn

无锡鸿山镇泰伯墓
Wuxi Hongshan Town Taibo Tomb

无锡市新区鸿山街道
Hongshan Community, New District, Wuxi

214115

江阴市滨江要塞旅游区
Binjiang Fortress Tourism Area

无锡江阴市公园路
Park Road, Jiangyin

214400

bjys.jytravel.net

江苏学政文化旅游区
Jiangsu Study and Politics Cultural Tourism Area

🏛 无锡江阴市人民中路 118 号
No.118Middle Renmin Road, Jiangyin

✉ 214400

宜兴市善卷洞风景区
Yinxing Shanjuan Cave Scenic Area

🏛 无锡宜兴市祝陵村
Zhuling Village, Yixing

✉ 214233

张公洞旅游景区
Zhanggong Cave Tourism Area

🏛 无锡宜兴市湖汶镇张阳村
Zhangyang Village, Hufu Town, Yixing

✉ 214223

🌐 www.zhanggongdong.com

宜兴竹海风景区
Yixing Zhuhai (Bamboo Sea) Scenic Aera

🏛 无锡宜兴市湖汶镇
Hufu Town, Yixing

✉ 214223

宜兴陶祖圣境风景区
Pottery Ancestor Shengjing Scenic Area

🏛 无锡宜兴市湖汶镇竹海村 36 号
No.36 Zhuhai Village, Hufu Towm, Yixing

✉ 214223

🌐 www.yxtzsj.com

中国宜兴陶瓷博物馆
China Yixing Ceramic Museum

🏛 无锡宜兴市丁蜀镇丁山北路 150 号
No.150 North Dingshan Road, Dingshu Town, Yixing

✉ 214221

🌐 www.yxtcbwg.com

宜兴团氿风景区
Yixing Tuanjiu Scenic Area

🏛 无锡宜兴市宣城镇
Xuancheng Town, Yixing

✉ 214200

宜兴市龙背山森林公园
Yixing Longbei Mountain Forest Park

🏛 无锡宜兴市宣城镇

Yicheng Town, Yixing

✉ 214200

宜兴云湖风景区
Yunhu (Cloud Lake) Scenic Area

🏛 无锡宜兴市西渚镇
Xizhu Town, Yixing

✉ 214200

淮海战役烈士纪念塔园林
Huaihai Campaign Martyrs Monument Cenotaph Garden

🏛 徐州市解放南路 2 号
No.2 South Jiefang Road, Xuzhou

✉ 221009

彭祖园
Pengzu Park

🏛 徐州市南郊
South Suburb, Xuzhou

✉ 221000

汉文化景区
Han Dynasty Cultural Scenic Area

🏛 徐州市兵马俑路 1 号
No.1 Bingmayong Road, Xuzhou

✉ 221100

🌐 www.hwhjq.com

徐州市博物馆
Xuzhou Museum

🏛 徐州市和平路 148 号
No.148 Heping Road, Xuzhou

✉ 221009

🌐 www.xzmuseum.com

徐州市户部山民居
Xuzhou Hubushan Ancient Dwellings

🏛 徐州市户部山历史文化街区
Hubushan History & Culture Street, Xuzhou

✉ 221001

徐州乐园景区
Xuzhou Amusement Land

🏛 徐州市泉山区云龙湖景区内
Inside Yunlong Lake Tourist Area, Quanshan District, Xuzhou

✉ 221000

🌐 www.xzal.cn

蟠桃山佛教文化景区
Pantaoshan Buddhist Culture Scenic Area

🏛 徐州市鼓楼区蟠桃山路 5 号
No.5Pantaoshan Road, Gulou District, Xuzhou

✉ 221005

徐州龟山汉墓景区
Xuzhou Guishan Han Dynasty Tombs Scenic Area

🏛 徐州市鼓楼区襄王北路
North Xiangwang Road, Gulou District, Xuzhou

✉ 221141

中央电视台外景基地徐州汉城景区
CCTV Base Location in Xuzhou Hancheng (Han Dynasty City) Scenic Area

🏛 徐州市鼓楼区汉城西路
West Hancheng Road, Jiuli District, Xuzhou

✉ 221141

徐州汉画像石博物馆
Xuzhou Museum of Han Dynasty Painted Stone

🏛 徐州市泉山区湖东路
East Road of Yunlong Lake, Quansha District, Xuzhou

✉ 221006

铜山悬水湖景区
Tongshan Xuanshui Lake Scenic Area

🏛 徐州市铜山区
Tongshan District, Xuzhou

✉ 221116

徐州市潘安湖湿地公园
Xuzhou Pan'an Lake Wetland Park

🏛 徐州市贾汪区
Jiawang District, Xuzhou

✉ 221011

贾汪大洞山景区
Jiawang Dadong Mountain Scenic Area

🏛 徐州市贾汪区
Jiawang District, Xuzhou

✉ 221011

凤鸣海景区
Fengminghai Scenic Area

🏛 徐州市贾汪区城东

East of Jiawang District, Xuzhou

✉ 221003

督公湖风景区
Dugong Lake Scenic Area

🏛 徐州市贾汪区东 5 公里
Jiangzhuang Town, Jiawang District, Xuzhou

✉ 221011

艾山九龙风景区
Aishan Mountain Nine Dragons Scenic Area

🏛 徐州邳州市铁富镇
Tiefu Town, Pizhou

✉ 221331

邳州博物馆
Pizhou Museum

🏛 徐州邳州市运平路
Yunping Road, Pizhou

✉ 221300

新沂窑湾古镇旅游区
Yaowan Ancient Town Tourism Area

🏛 徐州新沂市窑湾镇
Yaowan Town, Xinyi

✉ 221400

马陵山风景区
Maling Mountain Scenic Area

🏛 徐州新沂市城岗红峰村
Hongfeng Village, Chenggang, Xinyi

✉ 221400

🌐 www.malingshan.net

水月禅寺景区
Shuiyue Temple Scenic Area

🏛 徐州市睢宁县下邳大道白塘河湿地公园内
Inside Baitang River Wetland Park, Xiapi Avenue, Suining County

✉ 221200

微山湖千岛湿地景区
Weishan Lake Qiandao (Thousand Islands) Wetland Scenic Area

🏛 徐州市沛县东部
East of Pexian County

✉ 221600

江苏

Xuzhou
徐州

徐州古称彭城，历史上为华夏九州之一，具有6000多年的文明史和2600多年的建城史，是国家历史文化名城，以汉墓、汉画像石、汉兵马俑为代表的"汉代三绝"名扬海内外，享有"两汉文化看徐州"的美誉。

徐州地处苏鲁豫皖四省接壤地区，京杭大运河从中穿过，陇海、京沪两大铁路干线在徐州交会，素有"五省通衢"之称，是华东重要门户城市、江苏省重点规划建设的四个特大城市和三大都市圈核心城市之一。2017年，徐州城市总体规划被批复，在国家层面首次明确徐州为淮海经济区中心城市。

近年来，徐州市坚持推动文旅深度融合，倾力打造"国潮汉风"汉文化品牌、"快哉徐州"城市文旅品牌，使得"走遍五洲难忘徐州"的城市名片深入人心、声名远播。

Dalonghu
大龙湖旅游度假区

徐州大龙湖旅游度假区位于新城区核心区，于 2016 年 10 月设立，2019 年 8 月正式运转。作为新城区生态景观核心区域，度假区以"一湖（大龙湖）、一河（顺堤河）、一山（拖龙山）、一城（新城区）"构成独特的空间格局。

度假区核心区域内植被覆盖面积约 5.5 平方公里，其中水域面积约 2.5 平方公里（含顺堤河段），绿化面积约 3 平方公里。整个度假区植被覆盖率达 81.49%。各种鱼类 40 余种，植物 150 余种，是迁徙水禽极其重要的越冬栖息地，共有鸟类 80 余种，其中有国家二级保护动物苍鹭十余只，常能见到"落霞与孤鹜齐飞，秋水共长天一色"的宜人景色。

度假区内文化、体育、旅游资源丰富，活动多姿多彩。其中风之曲帆船俱乐部作为徐州市首个帆船运动项目训练基地，也是全市鲜有的水上运动基地，让居民在家门口即可实现"航海梦"；大龙湖房车露营基地可同时容纳 50 余辆房车，带动借水而宿、枕星而眠的房车旅游新模式；徐州奥体中心总面积 24 万平米，是目前淮海经济区规模大、服务项目全、设施先进的综合体育服务场馆，已累计接待市民 760 余万人次；塘坊体育公园总面积 1.5 万平方米，拥有主城区首家独立的全民健身中心，包含 11 个室内场馆和 3 块户外运动场地。举办迷你马拉松、环湖健康跑、丝路信使骑行等体育活动；

助力非遗活态传承，发掘核心景点 7.3 万平方米草坪资源，连续举办六届大龙湖风筝节，先后荣获江苏省风筝放飞基地、市风筝运动基地、市非遗风筝传承基地等称号，获批省级"文旅促消费优秀案例"、省级文旅产业融合发展示范区、省级体旅融合发展示范基地、淮河流域幸福河湖、江苏省幸福河湖。

度假区持续推进产业集聚，年初交付的淮海经济区金融服务中心总面积 151 万平方米，正锚定中心城市核心功能区定位要求，深入实施百家金融机构、百家总部企业"双百"招引工程，打造区域性金融产业高地；淮海国际博览中心总面积 67 万平方米，已陆续举办多场国际大型展会，成为淮海经济区会展经济新名片；徐州大龙湖国际会议中心总面积 10 万平方米，作为淮海经济区规模大、品质高的会议中心，与大龙湖生态山水交相辉映。

徐州市沛县汉城景区
Peixian Hancheng Scenic Area

🏛 徐州市沛县汉城南路 1 号
　　No.1 South Hancheng Road, Peixian County

✉ 221600

🌐 http://www.pxhcjq.com

常州天宁禅寺
Changzhou Tianning Buddhist Temple

🏛 常州市延陵东路 636 号
　　No.636 Eat Yanling Road, Changzhou

✉ 213003

🌐 www.tianningsi.org

常州博物馆
Changzhou Museum

🏛 常州市新北区龙城大道 1288 号
　　No.1288 Longcheng Avenue, Xinbei District, Changzhou

✉ 213001

🌐 www.czmuseum.com

常州红梅公园
Changzhou Hongmei (Red Plum) Park

🏛 常州市天宁区罗汉路 1 号
　　No.1 Luohan Road, Tianning District, Changzhou

✉ 213003

中国·常州南大街商贸休闲旅游区
China Changzhou Nandajie (South Avenue) Business, Leisure & Tourism Area

🏛 常州市钟楼区南大街
　　Nandajie, Zhonglou District, Changzhou

✉ 213002

常州市青枫公园
Changzhou Qingfeng Park

🏛 常州市钟楼区星港路
　　Xinggang Road, Zhonglou District, Changzhou

✉ 213002

武进中华孝道园景区
Wujin China Xiaodao Park

🏛 常州市武进区雪堰镇环太湖路 101 号
　　No.101 Huantaihu Road, Xueyan Town, Wujin District, Changzhou

✉ 123159

🌐 www.rjzd.cn

环球动漫嬉戏谷景区
The World Cartoon Theme Park

🏛 常州市武进区潘家镇嬉戏谷大道 1 号
　　No.1 Xixigu Avenue, Panjia Town, Wujin District, Changzhou

✉ 213179

常州市茅山森林世界景区
Changzhou Maoshan Forest World Scenic Area

🏛 常州市金坛区茅山旅游度假区茅东林场 169 号
　　No.169 Maodong Forest Center, Maoshan Tourism Resort, Jintan District, Changzhou

✉ 213200

🌐 http://www.msslsj.com

天目湖御水温泉景区
Tianmu Lake Yushui Hot Spring Scenic Area

🏛 常州溧阳市天目湖镇
　　Tianmuhu Town, Liyang

✉ 213300

新四军江南指挥部纪念馆
The New Fourth Army Command Memorial Museum

🏛 常州溧阳市前马镇水细村
　　Shuixi Village, Qianma Town, Liyang

✉ 213300

南山竹海生态旅游区
Nanshan Zhuhai Ecotourism Area

🏛 常州溧阳市横涧镇
　　Hengjian Town, Liyang

✉ 213335

苏州白马涧生态园
Suzhou White Horse Stream Ecological Garden

🏛 苏州高新区枫桥街道西部
　　West of Fengqiao Community, Hightech.Area, Suzhou

✉ 215002

🌐 www.szlongchi.com

苏州中国刺绣艺术馆景区
The Scenic Site of China Embroidery Art Museum

🏛 苏州市高新区镇湖街道绣馆街 1 号
　　No.1 Xiuguan Street, Zhenhu, Community, Hightech Area, Suzhou

✉ 215161

苏州大阳山国家森林公园
Suzhou Dayang Mountain National Forest Park

苏州市高新区浒墅关开发区
Xushuguan Development Area, Hightec Area, Suzhou

215011

苏州盘门景区
Suzhou Panmen Scenic Spot

苏州市姑苏区东大街 1 号
No.1 East Street, Gusu District, Suzhou

215007

www.panmen.com.cn

苏州网师园
Suzhou Master Of Nets Garden

苏州市姑苏区带城桥路阔家头巷 11 号
No.11 Kuojiatou Lane, Daichengqiao Road, Gusu District, Suzhou

215006

www.szwsy.com

苏州狮子林
Suzhou Lion Forest Garden

苏州市姑苏区园林路 23 号
No.23 Yuanlin Road, Gusu Disrict, Suzhou

215001

www.szszl.com

苏州七里山塘景区
Suzhou Seven Miles Shantang Scenic Area

苏州市姑苏区广济路 218 号
No.218 Guangji Road, Gusu District, Suzhou

215008

寒山寺
Hanshan Temple

苏州市姑苏区寒山寺弄 24 号
No.24 Hanshansi Lane, Gusu District, Suzhou

215008

www.hanshansi.org

苏州平江路历史文化名街
Suzhou Pingjiang Road Cultural Historic Streets

苏州市姑苏区平江路
Pingjiang Road, Gusu District, Suzhou

215005

www.pingjiangroad.com

苏州乐园森林世界景区
Suzhou Amusement Land Forest World Scenic Area

苏州市虎丘区象山路 99 号
No.99 Xiangshan Road, Huqiu District, Shuzhou

215004

苏州石湖景区
Shihu Lake Scenic Area

苏州市吴中区友新路 333 号
No.333 Youxin Road, Wuzhong District, Suzhou

215002

www.szstonelake.com

苏州甪直古镇游览区
Suzhou Luzhi Ancient Town Scenic Area

苏州市吴中区甪直镇
Luzhi Town, Wuzhong District, Suzhou

215127

苏州光福古镇景区
Suzhou Guangfu Ancient Town Tourism Area

苏州市吴中区光福镇
Guangfu Town, Wuzhong District, Suzhou

215128

www.szgfly.com

苏州木渎古镇
Suzhou Mudu Ancient Town

苏州市吴中区木渎镇严家花园东侧
East Side of Yanjia Garden, Mudu Town, Wuzhong District, Suzhou

215101

www.mudu.com.cn

西山风景区
Xishan Scenic Area

苏州市吴中区太湖南部
South of Taihu Lake, Wuzhong District, Suzhou

215111

www.xsly.org

天平山风景名胜区
Taiping Mountain Scenic Area

苏州市吴中区木渎镇
Mudu Town, Wuzhong District, Suzhou

215101

www.sztps.cn

江苏

天池山风景区
Tianchi Mountain Scenic Area

🏛 苏州市吴中区藏书镇天池山
Tianchi Mountain, Cangshu Town, Wuzhong District, Suzhou

✉ 215001

苏州吴江市静思园
Suzhou Wujiang Jingsi Garden

🏛 苏州市吴江区云梨路 919 号
No.919 Yunli Road, Wujiang District, Suzhou

✉ 215200

🌐 www.jsycn.com

震泽古镇景区
Zhenze Ancient Town Scenic Area

🏛 苏州市吴江区震泽镇宝塔街 12 号
No.12 Baota Street, Zhenze Town, Wujiang District, Suzhou

✉ 215200

🌐 www.zhenze.com

苏州湾黄金湖岸旅游区
East Taihu Lake Golden Lakeshore Tourism Area

🏛 苏州市吴江区东太湖苏州湾畔
Bank of Suzhou Bay, East Taihu Lake, Wujiang District, Suzhou

✉ 215200

苏州市吴江运河文化旅游景区
Suzhou Wujiang Canal Culture Tourism Area

🏛 苏州市吴江区平望镇百盛路 99 号
No.99 Baisheng Road, Pingwang Town, Wujiang District, Suzhou

✉ 215200

苏州昆山市锦溪古镇
Suzhou Kunshan Jinxi Ancient Town

🏛 苏州昆山市锦溪镇长寿路南侧
South side of Changshou Road, Jinxi Town, Kunshan

✉ 215300

🌐 www.chinajinxi.com.cn

昆山市千灯古镇游览区
Qiandeng Ancient Town Tourism Area

🏛 苏州昆山市千灯镇
Qiandeng Town, Kunshan

✉ 215300

🌐 www.chinaqiandeng.com

昆山亭林园
Kunshan Tinglin Park

🏛 苏州昆山市马鞍山东路 1 号
No.1 East Ma'anshan Road, Kunshan

✉ 215300

🌐 www.tinglinpark.com

太仓现代农业园
Taicang National Modern Agriculture Garden

🏛 苏州太仓市沙溪镇岳王现代农业园区
Yuewang Modern Agriculture Zone, Shaxi Town, Taicang

✉ 215400

🌐 www.tcnyy.com

沙溪古镇旅游区
Shaxi Ancient Town Tourism Area

🏛 苏州太仓市沙溪镇
Shaxi Town, Taicang

✉ 215400

常熟服装城购物旅游区
Changshu Clothing Shopping Area

🏛 苏州常熟市古城南端常熟招商城
South of Changshu

✉ 215500

🌐 www.csfz.cn

蒋巷村旅游景区
Jiangxiang Village Tourism Area

🏛 苏州常熟市支塘镇蒋巷村
Jiangxiang Village, Zhitang Town, Changshu, Jiangsu

✉ 215539

🌐 www.jiangxiangcun.cn

常熟方塔古迹名胜区
Changshu Fangta Ancient Site Scenic Area

🏛 苏州常熟市环城东路曾赵园
East Huancheng Road, Zengzhao Garden, Changshu

✉ 215500

🌐 www.csfangta.cn

常熟市梅李聚沙园景区
Meili Jusha Park

🏛 苏州常熟市梅李镇通塔路 1 号
No.1 Tongta Road, Meili Town, Changshu

✉ 215511

🌐 www.jushapark.com

凤凰山风景区
Fenghuang(Phoenix) Mountain Scenic Area

- 张家港市港口、凤凰、西张三镇交界处
  Intersection of GangKou, Fenghuan And Xizhang Town, Zhangjiagang
- 215600
- www.zjgfh.net

香山风景区
Xiangshan Mountain Scenic Area

- 苏州张家港市南沙镇
  Nansha Town, Zhangjiagang
- 215600
- www.xsfjq.com

张家港永联旅游景区
Zhangjiagang Yonglian Tourism Area

- 苏州张家港市南丰镇永联村
  Yonglian Village, Nanfeng Town, Zhangjiagang
- 215628
- www.yonglian.gov.cn

暨阳湖生态旅游区
Jiyang Lake Ecotourism Area

- 苏州张家港市南城区
  Nancheng(South) District, Zhangjiagang
- 215600

南通市狼山风景名胜区
Nantong Langshan Mountain Famous Scenic Area

- 南通市狼山镇临港路 53 号
  No.53 Lingang Road, Langshan Town, Nantong
- 226004
- www.chinalangshan.gov.cn

南通博物苑
Nantong Museum

- 南通市濠河南路 19 号
  No.19 South Haohe, Nantong
- 226001
- www.ntmuseum.com

南通珠算博物馆
Nantong Abacus Museum

- 南通市崇川区濠北路 58 号
  No.58 Haobei Road, Chongzhou District, Nantong

- 226001

南通啬园景区
Nantong Qiangyuan Scenic Area

- 南通市崇川区狼山镇南郊路 150 号
  No.150 Nanjiao Road, Langshan Town, Chongchuan District, Nantong
- 226001

南通森林野生动物园景区
Nantong Forest Safari Park

- 南通市崇川区通刘路 299 号
  No. 299 Tongliu Road, Chongchuan District, Nantong
- 226001

启东碧海银沙景区
Qidong Blue Sea Silver Sand Scenic Area

- 南通市启东市恒大路 1 号
  No.1 Hengda Road, Qidong
- 226200

中国叠石桥国际家纺城
China Dieshiqiao Home Textile Plaza

- 南通海门市三星镇叠石桥大岛路 188 号
  No.188 Dadao Road, Dieshiqiao, Sanxing Town, Haimen
- 226115
- www.dsqly.com

水绘园（人民公园、博物馆）
Shuihui Garden (People's Park, Museum)

- 南通如皋市碧霞路 299 号
  No.299 Bixia Road, Rugao
- 226500
- www.rgshy.com

中国工农红军第十四军纪念馆景区
Memorial Museum for the 14th Red Army

- 南通如皋市福寿东路 158 号
  No.158 East Fushou Road, Rugao
- 226500

如皋盆景大观景区
Rugao Bonsai Grand View Garden

- 南通如皋市工业园区（如城街道）
  Rucheng Community, Rugao Industry Garden, Rugao
- 226500

江苏

155

海安江淮文化园
Hai'an Jianghuai Culture Garden

🏛 南通海安市海安镇凤山北路 33 号
No.33 North Fengshan Road, Hai'an Town, Hai'an

✉ 226600

海安博物馆
Hai'an Museum

🏛 海安市城东大街北陆家巷西侧
West Side of North Lujia Lane, Chengdong Avenue, Hai'an

✉ 226600

连云港连岛旅游度假区
Lianyungang Liandao Island Resort

🏛 连云港市连云区连岛镇
Liandao Town, Lianyun District, Lianyungang

✉ 222041

🌐 www.lygld.cn

连云港市连岛海滨浴场
Lianyungang Liandao Island Beach

🏛 连云港市连云区连岛镇大路口
Dalukou, Liandao Town, Lianyun District, Lianyungang

✉ 222041

渔湾风景区
Yuwan Scenic Area

🏛 连云港市连云区云台乡渔湾村
Yuwan Village, Yuntai Town, Lianyun District, Lianyungang

✉ 222064

🌐 www.lygyuwan.com

连云港市海上云台山景区
Lianyungang Yuntai Mountain Over the Sea Scenic Area

🏛 连云港市连云区宿城乡
Sucheng Town, Lianyun District, Lianyungang

✉ 222042

连云港市革命纪念馆
Lianyungang Revolutionary Memorial Museum

🏛 连云港市海州区朝阳东路
East Chaoyang Road, Haizhou District, Lianyungang

✉ 222006

🌐 www.lygjng.com

连云港市博物馆
Lianyungang Museum

🏛 连云港市海州区朝阳东路 68 号
No.68 East Chaoyang Road, Haizhou District, Lianyungang

✉ 222003

连云港市秦山岛景区
Lianyungang Qinshan Island Scenic Area

🏛 连云港市赣榆区青口镇正东
East of Qingkou Town, Ganyu Distirct, Lianyungang

✉ 222100

连云港市潮河湾景区
Liangyungang Chaohe River Bay Scenic Area

🏛 连云港市灌云县杨集镇
Yangji Town, Guanyun County

✉ 222200

灌云县大伊山风景区
Guanyun Dayi Mountain Scenic Area

🏛 连云港市灌云县伊山镇
Yishan Town, Guanyun County

✉ 222200

东海县国际水晶珠宝城
Donghai County International Crystal Jewelry City

🏛 连云港市东海县晶牛广场
Jingniu Square, Donghai County

✉ 222300

中国东海水晶博物馆
China Donghai(East Sea) Crystal Museum

🏛 连云港市东海县
Donghai County

✉ 222300

西双湖风景区
Xishuang Lake Scenic Area

🏛 连云港市东海县牛山镇东提路
Dongti Road, Niushan Town, Donghai County

✉ 222300

东海羽泉景区
Donghai Hot Spring Scenic Area

🏛 连云港市东海县温泉镇
Wenquan Town, Donghai County

✉ 222300

灌云伊甸园景区
Guanyun Eden Garden Scenic Area

🏛 连云港市灌云县城以东约 4 公里
   4km East of Guanyun County

✉ 222200

二郎神文化遗址公园
God Erlang Cultural Relics Park

🏛 连云港市灌南县
   Guannan County

✉ 222500

淮安市博物馆
Huai'an City Museum

🏛 淮安市清江浦区健康西路 146-1 号
   No.146-1 West Jiankang Road, Qingjiangpu District,
   Huai'an

✉ 223001

🌐 www.hamuseum.com

淮安运河博物馆
Huai'an Canal Museum

🏛 淮安市清江浦区大闸口中洲岛
   Zhongzhou Island, Dazhakou, Qingjiangpu District, Huai'an

✉ 223001

淮安市清河新区古淮河文化生态景区
Huai'an Ancient Huaihe River Cultural Ecology Scenic Spot

🏛 淮安市清江浦区河畔路 26 号
   No.26 Hepan Road, Qingjiangpu District, Huai'an

✉ 223001

里运河文化长廊景区
Liyunhe (Inside Canal) Culture Corridor Scenic Area

🏛 淮安市青江浦区轮埠路
   Lunbu Road, Qingjiangpu District, Huai'an

✉ 223002

淮安府署
Huai'an Fushu(Ancient Government Mansion)

🏛 淮安市淮安区东门大街 38 号
   No.38 Dongmen Avenue, Huai'an District, Huai'an

✉ 223200

🌐 www.hafschina.cn

中国漕运博物馆（总督漕运公署遗址）
China Water Transport Museum （Ruins of the Water Transport Governor's Office）

🏛 淮安市淮安区漕运广场
   Caoyun Square, Huai'an District, Huai'an

✉ 223200

🌐 www.cwtmuseum.com

吴承恩故居
Wu Cheng'en's Former Residence

🏛 淮安市淮安区河下镇打铜巷 12 号
   No.12 Datong Lane, Hexia Town, Hai'an District, Huai'an

✉ 223200

🌐 www.wcegj.com.cn

刘老庄连纪念园景区（淮阴八十二烈士陵园）
The New Fourth Army Liulaozhuang Memorial Park (Huaiyin Eightytwo Martyrs Cemetery）

🏛 淮安市淮阴区刘老庄乡
   Liulaozhuang Village, Huaiyin District, Huai'an

✉ 223322

洪泽湖古堰景区
Hongze Lake Ancient Dam Scenic Area

🏛 淮安市洪泽区
   Hongze District, Huai'an

✉ 223100

白马湖生态旅游景区
Baima Lake Ecotourism Area

🏛 淮安市洪泽区 236 省道
   236 Provincial Way, Hongze District, Huan'an

✉ 223100

淮安市白马湖向日葵的故事景区
Huai'an Baima Lake Sunflower Story Scenic Area

🏛 淮安市洪泽区白马湖环湖大道北侧
   North Side of Lakeshore Avenue, Baima Lake, Hongze District, Huan'an

✉ 223100

第一山风景名胜区（淮河风光带）
The First Mountain Scenic Area (Along the Huaihe River)

🏛 淮安市盱眙县淮河北路
   North Huaihe Road, Xuyi County

✉ 211700

黄花塘新四军军部旧址纪念馆
Huanghuatang New Fourth Army Site Memorial Museum

🏛 淮安县盱眙县黄花塘镇黄花塘村
Huanghuatang Village, Huanghuatang Town, Xuyi County

✉ 211700

铁山寺国家森林公园
Tieshan Temple National Forest Park

🏛 淮安市盱眙县铁山寺
Tieshan Temple, Xuyi County

✉ 211723

淮安市明祖陵景区
Huai'an Mingzu Tomb Scenic Area

🏛 淮安市盱眙县明祖陵镇
Mingzuling Town, Xuyu County

✉ 211700

涟水五岛湖公园
Lianshui Wudao Lake Park

🏛 淮安市涟水县涟城镇公园路 11 号
No.11 Park Road, Liancheng Town, Lianshui County

✉ 223400

淮安市金湖县尧想国文化旅游区
Yaoxiangguo Cultural Tourism Zone

🏛 淮安市金湖县新建路 8 号
No.8 Xinjian Road, Jinhu County, Huai'an

✉ 211600

盐城市海盐历史文化风景区
Yancheng Sea-Salt History & Cultural Tourism Area

🏛 盐城市开放大道 1 号
No.1 Kaifang Avenue, Yancheng

✉ 224005

🌐 www.chinahymuseum.com

新四军纪念馆
Xinsijun Memorial Museum

🏛 盐城市建军东路 159 号
No.159 East Jianjun Road, Yancheng

✉ 224005

盐城市大洋湾景区
Yancheng Dayangwan Scenic Area

🏛 盐城市亭湖区湖滨路 88 号

No. 88 Hubin Road, Tinghu District, Yancheng

✉ 224005

大纵湖风景区
Dazong Lake Scenic Area

🏛 盐城市盐都区大纵湖乡
Dazonghu Village, Yandu District, Yancheng

✉ 224034

🌐 www.dzhly.com

盐城市草房子乐园景区
Yancheng Grass House Paradise Scenic Area

🏛 盐城市盐都区学富镇中兴街道周伙村
Zhouhuo village, Zhongxing Community, Xuefu Town, Yandu District, Yancheng

✉ 224055

东台条子泥景区
Dongtai Tiaozini Wetlands Scenic Area

🏛 盐城市东台市临海公路
Linhai Road, Dongtai

✉ 224200

东台西溪旅游文化景区
Dongtai Xixi Tourism Cultural Scenic Area

🏛 盐城东台市西溪镇
Xixi Town, Dongtai

✉ 224200

黄海森林公园
Huanghai Forest Park

🏛 盐城东台市东台林场
Dongtai Forest Farm, Dongtai

✉ 224005

盐城荷兰花海景区
Yancheng Netherland Flower Sea Scenic Area

🏛 盐城市大丰区新丰镇
Xinfeng Town, Dafeng District, Yancheng

✉ 224100

大丰市上海知青纪念馆
Dafeng Memorial Museum for Shanghai Educated Youth

🏛 盐城市大丰区盛丰路
Shengfeng Road, Dafeng District, Yancheng

✉ 224100

Dongtai Xixi
东台西溪景区

东台，依海而生，拓海而兴。西溪是两淮海盐文化的起源地，国家非物质文化遗产"董永传说"的发源地。全国重点文物保护单位海春轩塔屹立千年，北宋"三相"为民造福恩施至今。

西溪景区东至串场河，南至引江河，西靠 204 国道，北至向东河，辖管 5 个社区（村）和一个核心景区，规划总面积 16 平方公里，城区开发面积 7.5 平方公里，耕地面积 2397 亩。天仙缘景区与西溪植物园互动串联，形成 3 平方公里的核心区。发展"夜演、夜娱、夜宿、夜购、夜宴、夜游"等夜间文旅业态，年接待游客达 300 万人次，园区总收入超 20 亿元。

十年厚植深耕，西溪景区坚持"城市休闲客厅"的发展定位，努力探索经济、文化、社会、民生、农村等发展路径，奋力开拓景区发展新格局。西溪先后被评为国家 4A 级旅游景区、江苏省影视基地、省智慧旅游景区、省级夜间文旅消费集聚区、江苏省首批现代服务业高质量发展集聚示范区，列入"国家夜间文旅消费集聚区"重点培育对象，获评"首批全国非遗旅游景区"和"全国非遗与旅游融合发展优选项目"，连续六年蝉联盐城 5A 级旅游园区，成为江苏沿海亮丽的文化名片，长三角一体化发展中独树一帜的文化品牌。

大丰港海洋世界景区
Dafeng Port Ocean World

- 盐城市大丰区盐土大地海洋生物产业科技园
  Saline Land Marine Life Industry Zone, Dafeng District, Yancheng
- 224100
- www.dfpow.com

射阳河口风景区息心寺
Sheyang Hekou Scenic Area Xixin Temple

- 盐城市射阳县海通镇
  Haitong Town, Sheyang County
- 224300
- www.xixinsi.com

丹顶鹤湿地生态旅游区
Redcrowned Crane Wetland Ecotourism Area

- 盐城市射阳县新洋港镇
  Xinyanggang Town, Sheyang County
- 224300

射阳安徒生童话乐园景区
Sheyang Andersen's Fairytales Scenic Area

- 盐城市射阳县合德镇幸福大道 89 号
  No.89 Xingfu Avenue, Hede Town, Sheyang
- 224300

阜宁金沙湖旅游区
Funing Golden Sand Lake Tourism Area

- 盐城市阜宁县城南新区
  New District, South of Funing County
- 224400
- www.jinshahu.cc

扬州京华城休闲旅游区
Yangzhou Living Mall Leisure Tourism Area

- 扬州新城西区京华城路 168 号
  No.168 Jinghuacheng Road, West District, Xincheng, Yangzhou
- 225002
- www.cpcity.com.cn

扬州汉广陵王墓博物馆
Yangzhou Han Emperor Guangling Tombs Museum

- 扬州市平山堂东路 98 号
  No.98 East Pingshantang Road, Yangzhou
- 225002

个园
Geyuan Garden

- 扬州市广陵区盐阜东路 10 号
  No.10 East Yanfu Road, Guangling District, Yangzhou
- 225001
- www.gegarden.net

何园
Heyuan Garden

- 扬州市广陵区徐凝门路 66 号
  No.66 Xuningmen Road, Guangling District, Yangzhou
- 225001
- www.hegarden.net

东关历史文化旅游区
Dongguan History & Culture Tourism Area

- 扬州市广陵区东关街 27 号
  No.27 Dongguan Street, Guangling District, Yangzhou
- 225002
- www.yzdongguanjie.com

茱萸湾风景名胜区
Zhuyu Bay Famous Scenic Area

- 扬州市广陵区茱萸湾路 888 号
  No.888 Zhuyuwan Road, Guangling District, Yangzhou
- 225002
- www.yzzyw.com

扬州大明寺
Yangzhou Daming Temple

- 扬州市邗江区平山堂路 1 号
  No.1 Pingshantang Road, Hanjiang District, Yangzhou
- 225009
- www.damingsi.com

扬州中国雕版印刷博物馆 / 扬州博物馆
Ancient Block Printing Museum/Yangzhou Museum

- 扬州市邗江区文昌西路 416 号
  No.416 West Wenchang Road, Hanjiang District, Yangzhou
- 225002
- www.yzmuseum.com

扬州凤凰岛生态旅游区
Yangzhou Fenghuang Island Ecotourism Area

- 扬州市邗江区泰安镇金泰南路 88 号
  No.88 South Jintai Road, Taian Town, Ganjiang District, Yangzhou
- 225113
- www.yzfhd.cn

扬州宋夹城景区
Yangzhou Songjiacheng Scenic Area

🏛 扬州市邗江区长春路
Changchun Road, Hanjiang District, Yangzhou

✉ 225002

盂城驿博物馆
Yuchengyi Museum

🏛 扬州高邮市馆驿巷 13 号
No.13 Guanyi Lane, Gaoyou

✉ 225600

南山风景区
South Mountain Scenic Spot

🏛 镇江市竹林路 98 号
No.98 Zhulin Road, Zhenjiang

✉ 212000

镇江市博物馆
Zhenjiang City Museum

🏛 镇江市伯先路 85 号
No.85 Boxian Road, Zhenjiang

✉ 212002

西津渡历史文化街区
Xijindu History & Culture Street

🏛 镇江市西津渡街 25 号
No.25 Xijindu Street, Zhenjiang

✉ 212001

中国镇江醋文化博物馆
China Zhenjiang Vinegar Culture Museum

🏛 镇江市丹徒区新城广园路 66 号
No.66Guangyuan Road, Dantu District, Zhenjiang

✉ 212001

中国米芾书法公园
China Mifu Calligraphy Park

🏛 镇江市丹徒区
Dantu District, Zhenjiang

✉ 212028

🌐 www. 中国米芾书法公园 .com

宝华山国家森林公园
Baohua Mountain National Forest Park

🏛 镇江句容市宝华镇
Baohua Town, Jurong

✉ 212445

🌐 www.baohuas.cn

镇江江苏茶博园
Zhenjiang Jiangsu Tea Expo Garden

🏛 镇江句容市茅山镇
Maoshan Town, Jurong

✉ 212400

泰州秋雪湖生态景区
Taizhou Qiuxue Lake Ecotourism Area

🏛 泰州市秋雪湖大道 58 号
No.58 Qiuxuehe Avenue, Taizhou

✉ 225300

凤城河风景区
Fengcheng River Scenic Area

🏛 泰州市海陵区东南园 10 号
No.10 Southeast Garden, Hailing District, Taizhou

✉ 225300

🌐 fch.taizhou.gov.cn

泰州天德湖景区
Taizhou Tiande Lake Scenic Area

🏛 泰州市海陵区周山河街区
Zhoushanhe Street, Hailing District, Taizhou

✉ 225300

🌐 www.tdhjq.com

泰州高港雕花楼景区
Taizhou Gaogang Diaohualou Scenic Area

🏛 泰州市高港区柴墟水景街区南端
South End of Chaixushuijing Street, Gaogang District, Taizhou

✉ 225321

泰州姜堰溱潼古镇旅游区
Taizhou Jiangyan Qintong Ancient Town Tourist Area

🏛 泰州市姜堰区溱潼镇
Qintong Town, Jiangyan District, Taizhou

✉ 225500

🌐 www.qintong.gov.cn

古罗塘旅游文化景区
Ancient Luotang Cultural Tourism Scenic Area

🏛 泰州市姜堰区
Jiangyan District, Taizhou

✉ 225500

🌐 www.guluotangchina.com

江
苏

兴化李中水上森林公园
Xinghua Lizhong Upwater Forest Park

- 泰州兴化市李中镇
  Lizhong Town, Xinghua
- 225700
- www.lzsssl.com

郑板桥 · 范仲淹纪念馆
Zheng Banqiao & Fan Zhongyan's Memorial Museum

- 泰州兴化市昭阳镇
  Zhaoyang Town, Xinghua
- 225700
- xhbwg.org

雪枫公园
Xuefeng Park

- 宿迁市幸福北路与黄河北路之间
  Between North Xingfu Road & North Huanghe Road, Suqian
- 223800

宿迁湖滨公园景区
Lakeshore Park Scenic Area

- 宿迁市湖滨新城迎春大道
  Yingchun Avenue, New Lakeshore City, Suqian
- 223800

项王故里
Xiangyu's Hometown

- 宿迁市宿城区黄河南路
  South Huanghe Road, Sucheng District, Suqian
- 223800
- www.xiangwangguli.com

洋河酒厂文化旅游区
Yanghe Brewery Industry Cultural Tourism Area

- 宿迁市宿城区中大街 118 号
  No.118 Zhongdajie, Sucheng District, Suqian
- 223800
- www.chinayanghe.com

三台山森林公园
Santai Mountain Forest Park

- 宿迁市宿豫区
  Suyu District, Suqiang
- 223800

皂河安澜龙王庙行宫
Zaohe Anlan Dragon King Temple

- 宿迁市宿豫区皂河镇
  Zaohe Town, Suyu District, Suqian
- 223900

宿迁市神农时代文化旅游区
Suqian Shennong Time Culture Tourism Area

- 宿迁市洋河新区仓集镇河西村
  Hexi Village, Cangji Town, Yanghe New District, Suqian
- 223800

宿迁市妈祖文化园
Suqian Mazu Culture Park

- 宿迁市泗阳县情人岛
  Lover Island, Siyang County
- 223700

泗阳县杨树博物馆
Siyang County Poplar Museum

- 宿迁市泗阳县泗阳农场
  Siyang Farm Centre, Siyang County
- 223700
- www.zgysbwg.com

浙 江
ZHEJIANG

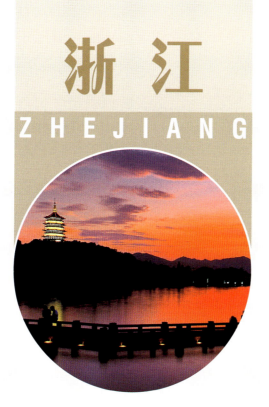

杭州西湖风景名胜区
Hangzhou West Lake Scenic Area

"欲把西湖比西子，淡妆浓抹总相宜"，大文豪苏轼的名诗让西湖的美别具风格。西湖之美，美在其如诗如画的湖光山色，美在其自然与人文的浑然相融，美在其历史文脉源远流长的传承。

西湖三面云山，中涵碧水，环湖四周，绿荫环抱，山色葱茏，画桥烟柳，云树笼纱。著名的"西湖十景""新西湖十景""三评西湖十景"等众多景点如色彩斑斓的钻石串成了西湖的项链，使其春、夏、秋、冬景色各异，昼、夜、晴、雨风韵不同。

🏛 杭州市环城西路 5 号
　　No.5 West Huancheng Road, Hangzhou
✉ 310006
🌐 http://westlake.hangzhou.gov.cn

杭州西溪湿地旅游区
Hangzhou Xixi Wetland Tourism Area

杭州西溪湿地旅游区位于杭州市西湖区和余杭区西北部，距西湖不到 5 公里，规划总面积 11.5 平方公里，湿地内河流总长 100 多公里，约 70% 的面积为河港、池塘、湖漾、沼泽等水域。旅游区内生态资源丰富、自然景观幽雅、文化积淀深厚，与西湖、西泠并称杭州"三西"。西溪湿地旅游区内有著名的十景，分别是：秋芦飞雪、火柿映波、龙舟胜会、莲滩鹭影、洪园余韵、蒹葭泛月、渔村烟雨、曲水寻梅、高庄晨迹、河渚听曲。西溪湿地旅游区是集城市湿地、农耕湿地、文化湿地于一体的国家级湿地旅游区。

🏛 杭州市西湖区天目山路 518 号
　　No.518 Tianmushan Road, Xihu District, Hangzhou
✉ 310013
🌐 www.xixiwetland.com.cn

淳安县千岛湖风景区
Chun'an County Qiandao Lake Scenic Area

千岛湖是"杭州—千岛湖—黄山"这条名城、名湖、名山黄金旅游线上的一颗璀璨明珠。1959 年新安江水库蓄水，始建于汉唐年间的古城"狮城""贺城"一夜间被淹没在水下，而上千座岛也由此形成。千岛湖湖形呈树枝状，湖中大小岛屿 1078 个，群岛分布疏密有致，形态各异。主要岛屿有梅峰岛、龙山岛、猴岛、三潭岛、月光岛（五龙岛）、渔乐岛、锁岛等。

🏛 杭州市淳安县千岛湖镇
　　Qiandao Lake Town, Chun'an Country
✉ 311700
🌐 http://www.qiandaohu.cc
🚌 从杭州西站与东站均有班车可达景区。

宁波天一阁·月湖景区
Tianyi Pavilion -Lake Scenic Area

天一阁·月湖景区位于宁波市中心地段，由天一阁博物院与月湖两大核心景区组成，总面积约 1 平方公里。景区历史资源丰富，文化底蕴深厚。天一阁位于月湖西岸，建于明嘉靖四十年至四十五年（1561—1566），是中国现存最古老的私家藏书楼，傲然屹立450 余载，书香文脉不绝。月湖初辟于唐贞观年间（627—649），水域面积 9 万平方米，古称西湖，亦曾称鉴湖。明清之间，浙东学术极为辉煌，月湖形成中国历史上影响最为深远的学派之一——浙东学派。浙东学派创始人、明末清初三大思想家之一的黄宗羲，在月湖边讲学，广收弟子，自此，月湖成为文人雅士荟萃之地，素有"浙东邹鲁"的美誉。

🏛 宁波市海曙区天一街 10 号
No.10 Tianyi Street, Haishu District, Ningbo

✉ 315000

🌐 http://nbtygyh.haishu.gov.cn/

宁波市奉化溪口－滕头旅游景区
Xikou Tengtou Tourist Scenic Spot

溪口－滕头旅游景区由溪口风景区和滕头生态景区组成。其中溪口风景区位于浙江奉化境内，区内的雪窦山为弥勒道场，是中国佛教五大名山之一。雪窦山森林茂密、动物繁多、危崖耸立、幽谷飞瀑，是国家级森林公园。溪口镇是蒋介石父子故里，"蒋氏故居"建筑群楼轩相接，廊庑回环，墨柱赭壁，富丽堂皇，是全国重点文物保护单位。

🏛 宁波市奉化区溪口镇武岭东路 26 号
No.26 East Wuling Road, Xikou Town, Fenghua District, Ningbo

✉ 315500

🌐 http://www.xikoutourism.com

滕头生态景区位于以绝美的生态景观扬名中外，景区不仅田园秀美，生态怡人，还以"和谐、生态、环保"为主题开展了乡村农俗风情体验游、都市农夫体验游、惊险表演刺激体验游及党政考察特色游等，让游客充分、体验自然、传统、创造文化的内在情趣。

🏛 宁波市奉化区萧王庙街道滕头村
Tengtou Village, Xiaowangmiao Community, Fenghua

✉ 315503

🌐 https://www.xikoutourism.com/

雁荡山风景名胜区
Yandang Mountain Famous Scenic Area

"海上名山，寰中绝胜"的雁荡山史称"东南第一山"，主峰雁湖岗上有湖，湖中芦苇茂密，结草为荡，南飞的秋雁年年栖宿于此，因而得名"雁荡山"。雁荡山地势峥嵘，峡深谷幽，峰奇崖险，怪石古洞，飞瀑流泉，形态万千，景色丰富。其中，灵峰、灵岩、大龙湫被称为"雁荡三绝"。灵峰是雁荡山的东大门，是雁荡山最华美之处。沿溪而上，两壁危峰乱叠、溪涧潺潺。灵峰夜景最是销魂，夜色中的诸峰剪出片片倩影，"雄鹰敛翅""犀牛望月""夫妻峰""相思女"形神兼备，令人浮想联翩。

"峭刻瑰丽，莫若灵峰；雄壮浑庞，莫若灵岩。"灵岩被人视为雁荡山的"明庭"。灵岩又名屏霞嶂，嶂"高广数百丈，壁立于霄，色五彩相间，如大锦屏"。灵岩古刹已有千年历史，是雁荡十八古刹之一。四周群峰环列，古木参天，环境幽绝，人处其中，万虑俱息。

大龙湫景区集峰、嶂、瀑、溪之大成，大龙湫瀑布高 197 米，飞流直下，如天外飞龙，撼天动地。

🏛 温州乐清市雁荡山雁山路 88 号
No.88 Yandang Road, Yandang Mountain, Yueqing

✉ 325100

🌐 www.wzyds.com

🚌 从乐清市有多趟公交车可到景区。

刘伯温故里景区
Liu Bowen's Hometown Scenic Area

刘伯温故里景区位于浙江省温州市文成县，景区总面积 4.81 平方公里，由刘基庙和百丈漈两大核心景区构成。景区文化底蕴深厚，民俗风情浓郁，地域特色鲜明。其中刘基庙敕建于明天顺二年（1458 年），是纪念明朝开国元勋刘基（字伯温）的家庙，所在区域被誉为"天下第六福地"。2001 年刘基庙被列为"全国重点文物保护单位"。百丈漈景区以阶梯形"三折"瀑布群而闻名，总落差 353 米，单体落差 207 米，为华夏之最。2013 年被上海大世界基尼斯总部认证为"中国单体落差最高的瀑布"，也是"中国十大名瀑"之一。

🏛 温州市文成县大学镇建设路 315 号
No.315 Jianshe Road, Daxue Town, Wencheng County

✉ 325399

嘉兴南湖风景名胜区
Jiaxing Nanhu Lake Famous Scenic Area

南湖是浙江三大名湖之一，素以"轻烟拂渚，微风欲来"的迷人景色著称于世。1921 年，中国共产党第一次全国代表大会在南湖的一艘画舫上完成最后的议程，庄严宣告中国共产党成立，从此，南湖成为了全国人民向往的革命圣地。南湖风景名胜区以南湖为核心，包含了月河历史街区、七一广场等景观。南湖风景名胜区自然景观与人文景观交相辉映，"一湖二河三街区"共同构成了一个生态环境良好、景观特色鲜明、游憩内容丰富、服务设施完善的精品景区。

🏛 嘉兴市南溪路 1 号
　No.1 Nanxi Road, Jiaxing

✉ 314000

🌐 http://www.nanhu.com.cn

乌镇古镇旅游景区
Wuzhen Town Tourism Area

在浙江省桐乡市北端，有一座已有 1300 多年历史的江南古镇——乌镇。乌镇历史上曾是两省（浙江、江苏）、三府（嘉兴、湖州、苏州）、七县（桐乡、石门、秀水、乌程、归安、吴江、震泽）错壤之地。十字形的内河水系将全镇划分为东、南、西、北四个区块，当地人分别称之为"东栅、南栅、西栅、北栅"。其中西栅由 12 个碧水环绕的岛屿组成，真正

呈现了中国江南水乡古镇的风貌。同时西栅存留了大量明清古建和老街长弄，古建筑外观上保留了古色古香的韵味。东栅水乡风貌完整，生活气息浓郁，手工作坊和传统商铺各具特色，特色展馆琳琅满目。

🏛 嘉兴桐乡市乌镇石佛南路 18 号
　No.18 South Shifu Road, Wuzhen Town, Tongxiang

✉ 314501

🌐 http://www.wuzhen.com.cn

嘉善西塘古镇
Jiashan Xitang Ancient Town

这是一座生活着的千年古镇。西塘历史悠久，春秋时期吴国伍子胥兴水利，通漕运，开凿西塘。唐时已建有大量村落，人们沿河建屋、依水而居。南宋时村落渐成规模，形成了市集。明清时期已经发展成为江南手工业和商业重镇。西塘人文资源丰富，自然风景优美，民风淳厚，橹声悠扬，到处洋溢着中国古代传统文化特有的人文积淀。

🏛 嘉兴市嘉善县西塘镇南苑路 258 号
　No.258 Nanyuan Road, Xitang Town, Jiashan County

✉ 314100

🌐 http://www.xitang.com.cn

🚌 从嘉兴、嘉善均有公交车直达西塘。

鲁迅故里—沈园
Lu Xun's Hometown—Shenyuan Garden

鲁迅故里是鲁迅先生诞生和青少年时期生活过的故土，拥有鲁迅故居、百草园、三味书屋、鲁迅祖居、土谷祠、长庆寺、鲁迅笔下风情园、鲁迅生平事迹陈列厅等一大批与鲁迅有关的人文古迹，是广大游客解读鲁迅作品、品味鲁迅笔下风情、感受鲁迅当年生活情境的真实场所。

伟大的爱国诗人陆游与夫人唐琬的悲情故事，即发生在沈园。陆游与唐琬被迫分开后邂逅于沈园，题《钗头凤》词于园壁间，成为千古绝唱。沈园也因这段刻骨铭心的爱情故事而载入典籍。

🏛 绍兴市鲁迅中路 235 号
　No.235 Middle Luxun Road, Shaoxing

✉ 312000

🌐 http://www.sxlxmuseum.com

湖州市南浔古镇
Huzhou Nanxun Ancient Town

这里有江南明清沿河民居群遗韵——百间楼，这里有江南私家园林巨构——小莲庄，这里有世博金奖之荣耀——辑里湖丝馆，这里有世界文化遗产——頔塘故道，这里有江南第一宅——张石铭旧宅，这里有道家福地——广惠宫……这里以南市河、东市河、西市河、宝善河构成的十字河为骨架，其间又有许多河流纵横交错，街和民居沿河分布，随河而走，两岸傍水筑宇、沿河成街，街上又有众多高品质的私家大宅第和江南园林，形成了小桥流水人家与大宅园林交相辉映的江南水乡小镇风貌。

🏛 湖州市南浔区南浔古镇适园路 38 号
No.38 Shiyuan Road, Nanxun Ancient Town, Nanxun District, Huzhou

✉ 313009

🌐 http://www.chinananxun.com

🚌 在湖州汽车总站（浙北客运中心）、湖州汽车新站每天都有快客到南浔。

浙江省中国横店影视城
Zhejiang Province Hengdian World Studio

横店影视城是全球规模最大的影视拍摄基地。影视城内有广州街、香港街、明清宫苑、秦王宫、清明上河图、梦幻谷江南水乡、明清民居博览城、华夏文化园、屏岩洞府、大智禅寺、民国街、春秋园、唐宫等十余处跨越几千年历史时空的影视拍摄基地以及十余座甲级摄影棚。海内外众多的影视剧组纷至沓来，这里名导、明星云集，至今已有 1200 余部影视剧在这里诞生，是国内拍摄影视剧最多的基地。

🏛 金华东阳市横店镇万盛街 42 号
No.42 of Wansheng Road, Hengdian Town, Dongyang

✉ 322118

🌐 http://www.hengdianworld.com

🚌 在东阳汽车西站、东站均有专车至横店。

江郎山·廿八都景区
Jianglang Mountain—Nianbadu Scenic Area

它被学者称为"一个遗落在大山里的梦"，它被专家誉为"文化飞地"，它是历史文化名镇，是边区重镇，是"枫溪锁钥"。它聚岩、洞、云、瀑于一山，集奇、险、陡、峻于三石。"遍访名山独尊江郎奇幻"，徐霞客如是说江郎山。

江郎山的山麓有村庄名清漾村，是江南毛氏发祥地、毛泽东祖居地。清漾村"历史悠久，人才辈出，耕读传家，贵而不富"。

🏛 衢州市江山市石门镇
Shimen Township, Jiangshan

✉ 324107

宋时江山设都四十四，此地排行第廿八，所以名"廿八都"。廿八都小镇始于唐宋，兴盛于明清，至今已有 1000 多年的历史。由于历史上少受战乱，使镇上古建筑风貌依旧，保存较为完好。

🏛 衢州江山市廿八都镇
Nianbadu Town, Jiangshan

✉ 324100

根宫佛国文化旅游区
China Root Art & Buddha Kingdom Tourism Area

开化根宫佛国文化旅游区占地面积 3.03 平方公里，是目前国内规模最大、工艺水平最高、以根雕艺术为主题的文化旅游景区，拥有大型根雕艺术系列作品 2 万余件（套），成功挑战"全球最大的根雕博物馆"吉尼斯世界纪录。旅游区有根佛文化和华夏根文化两大主题景区，主要有五百罗汉、大雄宝殿、根宫佛塔、华夏文化根雕艺术博物馆、童趣园等 30 余个景点。依托华夏根文化景区景观资源，融合声光电、文化演艺、美食体验等于一体，打造了"根宫夜宴"夜游项目，于 2019 年 10 月 1 日开始运营，打响文化旅游区夜经济品牌。

根宫佛国文化旅游区享有"世界文化新遗产"的美誉。此外，还先后获评国家文化产业示范基地、国家生态文明教育基地、国家旅游名片、国际木根雕文化交流基地、中国雕塑院根雕创作实践基地、浙江省中小学生研学实践教育营地等称号。

🏛 衢州市开化县根博路 1 号
No.1 Genbo Road, Kaihua County

✉ 324300

🌐 www.zuigenchina.com

普陀山风景名胜区
Putuo Mountain Famous Scenic Area

中国四大佛教名山之一的普陀山是观世音菩萨教化众生的道场，素有海天佛国、南海圣境之称。普陀山作为佛教圣地，最盛时有 82 座寺庵、128 处茅篷，僧尼达 4000 余人。其中普济、法雨、慧济三大寺规模宏大，建筑考究，是中国清初寺庙建筑群的典型。

普陀山风景名胜区多奇岩怪石。著名的有磐陀石、二龟听法石、海天佛国石等 20 余处。在山海相接之处有许多石洞胜景，最著名的是潮音洞和梵音洞。

🏛 舟山市普陀山梅岑路 115 号
No.115 Meicen Road, Putuo Moutain, Zhoushan

✉ 316107

🌐 http://pzgwh.zhoushan.gov.cn

台州府城文化旅游区
The Ancient City of Taizhou

台州府城文化旅游区位于台州临海市城区，为唐武德五年（622 年）始置台州后台州州郡府治所在地。旅游区总面积 3.12 平方公里，主要景点包括台州府

城墙（江南长城）、紫阳古街、巾山塔影、东湖夜月、龙兴寺等。其中，台州府城墙是长江中下游地区现存规模最大、保存最完好的古代海防和城防工程典范。紫阳街因道教南宗始祖、紫阳真人张伯端而得名，是中国历史文化名街。东湖位于台州府城东侧，开凿于北宋年间。巾山又称巾子山，位于台州府城东南隅，山临水，城抱山，山有双峰，一山四塔。山中古迹众多，历代名人多有题咏。

🏛 临海江滨中路
Binjiang Middle Road, Linhai

✉ 317000

🌐 http://www.lhtzfc.com/

天台山风景名胜区
Tiantai Mountain Famous Scenic Area

天台山素以"佛宗道源、山水神秀"享誉海内外，是中国佛教天台宗和道教南宗的发祥地，是活佛济公的故里。天台山多悬岩、峭壁、瀑布，主要景点有国清寺、石梁、赤城山、寒山湖、华顶峰等。其中的国清寺是全国重点文物保护单位，也是日本、韩国佛教天台宗的祖庭。

🏛 台州市天台县赤城街道电大路 2 号（管理局）
No.2 Dianda Road, Chicheng Community, Tiantai County

✉ 317200

神仙居风景名胜区
Shenxianju Scenic Area

神仙居古名天姥山，唐李白的《梦游天姥吟留别》吟诵的就是神仙居的奇幻美景。神仙居山上留有清朝乾隆年间县令何树萼题"烟霞第一城"，意云蒸霞蔚之仙居，景色秀美，天下第一。神仙居地质构造独特，是世界上最大的火山流纹岩地貌集群，一山一水、一崖一洞、一石一峰，都能自成一格，形成"观音、如来、天姥峰、云海、飞瀑、蝌蚪文"六大奇观。得闲即是仙，行走其间，寻心朝圣，观得本心，自在愉悦。

🏛 台州市仙居县白塔镇
Baita Town, Xianju County

✉ 317300

🌐 http://www.zjshenxianju.com

仙都风景名胜区
Xiandu Famous Scenic Area

　　缙云仙都景区位于丽水市缙云县仙都街道，因唐玄宗李隆基惊叹"真乃仙人荟萃之都也"，并乘兴御书"仙都"两字而得名。缙云仙都景区九曲练溪、十里画廊、峰岩奇绝，素有"桂林之秀、黄山之奇、华山之险"的美誉。景区主要有鼎湖峰、小赤壁、仙都观、倪翁洞、朱潭山五大景点。其中鼎湖峰底部面积 2468 平方米，顶部面积 710 平方米，高 170.8 米，拔地参天，凸显阳刚之气，被誉为"天下第一峰"。小赤壁东西横亘，崖壁赭白相间，远望犹如焰火烧过，酷似长江赤壁。仙都观是缙云有文字记载的最古老祠庙建筑，多部影视剧曾在此拍摄。倪翁洞有历代摩崖 60 处，书体齐全，篆圣李阳冰"倪翁洞"石刻尤为珍品。朱潭山主要景点有仙堤、晦翁阁、九龙壁、超然亭等，相传南宋著名理学家朱熹讲学于仙都，余暇时常到此闲游。

🏛 丽水市缙云县五云镇
　　Wuyun Town, Jinyun County

✉ 321401

🌐 http://www.zgxdly.cn/

杭州雷峰塔景区
Hangzhou Leifeng Tower Scenic Area

🏛 杭州市南山路 15 号
　　No.15 Nanshan Road, Hangzhou

✉ 310026

京杭大运河杭州景区
Beijing-Hangzhou Grand Canal-Hangzhou Scenic Area

🏛 杭州市风起东路
　　East Fengqi Road, Hangzhou

✉ 310026

清河坊历史街区
Qinghefang History Street

🏛 杭州市上城区河坊街 180 号
　　No.180 Hefang Street, Shangcheng District, Hangzhou

✉ 310002

皋亭山景区
Gaoting Mountain Scenic Area

🏛 杭州市江干区丁桥镇皋城村
　　Gaocheng Village, Dingqiao Town, Jiangan District, Hangzhou

✉ 310016

杭州宋城旅游景区
Hangzhou Songcheng Scenic Area

🏛 杭州市西湖区之江路 148 号
　　No.148 Zhijiang Road, Xihu District, Hangzhou

✉ 310008

中国丝绸博物馆
China National Silk Museum

🏛 杭州市西湖区玉皇山路 73-1 号
　　No.73-1 Yuhuangshan Road, Xihu District, Hangzhou

✉ 310013

余杭径山景区
Yuhang Jingshan Scenic Area

🏛 杭州市余杭区径山镇
　　Jingshan Town, Yuhang District, Hangzhou

✉ 330110

杭州双溪竹海漂流景区
Hangzhou Shuangxi Zhuhai Drift Scenic Area

🏛 杭州市余杭区经山镇双溪竹海路 7 号
　　No.7 Shuangxi Zhuhai Road, Jingshan Town, Yuhang District, Hangzhou

✉ 311117

🌐 www.shuangxitour.com

超山风景区
Chaoshan Scenic Area

🏛 杭州市余杭区塘栖镇超山村
　　Chaoshan Village, Tangqi Town, Yuhang District, Hangzhou

✉ 311100

浙江

山沟沟旅游区
Shan Gougou Scenic Area

🏛 杭州市余杭区鸬鸟镇
Luniao Town, Yuhang District, Hangzhou

✉ 311100

🌐 www.cnsgg.com

良渚博物院
Liangzhu Heritage Museum

🏛 杭州市余杭区浪渚镇美丽洲路 1 号
No.1 Meilizhou Road Liangzhu Town, Yuhang District, Hangzhou

✉ 311113

杭州市运河 · 塘栖古镇景区
Hangzhou Canal—Tangqi Ancient Town Scenic Area

🏛 杭州市余杭区塘栖镇
Tangqi Town, Yuhang District, Hangzhou

✉ 311100

杭州乐园
Hangzhou Paradise

🏛 杭州市萧山区城厢街道休博园中心区 43 号
No.43 Center Area, Xiuboyuan, Chengxiang Community, XiaoshanDistrict, Hangzhou

✉ 310000

浙江湘湖旅游度假区
Hangzhou Xianghu Lake Tourism Resort

🏛 杭州市萧山区湘湖路 3368 号
No.3368 Xianghu Road, Xiaoshan District, Hangzhou

✉ 311258

杭州极地海洋公园
Hongzhou Polarland Sea Park

🏛 杭州市萧山区湘湖路 777 号
No.777 Xianghu Road, Xiaoshan District, Hongzhou

✉ 311200

东方文化园
Oriental Culture Park

🏛 杭州市萧山区义桥镇新建村
Xinjian Village, Yiqiao Town, Xiaoshan District, Hangzhou

✉ 311256

杭州野生动物世界
Hangzhou Safari Park

🏛 杭州市富阳区受降镇九龙大道 1 号
No.1 Jiulong Road, Shouxiang Town, Fuyang District

✉ 311422

🌐 www.hzsp.com

富春桃源风景区
Fuchun Taoyuan Scenic Area

🏛 杭州市富阳区胥口镇上练村
Shanglian Village, Xukou Town, Fuyang District

✉ 311400

富阳龙门古镇景区
Fuyang Longmen Ancient Town Scenic Area

🏛 杭州市富阳区龙门镇
Longmen Town, Fuyang District

✉ 311400

新沙岛景区
Xinsha Island Scenic Area

🏛 杭州市富阳区迎宾北路 82 号
No.82 North Yinbin Road, Fuyang District

✉ 311400

浙西大峡谷
Zhexi (West Zhejiang) Grand Valley

🏛 杭州临安市大峡谷镇
Grand Valley Town, Lin'an

✉ 311300

天目山风景名胜区
Tianmu Mountain Famous Scenic Area

🏛 杭州临安市太湖源东天目村
East Tianmu Village, Taihuyuan Town, Lin'an

✉ 311311

大明山风景区
Daming Mountain Scenic Area

🏛 杭州临安市清凉峰镇大明村
Daming Village, Qingliang Mountain Town, Lin'an

✉ 311300

东天目山
East Tianmu Mountain

🏛 杭州临安市太湖源镇
Taihuyuan Village, Taihu Town, Lin'an

📞 0571-63968177

✉ 311300

杭州临安太湖源生态旅游区
Hangzhou Lin'an Source of Taihu Lake Ecotourism Area

🏛 杭州临安市太湖源镇白沙村
Baisha Village, Taihuyuan Town, Lin'an

✉ 311300

🌐 www.taihuyuan.com

灵栖洞风景区
Lingqi Cave Scenic Area

🏛 杭州建德市航头镇
Hangtou Town, Jiande

📞 0571-64718486

✉ 311612

七里扬帆景区
Qili Yangfan Scenic Area

🏛 杭州建德市梅城镇
Meicheng Town, Jiande

✉ 311604

大慈岩景区
Daciyan Scenic Area

🏛 杭州建德市大慈岩镇
Da Ciyan Town, Jiande

✉ 311612

桐庐垂云通天河景区
Tonglu Chuiyun Tongtian River Scenic Area

🏛 杭州市桐庐县瑶琳镇东琳村
Donglin Village, Yaolin Town, Tonglu County

📞 0571-643715566

✉ 311516

严子陵钓台
Yan Ziling Diaotai（Fishing Platform）

🏛 杭州市桐庐县富春路 158 号
No.158 Fuchun Road, Tonglu County

✉ 311500

瑶琳仙境旅游区
Yaolin Fairyland Tourism Area

🏛 杭州市桐庐县瑶琳镇
Yaolin Town, Tonglu County

📞 0571-64361171

✉ 311515

杭州江南古村落
Hangzhou Jiangnan Ancient Village

🏛 杭州市桐庐县江南镇
Jiangnan Town, Tonglu County

✉ 311500

浪石金滩
Langshi Gold Beach

🏛 杭州市桐庐县横村镇浪石村
Langshi Village, Hengcun Town, Tonglu County

✉ 311500

宁波神凤海洋世界
Ningbo Shenfeng Ocean World

🏛 宁波市鄞州区桑田路 936 号
No.936 Sangtian Road, Jingzhou District, Ningbo

✉ 315040

宁波老外滩
Ningbo Old Bund

🏛 宁波市江北区老外滩中马路 17 号
No.17 Zhongmalu, Laowaitan, Jiangbei District, Ningbo

✉ 315020

保国寺古建筑博物馆
Baoguo Temple Ancient Architecture Museum

🏛 宁波市江北区洪塘街道
Hongtang Community, Jiangbei Distirct, Ningbo

✉ 315033

慈城古县城旅游景区
Cicheng Ancient County Tourism Area

🏛 宁波市江北区慈城镇东城沿路 88 号
No.88 East ChengyanRoad, Cicheng Town, Jiangbei District, Ningbo

✉ 315020

绿野山庄景区
Luye (Green Wild) Villa Scenic Area

🏛 宁波市江北区慈城镇五里村
Wuli Village, Cicheng Town, Jiangbei District, Ningbo

✉ 315020

北仑九峰山旅游区
Beilun Jiufeng Mountain Tourism Area

🏛 宁波市北仑区
Beilun District, Ningbo

✉ 315020

顺着运河来看海 伴着书香游宁波

NingBo
宁波

　　宁波，中国东南沿海重要港口城市、长三角南翼经济中心、国家历史文化名城，东亚文化之都，典型的江南水乡兼海港城市，是世界文化遗产中国大运河的南端入海口，也是"海上丝绸之路"的东方始发港，被誉为记载"一带一路"历史的古港"活化石"。

　　宁波的历史可以上溯到 7000 年以前，新近发现的井头山遗址又把宁波人文起源的历史往前推进到 8000 多年前，为证明海洋文明是中华文明的重要来源提供了重要证据。近代涌现的"宁波帮"，创造了一百多个"中国第一"和"中国之最"。

　　宁波文化旅游资源丰富，美景美食相得益彰，传统文化与现代文明交相辉映。宁波是首批中国优秀旅游城市、"5·19 中国旅游日"发祥地。在这里，天一阁博物馆现存亚洲最古老的家族藏书楼，溪口雪窦山是中国佛教五大名山之一、宁波舟山港年货物吞吐量全球领先、国家旅游度假区宁波东钱湖令

人心旷神怡。宁波老外滩、南塘老街、月湖盛园、九龙湖、四明山、宁海森林温泉……一大批城市特色街区和休闲旅游业态恭候五湖四海的宾朋。作为第十九届亚运会的分会场，宁波将承办帆船帆板和沙滩排球两个大项比赛，引领新一轮海上运动潮流，在象山北纬 30 度超美海岸线，打开 N 种新玩法。

　　近年来，宁波擦亮"海丝古港　微笑宁波"文旅形象，打响"顺着运河来看海 伴着书香游宁波"文旅口号，形成了"海丝文化、海湾风情、海天佛国、海鲜美味"的"四海"文旅产品。未来宁波，将以深化"港产城文"高水平融合为主题，以文旅数字化改革为牵引，坚持文化先行、旅游领航、融合蝶变、创新赋能，在新时代征程上，大力推进新时代文化高地和现代化滨海旅游名城建设，不断满足人们对"诗与远方"的新追求。

　　阿拉宁波欢迎您！

宁波文化广电旅游官方微信公众号二维码

Songlanshan
宁波松兰山旅游度假区

　　宁波松兰山旅游度假区位于浙江省宁波市象山县，总面积约 31.22 平方公里。度假区山海交融，岬湾众多，沙滩连绵，是浙东地区唯一拥有"山、海、岛、崖、滩、物"六大特点的滨海资源地区，其中南北长达 12 公里的沙滩群是华东地区最大的一片陆岸沙滩。旅游度假区内海洋文化底蕴深厚、历史悠久，是浙江省级旅游度假区、2022 杭州亚运会帆船帆板比赛地、浙江省海洋运动中心所在地。

　　度假区牢固树立"碧海银滩也是金山银山"的理念，全力打响"北纬30 度超美海岸线"品牌。现有国家 4A 级旅游景区 1 家，高品质度假住宿设施 6 家，其他酒店及特色民宿 100 余家，培育形成了以度假酒店、海洋运动、海鲜美食、房车露营、温泉康养、节庆赛事等为主的度假产品体系，是集休闲、娱乐、运动、度假、会议等于一体的综合性滨海旅游度假胜地，被誉为"东方不老岛"上的一颗璀璨明珠。目前正在争创国家旅游度假区。

九峰山度假村
Jiufeng Mountain Tourism Resort

宁波市北仑区大矸街道城联村
Chenglian Village, Dagan Community, Beilun District, Ningbo

315800

宁波镇海区招宝山旅游风景区
Ningbo Zhenhai District Zhaobao Mountain Tourism Area

宁波市镇海区城关招宝山路 10 号
No.10 Zhaobaoshan Road, Chengguan, Zhenhai District, Ningbo

315200

宁波九龙湖旅游区
Ningbo Jiulonghu (Nine Dragons Lake) Tourism Area

宁波市镇海区九龙湖镇环湖路 168 号
No.168 Huanhu Road, Jiulonghu Town, Zhenhai District, Ningbo

315200

郑氏十七房景区
Zheng's Seventeen Ancient Houses Scenic Area

宁波市镇海区澥浦镇
Xiepu Town, Zhenhai District, Ningbo

315200

宁波帮博物馆
Ningbobang Museum

宁波市镇海区庄市街道思源路 255 号
No.255 Siyuan Road, Zhuangshi Community, Zhenhai District, Ningbo

315211

www.nbbbwg.com

宁波雅戈尔动物园
Ningbo Youngor Zoo

宁波市鄞州区东钱湖镇高钱村
Gaoqian Village, Dongqianhu Town, Yinzhou District, Ningbo

0574-88378325

315000

东钱湖马山休闲旅游区
Dongqian Lake Mashan Leisure Tourism Area

宁波市鄞州区东钱湖之东南畔
Southeast Bank of Dongqian Lake, Yinzhou District, Ningbo

315800

宁波五龙潭风景名胜区
Ningbo Wulong Pond Famous Scenic Area

宁波市鄞州区龙观乡
Longguan Town, Yinzhou District, Ningbo

315166

天宫庄园休闲旅游区
Tiangong（Heaven Palace）Leisure Tourism Area

宁波市鄞州区下应街道湾底村
Wandi Village, Xiaying Community, Yinzhou District, Ningbo

315100

梁祝文化公园
Liangzhu Cultural Park

宁波市海曙区高桥镇梁祝村
Liangzhu Village, Gaoqiao Town, Yinzhou District, Ningbo

315174

宁波博物馆
Ningbo Museum

宁波市鄞州区首南中路 1000 号
No.1000 Middle Shounan Road, Yinzhou District, Ningbo

315100

宁波大桥生态农庄旅游区
Ningbo Hangzhou Bay Bridge Ecological Farm & Tourism Area

宁波慈溪市长河镇镇北路一号桥
No.1Bridge, Changhe Town, Cixi

315300

海天一洲
Hangzhou Bay Bridge Offshore Platform

宁波慈溪市庵东镇虹桥大道 1 号
No.1 Hongqiao Avenue, Andong Town, Cixi

315327

宁波雅戈尔达蓬山旅游度假区
Ningbo Youngor Dapengshan Tourism Resort

宁波慈溪市三北镇施公山村
Shigongshan Village, Sanbei Town, Cixi

315300

慈溪鸣鹤古镇景区
Cixi Minghe Ancient Town Scenic Area

宁波慈溪市观海卫镇禹皇路 999 号
No.999 Yuhuang Road, Guanhaiwei Town, Cixi

315300

丹山赤水旅游区
Danshan Chishui Tourism Area

宁波余姚市大岚镇柿林村
Shilin Village, Dalan Town, Yuyao

315400

天下玉苑景区
Tianxia Yuyuan Scenic Area

宁波余姚市大隐镇山王北路 85 号
No.85 North Shanwang Road, Dayin Town, Yuyao

315423

宁波黄贤海上长城森林公园
Ningbo Huangxian Great Wall Over Sea Forest Park

宁波市奉化区裘村镇黄贤村
Huangxian Village, Qiucun Town, Fenghua District, Ningbo

315500

宁海森林温泉景区
Ninghai Forest Hot Spring Scenic Area

宁波市宁海县深甽镇
Shenzhen Town, Ninghai County

315600

伍山石窟旅游区
Wushan Grottoes Tourism Area

宁波市宁海县长街镇向阳村
Xiangyang Village, Changjie Town, Ninghai County

315600

宁海前童古镇旅游区
Ninghai Qiantong Ancient Town Tourism Area

宁波市宁海县前童镇
Qiantong Town, Ninghai County

315606

宁波松兰山旅游度假区
Ningbo Songlan Mountain Tourism Resort

宁波市象山县丹城
Dancheng, Xiangshan County

315709

宁波中国渔村景区
Ningbo China Fishing Village Scenic Area

宁波市象山县石浦镇
Shipu Town, Xiangshan County

315700

象山石浦渔港古城
Xiangshan Shipu Fishing Port Ancient Town

宁波市象山县石浦镇渔港中路 58 号
No.58 Middle Yugang Road, Shipu Town, Xiangshan County

315731

象山影视城
Xiangshan World Studio

宁波市象山县新桥镇
Xinqiao Town, Xiangshan County

315700

江心屿旅游区
Jiangxinyu Tourism Area

温州市鹿城区江心屿
Jiangxinyu, Lucheng District, Wenzhou

325000

温州南塘文化旅游区（印象南塘）
Wenzhou Nantang Culture Tourism Area (Impression Nantang)

温州市鹿城区南塘住宅区 5 组团 16 幢
Building 16, Group 5, Nantang Residencial Area, Lucheng District, Wenzhou

325000

温州乐园
Wenzhou Paradise

温州市瓯海区茶山街道霞岙村
Xia'ao Village, Chashan Streets, Ouhai District, Wenzhou

325000

寨寮溪风景旅游区
Zhailiao Stream Scenic Tourism Area

温州瑞安市龙湖镇龙湖中路 78 号
No.78 Longhu Middle Road, Longhu Town, Rui'an

325211

浙江

175

乐清中雁荡山风景区
Yueqing Middle Yandang Mountain Scenic Area

🏛 温州乐清市白石镇玉虹北路
Noth Yuhong Road, Baiyu Town, Yueqing

✉ 325600

楠溪江风景名胜区
Nanxijiang River Famous Scenic Area

🏛 温州市永嘉县岩头镇芙蓉村
Furong Village, Yantou Town, Yongjia County

✉ 325113

龙麒源峡谷景区
Longqiyuan Valley Scenic Area

🏛 温州市文成县西坑镇
Xikeng Town, Wencheng County

✉ 325300

铜岭山国家森林公园
Tongling Mountain National Forest Park

🏛 温州市文成县西坑镇叶胜林场
Yesheng Forest Center, Xikeng Town, Wencheng County

✉ 325306

平阳县南雁荡山风景名胜区
Pingyang South Yandang Mountain Famous Scenic Area

🏛 温州市平阳县南雁镇吴山村
Wushan Village, Nanyan Town, Pingyang County

✉ 325400

温州泰顺廊桥文化园
Wenzhou Taishun Covered Bridge Cultural Garden

🏛 温州市泰顺县泗溪镇
Sixi Town, Taishun County

✉ 325504

温州市洞头景区
Wenzhou Dongtou Scenic Area

🏛 温州市洞头县北岙镇
Bei'ao Town, Dongtou County

✉ 325700

玉苍山国家森林公园
Yucang Mountain National Forest Park

🏛 温州市苍南县灵溪镇玉苍路

Yucang Road, Lingxi Town, Cangnan County

✉ 325800

苍南渔寮景区
Cangnan Yuliao Scenic Area

🏛 温州市苍南县渔寮乡
Yuliao Town, Cangnan County

✉ 325800

嘉兴湘家荡环湖景区
Jiaxing Xiangjiadang Round Lake Scenic Area

🏛 嘉兴市区东北部
Northeast of Jiaxing

✉ 314000

梅花洲景区
Meihua (Plum Blossom) Island Scenic Area

🏛 嘉兴市南湖区凤桥镇
Fengqiao Town, Nanhu District, Jiaxing

✉ 314051

平湖市东湖景区
Pinghu Donghu(East Lake) Scenic Area

🏛 嘉兴平湖市环城东路
East Huancheng Road, Pinghu

✉ 314200

海宁中国皮革城
China Leather City

🏛 嘉兴海宁市海州西路 201 号
No.201 West Haizhou Road, Haining

✉ 314400

海宁盐官百里钱塘观潮景区
Haining Yanguan Qiantang River Tidewatching Scenic Area

🏛 嘉兴海宁市盐官镇宣德路 1 号
No.1 Xuande Road, Yanguan Town, Haining

✉ 314400

嘉善碧云花园·十里水乡
Jiashan Biyun Garden—Ten Miles Water Field

🏛 嘉兴市嘉善县大云镇
Dayun Town, Jiashan County

✉ 314100

Dayun
大云旅游度假区

浙江省嘉兴市嘉善县大云旅游度假区位于长三角生态休闲旅游度假区核心区域，是长三角地区知名的"花园式小镇"。度假区整体面积为12.79平方公里，地理位置十分优越，区域上属于浙江，区位上紧靠上海，紧邻沪杭高速公路大云出入口和沪杭高速铁路嘉善南站。

度假区旅游资源十分丰富，以"温泉、水乡、花海、巧克力、婚庆"等元素为主要特色，现有碧云花海·十里水乡景区、云澜湾温泉景区、歌斐颂巧克力小镇景区、云堡二十四节气馆、缪家村、东云村拖鞋浜等景区景点，这里既有江南水乡的诗情画意，又浓缩了异域风情的绚烂神秘。

在此，大云旅游度假区向全国游客发出大云游的甜蜜邀约，共赴大云万千美好，共赴与众不同的诗与远方。

海盐南北湖风景名胜区
Haiyan Nanbei Lake Famous Scenic Area

🏛 嘉兴市海盐县澉浦镇长青路 18 号
No.18 Changqing Road, Ganpu Town, Haiyan County

✉ 314302

海盐绮园景区
Haiyan Qiyuan Garden Scenic Area

🏛 嘉兴市海盐县绮园路
Qiyuan Road, Haiyan County

✉ 314300

湖州太湖旅游度假区
Huzhou Taihu Lake Tourism Resort

🏛 湖州市龙溪路 208 号
No.208 Longxi Road, Huzhou

✉ 313001

湖州市菰城景区
Huzhou Gucheng Scenic Area

🏛 湖州市吴兴区云巢乡窑头村
Yaotou Village, Yunchao Town, Wuxing District, Huzhou

✉ 313000

新四军苏浙军区纪念馆
Jiangsu, Zhejiang the New Fourth Army Military Memorial Museum

🏛 湖州市长兴县槐坎乡温塘村
Wentang Village, Huaikan Town, Changxing County

✉ 313119

中国扬子鳄村
Chinese Alligator Village

🏛 湖州市长兴县泗安镇管埭村
Guandai Village, Si'an Township, Changxing County

✉ 313113

金钉子远古世界景区
GSSP Ancient World Tourism Area

🏛 湖州市长兴县煤山镇
Meishan Town, Changxing County

✉ 313100

仙山湖景区
Xianshan Lake Scenic Area

🏛 湖州市长兴县泗安镇

Si'an Town, Changxing County

✉ 313100

湖州水口茶文化景区
Huzhou Shuikou Tea Culture Tourism Area

🏛 湖州市长兴县水口乡顾渚村
Guzhu Village, Shuikou Town, Changxing County

✉ 313100

太湖图影生态湿地文化园
Taihu Lake Tuying Ecological Wetland Culture Garden

🏛 湖州市长兴县
Changxing County

✉ 313100

莫干山风景区
Mogan Mountain Scenic Area

🏛 湖州市德清县西部
West Deqing County

✉ 313302

下渚湖国家湿地公园
Xiazhu Lake National Wetlands Park

🏛 湖州市德清县三合乡二都集镇
Sanhe Town, Erduji Town, Deqing Country

✉ 313221

德清新市古镇景区
Deqing Xinshi Ancient Town Scenic Area

🏛 湖州市德清县仙潭路 54 号
No.54 Xiantan Road, Deqing County

✉ 313200

安吉竹子博览园
Anji Bamboo Scenic Area

🏛 湖州市安吉县地铺镇灵峰村
Lingfeng Village, Dipu Town, Anji Country

✉ 313302

安吉江南天池度假村
Anji South Yangtze River Tianchi Resort

🏛 湖州市安吉县天荒坪镇横路村
Henglu Village, Tianhuangping Town, Anji County

✉ 313300

中南百草园
Zhongnan Grassy Plants Garden
🏛 湖州市安吉县递铺镇三官乡马鞍山村
Ma'anshan Village, Sanguan Township, Dipu Town, Anji County
✉ 313300

浙北大峡谷
Grand Canyon in North Zhejiang
🏛 湖州市安吉县报福镇石岭村
Shiling Village, Baofu Town, Anji County
✉ 313300

湖州浪漫山川景区
Huzhou Romantic Shanchuan(Hill & River) Scenic Area
🏛 湖州市安吉县山川乡
Shanchuan Town, Anji County
✉ 313300

浙江自然博物馆安吉馆
Zhejiang Museum of Natural History Anji Museum
🏛 湖州市安吉县递铺街道梅园路 1 号
No. Meiyuan Road, Dipu Community, Anji County
✉ 313300

会稽山旅游度假区
Huiji Mountain Tourism Resort
🏛 绍兴市大禹陵景区内
Dayuling Scenic Spot, Shaoxing
✉ 312000

绍兴兰亭国家森林公园
Shaoxing Lanting National Forest Park
🏛 绍兴市兰亭镇新桥村
Xinqiao Village, Lanting Town, Shaoxing
✉ 312045

绍兴东湖景区
Shaoxing East Lake Scenic Area
🏛 绍兴市东湖风景区管理处
East Lake, Shaoxing
✉ 312001

柯岩风景区
Keyan Scenic Area
🏛 绍兴市柯桥区柯岩街道
Keyan Community, Keqiao District, Shaoxing
✉ 312030

大香林乡村休闲旅游区
Daxianglin Countryside Leisure Tourism Area
🏛 绍兴市柯桥区湖塘街道香林村
Xianglin Village, Hutang Community, Keqiao District, Shaoxing
✉ 312000

中华孝德园
China Filial & Morality Garden
🏛 绍兴市上虞区百官镇曹娥江西岸
West of Cao'e River, Baiguan Town, Shangyu District, Shaoxing
✉ 312300

五泄旅游区
Wuxie Tourism Area
🏛 绍兴诸暨市五泄镇
Wuxie Town, Zhuji
✉ 311800

西施故里旅游区
Xishi's Hometown Tourism Area
🏛 绍兴诸暨市浣纱南路 123 号
No.123 Huansha Road, Zhuji
✉ 311800

诸暨华东国际珠宝城
Zhuji Huadong(East China) International Jewelry City
🏛 绍兴诸暨市山下湖镇中心
Center of Xiahu Town, Zhuji
✉ 311800

新昌达利丝绸工业园旅游区
Xinchang Dali Silk Industry Tourism Area
🏛 绍兴市新昌县南岩开发区达利发路 1 号
Dalifa Road, Nanyan Development Zone, Xinchang County
✉ 312500

穿岩十九峰景区
Chuanyan 19 Peaks Scenic Area
🏛 绍兴市新昌县澄潭镇左于村
Zuoyu Village, Dengtan Town, Xinchang County
✉ 312500

浙江

179

Yuecheng
绍兴市越城区

绍兴市越城区地处宁绍平原西部、会稽山北麓、杭州湾南岸，是绍兴市政治、经济、文化中心，市委、市政府所在地。越城居于上海、杭州、宁波等长三角大都市圈的几何中心，是长三角区域现代化交通枢纽。

越城是一座底蕴深厚的文化名城。公元前 490 年越王勾践迁都于此，至今已有 2500 多年历史。秦朝设会稽郡，唐朝设越州，曾为南宋临时都城和明末鲁王监国之所，是中华民族最早的发祥地和先越文化最发达地区之一。这里名人辈出，涌现了书圣王羲之、爱国诗人陆游、心学大儒王阳明、青藤老人徐渭等艺术大家，哺育了秋瑾、徐锡麟、陶成章等辛亥志士，是民族脊梁鲁迅、学界泰斗蔡元培的故乡，被盛赞为"鉴湖越台名士乡"。这里先贤遗迹星罗棋布，9.09 平方公里古城范围内就有周恩来祖居、鲁迅故居及祖居、青藤书屋、沈园等各级文物保护单位 102 处，更有八字桥、新河弄、书圣故里等八大历史街区，被誉为"没有围墙的博物馆"。当前，越城区成功创建 4A 级景区城和省级全域旅游示范区，中国国际黄酒产业博览会永久落户东浦黄酒小镇，凝练形成"剑胆书心、越古超今"的新时代越城精神。

越城是一座改革创新的活力新城。2019 年 11 月，绍兴滨海新区正式获批设立，此后越城区和滨海新区因地制宜、因时制宜，共同开启了体制机制改革新篇章，推动两区项目共建、资源共享。这里创新生态优渥，创新链、产业链、人才链环环相扣，依托全省首个人才管理改革试验区，持续打响"以产引才、以才促产、产才共兴"品牌。近年来，越城区坚定不移贯彻落实"八八战略"，深入实施"腾笼换鸟、凤凰涅槃"，一手抓传统产业改造提升，一手抓新兴产业培育发展，实现了从"布片"到"芯片"的蝶变，成功走出了一条新旧动能转换的实践之路。

大佛寺
Dafo (Great Buddha) Temple

绍兴市新昌县人民西路 117 号
No.117 West Renmin Road, Xinchang County

312500

金华双龙风景旅游区
Jinhua Shuanglong Scenic Area

金华市婺城区罗店镇
Luodian Town, Wucheng District, Jinhua

321021

金华锦林佛手文化园
Jinhua Jinlin fingered Citron (Buddha's Hand) Culture Garden

金华市金东区赤松镇山口村
Shankou Village, Chisong Town, Jindong District, Jinhua

321000

六洞山风景名胜区
Liudong Mountain Famous Scenic Area

金华兰溪市灵洞乡洞源村
Dongyuan Village, Lingdong Township, Lanxi

321100

兰溪诸葛八卦村
Lanxi Zhuge Bagua Village

金华兰溪市诸葛镇诸葛村
Zhuge Village, Zhuge Town, Lanxi

321100

方岩风景区
Fangyan Scenic Area

金华永康市方岩镇
Fangyan Town, Yongkang

321308

义乌中国国际商贸城购物旅游区
Yiwu China International Commerce and Trade Shopping Mall

金华义乌市稠州路
Chouzhou Road, Yiwu

322000

义乌开心谷景区
Yiwu Happy Valley Scenic Area

金华义乌市佛堂镇南朱村
Nanzhu Village, Fotang Town, Yiwu

322000

东阳横店红色旅游城
Dongyang Hengdian Red Tourism City

金华东阳市横店镇八一村
Bayi Village, Hengdian Town, Dongyang

322118

东阳横店明清民居博览城
Dongyang Hengdian Ming & Qing Dynastry Folk Building Expo City

金华东阳市横店镇康庄路 88 号
No.88 Kangzhuang Street, Hengdian Town, Dongyang

322100

横店华夏文化园
Hengdian Huaxia Culture Garden

金华东阳市横店镇华夏大道 566 号
No.566 Huaxia Avenue, Hengdian Town, Dongyang

322118

东阳中国木雕城
Dongyang China Wood Carving City

金华东阳市世贸大道 188 号
No.188 Shimao Avenue, Dongyang

322100

东阳市花园村景区
Dongyang Huayuan(Garden) Village Scenic Area

金华东阳市南马镇花园村
Huayuan Village, Nanma Town, Dongyang

322121

牛头山国家森林公园
Niutou Mountain National Forest Park

金华市武义县西联乡上田村
Shangtian Village, Xilian Town, Wuyi County

321200

大红岩景区
Big Red Rock Scenic Area

金华市武义县白姆乡、俞源乡和王宅镇交界处
Junction of Baimu, Yuyuan & Wangzhai Town, Wuyi County

321200

浙江

武义温泉小镇
Wuyi Hot Spring Town

金华市武义县温泉南路
South Wenquan Road, Wuyi County

321200

浦江仙华山风景名胜区
Pujiang Xianhua Mountain Famous Scenic Area

金华市浦江县人民东路 63 号
No.63 East Renmin Road, Pujiang County

322200

百丈潭风景区
Baizhangtan Scenic Area

金华市磐安县仁川镇石下村
Shixia Village, Renchuan Town, Pan'an County

322300

衢州市桃源七里景区
Taoyuan Qili Scenic Area

衢州市柯城区七里乡
Qili Town, Kecheng District, Quzhou

324100

天脊龙门景区
Tianji Longmen Scenic Area

衢州市衢江区坑口乡龙门村
Longmen Village, Kengkou Town, Qujiang District, Quzhou

324000

药王山
Yaowang Mountain

衢州市衢江区长柱乡
Changzhu Town, Qujiang District, Quzhou

324000

江山仙霞关风景区
Jiangshan Xianxiaguan Scenic Area

衢州江山市保安乡
Bao'an Town, Jiangshan

324100

三衢石林省级风景名胜区
Sanqu Shilin Provincial Famous Scenic Area

衢州市常山县宋畈乡
Songban Town, Changshan County

324213

古田山国家自然保护区
Gutian Mountain National Nature Reserve

衢州市开化县苏庄镇古田山
Gutian Mountain, Suzhuang Town, Kaihua County

324306

开化七彩长虹乡村旅游景区
Kaihua Rainbow Rural Tourism Area

衢州市开化县长虹乡库坑村
Kukeng Village, Changhong Town, Kaihua County

324300

龙游石窟旅游区
Longyou Grottoe Tourism Area

衢州市龙游县小南海镇石岩背村
Shiyanbei Village, Xiaonanhai Town, Longyou County

324400

龙游民居苑
Longyou Folk House Garden

衢州市龙游县文化路 62 号
No.62 Wenhua Road, Longyou County

324400

舟山南洞艺谷景区
Zhoushan Nandong Art Valley

舟山市定海区干览镇新建社区里陈村附近
Near Lichen Village, New Built Community, Ganlan Town, Dinghai District, Zhoushan

316000

桃花岛风景名胜区
Taohua Island Famous Scenic Area

舟山市普陀区桃花镇公前街 93 号
No.93 Gongqian Street, Taohua Town, Putuo District, Zhoushan

316121

朱家尖风景旅游区
Zhujiajian Tourism Area

舟山市普陀区朱家尖镇福兴路 1 号
No.1 Fuxing Road, Zhujiajian Town, Putuo District, Zhoushan

316111

嵊泗花鸟岛景区
Shengsi Huaniao Island Scenic Area

舟山市嵊泗县花鸟乡
Huaniao Town, Shengsi County

330922

椒江大陈岛景区
Jiaojiang Dachen Island Scenic Area

台州市椒江区大陈镇
Dachen Town, Jiaojiang District, Taizhou

318000

台州海洋世界
Taizhou Sea World

台州市椒江区广场中路 38 号
No.38 Middle Guangchang Road, Jiaojiang District, Taizhou

318000

临海江南长城旅游区
Linhai Jiangnan Great Wall Tourism Area

台州临海市石村路 6 号
No.6 Shicun Road, Linhai

317000

方山—南嵩岩风景区
Fangshan Mountain—Nansong Rock Scenic Area

台州温岭市大溪镇滥田湖村
Lantianhu Village, Daxi Town, Wenling

317500

长屿硐天景区
Changyu Stone Cave Scenic Area

台州温岭市新河镇
Xinhe Town, Wenling

317502

www.changyudongtian.com

三门县蛇蟠岛旅游度假区
Sanmen Shepan Island Tourism Resort

台州市三门县蛇蟠乡泥洞村
Nidong Village, Shepan Town, Sanmen County

317100

石梁景区
Shiliang Scenic Area

台州市天台县石梁镇
Shiliang Town, Tiantai County

0576-83091169

317200

天台县国清景区
Tiantai County Guoqing Scenic Area

台州市天台县汇泉西街 1 号

No.1 West Huiquan Street, Tiantai County

317200

天台县后岸村
Tiantai County Hou'an Village

台州市天台县街头镇后岸村
Hou'an Vilage, Jietou Town, Tiantai County

317200

天台山大瀑布（琼台仙谷）
Tiantai Mountain Great Waterfall Scenic Area
(Jade Stage Fairy Valley)

台州市天台县天桐路附近
Near Tiantong Road, Tiantai County

317200

仙居大庄九都风情休闲旅游区
Xianju Dazhuang Jiudu Custom Leisure Tourism Area

台州市仙居县埠头镇大庄村
Dazhuang Village, Butou Town, Xianju County

317300

仙居高迁古村
Xianju Gaoqian Ancient Village

台州市仙居县白塔镇高迁下屋村
Gaoqian Xiawu Village, Baita Town, Xianju County

317317

仙居永安溪休闲绿道景区
Xianju Yong'an Stream Leisure Green Path Scenic Area

台州市仙居县步路乡西门村
Ximen Village, Bulu Town, Xianju County

317300

大鹿岛风景区
Dalu Island Scenic Area

台州玉环市大鹿岛
Dalu Island, Yuhuan

317600

www.yhdld.com

玉环漩门湾观光农业园
Yuhuan Xuanmenwan Sightseeing Farm Garden

台州玉环市清港镇迎宾西路
West Yingbin Road, Qinggang Town, Yuhuan

317605

浙江

183

丽水东西岩风景区
Lishui East & West Rock Scenic Area

🏛 丽水市莲都区老竹畲族镇
Laozhu Town, Liandu District, Lishui

✉ 323000

古堰画乡
Ancient Weir—Home of Painting

🏛 丽水市莲都区碧湖镇和大港头镇
Bihu & Datougang Town, Liangdu District, Lishui

✉ 323000

丽水龙泉山旅游区
Lishui Longquan Mountain Tourism Area

🏛 丽水龙泉市凤阳山
Fengyang Mountain, Longquan

✉ 323700

中国青瓷小镇 · 披云青瓷文化园景区
China Blue Porcelain Town—Piyun Blue Porcelain Culture Garden Scenic Area

🏛 丽水龙泉市上垟镇
Shangyang Town, Longquan

✉ 323700

青田中国石雕文化旅游区
Qingtian China Stone Sculptures Cultural Tourism Area

🏛 丽水市青田县鹤城镇涌泉街 24 号
No.24 Yongquan Street, Hecheng Town, Qingtian County

✉ 323900

青田石门洞森林公园
Qingtian Shimendong Forest Park

🏛 丽水市青田县高市乡
Gaoshi Town, Qingtian County

✉ 323912

云和梯田景区
Yunhe Terraced Fields Scenic Area

🏛 丽水市云和县崇头镇
Chongtou Town, Yunhe County

✉ 323600

云和湖仙宫景区
Yunhe HuXiangong Scenic Area

🏛 丽水市云和县紧水滩镇
Jinshuitan Town, Yunhe County

✉ 323600

南尖岩旅游风景区
Nanjianyan Scenic Area

🏛 丽水市遂昌县王村口镇石笋头村
Shisuntou Village, Wangcunkou Town, Suichang County

✉ 323300

遂昌千佛山景区
Suichang Qianfo Mountain Scenic Area

🏛 丽水市遂昌县石练镇
Shilian Town, Suichang County

✉ 323300

遂昌神龙谷景区
Suichang Shenlong Valley Scenic Area

🏛 丽水市遂昌县坡口乡桂洋林场
Guiyang Forest Center, Ankou Town, Suichang County

✉ 323300

遂昌金矿国家矿山公园
Suichang Gold National Mine Park

🏛 丽水市遂昌县濂竹乡
Lianzhu Town, Suichang County

✉ 323300

箬寮原始林景区
Ruoliao Virgin Forest Scenic Area

🏛 丽水市松阳县安民乡李坑村
Likeng Village, Anmin Rural Village, Songyang County

✉ 323400

大木山茶园景区
Damu Mountain Tea Garden Scenic Area

🏛 丽水市松阳县新兴镇横溪村
Hengxi Village, Xinxing Town, Songyang County

✉ 323400

景宁云中大漈风景区
Jingning Daji in Cloud Scenic Area

🏛 丽水市景宁县大漈乡
Daji Town, Jingning County

✉ 323500

景宁大均"畲乡之窗"旅游区
Jingning Dajun Shezu Windows Tourism Area

🏛 丽水市景宁县大均乡大均村
Dajun Village, Jingning County

✉ 323500

安徽
ANHUI

AAAAA

合肥市肥西县三河古镇
Hefei City Feixi County Sanhe Ancient Town

三河镇因丰乐河、杭埠河、小南河三条河流贯其间而得名。三河镇历史悠久，距今已有 2500 多年历史，自古水陆通衢、车船辐辏、百货交通、商贾云集，甚是繁荣。三河镇荟萃了丰富的人文景观，形成了江淮地区独有的"八古"景观，即古河、古桥、古城墙、古圩、古街、古民居、古茶楼和古战场。三河镇上连片的古民居飞檐翘角、雕梁画栋，白色的马头墙，青瓦敷盖的双坡屋顶，雕花彩绘的梁檩椽柱，黑漆镏金的店招匾额……无不透溢着浓郁的古风神韵。

🏛 合肥市肥西县三河镇
Sanhe Town, Feixi County

✉ 231200

🌐 http://www.shgzlyjq.com/

🚌 合肥新亚汽车站、合肥客运中心站（高铁南站旁）均有旅游巴士专线公交车到三河。

方特欢乐世界
Fantawild Adventure

芜湖方特欢乐世界是通过多种现代高科技手段和艺术的完美结合缔造出的一个充满激情和惊喜的乐园。芜湖方特欢乐世界主要由星际航班、神秘河谷、恐龙危机、海螺湾、儿童王国、聊斋等 10 多个主题项目区组成，包含主题项目、游乐项目、休闲及景观项目 300 多个，内容涵盖现代科技、未来幻想、神话

传说、历史文化、儿童游乐等多个方面，可适应不同年龄层游客的需要。

🏛 芜湖市银湖北路
North Yinhu Road, Wuhu

✉ 241001

🌐 www.fangte.com

长江采石矶文化生态旅游区
The Yangzi River Caishiji Cultural & Ecological Torism Area

长江采石矶文化生态旅游区总面积达 3.92 平方公里，覆盖范围包括采石矶景区、望夫山、荷包山、滨江湿地公园等周边景点。

采石矶又名牛渚矶，位于马鞍山市西南的翠螺山麓。采石矶绝壁临江、水湍石奇、风景瑰丽，与岳阳城陵矶、南京燕子矶并称为"长江三矶"，而采石矶以独特的自然景观与深厚的文化内涵独领风骚，被誉为三矶之首。诗仙李白一生曾多次登临吟诵，留下"醉酒捉月，骑鲸升天"的传说。千百年来，名流才士，率多来此，或寻诗仙之遗韵，或发思古之幽情，文采风流，至今不绝。

望夫山位于采石镇西北 1 公里的滨江处，在望夫山的山顶上有块酷似人形的石头，高约 2 米，那便是望夫石。文人刘禹锡和郭祥正曾在此写下诗篇赞美望夫山。

🏛 马鞍山市雨山区采石镇九华西路采石矶景区
Jiuhua West Road Caishiji Scenic Spot, Yushan District, Ma'anshan

✉ 243041

🌐 http://www.csjfjq.com/

天柱山国家重点风景名胜区
Tianzhu Mountain National Famous Scenic Area

"天柱一峰擎日月，洞门千仞锁云雷。""奇峰出奇云，秀木含秀气，青冥皖公山，巉绝称人意。"唐代诗人白居易、李白等脍炙人口的千古绝唱，使天柱山声名远播、享誉神州。天柱山是一座历史名山，古代与泰山、华山、恒山齐名。天柱山集雄、奇、灵、秀于一身，景区内无峰不雄、无石不奇、无洞不幽、无崖不险、无山不灵、无水不秀。天柱山地处神奇的北纬 30° 线，四季分明，气候温和，物种丰富，森林

Tianzhushan
天柱山风景区

　　天柱山位于安徽省潜山市境内，因主峰如"一柱擎天"而得名，最高峰海拔 1489.8 米。是世界地质公园、国家 5A 级旅游景区、首批国家重点风景名胜区、国家森林公园、国家自然与文化遗产地。

　　天柱山位于神奇的北纬 30°线上，生物丰富多样，富硒、富锌、富负氧离子，"三富"资源丰富。拥有全球范围内规模大、剥露深、出露好、超高压矿物和岩石组合丰富的大别山超高压变质带，自然景观雄奇灵秀。

　　天柱山又名皖山，安徽简称"皖"由此而来。公元前 106 年，汉武帝刘彻登礼天柱山，号曰"南岳"，道家尊其为"第十四洞天，五十七福地"。三祖禅寺被尊为佛教禅宗祖庭。这里是黄梅戏和七仙女的故乡、京剧的发源地、我国最早长篇叙事诗《孔雀东南飞》和"小乔初嫁了"两大爱情故事的发生地。

覆盖率高，是绿色博物馆、天然大氧吧。

🏛 安庆市潜山县梅城镇舒州西路 9 号
　　No.9 West Suzhou Road, Meicheng Town, Qianshan County

✉ 246300

🌐 http://www.tzs.com.cn

🚌 在潜山县火车站、汽车西站和天柱山旅游客运站（天柱山管委会门口）均有旅游直通车可达景区。

黄山国家重点风景名胜区
Huangshan GEOPARK

　　"五岳归来不看山，黄山归来不看岳。"这足以说明了黄山在众山中的地位。黄山被世人誉为"人间仙境""天下第一奇山"，素以奇松、怪石、云海、温泉、冬雪"五绝"著称于世。黄山国家重点风景名胜区境内群峰竞秀，怪石林立，有千米以上高峰88座，"莲花""光明顶""天都"三大主峰，海拔均逾1800米。明代大旅行家徐霞客曾两次登临黄山，赞叹道："薄海内外无如徽之黄山，登黄山天下无山，观止矣！"

🏛 黄山市黄山风景区管理委员会
　　Huangshan GEOPARK Management Committee, Huangshan

✉ 245800

🌐 http://hsgwh.huangshan.gov.cn

🚌 黄山汽车交通便利，与上海、杭州、南京、合肥、九华山、景德镇等地均有国道相连。

黄山市古徽州文化旅游区
Ancient Huizhou Culture Tourism Area

　　古徽州文化旅游区由位于歙县的徽州古城、牌坊群·鲍家花园和位于徽州区的唐模、潜口民宅、呈坎五大景区组成，北依黄山，南接千岛湖。

　　徽州古城是徽州府治所在地，是保存最为完好的中国四大古城之一，是徽文化的发祥地。古城内五峰拱秀，六水迴澜，山光水色，楚楚动人，古民居群布局典雅，古桥、古塔、古街、古巷、古坝、古牌坊交织着古朴的风采，犹如一座气势恢宏的历史博物馆。

　　牌坊群·鲍家花园由古牌坊、古祠堂、古民居、鲍家花园组成，是鲍氏家族的聚居地。

　　唐模村始建于唐朝，历史上因经济活跃、民风淳朴而被称为"唐朝模范村"，是一个集水口园林、徽派建筑、田园风光于一体的古村落风景区。

　　潜口民宅又称"紫霞山庄"，是采取原拆原建的方法重现的明代风貌山庄。山庄布局精巧，环境幽雅，依势坐落在山坡之上，错落有致。现为潜口民宅博物馆，是研究中国建筑史的珍贵实例。

　　中国风水名村——呈坎是世界迄今发现保存最古老、最神秘的古村落。相传唐末罗氏始祖文昌公、秋隐公为避黄巢之乱，从江西南昌举家迁此，罗氏兄弟通晓易经八卦风水理论，见此地万物中和，风水好，于是定居呈坎。呈坎藏风聚气，纳四水于村中，聚水聚财，阴阳调和，依山傍水，三街九十九巷宛如迷宫。自古以来呈坎是一个进得去就出不来的神秘、神圣、神奇、灵秀之地。俗语称"十有九迷路，留在呈坎富"。宋代朱熹赞誉"呈坎双贤里，江南第一村"。

🏛 黄山市徽州区潜口镇唐模村、潜口村
　　Tangmu Village, Qiankou Village, Qiankou Town, Huizhou District

✉ 245061

🌐 http://www.guhuizhouta.com

黟县西递宏村景区
Yixian County Xidi Scenic Area

　　黟县西递宏村景区包括两个著名古村落——西递和宏村。其中西递始建于宋元祐年间，由于河水向西流经这个村庄，原来称为"西川"。因在村西古有驿站，称"铺递所"，故而得名"西递"，素有"桃花源里人家"之称。村中街巷大多沿溪而设，均用青石铺地。现今保留下来的古民居从整体上保留了明、清徽派民居村落的基本面貌和特征。

　　宏村始建于南宋绍兴年间，至今已有800多年的历史，为汪姓聚居之地。它背倚黄山余脉羊栈岭、雷岗山，地势较高，有时云蒸霞蔚，如浓墨重彩，有时似泼墨写意，四周山色与粉墙青瓦倒映湖中，人、古建筑与大自然融为一体，好似一幅徐徐展开的山水画卷，被誉为"中国画里的乡村"。

🏛 黄山市黟县西递镇、宏村镇
　　Xidi Town, Hongcun Town, Yixian County
✉ 245501
🌐 http://www.hongcun.com.cn
🚌 黄山新汽车站乘屯溪至宏村的旅游公交班车可达。

颍上八里河风景区
Yingshang Balihe Scenic Area

　　八里河风景区东邻颍河，南依淮水，旅游区总占地15.8平方公里，分为鸟语林、西区、东区、十二花岛、明清苑五大景点。八里河风景区碧波万顷，风光旖旎，古色古香，让人如痴如醉。景区融中西建筑于一体，尽显建筑文化和园林文化的魅力。游客在此可行走栈桥，览万顷碧波于脚下；可乘坐舟船，赏十二花岛于四时；可进明清古宅，赏雕砖秀瓦、斗拱飞檐，来体会不同的人间意境。

🏛 阜阳市颍上县八里河镇

Balihe Town, Yingshang County
✉ 236200
🌐 http://www.balihe.com
🚌 安徽省各大城市都有景区直通车、颍上县城有多次班车直达景区。

万佛湖旅游区
Wanfo Lake Tourism Area

　　万佛湖原名龙河口水库，因临湖的巨型观音岩石与湖中66个岛屿形成神奇的"诸佛拜观音"景象，又因水的源头来自风景秀丽的万佛山，而得名万佛湖。万佛湖旅游区以旖旎的岛湖风景为载体，奇特的地质地貌为依据，深厚的文化积淀为底蕴，满目青山与一湖碧水相映成趣，形成了大坝景观、岛湖景观、火山景观、特色建筑景观、鱼文化景观、佛教文化景观、水利文化景观、历史人文景观、乡村旅游景观集于一身的岛湖文化旅游区，烟波浩渺，妖娆多姿，碧波荡漾，五彩斑斓，堪称人间仙境！

🏛 六安市舒城县万佛湖旅游区
　　Shucheng County
✉ 231300
🌐 http://www.wanfohu.com.cn
🚌 舒城乘坐5路公交车可直接抵达售票处。

天堂寨风景区
Tiantangzhai Scenic Area

　　天堂寨是我国第四纪冰川孑遗植物的避难所，森林覆盖率96.5%，为华东最后一片原始森林。景区内植物物种珍稀，瀑布景观独特，山石景观奇妙，空气清新宜人。"踏遍黄峨岱与庐，唯有天堂水最佳"，景区内瀑布成群，龙潭星罗棋布，杜牧、刘禹锡、张耒、王安石等著名文人墨客都曾留下过赞美的诗篇。天堂寨山石景观形态各异，巧夺天工。"千岩万壑生紫烟，山在虚无飘缈间；银浪滚滚群峰隐，扮得天堂境如仙。"这里已成为人们返璞归真、亲近自然的好地方，是人们休闲度假、观光游览之胜地，更是爱国主义教育、科普教育的大课堂。

🏛 六安市金寨县天堂寨
　　Tiantangzhai, Jinzhai County
✉ 237343
🌐 www.ttzly.com
🚌 从合肥、六安、梅山均有班车可达天堂寨。

安徽

九华山国家重点风景名胜区
Jiuhua Mountain National Famous Scenic Area

九华山是中国佛教四大名山之一，是地藏菩萨道场。九华山是世界地质公园，是以佛教文化和自然与人文胜景为特色的山岳型国家重点风景名胜区，有"莲花佛国"之称。境内群峰竞秀，怪石林立，九大主峰如九朵莲花，千姿百态，各具神韵。连绵山峰形成的天然睡佛，成为自然景观与佛教文化有机融合的典范。景区内处处清溪幽潭、飞瀑流泉，构成了一幅幅清新自然的山水画卷。还有云海、日出、雾凇、佛光等自然奇观，气象万千，美不胜收，素有"秀甲江南"之誉。

- 🏛 池州市青阳县九华山
  Jiuhua Mountain, Qingyang County
- ✉ 242811
- 🌐 http://www.jiuhuashan.gov.cn
- 🚌 青阳汽车站可乘 20 路公交车至九华山。合肥、池州均有班车至九华山。

绩溪县龙川景区
Jixi Longchuan Scenic Area

龙川景区就在龙川村，这里山水秀美，地灵人杰。东耸龙峰（龙须山），西峙石笏（山），天马（山）南旋，登水（登源河）北来，依青山，傍碧水，田畴漠漠，炊烟袅袅；龙川溪绕村东流，汇入登源河，形成古徽州最秀美的村落水口。龙川村如船形，有如龙舟出海，堪称风水宝地。龙川景区内水街两岸，古民居鳞次栉比，村巷幽幽，粉墙黛瓦，马头昂昂，一派徽州古村落韵味。

- 🏛 宣城市绩溪县龙川村
  Longchuan Village, Jixi County
- ✉ 245300
- 🚌 绩溪县汽车站有公交车直达龙川景区。

AAAA

李鸿章故居——享堂
Li Hongzhang's Former Residence—Xiangtang Hall

- 🏛 合肥市淮河路 208 号
  No.208 Huaihe Road, Hefei
- ✉ 230001

合肥市徽园
Hefei Huiyuan Park

- 🏛 合肥市经济技术开发区繁华大道 276 号
  Economic and Technological Development Zone, Hefei
- ✉ 230001

三十岗乡生态农业旅游区
Sanshigang Town Ecological Agriculture Tourism Area

- 🏛 合肥市庐阳区三十岗乡
  Sanshigang Town, Luyang District, Hefei
- ✉ 230001

合肥三国遗址公园
Hefei Three Kingdoms Ruins Park

- 🏛 合肥市庐阳区北三十岗
  North Sanshi Gang, Luyang District, Hefei
- ✉ 230001

包公园（包公祠）
Baogong Park(Baogong Memorial Temple)

- 🏛 合肥市芜湖路 72 号
  No.72 Wuhu Road, Fehei
- ✉ 230001

安徽省博物馆
Anhui Province Museum

- 🏛 合肥市安庆路 268 号
  No.268 Anqing Road, Heifei
- ✉ 230061

合肥野生动物园
Hefei Wild Animal Zoo

- 🏛 合肥市环山南路 2 号
  No.2 South Huanshan Road, Hefei
- ✉ 230031

合肥滨湖国家森林公园
Hefei Binhu National Forest Park

合肥市环湖北路
North Round Lake Road, Hefei

230001

中国（合肥）非物质文化遗产园
China (Hefei) Intangible Cultural Heritage Park

合肥市岗集镇
Gangji Town, Hefei

231100

www.cichpark.com

合肥植物园
Hefei Botanical Garden

合肥市环湖东路 123 号
No.123 east Huanhu Road, Hefei

230031

合肥融创乐园
Hefei Sunac Land

合肥市滨湖新区庐州大道 788 号
No.788 Luzhou Avenue, Binhu New District, Hefei

230000

渡江战役纪念馆（安徽名人馆）
The Yangtze-crossing Campaign Memorial Museum (Anhui Museum of Historical Celebricties)

合肥市滨湖新区云谷路 299 号
No.299 Yungu Road, Binhu New District, Hefei

230000

半汤郁金香高地景区
Bantang Tulip Highland Scenic Area

合肥巢湖市经济开发区潜川路
Qianchuan Road, Economic Development Area, Chaohu

238800

紫微洞旅游区
Ziwei Cave Tourism Area

合肥巢湖市居巢区巢拓路
Chaotuo Road, Juchao District, Chaohu

238000

中庙姥山岛景区
Zhongmiao Mushan Island Scenic Area

合肥巢湖市中庙镇巢湖湖心

Center Island in Chaohu Lake, Zhongmiao Town, Chaohu

238000

安徽元一双凤湖国际旅游度假区
Anhui Yuanyi Shuangfeng Lake International Tourism Resort

合肥市长丰县双墩镇
Shuangdun Town, Changfeng County

231100

岱山湖旅游度假区
Daishan Lake Tourism Resort

合肥市肥东县
Feidong County

231600

渡江战役总前委旧址纪念馆
Yangtze River Crossing Battle Former General Committee Site Memorial Museum

合肥市肥东县撮镇镇瑶岗村
Yaogang Village, Zuozhen Town, Feidong County

231600

长临古街景区
Changlin Ancient Street Scenic Area

合肥市肥东县长临河镇
Changlinhe Town, Feidong County

231600

肥西吉祥农业山庄旅游景区
Feixi Jixiang Farm Manor Tourism Area

合肥市肥西县上派镇
Shangpai Town, Feixi County

231241

紫蓬山国家森林公园
Zipengshan National Forests Park

合肥市肥西县紫蓬山旅游开发区
Zipengshan Tourism Development Zone, Feixi County

231301

官亭林海景区
Guanting Forest Sea Scenic Area

合肥市肥西县官亭镇
Guanting Town, Feidong County

231200

安徽

肥西县祥源花世界景区
Sunriver Flower World

🏛 合肥市肥西县上派镇金寨南路与深圳路交叉口西北侧
Northwest Side of Intersection of Jinzhai South Road & Shenzhen Road, Shangpai Town, Feixi County

✉ 231200

冶父山国家森林公园
Yefu Mountain National Forest Park

🏛 合肥市庐江县冶父山公园
Yefu Mountain Park, Lujiang County

✉ 238000

金孔雀温泉旅游度假村
Jinkongque Hot Spring Tourism Resort

🏛 合肥市庐江县汤池镇外经人道
Waijingren Lane, Tangchi Town, Lujiang County

✉ 231511

安徽芜湖赭山风景区
Anhui Wuhu Zheshan Scenic Area

🏛 芜湖市九华中路 177 号
No.177 Middle Jiuhua Road, Wuhu

✉ 241000

🌐 www.zsfjq.com

王稼祥纪念园
Wang Jiaxiang's Memorial Park

🏛 芜湖市中山北路 153 号
No.153 North Zhongshan Road, Wuhu

✉ 241000

芜湖鸠兹风景区
Wuhu Jiuzi Scenic Area

🏛 芜湖市黄山西路
West Huangshan Road, Wuhu

✉ 241000

雨耕山文化旅游景区
Yugeng Mountain Culture Tourism Area

🏛 芜湖市镜湖区
Jinghu District, Wuhu

✉ 241000

陶辛水韵旅游区
Taoxin Shuiyun Tourism Area

🏛 芜湖市湾沚区陶辛镇
Taoxin Town, Wanzhi District, Wuhu

✉ 241100

芜湖枕水官巷景区
Wuhu Zhenshui Guanxiang Scenic Area

🏛 芜湖市湾沚区芜屯路六郎镇
Liulang Town, Wutun Road, Wanzhi District, Wuhu

✉ 241100

安徽丫山花海石林旅游区
Anhui Yashan Flowers Sea and Stone Forest Tourism Area

🏛 芜湖市南陵县何湾镇
Hewan Town, Nanling County

✉ 242400

大浦乡村大世界
Dapu Great Rural World

🏛 芜湖市南陵县许镇镇大浦村
Dapu Village, Xuzhen Town, Nanling County

✉ 242400

红色山水涧景区
Red Mountain & River Scenic Area

🏛 芜湖市无为县西北部
Northwest of Wuwei County

✉ 238000

龙子湖风景区
Longzi Lake Scenic Area

🏛 蚌埠市东郊
East Suburb of Bengbu

✉ 233000

花鼓灯嘉年华景区
Huagudeng Carnival Scenic Area

🏛 蚌埠市蚌山区
Bengshan District, Bengbu

✉ 233000

蚌埠市博物馆
Bengbu Museum

🏛 蚌埠市胜利路 51 号
No.51 Shengli Road, Bengbu

✉ 233000

张公山公园
Zhanggongshan Park

🏛 蚌埠市张公山路 132 号
No.132 Zhanggongshan Road, Bengbu

✉ 233000

禾泉农庄
Hequan Farm Land

蚌埠市怀远县
Huaiyuan County

233400

垓下景区
Gaixia Scenic Area

蚌埠市固镇县濠城镇垓下村
Gaixia Village, Haocheng Town, Guzhen County

233700

龙湖公园
Longhu (Dragon Lake) Park

淮南市田家庵区人民北路 160 号
No.160 North Renmin Road, Tianjiaan District, Huainan

232007

www.longhuPark.com

淮南上窑旅游景区
Huainan Shangyao Tourism Area

淮南市大通区上窑镇
Shangyao Town, Datong District, Huainan

232009

志高神州欢乐园景区
Zhigao Shenzhou Amusement Park

淮南市田家庵区山南新区
Shannan New Area, Tianjia'an District, Huainan

232000

淮南八公山风景区
Huainan Bagongshan Scenic Area

淮南市八公山区
Bagongshan District, Huainan

232072

八公山天宝双遗文化园
Bagongshan Tianbao Double World Heritage Culture Garden

淮南市八公山区
Bagongshan District, Huainan

232072

淮南焦岗湖旅游景区
Huainan Jiaogang Lake Tourism Area

淮南市毛集实验区
Maoji Experimentation District, Huainan

232001

中国古床博物馆
China Ancient Bed Museum

马鞍山市雨山区银塘镇九华路与康乐路交叉口
Intersection of Jiuhua & Kangle Road, Yintang Town, Yushan District, Ma'anshan

243071

大青山野生动物世界景区
Daqingshan Wild Animals World

马鞍山市当涂县太白镇青山路 66 号
No.66 Qingshan Road, Taibai Town, Dangtu County

243100

大青山李白文化旅游区
Daqingshan Li Bai's Culture Tourism Area

马鞍山市当涂县太白镇
Taibai Town, Dangtu County

243100

和县香泉温泉度假村
Hexian Xiangquan Hot Spring Resort

马鞍山市和县香泉镇
Xiangquan Town, Hexian County

238000

含山褒禅山景区
Hanshan Baochan Mountain Scenic Area

马鞍山市含山县
Hanshan County

238100

含山太湖山景区
Hanshan Taihushan Scenic Area

马鞍山市含山县铜闸镇太湖山林场
Taihushan Forest Center, Tongzha Town, Hanshan County

238100

褒禅山景区
Baichan Mountain Scenic Area

马鞍山市含山县环峰镇褒山村
Baishan Village, Huanfeng Town, Hanshan County

238100

鸡笼山半月湖景区
Jilong Mountain Banyue Lake Scenic Area

马鞍山市和县西北 25 公里
25km Northwest of Hexian County

238200

安徽

相山公园风景区
Xiangshan Park Scenic Area

🏛 淮北市相山路 1 号
No.1 Xiangshan Road, Huaibei

✉ 235000

淮北市四季榴园景区
Huaibei Four Seasons Pomegranate Garden Scenic Area

🏛 淮北市烈山区榴园村
Liuyuan Village, Lieshan District, Huaibei

✉ 235025

天井湖风景区
Tianjing Lake Scenic Area

🏛 铜陵市长江西路 181 号
No.181 West Changjiang Road, Tongling

✉ 244000

铜陵市博物馆
Tongling City Museum

🏛 铜陵市学院路 477 号
No.477 Xueyuan Road, Tongling

✉ 244000

永泉农庄度假村
Yongquan Villa Resort

🏛 铜陵市义安区钟鸣镇章亭村
Zhangting Village, Zhongming Town, Tongling County

✉ 244100

凤凰山景区
Phoenix Mountain Scenic Area

🏛 铜陵市义安区顺安镇南部
South Shun'an Town, Tongling County

✉ 244100

梧桐花谷景区
Wutong Huagu Scenic Area

🏛 铜陵市义安区钟鸣镇水村
Zhenshui Village, Zhongming Town, Yi'an District, Tongling

✉ 244100

大通古镇风景区
Datong Ancient Town Scenic Area

🏛 铜陵市郊区大通镇
Datong Town, Suburb of Tongling

✉ 244000

浮山风景名胜区
Fushan Mountain Famous Scenic Area

🏛 铜陵市枞阳县浮山镇
Fushan Town, Zongyang County

✉ 246700

枞阳汉武生态文化园景区
Zongyang Hanwu Ecological Culture Garden

🏛 铜陵市枞阳县枞阳镇旗山
Qishan, Zongyang Town, Zongyang County

✉ 246700

巨石山生态文化旅游区
Jushi(Big Stone) Mountain Ecotourism Area

🏛 安庆市宜秀区长江北岸
North Bank of Yangzi River, Yixiu District, Anqing

✉ 246003

菱湖公园
Linghu Park

🏛 安庆市纺织南路 66 号
No.66 South Fangzhi Road, Anqing

✉ 246001

安庆市独秀园
Anqing Duxiu Park

🏛 安庆市大观区
Daguan District, Anqing

✉ 246002

嬉子湖生态旅游区
Xizi Lake Ecotourism Area

🏛 安庆桐城市嬉子湖镇
Xizihu Town, Tongcheng

✉ 231400

孔雀东南飞景区
Peacock Fly to Southeast Scenic Area

🏛 安庆市怀宁县小市镇
Xiaoshi Town, Huaining County

✉ 246100

天龙关景区
Tianlong Pass Scenic Area

🏛 安庆潜山市水吼镇
Shuihou Town, Qianshan

✉ 246300

白马潭旅游景区
Baima (White Horse) Pond Tourism Area

安庆潜山市水吼镇马潭村
Matan Village, Shuihong Town, Qianshan

246300

山谷流泉文化园景区
Valley Flowing Spring Culture Garden Scenic Area

安庆潜山市天柱山镇风景村
Fengjing Village, Tianzhushan Town, Qianshan

246300

潜山市天仙峡景区
Qianshan Tianxian Valley Scenic Area

安庆潜山市水吼镇天柱村
Tianzhu Village, Shuihou Town, Qianshan

246300

花亭湖旅游景区
Huating Lake Scenic Area

安庆市太湖县建设路
Jianshe Road, Taihu County

246670

五千年文博园
Five Thousand Year's Culture Exposition Garden

安庆市太湖县沪渝高速太湖收费站西侧
West Taihu Toll Station on Shanghai–Changqing Highway, Taihu County

246400

石莲洞国家森林公园
Shilian Cave National Forest Park

安庆市宿松县宿松林场
Susong Forest Center, Susong County

246500

岳西天峡景区
Yuexi Tianxia Valley Scenic Area

安庆市岳西县河图镇
Hetu Town, Yuexi County

246600

天悦湾养生景区
Tianyue Bay Healthcare Scenic Area

安庆市岳西县天堂镇北部
North Tiantang Town, Yuexi County

246000

明堂山风景区
Mingtang Mountain Scenic Area

安庆市岳西县河图镇
Hetu Town, Yuexi County

246600

妙道山国家森林公园
Miaodao Mountain National Forest Park

安庆市岳西县河图镇
Hetu Town, Yuexi County

246600

岳西县青云峡景区
Yuexi County Qingyun Valley Scenic Area

安庆市岳西县黄尾镇云峰村
Yunfeng Village, Huangwei Town, Yuexi County

246600

黄山翡翠（情人）谷
Huangshan Mountains Jade(Lover) Valley

黄山市黄山风景区翡翠谷
Huangshan GEOPARK, Huangshan

242708

花山谜窟—渐江国家重点风景名胜区
Huashan Miku—Jianjiang National Famous Scenic Area

黄山市屯溪区屯光镇
Tunguang Town, Tunxi District, Huangshan

245000

新徽天地·醉温泉度假城
Ravishing Hot Spring Resort

黄山市屯溪区屯光镇
Tunguang Town, Tunxi District, Huangshan

0559–2333777

245000

黎阳 IN 巷特色旅游区
Liyang IN Lane Characteristic Tourism Area

黄山市屯溪区黎阳老街
Liyang Culture Street, Tunxi District, Huangshan

245000

黄山市丰乐湖旅游景区
Huangshan Fengle Lake Tourism Area

黄山市徽州区
Huizhou District, Huangshan

245061

安
徽

黄山谢裕大茶文化博物馆
Huangshan Xieyuda's Tea Culture Museum

🏛 黄山市徽州区谢裕大东路 99 号
No.99 East Xieyuda Road, Huizhou District, Huangshan

✉ 245061

黄山芙蓉谷景区
Huangshan Furong(Lotus) Valley Scenic Area

🏛 黄山市黄山风景区北大门
Out North Gate of Huangshan GEOPARK, Huangshan

✉ 242708

岩寺新四军军部旧址景区
Site of Headquarter of New Fourth Army in Yansi

🏛 黄山市徽州区岩寺镇
Yansi Town, Huizhou District, Huangshan

✉ 245061

黄山九龙瀑风景区
Huangshan Jiulong Waterfall Scenic Area

🏛 黄山市黄山区汤口镇
Tangkou Town, Huangshan District, Huangshan

✉ 242700

太平湖风景区
Taiping Lake Scenic Area

🏛 黄山市黄山区太平西路
West Taiping Road, Huangshan District, Huangshan

✉ 242500

东黄山旅游度假区
East Huangshan Tourism Resort

🏛 黄山市黄山区茶林场
Tea Trees Center, Huangshan District, Huangshan

✉ 245707

歙县雄村景区
Shexian Xiongcun Village Tourism Area

🏛 黄山歙县雄村乡雄村
Xiongcun Village, Shexian County

✉ 245200

新安江山水画廊风景区
Scenery Decorated Corridor Scenic Area

🏛 黄山市歙县深渡镇
Shendu Town, Shexian County

✉ 245200

齐云山国家重点风景名胜区
Qiyun Mountain National Famous Scenic Area

🏛 黄山市休宁县齐云山镇
Xiyunshan Town, Xiuning County

✉ 245451

赛金花故居 · 归园景区
Sai Jinhua's Former Residence—Guiyuan Scenic Area

🏛 黄山市黟县龙江乡
Longjiang Village, Yixian County

✉ 245500

南屏风景区
Nanping Scenic Area

🏛 黄山市黟县南屏村
Nanping Village, Yixian County

✉ 245500

屏山景区
Pingshan Mountain Scenic Area

🏛 黄山市黟县宏村镇屏山村
Pingshan Village, Hongcun Town, Yixian County

✉ 245500

祁门县牯牛降景区
Qimen County Guniujiang Scenic Area

🏛 黄山市祁门县
Qimen County

✉ 245600

祁门县历溪景区
Qimen County Lixi Scenic Area

🏛 黄山市祁门县历口镇历溪村
Lixi Village, Likou Town, Qimen County

✉ 245600

琅琊山国家重点风景名胜区
Langya Mountain National Famous Scenic Area

🏛 滁州市琅琊区琅琊古道 23 号
No.23 Langya Ancient Lane, Langya District, Chuzhou

✉ 239000

皇甫山景区
Huangfu Mountain Scenic Area

🏛 滁州市南谯区大柳镇
Daliu Town, Nanqiao District, Chuzhou

✉ 239000

池杉湖湿地公园
Chishan Lake Wetland Park

滁州市来安县雷官镇
Leiguan Town, Lai'an County

239200

白鹭岛生态旅游区
Egret Island Ecological Tourism Area

滁州市来安县西北部复兴林场
Fuxing Forest Center, Northwest of Lai'an County

239200

吴敬梓纪念馆
Wu Jingzi's Memorial Museum

滁州市全椒县襄河镇河湾街
Hewan Street, Xianghe Town, Quanjiao County

239500

凤阳县小岗村乡村旅游区
Fengyang County Xiaogang Village Rural Tourism Area

滁州市凤阳县小岗村
Xiaogang Village, Fengyang County

233124

狼巷迷谷风景区
Woof Maze Valley Scenic Area

滁州市凤阳县殷涧镇
Yinjian Town, Fengyang county

233100

凤阳县明皇陵景区
Fengyang County Ming Emperor Mausoleum Scenic Area

滁州市凤阳县太平乡
Taiping Town, Fengyang County

233100

凤阳韭山洞景区
Fengyang Jiushan Cave Scenic Area

滁州市凤阳县城南 30 多公里韭山山腹
Jiushan Mountain, 30km South of Fengyang County

233100

阜阳生态乐园
Fuyang Ecology Entertainment Park

阜阳市北京西路农校西 800 米
800 Meters to Agricultural College, West Beijing Road, Fuyang

236029

阜阳金种子文化产业园景区
Fuyang Golden Seed Culture Industry Garden

阜阳市颍州区清河东路 251 号
No.251 Qinghe East Road, Yingzhou District, Fuyang

236001

魔幻之都文化旅游景区
Magic City Culture Tourism Scenic Area

阜阳市临泉县城关街道泉河与流鞍河交汇处
Intersection of Quanhe & Liu'an River, Chengguan Community, Linquan County

236400

太和嘉年华游乐园
Taihe Carnival Amusement Park

阜阳市太和县沙颍河三桥南往西 500 米
500m West of South 3rd Bridge Over Shaying River, Taihe County

236600

枫柏岗景区
Fengbaigang Scenic Area

阜阳市阜南县地城镇刘楼村
Liulou Village, Dicheng Town, Bunan County

236300

颍上明清苑景区
Yingshang Mingqingyuan Scenic Area

阜阳市颍上县迎宾大道
Yinbin Avenue, Yingshang County

236200

颍上迪沟生态旅游风景区
Yingshang Digou Ecotourism Area

阜阳市颍上县迪沟镇
Digou Town, Yingshang County

236200

尤家花园
Youjia (You's Family) Garden

阜阳市颍上县城区西侧
West of Downtown, Yingshang County

236200

宿州市博物馆
Suzhou City Museum

宿州市政府广场南面
South of the City Hall Square, Suzhou

234000

安徽

砀山梨树王景区
Pear Tree King Scenic Area

宿州市砀山县良梨镇
Liangli Town, Dangshan County

235300

皇藏峪国家森林公园
Huangzangyu National Forest Park

宿州市萧县县城东南 25 公里处
Southeast 25 kilometres to County Center, Xiaoxian County

235200

蔡洼淮海战役红色旅游景区
Caiwa Huaihai Campaign Red Tourism Area

宿州市萧县胜利村
Shengli Village, Xiaoxian County

235200

奇石文化园景区
Magic Stone Culture Garden

宿州市灵璧县凤山南路 48 号
No.48 South Fengshan Road, Lingbi County

234200

灵璧农业观光示范园
Lingbi Agriculture Demonstration & Sightseeing Garden

宿州市灵璧县
Lingbi County

234200

东石笋景区
East Stone Bamboo Shoot Scenic Area

六安市金安区毛坦厂镇
Maotanchang Town, Jin'an District, Lu'an

237000

大别山石窟
Dabie Mountain Grottoes

六安市金安区张店镇
Zhangdian Town, Jin'an District, Lu'an

237000

六安悠然南山景区
Lu'an Youran(Carefree & Leisurely to See) South Mountain Scenic Area

六安市金安区
Jin'an District, Lu'an

237000

金安皖西博物馆
Jin'an West Anhui Museum

六安市金安区
Jin'an District, Lu'an

237000

金安悠然蓝溪景区
Jin'an Youran Blue Stream Scenic Area

六安市金安区皖西大道
Wanxi Avenue, Jin'an District, Lu'an

237000

独山革命旧址群景区
Dushan Revolutionary Sites Tourism Area

六安市裕安区独山镇
Dushan Town, Yu'an District, Lu'an

237010

横排头风景区
Hengpaitou Scenic Area

六安市裕安区苏埠镇
Subu Town, Yu'an District, Lu'an

237010

六安龙井沟景区
Lu'an Longjing(Dragon Well) Valley Scenic Area

六安市裕安区独山镇
Dushan Town, Yu'an District, Lu'an

237010

梦幻海洋大世界
Dream Ocean World

六安市裕安区解放路
Jiefang Road, Yu'an District, Lu'an

237010

寿县古城暨八公山风景区
Shouxian County Ancient Town—Bagong Mountain Scenic Area

六安市寿县北门外
Outside of North Gate, Shouxian County

232200

寿县博物馆
Shouxian County Museum

六安市寿县寿春镇西大街
West street, Shouchun Town, Shouxian County

232200

临淮岗景区
Linhuaigang Scenic Area

🏛 六安市霍邱县临淮岗乡
Linhaigang Town, Huoqiu County

✉ 237400

金寨县红军广场景区
Jinzhai County the Red Army Square Tourism Area

🏛 六安市金寨县
Jinzhai County

✉ 237300

燕子河大峡谷景区
Yanzihe Grand Canyon Scenic Area

🏛 六安市金寨县燕子河镇
Yanzihe Town, Jinzhai County

✉ 237300

响洪甸水库景区
Xianghongdian Reservoir Scenic Area

🏛 六安市金寨县
Jinzhai County

✉ 237300

小南京乡村旅游扶贫示范区
Xiaonanjing Rural Tourism Demonstration Zone for Poverty Alleviation

🏛 六安市金寨县梅山镇小南京村
Xiaonanjing Village, Meishan Town, Jinzhai County

✉ 237300

大别山玉博园景区
Dabie Mountain Jade Expo Garden

🏛 六安市金寨县新城区
New District, Jinzhai County

✉ 237300

龙津溪地景区
Longjin Xidi Scenic Area

🏛 六安市金寨县梁山村龙井冲
Longjingchong, Liangshan Village, Jinzhai County

✉ 237300

霍山县大峡谷景区
Huoshan County Grand Canyon Scenic Area

🏛 六安市霍山县落儿岭镇

Luo'erling Town, Huoshan County

✉ 237200

佛子岭风景区（省级自然保护区）
Foziling Tourism Area (Provincial Natural Reserve)

🏛 六安市霍山县与岳西县交界处
Between Huoshan & Yuexi County

✉ 237272

大别山主峰景区
Main Peak Tourism Area of Dabie Mountain

🏛 六安市霍山县太阳乡
Taiyang Town, Huoshan County

✉ 237261

霍山县南岳山风景区（省级森林公园）
Huoshan County Nanyue Mountain Scenic Area (Provincial Forest Park)

🏛 六安市霍山县衡山镇传贤路和衡山南路交会处
Intersection of South Hengshan Road & Chuanxian Road, Hengshan Town, Huoshan County

✉ 237200

古井酒文化博物馆
Gujing Liquor Culture Museum

🏛 亳州市谯城区古井镇
Gujing Town, Qiaocheng District, Bozhou

✉ 236800

花戏楼景区
Flower Opera Theater

🏛 亳州市谯城区花戏楼路北首路东
East Side of the North End of Huaxilou Road, Qiaocheng District, Bozhou

✉ 236800

亳州林拥城景区
Bozhou Forest-Surrounded City Scenic Area

🏛 亳州市谯城区亳芜大道
Bowu Avenue, Qiaocheng District, Bozhou

✉ 236800

亳州市展览馆
Bozhou City Exhibition Hall

🏛 亳州市谯城区牡丹路与希夷大道交叉口
Intersection of Mudan Road & Xiyi Avenue, Qiaocheng District, Bozhou

✉ 236800

安徽

南京巷钱庄景区
Nanjing Lane Ancient Bank Scenic Area

亳州市北关南京巷 19 号
No.19 Nanjing Lane, Beiguan, Bozhou

236800

亳州博物馆
Bozhou City Museum

亳州市芍花路
Shaohua Road, Bozhou

236800

曹操运兵道
Cao Cao Army Transportation Way

亳州市老城内主要街道地下
Underground Main Streets, Old City Center, Bozhou

236800

天静宫景区
Tian Jing Palace Scenic Area

亳州市涡阳县闸北镇郑店村
Zhengdian Village, Zhabei Town, Guoyang County

233600

蒙城县博物馆
Mengcheng County Museum

亳州市蒙城县城南新区庄子大道以西
West Zhuangzi Avenue, South New District, Mengcheng County

233500

齐山—平天湖景区
Qishan Mountain—Tianping Lake Scenic Area

池州市贵池区
Guichi District, Chizhou

247100

池州杏花村旅游区
Chizhou Xinghuacun (Apricot Flower Village) Tourism Area

池州市贵池区翠微西路
West Cuiwei Road, Guichi District, Chizhou

247100

九华天池景区
Jiuhua Tianchi Scenic Area

池州市贵池区马衙镇
Maya Town, Guichi District, Chizhou

247100

九华山地藏王圣像景区
Jiuhua Mountain Dizang(Ksitigarbha) Icon Scenic Area

池州市贵池区九华山风景区柯村
Kecun Village, Jiuhua Mountain Scenic Area, Guichi District, Chizhou

247100

秀山门博物馆
Xiushanmen Museum

池州市杏村西路 302 号
302 West Xingcun Road, Chizhou

247100

贵池区大王洞风景区
Guichi District Dawang Cave Scenic Area

池州市贵池区牌楼镇
Guichi Area, Pailou Town, Chizhou

247100

池州齐山·平天湖景区
Chizhou Qishan Pingtianhu Scenic Area

池州市贵池区平天湖路
Pingtianhu Road, Guichi District, Chizhou

247100

龙源旅游度假区
Longyuan Tourism Resort

池州市东至县大渡口镇大联圩
Dalianxu, Dadukou Town, Dongzhi County

247200

九天仙寓景区
Jiutian Xianyu Scenic Area

池州市东至县
Dongzhi County

247000

石台县怪潭景区
Shitai County Guaitan(Strange Pond) Scenic Area

池州市石台县横渡镇钓鱼台村
Diaoyutai Village, Hengdu Town, Shitai County

245100

石台县牯牛降自然保护站
Shitai County Guniujiang Natural Reserve Station

池州市石台县大演乡
Dayan Town, Shitai County

245113

秋浦河风景区
Qiupu River Scenic Area
- 池州市石台县矶滩乡矶滩村
  Jitan Village, Jitan Town, Shitai County
- 245100

鱼龙洞景区
Yulong(Fish Dragon) Scenic Area
- 池州市石台县七都镇
  Qidu Town, Shitai County
- 245100

仙寓山景区
Xianyu Mountain Scenic Area
- 池州市石台县仙寓镇大山村
  Dashan Village, Xianyu Town, Shitai County
- 245100

醉山野原生态旅游度假区
Zuishanye Original Ecological Tourism Resort
- 池州市石台县仁里镇缘溪村
  Yuanxi Village, Renli Town, Shitai County
- 245100

青阳县九子岩风景区
Qingyang County Jiuziyan(Rocks) Tourism Area
- 池州青阳县朱备镇东桥村
  Dongqiao Village, Zhubei Town, Qingyang County
- 242800

九华山龙泉圣境景区
Jiuhua Mountain Longquanshengjing Scenic Area
- 池州市青阳县庙前镇
  Miaoqian Town, Qingyang County
- 0566-5513556
- 242800

宣城市白马山庄国际度假村
White Horse Villa International Resort
- 宣城市宣州区狸桥镇
  Liqiao Town, Xuanzhou District, Xuancheng
- 242000

金梅岭军事旅游度假区
Jinmeiling Military Tourism Resort
- 宣城市宣州区金坝乡里仁村
  Liren Village, Jinba Town, Xuanzhou District, Xuancheng
- 242000
- www.jinmeiling.com

中国鳄鱼湖景区
China Crocodile Lake Scenic Area
- 宣城市宣州区
  Xuanzhou District, Xuancheng
- 242000

敬亭山风景名胜区
Jingting Mountain Famous Scenic Area
- 宣城市宣州区北郊
  North Suburbs, Xuanzhou District, Xuancheng
- 242000

龙泉洞景区
Longquan Cave Scenic Area
- 宣城市宣州区水东镇
  Shuidong Town, Xuanzhou District, Xuancheng
- 242000

宣城水东古镇景区
Xuancheng Shuidong Ancient Town Scenic Area
- 宣城市宣州区水东镇
  Shuidong Town, Xuanzhou District, Xuancheng
- 242000

宣酒文化博物馆
Xuancheng Liquor Cultural Museum
- 宣城市工业干道 28 号
  No.28 Main Industry Street, Xuancheng
- 242000

恩龙山庄生态旅游度假区
Enlong Garden Ecotourism Resort
- 宣城宁国市环城西路
  West Huancheng Road, Ningguo
- 242300

夏霖景区
Xialin Scenic Area
- 宣城宁国市中溪镇
  Zhongxi Town, Ningguo
- 242300

青龙湾景区
Qinglong Bay Scenic Area
- 宣城宁国市西部
  West of Ningguo
- 242300

安徽

201

观天下景区
Guantianxia Scenic Area

🏛 宣城市郎溪县
Langxi County

✉ 242100

太极洞国家重点风景名胜区
Taiji Cave National Famous Scenic Area

🏛 宣城广德市新杭镇
Xinhang Town, Guangde County

📞 0563-6850196

✉ 242200

广德市箐箐庄园景区
Guangde Jingjing Villa Scenic Area

🏛 宣城广德市新杭镇
Xinhang Town, Guangde

✉ 242200

泾县云岭新四军军部旧址纪念馆
Jingxian County Yunling New Fourth Army Site Memorial Museum

🏛 宣城市泾县云岭镇罗里村
Luoli Village, Yunling Town, Jingxian County

✉ 242500

江村
Jiangcun Village

🏛 宣城市旌德县白地镇江村
Jiangcun Village, Baidi Town, Jingde County

📞 0563-8046446

✉ 242300

泾县查济景区
Jingxian County Zhaji Tourism Area

🏛 宣城市泾县查济村
Zhaji Village, Jingxian County

✉ 242500

桃花潭风景区
Taohuatan(Peach Blossom Pond) Scenic Area

🏛 宣城市泾县桃花潭镇
Taohuatan Town, Jingxian County

✉ 242500

水西景区·皖南事变烈士陵园
Shuixi Scenic Area—Martyrs for the Southern Anhui Incident Cemetery

🏛 宣城市泾县泾川镇水西路
Shuixi Road, Jingchuan Town, Jingxian County

✉ 242500

黄田景区
Huangtian Scenic Area

🏛 宣城市泾县榔桥镇黄田村
Huangtian Village, Langqiao Town, Jingxian County

✉ 242500

障山大峡谷风景区
Zhangshan Mountain Great Valley Scenic Area

🏛 宣城市绩溪县伏岭镇
Fuling Town, Jixi County

✉ 245300

🌐 www.zsdxg.com

太极湖村景区
Taijihu(Taiji Lake)Village Scenic Area

🏛 宣城市绩溪县太极湖村
Taijihu Village, Jixi County

✉ 245300

绩溪县徽杭古道旅游景区
Jixi County Ancient Way From Anhui to Hangzhou Tourism Area

🏛 宣城市绩溪县伏岭镇鱼川村
Yuchuan Village, Fuling Town, Jixi County

✉ 245300

福建

FUJIAN

AAAAA

福州三坊七巷历史文化街区景区
Sanfang Qixiang History & Culture Street Tourism Area

福州三坊七巷历史文化街区因至今仍保留"西三个坊、东七条巷、南北一中轴"的古代城市里坊格局而得名。三坊七巷历史文化街区坊巷相连，粉墙黛瓦，民居精致，被誉为"里坊制度活化石、明清建筑博物馆、近代名人聚居地、闽台渊源彰显地"。

三坊七巷地灵人杰，林则徐、沈葆桢、严复、陈宝琛、林觉民、林旭、冰心、林纾等大量对当时社会乃至中国近现代进程有着重要影响的人物皆出于此，使得这块热土充满了特殊的人文价值和不散的灵性及才情，成为福州的骄傲，因而又被誉为"一片三坊七巷，半部中国近现代史"。

🏛 福州市鼓楼区营房里 10 号
No.10 Yingfangli, Gulou District, Fuzhou

✉ 350001

🌐 http://www.fzsfqx.com.cn

🚇 1 号线，在东街口站下车即可到达。

鼓浪屿风景名胜区
Gulangyu Scenic Area

鼓浪屿位于厦门岛西南隅，原名圆沙洲、圆洲仔，因岛西南有一海蚀岩洞受浪潮冲击，声如擂鼓，

因此易名为鼓浪屿。鼓浪屿素有"海上花园"之誉，岛上气候宜人，四季如春，无车马喧嚣，处处鸟语花香，宛如一颗璀璨的"海上明珠"，镶嵌在厦门海湾的碧海绿波之中。19 世纪中叶，西方音乐开始涌进鼓浪屿，与鼓浪屿优雅的人居环境相融合，造就了鼓浪屿今日的音乐传统，培养出一大批杰出的音乐家。如今，鼓浪屿的人均钢琴拥有率为全国第一，岛上有 100 多个音乐世家，是名副其实的"钢琴之岛""音乐之乡"。

🏛 厦门市思明区鼓浪屿永春路 89 号
No.89 Yongchun Road, Gulangyu, Siming District, Xiamen

✉ 361002

🌐 http://gly.xm.gov.cn

湄洲岛妈祖文化旅游区
Meizhou Island Mazu Cultural Torism Area

湄洲岛是莆田市第二大岛，是妈祖的诞生地。湄洲岛素有"南国蓬莱"的美称，不但有扣人心弦的湄屿潮音、"东方夏威夷"九宝澜黄金沙滩、"小石林"鹅尾怪石等风景名胜 30 多处，更有全球 3 亿多妈祖信众信仰的妈祖祖庙。每年农历三月二十三妈祖诞辰和九月初九妈祖升天日期间，湄洲岛朝圣旅游盛况空前。

🏛 莆田市秀屿区湄洲镇
Meizhou Town, Xiuyu District, Putian

✉ 351154

🌐 http://www.mzdtour.com/

泰宁大金湖旅游区
Taining Great Jinhu Lake Tourism Area

大金湖旅游区以丹霞地貌景观为主体，花岗岩地貌景观和人文景观等点缀其中，是世界地质公园。旅游区包括金湖、上清溪、状元岩、猫儿山、九龙潭、金龙谷、泰宁古城七大景区，以水上丹霞、峡谷群落、洞穴奇观、原始生态为主要景观特点，集奇异性、多样性、休闲性、文化性于一身。

🏛 三明市泰宁县尚书街 1 号
No.1 Shangshu Street, Taining County

✉ 354400

🚌 泰宁南桥南公交总站有专线车直达大金湖。

清源山风景名胜区
Qingyuan Mountain Scenic Area

清源山俗称北山，因山上泉眼诸多，别称"泉山"，又因峰峦之间常有云霞缭绕，亦称齐云山，还因山上有三峰，亦名"三台山"。清源山是闽中戴云山余脉，峰峦起伏，岩石遍布，盎然成趣，多处胜景天成，有"闽海蓬莱第一山"之美誉，为泉州四大名山之一。

🏛 泉州市丰泽区清源山
　　Qingyuan Mountain, Fengze District, Quanzhou

✉ 362000

🌐 www.qingyuanmount.com

福建土楼（南靖、华安）旅游区
Fujian Tulou Tourism Area (Nanjing, Hua'an)

福建土楼起源于唐朝，成熟于明末、清代和民国时期，土楼以生土等材料夯筑而成，具有聚族而居、防盗、防震、防兽、防火、防潮、通风采光、冬暖夏凉等特点。

南靖土楼数量众多，堪称"土楼王国"。这些土楼大小不一，形状各异，除常见的圆形、方形外，还有椭圆形、五凤形、斗月形、扇形等多种形态，并且拥有最大、最高、最古老、最奇特的土楼和蔚为壮观、美不胜收的土楼群。华安土楼数量不多，但以其鲜明的地域特色及特殊的历史价值、艺术价值与科学价值，在福建土楼中占据特殊的不可替代的重要地位。

🏛 漳州市南靖县书洋镇书山路 12 号；
　　华安县仙都镇大地村
　　No.12 Shushan Road, Shuyang Town, Nanjing County；
　　Dadi Village, Xiandu Town, Hua'an County

✉ 363600　363806

武夷山风景名胜区
Wuyi Mountain Scenic Area

武夷山素有"碧水丹山""奇秀甲东南"之美誉，兼有黄山之奇、桂林之秀、西湖之美、泰山之雄。武夷山山环水抱，水绕山行，是碧水丹山的自然天堂。这里分布着世界同纬度带现存最完整、最典型、面积最大的中亚热带原生性森林生态系统。这里是全国 200 多处丹霞地貌中发育最为典型者。这里的奇峰怪石千姿百态，有的直插云霄，有的横亘数里，有的如屏垂挂，有的傲立雄踞，有的亭亭玉立……"三三秀水清如玉，六六奇峰翠插天"，构成了奇幻百出的武夷山水之胜。

🏛 南平武夷山市迎宾路园林科技大楼（管理处）
　　Yingbin Road, Wuyishan (Management Office)

✉ 354300

🌐 http://m.wyschina.com

🚌 武夷山汽车站有到武夷山景区的班车。

福建土楼（永定）旅游区
Fujian Tulou Tourism Area (Yongding)

永定客家土楼以历史悠久、风格独特、规模宏大、结构精巧、功能齐全、内涵丰富而闻名于世，在中国传统古民居建筑中独树一帜，被誉为"东方文明的一颗璀璨明珠"，是福建省八大旅游品牌之一。福建土楼（永定）旅游区中的初溪土楼群、洪坑土楼群、高北土楼群、衍香楼、振福楼三群两楼已经被列入《世界遗产名录》。永定客家土楼是世世代代客家先民智慧的结晶，千姿百态的客家土楼布局合理，错落有致，是人与自然完美结合、和谐相处的典范，是一幅神奇、古朴、壮观、诗意的美丽画卷。

🏛 龙岩市永定区凤城镇河滨路 1 号
　No.1 Hebin Road, Fengcheng Town, Yongding District, Longyan

✉ 364111

🚌 从永定县汽车站坐"金丰线"班车可达。

古田会议纪念馆景区
Gutian Communist Party's Meeting Museum

　　1929 年 12 月 28～29 日，红四军在福建省龙岩市上杭县古田村召开红军第四军第九次党代表大会，这次会议在中国共产党和工农红军的发展史上有着极其重要的意义，史称"古田会议"。古田会议纪念馆是以古田会议会址为依托建立的全面介绍古田会议历史，宣传古田会议精神，集文物收藏、资料研究和宣传教育于一身的专题类纪念馆，纪念馆文物资料丰富、科研成果丰硕。

🏛 龙岩市上杭县古田镇古田路 76 号
　No.76 Gutian Road, Gutian Town, Shanghang County

✉ 364200

🌐 http://www.gthyjng.com

🚌 龙岩汽车站有到古田的班车。

福鼎太姥山风景区
Fuding Taimu Mountain Scenic Area

　　世界地质公园太姥山风景区雄峙于东海之滨，山海相依、傲岸秀拔，素有"山海大观""海上仙都"之美誉。太姥山是一处以花岗岩峰林岩洞为特色，融山、海、川、岛和人文景观于一体的风景旅游胜地，拥有太姥山岳、九鲤溪瀑、福瑶列岛、晴川海滨四大景区和瑞云古刹、翠郊古民居两处独立景点。太姥山夏无酷暑，冬无严寒，一年四季宜游宜养，是理想的旅游、度假、避暑之胜地。

🏛 宁德福鼎市政府大院内（管理处）
　Fuding City Government Institutions (Management Office)

✉ 355200

🌐 http://www.517time.com

🚌 太姥山动车站门口有班车前往景区。

白水洋·鸳鸯溪景区
Baishuiyang—Yuanyang(Mandarin Duck) River Scenic Area

　　白水洋·鸳鸯溪景区以自然山水风光为主，以亲水、嬉水为特色，包括白水洋、宜洋、刘公岩、太堡楼、鸳鸯湖五大景区。融溪、峰、岩、瀑、洞、湖等山水景观为一体。这里群峰竞秀、百瀑争流、万木葱茏。这里环境清幽，溪水清碧如镜，其中的白水洋景区景观奇特，被誉为"天下绝景，宇宙之谜"，是世界唯一的"浅水广场"，是"天然冲浪游泳池"。

　　鸳鸯湖景区拥有湖光山色，种类繁多的鸟类、鸳鸯、野鸭群，争艳的杜鹃花和寺庙，古塔等风光，人文生态资源丰富。

🏛 宁德市屏南县古峰镇
　Gufeng Town, Pingnan County

✉ 352302

🌐 http://www.yyx.com.cn

🚌 在屏南汽车站分别有到白水洋、鸳鸯溪的班车。

AAAA

福州国家森林公园
Fuzhou National Forest Park

🏛 福州市新店上赤桥
　Shangchiqiao, Xindian, Fuzhou

✉ 350012

于山风景区
Yushan Mountain Scenic Area

🏛 福州市鼓楼区于山顶 1 号
　No.1 Yushanding, Gulou District, Fuzhou

✉ 350001

中国船政文化景区
China Shipbuilding Industry and Ship Administration Culture Tourism Area

🏛 福州市马尾区港口路 83 号
No.83 Gangkou Road, Mawei District

✉ 350015

鼓山风景区
Gushan Mountain Scenic Area

🏛 福州市晋安区东鼓山镇下院
Xiayuan, Gushan Town, Jin'an District, Fuzhou

✉ 350014

福清天生农庄景区
Fuqing Tiansheng Farm House Tourism Area

🏛 福州福清市新厝镇棉亭村
Mianting Village, Xincuo Town, Fuqing

✉ 350311

石竹山风景区
Shizhu Mountain Scenic Area

🏛 福州福清市宏路镇东张水库
Dongzhang Reservoir, Honglu Town, Fuqing

✉ 350301

长乐闽江河口国家湿地公园
Changle Minjiang River Estuary National Wetland Park

🏛 福州市长乐区潭头镇、梅花镇闽江入海口南侧
South of Minjiang River Estuary, Tantou Town, Meihua Town, Changle District, Fuzhou

✉ 350200

福清瑞岩山景区
Fuqing Ruiyan Mountain Scenic Area

🏛 福州福清市海口镇牛宅村
Niuzhai Village, Haikou Town, Fuqing

✉ 350300

闽侯旗山国家森林公园
Minhou Qishan Mountain National Forest Park

🏛 福州市闽侯县南屿镇
Nanyu Town, Minhou County

✉ 350109

贵安新天地休闲旅游度假区
Gui'an New Field Leisure Tourism Resort

🏛 福州市连汀县潘渡乡贵安村
Gui'an Village, Pandu Town, Lianjiang County

✉ 350001

溪山休闲旅游度假村
Xishan Leisure Tourism Resort

🏛 福州市连江县
Lianjiang County

✉ 350001

罗源湾海洋世界旅游区
Luoyuanwan Coastal Ocean World

🏛 福州市罗源县滨海新城
Luoyuanwan Coastal New City, Luoyuan County

✉ 350600

瓷天下·海丝谷
World of Ceramic Maritime Silk Road Valley

🏛 福州市闽清县东桥镇
Dongqiao Town, Minqing County

✉ 350800

永泰欧乐堡海洋世界景区
Ocean World — Europark

🏛 福州市永泰县葛岭镇旅游路 7 号
No.7 Lvyou Road, Geling Town, Yongtai County

✉ 350700

青云山风景区
Qingyun Mountain Scenic Spot

🏛 福州市永泰县青云山白马山庄
White Horse Manor, Qingyun Mountain, Yongtai County

✉ 350700

天门山景区
Tianmen Mountain Scenic Spot

🏛 福州市永泰县葛岭镇溪洋村
Xiyang Village, Geling Town, Yongtai County

✉ 350700

🌐 www.52tms.com

云顶景区
Yunding Scenic Area

🏛 福州市永泰县
Yongtai County

✉ 350700

百漈沟生态旅游景区
Baijigou Ecotourism Area

🏛 福州市永泰县梧桐镇大渭口
Daweikou, Wutong Town, Yongtai County

✉ 350700

厦门胡里山炮台
Xiamen Hulishan Emplacement

🏛 厦门市思明区胡里山
　　Hulishan, Siming District, Xiamen

✉ 361005

厦门园林植物园
Xiamen Botanical Garden

🏛 厦门市思明区古园路 25 号
　　No.25 Guyuan Road, Siming District, Xiamen

✉ 361003

厦门天竺山森林公园
Xiamen Tianzhu Mountain Forest Park

🏛 厦门市海沧区东孚镇天竺山 1 号
　　No.1 Tianzhushan, Dongfu Town, Haicang District, Xiamen

✉ 361009

日月谷温泉度假村
Xiamen Riyuegu Hot Springs Resort

🏛 厦门市海仓区孚莲路 1888 号
　　No.1888 Fulian Road, Haicang District, Xiamen

✉ 361027

集美嘉庚公园
Jimei Jiageng Park

🏛 厦门市集美区集美街道石鼓路 8 号
　　No.8 Shigu Road, Jimei Community, Jimei District, Xiamen

✉ 361021

厦门园博苑
Xiamen Happy Life·CIGF Expo Garden

🏛 厦门市集美区集杏海堤中段
　　Middle of Jixinghaidi, Jimei District, Xiamen

✉ 361021

厦门诚毅科技探索中心
Xiamen Chengyi Technology Explore Center

🏛 厦门市集美区杏林湾路 339 号
　　No.339 Xinglinwan Road, Jimei District, Xiamen

✉ 361021

厦门老院子民俗文化风情园
Xiamen Old Yard Folk Culture Garden

🏛 厦门市集美区华夏路 9 号
　　No.9 Huaxia Road, Jimei District, Xiamen

✉ 361021

厦门方特梦幻王国
Xiamen Fantawild Dreamland

🏛 厦门市同安区石浔南路 1111 号
　　No.1111 South Shixun Road, Tong'an District, Xiamen

✉ 361100

🌐 xiamen.fangte.com

同安北辰山
Tong'an Beichen Mountain

🏛 厦门市同安区五显镇
　　Wuxian Town, Tong'an District, Xiamen

✉ 361100

湄洲岛国家旅游度假区
Meizhou Island National Tourism Resort

🏛 莆田市湄洲岛湄洲大道 1588 号
　　No.1588 Mei zhou Avenue, Putian

✉ 351154

九龙谷生态旅游景区
Jiulong (Nine Dragons) Valley Ecotouirsm Area

🏛 莆田市城厢区常太镇溪南村
　　Xinan Village, Changtai Town, Chengxiang District, Putian

✉ 351100

莆田绶溪公园
Putian Shouxi Park

🏛 莆田市城厢区龙桥街道荔城北大道
　　North Licheng Avenue, Longqiao Community, Chengxiang District, Putian

✉ 351199

莆田工艺美术城
Putian Crafts & Arts City

🏛 莆田市荔城区黄石镇塘头
　　Tangtou, Huangshi Town, Licheng District, Putian

✉ 351100

仙游县九鲤湖风景区
Xianyou County Jiuli Lake Scenic Area

🏛 莆田市仙游县钟山镇
Zhongshan Town, Xianyou County

✉ 351257

中国古典工艺博览城
China Classical Art Expo City

🏛 莆田市仙游县工艺产业园
Art Industry Garden, Xianyou County

✉ 351200

梅列瑞云山
Meilie Ruiyun Mountain

🏛 三明市三元区陈大镇大源村
Dayuan Village, Chenda Town, Sanyuan District, Sanming

✉ 365009

三明格氏栲国家森林公园
Sanming Geshikao National Forest Park

🏛 三明市三元区莘口镇
Xinkou Town, Sanyuan District, Sanming

✉ 365001

三明万寿岩文旅小镇景区
Sanming Wanshouyan Culture & Tourism Town Scenic Area

🏛 三明市三元区岩前镇岩前村
Yanqian Village, Yanqian Town, Sanyuan District, Sanming

✉ 365000

福建三钢工业旅游区
Fujian Sangang Industry Tourism Area

🏛 三明市三元区长安路北
North of Chang'an Road, Sanyuan District, Sanming

✉ 365001

永安安贞堡景区
Yong'an Anzhenpu Scenic Area

🏛 三明市永安市槐南乡洋头村
Yangtou Village, Huainan Town, Yong'an

✉ 366000

永安桃源洞旅游区
Yong'an Taoyuan Cave Tourism Area

🏛 三明永安市兴平街道坂尾村
Banwei Village, Xingping Street, Yong'an

✉ 366000

明溪滴水岩红色旅游景区
Mingxi Dishuiyan Red Tourism Area

🏛 三明市明溪县城关乡坪埠村厂坑
Yangkeng, Pingbu Village, Chengguan Town, Mingxi County

✉ 365200

清流天芳悦潭生态休闲景区
QingliuTianfangyuetan Ecological Leisure Scenic Area

🏛 三明市清流县嵩口镇高赖村
Gaolai Village, Songkou Town, Qingliu County

✉ 365300

宁化县石壁客家祖地
Ninghua County The Origin of Hakka Ethnic Group in Shibi Town

🏛 三明市宁化县石壁镇
Shibi Town, Ninghua County

✉ 365400

宁化天鹅洞景区
Ninghua Swan Hole Scenic Area

🏛 三明市宁化县湖村镇巫坊村
Wufang Village, Hucun Town, Ninghua County

✉ 365400

大仙峰·茶美人景区
Daxian Peak — Tea Beauty Scenic Area

🏛 三明市大田县南部
South of Datian County

✉ 366100

福建省侠天下景区
Fujian Xiatianxia Scenic Area

🏛 三明市尤溪县汤川乡胡厝村
Hucuo Village, Tangchuan Town, Youxi County

✉ 365100

尤溪古溪星河景区
Youxi Guxi Star River Scenic Area

🏛 三明市尤溪县汤川乡溪滨村古溪 3 号
No.3 Guxi, Xibin Village, Tangchuan Town, Youxi County

✉ 365100

九阜山景区
Jiufu Mountain Scenic Area

🏛 三明市尤溪县西南部
Southwest of Youxi County

✉ 365100

福建

尤溪朱子文化园景区
Youxi Zhuzi(Zhu xi) Culture Park

- 三明市尤溪县城关镇
  Chengguan Town, Youxi County
- 365100

沙县小吃文化城
Shaxian Snacks Culture City

- 三明市沙县区西园小区小吃文化城 C-2 幢
  C-2 Building, Snacks Culture City, Xiyuan Community, Shaxian District, Sanming
- 365500

玉华洞风景区
Yuhua Cave Scenic Area

- 三明市将乐县古铺镇梅花村天阶山
  Tianjie Mountain, Meihua Village, Gupu Town, Jiangle County
- 353300

泰宁明清园
Taining Ming Qing Garden

- 三明市泰宁县五里亭
  Wuliting, Taining County
- 354400

泰宁九龙潭景区
Taining Jiulong Pool Scenic Area

- 三明市泰宁县上青乡
  Shangqing Town, Taining County
- 354400

建宁客坊水尾红军小镇
Jianning Kefang Shuiwei Red Army Little Town

- 三明市建宁县客坊乡水尾村
  Shuiwei Village, Kefang Town, Jianning County
- 354500

中央苏区反"围剿"纪念园
Memorial Museum for the Central Soviet Area Against "Encirclement & Suppression"

- 三明市建宁县溪口街 49 号
  No.49 Xikou Street, Jianning County
- 354500

闽江源生态旅游区
Source of Minjiang River Ecotourism Area

- 三明市建宁县东南部
  Southeast of Jianning County
- 354500

泉州市博物馆
Quanzhou Museum

- 泉州市西湖北侧
  North Side of West Lake, Quanzhou
- 362000

闽台缘博物馆
China Museum for Fujian-Taiwan Kindship

- 泉州市丰泽区北清路北畔 212 号
  No.212 North Side of Beiqing Road, Fengze District, Quanzhou
- 362000
- www.mtybwg.org.cn

泉州森林公园景区
Quanzhou Forest Park Scenic Area

- 泉州市丰泽区东海镇
  Donghai Town, Fengze District, Quanzhou
- 362000

泉州开元寺
Quanzhou Kaiyuan Temple

- 泉州市鲤城区西街 176 号
  No.176 West Street, Licheng District, Quanzhou
- 362000

泉州源和 1916 创意产业园景区
Quanzhou Yuanhe 1916 Creative Industry Garden Scenic Area

- 泉州市鲤城区新门街 610 号
  No.610 Xinmen Street, Licheng District, Quanzhou
- 362000

石狮宝盖山景区
Shishi Baogai Mountain Scenic Area

- 泉州石狮市西偏四区
- 362700

安平桥（五里桥）景区
Anping Bridge(Wuli Bridge) Scenic Area

- 泉州晋江市安海镇
  Anhai Town, Jinjiang
- 362200

晋江市梧林传统村落
Jinjiang Wulin Tradition Village

🏛 泉州市晋江市新塘街道东西三路
　　Dongxi 3rd Road, Xintang Community, Jinjiang

✉ 362200

崇武古城风景区
Chongwu Ancient Town Scenic Area

🏛 泉州市惠安县崇武镇古城路
　　Gucheng Road, Chongwu Town, Hui'an County

✉ 362100

八仙过海欧乐堡景区
The Eight Fairies Europark

🏛 泉州市惠安县张坂镇
　　Zhangban Town, Hui'an

✉ 362100

泉州溪禾山铁观音文化园
Quanzhou Xihe Mountain Tieguanyin Culture Garden

🏛 泉州市安溪县参内镇
　　Cannei Town, Anxi County

✉ 362400

安溪清水岩旅游区
Anxi Qingshuiyan (Clean Water Rock)Tourism Area

🏛 泉州市安溪县蓬莱鹤前村
　　Heqian Village, Penglai, Anxi County

✉ 362402

牛姆生态旅游区
Niumu Ecological Tourism Area

🏛 泉州市永春县下洋镇溪塔村
　　Xita Village, Xiayang Town, Yongchun County

✉ 362617

北溪文苑旅游区
Beixi Wenyuan Tourism Area

🏛 泉州市永春县岵山镇北溪村
　　Beixi Village, Hushan Town, Yongchun County

✉ 362600

德化县九仙山风景区
Dehua County Jiuxian (Nine Fairy)Mountain Scenic Area

🏛 泉州市德化县赤水镇
　　Chishui Town, Dehua County

✉ 362500

德化县石牛山风景区
Dehua County Shiniu (Stone Bull) Mountain Scenic Area

🏛 泉州市德化县水口镇湖坂村
　　Huban Village, Shuikou Town, Dehua County

✉ 362500

国宝云龙谷景区
Guobao Yunlong Valley Scenic Area

🏛 泉州市德化县国宝乡佛岭村
　　Foling Village, Guobao Town, Dehua County

✉ 362500

云洞岩风景区
Yundongyan (Cloud, Cave & Rock) Scenic Area

🏛 漳州市龙文区蓝田镇蔡坂村
　　Caiban Village, Lantian Town, Longwen District, Zhangzhou

✉ 363000

云霄县金汤湾旅游区
Yunxiao County Jintang Bay Tourism Area

🏛 漳州市云霄县陈岱镇南新村 1 号
　　No.1 Nanxin Village, Chendai Town, Yunxiao County

✉ 363300

滨海火山地貌国家地质公园
Binhai Volcano Physiognomy National Geological Park

🏛 漳州市漳浦县前亭镇崎沙村
　　Qisha Village, Qianting Town, Zhangpu County

✉ 363200

天福茶博物院
Tenfu Tea Museum

🏛 漳州市漳浦县盘陀镇官陂村
　　Guanpi Village, Pantuo Town, Zhangpu County

✉ 363202

天福"唐山过台湾"石雕园
Tianfu Through Tangshan to Taiwan Stone Carving Garden

🏛 漳州市漳浦县赤土乡
　　Chitu Town, Zhangpu County

✉ 363200

花博园
Flowers Expo Garden

🏛 漳州市漳浦县官浔镇马口村
　　Makou Village, Guanxun Town, Zhangpu County

✉ 363204

福建

十里蓝山景区
Shililanshan(Ten miles Blue Mountain) Scenic Area

🏛 漳州市长泰县马洋溪生态旅游区山重村
Shanchong Village, Mayangxi Ecotourism Area, Changtai County

✉ 363900

马銮湾风景区
Maluan Bay Scenic Area

🏛 漳州市东山县康美镇
Kangmei Town, Dongshan County

✉ 363400

东山风动石景区
East Mountain Wind Move Stone Scenic Area

🏛 漳州市东山县铜陵镇公园街关帝庙
Guanyu Temple, Park Street, Tongling Town, Dongshan County

✉ 363401

三平寺风景区
Sanping Temple Scenic Area

🏛 漳州市平和县文峰镇三坪村
Sanping Village, Wenfeng Town, Pinghe County

✉ 363704

漳州高峰谷景区
Zhangzhou Gaofenggu Scenic Area

🏛 漳州市平和县霞寨镇官峰村
Guanfeng Village, Xiazhai Town, Pinghe County

✉ 363700

华安官畲景区
Hua'an Guanshe Scenic Area

🏛 漳州市华安县新圩镇官畲村 42 号
No.42 Guanshe Village, Xinxu Town, Hua'an County

✉ 363800

南平溪源峡谷景区
Nanping Xiyuan Canyon Scenic Area

🏛 南平市延平区四鹤街道上洋村
Shangyang Village, Sihe Community, Yanping District, Nanping

✉ 353000

建阳（卧龙湾）武夷花花世界景区
Jianyang (Wolong Bay) Wuyi Flower World Scenic Area

🏛 南平市建阳区考亭村
Kaoting Village, Jianyang District, Nanping

✉ 354200

南平天成奇峡旅游区
Tiancheng(Nature Formed) Magic Canyon Tourism Area

🏛 南平邵武市肖家坊镇将上村
Jiangshang Village, Xiaojiafang Town, Shaowu

✉ 354000

邵武市金坑红色旅游景区
Shaowu Jinkeng Red Tourism Area

🏛 南平邵武市金坑乡
Jinkeng Town, Shaowu

✉ 364000

邵武市云灵山生态峡谷景区
Shaowu Yunling Mountain Ecological Valley Scenic Area

🏛 南平邵武市水北镇龙斗村
Longdou Village, Shuibei Town, Shaowu

✉ 354000

和平古镇景区
Heping Ancient Town Scenic Area

🏛 南平邵武市和平镇
Heping Town, Shaowu

✉ 345000

武夷山大安源生态旅游景区
Wuyishan Da'anyuan Ecotourism Area

🏛 南平武夷山市洋庄乡大安村
Da'an Village, Yangzhuang Town, Wuyishan

✉ 354300

中华武夷茶博园
China Wuyi Tea Expo Garden

🏛 南平武夷山市国家旅游度假区
Inside Wuyi National Tourism Resort, Wuyishan

✉ 354300

自游小镇汽车主题乐园景区
Ziyou(Self-guided Travel) Little Town Car Theme Park Scenic Area

🏛 南平武夷山市三姑度假区仙凡界路 60~63 号
No.60~63 Xianfanjie Road, Sangu Resort, Wuyishan

✉ 354300

武夷香江茗苑
Wuyi Xiangjiang Tea Garden

🏛 南平武夷山市生态创业园区仙云路 1 号
No.1 Xianyun Road, Ecological Innovation Zone, Wuyishan

✉ 354300

顺昌县华阳山生态旅游区
Shunchang County Huayang Mountain Ecotourism Area

🏛 南平市顺昌县水南镇下沙村
Xiasha Village, Shuinan Town, Shunchang County

✉ 353200

顺昌洋口红色旅游小镇
Shunchang Yangkou Red Tourism Town

🏛 南平市顺昌县洋口镇中山路 6-8 号
No.6-8 Zhongshan Road, Yangkou Town, Shunchang County

✉ 353200

印象小密·中国包酒文化博览园景区
Impression Xiaomi—China Baojiu Liquor Cultural Expo Scenic Area

🏛 南平市浦城县
Pucheng County

✉ 353400

松溪梅口埠景区
Songxi Meikoubu Scenic Area

🏛 南平市松溪县郑墩镇梅口村
Meikou Village, Zhengdun Town, Songxi County

✉ 353500

中国白茶小镇·石圳湾景区
China White Tea Town — Shizhenwan Scenic Area

🏛 南平市政和县石圳村
Shizhen Village, Zhenghe County

✉ 353600

龙岩龙硿洞风景名胜区
Longyan Longkong Cave Famous Scenic Area

🏛 龙岩市新罗区燕石镇龙康村
Longkang Village, Yanshi Town, Xinluo District, Longyan

✉ 364000

龙岩天子生态旅游区
Longyan Tianzi Ecotourism Area

🏛 龙岩市永定区
Yongding District, Longyan

✉ 364100

漳平市九鹏溪景区
Zhangping Jiupeng River Scenic Area

🏛 龙岩漳平市南洋乡
Nanyang Village, Zhangping

✉ 364400

长汀红色旧址群旅游区
Changting Red Relics Group Tourism Area

🏛 龙岩市长汀县汀州镇兆征路 41 号
No.41 Zhaozheng Road, Tingzhou Town, Changting County

✉ 366300

长汀汀江国家湿地公园
Changting Tingjiang National Wetland Park

🏛 龙岩市长汀县三洲镇
Sanzhou Town, Changting County

✉ 366300

梅花山华南虎园国家自然保护区
Plum Blossom Mountain South China Tiger National Nature Reserve

🏛 龙岩市上杭县步云乡马坊村
Mafang Village, Buyun Town, Shanghang County

✉ 364017

千鹭湖景区
Qianlu Lake Scenic Area

🏛 龙岩市武平县城厢镇坳坑村赤露水 115 号
No.115 Chilushui, Aokeng Village, Chengxiang Town, Wuping County

✉ 364300

连城冠豸山风景区
Liancheng Guanzhai Mountain Scenic Area

🏛 龙岩市连城县豸峰街 44 号
No.44 Zhifeng Street, Liancheng County

✉ 366200

天一温泉度假村
Tianyi Hot Spring Resort

🏛 龙岩市连城县文亨镇汤头村
Tangtou Village, Wenheng Town, Liancheng County

✉ 366202

🌐 www.fjtywq.com

连城培田古村落
Liancheng Peitian Ancient Village

🏛 龙岩市连城县宣和乡培田村
Peitian Village, Xuanhe Town, Liancheng County

✉ 366200

福建

福安白云山国家地质公园
Fu'an Biyun Mountain National Geological Park

🏛 宁德福安市解放路 19 号
No.19 Jiefang Road, Fu'an

✉ 350800

古田县翠屏湖景区
Gutian Cuiping Lake Scenic Area

🏛 宁德市古田县高祥路 7-1 号
No.7-1 Gaoxiang Road, Gutian County

✉ 352200

鲤鱼溪·九龙漈旅游区
Liyuxi (Carp River)–Jiulongji Tourism Area

🏛 宁德市周宁县狮城镇北门路 32 号
No.32 Beimen Road, Shicheng Town, Zhouning County

✉ 355400

柘荣鸳鸯草场景区
Zherong Yuanyang Grassland Scenic Area

🏛 宁德市柘荣县东源乡鸳鸯头村
Yuanyangtou Village, Dongyuan Town, Zherong County

✉ 355300

江西

JIANGXI

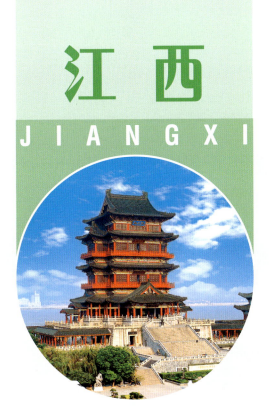

AAAAA

滕王阁
Teng Wang Pavilion

"落霞与孤鹜齐飞，秋水共长天一色。"脍炙人口、传诵千秋的一篇美文《滕王阁序》让滕王阁名扬天下。滕王阁素有"西江第一楼"之美誉，它坐落于赣江与抚河故道交汇处，依城临江，"瑰伟绝特"。滕王阁与湖北黄鹤楼、湖南岳阳楼并称为"江南三大名楼"。滕王阁始建于唐永徽四年（653年），为唐高祖李渊之子李元婴所建，因李元婴曾被封为滕王，故名滕王阁，后历朝重建数十次，现在的滕王阁是仿宋建筑风格。滕王阁是南昌的骄傲，是豫章古文明的象征，是中华民族文化遗产之瑰宝。

🏛 南昌市仿古街 58 号
　　No.58 Fanggu Street, Nanchang

✉ 330008

🌐 http://www.cntwg.com

🚇 1 号线。

景德镇古窑民俗博览区
Jingdezhen Ancient Kiln Folk Custom Expo Area

景德镇古窑始建于五代，在宋、元、明、清时期不断发展壮大。景德镇古窑民俗博览区将古窑场、古作坊、古建筑异地集中保护，形成了集文化博览、陶瓷体验、娱乐休闲于一体的文化旅游景区。景区分为历代古窑展示区、陶瓷民俗展示区、水岸前街创意休憩区三大区域。这里保存了中国乃至世界上最为丰富独特的、最为完整的陶瓷文物遗存，以实物形式生动地再现了 15～16 世纪瓷都景德镇的历史风貌，成为

景德镇悠久陶瓷历史文化的缩影。

🏛 景德镇市瓷都大道古窑路 1 号
　　No.1 Guyao Road, Cidu Avenue, Jingdezhen

✉ 333000

🌐 http://www.chinaguyao.com

萍乡武功山风景区
Pingxiang Wugong Mountain Scenic Area

萍乡武功山风景名胜区位于湘赣边界罗霄山脉北段，是江西省西部旅游资源最为丰富的大型山岳型风景名胜区，历史上曾与庐山、衡山并称江南三大名山，有"衡首庐尾武功中"之称。风景区资源独特，生态优良、天象称奇、人文荟萃，具备景观多样性、生态多样性和文化多样性。目前，风景区已获得国家 5A 级旅游景区、国家级风景名胜区、国家地质公园、国家自然遗产、国家森林公园等五张国家级名片；同时，还获得了全国风景名胜区自驾游示范基地、全国青少年户外体育运动营地、中国美丽田园、中国品牌节庆示范基地等荣誉称号。

🏛 萍乡市芦溪县麻田乡
　　Matian Town, Shangli County

✉ 337060

🌐 https://www.wugongshan.cn/

庐山风景名胜区
Lushan Mountain Scenic Area

白居易的一句"匡庐奇秀甲天下"评价了庐山。李白的千古绝唱《望庐山瀑布》使全国乃至全世界的华人都熟知了庐山。庐山"外险内秀"，"一山飞峙大江边"，山崖险峻，峰峦奇拔，长江如带，鄱湖如镜。五老峰耸立在鄱阳湖之滨，危崖千仞，苍松如虬。五老峰险崖之前，还有一排"五小峰"，各显奇态。康王谷、锦绣谷、东谷、西谷、莲花谷、栖贤谷等构成了庐山幽深秀丽的"万顷松涛""乱云飞渡"美景。

庐山和中国历史特别是现代历史紧密相连。1937 年，周恩来两度上庐山，与蒋介石谈判，促成了国共合作抗日；1959 年、1961 年、1970 年，中共中央分别在庐山举行了对中国社会主义建设有着重大影响的三次会议。

庐山还保留有 20 世纪 30 年代初美国、英国、德国、瑞典、意大利、法国等 20 个国籍业主建造的别墅 600 余栋，这些各具特色的建筑，至今依然风采如初。

🏛 九江市濂溪区河东路 9 号
No.9 Hedong Road, Lianxi District, Jiujiang

✉ 332900

🌐 http://www.china-lushan.com

庐山西海风景名胜区
Lushan Xihai Famous Scenic Area

庐山西海风景名胜区位于九江市西南部，地跨武宁、永修两县，是一处集亚洲最大土坝水库、国家 4A 级旅游景区、全国佛教样板丛林、国家水利风景区、国家森林公园于一体的山岳湖泊型特大景区。景区总规划面积 495 平方公里，由庐山西海湖区和云居山两大板块组成。

西海湖区是亚洲最大的土坝水库。湖区水域面积 308 平方公里，有大小岛屿 8000 多个。湖水清澈，能见度达 11 米，大气负氧离子含量每立方厘米 15 万个，拥有国家一级水质、一级空气，是"水中大熊猫"桃花水母的全国最大繁衍地。

云居山素有"小庐山"之称，海拔 1143 米，辖莲花城、百花谷、泉祠坳、黄荆洞四个景区。云居山以奇丽景色和佛教禅宗道场被世人誉为"云岭甲江右，名高四百州""冠世绝境，天上云居"。

🏛 九江市永修县柘林镇云居山山顶
On Top of Yunju Mountain, Zhelin Town, Yongxiu County

✉ 330300

🌐 http://lsxh.jiujiang.gov.cn/

龙虎山风景旅游区
Longhu Mountain Scenic Area

龙虎山为道教正一派"祖庭"，正一派创始人张道陵曾在此炼丹，传说"丹成而龙虎现"，山因此得名。龙虎山是中国第八处世界自然遗产，是世界地质公园。龙虎山有"丹霞仙境"之称，主要景区有上清宫景区、天师府景区、龙虎山景区、仙岩水岩景区、岩墓群景区、象鼻山排衙石景区、独峰马祖岩景区。龙虎山属于发育到老年期的丹霞地貌，山块离散，呈峰林状，总体显得秀美多姿。

🏛 鹰潭市龙虎大道 1 号
No.1 Longhu Avenue, Yingtan

✉ 335000

🌐 http://www.longhushan.com.cn

瑞金共和国摇篮景区
Ruijin PRC Cradle Scenic Area

瑞金共和国摇篮景区由叶坪、红井、二苏大、中华苏维埃纪念园（南园和北园）、中央苏区军事文化博览园等景点组成。景区内风景秀丽，旧址群、纪念园、博物馆各具特色，一处一诗，一步一景，是融参观、瞻仰、会议、休闲、度假为一体的理想场所。

叶坪景区是全国保存最为完好的革命旧址群景区之一。包括中共苏区中央局、中央政府旧址、红军烈士纪念塔、红军烈士纪念亭、红军检阅台、公略亭、博生堡等 22 处旧址和纪念建筑物。

语文课本中《吃水不忘挖井人》的故事讲的就是红井，红井位于沙洲坝村中华苏维埃共和国中央执行委员会旧址东南。1933 年 4 月，毛泽东随临时中央政府从叶坪迁来沙洲坝后，发现这个地方的群众饮水非常困难，便亲自实地勘察和调查地下水源，并带领干部、红军官兵与当地群众一道开了这口井。1950年，瑞金人民将井取名为"红井"，同时在井边立石碑，上书"吃水不忘挖井人"。

🏛 赣州瑞金市叶坪乡叶坪村（红井：沙洲坝镇）
Yeping Village, Yeping Town, Ruijin（Red Well：Shazhouba Town）

✉ 342500

三百山景区
Three Hundred Mountains Scenic Area

三百山是赣州市安远县东南边境诸山峰的合称，是东江的源头，粤港居民饮用水的发源地。三百山属火山地貌，群山逶迤、重峦叠嶂、危崖奇石、峰奇石异。山内峡谷纵横，溪流密布，剑河深涧，水秀瀑雄。三百山集山势、林海、瀑布、温泉四大自然风景奇观于一体，山水林石俱美，原始、古朴、清寂，一年四季气候温凉，舒适宜人。拥有福鳌塘、九曲溪、东风湖、仰天湖、尖峰笔等游览区域。三百山森林覆盖率98%，动植物资源十分丰富，被誉为"避暑胜地""天然氧吧"。

🏛 赣州市安远县三百山镇符山村过桥垄
Guoqiaolong, Fushan Village, Sanbaishan Town, Anyuan County

✉ 342100

🌐 http://www.sbsjq.cn

井冈山风景区
Jinggang Mountain Scenic Area

井冈山，是一块红色的土地。

1927年，毛泽东等老一辈无产阶级革命家率领中国工农红军来到井冈山，创建了中国第一个农村革命根据地，开辟了"以农村包围城市、武装夺取政权"的具有中国特色的革命道路，从此鲜为人知的井冈山被载入中国革命历史的光荣史册，被誉为"中国革命的摇篮"和"中华人民共和国的奠基石"。

井冈山，是一个绿色的宝库。

"四面重峦障，五溪曲水萦。"井冈山森林覆盖率为81.2%，是亚热带植物原生地之一，至今仍保留众多人迹罕至的大片原始或半原始态森林，这里峰峦、山石、瀑布、气象、溶洞、温泉，雄、奇、险、峻、

秀、幽。"物华天宝钟灵毓秀，绿色明珠流光溢彩。"

🏛 吉安井冈山市茨坪镇
Ziping Town, Jinggangshan

✉ 343600

🌐 http://www.jgstour.com

🚌 南昌、吉安、泰和等地每天都有长途汽车开往井冈山。

明月山风景区
Mingyue Mountain Scenic Area

"山上有个月亮湖，山下一个月亮湾，沿途都是月亮景，处处体现月亮情。"明月山以月为名，因月扬名。月亮文化是明月山之灵，是明月山之魂。明月山将月亮文化景观和自然景观有机融合，将月亮文化与禅宗文化、农耕文化有机结合，融山、石、林、泉、瀑、湖、竹海为一体，集雄、奇、幽、险、秀于一身，是"以月亮情吸引人，用生态美景留住人"的"天然氧吧"。

🏛 宜春市袁州区温汤镇
Wentang Town, Yuanzhou District, Yichun

✉ 336000

🌐 http://www.myswq.com

🚌 宜春汽车站有发往明月山风景区的班车。

抚州市资溪大觉山景区
Zixi Dajue Mountain Tourism Area

这里有浩瀚如海的30万亩原始森林，这里有蜿蜒崎岖的小溪和高山湖泊，这里有古朴典雅的小桥流水，这里有轻纱千丈的茫茫云海，这里有飞流直泻的银河瀑布，这里还有坐落在千山万壑、石奇崖峻的莲花山天然石洞中，佛、道、儒三教合一的宗教朝拜圣地——大觉岩寺。

资溪大觉山景区分东西两区，拥有原始森林独轨车观光、高山湖泊度假、原始森林大峡谷漂流等旅游项目，景区山水风光优雅，宗教文化氛围浓郁，是大自然和原生态的完美结晶，是神奇、神秘的佛教文化圣地。

🏛 抚州市资溪县
Zixi County

✉ 335300

🌐 http://www.jxdjs.com

🚌 资溪有到大觉山的公交车。

三清山风景名胜区
Sanqingshan Mountain Famous Scenic Area

三清山因玉京、玉虚、玉华三峰峻拔，宛如道教玉清、上清、太清三位最高尊神列坐山巅而得名。三清山风景名胜区内千峰竞秀、万壑奔流、古树茂盛、珍禽栖息，终年云缠雾绕，充满仙风神韵，被誉为"世界最美的山"。

三清山是一座经历了千年人文浸润的道教名山，三清福地景区承载着三清山厚重的道教文化，道教历史源远流长，共有宫、观、殿、府、坊、泉、池、桥、墓、台、塔等古建筑遗存及众多石雕、石刻。这些古建筑依"八卦"精巧布局、藏巧于拙，是研究我国道教古建筑设计布局的独特典范，被誉为"中国古代道教建筑的露天博物馆"。

🏛 上饶市玉山县三清山风景名胜区
Sanqingshan Mountain Scenic Area, Yushan County

✉ 334000

🌐 http://sqs.sqs.gov.cn

🚌 玉山县新汽车站有到景区班车。

上饶弋阳龟峰景区
Shangrao Yiyang Guifeng Mountain Scenic Area

龟峰是世界自然遗产"中国丹霞"的组成部分。龟峰因其境内有无数形态酷似乌龟的石头，且整座山体就像一只硕大无朋的昂首巨龟而得名。龟峰共有36峰72景，集"奇、险、灵、巧"于一身，素有"江上龟峰天下稀"和"天然盆景"之美誉。龟峰是佛教禅宗的发祥地之一，有以南岩寺为代表的佛教文化游览区，有名刹瑞相寺，有唐宋时期佛雕40余座。龟峰同时又有着深厚的道教文化底蕴，有著名的道教遗址葛仙观。儒教在龟峰也留下印迹，著名的儒学叠山书院遗址为证。

🏛 上饶市弋阳县杨桥路 22 号
Fang Zhimin Avenue, Yiyang County

✉ 334400

婺源江湾景区
Wuyuang Jiangwan Scenic Area

中国最美的乡村是婺源，婺源最亮丽的风景在江湾。自唐以来，江湾便是婺源通往皖、浙、赣三省的交通要塞，为婺源东大门。这里山水环绕、风光旖旎、文风鼎盛、群贤辈出。村中有保存尚好的御史府、中宪第等明清官邸，有滕家老屋、三省堂、敦崇堂、培心堂等徽派商宅，其中"仙人桥"是古人实践风水理论的杰出典范，"北斗七星井"体现了"天、地、人合一"的中国风水学最高原则，南侧梨园河呈太极图"S"形，古村、古风、古韵，极具历史价值和观赏价值。

🏛 上饶市婺源县
Wuyuan County

✉ 333200

🌐 http://www.jiangwan5a.com

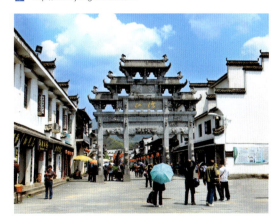

AAAA

梅岭竹海明珠景区
Meiling Zhuhai (Bamboo Sea) Mingzhu (Pearl) Scenic Area

南昌市梅岭主峰
Top of Meiling Mountain, Nanchang

330008

南昌八一起义纪念馆
Nanchang August 1st Uprising Memorial Museum

南昌市中山路 256 号
No.256 Zhongshan Road, Nanchang

330006

南昌新四军军部旧址陈列馆
Nanchang New Fourth Army Headquater Site Exhibition Museum

南昌市西湖区友竹路 7 号
No.7 Youzhu Road, Xihu District, Nanchang

330008

南昌华侨城欢乐象湖景区
Nanchang OCT Joyhoo Scenic Area

南昌市西湖区施尧路象湖西堤
West Bank of Xianghu Lake, Shiyao Road, Xihu District, Nanchang

330001

万寿宫历史文化街区景区
Wanshou Palace History Culture Street Scenic Area

南昌市西湖区
Xihu District, Nanchang

330001

方大特钢工业旅游景区
Fangda Special Steel Industry Tourism Area

南昌市青山湖区冶金大道 999 号
No.999 Yejin Avenue, Qingshanhu District, Nanchang

330029

天香园
Tianxiang Palace

南昌市青山湖南大道 333 号
No.333 Qing Shanhu South Avenue, Nanchang

330029

南昌绿地中心双子塔
Nanchang Green Land Center Twin Tower

南昌市红谷滩新区红谷中大道 998 号
No.998 Hongguzhong Avenue, Honggutan New District, Nanchang

30000

梅岭洪崖丹井景区
Meiling Mountain Hongya Danjing Scenic Area

南昌市湾里区西郊 30 公里处
30km West Suburb, Wanli District, Nanchang

300004

八大山人梅湖景区
Badashanren Meihu Lake Scenic Area

南昌市青云谱区昌南大道南面
South Side of Changnan Avenue, Qingyunpu District, Nanchang

330000

南昌汉代海昏侯国考古遗址公园
Nanchang Han Dynasty Haihunhou Kingdom Archaeological Site Park

南昌市新建区
Xinjian District, Nanchang

330100

小平小道陈列馆
Xiaoping Path Exhibition Museum

南昌市新建区
Xinjian District, Nanchang

330100

梅岭狮子峰景区
Meiling Mountain Shizi(Lion) Peak Scenic Area

南昌市西郊 15 公里湾里区
Wanli District, 15km West of Nanchang

330004

江西凤凰沟风景区
Jiangxi Phoenix Valley Scenic Area

- 南昌市南昌县黄马乡
  Huangma Township, Nanchang County
- 330202

原城纪·南昌城市文化街区景区
The Original City Culture Street Scenic Area

- 南昌市南昌县银三角区域
  Silver Delta Area, Nanchang County
- 330200

怪石岭生态景区
Guaishiling (Strange Stone Mountain) Ecotourism Area

- 南昌市新建县溪霞镇
  Xixia Town, Xinjian County
- 330100

景德镇陶瓷博物馆
Jingdezhen Ceramics Museum

- 景德镇市枫树山
  Fengshu Mountain, Jingdezhen
- 333000

景德镇市御窑厂遗址景区
Jingdezhen Royal Kilns Site Scenic Area

- 景德镇市珠山区珠山中路 187 号
  No.187 Middle Zhushan Road, Zhushan District, Jingdezhen
- 333000

三宝国际瓷谷景区
Sanbao International Porcelain Valley Scenic Area

- 景德镇市珠山区竟成镇三宝村四家里
  Sijiali, Sanbao Village, Jingcheng Town, Zhushan District, Jingdezhen
- 333000

昌南新区名坊园景区
Changnan New District Mingfangyuan Scenic Area

- 景德镇市陶瓷工业园区
  Porcelain Industry Garden, Jingdezhen
- 333000

景德镇市皇窑景区
Jingdezhen Imperial Kilns Scenic Area

- 景德镇市高岭大道 668 号
  No.668 Gaoling Avenue, Jingdezhen
- 333000

乐平市洪岩仙境风景区
Leping Hongyan Fairyland Scenic Area

- 景德镇乐平市洪岩镇
  Hongyan Town, Leping
- 333400

乐平市文山怪石林风景区
Leping Wenshan Strange Stone Forest Scenic Area

- 景德镇乐平市众埠镇
  Zhongbu Town, Leping
- 333300

景德镇市高岭·瑶里风景区
Jingdezhen Gaoling—Yaoli Scenic Area

- 景德镇市浮梁县瑶里镇
  Yaoli Town, Fuliang County
- 333400

景德镇市高岭·中国村景区
Jingdezhen Gaoling—China Village Scenic Area

- 景德镇市浮梁县高岭国家矿山公园高岭瓷土矿遗址内
  Inside Gaoling China Clay Mine Site,Gaoling National Mine Park, Fuliang County
- 333400

景德镇市浮梁古县衙景区
Jingdezhen Fuliang Acieng County Government Building Scenic Area

- 景德镇市浮梁县
  Fuliang County
- 333400

萍乡市安源路矿工人运动纪念馆
Pingxiang Anyuan Coal Miner Uprising Memorial Museum

- 萍乡市安源镇
  Anyuan Town, Pingxiang
- 337000

安源锦绣城景区
Anyuan Jinxiu City Scenic Area

- 萍乡市安源镇
  Anyuan Town, Pingxiang
- 337000

荷花博览园景区
Lotus Expo Garden Scenic Area

- 萍乡市莲花县琴亭镇莲花村
  Lianhua Village, Qinting Town, Lianhua County
- 337100

江西

杨岐山景区
Yangqi Mountain Scenic Area

🏛 萍乡市上栗县杨岐乡清溪村
Qingxi Village, Yangqi Town, Shangli County

✉ 337009

芦溪仙凤三宝农业休闲观光园
Luxi Xianfeng Sanbao Agriculture Sightseeing Garden

🏛 萍乡市芦溪县宣风镇竹垣村
Zhuyuan Village, Xuanfeng Town, Luxi County

✉ 337053

武功山云顶景区
Wugong Mountain Yunding Scenic Area

🏛 萍乡市芦溪县武功山景区东江村
Dongjiang Village, Wugong Mountain, Luxi County

✉ 337200

芦溪袁水源红色文化园景区
Luxi Yuanshuiyuan Red Culture Garden Scenic Area

🏛 萍乡市芦溪县上埠镇山口岩村
Shankouyan Village, Shangbu Town, Luxi County

✉ 337200

九江市八里湖景区
Jiujiang Bali Lake Scenic Area

🏛 九江市八里湖新区
Balihu New District, Jiujiang

✉ 332000

大千世界梦幻乐园
Daqianshijie(Buddhist Cosmology) Dream World

🏛 九江市赛湖凤凰岛
Fenghuang Island, Saihu Lake, Jiujiang

✉ 332000

浔阳江文化旅游景区
Xunyang River Culture Tourism Area

🏛 九江市浔阳区
Xunyang District, Jiujiang

✉ 332000

九江市南山景区
Jiujiang Nanshan Mountain Scenic Area

🏛 九江市濂溪区南山路
Nanshan Road, Lianxi District, Jiujiang

✉ 332005

共青城富华山景区（耀邦陵园）
Gongqing Town Fuhua Mountain Scenic Area（Yaobang's Cemetery）

🏛 九江共青城市富华大道 2 号
No.2 Fuhua Avenue, Gongqingcheng

✉ 332020

九江市中部红木博览城景区
Jiujiang Zhongbu(Middle Part) Red Wood Expo City Scenic Area

🏛 九江瑞昌市
Ruichang

✉ 332200

铜源剪影文化园景区
Tongyuan Sketch Culture Garden Scenic Area

🏛 九江瑞昌市夏畈镇
Xiaban Town, Ruichang

✉ 332200

庐山市秀峰景区
Lushan Xiufeng Scenic Area

🏛 九江庐山市白鹿镇秀峰村
Xiufeng Village, Bailu Town, Lushan

✉ 332800

庐山龙湾温泉度假村
Lushan Mountain Longwan Hot Spring Resort

🏛 九江庐山市温泉镇
Wenquan Town, Lushan

✉ 332000

庐山天沐温泉度假村
Lushan Mountain Tianmu Hot Spring Resort

🏛 九江庐山市温泉镇
Wenquan Town, Lushan

✉ 332802

庐山市观音桥景区
Lushan Guanyinqiao Scenic Area

🏛 九江庐山市白鹿镇
Bailu Town, Lushan

✉ 332800

中华贤母园景区
China Good Mother Garden Scenic Area

🏛 九江市柴桑区渊明大道南侧
South Side of Yuanming Avenue, Chaisang District, Jiujiang

✉ 332100

武宁西海湾景区
Wuning Xihaiwan (West Bay) Scenic Area

🏛 九江市武宁县朝阳湖东路 11 号
No.11 East Chaoyanghu Road, Wuning County

✉ 332300

阳光照耀 29 度假村
The Sun Shine 29 Degrees Resort

🏛 九江市武宁县杨洲乡界牌村
Jiepai Village, Yangzhou Town, Wuning County

✉ 332300

长水景区
Changshui Scenic Area

🏛 九江市武宁县罗坪镇长水村
Changshui Village，Luoping Town, Wuning County

✉ 332300

陈门五杰故里景区
Chen's Family Five Famous Person's Home Town Scenic Area

🏛 九江市修水县宁州镇桃里竹塅村
Taolizhuduan Village, Ningzhou Town, Xiushui County

✉ 332400

男崖—马家洲景区
Nanya—Majiazhou Scenic Area

🏛 九江市修水县四都镇
Sidu Town, Xiushui County

✉ 330300

九江市庐山西海国际温泉度假村景区
Jiujiang Lushan Xihai International Hot Spring Resort Scenic Area

🏛 九江市永修县易家河村
Yijiahe Village, Yongxiu County

✉ 330300

万家岭大捷纪念园景区
Wanjialing Victory Memorial Garden

🏛 九江市德安县五里墩路 6 号 –12 号
No.6–12, Wulidun Road, De'an County

✉ 330400

鄱阳湖南山风景区
Poyang Lake South Mountain Scenic Area

🏛 九江市都昌县东坡路
Dongpo Road, Duchang County

✉ 332600

九江石钟山景区
Jiujiang Shizhong Mountain Scenic Area

🏛 九江市湖口县石钟山
Shizhong Mountain, Hukou County

✉ 332500

台山公园景区
Taishan Park Scenic Area

🏛 九江市湖口县台山大道
Taishan Avenue, Hukou County

✉ 332500

龙宫洞风景区
Longkong Cave Scenic Area

🏛 九江市彭泽县天红乡
Tianhong Town, Pengze County

✉ 332711

彭泽县凯瑞景区
Pengze County Kairui Scenic Area

🏛 九江市彭泽县太泊湖区域
Taibo Lake Area, Pengze County

✉ 332700

昌坊度假村
Changfang Resort

🏛 新余市渝水区欧里镇昌坊村
Changfang Village, Ouli Town, Yushui District, Xinyu

✉ 338025

仙女湖风景名胜区
Fairy Lake Famous Scenic Area

🏛 新余市西南 16 公里
16 km Southwest of Xinyu

✉ 338025

罗坊会议红色景区
Luofang Meeting Red Scenic Area

🏛 新余市渝水区罗坊镇
Luofang Town, Yushui District, Xinyu

✉ 338000

双林夏布文化旅游景区
Shuanglin Xiabu Culture Tourism Area

🏛 新余市分宜县双林镇
Shuanglin Town, Fenyi County

✉ 336600

江西

青茅境景区
Qingmaojing Scenic Area

🏛 鹰潭市贵溪市双圳林场
Shuangzhen Forest Center, Guixi

✉ 335400

鹰潭市眼镜产业园景区
Yingtan Glasses Industry Garden Scenic Area

🏛 鹰潭市余江县中童镇
Zhongtong Town, Yujiang County

✉ 335200

赣州市五龙客家风情园
Ganzhou Five Dragon Hakka Custom Park

🏛 赣州市沙河大道 18 号
No.18 Shahe Street, Ganzhou

✉ 341000

赣州通天岩景区
Ganzhou Tongtianyan (Reach Heaven Rock) Scenic Area

🏛 赣州市章贡区水西镇通天岩村
Tongtianyan Village, Shuixi Town, Zhanggong District, Ganzhou

✉ 341000

赣县客家文化城
Ganxian Hakka Culture City

🏛 赣州市赣县区
Ganxian District, Ganzhou

✉ 341100

大余县梅关景区
Dayu County Meiguan Scenic Area

🏛 赣州市大余县城南 5 公里处
5km South of Dayu County

✉ 341500

赣州上犹陡水湖风景区
Ganzhou Shangyou County Doushui Lake Scenic Area

🏛 赣州市上犹县梅水乡
Meishui Town, Shangyou County

✉ 341200

赣州阳岭森林公园
Ganzhou Yangling Foreast Park

🏛 赣州崇义县
Chongyi County

✉ 341300

龙南关西围屋景区
Longnan Guanxi Weiwu Tourism Area

🏛 赣州市龙南县关西村
Guanxi Village, Longnan County

✉ 341700

九曲度假村
Jiuqu Tourism Resort

🏛 赣州市定南县天九镇
Tianjiu Town, Dingnan County

✉ 341900

全南县攀岩小镇景区
Quannan Rock Climbing Town Scenic Area

🏛 赣州市全南县城厢镇
Chengxiang Town, Quannan County

✉ 341800

翠微峰国家森林公园
Cuiwei Mountain Natioanl Forest Park

🏛 赣州市宁都县梅江镇
Meijian Town, Ningdu County

✉ 342800

屏山旅游区
Pingshan Mountain Tourism Area

🏛 赣州市于都县靖石乡
Jingshi Town, Yudu County

✉ 342300

苏区干部好作风纪念园
Memorial Museum for Good Cadres in Soviet Area

🏛 赣州市兴国县
Xingguo County

✉ 342400

汉仙岩景区
Hanxian(Fairy Han Zhongli) Rock Scenic Area

🏛 赣州市会昌县筠门岭镇
Junmenling Town, Huichang County

✉ 342600

通天寨风景区
Tongtian(Reach Heaven) Stockaded Village Scenic Area

🏛 赣州市石城县大畲村
Dashe Village, Shicheng County

✉ 342700

九寨温泉旅游度假区
Jiuzhai Hot Spring Tourism Resort

🏛 赣州石城县屏山镇长江村
Changjiang Village, Pingshan Town, Shicheng County

✉ 342700

庐陵文化生态公园
Luling Culture Ecological Park

🏛 吉安市吉州区井冈山大道
Jinggangshan Avenue, Jizhou District, Ji'an

✉ 343000

钓源古村景区
Diaoyuan Ancient Village Scenic Area

🏛 吉安市吉州区兴桥镇钓源村
Diaoyuan Village, Xingqiao Town, Jizhou District, Ji'an

✉ 343000

陂下古村景区
Poxia Ancient Village Scenic Area

🏛 吉安市青原区富田镇陂下村
Poxia Village, Futian Town, Qingyuan District, Ji'an

✉ 343009

吉安市渼陂古村
Ji'an Meipo Ancient Village

🏛 吉安市青原区渼陂村
Meipo Village, Qingyuan District, Ji'an

✉ 343009

吉安青原山风景旅游区
Ji'an Qingyuan Mountain Tourism Area

🏛 吉安市青原区河东镇
Hedong Town, Qingyuang District, Ji'an

✉ 343000

古后河人文谷景区
Guhou River Renwen Valley Scenic Area

🏛 吉安市庐陵新区井冈山大道新 88 号
New No. 88 Jinggangshan Avenue, Luling New District, Ji'an

✉ 343000

文天祥纪念馆
WenTianxiang's Memorial Museum

🏛 吉安市吉安县庐陵大道
Luling Avenue, Ji'an County

✉ 343100

吉州窑景区
Jizhou Kiln Scenic Area

🏛 吉安市吉安县永和镇
Yonghe Town, Ji'an County

✉ 331600

吉安县云天麓谷景区
Ji'an County Yuntian Lugu Scenic Area

🏛 吉安市吉安县桐坪镇沙江村
Shajiang Village, Tongping Town, Ji'an County

✉ 343100

吉安县大丰田园景区
Ji'an County Dafeng Countryside Scenic Area

🏛 吉安市吉安县敦厚镇
Dunhou Town, Ji'an County

✉ 343100

吉水县墨潭桃花岛景区
Jishui County Motan Taohua Island Scenic Area

🏛 吉安市吉水县龙华南大道
South Longhua Avenue, Jishui County

✉ 331600

吉水县燕坊古村景区
Jishui County Yanfang Ancient Village Scenic Area

🏛 吉安市吉水县金滩镇燕坊村
Yanfang Village, Jintan Town, Jishui County

✉ 331608

中国进士文化园
China Jinshi(Scholars) Culture Garden

🏛 吉安市吉水县文峰大桥文峰亭北侧
North of Wenfeng Pavilion, Wenfeng Bridge, Jishui County

✉ 331600

峡江县玉笥养生谷景区
Xiajiang County Yusi Healthcare Valley Scenic Area

🏛 吉安市峡江县水边镇
Shuibian Town, Xiajiang County

✉ 331400

恩江古城景区
Enjiang Antient Town Scenic Area

🏛 吉安市永丰县恩江镇
Enjiang Town. Yongfeng County

✉ 331500

江西

蜀口生态岛景区

Shukou Ecological Island Scenic Area

吉安市泰和县马市镇
Mashi Town, Taihe County

343700

泰和县马家洲革命历史纪念园景区

Taihe County Majiazhou Revolution History Memorial Park

吉安市泰和县马市镇仙桥村
Xianqiao Village, Mashi Town, Taihe County

343700

遂川县草林红圩小镇景区

Suichuan County Caolin Hongxu Town Scenic Area

吉安市遂川县草林镇
Caolin Town, Suichuan County

343900

桃源梯田景区

Taoyuan Terraced Fields Scenic Area

吉安市遂川县桃源村
Taoyuan Village, Suichuan County

343900

羊狮慕风景区

Yangshimu Scenic Area

吉安市安福县泰山乡方竹坪
Fangzhuping, Taishan Town, Anfu County

343200

安福县野牛瀑布大峡谷景区

Anfu County Buffalo Waterfall Valley Scenic Area

吉安市安福县泰山乡文家村
Wenjia Village, Taishan Town, Anfu County

343200

永新县院下景区

Yongxin County Yuanxia Scenic Area

吉安市永新县曲白乡
Qubai Town, Yongxin County

343400

宜春市明月山栖隐谷景区

Yichun Mingyue Mountain Qiyin Villa Scenic Area

宜春市袁州区洪江镇古庙村
Gumiao Village, Hongjiang Town, Yuanzhou District, Yichun

336000

宜春明月山天沐温泉度假村

Yichun Mingyue Mountain Tianmu Hot Spring Resort

宜春市袁州区温汤镇
Wentang Town, Yuanzhou District, Yichun

336000

宜春市古海景区

Yichun Guhai (Ancient Sea) Scenic Area

宜春市葛玄路 99 号
No.99 Gexuan Road, Yichun

336000

宜春市禅博园景区

Yichun Chanboyuan Scenic Area

宜春市袁州区锦绣大道
Jinxiu Avenue, Yuanzhou District, Yichun

336000

宜春花博园

Yichun Flower Expo Garden

宜春市袁州区湖田镇
Hutian Town, Yuanzhou District, Yichun

336000

明月千古情景区

Bright Moon Qianguqing(Thousand Years Love) Scenic Area

宜春市袁州区温汤镇千古情大道
Qianguqing Avenue, Wentang Town, Yuanzhou District, Yichun

336000

宜阳新区蜂窝农场景区

Yiyang New District Fengwo Farm Center Scenic Area

宜春市宜阳新区蜂窝农场
Fengwo Farm Center, Yiyang New District, Yichun

336000

阁皂山旅游风景区

Gezao Mountain Tourism Area

宜春樟树市阁山镇
Geshan Town, Zhangshu

331200

丰城爱情花卉小镇
Fengcheng Love Flower Town

🏛 宜春丰城市梅林镇
Meilin Town, Fengcheng

✉ 331100

天工开物文化园景区
Tiangongkaiwu Culture Scenic Area

🏛 宜春市奉新县
Fengxin County

✉ 330700

万载古城景区
Wanzai Ancient Town Scenic Area

🏛 宜春市万载县沿河西路 111 号
No. 111 West Yanhe Road, Wanzai County

✉ 336100

九天国家生态旅游区
Jiutian National Ecological Tourism Area

🏛 宜春市宜丰县黄岗山垦殖场院前分场
Yuanqian Branch, Huangshangang Farm Center, Yifeng County

✉ 336300

三爪仑国家森林公园
Sanzhualun National Forest Park

🏛 宜春市靖安县森林大厦七楼（管理处）
（Management Office）7th Floor, Forest Building, Jing'an County

✉ 330600

靖安中部梦幻城
Dream World in Middle Jing'an

🏛 宜春市靖安县东部
East of Jing'an County

✉ 330600

靖安中华传统文化园
Jing'an Chinese Traditional Culture Garden

🏛 宜昌市靖安县宝峰镇周郎村
Zhoulang Village, Baofeng Town, Jing'an County

✉ 330600

铜鼓县天柱峰景区
Tonggu County Tianzhu Peak Scenic Area

🏛 宜春市铜鼓县大塅镇
Daduan Town, Tonggu County

✉ 336200

铜鼓秋收起义纪念地景区
Tonggu the Autumn Harvest Uprising Memorial Museum Scenic Area

🏛 宜春市铜鼓县定江东路 489 号
No.489 East Dingjiang Road, Tonggu County

✉ 336200

抚州名人雕塑园
Fuzhou Celebrities Sculpture Garden

🏛 抚州市赣东大道
Gandong Avenue, Fuzhou

✉ 344000

梦湖景区
Menghu Lake Scenic Area

🏛 抚州市临川区城西
West of Linchuan District, Fuzhou

✉ 344000

临川临汝书院景区
Linchuan Linru Academy Scenic Area

🏛 抚州市临川区滨河西路 1 号
No.1 West Binhe Road, Linchuan District, Fuzhou

✉ 344000

黎川同胜九曲东黎景区
Lichuan Tongsheng Jiuqudongli Scenic Area

🏛 抚州市黎川县日峰镇燎原水库
Liaoyuan Reservoir, Rifeng Town, Lichuan County

✉ 344600

南丰橘文化旅游产业集聚区
Nanfeng Tangerine Culture & Tourism Industry Gathering Area

🏛 抚州市南丰县
Nanfeng County

✉ 344500

曾巩文化园景区
Zenggong Culture Garden Scenic Area

🏛 抚州市南丰县环城南路
South Ring Road, Nanfeng County

✉ 344500

大觉溪旅游区
Dajue Stream Tourism Area

🏛 抚州市资溪县泸溪大道
Luxi Avenue, Zixi County

✉ 335300

江西

227

资溪县野狼谷景区
Zixi County Wolf Hollow Scenic Area

🏛 抚州市资溪县乌石镇草坪村
Caoqing Village, Wushi Town, Zixi County

✉ 335300

乐安县登云岭景区
Le'an County Dengyunling Scenic Area

🏛 抚州市乐安县迎宾北大道与兴乐路交叉路口往南约 80 米
80m South of Intersection of North Yingbin Ave. & Xingle Road,
Le'an County

✉ 344300

大华山蝶栖谷景区
Dahua Mountain Butterfly Valley Scenic Area

🏛 抚州市乐安县
Le'an County

✉ 344300

流坑古村景区
Liukeng Ancient Village Scenic Area

🏛 抚州市乐安县牛田镇流坑村
Liukeng Village, Niutian Town, Le'an County

✉ 344300

上饶集中营旧址景区
Shangrao Concentration Camp Former Site Scenic Area

🏛 上饶市信州区茅家岭乡
Maojialing Town, Xinzhou District, Shangrao

✉ 334000

广丰铜钹山（九仙湖）景区
Guangfeng Tongbo Mountain Jiuxian Lake Scenic Area

🏛 上饶市广丰区
Guangfeng District, Shangrao

✉ 334600

红木文化创意产业园景区
Rosewood Culture Creative Industry Garden Scenic Area

🏛 上饶市广丰区
Gufeng District, Shangrao

✉ 334600

上饶灵山工匠小镇
Shangrao Lingshan Artisans Town

🏛 上饶市广信区上饶北大道 666 号
No. 666 North Shangrao Avenue, Guangxin District, Shangrao

✉ 334100

上饶望仙峡谷小镇
Shangrao Wangxian Valley Town

🏛 上饶市广信区望仙乡
Wangxian Town, Guangxin District, Shangrao

✉ 334100

灵山风景区
Lingshan Mountain Scenic Area

🏛 上饶市广信区清水乡
Qingshui Township, Guangxin District Shangrao

✉ 334100

云谷田园生态农业小镇景区
Yungu Rural Ecological Agriculture Town Scenic Area

🏛 上饶市广信区皂头镇
Zaotou Town, Guangxin District, Shangrao

✉ 334100

大茅山风景区
Damao Mountain Scenic Area

🏛 上饶德兴市龙头山乡
Longtoushan Town, Dexing

✉ 334200

三清山田园牧歌景区
Sanqing Mountain Idyllic Scenic Area

🏛 上饶市玉山县三清山东部金沙服务区
Jinsha Service Area, East of Sanqingshan Mountain, Yushan
County

✉ 334000

葛源景区
Geyuan Scenic Area

🏛 上饶市横峰县葛源镇
Geyuan Town, Hengfeng County

✉ 334300

余干县琵琶湖景区
Yugan County Pipa Lake Scenic Area

🏛 上饶市余干县琵琶路
Pipa Road, Yugan County

✉ 335100

鄱阳湖国家湿地公园
Poyang Lake National Wetland Park

🏛 上饶市鄱阳县
Poyang County

✉ 333100

万年县神农源（仙人洞）景区
Wannian County Shennongyuan(Fairy Cave) Scenic Area

上饶市万年县大源镇盘岭村
Panling Village, Dayuan Town, Wannian County

335500

婺源县大鄣山卧龙谷旅游区
Wuyuan County Dazhang Mountain Wolong Valley Tourism Area

上饶市婺源县大鄣山乡
Dazhangshan Village, Wuyuan County

333200

思溪延村古村景区
Sixi Yancun Ancient Village Scenic Area

上饶市婺源县思口镇
Sikou Town, Wuyuan County

333200

李坑古村景区
Likeng Ancient Village Scenic Area

上饶市婺源县秋口镇李坑村
Likeng Village, Qiukou Town, Wuyuan

333200

汪口古村景区
Wangkou Ancient Village Scenic Area

上饶市婺源县江湾镇汪口村
Wangkou Village, Jiangwan Town, Wuyuan County

333200

鸳鸯湖景区
Yuanyang（Mandarin Duck） Lake Scenic Area

上饶市婺源县赋春镇

Fuchun Town, Wuyuan County

333200

婺源县灵岩洞旅游区
Wuyuan County Lingyan Cave Tourism Area

上饶市婺源县古坦乡
Gutan Town, Wuyuan County

333200

篁岭景区
Huangling Scenic Area

上饶市婺源县江湾镇
Jiangwan Town, Wuyuan County

333200

文公山景区
Wengong Mountain Scenic Area

上饶市婺源县中云镇
Zhongyun Town, Wuyuan County

333200

婺源五龙源景区
Wuyuan Wulongyuan Scenic Area

上饶市婺源县段莘乡段莘村
Duanxin Village, Duanxin Town, Wuyuan County

333200

婺源严田景区
Wuyuan Yantian Scenic Area

上饶市婺源县甲路乡严田村
Yantian Village, Jialu Town, Wuyuan County

333200

婺源熹园景区
Wuyuan Xiyuan Scenic Area

上饶市婺源县紫阳镇汤村
Tangcun Village, Ziyang Town, Wuyuan County

333200

婺源翼天文化旅游城
Wuyuan Yitian Culture Tourism City

上饶市婺源县
Wuyuan County

333200

江西

山 东

SHANDONG

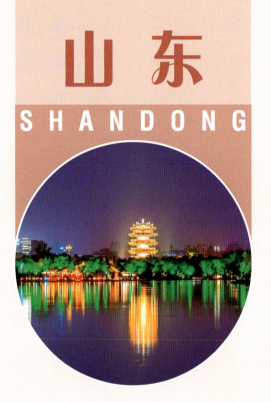

济南天下第一泉风景区
Jinan the First Spring in the Word Scenic Area

济南天下第一泉风景区由"一河（护城河）一湖（大明湖）三泉（趵突泉、黑虎泉、五龙潭三大泉群）四园（趵突泉公园、环城公园、五龙潭公园、大明湖风景名胜区）"组成，是集独特的自然山水景观和深厚的历史文化底蕴于一身的精品旅游景区。

景区以天下第一泉趵突泉为核心，泉流成河，河汇成湖，并与明府古城相依相生，泉、河、湖、城融为一体，集中展现了独特的"四面荷花三面柳，一城山色半城湖"泉城风光。

🏛 济南市历下区
Lixia District, Jinan

✉ 250011

🌐 http://www.txdyq.cn

崂山风景名胜区
Laoshan Mountain Famous Scenic Area

崂山风景名胜区东、南两面濒临黄海，西部与青岛市区接壤，北部与即墨市相邻，主峰"巨峰"海拔1132.7米，是我国大陆万里海岸线上最高的山峰。一山镇海，万象归怀。崂山气势雄伟，山峰紧错，岚光变幻，云气离合，是闻名遐迩的"海上第一名山"。崂山是道教发祥地之一，太清游览区有道教宫观太清

宫、上清宫、明霞洞和太平宫等。同时，佛教在崂山也留下不少庙宇，华严游览区有著名的佛寺古刹海印寺、潮海院、华严寺等。

🏛 青岛市高科园秦岭路
Qinling Road, Hightech Garden, Qingdao

✉ 266100

🌐 http://www.qdlaoshan.cn

台儿庄古城
Taierzhuang Ancient City

这是中国首座"二战"纪念城市，被世人誉为"中华民族扬威不屈之地"，有53处战争遗迹保存完好。

这是运河文化的活化石，台儿庄拥有京杭运河唯一一处古驳岸、古码头等水工遗存完整的古运河，被世界旅游组织称为"活着的古运河"。

台儿庄城内拥有18个汪塘和15公里的水街水巷，可以舟楫摇曳、遍游全城。

台儿庄古城集"运河文化"和"大战文化"于一城，融"齐鲁豪情"和"江南韵致"为一域，是"中国最美水乡""一个寻梦的地方"。

🏛 枣庄市台儿庄区大衙门街西
West Dayamen Street, Taierzhuang District, Zaozhuang

✉ 277400

🌐 http://www.tezgc.com

东营黄河口生态旅游区
Dongying Yellow River Estuary Ecotourism Area

东营黄河口生态旅游区位于黄河入海口处的黄河三角洲自然保护区内。自然保护区拥有世界上最年轻、最完整、最典型的湿地生态系统。东营黄河口生态旅游区内拥有河海交汇、湿地生态、石油工业和滨海滩涂景观等黄河三角洲独具特色的生态旅游资源。中华民族的母亲河——黄河从这里入海，这里有各种野生动物1500多种，还有国内罕见的天然柽柳林和万亩人工刺槐林，五月槐花飘香，洁白剔透，是人们回归自然、进行科考、度假、观鸟、猎奇的理想场所。

🏛 东营市东城沂河路258号黄河镇东北方向
Northeast of Huanghe Town, No. 258 Yihe Road, East Area of Dongying

✉ 257100

山东

烟台南山旅游区
Yantai Nanshan Tourism Area

烟台南山旅游区位于龙口市的卢山之中，自然风景秀丽宜人，人文景观古朴典雅，宏伟壮观。南山旅游区包括宗教文化园、中华历史文化园、主题公园和东海旅游度假区四部分。其中宗教文化园由南山禅寺、南山大佛、香水庵、华严世界等组成。景区内的南山大佛，是一座举世罕见的锡青铜释迦牟尼大坐佛，高38.66 米、重 380 吨，堪称世界第一铜铸坐佛。大佛莲花座下建有功德堂、万佛殿、佛教历史博物馆。

🏛 烟台龙口市东江镇
Dongjiang Town, Longkou

✉ 265718

🌐 http://www.nanshanlvyou.com

烟台市蓬莱阁旅游区（三仙山—八仙过海）
Penglai Pavilion（Sanxian Mountain-The Eight Immortals Crossing the Sea）Tourism Area

蓬莱素有人间仙境之称，传说蓬莱、方丈、瀛洲是海中的三座仙山，为神仙居住之所，亦是秦始皇东寻求药、汉武帝御驾访仙之地。"八仙过海、各显其能"的美丽传说就发生在这里。蓬莱阁始建于北宋嘉祐六年（1061 年），历经千年的风雨洗礼，仍屹立于丹崖山巅。其与岳阳楼、黄鹤楼、滕王阁并列为四大名楼。蓬莱阁坐落在丹崖山上，主要由吕祖殿、蓬莱

阁、三清殿、天后宫、龙王宫、弥陀寺等建筑组成，建筑风格庄重古朴、自然本真。

三仙山—八仙过海景区包括三仙山和八仙过海两大园区，是神话传说中八仙过海的地方，景区三面环海，形如宝葫芦横卧在大海之上。主要景观有八仙坊、八仙桥、望瀛楼等近 40 处，并有观景长廊等环区景观和快艇游览项目。

🏛 烟台蓬莱市迎宾路 59 号（蓬莱阁）、滨海路 8 号（三仙山—八仙过海）
No.59 Yingbing Road（Penglaige）, No.8 Binhai Road（Sanxian Mountain）, Penglai

✉ 265600

🌐 http://www.plg.com.cn

🌐 www.baxian..cn

青州古城旅游区
Qingzhou Ancient town Tourism Area

青州为古九州之一，历史悠久，文化积淀深厚。青州古城内现存古街巷上百条，包括昭德古街、偶园街、卫街、东门大街、北门大街、参将府街等，大部分街巷的名称已经延续了几百年甚至上千年。这些街巷肌理清晰，空间布局完整，较为完好地保留了古城传统风貌。

🏛 潍坊青州市老城区南环路
South Ring Road, Old Town of Qingzhou

✉ 262500

🌐 http://qzgucheng.sohuqz.com

曲阜明故城（三孔）旅游区
Qufu Ming Dynasty City (Three Confucius Places) Tourism Area

曲阜明故城（三孔）旅游区主要为曲阜三孔即孔庙、孔府和孔林景区，是中国历代纪念孔子、推崇儒学的首要场所，也是儒学重要地位的象征。其中孔府是孔子嫡长孙历代世袭"衍圣公"的官衙住宅，雕梁画栋，富丽堂皇；孔庙是祭祀孔子的祠庙，规模宏大，雄伟壮丽。孔林是孔子及其后代的墓地，内种树木繁多。明故城是明朝时为保护孔庙而建的城墙，曾被损毁后又复建，明故城的正南门上"万仞宫墙"四字为乾隆所题。

🏛 济宁曲阜市鼓楼北街 18 号
No.18 North Gulou Street Qufu

✉ 273100

济宁市微山湖旅游区
Jining Weishan Lake Tourism Area

微山湖旅游区由微山湖、昭阳湖、南阳湖、独山湖连接而成，面积 1266 平方公里，是我国北方最大的淡水湖。微山湖旅游区钟灵毓秀，物产丰饶，名胜众多，自然风光秀丽，是一个巨大的天然公园，是著名的"一都两乡"——中国荷都、北方水乡、铁道游击队故乡。

悠悠古韵是微山湖之根。被孔子称为"殷商三仁"之一的微子，死后葬于此，其仁爱思想深深影响着当地风土人情；"子鱼论战"之目夷、"汉初三杰"之张良，相继隐居并长眠于此；三贤护佑成就千古仁乡，人民质朴，为后来作为革命根据地奠定了基础。

红色经典是微山湖之魂。铁道游击队等抗日武装在此扎根并扬名，提升了微山湖旅游区的品牌之魂。

盎然绿意是微山湖之体。微山湖碧水千顷、荷田万亩、芦苇荡漾，素有"水上森林"之称，生态优良。

🏛 济宁市微山县微山湖风景旅游区
　　Weishan Lake, Weishan County

✉ 277600

泰山风景名胜区
Mount Tai Famous Scenic Area

泰山，通天拔地，雄风盖世，自古就有"五岳独尊""天下第一山"的美誉，是中国首例世界文化与自然双遗产，是世界地质公园。泰山拥有 5000 年的文化积淀，历代帝王及文人墨客留下了众多诗文华章与文物古迹。独特的封禅文化、岱庙、南天门、碧霞祠等巧夺天工的古建筑，秦刻石、经石峪、唐摩崖等古石刻，秦松、汉柏、唐槐等古树名木，使泰山成为"东方文化的缩影"。诗圣杜甫的"会当凌绝顶，一览众山小"，诗仙李白的"天门一长啸，万里清风来"道出了泰山"问天下，谁是英雄？唯我独尊"的豪迈情怀。

🏛 泰安市泰山区红门路 45 号
　　No.45 Hongmen Road, Taishan District, Tai'an

✉ 271000

🌐 http://www.mount-tai.com.cn

刘公岛风景名胜区
Liugong Island Scenic Area

清光绪十二年（1886 年），北洋水师成立，设督署于刘公岛上，习称北洋水师提督衙门，是北洋海军的指挥机关。清光绪二十年（1894 年）中日甲午战争爆发，北洋水师与日寇激战于黄海。提督丁汝昌和舰长邓世昌英勇奋战，最后壮烈殉国，北洋水师全军覆没，在中国近代抗击日本侵略的历史上留下了悲壮的一幕。如今的刘公岛上仍然保留有北洋海军提督署，并建有中国甲午战争博物院以及按原貌复制再现的清末北洋海军旗舰"定远"号。另外刘公岛上还有刘公岛国家森林公园，公园内苍松翠柏，风景独特，且有数百头野生梅花鹿出没林中，素有"海上仙山"和"世外桃源"之美誉。

🏛 威海市新威路 52 号刘公岛管委会
　　the Management Committee of Liugong Island, No.52 Xinwei
　　Road, Weihai

✉ 264200

🌐 http://www.liugongdao.com.cn

华夏城景区
Huaxia City Scenic Area

这是历经 10 余年"愚公移山""凤凰涅槃"式艰苦卓绝的奋斗，修复威海龙山的 44 处矿坑，在各个采石场上建成的旅游景区：有最全面展示尧舜禹时期历史文化的禹王宫，集中展示胶东民俗特色的夏园；有在矿坑里打造的地下工程威海人民防空教育馆，矿坑上面覆土绿化，矿坑下面参观游览；有依照矿坑地势而建的华夏第一牌楼、三面圣水观音以及佤族武术等丰富多彩的传统演出。

🏛 威海市华夏路 1 号
　　No.1 Huaxia Road, Weihai

✉ 264205

沂蒙山旅游区之蒙阴云蒙景区
Yimeng Mountain Tourism Area—Yunmeng Scenic Area

云蒙景区位于临沂市西北部，东西雄列，绵延百余里。自然资源丰富多彩。森林植被覆盖率达 98% 以上，有"百里林海，天然课堂"之称，被誉为"天然氧吧""超洁净地区"。景区有中国瀑布、云蒙峰、雨王庙、金刚门、天壶峰、邵家寨、流碧桥等百余处景点。

山东

近年来，景区倾情打造了森林冲锋车、森林索道、森林漂流、森林观光车、森林游乐场、蒙山会馆、蒙山天池、金刚门文化广场八大精品项目及旅游服务设施。

🏛 临沂市蒙阴县
Mengyin County

✉ 276200

🚌 蒙阴汽车站乘去桃曲镇的班车可路过蒙山脚下。

萤火虫水洞·地下大峡谷旅游区
Firefly Stream Cave · Underground Grand Canyon

萤火虫水洞位于沂蒙山区腹地，沂水县城西南，有亚洲罕见的萤火虫奇观、形态各异的钟乳石、水量达 35 万立方米的岩溶暗湖、江北特大的生态蝴蝶谷等独有景观，是集休闲观光、科普教育、科考探险等多功能于一体的大型综合性生态旅游区。

旅游区内有一处特大型地下暗湖岩溶洞穴，是一处著名的地下萤火虫水洞神秘世界。该溶洞全长1200 米，萤光湖面积 2.5 万平方米，洞体规模宏大，各种岩溶景观千姿百态。洞内不但有大量的钟乳、奇石等奇特景观，而且生活着一种萤火虫，布满洞顶，犹如晴朗夜空中闪烁的星星，星星点点，成千上万，形成了一种奇妙的景观。

地下大峡谷旅游区是一座风貌奇特的溶洞王国，洞内风貌独特，呈峡谷态势，深近百米、两壁如削；宽处可行车马、窄处仅能容身；钟乳石形态各异，有"一河""九泉""九宫""十二瀑""十二峡"等景观100 余处。旅游区洞内地下暗河长达 6100 余米，利用暗河水势开发的漂流项目，是世界"最长的溶洞漂流"，深得游客的信赖与喜爱。

🏛 临沂市沂水县城西南
Southwest of Yishui County

✉ 276400

🌐 https://www.rdlylg.com/

沂蒙山旅游区之蒙山景区
Yimeng Mountain Tourism Area—Mengshan Mountain Scenic Area

蒙山，古称东山，"孔子登东山而小鲁，登泰山而小天下"中的"东山"即是蒙山。蒙山主峰龟蒙顶海拔 1156 米，秀出云表，耸翠天际，因其状如神龟伏卧云端而得名，为山东第二高峰，与泰山遥遥相望，被誉为"岱宗之亚"。

蒙山是历史文化名山，是"东夷文化"的发祥地之一。蒙山道佛共修，向有"三十六洞天，七十二古刹"之说。蒙山钟灵毓秀，孕育了诸如孔子弟子仲由、"算圣"刘洪、"智圣"诸葛亮、"书圣"王羲之、书法家颜真卿等贤圣人杰。蒙山也是一座英雄的山，是沂蒙山革命老区的象征。

蒙山集山岳景观、森林景观、瀑布景观于一身，自然景观博大雄浑。蒙山森林茂密，山泉广布，泉水甘冽。这里千峰万壑，云海松涛，泉飞瀑鸣，鸟语花香，是世界养生长寿胜地，是生态旅游、运动休闲、养生度假的理想场所。

🏛 临沂市平邑县柏林镇万寿宫
Wanshou Palace, Bolin Town Pingyi County

✉ 273304

🌐 http://www.mengshan.gov.cn

AAAA

跑马岭野生动物世界
Paomaling Wild Animals' World

🏛 济南市跑马岭风景区云顶路 2 号
No.2 Yunding Road, Paomaling Tourism Area, Jinan

✉ 250113

济南市千佛山省级风景名胜区
Qianfo Mountain Provincial Scenic Area

🏛 济南市经十一路 18 号
No.18 Jingshiyi Road, Jinan

✉ 250014

印象济南·泉世界旅游景区
Impressions Jinan Spring World Scenic Area

🏛 济南市槐荫区青岛路 2668 号
No.2668 Qingdao Road, Huaiyin District, Jinan

✉ 250117

济南市宏济堂中医药文化旅游景区
Jinan Hongjitang TCM Cultural Industrial Park

济南市历城区经十东路力诺科技园
Linuo Technology Garden, East Jingshi Road, Licheng District, Jinan

250100

济南九如山瀑布群风景区
Jinan Jiuru Mountain Group of Waterfall Tourism Area

济南市历城区西营镇
Xiying Town, Licheng District, Jinan

250100

九顶塔民俗欢乐园
Jiudingta Folk Ethic Garden

济南市历城区柳埠镇秦家庄
Qinjia Village, Liubu Town, Licheng District, Jinan

250113

济南金象山乐园
Jinxiang(Golden Elephant) Mountain Amusement Area

济南市历城区
Licheng District, Jinan

250100

济南红叶谷生态文化旅游区
Jinan Hongyegu Biological and Cultural Tourism Area

济南市历城区锦绣川乡
Jinxunchuan Village, Licheng District, Jinan

250012

灵岩寺
Lingyan Temple

济南市长清区万德镇
Wande Town, Changqing District, Jinan

250309

济南国际园博园
Jinan International Garden Exposition Park

济南市长清区大学城
University Area, Changqing District, Jinan

250300

莱芜战役纪念馆
Laiwu Battle Memorial Museum

济南市莱芜区英雄路北首
North End of Yingxiong Road, Laiwu District, Jinan

271100

莱芜房干生态旅游区
Laiwu Fanggan Ecotourism Area

济南市莱芜区雪野镇房干村
Fanggan Village, Xueye Town, Laiwu District, Jinan

271131

山东雪野现代农业科技示范园
Shandong Xueye Modern Agricultural Technology Demonstrate Garden

济南市莱芜区房干村
Fanggan Village, Laiwu District, Jinan

271100

百脉泉景区
Baimanquan Scenic Area

济南章丘市明水西北 19 公里处
19km Northwest of Mingshui, Zhangqiu

250200

朱家峪民俗旅游区
Zhujiayu Folk Custom Tourism Area

济南章丘市官庄乡朱家峪村
Zhujiayu Village, Guanzhuang Village, Zhangqiu

250217

青岛市海滨风景区
Qingdao Seashore Scenic Area

青岛市京山路 11 号
No.11 Jingshan Road, Qingdao

266003

青岛银海国际游艇俱乐部旅游区
Qingdao Yinhai International Yacht Club Tourism Area

青岛市东海中路 30 号
No.30 Middle Haizhong Road, Qingdao

266001

青岛啤酒博物馆
Qingdao Beer Museum

青岛市登州路 56 号
No.56 Dengzhou Road, Qingdao

266001

青岛珠山国家森林公园
Qingdao Zhushan Mountain National Forest Park

青岛开发区长江中路 177 号
No.77 Middle Changjiang Road, Development Zone, Qingdao

266001

山东

青岛滨海学院世界动物标本艺术馆
Qingdao Binhai University Global Animal Specimens Art Gallery

🏛 青岛市开发区青岛滨海学院内
　Inside Qingdao Binhai University, Development Zone, Qingdao

✉ 266001

青岛奥林匹克帆船中心
Qingdao Olympic Sailing Center

🏛 青岛市市南区普宁路
　Puning Road, Shinan District, Qingdao

✉ 266001

青岛海底世界
Qingdao Underwater World

🏛 青岛市市南区莱阳路 1 号
　No.1 Laiyang Road, Shinan District, Qingdao

✉ 266003

青岛葡萄酒博物馆
Qingdao Wine Museum

🏛 青岛市市北区延安一路 68 号
　No.68 1st Yan'an Road, Shibei District, Qingdao

✉ 266011

青岛金沙滩景区
Qingdao Golden Beach Scenic Area

🏛 青岛市开发区
　Development District, Qingdao

✉ 266555

青岛琅琊台风景区
Qingdao Langyatai Scenic Area

🏛 青岛市黄岛区琅琊镇
　Langya Town, Huangdao District, Qingdao

✉ 266407

青岛大珠山风景名胜旅游区
Qingdao Dazhu Mountain Scenic Area

🏛 青岛市黄岛区大珠山镇
　Dazhushan Town, Huangdao District, Qingdao

✉ 266000

青岛石老人观光园
Shilaoren Tourism Sightseeing Garden

🏛 青岛市崂山区崂山路 1 号
　No.1 Laoshan Road, Laoshan Zone, Qingdao

✉ 266001

青岛极地海洋世界
Qingdao Polar Ocean World

🏛 青岛市崂山区东海东路 60 号
　No.60 Donghai East Road, Laoshan District, Qingdao

✉ 266100

青岛华东葡萄酒庄园
Qingdao Huadong Wineyard

🏛 青岛市崂山区南龙口九龙坡
　Jiulongpo, Nanlongkou, Laoshan District, Qingdao

✉ 266105

青岛国际工艺品城
International Art Works City

🏛 青岛市城阳区 308 国道与华仙路交会处
　Intersection of 308 State Way & Huaxian Road, Chengyang District, Qingdao

✉ 266041

青岛宝龙乐园
Qingdao Baolong Amusement Park

🏛 青岛市城阳区崇阳路 510 号
　No.510 Chongyang Road, Chengyang District, Qingdao

✉ 266109

青岛方特梦幻王国
Fanta Wild Dreamland Qingdao

🏛 青岛市城阳区
　Chengyang District, Qingdao

✉ 266041

青岛奥林匹克雕塑文化园
Qingdao Olympic Sculpture Culture Park

🏛 青岛市城阳区兴阳路 318 号
　No.318 Xingyang Road, Chengyang District, Qingdao

✉ 266109

胶州少海风景区
Jiaozhou Shaohai Scenic Area

🏛 青岛胶州市城区东南侧
Southeast of Downtown, Jiaozhou

✉ 266300

天泰温泉度假区
Tiantai Hot Spring Resort

🏛 青岛即墨市温泉镇
Wenquan Town, Jimo

✉ 266200

茶山风景区
Chashan(Tea Mountain) Scenic Area

🏛 青岛平度市店子镇
Dianzi Town, Pingdu

✉ 266700

青岛蓝树谷青少年世博园景区
Qingdao Lanshugu Youth Expo Garden

🏛 青岛平度市云山镇蓝树谷路 8 号
No. 8 Lanshugu Road, Yunshan Town, Pingdu

✉ 266700

淄博市陶瓷博物馆
Zibo Ceramics Museum

🏛 淄博市张店区西四路 119 号
No.119 Xisi Road, Zhangdian District, Zibo

✉ 255033

淄博聊斋旅游区
Zibo Liaozhai Tourism Area

🏛 淄博市淄川区洪山镇蒲家庄
Pujia Village, Hongshan Town, Zichuan District, Zibo

✉ 255120

潭溪山景区
Tanxi Mountain Scenic Area

🏛 淄博市淄川区峨庄乡石沟村
Shigou Village, Ezhuang Town, Zichuan District, Zibo

✉ 255181

博山开元溶洞
Boshan Kaiyuan Limestone Cave

🏛 淄博市博山区源泉镇东高村
Donggao Village, Yuanquan Town, Boshan District, Zibo

✉ 255204

鲁山国家森林公园
Lushan National Forest Park

🏛 淄博市博山区池上镇
Chishang Town, Boshan District, Zibo

✉ 255205

淄博原山国家森林公园
Zibo Yuanshan National Forest Park

🏛 淄博市博山区颜山公园路 4 号
No.4 Yanshan Park Road, Boshan District, Zibo

✉ 255200

中国古车博物馆·太公生态文化旅游区
China Museum of Ancient Army Carriages—
Taigong Culture Ecotourism Area

🏛 淄博市临淄区齐陵镇后李村
Houli Village, Qiling Town, Lizi District, Zibo

✉ 255430

淄博市周村古商城
Zhoucun Ancient Business City

🏛 淄博市周村区新建中路 1 号
No.1 Middle Xinjian Road, Zhoucun District, Zibo

✉ 255300

淄博市天鹅湖国际慢城景区
Zibo Swan Lake International Cittaslow Scenic Area

🏛 淄博市高青县广青路
Guangqing Road, Gaoqing County

✉ 256300

国井酒文化生态博览园
Guojing Alcohol Culture Expo Garden

🏛 淄博市高青县黄河路 89 号
No.89 Huanghe Road, Gaoqing County

✉ 256300

沂源鲁山溶洞群景区
Yiyuan Lushan Mountain Karst Caves Scenic Area

🏛 淄博市沂源县土门镇
Tumen Town, Yiyuan County

✉ 256103

枣庄市铁道游击队景区
Railway Guerrilla Memorial Park

🏛 枣庄市薛城区泰山中路
Middle Taishan Road, Xuecheng District, Zaozhuang

✉ 277000

山东

枣庄冠世榴园风景区
Zaozhuang Guanshi Pomegranate Garden Scenic Area

- 枣庄市峄城区西部
  West Yicheng District, Zaozhuang
- 277300

台儿庄大战纪念馆
Taierzhuang Battle Memorial Museum

- 枣庄市台儿庄区马湾
  Mawan, Taierzhuang District, Zaozhuang
- 277400

山亭汉诺庄园
Shanting Hannuo Manor

- 枣庄市山亭区汉诺路
  Hannuo Road, Shanting District, Zaozhuang
- 277200

熊耳山国家地质公园
Xionger Mountain National Geology Park

- 枣庄市山亭区北庄镇
  Beizhuang Town, Shanting District, Zaozhuang
- 277218

抱犊崮国家森林公园
Baodugu National Forest Park

- 枣庄山亭区北庄镇
  Beizhuang Town, Shanting District, Zaozhuang
- 277218

月亮湾旅游区
Moon Bay Tourism Area

- 枣庄市山亭区城头镇
  Chengtou Town, Shanting District, Zaozhuang
- 277200

翼云石头部落旅游区
Yiyun Stone Tribe Tourism Area

- 枣庄市山亭区兴隆庄村
  Xinglongzhuang Village, Shanting District, Zaozhuang
- 277200

滕州盈泰温泉度假村
Tengzhou Yingtai Hot Spring Resort

- 枣庄滕州市区南 3 公里
  3km South of Tengzhou
- 277500

滕州微山湖湿地红荷旅游区
Tengzhou Weishan Lake Marsh and Red Lotus Tourism Area

- 枣庄市滕州市滨湖镇
  Binghu Town, Tengzhou
- 277517

揽翠湖旅游度假区
Lancui Lake Tourism Resort

- 东营市南二路 201 号
  No.201 Second South Road, Dongying
- 257099

鸣翠湖湿地风景区
Mingcui Lake Wetland Scenic Area

- 东营市河口区西湖路西侧
  West Side of Xihu Road, Hekou District, Dongying
- 257200

东营红滩湿地旅游区
Dongying Red Beach Wetland Tourism Area

- 东营市垦利区滨海大道东 50 米
  50m East of Binhai Avenue, Kenli District, Dongying
- 257500

天宁寺文化旅游区
Tianning Temple Culture Tourism Area

- 东营市垦利区胜坨镇
  Shengtuo Town, Kenli District, Dongying
- 257500

广饶孙子文化旅游区
Guangrao Sun Wu's Culture Tourism Area

- 东营市广饶县
  Guangrao County
- 257300

烟台金沙滩旅游度假区
Yantai Golden Beach Tourism Resort

- 烟台市开发区海滨路 40 号
  No.40 Haibin Road, Development Zone, Yantai
- 264006

磁山温泉小镇
Cishan Hot Spring Town

- 烟台市开发区长江路西首
  West End of Changjiang Road, Dvelopment Zone, Yantai
- 264006

烟台市张裕国际葡萄酒城
Yantai Zhangyu International Wine City

烟台市开发区卡斯特酒庄内
Inside Caster Wine Yard, Yantai

264001

海昌渔人码头旅游景区
Haichang Fisherman's Wharf Tourism Area

烟台市莱山区滨海中路 45 号
No.45 Middle Binhai Road, Laishan District, Yantai

264600

烟台山景区
Yantai Mountain Scenic Area

烟台市芝罘区烟台山东路 15 号
No.15 East Yantaishan Road, Zhifu District, Yantai

264600

张裕酒文化博物馆
Zhangyu Wine Cultural Museum

烟台市芝罘区大马路 56 号
No.56 Dama Road, Zhifu District, Yantai

264001

牟平养马岛省级旅游度假区
Muping Yangma Island Provincial Tourism Resort

烟台市牟平区养马岛
Yangma Island, Muping District, Yantai

264119

烟台昆嵛山国家森林公园
Yantai Kunyu Mountain National Forest Park

烟台市牟平区昆嵛山林场
Kunyu Mountain Forest, Muping District, Yantai

264113

烟台昆龙温泉景区
Yantai Kunlong Hot Spring Scenic Area

烟台市牟平区龙泉镇
Longquan Town, Muping District, Yantai

264100

艾山温泉旅游度假村
Aishan Mountain Hot Spring Tourism Resort

烟台栖霞市松山镇艾山汤村
Aishantang Village, Songshan Town, Qixia

265300

牟氏庄园
Mu's Manor

烟台栖霞市霞光路庄园南街 6 号
No.6 South Zhuangyuan Street, Xiaguang Road, Qixia

265300

太虚宫景区
Taixu Palace Scenic Area

烟台栖霞市迎宾路 33 号
No.33 Yingbin Road, Qixia

265300

海阳旅游度假区
Haiyang Tourism Resort

烟台市海阳市海滨路
Haibin Road, Haiyang

265100

莱州大基山景区
Laizhou Daji Mountain Scenic Area

烟台莱州市文昌路
Wenchang Road, Laizhou

261400

蓬莱海洋极地世界
The World of Ocean and Polar Region Penglai

烟台市蓬莱区海港路 88 号
No.88 Haigang Road, Penglai District, Yantai

265600

中粮君顶酒庄
COFCO Chateau Junding

烟台市蓬莱区君顶大道 1 号
No.1 Junding Avenue, Penglai District, Yantai

265607

山东蓬莱欧乐堡梦幻世界
Europark of Penglai

烟台市蓬莱区海市西路三山大酒店对面
Opposite Sanshan Hotel, West Haishi Road, Penglai District, Yantai

265600

山东长岛旅游景区
Shandong Changdao Island Scenic Area

烟台市蓬莱区长园路 464 号
No.464 Changyuan Road, Penglai District, Yantai

265800

山东

烟台长岛大黑山岛景区
Yantai Changdao Daheishan Island Scenic Area

🏛 烟台市蓬莱区大黑山岛
Daheishan Island, Penglai District, Yantai

✉ 265600

招远罗山黄金文化旅游区
Zhaoyuan Luoshan Gold Culture Tourism Area

🏛 烟台招远市玲珑镇欧家夼村
Oujiakuang Village, Linglong Town, Zhaoyuan

✉ 265400

淘金小镇
Gold Washing Town

🏛 烟台招远市玲珑镇
Linglong Town, Zhaoyuan

✉ 265400

潍坊金宝乐园
Weifang Jinbao Amusement Park

🏛 潍坊市潍洲路 438 号
No.438 Weizhou Road, Weifang

✉ 261051

潍坊市白浪绿洲湿地公园
Weifang Bailang Greenland Wetland Park

🏛 潍坊市南
West of Weifang City

✉ 261041

潍坊杨家埠民间艺术大观园
Weifang Yangjiabu Folk Arts Giand View Garden

🏛 潍坊市寒亭区杨家埠
Yangjiahu, Hanting District, Weifang

✉ 261100

景芝酒之城
Jingzhi Liquor City

🏛 潍坊安丘市景芝镇景酒大道 010 号
No.010 Jingjiu Avenue, Jingzhi Town, Anqiu

✉ 262119

安丘青云山民俗游乐园
Anqiu Qingyun Mountain Folk Custom Amusement Park

🏛 潍坊安丘市青云山路东首
East End of Qingyun Mountain Road, Anqiu, Weifang

✉ 262106

昌邑绿博园
Changyi Green Plants Exhibition Garden

🏛 潍坊市昌邑市宋庄镇
Songzhuang Town, Changyi

✉ 261300

昌邑青山秀水景区
Changyi Green Mountain & Clear Water Scenic Area

🏛 潍坊昌邑市永大路 2 号
No.2 Yongda Road, Changyi

✉ 261300

青州云门山风景名胜区
Qingzhou Yunmen Mountain Scenic Area

🏛 潍坊青州市城南 2.5 公里
2.5 Kilometers South to Qingzhou

✉ 262500

泰和山景区
Taihe Mountain Scenic Area

🏛 潍坊青州市庙子镇
Miaozi Town, Qingzhou

✉ 262503

诸城常山景区
Zhucheng Changshan Mountain Scenic Area

🏛 潍坊诸城市皇华镇西部
West of Huanghua Town, Zhucheng

✉ 262200

潍河公园
Weihe River Park

🏛 潍坊诸城市和平北街
North Heping Street, Zhucheng

✉ 262200

诸城市恐龙公园（文化旅游区）
Zhucheng Dinosaur Park (Culture Tourism Area)

🏛 潍坊诸城市密州路
　Mizhou Road, Zhucheng

✉ 262200

恐龙博物馆
Dinosaur Museum

🏛 潍坊诸城市密州路恐龙公园内
　Inside Dinosaur Park, Mizhou Road, Zhucheng

✉ 262200

诸城市动物园
Zhucheng Zoo

🏛 潍坊诸城市密州街道东俗村
　Dongsu Village, Mizhou Community, Zhucheng

✉ 262200

寿光林海生态博览园
Shouguang Linhai Ecological Exhibition Garden

🏛 潍坊寿光市机械林场
　Jixie Forest Fam, Shouguang

✉ 262716

寿光市蔬菜高科技示范园
Shouguang Vegetable Hightech Demonstration Garden

🏛 潍坊寿光市城东 1 公里
　1 Kilometer East to Shouguang

✉ 262705

寿光三元朱村
Shouguang Sanyuanzhu Village

🏛 潍坊寿光市三元朱村
　Sanyuanzhu Village, Shouguang

✉ 262700

潍坊红高粱小镇旅游区
Weifang Red Sorghum Town Tourism Area

🏛 潍坊高密市夏庄镇
　Xiazhuang Town, Gaomi

✉ 261500

临朐石门坊景区
Linqu Shimenfang Scenic Area

🏛 潍坊市临朐县谭马村
　Tanma Village, Linqu County

✉ 262600

沂山风景区
Yishan Mountain Sceneic Area

🏛 潍坊市临朐县新华路 63 号
　No.63 Xinhua Road, Linqu County

✉ 262600

临朐揽翠湖温泉度假村
Linqu Lancui Lake Hot Spring Resort

🏛 潍坊市临朐县兴隆东路与东镇路交会处
　Intersection of East Xinglong Road & Dongzhen Road, Linqu County

✉ 262600

中国宝石城
China's Precious Stone City

🏛 潍坊市昌乐县新城街 903 号
　903 Xincheng Street, Changle County

✉ 262400

济宁市南池景区
Jining Nanchi Scenic Area

🏛 济宁市王母阁路与任城路交会处
　Intersection of Wangmuge Road & Rencheng Road, Jining

✉ 272100

济宁北湖省级旅游度假区
Jining North Lake Provincial Tourism Resort

🏛 济宁市任城区
　Rencheng District, Jining

✉ 272000

曲阜孔子六艺城
Qufu Confucius Liuyi (Six Kinds of Art) Town

🏛 济宁曲阜市南新区春秋路 15 号
　No.15 Chunqiu Road, Nanxin District, Qufu

✉ 273100

曲阜尼山孔庙及书院景区
Qufu Nishan Confucious Temple & Ancient Academy

🏛 济宁曲阜市东南 30 公里处
　30 Kilometers Southeast of Qufu

✉ 273100

邹城孟庙、孟府旅游区
Zoucheng Mencius Temple & Mencius Residence Tourism Area

🏛 济宁邹城市城南
　South of Zoucheng

✉ 273500

山东

峄山省级风景名胜区
Yishan Provincial Famous Scenic Area

🏛 济宁邹城市城南 10 公里
　　10 Kilometers South of Zoucheng

✉ 273501

明鲁王陵旅游区
Ming Dynasty Prince Zhutan's Tomb Tourism Area

🏛 济宁邹城市东北 12 公里处九龙山南麓
　　South Jiulong Mountain, 12km Northeast of Zoucheng

✉ 273500

南阳古镇旅游区
Nanyang Ancient Town Tourism Area

🏛 济宁市微山县南阳镇
　　Nanyang Town, Weishan County

✉ 277600

羊山古镇国际军事旅游度假区
Yangshan Ancient Town International Military Tourism Resort

🏛 济宁市金乡县羊山镇
　　Yangshan Town, Jinxiang County

✉ 272200

汶上宝相寺景区
Wenshang Baoxiang Temple Scenic Area

🏛 济宁市汶上县尚书路
　　Shangshu Road, Wenshang County

✉ 272500

莲花湖湿地景区
Lotus Lake Wetland Scenic Area

🏛 济宁市汶上县城北
　　North Wenshan County

✉ 272500

万紫千红生态养生旅游度假区
Endless Colors Ecological & Healthy Tourism Resort

🏛 济宁市泗水县泗张镇
　　Sizhang Town, Sishui County

✉ 273200

水泊梁山风景名胜区
Shuibo Liangshan Scenic Area

🏛 济宁市梁山县越山南路 36 号
　　No.36 South Yueshan Road, Liangshan County

✉ 272600

贾堌堆农家寨景区
Jiagudui Peasant Village Scenic Area

🏛 济宁市梁山县大路口乡东部贾堌堆村
　　Jiagudui Village, East Dalukou Town, Liangshan County

✉ 272600

泰山方特欢乐世界
Fantawild Adventure Tai'an

🏛 泰安市泰山区东部新区明堂路北段
　　North Part of Mingtang Road, East New Area, Taishan District, Tai'an

✉ 271000

泰山森林温泉城
Taishan Forest Hot Spring City

🏛 泰安市岱岳区徂徕镇
　　Culai Town, Daiyue District, Tai'an

✉ 271000

泰安市徂徕山汶河景区
Tai'an Zulai Mountain Wenhe River Scenic Area

🏛 泰安市岱岳区
　　Daiyue District, Tai'an

✉ 271000

天颐湖旅游度假区
Tianyi Lake Tourism Resort

🏛 泰安市岱岳区满庄镇
　　Manzhuang Town, Daiyue District, Tai'an

✉ 271000

太阳部落景区
Sun Tribe Tourism Area

🏛 泰安市岱岳区满庄镇
　　Manzhuang Town, Daiyue District, Tai'an

✉ 271000

泰安新泰市莲花山省级森林公园
Tai'an Xintai Lianhua Mountain Provincial Forest Park

🏛 泰安新泰市泉沟镇
　　Quangou Town, Xintai

✉ 271207

五埠岭伙大门景区
Wubu Mountain Huodamen Scenic Area

🏛 泰安肥城市孙伯镇五埠村
　　Wubu Village, Sunbo Town, Feicheng

✉ 271600

泰安市昆仑山景区
Tai'an Kunlun Mountain Scenic Area

🏛 泰安市东平县银山镇南堂子村
　　Nantangzi Village, Yinshan Town, Dongping County

✉ 271500

东平湖水浒文化旅游区
Dongping Lake Shuihu Culture Tourism Area

🏛 泰安市东平县东平湖
　　Dongping Lake, Dongping County

✉ 271500

白佛山景区
Baifo Mountain Scenic Area

🏛 泰安市东平县东平镇焦村北
　　North Jiaocun Village, Dongping Town, Dongping County

✉ 271500

威海市仙姑顶旅游区
Weihai Xianguding Tourism Area

🏛 威海市青岛中路望岛村
　　Wangdao Village, Qingdao Middle Road, Weihai

✉ 264200

里口山风景名胜区
Likoushan Tourist Attraction

🏛 威海市环翠区张村镇王家疃村
　　Wangjiatuan Village, Zhangcun Town, Huancui District, Weihai

✉ 264200

威海天沐温泉度假区
Weihai Tianmu Hot Spring Resort

🏛 威海市文登区张家产镇
　　Zhangjiachan Town, Wendeng District, Weihai

✉ 264400

汤泊温泉度假村
Tangpo Hot Spring Resort

🏛 威海市文登区文登营镇止马岭村
　　Zhimaling Village, Wendeng Town, Wendeng District, Weihai

✉ 264400

荣成市成山头风景名胜区
Rongcheng Chengshantou Scenic Area

🏛 威海荣成市成山镇
　　Chengshan Town, Rongcheng

✉ 264321

荣成市赤山风景名胜区
Rongcheng Chishan Mountain Scenic Area

🏛 威海荣成市石岛镇
　　Shidao Town, Rongcheng

✉ 264300

乳山银滩省级旅游度假区
Rushan Silver Beach Provincial Tourism Resort

🏛 威海乳山市白沙滩镇
　　Shatan Town, Rushan

✉ 264504

福如东海文化园
Furudonghai(Happiness as More as East Sea) Culture Park

🏛 威海乳山市银滩
　　Silver Beach, Rushan

✉ 264500

日照万平口海滨旅游区
Rizhao Wanpingkou Seaside Tourism Area

🏛 日照市海曲东路东首
　　East End of Haiqu Road, Rizhao

✉ 276826

龙门崮风景区
Longmengu Scenic Area

🏛 日照市东港区三庄镇
　　Sanzhuang Town, Donggang District, Rizhao

✉ 276800

日照海滨国家森林公园
Rizhao Lunan Seaside National Forest Park

🏛 日照市东港区丝山镇
　　Sishan Town, Donggang District, Rizhao

✉ 276825

日照刘家湾赶海园
Rizhou Liujia Bay Ganhai Garden

🏛 日照市东港区涛雒镇
　　TaoLuo Town, Donggang District, Rizhao

✉ 276800

日照海洋公园
Rizhao Ocean Park

🏛 日照市东港区海滨二路中煤东花园西侧约 50 米
　　50m West of Zhongmei East Garden, Haibin 2nd Road, Donggang District, Rizhao

✉ 276800

山东

五莲山旅游风景区
Wulian Mountain Scenic Area

- 日照市五莲县兰陵路 1 号
  East end of Wenhua Road, Wulian County
- 262303

浮来青生态旅游度假区
Fulaiqing Ecotourism Resort

- 日照市莒县夏庄镇
  Xiazhuang Town, Juxian County
- 276514

日照市嗡嗡乐园景区
Rizhao WWpark Scenic Area

- 日照市莒县龙山镇旅游大道东
  East Lvyou Avenue, Longshan Town, Juxian County
- 276500

日照 / 临沂无极鬼谷旅游区
Rizhao/Linyi Wuji Guigu Tourism Area

- 日照市岚山镇黄墩镇、临沂市莒南县朱芦镇
  Huangdun Town, Lanshan District, Rizhao; Zhulu Town, Junan County, Linyi
- 276808, 276600

临沂市科技馆
Linyi Science and Technology Hall

- 临沂市北城新区府右路 8 号
  No.8 Fuyou Road, New North Area, Linyi
- 276000

华丰国际休闲旅游区
Huafeng International Leisure Tourism Area

- 临沂市兰山区
  Lanshan District, Linyi
- 276002

观唐（国际）温泉度假村
Guantang (International) Hot Spring Resort

- 临沂市河东区汤头镇
  Tangtou Town, Hedong District, Linyi
- 276034

龙园休闲度假农庄
Dragon Park Leisure Resort Villa

- 临沂市河东区龙王堂子村
  Longwangtangzi Village, Hedong District, Linyi
- 276032

山东省政府和八路军 115 师司令部旧址
Shandong Province Government and 115th Division of the Eighth Route Army(Balujun) Headquarter Former Site

- 临沂市莒南县大店镇
  Dadian Town, Junan County
- 276600

临沂雪山彩虹谷旅游区
Linyi Tourism Area of Snow Mountain Rainbow Valley

- 临沂市沂水县城东 3 公里处
  3km East of Yishui County
- 276400

沂水天然地下画廊
Yishui Natural Underground Art Gallery

- 临沂市沂水县院东头乡留虎峪
  Liuhuyu, Dongtou Town, Yishui County
- 276419

天上王城景区
Kingdom in Heaven Scenic Area

- 临沂市沂水县泉庄乡
  Quanzhuang Town, Yishui
- 276400

东方瑞海国际温泉度假村
Oriental Ruihai International Hot Spring Resort

- 临沂市沂水县新南环路长安路口
  Intersection of Chang'an Road, New South Wing Road, Yishui County
- 276400

沂水县沂蒙花开旅游区
Yishui County Yimeng Bloom Tourism Area

- 临沂市沂水县泉庄镇尹家峪村
  Yinjiayu Village, Quanzhuang Town, Yishui County
- 276400

蒙阴县孟良崮旅游区
Menglianggu Tourism Area

- 临沂市蒙阴县垛庄镇泉桥村
  Quanqiao Village, Duozhuang Town, Mengyin County
- 276200

岱崮地貌旅游区
Daigu Landform Tourism Area

- 临沂市蒙阴县笊篱坪村
  Zhaoliping Village, Mengyin County
- 276200

山东省天宇自然博物馆
Shandong Tianyu Natural Museum

🏛 临沂市平邑县城莲花山路西段
West Part of Lianhuashan Road, Pingyi County

✉ 273300

沂蒙云瀑洞天旅游区
Yimeng Cloud & Waterfall Cave Tourism Area

🏛 临沂市费县南张庄乡
Nanzhangzhuang Town, Feixian County

✉ 273400

智圣汤泉旅游度假村
Zhisheng Tangquan(Hot Spring) Resort

🏛 临沂市沂南县
Yinan County

✉ 376300

竹泉村旅游度假区
Zhuquan Village Tourism Resort

🏛 临沂市沂南县
Yinan County

✉ 376300

沂蒙红色影视基地
Yimeng Red Movie & TV Base

🏛 临沂市沂南县马牧池乡常山庄村
Changshanzhuang Village, Muchi Town, Yinan County

✉ 276300

沂蒙马泉休闲园
Yimeng Maquan Leisure Park

🏛 临沂市沂南县铜井镇保泉村
Baoquan Village, Tongjing Town, Yinan County

✉ 276300

沂南县朱家林旅游区
Yinan County Zhujialin Tourism Area

🏛 临沂市沂南县朱家林村 100 号
No.100 Zhujialin Village, Yinan County

✉ 276300

董子园景区
Dong Zhongshu's Garden

🏛 德州市东部德州经济开发区
Economic Development Zone, East of Dezhou

✉ 253012

德州市太阳谷景区
Dezhou Sun Valley Tourism Area

🏛 德州市经济开发区太阳谷大道南首
South of Taiyanggu(Sun Valley) Street, Economic Development Zone, Dezhou

✉ 253012

德州乐陵千年枣林生态旅游区
1000 Years old Jujube Forest Ecotourism Area

🏛 德州乐陵市朱集镇
Zhuji Town, Leling

✉ 253600

冀鲁边区革命纪念园
Ji-Lu Border Area Revolution Memorial Park

🏛 德州乐陵市朱集镇枣林旅游路东侧
East Side of Zaolin Lvyou Road, Zhuji Town, Leling

✉ 253600

泉城极地海洋世界
Quancheng Polarland Ocean World

🏛 德州市齐河县生态旅游开发区
Ecotourism Development Area, Qihe County

✉ 251100

泉城欧乐堡梦幻世界景区
Quancheng Europark Dream World Scenic Area

🏛 德州市齐河县黄河国际生态城旅游路 08 号
No.08 Lüyou Road, Huanghe International Ecological City, Qihe County

✉ 251100

庆云海岛金山寺景区
Qingyun Haidao Island Jinshan Temple Scenic Area

🏛 德州市庆云县汾水王村
Fenshuiwang Village, Qingyun County

✉ 253700

东昌湖旅游区
Dongchang Lake Tourism Area

🏛 聊城市东昌府区东昌湖西城墙 20 号
No.20 Xichengqiang, Dongchangfu District, Liaocheng

✉ 252000

临清宛园
Linqing Yuanyuan Garden

🏛 聊城临清市银河路
Yinhe Road, Linqing

✉ 252600

山
东

阳谷景阳冈 · 狮子楼景区
Yanggu Jingyanggang—Shizilou(Lion Building) Scenic Area

🏛 聊城市阳谷县张秋镇
Zhangqiu Town, Yanggu County

✉ 252300

中国阿胶博物馆 · 东阿阿胶养生文化苑景区
The National Ejiao Glue Museum Dong'e Ejiao Health Culture Centre Scenic Area

🏛 聊城市阿县阿胶街 78 号
No.78 Ejiao Street, Dong'e County

✉ 252201

聊城市天沐 · 山东江北水城温泉度假村
Tianmu Hot Spring Resort of JBSC

🏛 聊城市冠县马颊河林场
Majiahe Forest Centre, Guanxian County

✉ 252500

杜受田故居
Du Shoutian's Former Residence

🏛 滨州市滨城区滨北镇南街
South Street of Binbei Town, Bincheng District, Binzhou

✉ 256613

滨州沾化冬枣生态旅游区
Zhanhua Winter Jujube Ecotourism Area

🏛 滨州市沾化区下洼镇
Xiawa Town, Zhanhua District, Binzhou

✉ 256800

惠民孙武古城
Huimin Sunwu Ancient Town

🏛 滨州市惠民县武圣大道
Wusheng Avenue, Huimin County

✉ 251700

惠民鑫诚田园生态旅游区
Huimin Xincheng Countryside Ecotourism Area

🏛 滨州市惠民县麻店镇滨惠大道 888-7 号
No.888-7 Binhui Avenue, Madian Town, Huimin County

✉ 251700

黄河三角洲生态文化旅游岛
Yellow River Delta Ecological Culture Tourism Island

🏛 滨州市无棣县棣州大街 67 号
No.67 Dizhou Avenue, Wudi County

✉ 251900

博兴县打渔张森林公园
Boxing County Dayuzhang(Fisherman Zhang) Forest Park

🏛 滨州市博兴县乔庄镇打渔张村
Dayuzhang Village, Qiaozhuang Town, Boxing County

✉ 256500

曹州牡丹园
Caozhou Peony Garden

🏛 菏泽市牡丹区人民路 1000 号
No/1000 Renmin Road, Mudan District, Heze

✉ 274000

浮龙湖生态旅游度假区
Fulong(Floating Dragon) Lake Ecological Tourism Resort

🏛 菏泽市单县西南 18 公里处
18km Southwest of Shanxian County

✉ 273700

单县科技馆景区
Shanxian County Science & Technoloty Museum

🏛 菏泽市单县北园路与嘉单路交叉口
Intersection of Beiyuan Road & Jiashan Road, Shanxian County

✉ 274300

开山景区
Jianshan Scenic Area

🏛 菏泽市单县舜师东路与园艺路交叉口
Intersection of East Shunshi Road & Yuanyi Road, Shanxian County

✉ 274300

水浒文化旅游城
Shuihu Culture Tourism Area

🏛 菏泽市郓城县西门街南段
South Part of Ximen Street, Yuncheng County

✉ 274700

孙膑旅游城 · 亿城寺景区
Sun Bin Tourism City—Yicheng Temple Scenic Area

🏛 菏泽市郓城县吉山镇
Jishan Town, Juancheng County

✉ 274600

河 南

HENAN

AAAAA

嵩山少林风景区
Mount Songshan Shaolin Scenic Spot

嵩山是我国著名的"五岳"之"中岳"。古老的嵩山起始于36亿年前，堪称万山之祖，它拥有"五代同堂"的地质奇观，被誉为"天然地质博物馆""地学百科全书"。这里有中国现有最古老的汉代礼制建筑——汉三阙、佛教禅宗祖庭——少林寺、道教策源地——中岳庙、宋代四大书院之一——嵩阳书院、中国现存最早的砖塔——嵩岳寺塔、中国现存最古老、最完好的天文建筑——观星台等，文化遗存星罗棋布，佛、道、儒三教荟萃，内涵博大精深。

🏛 郑州登封市西北部
　Northwest of Dengfeng

✉ 452470

🌐 http://www.songshancn.com

开封清明上河园
Kaifeng Millennium City Park

这是以中国传世名画《清明上河图》为蓝本，按照1∶1比例复原再现的大型宋代历史文化主题公园。清明上河园占地40万平方米，其中水面12万平方米，大小古船百余艘，房屋400余间，景观建筑面积3万多平方米，形成了中原地区大型的仿宋古建筑群。在《清明上河图》中浓墨重彩描绘的上善门、虹桥、临水大殿等建筑辉煌壮观，令人称赞。千年历史画卷在这里得以重现。

🏛 开封市龙亭区龙亭西路5号
　No.5 West Longting Road, Longting District, Kaifeng

✉ 475001

🌐 http://www.qingmings.com

洛阳龙门石窟景区
Luoyang Longmen Grotto Scenic Area

这里两山对峙，伊水中流，佛光山色，风景秀丽，是宋代苏过所描绘"峥嵘两山门，共挹一水秀"的天阙奇观。龙门石窟始凿于北魏孝文帝迁都洛阳之际（493年），之后历经东魏、西魏、北齐、隋、唐、五代的营造，从而形成了南北长达1公里、具有2345个窟龛、10万余尊造像、2860余块碑刻题记的石窟遗存。龙门石窟与敦煌莫高窟、云冈石窟、麦积山石窟并称为中国四大石窟。

🏛 洛阳市洛龙区龙门镇龙门中街13号
　No.13 Middle Longmen Street, Longmen Town, Luolong District, Luoyang

✉ 471023

🌐 http://www.lmsk.gov.cn

龙潭大峡谷景区
Longtan Great Valley Scenic Area

龙潭大峡谷是黛眉山世界地质公园的核心景区。龙潭大峡谷是一条由紫红色石英砂岩经流水追踪下切形成的深切峡谷，全长12公里，谷内嶂谷、隘谷呈串珠状分布，云蒸霞蔚，激流飞溅，红岩绿荫，悬崖绝壁，不同时期的流水切割、旋蚀磨痕十分清晰，因崩塌作用所形成的山崩地裂奇观国内外罕见。景区的六大自然谜团（水往高处流、佛光罗汉崖、巨人指纹、石上天书、蝴蝶泉、仙人足迹）、七大幽潭瀑布（五龙潭、龙涎潭、青龙潭、黑龙潭、卧龙潭、阴阳潭、芦苇潭）、八大自然奇观（绝世天碑、石上春秋、石龛瓮谷、波纹巨石、山崩地裂、通灵巷谷、喜鹊迎宾、银链挂天）令人惊叹。

🏛 洛阳市新安县石井镇
　Shijing Town, Xin'an County

Longmen Shiku
龙门石窟

　　世界文化遗产——龙门石窟位于洛阳市城南6公里的伊阙峡谷，这里香山和龙门山两山对峙，伊河水从中穿流而过，古称"伊阙"。隋炀帝迁都洛阳后，把皇宫的正门正对伊阙，从此，伊阙便被人们习惯地称为龙门。龙门因山清水秀、环境清幽、气候宜人，被列入洛阳八大景之冠。唐代大诗人白居易曾说："洛都四郊，山水之胜，龙门首焉。"此处素为文人墨客观游胜地。又因石质优良，宜于雕刻，故而古人择此而建石窟。这里青山绿水、万象生辉，伊河两岸东西山崖壁上的窟龛星罗棋布、密如蜂房。

　　龙门石窟景区有丰富的文化旅游资源。有东、西山石窟、白园、香山寺等国际国内知名景区，其中东、西两山现存窟龛2345个、佛塔70余座，造像10万余尊，碑刻题记2860多块，是我国三大佛教石窟艺术宝库之一。香山寺位于龙门东山（香山）的山腰上，占地3000平方米，最早修建于公元516年，公元690年重修，现今已是龙门石窟景区的一处重要文化景点。白园位于龙门东山（香山）北麓的琵琶峰上，占地约3万多平方米，唐代风格的建筑园林，是我国唯一的一座纪念大诗人白居易的主题公园，主要景点有青谷区、乐天堂、诗廊等十余处。

　　1961年龙门石窟被公布为全国第一批重点文物保护单位。1982年龙门石窟被公布为全国第一批国家级风景名胜区。2000年11月，联合国教科文组织将龙门石窟列入《世界遗产名录》。2006年1月，龙门石窟被授予为全国文明风景旅游区。2007年5月龙门石窟被评定为首批国家5A级旅游景区。

✉ 471800

🌐 www.lyltdxg.com

🚌 洛阳汽车一运站每天有直通景区的班车。

栾川老君山·鸡冠洞旅游区
Luanchuan Laojun Mountain—Jiguan Cave Tourism Area

老君山是秦岭余脉八百里伏牛山的主峰，海拔高达 2200 余米，相传是道教始祖"老子"的归隐修炼之地，北魏时在山中建庙纪念，唐贞观年间修建"铁顶老君庙"，明万历十九年（1591 年）封为"天下名山"。

老君山是伏牛山国家地质公园的核心景区之一，山中有独特的"滑脱峰林"地貌、壮观的石林景区。老君山树木茂盛，风景如画，山泉丰富，山林中隐藏着十几处瀑布，在山顶则可观赏到极美的云海和日出。老君山景区面积庞大，主要分为居中的老君山主景区、西部的追梦谷景区和东部的寨沟景区。

鸡冠洞位于洛阳栾川县城西 3 公里处，属天然石灰岩溶洞，地质学上称其为"喀斯特地貌"。现已探明洞长 5600 米，上下分 5 层，落差 138 米。现已开发洞长 1800 米，观赏面积 2.3 万平方米。洞内峰回路转，景观布局疏密有致，石林耸秀、石花吐芳、石帷垂挂、石瀑飞溅，形态各异，姿态万千，天然成趣，巧夺天工，具有极高的观赏和科研价值。洞中四季恒温 18℃，被誉为"自然大空调"，四季宜游。

🏛 洛阳市栾川县城东 3 公里（老君山），栾川县栾川乡双堂村（鸡冠洞）
　　3km East of Luanchuan County（Laojun Mountain），Shuangtang Village, Luanchuan Town, Luanchuan County（Jiguan Cave）

✉ 471500

🌐 http://www.jiguandong.com

白云山国家森林公园
Baiyun Mountain National Forest Park

白云山国家森林公园位于洛阳市嵩县西南部伏牛山腹地。公园地跨长江、黄河、淮河三大流域。景区内 1300 米以上的山峰有 103 座，动植资源丰富，被专家誉为"自然博物馆"。景区内森林覆盖率高达 99.2%，白云林海、山峻石奇、飞瀑流泉，既有北国山水的雄伟，又有南方山水的俏丽，是理想的避暑度假和休闲胜地。

🏛 洛阳市嵩县南部
　　South of Songxian County

✉ 471400

🌐 http://www.chinabym.com

🚌 洛阳有到白云山的班车。

尧山—中原大佛景区
Yaoshan Mountain—Zhongyuan Big Buddha Scenic Area

尧山雄踞中原，雄伟峻拔又兼钟灵毓秀。景区内奇峰林立、怪石纷呈，有 36 处名胜，72 个景点，处处绮丽如画，是旅游观光、避暑疗养、休闲娱乐、科研探险的绝佳去处。

中原大佛位于尧山佛泉寺，大佛身高 108 米，莲花座高 20 米，金刚座高 25 米，须弥座高 55 米。大佛法相庄严，巍峨耸立在尧山脚下，周围九层山峰环围，佛前四季长流的沙河圣水，佛泉汤地，景观资源丰富，环境秀美。

🏛 平顶山市鲁山县西部
　　West of Lushan County

✉ 467300

🌐 http://www.yaoshanly.com

🚌 鲁山长途汽车站有到尧山景区的旅游班车。

殷墟博物苑
Ruins of Yin Museum

这是中国商代晚期的都城，也是中国历史上第一个有文献可考并为甲骨文和考古发掘所证实的古代都城遗址，距今已有 3300 年的历史。殷墟，位于中国历史文化名城安阳市西北郊，横跨洹河南北两岸。殷墟博物苑就建在殷墟宫殿宗庙区内，集中展现了殷代王宫殿堂的布局与建筑，成为集考古、园林、古建、旅游为一体的胜地。2006 年被列入《世界遗产名录》。

🏛 安阳市西郊小屯村
　　Xiaotun Village, West Suburb, Anyang

✉ 455004

🌐 http://www.ayyx.com

红旗渠·太行大峡谷景区
Red-Flag Canal & Taihang Grand Canyon Tourist Attraction

20 世纪 60 年代，10 万开山者，历时 10 年，绝壁穿石，挖渠千里，把中华民族的一面精神之旗，插在巍巍太行之巅。"北雄风光最胜处"的太行山上，红旗渠像一条蓝色飘带缠绕其间。红旗渠工程之艰巨，工程美学价值之高，堪称人间奇迹，形成了独一无二的红旗渠风光。红旗渠旅游黄金线路由红旗渠分水苑和青年洞景区组成。红旗渠总干渠到分水苑后分为三条干渠，南去北往延伸林州腹地。青年洞景区是以红旗渠的代表性工程——青年洞为主景，以太行山为依托的融人文景观和自然景观为一体的综合性景区，是红旗渠艰苦奋斗精神的实景体验场所。

🏛 安阳林州市太行路 225 号
No.225 Taihang Road, Linzhou

✉ 456550

太行大峡谷南北长 50 公里，东西宽 1.5 公里，海拔 800 ～ 1739 米，相对高差 1000 米以上。景区植被覆盖率达 90%，有"天然氧吧"之美誉。大峡谷内断崖高起，群峰峥嵘，阳刚劲露，台壁交错，苍溪水湍，流瀑四挂，是"北雄风光"的典型代表。太行大峡谷景区交通便捷，接待设施完善，是休闲养生、漂流滑翔、避暑度假、绘画写生、寻古探幽、旅游观光的好地方。

🏛 安阳林州市石板岩乡
Shibanyan Town, Linzhou

✉ 456591

🌐 http://www.thdxg.net

新乡八里沟景区
Xinxiang Baligou Scenic Area

新乡八里沟景区位于新乡市西北部辉县境内，地处太行山南麓、豫晋两省接壤处。景区总面积 109 平方公里，是全国首批旅游标准化示范单位、国家猕猴自然保护区、国家地质公园、河南省十佳景区。景区内山清水秀、碧水丹崖，有八里沟游览区、天界山游览区、九莲山游览区。其中八里沟游览区分为桃花湾、山神庙、天河瀑布、红石河 4 个旅游景段，全程以水为线，串联成秀美的山水精品画廊。天界山游览区分为回龙挂壁公路、龙吟峡、360° 云峰画廊、老爷顶等旅游景段。九莲山游览区分为西莲峡、小西天两个旅游景段。景区内有呈"V"形大峡谷和雄伟壮观的红岩绝壁。景区沟壑纵横，绝壁雄险，怪石林立，潭溪遍布，瀑水丰沛。

云台山－神农山·青天河景区
Yuntai Mountain—Shennong Mountain & Qingtian River Scenic Area

云台山山势险峻，峰峦之间常年云锁雾绕，因而得名云台山。云台山主峰茱萸峰海拔 1308 米，有落差 314 米的云台天瀑。"独在异乡为异客，每逢佳节倍思亲。遥知兄弟登高处，遍插茱萸少一人"的千古绝句就是唐代大诗人王维曾登临此峰而写下的。云台山以山称奇，以水叫绝，集秀、幽、雄、险于一山，融泉、瀑、溪、潭于一谷，"是一首最美妙的山水交响乐"。

🏛 焦作市修武县
Xiuwu County

✉ 454361

🌐 http://www.yuntaishan.net

神农山历史文化底蕴厚重，因炎帝神农氏在这里辨五谷、尝百草、设坛祭天而得名。神农氏在这里开创了农业和医学的先河，肇启了中华文明之源。神农山静应庙是道教上清派发源地。这里还有太平寺千年摩崖石刻，有佛、道共存的云阳寺、清静宫，有历史悠久的三大天门，古迹众多、香火鼎盛，自古就是广大信众祈财、祈福和祈运的圣地。神农山风景名胜区是世界地质公园，千峰竞秀，谷壑幽深，自然风光奇丽优美。神农山最具代表性的自然景观为龙脊长城，长城蜿蜒起伏，犹如一条神龙盘横在太行一岭九峰之巅，令人叹为观止。

🏛 焦作沁阳市紫陵镇
Ziling Town, Qinyang

✉ 454592

🌐 http://www.sns.cn

青天河景区有世界奇观天然长城和石鸡下蛋，有"华夏第一泉"三姑泉及由此泉水形成的大泉湖，有世界罕见的身上有文字记载的天然大佛,有中国最早期的男身观音铜像,有距今 1500 年的北魏摩崖石刻和北魏古丹道,有与少林寺齐名天下、清乾隆皇帝曾三次朝拜的千年古刹月山寺,有面积达 10 万亩的红叶林……青天河景区,"北方三峡"名副其实。

🏛 焦作市博爱县
　Bo' ai County

✉ 454430

🌐 http://www.qingtianhe.cn

西峡县伏牛山老界岭·恐龙遗址园旅游区
Xixia County Funiu Mountain Laojieling Scenic Area —Dinosaur Site Museum Tourism Area

"八百伏牛凌绝顶,长江黄河分水岭""中华大地的脊梁"——老界岭是伏牛山世界地质公园的核心区,由情人谷、仙人谷、日月谷及界岭主峰四大景区和老界岭休闲度假区组成。景区内群山叠翠,山川秀美,林海苍莽,四季景色异彩缤纷。

西峡恐龙遗址园旅游区位于秦岭山脉东段、伏牛山南麓,主要由地质科普广场、恐龙蛋化石博物馆、恐龙馆、恐龙蛋遗址、仿真恐龙园、嘉年华游乐园、龙都水上乐园等组成,是一个集科普、观光、娱乐、休闲、科研于一身,将原始和现代紧密结合的大型恐龙主题公园。

🏛 南阳市西峡县太平镇
　Taiping Town, Xixia County

✉ 474550

🌐 http://www.ljlkly.com

芒砀山旅游区
Mangdang Mountain Tourism Area

这里有世界上规模最大的地下西汉梁王陵墓群——汉梁王陵景区,这里是汉高祖刘邦斩蛇处,这里有大汉雄风景区、芒砀山地质公园、陈胜园景区、夫子山景区、僖山景区等几大部分。其中西汉梁王陵内出土的"四神云气图彩绘壁画""金缕玉衣"等中华瑰宝举世瞩目。芒砀山旅游区群峰争秀,风光旖旎,历史厚重,文化神秘,是集山水观光、文化观赏、生态休闲于一体的综合性旅游景区。

🏛 商丘永城市芒山镇
　Mangshan Town, Yongcheng

✉ 476641

🌐 http://www.mangshan.net

🚌 商丘市火车站乘坐往芒山镇的班车可至景区。

信阳市鸡公山景区
Xinyang Jigong Mountain Scenic Area

鸡公山位于河南省信阳市境内,桐柏山以东,大别山最西端,是中国著名的避暑胜地之一。鸡公山是我国五个重要地理分界线,即秦岭淮河分界线、伏牛山与大别山山系的分界线,湿润与半湿润分界线,长江与淮河流域分界线,南、北方天然分界线,有"青分豫楚、襟扼三江"之美誉。"佛光、云海、雾凇、雨凇、霞光、异国花草、奇峰怪石、瀑布流泉"是鸡公山的八大自然景观。

鸡公山历史厚重。鸡公山有文字记载的历史始于北魏,著名地理学家郦道元的《水经注·淮水考》记载:"水出鸡翅山,溪涧潆委,沿溯九渡矣。"鸡翅山即鸡公山。鸡公山是一部浓缩的中国近代史。从洋务运动到军阀混战,从国内战争到抗日战争,再到解放战争,中国重大的事件都能在鸡公山找到历史痕迹。山上有清末民初不同国别和风格的建筑群,有"万国建筑博物馆"之美称。

🏛 信阳市浉河区鸡公山
　Jigong Mountain, Shihe District, Xinyang

✉ 461434

嵖岈山风景区
Chaya Mountain Scenic Area

这里是中央电视台《西游记》续集的主要外景拍摄基地。嵖岈山风景区与西游文化、石猴文化密切相连，源远流长。著名高僧玄奘早期在嵖岈山一带诵经修行。淮安才子吴承恩为避祸远行，途经嵖岈山，从嵖岈山石猴、睡唐僧、醉八戒等天造地设、惟妙惟肖的奇石景观中汲取灵感，创作了千古巨著《西游记》。

嵖岈山是伏牛山东缘余脉，又名玲珑山、石猴仙山，山势嵯峨，怪石林立。南山、北山、花果山、六峰山砥足而立，秀蜜湖、琵琶湖、百花湖、天磨湖点缀其间，构成了一幅奇特秀丽的风光画卷。景区人文史迹星罗棋布，自然景观不胜枚举，享有"中华盆景""中州独秀""江北石林""伏牛奇观"之美誉。

🏛 驻马店市遂平县
Suiping County

✉ 463100

🌐 www.chayashan.com

🚌 遂平县汽车站有至景区的班车。

AAAA

郑州黄河风景名胜区
Zhengzhou Yellow River Famous Scenic Area

🏛 郑州市惠济区黄河南岸
South Bank of Yellow River, Huiji District, Zhengzhou

✉ 450042

郑州世纪欢乐园
Zhengzhou Century Amusement Garden

🏛 郑州市管城回族区石化路 1 号
No.1 Shihua Road, Guangcheng Hui Nationality District, Zhengzhou

✉ 450002

郑州市丰乐农庄 · 黄河谷马拉湾海浪浴场景区
Zhengzhou Fengle Farm—Yellow River Valley Mala Bay Wave Beach Scenic Area

🏛 郑州市惠济区江山路北段
North Part of Jiangshan Road, Huiji District, Zhengzhou

✉ 450000

郑州绿博园
The Afforestation Garden of Zhengzhou

🏛 郑州市郑开大道人文路向南 1 公里
1km South of Renwen Road, Zhengkai Avenue, Zhengzhou

✉ 450000

中原福塔
Zhongyuan(Middle China)Happy Tower

🏛 郑州市管城回族区
Guancheng Hui Nationality District, Zhengzhou

✉ 450000

黄帝故里
Native Place of Huangdi(Yellow Emperor)

🏛 郑州新郑市北关轩辕路
Xuanyuan Road, Beiguan, Xinzheng

✉ 451100

黄帝千古情旅游景区
Huangdi Romance Park

🏛 郑州新郑市大学南路 566 号
No. 566 South Daxue Road, Xinzheng

✉ 451100

登封市观星台景区
Dengfeng Star Observation Platform Scenic Area

🏛 郑州登封市告成镇石淙街
Shicong Street, Gaocheng Town, Dengfeng

✉ 452470

登封市大熊山仙人谷景区
The Fairy Valley of the Great Bear Mountain

🏛 郑州登封市徐庄镇
Xuzhuang Town, Dengfeng

✉ 452470

河南

登封中岳庙
Dengfeng Zhongyue Temple

🏛 郑州登封市
　　Dengfeng

✉ 452470

郑州嵩阳书院
Zhengzhou Songyang Academy

🏛 郑州登封市嵩山
　　Mountain Songshan, Dengfeng

✉ 452470

少林寺 · 三皇寨景区
Shaolin Temple—Sanhuangzhai Scenic Area

🏛 郑州登封市嵩山
　　Mount Songshan, Dengfeng

✉ 452470

伏羲大峡谷景区
Fuxi Great Valley Scenic Area

🏛 郑州新密市钟沟村
　　Zhonggou Village, Xinmi

✉ 452300

三泉湖景区
Sanquan(Three Spring) Lake Scenic Area

🏛 郑州新密市尖山景区内
　　Jianshan Scenic Area, Xinmi

✉ 452300

中原豫西抗日纪念园景区
Central China Western Henan Anti-Japanese
Memorial Garden

🏛 郑州新密市伏羲山旅游区
　　Fuxi Mountain Tourism Area, Xinmi

✉ 452300

巩义市康百万庄园
Gongyi Kangbaiwan Manor

🏛 郑州巩义市康店镇庄园路 59 号
　　No.59 Zhuangyuan Road, Kangdian Town, Gongyi

✉ 451200

巩义竹林景区
Gongyi Bamboo Forest Scenic Area

🏛 郑州市巩义市竹林镇
　　Zhulin Town, Gongyi

✉ 451200

古柏渡飞黄旅游区
Gubaidu Feihuang Tourism Area

🏛 郑州市荥阳市王村镇孤柏咀
　　Gubaiju, Wangcun Town, Xingyang

✉ 450100

古柏渡丰乐樱花园
Gubaidu Fengle Cherry Blossom Garden

🏛 郑州市荥阳市王村镇
　　Wangcun Town, Xingyang

✉ 450100

郑州方特欢乐世界
Zhengzhou Fantawild Adventure

🏛 郑州市中牟县郑开大道与人文路交叉口向南
　　South of Intersection of Zhengkai Avenue & Renwen Road,
　　Zhongmou County

✉ 451450

建业 · 华谊兄弟电影小镇
Jianye H.Brother Film Town

🏛 郑州市中牟县文创路与百花街交叉口

开封包公祠
Kaifeng Baozheng's Temple

🏛 开封市包公湖西岸
　　West Bank of Baogong Lake, Kaifeng

✉ 475000

开封相国寺
Kaifeng Grand Xiangguo Temple

🏛 开封市自由路西段 36 号
　　No.36 West Segment of Ziyou Road, Kaifeng

✉ 475000

开封龙亭公园
Kaifeng Longting Area

🏛 开封市鼓楼区中山路北段
North Part of Zhongshan Road, Gulou District, Kaifeng

✉ 475001

开封府景区
Kaifeng Capital Scenic Area

🏛 开封市包公东湖北岸
North Bank of East Baogong Lake, Kaifeng

✉ 475000

🌐 www.kaifengfu.cn

中国翰园碑林
Imperial Garden Stele Forest of China

🏛 开封市龙亭北路 15 号
No.15 North Longting Road, Kaifeng

✉ 475001

天波杨府公园
Tianbo Yang House Park

🏛 开封市龙亭区龙亭北路 14 号
No.14 North Longting Road, Longting District, Kaifeng

✉ 475100

爱思嘉农业嘉年华景区
Aisijia Agriculture Carnival Scenic Area

🏛 开封市祥符区西姜寨乡
Jiangzhai Town, Xiangfu District, Kaifeng

✉ 475100

开封铁塔公园
Kaifeng Iron Pagoda Park

🏛 开封市北门大街 210 号
No.210 Beimen Street, Kaifeng

✉ 475001

兰考焦裕禄纪念园
Lankao Jiao Yulu's Memorial Park

🏛 开封市兰考县建设路 88 号
No.88 Jianshe Road, Lankao County

✉ 475300

洛阳牡丹园
Luoyang Peony Garden

🏛 洛阳机场路与 310 国道交叉口
Intersection Between Jichang Road and 310th National
Highway, Luoyang

✉ 471000

洛阳隋唐洛阳城国家遗址公园
Luoyang Sui & Tang Dynasty Luoyang City Cite Park

🏛 洛阳市老城区中州中路与定鼎北路交叉口东北角
Northeast Corner of intersection of Mid Zhongzhou Road &
North Dingding Road, Laocheng District, Luoyang

✉ 471002

关林景区
Guanlin Scenic Area

🏛 洛阳市关林镇洛阳古代艺术馆
Luoyang Ancient Art Hall, Guanlin Town, Luoyang

✉ 471023

洛阳白马寺
Luoyang Baima Temple

🏛 洛阳市洛龙区白马寺镇
Baimasi Town, Luolong District, Luoyang

✉ 471013

洛阳市隋唐城遗址植物园景区
Luoyang Botanic Garden in Ancient Sui & Tang Site

🏛 洛阳市洛龙区古城路
Gucheng Road, Luolong District, Luoyang

✉ 741000

中国国花园景区
China State Flower Garden Scenic Area

🏛 洛阳市洛龙区龙门大道 4 号
No.4 Longmen Avenue, Luolong District, Luoyang

✉ 741000

洛阳·中国薰衣草庄园
Luoyang China Lavender Garden

🏛 洛阳市洛龙区（伊滨区）
Luolong (Yibin) District, Luoyang

✉ 471000

河南

万安山山顶公园
Wan'an Mountain Top Park

- 洛阳市洛龙区伊滨区诸葛镇潘沟村
  Pangou Village, Zhuge Town, Luolong District, Luoyang
- 471000

偃师二里头夏都遗址博物馆
Yanshi Erlitou Xia's Capital Site Museum

- 洛阳市偃师区斟鄩大道 1 号
  No.1 Zhenxun Avenue, Yanshi District, Luoyang
- 471900

黄河小浪底水利枢纽风景区
Yellow River Xiaolangdi Water Control Project Scenic Area

- 洛阳市孟津县小浪低镇
  Xiaolangdi Town, Mengjin County
- 471100

千唐志斋博物馆
Qiantangzhizhai Museum

- 洛阳市新安县铁门镇
  Tiemen Town, Xin'an County
- 471832

黛眉山世界地质公园
Daimei Mountain World Geological Park

- 洛阳市新安县石井镇
  Shijing Town, Xin'an County
- 471800

龙峪湾国家森林公园
Longyuwan National Forest Park

- 洛阳市栾川县庙子乡
  Miaozi Town, Luanchuan Countya
- 471500

抱犊寨景区
Baoduzhai Scenic Area

- 洛阳市栾川县三川镇
  Sanchuan Town, Luanchuan County
- 471500

重渡沟自然风景区
Chongdugou National Scenic Area

- 洛阳市栾川县
  Luanchuan County
- 471500

洛阳伏牛山滑雪度假乐园
Luoyang Funiu Mountain Skiing Resort

- 洛阳市栾川县伏牛山老界岭北坡
  North of Funiu Mountain, Luanchuan County
- 471500

栾川养子沟旅游休闲度假区
Luanchuan the Adopted Son Ditch Leisure Tourism Resort

- 洛阳市栾川县
  Luanchuan County
- 471500

栾川县竹海野生动物园
Luanchuan County Bamboo Sea Wildlife Park

- 洛阳市栾川县仓房村
  Cangfang Village, Luanchuan County
- 471500

洛阳市王府竹海景区
Luoyang Wangfu Bamboo Sea Scenic Area

- 洛阳市栾川县狮子庙镇王府沟村
  Wangfugou Village, Shizimiao Town, Luanchuan County
- 471500

木札岭景区
Muzhaling Tourism Area

- 洛阳市嵩县车村镇龙王村
  Longwang Village, Checun Town, Songxian County
- 471400

天池山国家森林公园
Tianchi Mountain National Forest Park

- 洛阳市嵩县德庆乡
  Deqing Town, Songxian County
- 471400

西泰山旅游区
Xitai Mountain Tourist Area

- 洛阳市汝阳县付店镇
  Fudian Town, Ruyang County
- 471200

恐龙谷漂流景区
Dinosaur Valley Drift Scenic Area

- 洛阳市汝阳县靳村乡石寨村东南方向 3.29 公里处
  3.29km Southeast of Shizhai Village, Jincun Town, Ruyang County
- 471200

宜阳县花果山国家森林公园
Yiyang County Huaguoshan National Forest Park

🏛 洛阳市宜阳县花果山乡
Huaguoshan Town, Yiyang County

✉ 471600

洛宁县神灵寨风景区
Luoning County Shenling Cottage Scenic Area

🏛 洛阳市洛宁县涧口
Jiankou, Luoning County

✉ 471700

伊川县龙凤山古镇
Yichuan County Longfengshan Ancient Town

🏛 洛阳市伊川县城关街道石瑶村西龙凤大道
West Longfeng Avenue, Shiyao Village, Chengguan Community, Yichuan County

✉ 471300

平顶山市博物馆
Pingdingshan Museum

🏛 平顶山市新华区新城区平安广场西侧
West Side of Ping'an Square, New Area of Xinhua District, Pingdingshan

✉ 467002

白龟湖国家城市湿地公园
Baigui Lake National Wetland Park

🏛 平顶山市新华区清风路
Qingfeng Road, Xinhua District, Pingdingshan

✉ 467002

石漫滩国家森林公园二郎山景区
Erlang Mountain Tourism Area in Shimantan National Forest Park

🏛 平顶山舞钢市石漫滩国家森林公园内
Inside Shimantan National Forest Park, Wugang

✉ 462500

灯台架景区
Lampstands Like Mountain Scenic Area

🏛 平顶山舞钢市石漫滩国家森林公园
Inside Shimantan National Forest Park, Wugang

✉ 462500

舞钢祥龙谷景区
Wugang Xianglong Valley Scenic Area

🏛 平顶山舞钢市南部
South of Wugang

✉ 462500

汝州九峰山景区
Ruzhou Jiufeng Mountain Scenic Area

🏛 汝州市寄料镇平王宋村
Pingwangsong Village, Jiliao Town, Ruzhou

✉ 467500

香山寺景区
Xiangshan Temple Scenic Area

🏛 平顶山市宝丰县闹店镇南
South of Naodian Town, Baofeng County

✉ 467400

马街书会景区
Majie Shuhui Scenic Area

🏛 平顶山市宝丰县杨庄镇
Yangzhuang Town, Baofeng County

✉ 467400

画眉谷景区
Thrush Birds Valley Scenic Area

🏛 平顶山市鲁山县尧山镇
Yaoshan Town, Lushan County

✉ 467300

尧山大峡谷漂流景区
Yaoshan Valley Drift Scenic Area

🏛 平顶山市鲁山县尧山镇
Yaoshan Town, Lushan County

✉ 467300

三苏园
Garden For Su Xun, Su Shi & Suzhe

🏛 平顶山市郏县茨芭乡三苏园村
Sansuyuan Village, Ciba Town, Jiaxian County

✉ 467100

郏县姚庄旅游区
Jiaxian Yaozhuang Tourism Area

🏛 平顶山市郏县姚庄乡幸福路
Xingfu Road, Yaozhuang Town, Jiaxian County

✉ 467100

河南

安阳洹水湾温泉旅游区
Anyang Huanshui Bay Hot Spring Tourism Area

安阳市彰德路与长江大道交叉口往南 500 米
500m South of Intersection of Zhangde Road & Changjiang Avenue, Anyang

455000

林虑山国际滑翔基地
Linlü Mountain International Gliding Base

安阳林州市城关镇西北 10 公里处
10km Northwest of Chengguan Town, Linzhou

456550

万泉湖景区
Wanquan Lake Scenic Area

安阳林州市临淇镇
Linqi Town, Linzhou

456550

安阳县马氏庄园景区
Anyang County Ma's Manor Scenic Area

安阳市安阳县蒋村乡西蒋村
Xijiang Village, Jiangcun Township, Anyang County

455000

安阳羑里城景区
Anyang Youli Town Scenic Area

安阳市汤阴县羑河村
Youhe Village, Tangyin County

456150

安阳岳飞庙景区
Anyang Yuefei's Temple Scenic Area

安阳市汤阴县城内岳庙街 84 号
No.84 Yuemiao Street, Tangyin County

456150

汤河国家湿地公园景区
Tanghe National Wetland Park

安阳市汤阴县韩庄镇
Hanzhuang Town, Tangyin County

456150

滑县道口古镇
Huaxian County Daokou Ancient Town

安阳市滑县道口镇
Daokou Town, Huaxian County

456400

金山淇河文化旅游区
Jinshan Qihe River Culture Tourism Area

鹤壁市淇滨区金山街道
Jinshan Community, Qibin District, Hebi

458030

桑园小镇·太极图景区
Sangyuan Town Taiji Scenic Area

鹤壁市淇滨区上峪乡南山村
Nanshan Village, Shangyu Town, Qibin District, Hebi

458030

鹤壁市朝歌文化园
Hebi Zhaoge Culture Park

鹤壁市淇滨区淇水大道与泰山路交叉口
Intersection of Qishui Avenue & Taishan Road, Qibin District, Hebi

458030

阿斗寨景区
Adou Stockaded Village Scenic Area

鹤壁市鹤山区鹤壁集乡蜀村东
East Shucun Village, Hebiji Town, Heshan District, Hebi

4580110

山城区石林会议旧址
Shancheng District Shilin Meeting Site

鹤壁市山城区石林镇石林村
Shilin Village, Shilin Town, Shancheng District, Hebi

458010

五岩山风景区
Wuyan(Five Rocks) Mountain Scenic Area

鹤壁市鹤山区姬家山乡
Jijiashan Town, Heshan District, Hebi

458010

浚县大伾山风景区
Junxian County Dapi Mountain Scenic Area

鹤壁市浚县伾浮路东段 97 号
No.97 East Part of Pifu Road, Xunxian County

456250

鹤壁市浚县古城
Xunxian Ancient Town

鹤壁市浚县西大街
West Street, Xunxian County

456250

云梦山风景名胜区
Yunmeng Mountain Famous Scenic Area

🏛 鹤壁市淇县西部
West of Qixian County

✉ 456750

古灵山风景区
Ancient Lingshan Mountain Scenic Area

🏛 鹤壁市淇县西北部
Northwest of Qixian County

✉ 456750

新乡潞王陵景区
Xinxiang King Lu's Tombs Scenic Area

🏛 新乡市凤泉区坟上村
Fenshang Village, Fengquan District Xinxiang

✉ 453700

比干庙景区
Bigan's Temple Scenic Area

🏛 新乡卫辉市顿坊店乡比干庙村
Biganmiao Village, Dunfangdian Town, Weihui

✉ 453100

龙卧岩景区
Longwo Rock Scenic Area

🏛 新乡卫辉市狮豹头乡
Shibaotou Town, Weihui

✉ 453100

跑马岭景区
Paomaling Scenic Area

🏛 新乡卫辉市狮豹头乡
Shibaotou Town, Weihui

✉ 453100

辉县关山景区
Huixian County Guanshan Scenic Area

🏛 新乡辉县市上八里镇松树坪村
Songshuping Village, Shangbali Town, Huixian County

✉ 453600

辉县万仙山风景区
Huixian County Wanxian Mountain Scenic Spot

🏛 新乡辉县市沙窑乡
Shayao Town, Huixian

✉ 453648

新乡八里沟景区
Xinxiang Baligou Scenic Area

🏛 新乡辉县市八里镇松树枰村
Songshuping Village, Bali Town, Huixian

✉ 453600

九莲山风景区
Jiulian Mountain Scenic Area

🏛 新乡辉县市上八里镇松树坪村
Songshuping Village, Shangbali Town, Huixian

✉ 453600

回龙天界山景区
Huilong (Turning Dragon) Tianjie Mountain Scenic Area

🏛 新乡市辉县市上八里镇回龙村
Huilong Village, Shangbali Town, Huixian

✉ 453600

轿顶山旅游景区
Jiaoding Mountain Tourism Area

🏛 新乡辉县市沙窑乡小井村
Xiaojing Village, Shayao Town, Huixian

✉ 453600

宝泉旅游度假区
Baoquan Tourism Resort

🏛 新乡辉县市薄壁镇
Bobi Town, Huixian

✉ 453600

新乡京华园景区
Xinxiang Jinghua Garden Scenic Area

🏛 新乡市新乡县小冀镇
Xiaoji Town, Xinxiang County

✉ 453731

原阳县九多肉多酱卤文化园景区
Nine Succulent Meat Sauce Culture Park

🏛 新乡市原阳县产业集聚区
Yuanyang County Industrial Agglomeration

✉ 453500

新乡市凤湖景区
Xinxiang Fenghu Lake Scenic Area

🏛 新乡市原阳县滨湖大道与太行大道交叉口东南侧
Southeast Side of Intersection of Binhu Avenue & Taihang Avenue, Yuanyang County

✉ 453500

河南

大沙河生态公园景区
Dashahe Economic Park

🏛 焦作市迎宾路与金沙路交叉口向东 200 米
200m East of Intersection of Yinbin Road & Jinsha Road, Jiaozuo

✉ 454000

焦作森林动物园
Jiaozuo Forest Zoo

🏛 焦作市解放区建设西路
West Jianshe Road, Jiefang District, Jiaozuo

✉ 454000

焦作市南水北调天河公园
Jiaozuo The South-to-North Water Diversion Tianhe River Park

🏛 焦作市解放区观清街
Guanqing Street, Jiefang District, Jiaozuo

✉ 454000

焦作影视城
Jiaozuo Film and Television City

🏛 焦作市普济路北端
North Head of Puji Road, Jiaozuo

✉ 454001

老家莫沟景区
Hometown Mogou Scenic Area

🏛 焦作孟州市莫沟村
Mogou Village, Mengzhou

✉ 454750

修武圆融寺景区
Xiuwu Yuanrong Temple Scenic Area

🏛 焦作市修武县西村乡当阳峪村
Dangyangyu Village, Xicun Town, Xiuwu County

✉ 454350

武陟嘉应观景区
Wuszhi Jiaying Temple Scenic Area

🏛 焦作市武陟县嘉应观乡
Jiayingguan Town, Wuzhi County

✉ 454950

陈家沟景区
Chenjiagou Scenic Area

🏛 焦作市温县陈家沟村
Chenjiagou Village, Wenxian County

✉ 454850

蜜雪集团．大咖国际茶饮梦工厂
MIXUE Ice Cream & Tea International Tea Dream Factory

🏛 焦作市温县赵堡镇陈家沟村
Chenjiagou Village, Zhaobao Town, Wenxian County

✉ 454850

东北庄杂技文化园区
Acrobatics in Northeast Village Cultural Park

🏛 濮阳市华龙区岳村镇东北庄村
Dongbeizhuang Village, Yuecun Town, Hualong District, Puyang

✉ 457000

戚城文物景区
Qicheng Heritage Scenic Area

🏛 濮阳市京开大道 71 号
No.71 Jingkai Avenue, Puyang

✉ 457000

濮阳县濮水小镇
Puyang County Pushui Town

🏛 濮阳市濮阳县解放路 754 号
No. 754 Jiefang Road, Puyang County

✉ 457100

许昌市灞陵桥景区
Xuchang Baling Bridge Scenic Area

🏛 许昌市魏都区许继大道西段
West Part of Xuji Avenue, Weidu District, Xuchang

✉ 461000

禹州均官窑址博物馆
Yuzhou Ruin of Jun Government Kiln Museum

🏛 许昌禹州市钧官窑路 60 号
No.60 Junguanyao Road, Yuzhou

✉ 461670

禹州大鸿寨景区
Yuzhou Dahongzhai Scenic Area

🏛 许昌禹州市西北边陲鸠山乡
Jiushan Town, Northwest of Yuzhou

✉ 461670

许昌钧瓷文化创意产业园
Xuchang Jun Kiln Cultural Creative Industry Garden

🏛 许昌禹州市区西南 20 公里
20km Southwest of Yuzhou

✉ 461670

许昌鄢陵国家花木博览园
Xuchang Yanling National Flower and Wood Exhibition Garden

🏛 许昌市鄢陵县新城区
New District, Yanling County

✉ 461200

鄢陵花都温泉小镇
Yanling Flower City Hot Spring Town

🏛 许昌市鄢陵县陈化店镇
Chenhuadian Town, Yanling County

✉ 461200

金雨香草庄园旅游区
Jinyu Vanilla Manor Tourism Area

🏛 许昌市鄢陵县花溪大道
Huaxi Avenue, Yanling County

✉ 461100

唐韵生态旅游区
Tangyun Ecotourism Area

🏛 许昌市鄢陵县花溪大道与新元大道交叉口北
North of Intersection of Huaxi & Xinyuan Avenue, Yanling County

✉ 461200

沙澧河风景区
Shali Rivers Scenic Area

🏛 漯河市源汇区文景路 4 号
No.4 Wenjing Road, Yuanhui District, Luohe

✉ 462000

许慎文化园景区
Xu Shen Culture Scenic Area

🏛 漯河市龙江路与中山路交叉口东 800 米
800m East of Intersection of Zhongshan Road & Longjiang Road, Luohe

✉ 462000

金凤凰鸟文化乐园景区
Golden Phoenix Birds Culture Garden Scenic Area

🏛 漯河市西南 3 公里处
3km Southwest of Luohe

✉ 462000

漯河南街村
Luohe Nanjie Village

🏛 漯河市临颍县南街村
Nanjie Village, Linying County

✉ 462600

小商桥景区
Xiaoshang Bridge Scenic Area

🏛 漯河市临颍县城南 12 公里处
12km South of Linying County

✉ 462600

天鹅湖国家城市湿地公园
Swan Lake National Wetland Park in City

🏛 三门峡市湖滨区黄河路西
West Huanghe Road, Hubin District, Sanmenxia

✉ 472000

虢国博物馆
Kingdom Guo Meseum

🏛 三门峡市湖滨区六峰北路
North Liufeng Road, Hubin District, Sanmenxia

✉ 472000

三门峡市黄河公园
Sanmenxia Yellow River Park

🏛 三门峡市湖滨区北环路北
North Side of North Ring Road, Hubin District, Sanmenxia

✉ 472000

黄河丹峡景区
The Yellow River Red Valley Scenic Area

🏛 三门峡市湖滨区崤山东路 62 号
No.62 East Xiaoshan Road, Hubin District, Sanmenxia

✉ 472000

庙底沟考古遗址公园
Miaodigou Archaeological Site Park

🏛 三门峡市湖滨区金谷东路
East Jingu Road, Hubin District, Sanmenxia

✉ 472000

三门峡函谷关历史文化旅游区
Sanmenxia Hanguguan History Cultural Tourism Zone

🏛 三门峡灵宝市函谷关古文化旅游区
Hanguguan, Lingbao

✉ 472501

汉山景区
Hanshan Mountain Scenic Area

🏛 三门峡市灵宝市故县镇
Guxian Town, Lingbao

✉ 472500

河
南

娘娘山风景区
Niangniang(Queen or Princess) Mountain Scenic Area

三门峡灵宝市西南 11 公里处
11km Southwest of Lingbao

472500

灵宝燕子山生态旅游区
Lingbao Yanzi(Swallow) Mountain Ecotourism Area

三门峡灵宝市
Lingbao

472500

仰韶村文化遗址博物馆
Yangshao Village Culture Site Museum

三门峡市渑池县仰韶镇仰韶村
Yangshao Village, Yangshao Town, Mianchi County

472400

仰韶仙门山旅游景区
Yangshao Xianmen Mountain Tourism Area

三门峡市渑池县段村乡东庄沟村
Dongzhuanggou Village, Duancun Town, Mianchi County

472400

三门峡甘山国家森林公园
Sanmenxia Ganshan Mountain National Forest Park

三门峡市陕县西张村
Xizhang Village, Shanxian County

472000

卢氏县豫西大峡谷风景区
Lushi County Yuxi Great Valley Scenic Area

三门峡市卢氏县官道日镇
Guandaori Town, Lushi County

472200

双龙湾景区
Shuanglong(Double Dragons) Bay Scenic Area

三门峡市卢氏县磨沟口乡
Mogoukou Town, Lushi County

472200

南阳卧龙岗武侯祠
Nanyang Wollongong Wuhou Temple

南阳市西卧龙岗
West Wolonggang, Nanyang

473000

邓州花洲书院
Dengzhou Huazhou Ancient Academy

南阳邓州市东南隅
Southeast of Dengzhou

474150

南召宝天曼景区
Nanzhao Baotianman Scenic Area

南阳市南召县乔端镇
Qiaoduan Town, Nanzhao County

474650

五朵山景区
Wuduo Mountain Scenic Area

南阳市南召县四棵树乡
Sikeshu Town, Nanzhao County

474650

七峰山生态旅游区
Qifeng(Seven Peaks) Mountain Ecotourism Area

南阳市方城县杨集乡大河口村
Dahekou Village, Yangji Town, Fangcheng County

473200

方城七十二潭景区
Fangcheng 72 Pools Scenic Area

南阳市方城县
Fangcheng County

473200

德云山风情植物园
Deyun Mountain Style Botanical Garden

南阳市方城县二郎庙镇
Erlangmiao Town, Fangcheng County

473200

老鹳河漂流风景区
Laoguan River Drift Scenic Area

南阳市西峡县军马河乡
Junmahe Town, Xixia County

474550

西峡恐龙遗址园
Xixia Dinosaur Ruins Garden

南阳市西峡县丹水镇三里庙村
Sanlimiao Village, Danshui Town, Xixia County

474550

南阳龙潭沟景区
Nanyang Longtan Valley Scenic Area

南阳市西峡县双龙镇
Shuanglong Town, Xixia County

474550

老君洞景区
Laojun Cave Scenic Area

南阳市西峡县二郎坪乡
Erlangping Town, Xixia County

474550

寺山国家森林公园景区
Sishan Mountain National Forest Park Scenic Area

南阳市西峡县城西灌河岸边
Bank of Guanhe River, West of Xixia County

474550

南阳国际玉城
Nanyang International Jade City

南阳市镇平县石佛寺镇
Shifosi Town, Zhenping County

474250

内乡县衙博物馆
Neixiang Ancient County Government Museum

南阳市内乡县
Neixiang County

474350

大宝天曼原始生态旅游区
Baotianman Original & Ecological Tourism Area

南阳市内乡县夏馆镇葛条爬村
Getiaopa Village, Xiaguan Town, Neixiang County

474350

宝天曼峡谷漂流景区
Baotianman Valley Drift Scenic Area

南阳市内乡县七里坪乡大龙村
Dalong Village, Qiliping Town, Neixiang County

474364

云露山景区
Yunlu Mountain Scenic Area

南阳市内乡县马山口镇火星庙村
Huoxingmiao Village, Mashankou Town, Neixiang County

474350

香严寺风景名胜区
Xiangyan Temple Famous Scenic Area

南阳市淅川县仓房镇
Cangfang Town, Xichuan County

474450

河南丹江大观苑景区
Henan Danjiang Grand View Garden

南阳市淅川县马蹬镇石桥村
Shiqiao Village, Madeng Town, Xichuan County

474450

社旗山陕会馆
Sheqi Mountain Shanxi & Shaanxi Clubhall

南阳市社旗县社旗镇
Sheqi Town, Sheqi County

473300

桐柏山淮源风景名胜区
Tongbai Mountain Huaiyuan Famous Scenic Area

南阳市桐柏县城西 2 公里处
2 Kilometers West of Tongbai County

474750

商丘古城文化旅游区
Shangqiu Ancient Town Cultural Tourism Area

商丘市睢阳区古城内小隅首东一街 5 号
No.5 Dongyi Street, Small Yushou, Suiyang District, Shangqiu

476100

淮海战役陈官庄纪念馆景区
Chenguanzhuang Memorial Museum for Huaihai Campaign

商丘永城市陈官庄乡
Chenguanzhuang Town, Yongcheng

476600

日月湖景区
Riyue Lake Scenic Area

商丘永城市
Yongcheng

476600

睢县北湖景区
Suixian Beihu Lake Scenic Area

商丘市睢县县城北
North of Suixian County

476900

河南

王公庄文化旅游景区
Wanggongzhuang Cultural Tourism Area

🏛 商丘市民权县北关镇王公庄村
Wanggongzhuang Village, Beiguan Town, Minquan County

✉ 476800

睢县北湖景区
Suixian County North Lake Scenic Area

🏛 商丘市睢县城北
North of Suixian County

✉ 476900

龙港湾景区
Longgang Bay Scenic Area

🏛 商丘市夏邑县太平镇韩桑路 117 号
No.117 Hansang Road, Taiping Town, Xiayi County

✉ 476400

南湾湖风景名胜区
Nanwan Lake Famous Scenic Area

🏛 信阳市浉河区南湾乡
Nanwan Town, Shihe District, Xinyang

✉ 464031

信阳文新茶村
Xinyang Wenxin Tea Village

🏛 信阳市浉河区浉河港镇白龙潭村
Bailongtan Village, Shihegang Town, Shihe District, Xinyang

✉ 464000

西九华山旅游风景区
West Jiuhua Mountain Tourism Area

🏛 信阳市固始县陈淋子镇
Chenlinzi Town, Gushi County

✉ 465250

黄柏山国家森林公园
Huangbai Mountain National Forest Park

🏛 信阳市商城县南部
South of Shangcheng County

✉ 465350

金刚台国家地质公园
Jingangtai National Geological Park

🏛 信阳市商城县东南 20 公里
20km Southeast of Shangcheng County

✉ 465350

信阳灵山风景名胜区
Xinyang Ling Mountain Famous Scenic Area

🏛 信阳市罗山县西南部境内
Southwest in Luoshan County, Xinyang

✉ 464200

何家冲景区
Hejiachong Scenic Area

🏛 信阳市罗山县铁铺镇
Tiepu Town, Luoshan County

✉ 464200

新县鄂豫皖苏区首府景区
Capital of Hubei, Henan & Anhui Soviet Area Tourism Attraction in Xinxian

🏛 信阳市新县城关首府路文博新村 004 号
No.4 Wenbo New Village, Shoufu Road, Xinxian County

✉ 465550

许世友将军故里
General Xu Shiyou's Hometown

🏛 信阳市新县田铺乡许家洼
Xujiawa, Tianpu Town, Xinxian County

✉ 465550

武占岭生态旅游度假景区
Wuzhanling Ecotourism Resort

🏛 阳市新县陡山河乡
Doushanhe Town, Xinxian County

✉ 465500

濮公山矿山公园
Pugongshan Mine Park

🏛 信阳市息县淮河新区
Huaihe New District, Xixian County

✉ 464300

钟鼓楼亲子乐园
Zhonggulou Parent-Child Amusement Park

🏛 信阳市光山县泼陂河镇
Pobeihe Town, Guangshan County

✉ 465450

周口野生动物世界
Zhoukou Wildlife World

🏛 周口市川汇区中州路北段 188 号
No.188 North of Zhongzhou Road, Chuanhui District, Zhoukou

✉ 466000

周口老子故里旅游区
Zhoukou Laozi Hometown Tourism Area

周口市鹿邑县
Luyi County

477200

太昊陵博物馆
Tombs of Taihao Museum

周口市淮阳县
Huaiyang County

466700

老乐山景区
Laoleshan Mountain Scenic Area

驻马店市中华路西段
West Part of Zhonghua Road, Zhumadian

463000

金顶山景区
Jinding Mountain Scenic Area

驻马店市驿城区蚁蜂镇
Yifeng Town, Yicheng District, Zhumadian

463000

竹沟革命历史纪念馆
Zhugou Revolution and History Memorial Museum

驻马店市确山县竹沟镇
Zhugou Town, Queshan County

463200

铜山风景名胜区
Tongshan Mountain Famous Scenic Area

驻马店市泌阳县铜山乡
Tongshan Town, Biyang County

463718

南海禅寺
Nanhai Temple

驻马店市汝南县东南隅
Southeast of Runan County

463300

黄河三峡
Yellow River Three Gorges

济源市张岭指挥部
Headquarters of Zhangling, Jiyuan

454650

王屋山风景区
Wangwu Mountain Scenic Area

济源市王屋乡愚公村
Yugong Village, Wangwu Town, Jiyuan

454693

五龙口旅游区
Wanglongkou Touristm Area

济源市五龙口乡山口村
Shankou Village, Wulongkou Town, Jiyuan

454650

小沟背·银河峡景区
Xiaogoubei—Yinhe Valley Scenic Area

济源市邵原镇
Shaoyuan Town, Jiyuan

454650

河南

湖 北

HUBEI

AAAAA

黄鹤楼公园
Yellow Crane Tower Park

"昔人已乘黄鹤去，此地空余黄鹤楼。黄鹤一去不复返，白云千载空悠悠。"唐代诗人崔颢一首千古绝唱，使黄鹤楼名声大噪、世人皆知。黄鹤楼与岳阳楼、滕王阁并称江南三大名楼。千百年来，白云环绕其上，滚滚长江从其脚下东流而去。龟、蛇两山相夹，江上舟楫如织，黄鹤楼巍峨耸立于此。

黄鹤楼是古典与现代熔铸、诗化与美意构筑的精品。黄鹤楼始建于三国时期，至唐朝，已为著名景点，历代文人墨客到此游览，留下不少脍炙人口的诗篇。不少江夏名士"游必于是，宴必于是"。然而兵火频繁，黄鹤楼屡建屡废。目前的黄鹤楼于 1985 年 6 月建成，运用现代建筑技术施工，飞檐五层，攒尖楼顶，金色琉璃瓦屋面。楼外铸铜黄鹤造型、胜像宝塔、牌坊、轩廊、亭阁等，将主楼烘托得更加壮丽。登楼远眺，"极目楚天舒"，不尽长江滚滚来，三镇风光尽收眼底。

🏛 武汉市武昌区蛇山西坡特 1 号
   No.1 Sheshan Xipo, Wuchang District, Wuhan

✉ 430060

🌐 http://www.cnhhl.com

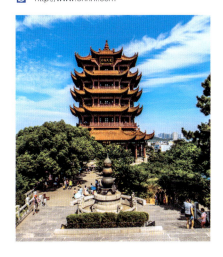

武汉东湖风景区
Wuhan Donghu Lake Scenic Area

东湖因位于武汉市武昌东部而得名，东湖水域面积达 33 平方公里，是中国第二大城中湖，是杭州西湖的 6 倍。东湖风景区由听涛区、磨山区、落雁区、吹笛区、白马区和珞洪区 6 个片区组成，楚风浓郁，楚韵精妙。

🏛 武汉市武昌区沿湖大道 16 号
   No.16 Yanhu Avenue, Wuchang District, Wuhan

✉ 430077

🌐 http://www.whdonghu.gov.cn

🚇 4 号线、8 号线。

黄陂木兰文化生态旅游区
Huangpi Mulan Culture Ecotourism Area

黄陂木兰文化生态旅游区由四个独立风景区组成，分别是：木兰山、木兰天池、木兰草原、木兰云雾山。

木兰山是代父从军而流芳千古的花木兰将军的故里，相传花木兰屡立战功，被封为"孝烈将军"。这里先后建了木兰殿、木兰庙、唐木兰将军坊、木兰祠。

木兰天池是木兰的外婆家、木兰成长地，再现了木兰童年生活的快乐时光。木兰天池由"浪漫山水""高峡人家"和"森林公园"三大主题景园组成，是一个南北走向，长达 10 余公里的森林山水大峡谷，峡谷、大小天池的两岸遍布野杏花、野菊花、油茶花，风光奇丽。

木兰草原是木兰骑马射箭、演兵练武之地，空气清新，草地绿幽，蓝天白云下，处处显示着浓郁的民族风情。

木兰云雾山是木兰将军归隐之地，有"西陵胜地、楚北名区、陂西陲障、汉地祖山"的美誉。木兰云雾山是武汉市最大的城市郊野公园，地貌奇特而秀美，集峰、谷、堰、川、古寨、古建筑于一身，被称为木兰生态旅游区中的"百景园"。云雾山还是著名的杜鹃花研究基地，每年四五月间竞相怒放的杜鹃花，红白相间，漫山遍野，蔚为壮观。

🏛 武汉市黄陂区境内
   Huangpi District, Wuhan

✉ 432200

湖北

武当山风景区
Wudang Mountain Scenic Area

　　武当山又名太和山，是我国著名的道教圣地、太极拳的发祥地。武当山自然景观秀美，风光旖旎，众峰嵯峨，高险幽深，气势磅礴。武当山人文景观丰厚，其规模宏大的古建筑群、源远流长的道教文化、博大精深的武当武术名扬海内外，武当山因此被誉为"亘古无双胜境，天下第一仙山"。

🏛 十堰市武当山旅游经济特区
　　Wudangshan Special Economic Zone, Shiyan

✉ 442714

🌐 www.wudangshan.gov.cn

三峡大坝—屈原故里旅游区
Three Gorges Dam—Qu Yuan's Hometown Tourism Area

　　三峡大坝旅游区以世界著名的水利枢纽工程——三峡工程为依托，全方位展示水利工程文化，将现代工程、自然风光和人文景观有机结合，使之成为国内外游客向往的旅游胜地。登上坛子岭观景点，可鸟瞰三峡工程全貌，体会"截断巫山云雨，高峡出平湖"的豪迈情怀；在近坝观景点，能零距离感受雄伟壮丽的大坝；在截流纪念园，可欣赏人与自然的完美结合，仿佛置身于"山水相连，天人合一"的人间美景。

🏛 宜昌市三峡坝区江峡大道 13 小区
　　13rd Area, Jiangxia Avenue, Three Gorges Dam District, Yichang

✉ 443002

🚌 宜昌市区大三峡国际旅行社（东山大道 80 号）门口有旅游班车可直达景区。

　　为纪念爱国诗人屈原，秭归人于 820 年修建屈原祠。20 世纪，屈原祠历经了葛洲坝工程和三峡工程两次搬迁，最终迁至秭归凤凰山。屈原祠规模宏大、建筑精美，被评为"中华建筑文化奖"。屈原故里文化旅游区是以屈原祠、屈原衣冠冢、屈原祭祀活动为主要内容，以青滩仁村、崆岭纤夫雕塑、牛肝马肺原样搬迁、兵书宝剑复制、峡江石刻、峡江古索桥等为主要景点的峡江文化主题园区。峡江皮影、巫术表演、船工号子、秭归高腔、民间乐器演奏、龙舟博物馆、端午习俗馆等项目众多，是全国中小学生研学实践教育基地、海峡两岸交流基地、港澳青少年游学基地。

🏛 宜昌市秭归县茅坪填
　　Maoping Town, Zigui County

✉ 443600

🚌 在宜昌客运中心站有直达秭归（茅坪）的大巴车及旅游专线车。

宜昌三峡人家风景区
Yichang Three Gorges Households Scenic Area

　　三峡人家风景区位于宜昌市夷陵区西陵峡内三峡大坝和葛洲坝之间，跨越秀丽的灯影峡两岸，依山傍水，风情如画。三峡人家"一肩挑两坝，一江携两溪"，这里石、瀑、洞、泉……多种景观元素巧妙组合，极致的大自然之鬼斧神工，造就了这里的洪荒之美、苍凉之美、阴柔之美和雄浑之美。除了优美的风景，三峡文化和当地的巴楚文化也在这里得到充分显现，许多三峡人祖祖辈辈生活在船上，常年以打鱼为生，在水上流动，和风浪搏击，与渔船为伴，形成了"水上人家"。

🏛 宜昌市夷陵区三斗坪镇石牌村
　　Shipai Village, Sandouping Town, Yiling District, Yichang

✉ 443100

🚌 宜昌城区乘 4 路公交车到达"三峡茶城或 22 公司站"，有从夷陵客运站发往三峡人家景区的专线公交车。

宜昌三峡大瀑布景区
Three Gorges Waterfall Scenic Area

　　三峡大瀑布即白果树瀑布，是长江三峡西陵峡口以飞泉驰名的旅游景区，距宜昌中心城区 29 公里。三峡大瀑布溪流全长 5 公里，沿途分布着 30 多道瀑布。逆水而上，虎口瀑、一线瀑、珍珠瀑、丫瀑、连环瀑、五扇瀑等形态各异的瀑布接踵而来。主体瀑布宽约数十米，清泉从百余米高的陡峭山崖飞流直下，接天连地，水天雾海，蔚为壮观，即使久旱不雨，这里依然是飞泉不绝，被誉为"中国第四，湖北第一"。

三峡大瀑布以瀑高、景秀、山险、水清见长。开发景观有神女观瀑、纸糊洞、藏经洞、水帘洞、乌龟笑天等 20 多处。

🏛 宜昌市夷陵区黄花乡新坪
Xinping, Huanghua Town, Yiling District, Yichang

✉ 443106

襄阳古隆中景区
Xiangyang Ancient Longzhong Scenic Area

古隆中是三国时期杰出的政治家、军事家和思想家诸葛亮躬耕苦读、励志成才的地方，脍炙人口的《隆中对》和刘备"三顾茅庐"的史实就发生在这里。古隆中景区的石牌坊是其标志性建筑，建于清光绪十九年，仿木结构，四柱三门楼式。牌坊正中的字碑上雕刻"古隆中"三个大字。武侯祠始建于晋朝，是祀奉诸葛亮的祠宇，位于隆中山腰，后历经隋、唐、宋、元、明、清、民国，兴废频仍，现今建筑为清康熙三十八年（1699 年）重建。祠内还有一株 400 余年的金桂，颇有灵气。

🏛 襄阳市襄城区隆中路 461 号
No.461 Longzhong Road, Xiangcheng District, Xiangyang

✉ 441053

清江画廊旅游度假区
Qingjiang Gallery Tourism Resort

清江是长江在湖北境内的第二大支流，是巴人的发祥地，土家儿女的母亲河。5000 年前，古代巴人从这里开疆拓土建立古代巴国，2000 年前，土家族在这里诞生。清江画廊主景区东起清江隔河岩大坝倒影峡，西至清江水布垭大坝盐池温泉，涵盖沿线所有旅游资源，高峡平湖东西纵深长达 100 公里。度假区内山清水秀，风光满眼，青山绿如绶带，江水蓝如宝石。清江画廊，一步一景，一里一画，是名副其实的山水画廊。

🏛 宜昌市长阳县龙舟坪镇
Longzhouping Town, Changyang County

✉ 443500

🌐 www.qjhlw.com

🚌 长阳县城车站有直达景区的豪华旅游公交车。

咸宁市三国赤壁古战场旅游区
Xianning Three Kingdom Chibi Ancient Battle Field Tourism Area

三国赤壁古战场旅游区位于咸宁赤壁市，是三国时期赤壁之战发生地，是我国古代"以少胜多，以弱胜强"的七大战役中唯一尚存原貌的古战场。在赤壁山临江悬崖上，刻有"赤壁"二字，相传为周瑜所书，故也有人称此地为"周郎赤壁"。景区主要景观除赤壁摩崖石刻外，还有武财神庙、周瑜塑像、凤雏庵、翼江亭、赤壁大战陈列馆、赤壁碑廊等。

武财神庙中供奉着关羽。翼江亭在赤壁山临江矶头，建于 1936 年，相传赤壁大战时此处为周瑜的指挥哨所，站在此亭中，可凭栏远眺隔江乌林，即当时曹军驻扎的大本营。在赤壁矶头，有一处开阔平地上，矗立着三国东吴都督周瑜的石雕像，这座雕像把周瑜"欲与曹公试比高"的英雄气概表现得淋漓尽致。

🏛 咸宁赤壁市赤壁镇武侯巷 6 号
No.6 Wuhou Lane, Chibi Town, Chibi

✉ 437331

恩施大峡谷景区
Enshi Grand Canyon Scenic Area

恩施大峡谷坐落于神秘的"北纬30°"，是全球最长、最美丽的大峡谷之一。神秘险峻的恩施大峡谷，拥有"清江升白云""绝壁环峰丛""天桥连洞群""暗河接飞瀑""天坑配地缝"五大奇观。峡谷中遍布绝壁悬崖、流水飞瀑、千仞孤峰、壮观地缝、原始森林、乡村梯田，迎客松、一炷香、情侣峰、绝壁长廊、大地山川、母子情深，步步为景，美不胜收。

🏛 恩施州恩施市屯堡乡和板桥镇
　Tunbao & Banqiao Town, Enshi

✉ 445029

🌐 http://www.esdaxiagu.com

🚌 恩施汽车客运中心有到大峡谷的专线车。

神农溪纤夫文化旅游区
Shennong Stream Boat Tracker Cultural Tourism Area

　　神农溪地处长江三峡巫峡与西陵峡之间的巴东县长江北岸，发源于有"华中第一峰"之称的神农架南坡，因而得名。神农溪是一条典型的峡谷溪流，两岸山峰紧束，绝壁峭耸，溪水在刀削般的峡壁间冲撞，水道曲折，湍急的溪流中有险滩、长滩、弯滩、浅滩60余处。神农溪原始古朴，没有人工雕饰，全是大自然的造化，秀丽而神奇。神农溪流经三个风景各异的峡谷：棉竹峡、鹦鹉峡、龙昌洞峡。两岸风光奇美，峡谷中少有开阔地，船行峡中，如穿幽巷重门。神农溪保留了原始古朴的逆水拉纤文化，高亢嘹亮的纤夫号子抒发着对生活的呼唤，景区实现了由峡谷观光旅游向观光与文化旅游并重的转变。

🏛 恩施州巴东县沿江大道 145 号
　No.145 Yanjiang Avenue, Badong County

✉ 444300

🚌 巴东县信陵镇有游船可达景区。

神农架旅游区
Shennongjia Tourism Area

　　神农架是发现"野人"的次数最多、目击者人数最多的地方之一。"野人"的出现让这里充满了神秘的色彩。神农架因华夏始祖之一神农氏在此架木为梯、采尝百草、救民疾夭、教民稼穑而得名。神农架旅游区多山，最高峰神农顶为华中第一峰，神农架因此有"华中屋脊"之称。神农架生态旅游资源丰富，是长江和汉水的分水岭、中华农耕文明的发祥地，拥有神农架穹隆"华中屋脊"纷繁多样的地质地貌、气象水文景观。旅游区有原始洪荒神农顶、金猴部落大龙潭、科普体验官门山、高山湿地大九湖、生态创作天生桥、古杉炎帝神农坛、云海佛光燕子垭 7 大景观区和 17 处精品景点。

🏛 神农架林区木鱼镇
　Muyu Town, Shennongjia Forest District

✉ 442421

🌐 http://ly.snj.gov.cn

🚌 十堰每天上午有班车发往神农架木鱼镇。

利川腾龙洞风景旅游区
Lichuan Tenglong Cave Scenic Area

　　"腾龙天下雄，演绎人间秀。"腾龙洞是中国已探明的最大溶洞，在世界已探明的最长洞穴中排名第七，是世界特级洞穴之一。腾龙洞由水洞、旱洞、鲇鱼洞、凉风洞、独家寨及三个龙门、化仙坑等景区组成。腾龙洞整个洞穴群共有上下五层，其中大小支洞 300 余个，其中旱洞洞口高 72 米，宽 64 米，可容 20 多辆卡车并排驶入，可容直升机在洞口自由盘旋，其规模宏大，撼人心魄。腾龙洞洞中有 5 座山峰，10 个大厅，地下瀑布 10 余处，支洞繁多，神秘莫测。腾龙洞景区总面积 69 平方公里，以雄、险、奇、幽、秀为特色的洞穴系统景观、震撼创新的民族文化演艺为资源主体，形成了多层次、多类型的旅游景观系统。腾龙洞神奇的景观特质，构成了其最具核心意义的品牌价值。

🏛 恩施州利川市腾龙大道 1 号
　No.1 Tenglong Avenue, Lichuan

✉ 445400

🌐 http://www.tenglongdong.net.cn/

AAAA

武汉市博物馆
Wuhan Museum

🏛 武汉市汉口青年路 273 号
No.273 Qingnian Road, Hankou, Wuhan

✉ 430023

武汉市科技馆
Wuhan Science and Technology Museum

🏛 武汉市江岸区赵家条 104 号
No.104 Zhaojiatiao, Jiang'an District, Wuhan

✉ 430014

武汉市规划展示馆
Wuhan City Planning Exhibition Museum

🏛 武汉市江岸区金桥大道 117 号
No.117 Jinqiao Avenue, Jiang'an District, Wuhan

✉ 430014

武汉归元禅寺
Wuhan Guiyuan Temple

🏛 武汉市汉阳区翠微路 20 号
No.20 Cuiwei Road, Hanyang District

✉ 430050

首义文化旅游区
The First Uprising Culture Tourism Area

🏛 武汉市武昌区阅马场
Yuemachang, Wuchang District, Wuhan

✉ 430060

中科院武汉植物园
CAS Wuhan Botanical Garden

🏛 武汉市武昌区磨山
Moshan, Wuchang District, Wuhan

✉ 430074

湖北省博物馆
Hubei Province Museum

🏛 武汉市武昌东湖路 156 号

No.156 Donghu Road, Wuchang, Wuhan

✉ 430077

武汉市革命博物馆
Wuhan Revolutionary Museum

🏛 武汉市武昌区红巷 13 号
No.13 Hong Lane, Wuchang District, Wuhan

✉ 430000

东湖听涛风景区
Donghu Lake Listening Waves Scenic Area

🏛 武汉市武昌区沿湖大道 2 号东湖西北岸
Northwest Bank of Donghu Lake, No.2 Yanhu Avenue, Wuchang District, Wuhan

✉ 430061

华侨城欢乐谷
Overseas Chinese Town Happy Valley

🏛 武汉市武昌区东湖生态旅游风景区欢乐大道 196 号
No.196 Huanle Avenue, Donghu Lake Ecotourism Area, Wuchang District, Wuhan

✉ 430061

东湖磨山景区
Donghu Moshan Scenic Area

🏛 武汉市武昌区东湖东岸
East Bank of Donghe, Wuchang District, Wuhan

✉ 430077

中国地质大学逸夫博物馆
China University of Geosciences Yifu Museum

🏛 武汉市洪山区鲁磨路 388 号
No.388 Lumo Road, Wuhan

✉ 430074

东湖落雁景区
Donghu Lake Luoyan Scenic Area

🏛 湖北省武汉市洪山区三环线
3rd Ring Road, Hongshan District, Wuhan

✉ 430070

马鞍山森林公园
Ma'anshan Forest Park

🏛 武汉市洪山区珞喻东路 619 号
No.619 East Luoyu Road, Hongshan District, Wuhan

✉ 430070

湖北

武汉海昌极地海洋世界
Wuhan Haichang Polar Land Ocean World

🏛 武汉市东西湖区金银潭大道 96 号
No.96 Jinyintan Avenue, Dongxihu District, Wuhan

✉ 430040

九真山风景区
Jiuzhen Mountain Scenic Area

🏛 武汉市蔡甸区永安街炉房村
Lufang Village, Yong'an Street, Caidian District, Wuhan

✉ 430100

大余湾旅游区
Dayu Bay Tourism Area

🏛 武汉市黄陂区木兰乡
Mulan Town, Huangpi District, Wuhan

✉ 432200

木兰清凉寨景区
Mulan Cool Stockaded Village Scenic Area

🏛 武汉市黄陂区蔡店乡
Caidian Town, Huangpi District, Wuhan

✉ 432200

锦里土家风情谷旅游区
Jinli Tujia Nationality Ethnic Customs Valley Tourism Area

🏛 武汉市黄陂区蔡店乡道士冲村
Daoshichong Village, Caidian Town, Huangpi District, Wuhan

✉ 432200

黄石市东方山风景区
Huangshi Oriental Mountain Scenic Area

🏛 黄石市下陆区东方山路 007 号
No.007 Dongfangshan Road, Xialu District, Huangshi

✉ 435005

黄石市黄石国家矿山公园
Huangshi National Mine Park

🏛 黄石市铁山区直辖村
Zhixia Village, Tieshan District, Huangshi

✉ 435006

大冶市雷山风景区
Daye Leishan Mountain Scenic Area

🏛 黄石大冶市陈贵镇雷山风景区管理处
Leishan Mountain Scenic Spot Management Office, Chengui Town, Daye

✉ 435124

阳新湘鄂赣边区鄂东南革命烈士陵园
Yangxin Southeast Hubei Cemetery for Revolutionary Martyrs of Hunan-Hubei-Jiangxi Area

🏛 黄石市阳新县兴国镇阳新大道 68 号
No.68 Yangxin Avenue, Xingguo Town, Yangxin County

✉ 435200

仙岛湖生态旅游风景区
Xiandao Lake Ecotourism Area

🏛 黄石市阳新县王英乡
Wangying Town, Yangxin County

✉ 435236

十堰市赛武当旅游区
Shiyan Saiwudang Tourism Area

🏛 十堰市茅箭区小川乡
Xiaochuan Town, Maojian District, Shiyan

✉ 442012

十堰市博物馆
Shiyan City Museum

🏛 十堰市茅箭区北京北路 91 号
No.91 North Beijing Road, Maojian District, Shiyan

✉ 442000

十堰市人民公园
Shiyan People's Park

🏛 十堰市张湾区车城路
Checheng Road, Zhangwan District, Shiyan

✉ 442000

九龙瀑布
Jiulong(Nine Dragons) Waterfalls

🏛 十堰市郧阳区南化塘镇青岩村
Qingyan Village, Nanhuatang Town, Yunyang District, Shiyan

✉ 442500

虎啸滩旅游区
Huxiaotan Tourism Area

🏛 十堰市郧阳区大柳乡
Daliu Town, Yunyang District, Shiyan

✉ 442500

太极峡风景名胜区
Taiji Gorge Famous Scenic Area

🏛 十堰丹江口市石鼓镇
Shigu Town, Danjiangkou

✉ 442700

净乐宫景区
Jingle Palace Scenic Area

🏛 十堰丹江口市单赵路
Danzhao Road, Danjiangkou

✉ 442700

丹江口旅游港景区
Danjiangkou Tourism Port Scenic Area

🏛 十堰丹江口市武当大道 1 号
No.1 Wudang Avenue, Danjiangkou

✉ 442700

武当山南神道旅游区
Wudang Mountain South Immortal Road Tourism Area

🏛 十堰丹江口市官山镇吕家河村
Lüjiahe Village, Guanshan Town, Danjiangkou

✉ 442700

竹山县女娲山旅游区
Zhushan County Nüwa Mountain Tourism Area

🏛 十堰市竹山县宝丰镇
Baofeng Town, Zhushan County

✉ 442200

龙王垭茶文化旅游区
Longwangya Tea Culture Tourism Area

🏛 十堰市竹溪县兴界路
Xingjie Road, Zhuxi County

✉ 442300

神农大峡谷景区
Shennong Grand Canyon Scenic Area

🏛 十堰市房县野人谷镇杜川村
Duchuan Village, Yerengu Town, Fangxian County

✉ 442100

房县野人谷 · 野人洞旅游区
Fangxian County Savage Valley & Cave Tourism Area

🏛 十堰市房县野人谷镇桥上村
Qiaoshang Village, Yerengu Town, Fangxian County

✉ 442114

房县观音洞旅游区
Fangxian County Guanyin Cave Tourism Area

🏛 十堰市房县城关镇炳公村
Binggong Village, Chengguan Town, Fangxian County

✉ 442100

五龙河旅游景区
Wulong(Five Dragons) River Tourism Area

🏛 十堰市郧西县安家乡
Anjia Town, Yunxi County

✉ 442600

郧西天河旅游区
Yunxi Heaven River Tourism Area

🏛 十堰市郧西县城关镇
Chengguan Town, Yunxi County

✉ 442300

郧西龙潭河旅游区
Yunxi Longtan River Tourism Area

🏛 十堰市郧西县羊尾镇
Yangwei Town, Yunxi County

✉ 442300

郧西上津文化旅游区
Yunxi Shangjin Culture Tourism Area

🏛 十堰市郧西县上津镇
Shangjin Town, Yunxi County

✉ 442300

车溪民俗风情区
Chexi Folk Custom Scenic Area

🏛 宜昌市点军区土城乡车溪村
Chexi Village, Tucheng Town, Dianjun District, Yichang

✉ 443123

长江三峡工程坛子岭风景区
Changjiang Three Gorges Peoject Tanziling Scenic Area

🏛 宜昌市东山大道 80 号
No.80 Dongshan Avenue, Yichang

✉ 443002

湖北

273

宜昌三游洞风景区
Yichang Sanyou Cave Scenic Area

🏛 宜昌市夷陵区南津关
　　Nanjinguan, Yiling District, Yichang

✉ 443002

宜昌市西陵峡口风景名胜区
Yichang Xiling Gorge Passage Scenic Area

🏛 宜昌市夷陵区南津关
　　Nanjinguan, Yiling District, Yichang

✉ 443002

长江三峡风景名胜区宜昌景区
Changjiang Three Gorges Famous Scenic Area Yichang Scenic Spot

🏛 宜昌市夷陵区南津关
　　Nanjinguan, Yiling District, Yichang

✉ 443002

三峡石牌要塞旅游区
Three Gorges Shipai Fort Tourism Area

🏛 宜昌市夷陵区三斗坪镇石牌村
　　Shipai Village, Sandouping Town, Yiling District, Yichang

✉ 443100

宜昌市三峡大瀑布景区
Yichang Three Gorges Water Fall Scenic Area

🏛 宜昌市夷陵区黄花镇
　　Huanghua Town, Yiling District, Yichang

✉ 443106

金狮洞风景区
Jinshi Cave Scenic Area

🏛 宜昌市夷陵区金狮洞乡杨家冲村七组
　　Group 7, Yangjiachong Village, Jinshidong Town, Yiling District, Yichang

✉ 443100

晓峰风景区
Xiaofeng Scenic Area

🏛 宜昌市夷陵区黄花镇
　　Huanghua Town, Yiling District, Yichang

✉ 443100

百里荒高山草原旅游区
Bailihuang High Mountain Prairie Tourism Area

🏛 宜昌市夷陵区夷陵经济开发区宜兴路 253 号
　　No.253 Yixing Road, Yiling Economic Development Zone, Yiling District, Yichang

✉ 443100

三峡湿地·杨守敬书院
Three Gorges Wetland—Yang Shoujing's Academy

🏛 宜昌宜都市五眼泉镇
　　Wuyanquan Town, Yidu

✉ 443300

当阳玉泉寺风景区
Dangyang Yuquan Temple Scenic Area

🏛 宜昌当阳市玉泉街道
　　Yuquan Community, Dangyang

✉ 444102

鸣凤山风景区
Mingfeng Mountain Scenic Area

🏛 宜昌市远安县鸣凤镇凤山村三组
　　Group 3 Fengshan Village, Mingfeng Town, Yuan'an County

✉ 444200

高岚朝天吼漂流景区
Gaolan Chaotianhong Drift Scenic Area

🏛 宜昌市兴山县水月寺镇高岚村
　　Gaolan Village, Shuiyuesi Town, Xingshan County

✉ 443711

秭归县九畹溪风景区
Zigui Jiuwan Stream Scenic Area

🏛 宜昌市秭归县九畹溪镇
　　Jiuwanxi Town, Zigui County

✉ 443600

三峡竹海生态风景区
Three Gorges Bamboo Sea Ecotourism Area

🏛 宜昌市秭归县茅坪镇泗溪村
　　Sixi Village, Maoping Town, Zigui County

✉ 443600

宜昌市柴埠溪大峡谷风景区
Yichang Chaibuxi Canyon Scenic Area

🏛 宜昌市五峰县渔洋关镇
　　Yuyangguan Town, Wufeng County

✉ 443413

天门峡景区
Tianmen Canyon Scenic Area

🏛 宜昌市五峰县五峰镇后河村
　　Houhe Village, Wufeng Town, Wufeng County

✉ 443401

唐城景区
Tangcheng Scenic Area

🏛 襄阳市襄城区庞公街道
　　Panggong Community, Xiangcheng District, Xiangyang

✉ 441000

白水寺景区
Baishui Temple Scenic Area

🏛 襄阳枣阳市吴店镇白水路 185 号
　　No. 185 Baishui Road, Wudian Town, Zaoyang

春秋寨旅游区
Chunqiuzhai Tourism Area

🏛 襄阳市南漳县东巩镇
　　Donggong Town, Nanzhang County

✉ 441500

尧治河旅游区
Yaozhi River Tourism Area

🏛 襄阳市保康县马桥镇尧治河村
　　Yaozhihe Village, Maqiao Town, Baokang County

✉ 441614

五道峡自然风景区
Wudao Valley Nature Scenic Area

🏛 襄阳市保康县
　　Baokang County

✉ 441606

湖北莲花山旅游区
Hubei Lotus Mountain Tourism Area

🏛 鄂州市凤凰路 76 号
　　No.76 Fenghuang Road, Ezhou

✉ 436000

鄂州梁子岛生态旅游度假区
Ezhou Liangzi Island Ecotourism Resort

🏛 鄂州市梁子湖区
　　Liangzi Lake District, Ezhou

✉ 436064

漳河风景名胜区
Zhanghe Famous Scenic Area

🏛 荆门市漳河镇
　　Zhanghe Town, Jingmen

✉ 448156

明显陵旅游景区
Ming Dynasty Xian Tombs Tourism Area

🏛 荆门市钟祥市洋梓镇
　　Yangzi Town, Zhongxiang

✉ 431900

湖北

钟祥市黄仙洞
Huangxian Cave

🏛 荆门市钟祥市客店镇
Kekian Town, Zhongxiang

✉ 431804

荆门市绿林山风景区
Jingmen Lülin Mountain Scenic Area

🏛 荆门市京山县绿林镇
Lulin Town, Jingshan County

✉ 431800

天紫湖生态度假区
Tianzi Lake Ecotourism Area

🏛 孝感市孝南区肖港镇
Xiaogang Town, Xiaonan District, Xiaogan

✉ 432100

孝感董永公园
Xiaogan Dongyong Park

🏛 孝感市孝南区槐荫大道 200 号
No.200 Boulevard, Xiaonan District, Xiaogan

✉ 432100

应城市汤池温泉旅游景区
Yingcheng Tangchi Hot Spring Tourism Area

🏛 孝感市应城市汤池镇
Tangchi Town, Yingcheng

✉ 432415

白兆山李白文化旅游区
Baizhao Mountain Li Bai's Culture Tourism Area

🏛 孝感安陆市烟店镇
Yandian Town, Anlu

✉ 432600

孝昌观音湖旅游度假区
Xiaochang Guanyin Lake Tourism Resort

🏛 孝感市孝昌县东北部
Northeast of Xiaochang County

✉ 432900

双峰山旅游度假区
Shuangfeng Mountain Tourism Resort

🏛 孝感市孝昌县
Xiaochang County

✉ 432100

荆州古城历史文化旅游区
Jingzhou Ancient Town Historical and Cultural Tourism Area

🏛 荆州市荆州区张居正街 2 号
No.2 Zhang Juzheng Street, Jingzhou District, Jingzhou

✉ 434100

荆州博物馆
Jingzhou Museum

🏛 荆州市荆州区荆中路 142 号
No.142 Jingzhou Road, Jingzhou District, Jingzhou

✉ 434020

荆州九老仙都景区
Jingzhou Jiulaoxiandu Scenic Area

🏛 荆州市荆州区荆州古城内
Inside Jingzhou Ancient Town, Jingzhou District, Jingzhou

✉ 434100

楚王车马阵景区
King Chu's Carriages & Horses Array Scenic Area

🏛 荆州市荆州区川店镇
Chuandian Town, Jingzhou District, Jingzhou

✉ 434020

洪湖悦兮半岛旅游区
Honghu Yuexi Peninsula Tourism Area

🏛 荆州洪湖市乌林镇胡洲村
Huzhou Village, Wulin Town, Honghu

✉ 433200

红色湘鄂西旅游区
Red Xiang-E West Tourism Area

🏛 荆州洪湖市新闸路长江小区西南侧
Southwest of Changjiang Community, Xinzha Road, Honghu

✉ 433200

洈水风景区
Weishui Scenic Area

🏛 荆州松滋市洈水镇
Weishui Town, Songzi

✉ 434200

东坡赤壁风景区
Dongpo Chibi Scenic Area

🏛 黄冈市黄州区公园路
Park Road, Huangzhou District, Huanggang

✉ 438000

遗爱湖景区
Yi'ai Lake Scenic Area

🏛 黄岗市黄州区
　　Huangzhou District, Huanggang

✉ 438000

五脑峰森林公园
Wunaofeng Forest Park

🏛 黄冈麻城市西北部
　　Northwest of Macheng

✉ 438300

龟峰山风景区
Guifeng Mountain Tourism Area

🏛 黄冈麻城市龟山镇
　　Guishan Town, Macheng

✉ 438300

麻城市革命烈士陵园
Macheng Cemetery for Revolutionary Martyrs

🏛 黄冈麻城市陵园路 75 号
　　No.75 Lingyuan Road, Macheng

✉ 438300

孝感乡文化园
Xiaogan Town Culture Garden

🏛 黄冈麻城市孝感乡
　　Xiaogan Town, Mancheng

✉ 438300

黄冈市李先念故居纪念园
Li Xiannian's Former Residence & Memorial Museum

🏛 黄冈市红安县高桥镇长丰村
　　Changfeng Village, Gaoqiao Town, Hong'an County

✉ 438401

红安天台山风景区
Tiantai Mountain Scenic Area

🏛 黄冈市红安县
　　Hong'an County

✉ 438401

黄麻起义和鄂豫皖苏区革命烈士陵园
Cemetery of Revolutionary Martyrs for Huangma Uprising & Hubei-Henan-Anhui Soviet Area

🏛 黄冈市红安县城关镇陵园大道 1 号稞子山下
　　No.1 Lingyuan Ave, Chengguan Town, Hong'an County

✉ 438401

罗田县天堂寨景区
Luotian County Tiantangzhai Scenic Area

🏛 黄冈市罗田县九资河镇
　　Jiuzihe Town, Luotian County

✉ 438600

罗田县大别山薄刀峰风景区
Luotian County Dabie Mountain Bodao Peak Scenic Area

🏛 黄冈市罗田县大别山森林公园
　　Dabie Mountain Forest Park, Luotian County

✉ 438600

大别山主峰旅游景区
Main Peak of Dabie Mountain Tourism Area

🏛 黄冈市英山县石头咀镇
　　Shitouzui Town, Yingshan County

✉ 438700

英山县桃花冲旅游风景区
Yingshan County Taohua Chong Toruism Area

🏛 黄冈市英山县东北部
　　Northeast of Yingshan County

✉ 438700

浠水县三角山旅游风景区
Xishui County Sanjiao Mountain Tourism Area

🏛 黄冈市浠水县三角山林场
　　Sanjiaoshan Forest Center, Xishui County

✉ 438219

李时珍医道文化旅游区（普阳观）
Li Shizhen Medical Culture Tourism Area(Puyang Temple)

🏛 黄冈市蕲春县漕河镇何大垸村
　　Hedayuan Village, Caohe Town, Qichun County

✉ 435300

四祖寺禅宗文化旅游区
Sizu Temple Chan Buddhism Culture Tourism Area

🏛 黄冈市黄梅县大河镇
　　Dahe Town, Huangmei County

✉ 436500

梦蝶泉—三江森林温泉度假区
Butterfly Dream—Sanjiang Forest Hot Spring Resort

🏛 咸宁市咸安区
　　Xian'an District, Xianning

✉ 437000

湖北

温泉谷度假区
Hot Spring Valley Resort

🏛 咸宁市咸安区月亮湾路特一号
No.1 AYueliangwan Road, Xian'an District, Xianning

✉ 437100

咸宁太乙温泉度假村
Xianning Taiyi Hot Spring Resort

🏛 咸宁市咸安区太乙村
Taiyi Village, Xian'an District, Xianning

✉ 437000

楚天瑶池温泉度假景区
Chutian Yaochi Hot Spring Resort

🏛 咸宁市咸安区温泉路3号
No.3 Wengqqn Road, Xian'an District, Xianning

✉ 437000

龙佑赤壁温泉度假区
Longyou Chibi Hot Spring Resort

🏛 咸宁赤壁市蒲圻街道公安泉村
Gong'anquan Village, Puqi Community, Chibi

✉ 437300

咸宁市陆水湖风景区
Xianning Lushui Lake Scenic Area

🏛 咸宁赤壁市陆水湖大道650号
No.650 Lushuihu Avenue, Chibi

✉ 437300

山湖温泉旅游景区
Mountain Lake Hot Spring Tourism Area

🏛 咸宁市嘉鱼县
Jiayu County

✉ 437200

柃蜜小镇·白崖山景区
Lingmi Little Town Baiya Mountain Scenic Area

🏛 咸宁市崇阳县金塘镇畈上村
Fanshang Village, Jintang Town, Chongyang County

✉ 437500

隐水洞景区
Yinshui Cave Scenic Area

🏛 咸宁市通山县大畈镇
Dafan Town, Tongshan County

✉ 437600

咸宁市九宫山风景名胜区
Jiugong Mountain Famous Scenic Area

🏛 咸宁市通山县城东路
Chengdong Road, Tongshan County

✉ 437600

随州市文化公园
Suizhou Culture Park

🏛 随州市曾都区
Zengdu District, Suizhou

✉ 441300

随州千年银杏谷景区
Suizhou Ancient Ginkgo Valley Scenic Area

🏛 随州市曾都区洛阳镇永兴村
Yongxing Village, Luoyang Town, Zengdu District, Suizhou

✉ 441300

炎帝神农故里风景名胜区
Yandi(Emperor Yan) Shennong's Hometown Famous Scenic Area

🏛 随州市曾都区历山镇绕城公路
No.72 Datong Street, Lishan Town, Zengdu District, Suizhou

✉ 441309

徐家河旅游度假区
Xujia River Tourism Resort

🏛 随州广水市长岭镇
Changling Town, Guangshui

✉ 432732

田王寨景区
Tianwang Stockaded Village Scenic Area

🏛 随州市随县万和镇曾家垮
Cengjiawan, Wanhe Town, Suixian County

✉ 441500

恩施土司城景区
Enshi Tusi Town Scenic Area

🏛 恩施州恩施市郊旗峰大道96号
No.96 Qifeng Avenue, Enshi Suburb, Enshi

✉ 445000

恩施市梭布垭风景区
Enshi Suobuya Scenic Area

🏛 恩施州恩施市太阳河乡境内
Taiyanghe Town, Enshi

✉ 445000

土家女儿城旅游区
Tujia Nationality Girls City Tourism Area

恩施州恩施市七里坪
Qiliping, Enshi

445000

利川龙船水乡景区
Lichuan Dragon Boat Water Village Scenic Area

恩施州利川市凉务乡
Liangwu Town, Lichuan

445401

利川大水井文化旅游区
Dashuijing(Big Well) Culture Tourism Area

恩施州利川市团堡镇
Tuanpu Town, Lichuan

445400

建始野三河旅游区
Jianshi Yesanhe River Tourism Area

恩施州建始县花坪镇小西湖村
Xiaoxihu Village, Huaping Town, Jianshi County

445300

建始县石门河景区
Jianshi County Shimen River Scenic Area

恩施州建始县高坪镇
Gaoping Town, Jianshi County

445300

巴人河旅游景区
Baren River Tourism Area

恩施州巴东县茶店子镇
Chadianzi Town, Badong County

444300

链子溪景区
Lianzi Stream Scenic Area

恩施州巴东县信陵镇
Xinling Town, Badong County

444300

伍家台旅游区
Wujiatai Tourism Area

恩施州宣恩县万寨乡
Wanzhai Town, Xuan'en County

445500

坪坝营原生态休闲旅游区
Pingbaying Original Ecotourism Leisure Area

恩施州咸丰县坪坝营镇
Pingbaying Town, Xianfeng County

445600

唐崖河旅游区
Tangya River Tourism Area

恩施州咸丰县黄金洞乡
Huangjindong Town, Xianfeng County

0718-6896322

445614

仙佛寺景区
Xianfo(Fairy & Buddha) Temple Scenic Area

恩施州来凤县翔凤镇关口村
Guankou Village, Xiangfeng Town, Laifeng County

445700

来凤杨梅古寨景区
Laifeng Yangmei Ancient Stocked Village Scenic Area

恩施州来凤县三胡乡
Sanhu Town, Laifeng County

445700

红坪景区
Hongping Scenic Area

神农架林区红坪镇
Hongping Town, Shennongjia Forest District

442400

神农架天燕旅游区
Shennongjia Tianyan Tourism Area

神农架林区红坪镇
Hongping Town, Shennongjia Forest District

442400

湖北

湖 南
H U N A N

AAAAA

岳麓山·橘子洲旅游区
Yuelu Mountain Juzizhou（Orange Isle）Tourism Area

　　岳麓山·橘子洲旅游区位于国家首批历史文化名城长沙湘江之滨，依江面市，现有麓山景区、橘子洲景区、岳麓书院、新民学会四个核心景点，是集"山、水、洲、城"于一体的国家重点风景名胜区、湖湘文化传播基地和爱国主义教育的示范基地。

　　岳麓山因南北朝刘宋时《南岳记》中"南岳周围八百里，回雁为首，岳麓为足"而得名。景区内现有植物种类众多，并有大量珍贵的濒危树种和年代久远的古树名木。岳麓山四季风景宜人、秀美多姿，而"万山红遍、层林尽染"的独特红枫秋景，更是古今闻名。始建于北宋的岳麓书院至今已有 1000 余年历史，有"千年学府"之称；有"汉魏最初名胜，湖湘第一道场"之称的古麓山寺，距今已有 1700 余年的历史。

　　橘子洲是湘江中最大的名洲，由南至北，纵贯江心，西瞻岳麓，东临古城。橘子洲景区主要景点有洲头颂橘亭、汉白玉诗词碑、铜像广场、藤架广场、毛主席畅游湘江纪念点、揽岳亭、枕江亭、盆景园、大门广场等。

🏛 长沙市岳麓区
　　Yuelu District, Changsha

✉ 410013

🌐 http://www.hnyls.com/

长沙市花明楼景区
Changsha Huaminglou Scenic Area

　　花明楼是宁乡市东南的一个美丽小镇，境内双狮岭峰峦叠翠，清泉奔涌，幽谷灌区水渠与靳江河交错而过，低吟浅唱，像两条银链镶嵌其间。花明楼是革命伟人刘少奇同志的故居，是全国重点文物保护单位，全国爱国主义教育基地。

　　花明楼景区包括少奇同志故居、纪念馆、铜像广场、文物馆、花明楼和修养亭几个部分。其中的花明楼取意于"山重水复疑无路，柳暗花明又一村"这一名句。楼高 33 米，共五层，楼内分别陈列了宁乡十景、宁乡出土的青铜器，湖湘文化名人及青年刘少奇的雕塑，向游人展示宁乡风光秀丽、物华天宝的自然环境和人杰地灵的文化氛围。

🏛 长沙市宁乡县花明楼镇
　　Huaminglou Town, Ningxiang County

✉ 410611

🌐 www.Shaoqiguli.com

株洲市炎帝陵景区
Zhuzhou Emperer Yan's Tomb Tourism Area

　　炎帝陵是中华民族始祖炎帝神农氏的安息地，享有"神州第一陵"之誉。炎帝神农氏是我国上古时期杰出部落首领，与黄帝轩辕氏一起并尊为中华民族的人文始祖，是中华农耕文明的开创者和奠基者。历史记载炎帝"崩葬长沙茶乡之尾，是曰茶陵"。炎帝陵至今已有千余年历史，历尽沧桑，屡毁屡建。炎帝陵景区主要包括陵寝大殿拜谒区、神农大殿公祭区、"神农园"缅怀区、皇山生态游览区等四大功能区。这里举行的"炎帝陵祭典"已经成为国家非物质文化遗产。

🏛 株洲市炎陵县鹿原镇鹿原陂
　　Luyuanpo, Luyuan Town, Yanling County

✉ 412500

🌐 http://www.ydling.com/

韶山旅游区
Shaoshan Mountain Tourism Area

　　史载："韶山，相传舜南巡时，奏韶乐于此，因名。"韶山位于长沙、娄底、湘潭三市交界处，这里群山环抱，峰峦耸峙，气势磅礴，翠竹苍松，田园俊秀，山川

相趣。这里是中国人民伟大领袖毛泽东同志的故乡。

韶山旅游区主要景点有毛泽东故居、毛泽东铜像、毛泽东纪念馆、毛泽东遗物馆、毛泽东诗词碑林、毛泽东纪念园等人文景观以及充满神秘色彩的"西方山洞"滴水洞，还有韶峰耸翠、仙女茅庵、石屋清风、陨石成门、胭脂古井、银河渡槽等景观和许多珍贵的古树名木，深受广大游客青睐。

🏛 湘潭韶山市韶山乡
Shaoshanchong, Shaoshan

✉ 411301

🚌 长沙、湘潭、宁乡均有直达景区的大巴。

南岳衡山风景名胜区
Nanyue Heng Mountain Famous Scenic Area

中国名山当数"五岳"，"五岳"之南岳即为衡山。衡山又名寿岳、南山，有祝融、紫盖、天柱、石廪、芙蓉"衡岳五峰"，其中最高峰祝融海拔 1300.2 米。"祝融万丈拔地起，欲见不见轻烟里。"高耸云霄、雄峙南天的祝融峰以中国古老传说中的火神祝融的名字命名。衡山对应天上 28 星宿之轸翼，度应玑衡，即像衡器一样称量天地的轻重，保持天地间的平衡。

衡山是中国著名的道教、佛教圣地，环山有寺、庙、庵、观 200 多处。道教"三十六洞天，七十二福地"中有四处位于衡山之中，佛祖释迦牟尼两颗真身舍利子藏于衡山南台寺金刚舍利塔中。在衡山半山腰上还有一块"黄巢试剑石"，偌大的石块如同被利剑

"劈"成两半，如今已经成为著名"打卡"景点。

🏛 衡阳市南岳区西街 90 号
No.90 West Street, Nanyue District, Hengyang

✉ 421900

🌐 http://www.nanyue.net.cn

新宁县崀山风景区
Xinning County Langshan Mountain Scenic Area

"崀，山之良也"，而崀山之美，又岂在一个"良"字。崀山山水地貌得天独厚，风光旖旎，红盆丹霞地貌完整，被地质专家赞誉为"丹霞瑰宝"。崀山风景区山、水、林、洞浑然一体，景美如画。风景区辖八角寨、辣椒峰、天一巷、扶夷江、紫霞峒、天生桥六大景区，有三大溶洞和一座原始森林，是难得的环保型山水自然风景区。

🏛 邵阳市新宁县金石镇连村
Liancun Village, Jinshi Town, Xinning County

✉ 422700

🚌 邵阳东站、邵阳南站、邵阳西站均有大巴前往景区。

岳阳楼君山岛旅游区
Yueyang Tower Junshan Island Tourism Area

"先天下之忧而忧，后天下之乐而乐"，北宋范仲淹一篇名传千古的《岳阳楼记》使岳阳楼亦名传千古。耸立在岳阳市西门城头、紧靠洞庭湖畔的岳阳楼与江西南昌的滕王阁、湖北武汉的黄鹤楼并称为江南三大名楼。岳阳楼自古有"洞庭天下水，岳阳天下楼"之誉。岳阳楼始建于 220 年前后，相传为三国时期东吴大将鲁肃的"阅军楼"，西晋南北朝时称"巴

陵城楼"，中唐李白赋诗之后，始称"岳阳楼"。岳阳楼除主楼外，还有朱德同志书写匾额的怀甫亭，建于明朝崇祯年间的仙梅亭，取材于吕洞宾"三醉岳阳楼"传说的三醉亭，都极具观赏价值。此外，岳阳楼下还有一个著名的诗书碑廊，全长百米，古朴、庄重、典雅。

🏛 岳阳市洞庭北路 60 号
   No.60 Dongting North Road, Yueyang

✉ 414000

🌐 www.yytour.com.cn

君山古称洞庭山、湘山、有缘山，是八百里洞庭湖中的一个小岛，与千古名楼岳阳楼遥遥相对。君山由大小七十二座山峰组成，被"道书"列为天下第十一福地。君山名胜古迹众多，文化底蕴深厚，这里有历史上最早的摩崖石刻，有"星云图"、新石器遗址，有惊天地、泣鬼神的爱情见证——斑竹及娥皇、女英二妃墓，有民间传说柳毅传书故事发生地柳毅井，有秦始皇的封山印，有汉武帝的射蛟台，有宋代农民起义的飞来钟等。而最有名的当数君山茶，中国十大名茶之一的君山银针就产自这里。

🏛 岳阳市君山区
   Junshan District, Yueyang

✉ 414000

🚢 岳阳楼南岳坡旅游码头可乘坐游船抵达君山岛。

桃花源风景名胜区
Taohuayuan Scenic Area

"土地平旷，屋舍俨然，有良田美池桑竹之属。阡陌交通，鸡犬相闻。"东晋文学家陶渊明的《桃花源记》为人们谱写了一幅绝美的田园生活画卷，从此"桃花源"成了游人向往的理想国。桃花源风景名胜区位于湖南省桃源县西南 15 公里的水溪附近，是《桃花源记》的原型地。桃花源风景名胜区由世外桃源主体景区、武陵人捕鱼为业的沅水风光带以及外围保护区组成。桃花源风景名胜区历史上享有"三十五洞天、四十六福地"的美誉。千百年来，陶渊明、李白、刘禹锡、苏轼等都在此留下了许多珍贵的诗文和墨迹，其山水田园之美、寺观亭阁之盛、诗文碑刻之丰、历史传说之奇，举世闻名。

🏛 常德市桃源县桃花源镇
   Taohuayuan Town, Taohuayuan County

✉ 415722

张家界武陵源—天门山旅游区
Zhangjiajie Wulingyuan—Tianmen Mountain Tourism Area

武陵源—天门山旅游区包括武陵源风景名胜区和天门山国家森林公园两部分。其中武陵源风景名胜区是张家界旅游区的核心景区，地处武陵山脉腹地，位于湖南四大水系之一澧水的中上游。莽莽武陵源，独立天地间。大自然的鬼斧神工，造就了这里蔚为壮观的石英砂岩峰林地貌风光。这里地质构造复杂，地貌景观奇特，素有"奇峰三千、秀水八百"之美誉。造型之巧，神韵之妙，意境之美，无与伦比。

天门山位于张家界市城区南郊 8 公里，海拔 1518.6 米，是张家界的文化圣地，被尊为"张家界之魂""湘西第一神山"。天门山古称嵩梁山，三国时期嵩梁山忽然峭壁洞开如门，形成迄今罕见的世界奇观——天门洞，吴帝孙休认为这是吉祥的征兆，于是将嵩梁山改名天门山，山下置天门郡，即今天的张家界市。天门山国家森林公园属典型的喀斯特地貌，兼峰、石、泉、溪、云于一体，集雄、奇、秀、险、幽于一身，被誉为空中原始花园。

🏛 张家界市武陵源区军地坪
   Jundiping, Wulingyuan District, Zhangjiajie

✉ 427400

🌐 http://www.zjjpark.com

🚌 长沙汽车西站和汽车东站均可转车到达张家界。

东江湖风景区
Dongjiang Lake Scenic Area

1986 年 8 月 2 日，东江大坝重达 240 吨的巨型铁闸落下，奔腾的东江被拦腰锁住，一坝锁东江，高峡出平湖。而库区所在的 11 个乡近 6 万移民举家搬迁、离别故园，开启了开荒拓土、重建家园的步伐，谱写了一曲曲自强不息、催人奋进的赞歌！

东江湖烟波浩渺，水天相接，湖面面积 160 平方公里，平均水深 51 米，最深处达 157 米，蓄水量相当于半个洞庭湖，因此被誉为"湘南洞庭"，是湖南省最大的人工湖泊。东江湖融山的隽秀、水的神韵于一体，挟南国秀色、禀历史文明于一身，被誉为"人间天上一湖水，万千景象在其中"。

🏛 郴州资兴市东江镇
Dongjiang Town, Zixing

✉ 423400

🌐 https://www.dongjianghu.com

矮寨·十八洞·德夯大峡谷景区
Aizhai Shibadong Dehang Grand Canyon Scenic Area

国家 5A 级旅游景区矮寨·十八洞·德夯大峡谷景区是由三家景区联合组成，分别是矮寨奇观旅游区、十八洞村、德夯大峡谷景区。其中矮寨奇观旅游区是一个风景美丽、古朴的苗乡集镇，矮寨四周皆为巍峨险峻的大山，"双龙抢宝山""金龟望月山""品字山""八仙峰"等群山相互媲美。秀丽的峒河与德夯溪在这里汇合，共同为矮寨塑造了一片肥沃的河滨田园。

德夯大峡谷景区地处云贵高原与武陵山脉相交所形成的武陵大峡谷中段，是国内典型的石灰石岩溶峡谷地貌，谷深幽长，大峡谷中有许多小峡谷，如大龙峡、小龙峡、高岩峡、大连峡、麻风用峡、玉泉峡、夯峡、九龙峡等。景区内溪流众多，绝壁高耸，古树倒挂，奇峰突起，峰林重叠。峡谷内四季如春，气候宜人，动、植物资源非常丰富，自然风光十分秀丽。

十八洞村位于素有花垣"南大门"之称的排碧乡西南部，有莲台山林场、黄马岩、乌龙一线天、背儿山、擎天柱等风景点，特别是十八溶洞，洞洞相连，洞内景观奇特，神态各异，鬼斧神工，被誉为"亚洲第一奇洞，"十八洞村也因此而得名。该村地处高寒山区，冬长夏短，生态环境优美。

🏛 湘西州吉首市(矮寨，德夯大峡谷)，花垣县双龙镇西南侧(十八洞)，
Jishou; Shibadong Village, Southwest of Shuanglong Town, Huayuan County;

✉ 416000，416400

🌐 http://www.dehang.cn/

天心阁
Tianxin Pavilion

🏛 长沙市天心区天心路 17 号
No.17 Tianxin Road, Tianxin District, Changsha

✉ 410008

洋湖湿地景区
Yanghu Wetland Scenic Area

🏛 长沙市岳麓区洋湖大道
Yanghu Avenue, Yuelu District, Changsha

✉ 410208

湖南省博物馆
Hunan Province Museum

🏛 长沙市开福区东风路 3 号
No.3 Dongfeng Road, Kaifu District, Changsha

✉ 4101003

长沙世界之窗
Changsha Global Window

🏛 长沙市浏阳河大桥东
East Liuyang River Bridge, Changsha

✉ 410003

长沙海底世界
Changsha Underwater World

🏛 长沙市浏阳河东金鹰影视文化城
Jinying Movie and TV Culture Town, Liuyang River East, Changsha

✉ 410003

湖南省森林植物公园
Hunan Province Forest Botanic Park

🏛 长沙市雨花区洞进铺镇
Dongjinpu Town, Yuhua District, Changsha

✉ 410116

雷锋纪念馆
Lei Feng's Memorial Museum

🏛 长沙市望城区雷锋镇
Leifeng Town, Wangcheng District, Changsha

✉ 410217

靖港古镇景区
Jinggang Ancient Town Scenic Area

🏛 长沙市望城区靖港镇
Jinggang Town, Wangcheng District, Changsha

✉ 410204

长沙千龙湖生态旅游区
Changsha Qianlong(Thousand Dragons) Lake Ecotourism Area

🏛 长沙市望城区格塘镇
Getang Town, Wangcheng District, Changsha

✉ 410200

长沙黑麋峰森林公园
Changsha Heimi Peak Forest Park

🏛 长沙市望城区桥驿镇
Qiaoyi Town, Wangcheng District, Changsha

✉ 410200

长沙大围山自然保护区
Changsha Dawei Mountain Nature Reserve

🏛 长沙浏阳市东区大围山
East District, Dawei Mountain, Liuyang

✉ 410309

胡耀邦故里旅游区
Hu Yaobang's Hometown Tourism Area

🏛 长沙浏阳市浏南新区中和镇
Zhonghe Town, Liunan New District, Liuyang

✉ 410315

秋收起义纪念园景区
Autumn Harvest Uprising Memorial Museum Scenic Area

🏛 长沙浏阳市文家市镇人民路
Renmin Road, Wenjiashi Town, Liuyang

✉ 410000

长沙生态动物园
Changsha Ecological Zoo

🏛 长沙市长沙县暮云镇西湖村
Xihu Village, Muyun Town, Changsha County

✉ 410009

杨开慧纪念馆
Yang Kaihui's Memorial Museum

🏛 长沙市长沙县开慧镇开慧村 178 号
No.178 Kaihui Village, Kaihui Town, Changsha County

✉ 410146

长沙石燕湖生态旅游公园
Changsha Shiyan Lake Ecotourism Park

🏛 长沙市长沙县跳马乡石门村
Shimen Village, Tiaoma Town, Changsha County

✉ 410025

宁乡沩山密印景区
Ningxiang Weishan Miyin(Secret Stamp) Scenic Area

🏛 长沙市宁乡县沩山乡
Weishan Town, Ningxiang County

✉ 410600

宁乡紫龙湾旅游区
Ningxiang Zilongwan (Purple Dragon Bay) Tourism Area

🏛 长沙市宁乡县灰汤镇
Huitang Town, Ningxiang County

✉ 410600

关山景区
Guanshan Scenic Area

🏛 长沙市宁乡县金州镇关山村
Guanshan Village, Jinzhou Town, Ningxiang County

✉ 410600

株洲方特欢乐世界
Zhuzhou Fanta Wild Adventure

🏛 株洲市云龙示范区
Yunlong Demonstration Area, Zhuzhou

✉ 412000

神农城炎帝文化主题公园
Shennong City Emperor Yan Culture Theme Park

🏛 株洲市天元区
Tianyuan District, Zhuzhou

✉ 412007

茶陵云阳山森林公园
Chaling Yunyang Mountain Foreast Park

🏛 株洲市茶陵县
Chaling County

✉ 412400

神农谷景区
Shennong Valley Scenic Area

🏛 株洲市炎陵县十都镇
Shidu Town, Yanling County

✉ 412502

湖南

湘潭盘龙大观园
Xiangtan Panlong Grand View Garden

🏛 湘潭市岳塘区荷塘乡
Hetang Town, Yuetang District, Xiangtan

✉ 411101

湘潭昭山风景名胜区
Xiangtan Zhaoshan Mountain Famous Scenic Area

🏛 湘潭市易家湾株易路口
End of Zhuyi Road, Yijiawan, Xiangtan

✉ 411103

湘乡东山书院
Xiangxiang Dongshan(East Mountain) Academy Site

🏛 湘潭湘乡市书院路1号
No.1 Shuyuan Road, Xiangxiang

✉ 411400

湘乡茅浒水乡度假区
Xiangxiang Maohu Water Town Resort

🏛 湘潭湘乡市东郊乡东山电站旁
Near Dongshan Power Station, Dongjiao Town, Xiangxiang

✉ 411400

湖南水府旅游区
Hunan Shuifu Tourism Area

🏛 湘潭湘乡市
Xiangxiang

✉ 411400

韶山滴水洞景区
Shaoshan Dishui Cave Tourism Area

🏛 湘潭韶山市韶山冲
Shaoshanchong, Shaoshan

✉ 411301

石鼓书院
Shigu Ancient Academy

🏛 衡阳市石鼓区青草桥边
At Qingcao Bridge, Shigu District, Hengyang

✉ 421001

印山文化旅游区
Yinshan Mountain Culture Tourism Area

🏛 衡阳常宁市庙前镇金龙村
Jinlong Village, Miaoqian Town, Changning

✉ 421400

蔡伦竹海旅游风景区
Cai Lun Bamboo Sea Tourism Area

🏛 衡阳市耒阳市黄市镇
Huangshi Town, Leiyang

✉ 421800

罗荣恒故居—纪念馆
Luo Ronghuan's Former Residence & Memorial Museum

🏛 衡阳市衡东县荣桓镇南湾村
Nanwan Village, Ronghuan Town, Hengdong County

✉ 421400

黄桑生态旅游区
Huangsang Ecotourism Area

🏛 邵阳市绥宁县月岩林场
Yueyan Forest Center, Suining County

✉ 422600

岳阳市君山公园
Yuyang Junshan Park

🏛 岳阳市君山区
Junshan District, Yueyang

✉ 414000

君山野生荷花世界
Junshan Wild Lotus World

🏛 岳阳市君山区
Junshan District, Yuyang

✉ 414000

岳阳圣安寺
Yueyang Sheng'an Temple

🏛 岳阳市岳阳楼区云梦路
Yunmeng Road, Yueyanglou District, Yueyang

✉ 414000

岳阳市任弼时纪念馆
Yueyang Ren Bishi's Memorial Museum

🏛 岳阳市汨罗市弼时镇唐家桥
Tangjia Bridge, Bishi Town, Miluo

✉ 414416

五尖山森林公园
Wujianshan Foreast Park

🏛 岳阳临湘市城西南1公里处
1km Southwest to Linxiang

✉ 414300

岳阳张谷英村
Yueyang Zhangguying Village

岳阳市岳阳县张谷英镇
Zhangguying Town, Yueyang County

414100

石牛寨景区
Shiniu (Stone Ox) Stockaded Village Scenic Area

岳阳市平江县石牛寨镇
Shiniuzhai Town, Pingjiang County

414500

平江起义纪念馆
Pingjiang Uprising Memorial Museum

岳阳市平江县城关镇
Chengguan Town, Pingjiang County

414500

幕阜山国家森林公园
Mubu Mountain National Forest Park

岳阳市平江县南江镇
Nanjiang Town, Pingjiang County

414500

柳叶湖旅游度假区
Villow Lake Tourism Resort

常德市柳叶大道东段
Liuye East Avenue Changde

415000

花岩溪国家森林公园
Huayanxi National Foreast Park

常德市鼎城区
Dingcheng District, Changde

415129

常德市规划展示馆
Changde City Planning Exhibition Hall

常德市武陵区
Wuling District, Changde

415000

常德清水湖旅游区
Changde Qingshui Lake Tourism Area

常德市汉寿县株木山乡
Zhumushan Town, Hanshou County

415900

彭山景区
Pengshan Mountain Scenic Area

常德市澧县澧南镇彭山村
Pengshan Village, Linan Town, Lixian County

415500

澧县城头山博物馆
Lixian County Chengtou Mountain Museum

常德市澧县车溪乡南岳村
Nanyue Village, Chexi Town, Lixian County

415500

临澧修梅林伯渠故居
Linli Xiumei Lin Boqu's Former Residence

常德市临澧县高桥
Gaoqiao Linli County

415200

枫林花海旅游区
Maple Forest Flower Sea Tourism Area

常德市桃源县枫树乡
Fengshu Town, Taoyuan County

415700

夹山国家森林公园
Jiashan Mountain National Forest Park

常德市石门县东南 8 公里处
8km Southeast of Shimen County

415300

张家界国家森林公园
Zhangjiajie National Foreast Park

张家界市张家界林场
Zhangjiajie Forest Center, Zhangjiajie

427401

张家界土家风情园
Zhangjiajie Tujia Nationality Culture Park

张家界市南庄坪五子坡
Wuzipo Nanzhuang Village, Zhangjiaje

427400

老道湾景区
Laodaowan Scenic Area

张家界市永定区天门山南
South of Tianmen Mountain, Yongding District, Zhangjiajie

427000

湖
南

黄龙洞旅游区
Huanglong Cave Tourism Area

🏛 张家界市武陵源区索溪峪镇河口村
Hekou Village Suoxiyu Town, Wulingyuan District

✉ 427400

张家界市溪布老街非遗文化体验基地
Zhangjiajie Xibu Old Street Intangible Cultural Heritage Experience Base

🏛 张家界市武陵源区溪布街
Xibu Street, Wulingyuan District, Zhangjiajie

✉ 427400

张家界宝峰湖风景区
Zhangjiajie Baofeng Lake Scenic Area

🏛 张家界市索溪峪镇
Suoxiyu Town, Zhangjiajie

✉ 427000

贺龙纪念馆
He Long's Memorial Museum

🏛 张家界市桑植县
Sangzhi County

✉ 427400

张家界茅岩河九天洞旅游区
Zhangjiajie Maoyan River Jiutian Cave Tourism Area

🏛 张家界市桑植县利福塔镇
Lifuta Town, Sangzhi County

✉ 427400

张家界大峡谷景区
Zhangjiajie Great Canyon Scenic Area

🏛 张家界市慈利县三官寺乡
Sanguansi Town, Cili County

✉ 427000

江垭温泉度假村
Jiangya Hot Spring Resort

🏛 张家界市慈利县江垭镇
Jiangya Town, Cili County

✉ 427221

张家界万福温泉国际度假风景区
Wanfu Hot Spring International Holiday Scenic Area

🏛 张家界市慈利县
CIli County

✉ 427200

龙王洞旅游区
Longwang (Dragon King) Cave Tourism Area

🏛 张家界市慈利县
Cili County

✉ 427200

益阳市山乡巨变第一村旅游区
The First Village Which Have Great Changes in Yiyang

🏛 益阳市谢林港镇清溪村
Qingxi Village, Xielingang Town, Yiyang

✉ 413000

益阳奥林匹克公园
Yiyang Olympic Park

🏛 益阳市赫山区康富南路 30 号
No.30 South Kangfu Road, Heshan District, Yiyang

✉ 413002

安化茶马古道风景区
Anhua Ancient Tea Horse Route Scenic Area

🏛 益阳市安化县江南镇
Jiangnan Town, Anhua County

✉ 413500

郴州市苏仙岭风景名胜区
Chenzhou Suxianling Famous Scenic Area

🏛 郴州市苏仙北路 2 号
No.2 Suxian North Road, Chenzhou

✉ 423000

郴州市天堂温泉
Chenzhou Tiantang Hot Spring

🏛 郴州市苏仙区许家洞镇天堂村
Tiantang Village, Xujiadong, Suxian District, Chenzhou

✉ 423041

龙女温泉景区
Longnü(Daughter of Dragon) Hot Spring Scenic Area

🏛 郴州市北湖区南岭大道
Nanling Avenue, Beihu District, Chenzhou

✉ 423000

王仙岭生态旅游度假区
Wangxianling Ecotourism Resort

🏛 郴州市王仙岭公园
Wangxianling Park, Chenzhou

✉ 423000

飞天山国家地质公园
Feitian(Flying to Sky) Mountain National Geological Park

🏛 郴州市苏仙区桥口镇
Qiaokou Town, Suxian District, Chenzhou

✉ 423000

万华岩风景区
Wanhuayan Scenic Area

🏛 郴州市万华岩镇
Wanhuayan County, Chenzhou

✉ 423000

宝山工矿旅游景区
Baoshan Mine Park Tourism Area

🏛 郴州市桂阳县西
West of Guiyang County

✉ 424400

板梁古村旅游区
Banliang Ancient Village Tourism Area

🏛 郴州市永兴县高亭乡板梁村
Baliang Village, Gaoting Town, Yongxing County

✉ 423300

湖南莽山国家森林公园
Hunan Mangshan Mountain National Foreast Park

🏛 郴州市宜章县
Yizhang County

✉ 424221

汝城温泉福泉山庄
Rucheng Hot Spring Fuquan Villa

🏛 郴州市汝城县热水镇
Reshui Town, Rucheng County

✉ 424100

九龙江国家森林公园
Jiulongjiang National Forest Park

🏛 郴州市汝城县东南部
Southeast of Rucheng County

✉ 424100

稻田公园
Daotian(Paddy-Field) Park

🏛 郴州市安仁县永乐江镇

Yonglejiang Town, Anren County

✉ 423600

柳宗元文化旅游区
Liu Zongyuan's Culture Tourism Area

🏛 永州市零陵区柳了街中段
Middle Part of Liuzi Street, Lingling District, Yongzhou

✉ 425100

舜皇山国家森林公园
Shunhuang(Emperor Shun) Mountain National Forest Park

🏛 永州市东安县大庙口镇
Damiaokou Town, Dong'an County

✉ 425600

九嶷山舜帝陵景区
Jiuyi Mountain Emporer Shun's Tomb Scenic Area

🏛 永州市宁远县城南 30 里处
30km South of Ningyuan County

✉ 425600

九嶷山三分石景区
Jiuyi Mountain Sanfen Stone Scenic Area

🏛 永州市宁远县九嶷山景区
Jiuyi Mountain Scenic Area, Ningyuan County

✉ 425600

祁阳浯溪碑林景区
Qiyang Wuxi Stele Forest Scenic Area

🏛 永州市祁阳县城西南
Southwest of Qiyang County

✉ 426100

阳明山国家森林公园
Yangming Mountain National Forest Park

🏛 永州市双牌县
Shuangpai County

✉ 425212

怀化洪江古商城
Huaihua Hongjiang Ancient Trade City

🏛 怀化市洪江管理区沅江路 76 号
No.76 Yuanjiang Road, Hongjiang Management Zone, Huaihua

✉ 418000

湖
南

黔阳古城景区
Qianyang Ancient Town Scenic Area

怀化洪江市黔城镇
Qiancheng Town, Hongjiang

418100

湖南省凤滩景区
Hunan Fengtan Scenic Area

怀化市沅陵县黄铁坪村
Huangtieping Village, Yuanling County

419621

溆浦穿岩山景区
Xupu Chuanyan Mountain Scenic Area

怀化市溆浦县统溪河乡枫林村
Fenglin Village, Tongxihe Town, Xupu County

419600

中国人民抗日战争胜利受降纪念馆
China Anti-Japanese War Victory and Accepting Surrender Memorial Museum

怀化市芷江县
Zhijiang County

419100

通道万佛山旅游景区
Tongdao Wanfo Mountain Tourism Area

怀化市通道县临口镇太平岩村
Taipingyan Village, Linkou Town, Tongdao County

418500

皇都侗文化村
Huangdu Dong Nationality Culture Village

怀化市通道县黄土乡
Huangtu Township, Tongdao County

418500

芋头古侗寨景区
Yutou Ancient Dong Nationality Village Scenic Area

怀化市通道县双江镇芋头村
Yutou Village, Shuangjiang Town, Tongdao County

418500

通道转兵纪念地景区
Tongdao Memorial Place Were the Red Army Turn the Direction

怀化市通道县县溪镇红长路
Hongchang Road, Xianxi Town, Tongdao County

418500

涟源湄江风景区
Lianyuan Meijiang Scenic Area

娄底涟源市
Lianyuan

417100

曾国藩故居旅游区
Zeng Guofan's Former Residence Tourism Area

娄底市双峰县荷叶镇
Heye Town, Shuangfeng County

417700

梅山龙宫景区
Meishan Mountain Longgong(Dragon's Palace) Scenic Area

娄底市新化县游溪乡高桥村
Gaoqiao Village, Youxi Township, Xinhua County

417600

紫鹊界梯田景区
Ziquejie Terraced Fields Scenic Area

娄底市新化县水车镇
Shuiche Town, Xinhua County

417600

乾州古城景区
Qianzhou Ancient Town Scenic Area

湘西州吉首市乾州镇
Qianzhou Town, Jishou

416000

吉首矮寨奇观
Jishou Aizhai Magic Scenery

湘西州吉首市矮寨镇
Aizhai Town, Jishou

416000

浦市古镇景区
Pushi Ancient Town Scenic Area

湘西州泸溪县浦市镇
Pushi Town, Luxi County

416100

凤凰古城景区
Fenghuang Ancient Town Scenic Area

湘西凤凰县地税局大院内（管理处）
Fenghuang County(Management office)

416200

凤凰齐梁洞景区
Fenghuang Qiliang Cave Scenic Area

湘西凤凰县古城北 5 公里吉凤公路旁
Near Jifeng Road, 5km North of Fenghuang County

416200

凤凰南华山神凤文化景区
Fenghuang South Huashan Mountain Magic
Phoenix Culture Scenic Area

湘西凤凰县虹桥西侧
West Side of Hongqiao Bridge, Fenghuang County

416200

古丈县红石林景区
Guzhang County Red Stone Forest Scenic Area

湘西州古丈县断龙山乡
Duanlongshan Town, Guzhang County

416300

湘南猛洞河漂流景区
Xiangnan Mengdong River Drift Scenic Area

湘西永顺县王村镇
Wangcun Toun, Yongshun County

416700

芙蓉镇景区
Furong Town Scenic Area

湘西州永顺县芙蓉镇
Furong Town, Yongshun County

416700

老司城景区
Laosicheng Scenic Area

湘西州永顺县灵溪镇老司城村
Laosicheng Village, Lingxi Town, Yongshun County

416700

湖南

广 东
GUANGDONG

AAAAA

广州白云山风景名胜区
Guangzhou Baiyun Mountain Famous Scenic Area

　　白云山位于广州市东北部，是南粤名山之一，自古就有"羊城第一秀"之称。白云山由30多座山峰组成，主峰为摩星岭，峰峦重叠，溪涧纵横，每当雨后天晴或暮春时节，山间云雾缭绕，蔚为奇观，白云山之名由此而来。

　　白云山景色秀丽，自古以来就是广州著名的风景胜地。白云山风景名胜区从南至北共有7个游览区，依次为麓湖游览区、三台岭游览区、鸣春谷游览区、摩星岭游览区、明珠楼游览区、飞鹅岭游览区及荷依岭游览区。景区内有三个全国之最：全国最大的园林式花园——云台花园、全国最大的天然式鸟笼——鸣春谷、全国最大的主题雕塑专类公园——雕塑公园。

🏛 广州市白云区广园中路801号
　　801 Middle Guangyuan Road, Baiyun District, Guangzhou

✉ 510075

🌐 www.baiyunshan.com.cn

广州长隆旅游度假区
Guangzhou Changlong Tourism Resort

　　广州长隆旅游度假区是个欢快的乐园，这里有长隆欢乐世界、长隆野生动物世界、长隆水上乐园和长隆飞岛乐园。其中长隆欢乐世界位于度假区的中心位置，是长隆集团倾力打造的集乘骑游乐、特技剧场、巡游表演、生态休闲、特色餐饮、主题商店、综合服务于一体的具国际先进技术和管理水平的超大型主题游乐园，是"中国新一代游乐园的典范之作"。长隆野生动物世界以大规模野生动物种群放养和自驾车观赏为特色，集动、植物的保护、研究、旅游观赏、科普教育于一体，是动物种群众多、大型的野生动物主题公园。长隆水上乐园"水上电音节"致力于将青春、个性、激情、流行和创意多种元素完美融合，多

年来吸引了不少电音爱好者。长隆飞岛乐园是集鸟类观赏、科普教育、各类动物行为展示于一体的鸟类主题公园，也是生态湿地公园。

🏛 广州市番禺区迎宾路
　　Yingbin Road, Panyu District, Guangzhou

✉ 510130

🌐 www.chimelong.com

🚇 3号线。

丹霞山风景名胜区
Danxia Mountain Famous Scenic Area

　　丹霞山是世界"丹霞地貌"命名地。丹霞山风景区由680多座顶平、身陡的红色砂砾岩石构成，"色如渥丹，灿若明霞"，以赤壁丹崖为特色。在世界已发现的1200多处丹霞地貌中，丹霞山是发育最典型、类型最齐全、造型最丰富、景色最优美的丹霞地貌集中分布地。丹霞山人文景观丰富，现有佛教别传禅寺以及80多处石窟寺遗址，历代文人墨客在这里留下了许多传奇故事、诗词和摩崖石刻，具有极大的历史文化价值。

🏛 韶关市仁化县丹霞山风景区
　　Danxia Mountain Scenic Area, Renhua County

✉ 512300

🌐 http://www.tourdxs.com

深圳华侨城旅游度假区
Shenzhen Overseas Chinese Town Tourism Resort

　　深圳华侨城旅游度假区坐落在美丽的南海之滨、深圳湾畔，这里长年繁花似锦、绿树成荫，这里汇聚了中国最为集中的文化主题公园群、文化主题酒店群和文化艺术设施群，这里是"精彩深圳、欢乐之都"流光溢彩的一张城市名片。

　　深圳华侨城旅游度假区以锦绣中华、中国民俗文

广东

化村、世界之窗、欢乐谷四大主题公园为核心。在锦绣中华，可以"一步迈进历史，一日游遍中国"；在中国民俗文化村，可以游一园"二十五个村寨"，饱览"五十六族风情"；世界之窗囊括了世界园林艺术、民俗风情、民间歌舞、大型演出以及高科技娱乐项目；"动感、时尚、激情"的欢乐谷，以创造、传递和分享欢乐为理念，引领中国现代主题公园的发展方向。

🏛 深圳市南山区华侨城
Overseas Chinese Town, Nanshan District, Shenzhen

✉ 518053

🌐 http://www.chinaoct.com

🚌 国内第一条城市高架观光游览干线——欢乐干线可达。罗湖火车站有鹏运观光巴士直达。

深圳观澜湖休闲度假区
Shenzhen Guanlan Lake Leisure Resort

观澜湖主要以高尔夫及户外有氧运动为主题，是集运动、商务、养生、旅游、会议、文化、美食、购物、居住等于一体的国际休闲旅游度假区。

观澜湖是中国极富盛名的高尔夫国际赛事举办地和国际体育、文化、商贸交流平台。观澜湖先后荣获全球"绿色奥斯卡"大奖——国际花园小区金奖第一名，世界高尔夫旅游超高荣誉大奖"全球最佳高尔夫旅游休闲胜地"。

🏛 深圳市宝安区观澜镇高尔夫大道
Golf Avenue, Guanlan Town, Bao'an District, Shenzhen

✉ 518110

西樵山风景名胜区
Xiqiao Mountain Famous Scenic Area

西樵山是广东四大名山之一，自然风光清幽秀丽，旅游文化底蕴厚重，民俗风情古朴自然。自明清以来，文人雅士，群贤毕至，旅人游子，纷至沓来，使秀美的西樵山成为名噪南粤的旅游热点。西樵山自然资源丰富，有72座奇峰，36个岩洞，232眼清泉，28处飞瀑。西樵山林深苔厚，郁郁葱葱，湖、潭、瀑、泉、涧、岩、壁、台点缀其间，景美如画，被称为整个"珠江三角洲"的"前花园"。

🏛 佛山市南海区西樵镇
Xiqiao Town, Nanhai District, Foshan

✉ 528211

🌐 http://www.xiqiaoshantour.com

🚌 乘"佛山城巴禅城—高明线"在"登山大道口"下车可达。

长鹿旅游休博园
Chuanlord Manor

长鹿旅游休博园由广东长鹿集团投资兴建，是一个以岭南历史文化、顺德水乡风情、农家生活情趣为特色，集食、住、玩、赏、娱、购于一体的综合性景区，主要由长鹿尖叫岛、童话动物王国、长鹿度假村、军事主题乐园、农家乐主题乐园、海底世界主题公园和湿地主题公园组成。其中的长鹿尖叫岛上，荟萃上百种世界巅峰游乐项目，炫目刺激的游乐体验令游客尖叫声不绝于耳。童话动物王国突破了世界传统动物园模式，以独特的园林造型向游客展示出动物神秘而又有趣的一面。临水而建、果蔬满园的五星级长鹿度假村，令人如身临岭南水乡。长鹿军事主题公园是一个将食、住、行、游、购、娱、学全方位融入军事文化的主题公园。农家乐主题乐园里，岭南水乡楼榭，竹林掩映，可以亲身体验农耕乐趣。海底世界主题公园拥有丰富的海洋动植物资源以及多个玩赏项目。长鹿湿地公园水色天光交相辉映，风景秀丽，犹如城市中的一片自然绿洲。

🏛 佛山市顺德区伦教三洲建设东路
East Jianshe Road, Shunde District, Foshan

✉ 528300

🌐 www.chuanloo.com

开平碉楼文化旅游区
Kaiping Diaolou Cultural Tourist Attraction

开平是著名的华侨之乡、建筑之乡、艺术之乡和碉楼之乡。19世纪初期，开平的广大侨胞为了防洪防匪，保护侨眷安全，纷纷兴建居守兼备的碉楼。这些碉楼与周边的村落、稻田、小桥、流水、蓝天、白云相互映衬，构成一道奇特而美丽的景观。2007年，"开平碉楼与村落"被联合国教科文组织列入《世界遗产名录》。

开平现存碉楼1833座，星罗棋布，举目皆是，从水口到百合，又从塘口到蚬冈、赤水，纵横数十公里连绵不断，蔚为大观。

开平碉楼文化旅游区集华侨文化、园林艺术、中西建筑、文物古迹、原生态自然环境、风土民俗、科普教育等多种元素于一体，主要由国家 4A 级旅游景区——立园、全国历史文化名村——自力村碉楼群、被誉为世界美丽的村落——马降龙古村落三大景区有机组成。旅游区内高雅独特的园林、传统古朴的民居、中西合璧的碉楼与周边的山水、池塘、田野完美结合、和谐共融，别具特色。

🏛 江门开平市赤坎镇北郊路 94 号
　　No.94 Beijiao Road, Chikan Town, Kaiping

✉ 529367

肇庆星湖旅游景区
Zhaoqing Xinghu Scenic Area

星湖旅游景区由七星岩和鼎湖山两大片区组成，总面积 19.527 平方公里，一直以来是广东对外的窗口和旅游名片。其中七星岩片区有七星岩、星湖国家湿地公园、星湖绿道。鼎湖山片区有鼎湖山。

七星岩片区属于喀斯特地貌，主要景点七星岩由七座石灰岩峰排列状如天上北斗七星而得名，以峰林、溶洞、湖泊、碑刻、道观为主要景观，景色优美，被誉为"人间仙境""岭南第一奇观"，自隋唐以来便是旅游胜地。星湖国家湿地公园以仙女湖为核心，由岩溶、湖泊、浅滩构成，是肇庆的城市之肾。星湖绿道是广东绿道 1 号线的起点部分，绿道两旁绿树成荫，花团锦簇，景色如画。

鼎湖山片区为原始次生林，植被丰富，以森林、瀑布为主要景观特色，是我国第一个自然保护区和联合国教科文组织的"人与生物圈"定位研究站，被誉为"北回归线上的绿洲""活的自然博物馆""天然大氧吧"。

🏛 肇庆市端州区文明北路（管理局）
　　North Wenming Road，Duanzhou District，Zhaoqing

✉ 526040

🌐 https://www.xhglj.com.cn/

罗浮山风景名胜区
Luofu Mountain Famous Scenic Area

罗浮山素有"岭南第一山"之称，自然景观众多，山、水、泉、瀑、池、洞、观、寺、塔、林等景观独特，这里"天际一轴线，仙凡两重天""一山分四季，十里不同温"。

罗浮山文化积淀深厚，集道、佛、儒三教于一山，是中国道教十大名山之一。东晋时期，葛洪、鲍姑、黄大仙等仙道曾在此采药炼丹、修行济世、著书立说。李白、杜甫、苏轼、杨万里等历代文人骚客都曾以罗浮山为题而做诗文。苏东坡的"罗浮山下四时春，卢橘杨梅次第新。日啖荔枝三百颗，不辞长作岭南人"就是盛赞罗浮山的佳作。

🏛 惠州市博罗县长宁镇罗浮山朱明洞
　　Zhumingdong, Luofu Mountain, Changning Town, Boluo County

✉ 516133

🌐 http://www.lfs.com.cn

🚌 惠州汽车总站有旅游专线车直达。

惠州西湖旅游景区
Huizhou West Lake Tourism Area

惠州西湖旅游景区地处惠州市惠城中心区，由西湖和红花湖两大景区组成，是以素雅幽深的山水为特征、以历史文化为底蕴、以休闲和观光为主要功能的国家风景名胜区。惠州西湖旅游景区山川秀丽，幽径曲折，浮洲四起，青山似黛，古色古香的亭台楼阁隐现于树木葱茏之中，景域妙在天成，有"苎萝西子"之美誉。

🏛 惠州市惠城区二环路紫微山下
　　Foothills of Cuiwei, Erhuan Road, Huicheng District, Huizhou

✉ 516001

🌐 http://www.hzxihu.net

梅州雁南飞茶田景区
Meizhou Yannanfei Tea Field Scenic Area

雁南飞度假村坐落于叶剑英元帅的故乡——梅县雁洋镇。雁南飞似灵山秀水所孕育的一颗"明珠"，在青山环绕中向世人呈现一幅世外桃源的醉人画卷。在这里，你能深深感受到源远流长的客家文化、博大精深的茶文化和生态优美的旅游文化。这里有荣获中国建筑工程最高奖项——鲁班奖的围龙大酒店、围龙食府。这里有数千亩青翠欲滴的生态茶田和风景秀美的龙那山生态谷。在这里，你将远离城市的喧嚣，放松浮躁的心情，尽情呼吸清新的空气，听鸟语，闻花香，静心享受慢生活。

🏛 梅州市梅县区雁洋镇长教村

广东

Changjiao Village, Yanyang Town, Meixian District, Meizhou

✉ 514759

🌐 www.yearning.cn

阳江海陵岛大角湾海上丝绸之路风景名胜区
Yangjiang Hailing Island Dajiao Bay—Maritime Silk Road Famous Scenic Area

大角湾位于阳江市海陵岛闸坡镇东南，背倚青山翠岭，独得大自然垂青，以阳光、沙滩、海浪、海鲜驰名于世，是海陵岛知名度最高的景点。大角湾滩长近3公里，呈螺线形，湾似巨大的牛角，故名"大角湾"。大角湾面向浩瀚南海，两边大角山与望寮岭拱卫，湾内风和浪软，峰顶时有云雾缭绕，景观层次丰富。这里四季气候宜人，素以阳光灿烂明媚、沙质均匀松软、海水清澈纯净、空气清新清洁而著称，是名扬海内外的天然海水浴场。

丝路船韵景区坐落于海陵岛十里银滩西侧，其中的广东海上丝绸之路博物馆是以"南海Ⅰ号"宋代古沉船发掘、保护、展示与研究为主题，展现水下考古现场发掘动态演示过程的世界首个水下考古专题博物馆，为揭秘和复原宋代历史和古代海上丝绸之路提供了难得的史料。

🏛 阳江市海陵岛闸坡镇海滨路38号
No.38 Haibin Road, Zhapo Town, Hailing Island, Yangjiang

✉ 529536

🌐 www.djwtour.com

🚌 从阳江坐闸坡的班车可达。

连州地下河旅游景区
Lianzhou Underground River Tourism Area

连州地下河隐逸在绵绵群山之中。它是典型的亚热带喀斯特溶洞，以规模宏大、神秘、瑰丽、多姿的石钟乳及洞穴暗河而蜚声中外。有广东地下第一河之称，更是唯一被中国地质学会评为"中国洞穴奇观"的景区。连州地下河上、下共分三层，有陆路和水路两部分，地下暗河位于下层，水流由北向南，蜿蜒曲折十八弯，经过三个美丽的峡谷——"龙门峡""莲花峡""香蕉峡"，全长1500米。地下河水面平静、流速缓慢，沿河两岸布满石钟乳、石英、石柱、石花、石幔等，形态万千。陆路部分为第二层和第三层，有佛光普照、东陂马蹄、关公神像、巴西仙人掌、南天门、连州汉白玉鹊桥等众多景点，绚丽多彩，令人流连忘返。连州地下河气势恢宏，景观壮丽独特，洞中有洞、洞中有河、洞中有桥、洞中有瀑布，堪称岭南一绝。

🏛 清远连州市东陂镇大洞村
Dadong Village, Dongpo Town, Lianzhou

✉ 513400

🌐 www.lzdxh.com

🚌 连州汽车站至东陂(丰阳、洛阳)的班车在连州地下河路口下车可达。

孙中山故居
Sun Zhongshan's Former Residence

孙中山故居（纪念馆）位于中山市翠亨村，南、北、西三面环山，东临珠江口，隔珠江口与深圳、香港相望。孙中山故居包括孙中山纪念展示区，翠亨民居展示区，农耕文化展示区，杨殷、陆皓东纪念展示区和非物质文化遗产展示区几大部分。其中孙中山纪念展示区有孙中山故居、孙中山生平史迹陈列等。翠亨民居展示区利用翠亨村一部分旧民居展示童年孙中山的生活环境。农耕文化展示区是在孙中山曾经劳作过的耕地上开辟的包括水稻种植、作物种植、禽畜饲养等传统生态农业区。杨殷、陆皓东纪念展示区包括杨殷故居、杨殷纪念展览、陆皓东故居、陆皓东纪念展览等。非物质文化遗产展示区展示本地列入国家和广东省非遗保护目录的非物质文化遗产项目。

- 中山市南朗镇翠亨村
  Cuiheng Village, Nanlang Town, Zhongshan
- 528454
- www.sunyat-sen.org

AAAA

广州起义烈士陵园
Martyrs Cemetery for Guangzhou Uprising

- 广州市越秀区中山二路 92 号
  No.92 Second Zhongshan Road, Yuexiu District, Guangzhou
- 510032

广东美术馆
Guangdong Museum of Art

- 广州市越秀区二沙岛烟雨路 38 号
  No.38 Yanyu Road, Ersha Island, Yuexiu District, Guangzhou
- 510105

南越王宫博物馆
Nanyue Royal Court Museum

- 广州市越秀区中山四路 316 号
  No.316 4th Zhongshan Road, Yuexiu District, Guangzhou
- 510130

广州中山纪念堂
Sun Yat-sen's Memorial Hall

- 广州市越秀区东风中路 259 号
  No.259 Middle Dongfeng Road, Yuexiu District, Guangzhou
- 510030

广州动物园
Guangzhou Zoo

- 广州市越秀区先烈中路 120 号
  No.120 Middle Xianlie Road, Yuexiu District, Guangzhou
- 510070

黄花岗公园
Huanghuagang Commemoration Park

- 广州市越秀区先烈中路 79 号
  No.79 Middle Xianlie Road, Yuexiu District, Guangzhou
- 510076

西汉南越王墓博物馆
Western Han Dynasty Nanyue King's Tomb Museum

- 广州市越秀区解放北路 867 号
  No.867 North Jiefang Road, Yuexiu District, Guangzhou
- 510030

越秀公园
Yuexiu Park

- 广州市越秀区解放北路 988 号
  No.988 North Jiefang Road, Yuexiu District, Guangzhou
- 510030

北京路文化旅游区
Beijing Road Culture Tourism Area

- 广州市越秀区中山四路
  Fouth Zhongshan Road, Yuexiu District, Guangzhou
- 510030

广东民间工艺博物馆（陈家祠）
Guangdong Folk Arts Museum(Chen Ancestral Temple)

- 广州市荔湾区中山七路恩龙里 30 号
  No.30 Enlongli, 7th Zhongshan Road, Liwan District, Guangzhou
- 510180

广州塔
Canton Tower

- 广州市海珠区阅江西路 222 号
  No.222 West Yuejiangxi Road, Haizhu District, Guangzhou
- 510310

广东

华南植物园
South China Botanical Garden

🏛 广州市天河区沙河镇天源路 1190 号
No.1190 Tianyuan Road, Shahe Town, Tianhe District, Guangzhou

✉ 510520

正佳广场商贸旅游区
Zhengjia Square Biz & Trade Tourism Area

🏛 广州市天河区天河路 228 号
No.228 Tianhe Road, Tianhe District, Guangzhou

✉ 510630

南海神庙
Nanhai Temple

🏛 广州市黄埔区南岗镇庙头村
Miaotou Village, Nangang Town, Huangpu District,
Guangzhou

✉ 510730

广州科学中心
Guangzhou Science Center

🏛 广州市番禺区大学城西六路 168 号
No.168 West Six Road, University City, Panyu District, Guangzhou

✉ 510006

岭南印象园景区
Lingnan Impression Scenic Area

🏛 广州市番禺区大学城外环西路
West Waihuan(Outside Ring)Road, University City, Panyu
District, Guangzhou

✉ 510006

番禺莲花山旅游风景区
Panyu Lotus Hill Tourism Area

🏛 广州市番禺区石楼镇西门路 18 号
No.18 Ximen Road, Shilou Town, Panyu District, Guangzhou

✉ 511440

番禺宝墨园
Panyu Baomo Garden

🏛 广州市番禺区沙湾镇紫泥村
Zini Village, Shawan Town, Panyu District, Guangzhou

✉ 511487

番禺沙湾古镇
Panyu Shanwan Ancient Town

🏛 广州市番禺区沙湾镇
Shawan Town, Panyu District, Guangzhou

✉ 511483

九龙湖旅游度假区
Jiulong(Nine Dragons) Lake Tourism Resort

🏛 广州市花都区花东镇
Huadong Town, Huadu District, Guangzhou

✉ 510897

广州石头记矿物园
Guangzhou Istone Mineral Park

🏛 广州市花都区珠宝城大观园路 2 号
No.2 Daguanyuan Road, Jewelry City, Huadu District, Guangzhou

✉ 510800

广东圆玄道观
Guangdong Yuanxuan Taoism Temple

🏛 广州市花都区新华镇迎宾大道 38 号
No.38 Yingbin Avenue, Xinhua Town, Huadu District, Guangzhou

✉ 510800

南沙滨海湿地景区
Nansha Seashore Wetland Scenic Area

🏛 广州市南沙区万顷沙镇新垦 18 涌
No.18 Yong, Xinken, Wanqingsha Town, Nansha District, Guangzhou

✉ 511458

百万葵园主题公园
Million Sunflower Theme Park

🏛 广州市南沙区新垦镇
Xinken Town, Nansha District, Guangzhou

✉ 511458

广东省番禺南沙天后宫
Guangdong Panyu Nansha Tianhou Palace

🏛 广州南沙区南沙经济技术开发区角山
Jiao Mountain, Nansha Economic and Technology Development
Zone, Nansha, District, Guangzhou

✉ 511458

广州白水寨风景名胜区
Guangzhou Baishui (White Water) Stockade Village Famous Scenic Area

🏛 广州市增城区派潭镇
Paitan Town, Zengcheng District, Guangzhou

✉ 511385

碧水湾温泉度假村
Bishuiwan Hot Spring Tourism Resort

🏛 广州市从化区良口镇
Liangkou Town, Conghua District, Guangzhou

✉ 510900

韶关曹溪温泉假日度假村
Shaoguan Caoxi Spa Resort

韶关市曲江区马坝镇
Maba Town, Qujiang District, Shaoguan

512100

经律论文化旅游小镇景区
Jinglülun Culture Tourism Town Scenic Area

韶关市曲江区
Qujiang District, Shaoguan

512100

古佛洞天风景区
Gufo(Ancient Buddha) Cave Scenic Area

韶关乐昌市河南镇西郊 5 公里
5 km West to Henan Town, Lechang

512219

珠玑古巷
Zhuji Old Lane

韶关南雄市珠玑镇
Zhuji Town, Nanxiong

512400

梅关古道
Meiguan Old Path

韶关南雄市梅岭镇
Meiling Town, Nanxiong

512432

云天海温泉原始森林度假村
Yuntianhai (Cloud-Sky-Sea) Hot Spring Original Forest Resort

韶关市新丰县梅坑镇
Meikeng Town, Xinfeng County

511100

乳源南岭国家森林公园
Ruyuan Nanling National Forest Park

韶关市乳源县五指山
Wuzhi Mountain, Ruyuan County

512700

丽宫国际旅游度假区
Ligong International Tourism Resort

韶关市乳源县乳城镇
Rucheng Town, Ruyuan County

512721

云门寺
Yunmen Temple

韶关市乳源县乳城镇云门村
Yunmen Village, Rucheng Town, Ruyuan County

512711

乳源广东大峡谷风景区
Ruyuan Guangdong Grand Canyon Scenic Area

韶关市乳源县大布镇
Dabu Town, Ruyuan County

512723

深圳仙湖植物园
Fairy Lake Botanical Garden

深圳市罗湖区仙湖路 160 号
No.160 Xianhu Road, Luohu District, Shenzhen

518004

东部华侨城旅游度假区
East Part Overseas Chinese Town Tourism Area

深圳市罗湖区大梅沙
Dameisha, Luohu District, Shenzhen

518000

锦绣中华景区
Beautiful China Scenic Area

深圳市南山区华侨城
Overseas Chinese Town, Nanshan District, Shenzhen

518053

深圳欢乐谷
Shenzhen Joy Vale

深圳市南山区华侨城
Overseas Chinese Town, Nanshan District, Shenzhen

518053

深圳野生动物园
Shenzhen Wild Animals Park

深圳市南山区西丽镇西丽湖东侧
East Xili Lake, Xili Town, Nashan District, Shenzhen

518055

深圳青青世界
Shenzhen Evergreen Resort

深圳市南山区月亮湾青青街 1 号
No.1 Qingqing Street, Moon Bay, Nanshan District, Shen zhen

518054

广东

299

中国民俗文化村
China Folk Culture Village

🏛 深圳市华侨城
Overseas Chinese Town, Shenzhen

✉ 518053

深圳世界之窗
Window of the World in Shenzhen

🏛 深圳市华侨城
Overseas Chinese Town, Shenzhen

✉ 518053

深圳市观澜山水田园农庄景区
Shenzhen Guanlan Hill & Lake Farm Garden

🏛 深圳市宝安区观澜镇君子布村环观南路
South Huanguan Road, Junzibu Village, Guanlan Town, Bao'an District, Shenzhen

✉ 518110

海上田园旅游区
Shenzhen Waterlands Resort

🏛 深圳市宝安区沙井镇民主村
Minzhu Village, Shajing Town, Bao'an District, Shenzhen

✉ 518000

深圳市光明农场大观园景区
Shenzhen Guangming Farm Center Grand View Scenic Area

🏛 深圳市宝安区光明新区碧水路
Bishui Road, Guangming New Area, Bao'an District, Shenzhen

✉ 518000

中信明思克航母世界
CITIC Minsk World

🏛 深圳市盐田区沙头角
Shatoujiao, Yantian District, Shenzhen

✉ 518081

珠海市圆明新园
Zhuhai Yuanming New Garden

🏛 珠海市前山镇白石坑
Baishikeng Qianshan Town, Zhuhai

✉ 519070

珠海罗西尼工业旅游区
Zhuhai Rossini Watch Industry Tourism Area

🏛 珠海市香洲区金峰北路
North Jinfeng Road, Xiangzhou District, Zhuhai

✉ 519000

珠海市农业科学研究中心农科奇观
Agricultural Wonders in Zhuhai Agricultural Science Research Center

🏛 珠海市香洲区前山梅溪村双龙山
Shuanglong Mountain, Meixi Village, Qianshan, Xiangzhou District, Zhuhai

✉ 519070

外伶仃岛度假村
Wailingding Island Resort

🏛 珠海市吉大新港大道北侧
North Xingang Avenue, Jida, Zhuhai

✉ 519000

珠海市东澳岛旅游度假区
Zhuhai Dong'ao Island Tourism Resort

🏛 珠海市香洲区东澳岛
Dong'ao Island, Xiangzhou District, Zhuhai

✉ 519000

珠海御温泉度假村
Zhuhai Yu Hot Spring Resort

🏛 珠海市斗门区斗门镇斗门大道
Doumen Avenue, Doumen Town, Doumen District, Zhuhai

✉ 519110

汕头中信高尔夫海滨度假村
Shantou CITIC Golf Seashore Resort

🏛 汕头市濠江区河浦大道中段斧头山北簏
Northern Foot of Futou Mountain, Middle Section of Hepu Avenue, Haojiang District, Shantou

✉ 515071

礐石海滨风景名胜区
Queshi Seaside Famous Scenic Area

🏛 汕头市濠江区礐石海旁路 4 号
No.4 Haipang Road, Queshi, Haojiang District, Shantou

✉ 515070

汕头方特欢乐世界·蓝水星景区
Fantawild Acventure Shantou—Blue Water Star Scenic Area

🏛 汕头市龙湖区泰星庄泰星路 12 号
No.12 Taixing Road, Taixing Villa, Longhu District, Shantou

✉ 515041

莲花峰风景区
Lianhua Peak Scenic Area

汕头市潮阳区海门镇
Haimen Town, Chaoyang District, Shantou

515132

前美古村潮侨文化旅游区
Qianmei Ancient Village Overseas Chinese Culture Tourism Area

汕头市澄海区隆都镇前美村
Qianmei Village, Longdu Town, Chenghai District, Shantou

515800

莲华乡村旅游区
Lianhua Rural Tourism Area

汕头市澄海区莲华镇
Lianhua Town, Chenghai District, Shantou

515800

南澳岛省级旅游度假区
Nan'ao Island Provincial Tourism Resort

汕头市南澳县青澳湾
Qingao Bay, Nan'ao County

515920

祖庙博物馆
Ancestor Temple Museum

佛山市祖庙路 21 号
No.21 Zumiao Road, Foshan

528000

佛山市南风古灶旅游区
Foshan Nanfeng Guzao Tourism Area

佛山市禅城区石湾镇高庙路 6 号
No.6 Gaomiao Road, Shiwan Town, Chancheng District, Foshan

528231

佛山市（国际）家具博览城景区
Foshan Internation Furniture Expo City Scenic Area

佛山市禅城区佛山大道
Foshan Avenue, Chancheng District, Foshan

528000

南海湾森林生态园
Nanhaiwan(South Sea Bay) Forest Ecological Garden

佛山市南海区西樵镇庆云大道
Qingyun Arenue, Xiqiao Town, Nanhai District, Foshan

528200

平洲玉器街景区
Pingzhou Jade Street Scenic Area

佛山市南海区桂城平洲玉器街
Pingzhou Jade Street, Guicheng, Nanhai District, Foshan

528251

中央电视台南海影视城
CCTV Nanhai Movie Town

佛山南海区松岗镇
Songgang City, Nanhai District, Foshan

528234

罗浮宫国际家具艺术博览中心景区
Louvre International Furniture Art Exhibition Center

佛山市顺德区 325 国道乐从路段
Lecong Part, 325 National Road, Shunde District, Foshan

528315

顺德区清晖园
Shunde District Qinghui Garden

佛山市顺德区大良镇清晖路 23 号
No.23 Qinghui Road, Daliang Town, Shunde District, Foshan

528300

陈村花卉世界
Chencun Flowers World

佛山市顺德区陈村镇佛陈公路潭村路段
Tancun Section, Fochen Road, Chencun Town, Shunde Dstrict, Foshan

528131

乐从国际会展中心
Lecong International Exhibition Center

佛山市顺德区乐从大道南 1/2 号
No.1/2 South Lecong Avenue, Shunde District, Foshan

528300

三水市森林公园
Sanshui Forest Park

佛山市三水区西南镇云东海旅游经济区
Yundonghai Tourism and Economy Area, Xinan Town, Sanshui District, Foshan

528100

三水市荷花世界
Sanshui Lotus World

佛山市三水区南丰大道
Nanfeng Avenue, Sanshui District, Foshan

528100

广东

佛山皂幕山旅游风景区
Foshan Zaomu Mountain Tourism Area

佛山市高明区杨和镇坑美村
Kengmei Village, Yanghe Town, Gaoming District, Foshan

528513

盈香生态园景区
Yingxiang Ecological Garden Scenic Area

佛山市高明区荷城街道
Hecheng Community, Gaoming District, Foshan

528500

圭峰山风景名胜区
Guifeng Mountain Famous Scenic Area

江门新会区会城镇北郊圭峰山
Guifeng Mountain, north Huicheng Town, Xinhui District, Jiangmen

529100

新会区古兜温泉旅游度假村
Xinhui District Gudou Hot Spring Tourism Resort

江门新会区崖门镇
Yanan Town, Xinhui District, Jiangmen

529149

金山温泉旅游度假村
Jinshan Hot Spring Tourism Resort

江门恩平市那吉镇东郊
East Naji Town, Enping

529471

山泉湾旅游景区
Shanquanwan Tourism Area

江门恩平市大田镇
Datian Town, Enping

529400

锦江温泉旅游度假区
Jinjiang Hot Spring Tourism Resort

江门恩平市大田镇朗底
Langdi, Datian Town, Enping

529431

下川岛省级旅游度假区
Xiachuan Island Provincial Tourism Resort

江门台山市川岛镇
Chuandao Town, Taishan

529200

台山康桥温泉景区
Taishan Dreamland Resort

江门台山市白沙镇朗南村
Langnan Village, Baisha Town, Taishan

529527

湛江蓝月湾温泉度假村
Zhanjiang Lanyuewan Hot Spring Resort

湛江市海滨大道中 2 号
No.2 Haibin Avenue, Zhanjiang

524005

金沙湾滨海休闲旅游区
Golden Beach Leisure Tourism Area

湛江市赤坎区
Chikan District, Zhanjiang

524033

湛江湖光岩风景名胜区
Zhanjiang Huguang Rock Famous Scenic Area

湛江市麻章区湖光镇
Huguang Town, Mazhang District, Zhanjiang

524088

茂名森林公园
Maoming Forest Park

茂名市茂南区公馆镇
Gongguan Town, Maonan District, Maoming

525000

中国第一滩省级旅游度假区
China the First Beach Provincial Tourism Resort

茂名市电白区海滨二路
Second Haibin Road, Dianbai District, Maoming

525027

茂名放鸡岛
Maoming Chicken Island

茂名市电白区博贺镇翠湖路
Cuihu Road, Bohe Town, Dianbai District, Maoming

525447

浪漫海岸旅游度假区
Romantic Beach Tourism Resort

茂名市电白区麻岗镇热水村
Reshui Village, Magang Town, Dianbai District, Maoming

525400

肇庆星湖风景名胜区
Zhaoqing Xinghu Famous Scenic Area

🏛 肇庆市七星岩景区内
Inside Qixingyan Scenic Area, Zhaoqing

✉ 526040

龙母祖庙景区
Longmu Ancestors Temple

🏛 肇庆市德庆县悦城镇
Yuecheng Town, Deqing County

✉ 526638

德庆学宫（孔庙）景区
Deqing Study Palace(Confucius Temple)Scenic Area

🏛 肇庆市德庆县朝阳西路 26 号
No.26 Chaoyang West Road, Deqing County

✉ 526600

盘龙峡景区
Panlong Valley Scenic Area

🏛 肇庆市德庆县官圩镇大满村
Daman Village, Guanyu Town, Deqing County

✉ 526600

叶挺将军纪念园
General Ye Ting's Memorial Museum

🏛 惠州市惠阳区秋长街道周田村
Zhountian Village, Qiuchang Community, Huiyang District, Huizhou

✉ 516211

惠州五矿·哈施塔特旅游小镇
Huizhou Wukuang Hashitate Tourism Town

🏛 惠州市博罗县罗阳镇麦田岭
Maitianling, Luoyang Town, Boluo County

✉ 516100

惠州市海滨温泉旅游度假区
Huizhou Coast Hot Spring Tourism Resort

🏛 惠州市惠东县平海镇
Pinghai Town, Huidong County

✉ 516363

巽寮湾海滨旅游度假村
Xunliao Bay Tourism Resort

🏛 惠州市惠东县巽寮镇
Xunliao Town Huidong County

✉ 516367

永记高科技农业生态示范园（惠东）
Yongji Hightech Agriculture Ecological Demonstration Garden (Huidong)

🏛 惠州市惠东县大岭镇桥新区
Qiaoxin District, Daling Town, Huidong County

✉ 516321

龙门南昆山温泉旅游大观园
NKS Hot Spring Tourism Grand View Garden

🏛 惠州市龙门县永汉镇油田村
Youtian Village, Yonghan Town, Longmen County

✉ 516870

龙门铁泉旅游度假区
Longmen Tiequan Tourism Resort

🏛 惠州市龙门县龙田镇热水锅村
Reshuiguo Village, Longtian Town, Longmen County

✉ 516800

南昆山生态旅游区
Nankun Mountain Ecological Tourism Zone

🏛 惠州市龙门县南昆山镇
Nankunshan Town Longmen County

✉ 516876

尚天然花海温泉小镇
Sun Nature Flower & Hot Spring Resort

🏛 惠州市龙门县龙田镇赖屋村
Laiwu Village, Longtian Town, Longmen County

✉ 516800

客天下旅游产业园
Hakka Word Tourism Industry Garden

🏛 梅州市梅江区三角镇东升村
Dongsheng Village, Sanjiao Town, Meijiang District, Meizhou

✉ 514000

雁鸣湖旅游度假村
Yanming Lake Tourism Resort

🏛 梅州市梅县区雁洋镇南福村
Nanfu Village, Yanyang Town, Meixian District, Meizhou

✉ 514059

叶剑英纪念园
Memorial Museum of Marshal Ye Jianying

🏛 梅州市梅县区雁洋镇雁上村
Yanshang Village, Yanyang Town, Meixian District, Meizhou

✉ 514759

广东

灵光寺旅游区
Lingguang Temple

🏛 梅州市梅县区雁洋镇阴那村
Yinna Village, Yanyang Town, Meixian District, Meizhou

✉ 514059

兴宁市神光山旅游区
Xingning Shenguang Mountain Tourism Area

🏛 梅州兴宁市福兴镇神光村
Shenguang Village, Fuxing Town, Xingning

✉ 514521

百侯名镇旅游区
Baihou Famous Town Tourism Area

🏛 梅州市大埔县百侯镇
Baihou Town, Dapu County

✉ 514200

泰安楼客家文化旅游产业园
Tai'anlou Hakka Culture Tourism Industry Garden

🏛 梅州市大埔县百侯镇
Baihou Town, Dapu County

✉ 514200

平远县五指石旅游区
Pingyuan County Wuzhi Stone Tourism Area

🏛 梅州市平远县差干镇
Chaigan Town, Pingyuan County

✉ 514625

蕉岭县长潭旅游度假区
Jiaoling County Chang Tan Tourism Resort

🏛 梅州市蕉岭县长潭镇溪峰路 24 号
No.24 Xifeng Road, Changtan Town, Jiaoling County

✉ 514100

汕尾红海湾旅游区
Shanwei Honghai Bay Tourism Area

🏛 汕尾市通港 366 号
No.366 Tonggang, Shanwei

✉ 516600

汕尾凤山祖庙旅游区
Shanwei Fengshan Ancestor Temple Tourism Area

🏛 汕尾市城区凤山路
Fengshan Road, Urban of Shanwei

✉ 516600

铜鼎山旅游区
Tongding Mountain Tourism Area

🏛 汕尾市城区
Urban of Shanwei

✉ 516600

汕尾玄武山旅游区
Shanwei Xuanwu Mountain Tourism Area

🏛 汕尾陆丰市碣石镇
Jieshi Town, Lufeng

✉ 516545

广东海丰莲花山度假村
Guangdong Haifeng Lianhuashan Resort

🏛 汕尾市海丰县莲花山镇
Lianhuashan Town, Haifeng County

✉ 516400

龙源温泉旅游度假区
Longyuan Hot Spring Tourism Resort

🏛 河源市源城区高埔岗龙源大道 1 号
No.1 Longyuan Avenue, Gaopugang, Yuancheng District, Heyuan

✉ 517000

巴伐利亚庄园
Bavaria Manor

🏛 河源市源城区
Yuancheng District, Heyuan

✉ 517000

河源市御临门温泉度假区
Heyuan Yulinmen Hot Spring Resort

🏛 河源市紫金县九和镇幸福热水村
Xingfureshui Village, Jiuhe Town, Zijin County

✉ 517400

和平温泉之都旅游区
Heping Capital of Hot Spring Tourism Area

🏛 河源市和平县热水镇南湖村
Nanhu Village, Reshui Town, Heping County

✉ 517100

新丰江国家森林公园
Xinfeng River National Forest Park

🏛 河源市东源县新港镇港中路 17 号
No.17 Gangzhong Road, Xingang Town, Dongyuan County

✉ 517001

河源新丰万绿湖风景区
Heyuan Xinfeng Wanlü Lake Scenic Area

🏛 河源市东源县新港镇港中路 17 号
　　No.17 Gangzhong Road, Xingang Town, Dongyuan County

✉ 517527

苏家围东江画廊景区
Sujiawei Dongjiang River Painting Corridor Scenic Area

🏛 河源县东源县义合镇苏家围村
　　Sujiawei Village, Yihe Town, Dongyuan County

✉ 517500

河源市叶园温泉旅游区
Heyuang Yeyuan Hot Spring Tourism Area

🏛 河源市东源县黄田镇
　　Huangtian Town, Dongyuan County

✉ 517500

阳春凌霄岩景区
Yangchun Lingxiao Rock Scenic Area

🏛 阳江阳春市河朗镇
　　Helang Town, Yangchun

✉ 529613

阳西咸水矿温泉景区
Yangxi Salty Water Hot Spring Scenic Area

🏛 阳江市阳西县东湖生态开发区
　　Donghu Ecological Development Zone, Yangxi County

✉ 529800

黄腾峡生态旅游区
Huangteng Valley Ecotourism Area

🏛 清远市清城区东城街
　　Dongcheng Street, Qingcheng District, Qingyuan

✉ 511500

碧桂园假日半岛故乡里旅游度假区
Biguiyuan Holiday Island Hometown Tourism Area

🏛 清远市清城区石角镇碧桂园
　　Biguiyuan, Shijiao Town, Qingcheng District, Qingyuan

✉ 511500

狮子湖休闲旅游区
Shizihu Leisure Tourism Area

🏛 清远市横荷镇狮子湖山庄 1 号
　　No.1 Shizihu Villa, Henghe Town, Qingyuan

✉ 511515

德盈新银盏温泉度假村
Deying New Yinzhan Hot Spring Resort

🏛 清远市龙塘镇广清高速路银盏收费站出口处
　　Yinzhan Exit, Guangqing Highway, Longtang Town, Qingyuan

✉ 511542

清新温矿泉度假区
Qingxin Hot Spring Resort

🏛 清远市清新区三坑镇
　　Sankeng Town, Qingxin District, Qingyuan

✉ 511855

清远玄真古洞生态旅游度假区
Qingyuan Xuanzhen Ancient Cave Ecotourism Resort

🏛 清远市清新区玄真路尾
　　Xuanzhen Road, Qingxin District, Qingyuan

✉ 511800

古龙峡原生态旅游区
Gulong(Ancient Dragon)Valley Original Ecotourism Area

🏛 清远市清新区太和镇
　　Taihe Town, Qingxin District, Qingyuan

✉ 511800

英德市宝晶宫生态旅游度假区
Yingde Baojing Palace Ecotourism Resort

🏛 清远英德市南郊
　　Southern Yingde

✉ 513000

英德奇洞温泉度假区
Yingde Qidong(Magic Cave) Hot Spring Resort

🏛 清远英德市望埠镇李屋村
　　Liwu Village, Wangbu Town, Yingde

✉ 513000

洞天仙境生态旅游度假区
Dongtian Xianjing Ecological Tourism Resort

🏛 清远英德市九龙镇
　　Jiulong Town, Yingde

✉ 513000

湟川三峡旅游风景区
Huangchuan Three Gorges Tourism Area

🏛 清远连州市九陂镇龙潭村
　　Longtan Village, Jiupo Town, Lianzhou

✉ 513400

广东

清远市聚龙湾天然温泉度假村
Qingyuan Julong（Gathered Dragons）Bay Nature Hot Spring Resort

- 清远市佛冈县汤塘镇
  Tangtang Town, Fogang County
- 511600

广东森波拉度假森林
Guangdong Shamoola Tourism & Holiday Forest

- 清远市佛冈县羊角山森林公园
  Yangjaoshan Forest Park, Fogang County
- 511600

广东第一峰旅游风景区
Guangdong the First Peak Tourism Area

- 清远市阳山县秤架乡
  Pingjia Town, Yangshan County
- 513100

连南千年瑶寨景区
Liannan Qiannian(Thousand Years) Yao Nationality Stockaded Village Scenic Area

- 清远市连南县三排镇
  Sanpai Town, Liannan County
- 513300

广东瑶族博物馆
Guangdong Yao Nationality Museum

- 清远市连南县三江镇
  Sanjiang Town, Liannan County
- 513300

东莞市松山湖景区
Dongguan Songshan Lake Scenic Area

- 东莞松山湖科技产业园区礼宾路一号
  No.1 Songshan Lake Science & Technology Industry Park, Dongguan
- 523808

粤晖园旅游景区
Yuehui Garden Tourism Area

- 东莞市道滘镇粤晖路一号
  No.1 Yuehui Road, Daojiao Town, Dongguan
- 523186

龙凤山庄影视度假村
Longfeng Villa Video Resort

- 东莞市凤岗镇官井头嘉辉路
  Jiahui Road, Guanjingtou, Fenggang Town, Dongguan
- 523709

东莞市科学技术博物馆
Dongguan Science and Technology Museum

- 东莞市南城区新城市中心元美中路 2 号
  No.2 Middle Yuanmei Road, Center of New Urban, Nancheng Districts, Dongguan
- 523075

观音山国家森林公园
Guanyin Mountain National Forest Park

- 东莞市樟木头镇石新区笔架大道
  Bijia Avenue, Shixin District, Zhangmutou Town, Dongguan
- 523635

东莞市香市动物园
Dongguan Xiangshi Zoo

- 东莞市寮步镇药勒管理区
  Yaole Management Zone, Liaobu Town, Dongguan
- 523888

东莞市展览馆
Dongguan Exhibition Center

- 东莞市南城区鸿福路 97 号
  No.97 Hongfu Road, Nancheng District, Dongguan
- 523000

东莞市广东东江纵队纪念馆景区
Memorial Museum for Guangdong Dongjiang Guerrilla

- 东莞市大岭山镇大王岭村厚大路
  Houda Road, Dawangling Village, Dalingshan Town, Dongguan
- 523000

清溪银瓶山森林公园
Qingxi Yinping Mountain Forest Park

- 东莞市清溪镇石田二街 53 号
  No.53, 2nd Shitian Street, Qingxi Town, Dongguan
- 523000

鸦片战争博物馆
The Opium War Museum

- 东莞市虎门镇解放路 88 号
  No.88 Jiefang Road, Humen Town, Dongguan
- 523900

东莞市南社村和塘尾村古建筑群
Dongguan Nanshe & Tangwei Villages Ancient Building Group

- 东莞市茶山镇
  Chashan Town, Dongguan
- 523888

东莞市可园博物馆
Dongguan Keyuan Museum

🏛 东莞市莞城区博厦村
Boxia Village, Guancheng District, Dongguan

✉ 523888

逸颐艺舍博物馆
Yiyiyishe Museum

🏛 东莞市横沥镇田头村彩霞路 18 号
No.18 Caixia Road, Tiantou Village, Hengli Town, Dongguan

✉ 523888

中山詹园
Zhongshan Zhan's Garden

🏛 中山市南区北台村 105 国道旁
Near 105 National Highway, Beitai Village, Zhongshan

✉ 528455

中国（大涌）红木文化博览城景区
China Dayong Rose Wood Culture Expo City Scenic Area

🏛 中山市大涌镇
Dayong Town, Zhongshan

✉ 528403

潮州淡浮院
Chaozhou Danfu Museum of Steles of Calligraphy

🏛 潮州市红山林场砚峰公园内
Inside Yanfeng Park, Hongshan Forest Center, Chaozhou

✉ 521000

潮州市广济桥文物旅游景区
Chaozhou Guangji Ancient Bridge Cultural Relic Scenic Area

🏛 潮州市环城东路广济城门对面
Opposite the Guangji Gate, East Huancheng Road, Chaozhou

✉ 521000

潮州市紫莲森林度假村景区
Chaozhou Zilian Forest Resort

🏛 潮州市湘桥区意溪镇锡美村
Zimei Village, Yixi Town, Xiangqiao District, Chaozhou

✉ 521021

韩愈纪念馆（韩文公祠）
HanYu's Memorial Museum(Hanwengong's Memorial Temple)

🏛 潮州市桥东韩师山顶
Hanshi Mountaintop, Qiaodong, Chaozhou

✉ 521000

饶平绿岛旅游山庄
Raoping Green Island Tourism Manor

🏛 潮州市饶平县钱东镇万山红农场
Wanshanhong Farm Center, Qiandong Town, Raoping County

✉ 515726

阳美玉都旅游区
Yangmei Jade City Tourism Area

🏛 揭阳市东山区磐东镇阳美村
Yangmei Village, Pandong Town, Dongshan District, Jieyang

✉ 522071

广东望天湖生态旅游度假区
Guangdong Wangtianhu Ecotourism Resort

🏛 揭阳市揭东区白塔镇
Baita Town, Jiedong District, Jieyang

✉ 515500

揭阳市京明温泉度假区
Jieyang Jingming Hot Spring Resort

🏛 揭阳市揭西县京溪园镇新洪村
Xinhong Village, Jingxiyuan Town, Jiexi County

✉ 515431

黄满寨瀑布旅游区
Huangmanzhai Waterfall Tourism Area

🏛 揭阳市揭西县京溪园镇粗坑村
Cukeng Village, Jingxiyuan Town, Jiexi County

✉ 515400

金水台温泉景区
Jins huitai Hot Spring Scenic Area

🏛 云浮市新兴县水台镇
Shuitai Town, Xinxing County

✉ 527400

六祖故里旅游度假区
Liuzu(Sixth Ancestor's) Hometown Tourism Resort

🏛 云浮市新兴县六祖镇
Liuzu Town, Xinxing County

✉ 527400

天露山旅游度假区
Tianlushan Tourism Resort

🏛 云浮市新兴县里洞镇
Lidong Town, Xinxing County

✉ 527400

广东

广西

GUANGXI

AAAAA

青秀山风景旅游区
Qingxiu Mountain Tourism Area

"山不高而秀，水不深而清"的青秀山坐落在蜿蜒流淌的邕江畔，群峰起伏、林木青翠、岩幽壁峭、泉清石奇，以南亚热带植物景观为特色，常年云雾环绕，是独特的天然休闲氧吧，素有"城市绿肺""绿城翡翠，壮乡凤凰"的美誉，是南宁市最亮丽的城市名片之一。青秀山风景旅游区拥有迁地保护和园林造景完美结合的经典之园——千年苏铁园，有独具热带雨林特色的生态园林景观——雨林大观，有全国最大的自然生态兰花专类园——兰园，还有富有民族特色的壮锦广场、青秀山友谊长廊，有汇聚东盟各国国花、国树和南宁友好城市代表性雕塑的东盟友谊园……近在咫尺的城市文明与自然生态的和谐之美尽在青秀山中。

🏛 南宁市青秀区凤岭南路 6-6 号
　　No.6-6 South Fengling Road, Qingxiu District, Nanning

✉ 530021

🌐 www.qxslyfjq.com

靖江王城（王府、独秀峰）景区
Jingjiang Nobality Town(Wangfu, Duxiu Peak)Scenic Area

靖江王城景区位于桂林市中心，是以桂林的"众山之王"——独秀峰为中心，明代靖江藩王府为范围的精品旅游景区。独秀峰素有"南天一柱"的美誉，史称桂林第一峰。山峰突兀而起，形如刀削斧砍，孤峰傲立，有如帝王之尊。靖江王府位于独秀峰下，是明朝开国皇帝朱元璋分封给其侄孙的府邸，王城周围的城垣以方形青石修砌，十分坚固。城开东南西北四门，分别命名为"体仁"（东华门）、"端礼"（正阳门）、"遵义"（西华门）、"广智"（后贡门）。坚城深门，气势森严。靖江王府共有 11 代 14 位靖江王在此居住过，历时 280 年之久，是明代藩王中历史最长及目前全中国保存最完整的明代藩王府。靖江王城景区内山水风光与历史人文景观交相辉映，是桂林历史文化的典型代表。

🏛 桂林市秀峰区王城 1 号
　　No.1 Wangcheng, Xiufeng District, Guilin

✉ 541901

🌐 http://www.glwangcheng.com

两江四湖·象山景区
Liangjiang(Two Rivers) Sihu(Four Lakes) — Xiangshan Mountain Scenic Area

两江四湖是指由漓江、桃花江、榕湖、杉湖、桂湖、木龙湖所构成的桂林环城水系，两江四湖的水路贯通构成了桂林城市中心最优美的环城风景带。两江四湖景区真实地体现了"千峰环野立，一水抱城流"的美妙景致和"城在景中，景在城中"的诗情画意。象山景区因有一座酷似一头大象的象鼻山而得名，象鼻山位于桂林市漓江与桃花江的汇流处，以其独特的山形和悠久的历史成为桂林城徽标志，更成为了中国山水中人与自然合谐的符号。

🏛 桂林市秀峰区丽君路 2 号
　　No.2 Lijun Road, Xiufeng District, Guilin

✉ 541001

🌐 http://www.ljshxs.com

桂林漓江景区
Guilin Lijiang River Scenic Area

这是一处被印在人民币上、为世人所熟知的如诗如画的美景。"千峰环野立，一水抱城流"，南宋诗人留下的千古佳句，正是桂林漓江的真实写照。千百年来，漓江依旧以它独特的自然魅力，让来自世界各地的游客沉醉于它的美丽之中。乘船从桂林至阳朔游漓江，看两岸的山峰伟岸挺拔，形态万千，每一处都是一幅中国水墨画。

🏛 桂林市福旺路 178 号
　　No.178 Fuwang Road, Guilin

✉ 541002

🌐 http://www.liriver.com.cn

广西

桂林乐满地度假世界
Guilin Merryland Resort

在兴安县灵湖景区 6000 余亩的土地上，融合桂林山水之美与广西少数民族艺术的乐满地度假世界，欢乐满满。这里有缤纷主题乐园，时尚、动感、刺激与欢乐并存。有乐满地欢乐文化度假酒店，闲逸高雅，隐晰山林间，尽享自然特色；有美式丘陵国际标准 36 洞高尔夫球场，独揽桂林山水盛景，挑战你的极至尊荣。这些构成了融自然、浪漫、闲逸、欢乐为一体的度假胜地——桂林乐满地度假世界。

🏛 桂林市兴安县志玲路
　　Zhiling Road, Xing'an County
✉ 541300
🌐 http://www.merry-land.com.cn

北海市涠洲岛火山国家地质公园鳄鱼山景区
Beihai Weizhou Island Vocano National Geology Park Eyu Mountain Tourism Area

鳄鱼山景区是涠洲岛最瑰丽的精华景区，包含了鳄鱼山、五彩滩、红色广场、南湾海洋运动公园以及部分海域，总面积 3.8 平方公里。景区以美丽的海岛风光、典型的火山地质遗迹、奇特的海蚀微地貌景观、丰富的生态旅游资源和舒适宜人的气候闻名海内外。

鳄鱼山位于南湾西侧鳄鱼岭，从高远处看，犹如一只鳄鱼匍匐于大海中，因而得名鳄鱼山。鳄鱼山内汇聚有中国最典型、最丰富的火山景观以及保存最完整的多期火山地质遗迹。

五彩滩位于涠洲岛东部，因退潮后，海蚀平台在阳光照射下呈现出五彩斑斓的颜色而得名，是岛上观赏海上日出的绝佳地点之一，退潮时，大片的海蚀平台裸露出来，经过海水打磨，犹如一幅幅印象派艺术画卷，非常壮观。

红色广场位于涠洲岛湾背，融国防教育、军营体验、文化观光等于一体，是涠洲人民的精神家园。

南湾海洋运动公园位于南湾西侧的柴栏，是融海上娱乐、住宿等为一体的海上旅游休闲运动公园，是鳄鱼山景区的旅游新业态，为游客提供了舒适的体验式旅游，游艇、帆船环岛游，在浩瀚的海洋上回望不一样的涠洲岛。

🏛 北海市海城区
　　Haicheng District, Beihai
✉ 536000
🌐 http://www.weizhouisland.com.cn/

百色起义纪念园景区
Baise Up-rising Memorial Park Scenic Area

百色起义纪念园位于百色城东面的后龙山、盘龙山、迎龙山上，是在整合百色起义纪念馆、右江民族博物馆、百色起义纪念碑、红军桥、铜鼓楼、南阁亭、两广青年友谊园等革命历史文化资源的基础上形成的主题性公园，是中央确定的全国 12 个红色旅游重点景区之一——"两江红旗，百色风雷"景区的核心区。百色起义纪念园是集悠久的历史文化、优美的自然景观与优良的革命传统于一体、思想教育与旅游审美相融合的精品主题公园，是百色市的精神高地和宣传百色的重要名片。

🏛 百色市解放街
　　Jiefang Street, Baise
✉ 533000
🌐 http://www.bsqygy.com/

昭平县黄姚古镇旅游景区
Zhaoping County Huangyao Ancient Town Tourism Area

黄姚古镇有着近 1000 年历史，至今仍保存有寺观庙祠 20 多座，亭台楼阁 10 多处，多为明清建筑。由于镇上以黄、姚两姓居多，故名"黄姚"。黄姚古镇由龙畔街、中兴街、商业街区三块自成防御体系的建筑群组成，建筑群又通过桥梁、寨墙、门楼巧妙地连接在一起，形成一个整体。镇内建筑按九宫八卦阵势布局，一条主街延伸出八条弯弯曲曲的街巷，宛如一个大迷宫，大街小巷均用青石板铺砌而成，像一条起舞的青龙。古镇里的门楼、古戏台、古街、古井、民居、宗祠、庙宇、桥、亭、匾等建筑属岭南风格，与周围环境形成一体，具有很高的艺术审美价值，被称为"人与自然完美结合的艺术殿堂"，是天然的山水园林古镇。

🏛 贺州市昭平县黄姚镇黄姚街 7 号
　　No.7 Huangyao Street, Huangyao Town, Zhaoping County

✉ 546805

德天跨国瀑布景区
Detian Transnational Waterfall Scenic Area

　　德天跨国瀑布位于广西大新县硕龙镇和越南高平省重庆县玉溪镇交界的边境线上。德天跨国瀑布是亚洲第一大跨国瀑布。景区以归春界河为轴线，自然景观由德天瀑布、绿岛行云和大阳幽谷等组成，瀑布气势磅礴，层层叠叠，水势激荡，闻声数里。景区将瀑布、山体、河流、植被、乡村田园等景观相结合，融跨国瀑布山水景观、丰富多彩的边境民俗风情、悠久神奇的边关历史文化为一体，形成山清、水秀、瀑美、情浓的南国边疆喀斯特特色景观。

🏛 崇左市大新县硕龙镇德天村
　　Detian Village, Shuolong Town, Daxin County

✉ 532300

🌐 http://www.detian1999.com

AAAA

南宁嘉和城景区
Naning Jiahe Town Scenic Area

🏛 南宁市东北方向南梧大道嘉和城内
　　Jiahe Town, Nanwu Avenue, Northeast of Nanning

✉ 530012

九曲湾温泉度假村
Jiuqu Bay Hot Spring Resort

🏛 南宁市三塘温泉路 9 号
　　No.9 Wenquan Road, Santang, Nanning

✉ 530012

南宁市八桂田园景区
Nanning Bagui Farm Scenic Area

🏛 广西南宁市大学路 48 号
　　No.48 University West Road, Nanning

✉ 530012

广西药用植物园
Guangxi Medicinal Plants Garden

🏛 南宁市新城区长岗路 189 号
　　No.189 Changgang Road, Xincheng District, Nanning

✉ 530023

南宁市动物园
Nanning Zoo

🏛 南宁市大学西路 3 号
　　No.3 University West Road, Nanning

✉ 530003

良凤江国家森林公园
Liangfeng River National Forest Park

🏛 南宁市友谊路 78 号
　　No.78 Friendship Road, Nanning

✉ 530031

南宁市大明山风景旅游区
Nanning Daming Mountain Tourism Area

🏛 南宁市东北部
　　Northeast of Nanning

✉ 530012

广西科技馆
Guangxi Science & Technology Museum

🏛 南宁市民族大道 20 号
　　No.20 Minzu Avenue, Nanning

✉ 530022

广西规划馆景区
Guangxi Planning Hall Scenic Area

🏛 南宁市凤岭南路平乐大道西侧
　　West Side of Pingle Avenue, South Fengling Road, Nanning

✉ 530028

广西

广西民族博物馆
Guangxi Nationality Museum

南宁市民主路
Minzhu Road, Nanning

530023

民歌湖景区
Minge (Folk Song) Lake Scenic Area

南宁市青秀区金浦路 23 号
No.23 Jinpu Road, Qingxiu District, Nanning

530028

凤岭儿童公园
Fengling Children's Park

南宁市青秀区月湾路 1 号
No.1 Yuewan Road, Qingxiu District, Nanning

530213

南宁乡村大世界
Nannig Country World

南宁市兴宁区三塘镇蒙村
Mengcun Village, Santang Town, Xingning District, Nanning

530024

南宁市人民公园
Nanning Renmin Park

南宁市兴宁区人民东路
Renmin East Road, Xingning District, Nanning

530012

南宁武鸣伊岭岩风景区
Nanning Wuming Yiling Rock Scenic Area

南宁市武鸣区双桥镇伊岭村
Yiling Villege, Shuangqiao Town, Wuming District, Nanning

530100

南宁花花大世界景区
Nanning Flower World Scenic Area

南宁市武鸣区双桥镇伊岭工业区
Yiling Industry Area, Shuangqiao Town, Wuming District, Nanning

530100

隆安龙虎山风景区
Long'an Dragon & Tiger Mountain Scenic Area

南宁市隆安县 316 省道
316 Provincial Road, Long'an County

532700

昆仑关旅游风景区
Kunlun Pass Tourism Area

南宁市宾阳县凤翔路 1 号
No.1 Fengxiang Road, Binyang County

530400

马山金伦洞景区
Mashan Jinlun Cave Scenic Area

南宁市马山县古零镇新扬村
Xinyang Village, Guling Town, Mashan County

530600

金莲湖景区
Jinlian Lake Scenic Area

南宁市上林县
Shanglin County

530500

上林县大龙湖景区
Shangling County Great Dragon Lake Scenic Area

南宁市上林县西南 22 公里处
22km Southwest of Shanglin County

530500

柳州柳侯公园
Liuzhou Liuhou Park

柳州市文惠路 62 号
No.62 Wenhui Road, Liuzhou

545001

柳州龙潭景区
Liuzhou Longtan Scenic Area

柳州市龙潭路 43 号
No.43 Longtan Road, Liuzhou

545005

柳州文庙景区
Liuzhou Confucius'Temple Scenic Area

柳州市水南路灯台花园旁
Beside of Dengtai Garden, Shuinan Road, Liuzhou

545000

柳州城市规划馆景区
Liuzhou Urban Planning Museum Scenic Area

柳州市城中区文昌路 66 号
No.66 Wenchang Road, Chengzhong District, Liuzhou

545001

柳州马鹿山奇石博览园
Liuzhou Malushan Strange Stone Expo Garden

柳州市河东新区东环路 272 号
No.272 Donghuan Road, Hedong New District, Liuzhou

545005

柳州博物馆
Liuzhou City Museum

柳州市解放北路 37 号
No.37 Jiefang North Road, Liuzhou

545001

柳州工业博物馆
Liuzhou Industry Museum

柳州市鱼峰区柳东路 220 号
No.220 Liudong Road, Yufeng District, Liuzhou

545005

百里柳江景区
Hundred Miles Liujiang River Scenic Area

柳州市
Liuzhou

545001

柳州都乐岩风景区
Liuzhou Dule Rock Scenic Area

柳州市柳石路都乐岩
Duleyan, Liushi Road, Liuzhou

545005

柳州园博园景区
Liuzhou Expo Garden Scenic Area

柳州市柳东新区柳东大道北侧
North Side of Liudong Avenue, Liudong New District, Liuzhou

450200

柳州动物园
Liuzhou Zoo

柳州市南郊航银路 89 号
No.89 Hangyin Road, South Suburb, Liuzhou

545001

凤凰河生态旅游度假区
Fenghuang River Ecotourism Resort

柳州市柳江区
Liujiang District, Liuzhou

545100

柳城涯山景区（洛崖知青城）
Liucheng Yashan Mountain Scenic Area

柳州市柳城县大埔镇洛崖社区中寨村
Zhongzhai Village, Luoya Community, Dapu Town, Liucheng County

545200

鹿寨香桥岩溶国家地质公园
Luzhai Xiangqiao Karst National Geology Park

柳州市鹿寨县中渡镇
Zhongdu Town, Luzhai County

545600

石门仙湖旅游景区
Shimen(Stone Gate) Xianhu(Fairy Lake) Tourism Area

柳州市融安县大良镇新和、石门两村
Xinhe & Shimen Village, Daliang Town, Rong'an County

545400

柳州立鱼峰风景区
Liuzhou Liyufeng Scenic Area

柳州市鱼峰路
Yufeng Road, Liuzhou

545005

三江程阳侗族八寨景区
Sanjiang Chengyang Dong Nationality's Bazhai Scenic Area

柳州市三江县林溪乡
Linxi Town, Sanjiang County

545500

丹洲旅游景区
Danzhou Tourism Area

柳州市三江县丹洲镇丹洲村
Danzhou Villege, Danzhou Town, Sanjiang County

545502

三江县大侗寨景区
Sanjiang County Great Dong Nationality Village Scenic Area

柳州市三江县古宜镇
Guyi Town, Sanjiang County

545500

广
西

元宝山龙女沟景区
Yuanbao Mountain Longnü (Daughter of Dragon) Valley Scenic Area

🏛 柳州市融水县四荣乡
　　Sirong Town, Rongshui County

✉ 545300

融水县民族体育公园
Rongshui County Nationality Sports Park

🏛 柳州市融水县园林路北首西侧
　　West Side, North End of Yuanlin Road, Rongshui County

✉ 545300

西山公园
Xishan Park

🏛 桂林市秀峰区西山路 2 号
　　No.2 Xishan Road, Xiufeng District, Guilin

✉ 541001

桂林七星公园
Guilin Qixing Garden

🏛 桂林市七星路 1 号
　　No.1 Qixing Road, Guilin

✉ 541004

桂林冠岩景区
Guilin Guanyan Scenic Area

🏛 桂林市安新北路 5 号
　　No.5 North Anxin Road, Guilin

✉ 541002

滨江景区
Binjiang Scenic Area

🏛 桂林市龙珠路 1 号
　　No.1 Longzhu Road, Guilin

✉ 541002

古东瀑布风景区
Gudong Waterfalls Scenic Area

🏛 桂林市七星路 50 号
　　No.50 Qixing Road, Guilin

✉ 541004

桂林芦笛岩公园
Guilin Ludi Rock Park

🏛 桂林市芦笛路
　　Ludi Road, Guilin

✉ 541001

桂林市穿山景区
Guilin Chuanshan Scenic Area

🏛 桂林市穿山小街 55 号
　　No.55 Chuanshan Xiaojie, Guilin

✉ 541002

桂林刘三姐景观园
Guilin Liusanjie Scenic Garden

🏛 桂林市桃花江路 1 号
　　No.1 Taohuajiang Road, Guihua

✉ 541001

桂林尧山景区
Guilin Yaoshan Scenic Area

🏛 桂林市靖江路
　　Jingjiang Road, Guilin

✉ 541004

桂林叠彩伏波景区
Guilin Diecai Fubo Tourism Area

🏛 桂林市叠彩路
　　Diecai Road, Guilin

✉ 541000

南溪山公园
Nanxishan Garden

🏛 桂林市中山南路
　　Zhongshan South Road, Guilin

✉ 541004

罗山湖玛雅水上乐园景区
Luoshan Lake Maya Water Wonderland Scenic Area

🏛 桂林市临桂区罗山水库旁
　　Near Luoshan Reservoir, Lingui District, Guilin

✉ 541100

桂林市义江缘景区
Guilin Yijiangyuan Scenic Area

🏛 桂林市临桂区五通镇
　Wutong Town, Lingui Lingui District, Guilin

✉ 541100

桂林愚自乐园
Guilin Yuzi Paradise

🏛 桂林市雁山区大埠乡
　Dabu Town, Yanshan District, Guilin

✉ 541006

桂林神龙水世界
Guilin Saint Dragon Water World

🏛 桂林市雁山区草坪乡潜经村
　Qianjing Village, Caoping Town, Yanshan District, Guilin

✉ 541000

桂林世外桃源景区
Guilin Heaven of Peace Scenic Area

🏛 桂林市阳朔县白沙五里店世外桃源
　Wulidian Village, Baisha Town, Yangshuo County

✉ 541901

阳朔蝴蝶泉景区
Yangshuo Butterfly Spring Scenic Area

🏛 桂林市阳朔县月亮山风景区 321 国道旁
　In Moon Mountain Scenic Area, Near 321 National Road, Yangshuo County

✉ 541900

阳朔图腾古道·聚龙潭景区
Yangshuo Julong Pond Tourism Area

🏛 桂林市阳朔县高田乡历村
　Xiangli Village, Gaotian Town, Yangshuo County

✉ 541901

逍遥湖景区
Xiaoyao Lake Scenic Area

🏛 桂林市灵川县大圩镇上茯荔村
　Fuli Village, Daxu Town, Lingchuan County

✉ 541200

灵渠风景区
Lingqu Scenic Area

🏛 桂林市兴安县灵渠南路
　Lingqu South Road, Xing'an County

✉ 541300

兴安华江猫儿山自然保护区
Xing'an Huajiang Maoer Mountain Nature Reserve

🏛 桂林市兴安县华江乡
　Huajiang Villege, Xing'an County

✉ 541300

永福金钟山旅游度假区
Yongfu Jinzhong Mountain Tourism Resort

🏛 桂林市永福县罗锦镇
　Luojin Town, Yongfu County

✉ 541800

桂林丰鱼岩田园旅游度假区
Guilin Fengyuyan Countryside Tourism Resort

🏛 桂林市荔浦县三河东里丰鱼岩
　Fengyuyan, Sanhe Dongli, Lipu County

✉ 546609

桂林银子岩旅游度假区
Guilin Yinziyan Tourism Resort

🏛 桂林市荔浦县马岭镇小青山
　Xiaoqingshan Maling Town, Lipu County

✉ 546001

荔浦荔江湾景区
Lipu Lijiang River Bay Scenic Area

🏛 桂林市荔浦县青山镇
　Qingshan Town, Lipu County

✉ 546600

龙胜龙脊梯田景区
Longsheng Longji (Dragon's Back) Terraced Fields Scenic Area

🏛 桂林市龙胜县和平乡平安村
　Ping'an Village, Heping Town, Longsheng County

✉ 541700

广西

龙胜温泉旅游度假区
Longsheng Hot Spring Tourism Resort

桂林市龙胜县江底乡
Jiangdi Town, Longsheng County

541712

梧州骑楼城·龙母庙景区
Wuzhou Qiloucheng—Longmu Temple Scenic Area

梧州市桂林路 75 号
No.75 Guilin Road, WuZhou

543000

梧州苍海旅游区
Wuzhou Canghai Tourism Area

梧州市龙圩区龙圩镇
Longxu Town, Longxu District, Wuzhou

543002

石表山休闲旅游景区
Shibiao Mountain Leisure Tourism Area

梧州市藤县象棋镇道家村
Daojia Village, Xiangqi Town, Tengxian County

543300

永安王城景区
Yong'an Ancient Town Scenic Area

梧州市蒙山县民主街
Minzhu Street, Mengshan County

546700

北海海洋之窗
Beihai the Window of Ocean

北海市四川南路中段
Middle Section of Sichuan South Road, Beihai

536000

北海市嘉和—冠山海景区
Beihai Jiahe—Guanshanhai Scenic Area

北海市银滩西区
West Area of Silver Beach

536000

北海海底世界
Beihai Underwater World

北海市茶亭路 27 号海滨公园内
Inside Seaside Park, No.27 Chating Road, Beihai

536000

北海银滩旅游区
Beihai Silver Beach Tourism Area

北海市银滩四号路
No.4 Road of Silver Beach, Beihai

536000

北海老城历史文化旅游区
Beihai Old City History & Culture Tourism Area

北海市老街
Laojie Street, Beihai

536000

北海金海湾红树林生态旅游区
Beihai Golden Bay Mangrove Ecotourism Area

北海市银滩往东 6 公里
6km East of Silver Beach, Beihai

536000

北海市园博园景区
Beihai Expo Garden Scenic Area

北海市银海区南珠大道
Nanzhu Avenue, Yinhai District, Beihai

536000

合浦汉闾文化公园
Hepu Hanlü Culture Park

北海市合浦县廉州镇
Lianzhou Town, Hepu County

536100

防城港西湾旅游景区
Fangchenggang Xiwan (West Bay) Tourism Area

防城港市西湾广场
Xiwan Square, Fangchenggang

538001

防城港江山半岛白浪滩旅游景区
Fangchenggang Jiangshan Peninsula Bailang Beach Tourism Area

防城港市江山半岛
Jiangshan Peninsula, Fangchenggang

535638

东兴市京岛旅游度假区
Dongxing Jingdao Island Tourism Resort

防城港东兴市江平镇
Jiangping Town, Dongxing

538001

东兴市屏峰雨林公园
Dongxing Pingfeng Rainforest Park

🏛 防城港东兴市马路镇平丰村
Pingfeng Village, Malu Town, Dongxing

✉ 538100

十万山国家森林公园
Shiwan Mountain National Forest Park

🏛 防城港市上思县
Shangsi County

✉ 535500

百鸟乐园
Birds Paradise

🏛 防城港市上思县
Shangsi County

✉ 535500

钦州三娘湾旅游区
Qinzhou Sanniang Bay Tourist Area

🏛 钦州市人民路 13 号
No.13 Renmin Road, Qinzhou

✉ 535000

钦州刘冯故居景区
Qinzhou Liu Yongfu & Feng Zicai's Fomer Residence Scenic Area

🏛 钦州市钦南区
Qinnan District, Qinzhou

✉ 535000

钦州八寨沟旅游景区
Qinzhou Bazhaigou Tourism Area

🏛 钦州市钦北区贵台镇洞利村
Dongli Village, Guitai Town, Qinbei District, Qinzhou

✉ 535000

五皇山景区
Wuhuang Mountain Scenic Area

🏛 钦州市浦北县龙门镇
Longmen Town, Pubei County

✉ 535000

桂平西山风景名胜区
Guiping Xishan Famous Scenic Area

🏛 贵港桂平市西山风景区
Xishan Scenic Area, Guiping

✉ 537200

桂平龙潭国家森林公园
Guiping Longtan National Forest Park

🏛 贵港桂平市金田林场
Jintian Forest Center, Guiping

✉ 537200

五彩田园现代特色农业示范区
Colorful Field Modern Agriculture Demonstration Area

🏛 玉林市玉东新区茂林镇
Maolin Town, Yudong New District, Yulin

✉ 537000

玉林云天文化城
Yulin Yuntian Culture City

🏛 玉林市玉州区江滨路 461 号
No.461 Jiangbin Road, Yuzhou District, Yulin

✉ 537000

大容山国家森林公园
Darong Mountain National Forest Park

🏛 玉林北流市民乐镇容山路 1 号
No.1 Rongshan Road, Ninle Town, Beiliu

✉ 537400

鹿峰山风景区
Lufeng Mountain Scenic Area

🏛 玉林市兴业县城隍镇
Chenghuang Town, Xingye County

✉ 537800

容州古城
Rongzhou Ancient Town

🏛 玉林市容县绣江两岸
Xiujiang River Bank, Rongxian County

✉ 537500

都峤山风景区
Duqiao Mountain Scenic Area

🏛 玉林市容县石寨镇
Shizhai Town, Rongxian County

✉ 537500

谢鲁温泉休闲景区
Xielu Hot Spring Leisure Tourism Area

🏛 玉林市陆川县乌石镇谢鲁村
Xielu Village, Wushi Town, Luchuan Country

✉ 537700

广西

317

百色起义纪念馆
Baise Uprising Memorial Museum

- 百色市解放街
  Jiefang Street, Baise
- 533000

大王岭景区
Dawangling（King's Mountain）Tourism Area

- 百色市大楞乡
  Daleng Town, Baise
- 533000

通灵大峡谷景区
Tongling Great Canyon Scenic Area

- 百色靖西市湖润镇新灵村
  Xinling Villege, Hurun Town, Jingxi County
- 533800

古龙山峡谷群生态旅游风景区
Gulong Mountain Group of Valley Ecotourism Area

- 百色靖西市湖润镇
  Hurun Town, Jingxi County
- 533800

聚之乐休闲农业景区
Juzhile(Happy for Together) Leisure Agriculture Scenic Area

- 百色市田阳县
  Tianyang County
- 533600

田州古城
Tianzhou Ancient Town

- 百色市田阳县田州镇
  Tianzhou Town, Tianyang County
- 533600

十里莲塘景区
Shili(Ten Miles) Lotus Pound Scenic Area

- 百色市田东县祥周镇甘莲村
  Ganlian Village, Xiangzhou Town, Tiandong County
- 531500

平果县黎明通天河旅游景区
Pingguo County Liming Tongtianhe(River to Heaven) Tourism Area

- 百色市平果县黎明乡 208 省道旁
  Near 208 Provincial Road, Liming Town, Pingguo County

- 531400

德保红叶森林旅游景区
Debao Red Leaf Forest Tourism Area

- 百色市德保县云梯村百龙屯
  Bailongtun, Yunti Village, Debao County
- 533700

吉星岩景区
Jixing Rock Scenic Area

- 百色市德保县兴旺乡那布村吉岩屯
  Jiyantun, Nabu Village, Xingwang Town, Debao County
- 533700

凌云茶山金字塔景区
Lingyun Tea Hill Pyramid Scenic Area

- 百色市凌云县加尤镇
  Jiayou Town, Lingyun County
- 533100

乐业大石围天坑群景区
Leye Dashiwei Natural Pit Scenic Area

- 百色市乐业县同乐镇刷把村北边
  Shuaba Village, Tongle Town, Leye County
- 533200

贺州市姑婆山国家森林公园
Hezhou Gupo Mountain National Forest Park

- 贺州市平桂区黄田镇姑婆山林场
  Guposhan Woods, Huangtian Town, Pinggui District, Hezhou
- 542800

平桂十八水景区
Pinggui Shibashui(Eighteen Waters) Scenic Area

- 贺州市平桂区黄田镇
  Huangtian Town, Pinggui District, Hezhou
- 542800

贺州市玉石林景区
Hezhou Yushilin Scenic Area

- 贺州市平桂区黄田镇
  Huangtian Town, Pinggui District, Hezhou
- 542800

宜州市会仙山景区（白龙公园）
Yizhou Huixian Mountain（Bailong Park）Scenic Area

- 河池市宜州区城北 1 公里
  1km North of Yizhou District, Hechi
- 546300

刘三姐故居
Liushanjie's Former Residence

🏛 河池市宜州区流河寨
Liuhe Villege, Yizhou District, Hechi

✉ 546300

宜州市拉浪林场景区
Yizhou Lalang Forest Center Scenic Area

🏛 河池市宜州区拉浪林场
Lalang Forest Center, Yizhou District, Hechi

✉ 546300

怀远古镇景区
Huaiyuan Ancient Town Scenic Area

🏛 河池宜州区怀远镇
Huaiyuan Town, Yizhou District, Hechi

✉ 546300

丹泉洞天酒文化旅游区
Danquan Dongtian Liquor Culture Tourism Area

🏛 河池市南丹县
Nandan County

✉ 547200

南丹歌娅思谷白裤瑶生态民俗风情园
Nandan Geyasigu Baiku Yao Nationality Ecological Folk Garden

🏛 河池市南丹县里湖乡怀里村
Huaili Village, Lihu Town, Nandan County

✉ 547200

龙滩大峡谷景区
Longtan Grand Canyon Scenic Area

🏛 河池市天峨县
Tian'e County

✉ 547300

凤山国家地质公园
Fengshan Mountain National Geological Park

🏛 河池市凤山县袍里乡坡心村
Poxin Village, Paoli Town, Fengshan County

✉ 547600

东兰县红色旅游区
Donglan County Red Tourism Area

🏛 河池市东兰县政协大院内
Inside Political Consultative Conference Courtyard, Donglan County

✉ 547400

巴马盘阳河景区
Bama Panyang River Scenic Area

🏛 河池市巴马县甲篆乡
Jiazuan Town, Bama County

✉ 547500

巴马水晶宫景区
Bama Crystal Palace Scenic Area

🏛 河池市巴马县那社乡大洛村牛洞屯
Niudong, Daluo Village, Nashe Town, Bama County

✉ 547500

大化七百弄国家地质公园
Dahua Qibainong National Geopark

🏛 河池市大化县大化镇新化东路 87 号
No.87 East Xinhua Road, Dahua Town, Dahua County

✉ 530800

象州古象温泉旅游区
Guxiang Hot Spring Tourism Area

🏛 来宾市象州县东郊 8 公里处花池村
Huachi Village, 8km East of Xiangzhou County

✉ 545800

金秀莲花山旅游景区
Jinxiu Lotus Mountain Tourism Area

🏛 来宾市金秀瑶族自治县
Jinxiu County

✉ 545799

圣堂湖景区
Shengtang Lake Scenic Area

🏛 来宾市金秀县长峒乡
Changtong Town, Jinxiu County

✉ 545799

圣堂山景区
Shengtang Mountain Scenic Area

🏛 来宾市金秀县西南
Southwest of Jinxiu County

✉ 545700

山水瑶城景区
Shanshui Yao Nationality City Scenic Area

🏛 来宾市金秀县
Jinxiu County

✉ 545700

广西

金秀县银杉森林公园景区
Jinxiu County Yinshan(Cathaya Argyrophylla) Forest Park Scenic Area

🏛 来宾市金秀县忠良乡与金秀镇交界处
Intersection of Zhongliang & Jinxiu Town, Jinxiu County

✉ 545700

忻城县薰衣草庄园景区
Xincheng County Lavender Manor Scenic Area

🏛 来宾市忻城县城南新区
Nanxin District, Xincheng County

✉ 546200

崇左市左江石景林·园博园景区
Chongzuo Zuojiang Shijinglin—Expo Gardon Scenic Area

🏛 崇左市太平镇
Taiping Town, Chongzuo

✉ 532200

凭祥友谊关景区
Pingxiang Youyi(Friendship) Pass Tourism Area

🏛 崇左凭祥市友谊镇
Youyi Town, Pingxiang

✉ 532600

凭祥红木文博城景区
Pingxiang Red Wood City Scenic Area

🏛 崇左凭祥市
Pingxiang

✉ 532699

花山景区
Huanshan(Flower Mountaing) Scenic Area

🏛 崇左市宁明县

Ningming County

✉ 532599

山水画廊——大新德天风景区
Landscape Gallery Daxin Detian Scenic Area

🏛 崇左市大新县桃城镇民生街 83 号
No.83 Minsheng Street, Taocheng Town, Daxin County, Chongzuo

✉ 532300

明仕景区
Mingshi Scenic Area

🏛 崇左市大新县堪圩乡明仕村
Mingshi Village, Kanxu Town, Daxin County

✉ 532399

龙州县起义纪念园景区
Longzhou County Uprising Memorial Park Scenic Area

🏛 崇左市龙州县小连城路
Xiaoliancheng Road, Longzhou County

✉ 532400

海南
HAINAN

AAAAA

蜈支洲岛度假中心
Wuzhizhou Island Resort

　　蜈支洲岛坐落于三亚市东北部的海棠湾内，北与南湾猴岛遥遥相对，南邻亚龙湾。蜈支洲岛呈不规则蝴蝶状，岛上自然风光绮丽，东、南、西三面漫山叠翠，原生植物郁郁葱葱。临海山石嶙峋陡峭，直插海底，惊涛拍岸，蔚为壮观。中部山林草地起伏逶迤，绿影婆娑。北部滩平浪静，沙质洁白细腻，恍若玉带天成。

　　蜈支洲岛度假中心集热带海岛旅游资源的丰富性和独特性于一体。这里富有特色的各类度假别墅、木屋及酒吧、游泳池、海鲜餐厅等配套设施一应俱全，这里已开展潜水、滑水、摩托艇、拖伞、香蕉船、飞鱼船、电动船、动感飞艇、海钓、鱼疗等30余个娱乐项目，给旅游者带来原始、静谧、浪漫和动感时尚的休闲体验。

　🏛　三亚市海棠区
　　　Haitang District, Sanya
　✉　572000
　🌐　http://www.wuzhizhou.com

三亚南山文化旅游区
Sanya Nanshan Cultural Tourism Area

　　"福如东海，寿比南山"，我们常对过生日的老者如此祝福，这里所说的南山，就是三亚南山。南山古称鳌山，山势逶迤，遍野苍郁，面临一碧万顷、烟波浩渺的中国南海，海山连绵，景色奇绝。南山历史文化源远流长，据佛经记载，观音菩萨为救度众生，发

愿"长居南海"；唐代著名高僧鉴真东渡日本、日本著名遣唐僧空海西渡求学，均于南山驻留休整。南山吉祥殊胜、神奇灵性，被佛家视为福泽圣地。

　　南山文化旅游区是具有"像寺合一"特质的佛教主题景区，这里有佛教文化苑、观音文化苑、福寿天地、南海风情、大门景观区、天竺圣迹佛陀馆等项目，更有举世瞩目的108米"南山海上观音"圣像，造型挺拔，气势恢宏。

　🏛　三亚市崖州区
　　　Yazhou District, Sanya
　✉　572025
　🌐　www.nanshan.com
　🚌　新国线南山专线可达景区。

三亚大小洞天旅游区
Sanya Fancinating Plales(Daxiao Dongtian) Tourism Area

　　三亚大小洞天旅游区位于三亚南山西南隅，鳌山之麓、南海之滨，是海南省历史最悠久的风景名胜，是中国最南端的道家文化旅游胜地，自古因其奇特秀丽的海景、山景、石景与洞景被誉为"琼崖八百年第一山水名胜"。

　　三亚大小洞天旅游区生态资源丰富，有保存完好的热带海岸常绿季雨林生态群落，这里的三万株"不老松"与这块宝地共同抒写了"寿比南山不老松"的千古福愿。这里还有青山碧海、白沙细浪的小月湾海岸风光。这里有中国最南端的唯一的自然博物馆，真实展现了1.4亿年前的生命世界，这里还有揭示道家养生真谛的道家摩崖石刻群。在这里，你可以在椰风中踏浪嬉戏，可以在幽谷中自在随行，"山中问道，峰顶撷云"的悠闲时光，令人向往。

🏛 三亚市崖州区大小洞天旅游区
　　Yazhou District, Sabya

✉ 572000

🌐 http://www.sanyapark.com

分界洲生态文化旅游度假区
Fenjiezhou Ecotouriism & Cultural Resort

　　分界洲生态文化旅游度假区是极具热带海岛风情特色的景区。分界洲是海南省第一个经政府授权开发的无人原始海岛，小岛以东北向西南长条状横卧在蓝色大海中，面积约 27 万平方米，海拔最高为 99 米。在分界洲山顶有一座石碑，上面标明由远海绵延而来经过分界洲并一直延伸到对面牛岭的神奇大自然分界线，是海南南北气候的分界线。这座小岛因此叫作分界洲岛。这里经常可以看到，牛岭岭北乌云磅礴，岭南却是阳光灿烂；冬季时，岭北天空阴郁，而岭南却是阳光明媚。诡谲多变的天气在这里可一览无遗。

　　分界洲岛自古无人居住，海洋环境非常洁净，生态资源丰富，海水清澈、能见度好，是海南最适宜潜水、观赏海底世界的海岛。这里还可以举办浪漫的海底婚礼。此外，岛上还提供海豚、鲸鲨等海洋动物观光，海上拖伞、摩托艇、半潜艇海底观光等海上游乐服务和海钓、户外拓展等高雅休闲活动。

🏛 陵水县东北部分界洲岛
　　Fenjiezhou Island, Northeast of Lingshui County

✉ 572400

🚌 陵水汽车站有到分界洲岛的专线班车。

呀诺达雨林文化旅游区
Yanuoda Rainforest Culture Tourism Area

　　海南呀诺达雨林文化旅游区是名副其实的热带雨林，是海南岛五大热带雨林精品的浓缩，堪称中国钻石级雨林景区。"呀诺达"在海南本土方言中表示一、二、三，而景区则赋予了它新的内涵，"呀"表示创新，"诺"表示承诺，"达"表示践行，同时"呀诺达"又被寓意为欢迎、你好，表示友好和祝福。

　　呀诺达雨林文化旅游区以天然自然景观为基础，融汇"原始生态绿色文化、黎苗文化、南药文化、民俗文化"等优秀文化理念，已建成雨林谷、梦幻谷、

三道谷等景观。其中雨林谷以展现原生态的热带雨林景观为核心，汇集参天巨榕、百年古藤、"活化石"黑桫椤、巨大的仙草灵芝、"冷血杀手"见血封喉、野生桃榔以及"高板根""根抱石""空中花园""老茎结果""植物绞杀""藤本攀附"热带雨林的六大奇观。梦幻谷是热带雨林中沟谷瀑布的极品代表，在纵深 1.2 公里、落差 200 米的热带雨林沟谷内，迎宾瀑布、天门瀑布、连恩瀑布三个水位、落差各不相同的瀑布在沟谷中穿越，水体景观瑰丽多彩，与巨树、怪石、溪流等构成一个令人向往探奇的神秘梦幻地带。三道谷峡谷两岸层峦叠嶂，瀑布、奇石、巨树、龙潭、泻泉各具特色。呀诺达，雨林和峡谷充满了灵气，来这里可以涤荡尘世的污浊，令人心爽神清。

🏛 保亭县三道镇三道农场
　　Sandao Farm Center, Sandao Town, Baoting County

✉ 572316

🌐 https://www.yanoda.com

🚌 三亚汽车总站乘三亚至保亭或五指山班车，在三道农场路口下。

海南槟榔谷黎苗文化旅游区
Hainan Areca Valley Li & Miao Culture Tourism Area

　　海南槟榔谷黎苗文化旅游区创建于 1998 年，坐落在甘什岭自然保护区境内，置身于古木参天、藤蔓交织的热带雨林中。槟榔谷两边层峦叠嶂、森林茂密，中间是一条延绵数公里的槟榔谷地，有万余棵亭亭玉立、婀娜多姿的槟榔树，景区因而得名"槟榔谷"。景区由非遗村、甘什黎村、雨林苗寨、梦想田园四大板块组成；主推项目包括大型实景演出《槟榔·古韵》、《热带风暴》体验馆、《刀山火海》表演等。景区内还展示了十项国家级非物质文化遗产，其中"黎族传统纺染织绣技艺"被联合国教科文组织列入非物质文化遗产急需保护名录。槟榔谷还是海南黎、苗族传统"三月三"及"七夕嬉水节"的主要活动举办地之一，文化魅力十足，是海南民族文化的"活化石"。

🏛 保亭县三道镇
　　Sandao Town, Baoting County

✉ 572316

🌐 http://www.binglanggu.com

🚌 三亚汽车总站乘开往保亭、五指山方向的客车可达景区。

海
南

AAAA

海南热带野生动植物园
Hainan Tropical Wildlife Park

🏛 海口市秀英区东山镇
　　Dongshan Town, Xiuying District, Haikou

✉ 570125

中国雷琼海口火山群世界地质公园
China Leiqiong Haikou Volcanic Cluster Global Geopark

🏛 海口市秀英区石山镇
　　Shishan Town, Xiuying District, Haikou

✉ 571157

假日海滩旅游区
holidays Beach Tourism Area

🏛 海口市西海岸公园
　　West Coast Park, Haikou

✉ 570125

观澜湖旅游度假区
Guanlan Lake Tourism Resort

🏛 海口市观澜湖大道 1 号
　　No.1 Guanlanhu Avenue, Haikou

✉ 571155

亚龙湾国家旅游度假区
Yalong Bay National Tourism Resort

🏛 三亚市吉阳区亚龙湾
　　Yalong Bay, Jiyang District, Sanya

✉ 572016

亚龙湾热带天堂森林旅游区
Yalong Bay Tropical Paradise Forest Tourism Area

🏛 三亚市吉阳区亚龙湾国家旅游度假区内
　　Inside Yalong Bay National Tourism Resort, Jiyang District,
　　Sanya

✉ 572016

大东海旅游区
Great Eastern Sea Tourism Area

🏛 三亚市吉阳区大东海
　　Great Eastern Sea, Jiyang District, Sanya

✉ 572021

三亚珠江南田温泉旅游区
Sanya Pearl River Nantian Hot Spring Tourism Resort

🏛 三亚市海棠区
　　Haitang District, Sanya

✉ 572000

天涯海角风景区
Tianya Haijiao Scenic Area

🏛 三亚市天涯区
　　Tianya District, Sanya

✉ 572000

三亚西岛海上游乐世界
Sanya Xidao(West Island) Abovesea Amusement Wold

🏛 三亚市天涯区迎宾大道 88 号
　　No.88 Yingbin Avenue, Tianya District, Sanya

✉ 572000

博鳌亚洲论坛永久会址景区
Bo'ao Acian Forum Permanent Site Scenic Area

🏛 琼海市博鳌镇东屿岛
　　Dongyu Island, Bo'ao Town, Qionghai

✉ 571400

东山岭风景区
Dongshan Mountain Ridge Tourism Area

🏛 万宁市万城东 3 公里处
　　3km East to Wancheng, Wanning

✉ 571500

海南文笔峰盘古文化旅游区
Hainan Wenbi Peak Pangu Culture Tourism Area

🏛 定安县龙湖镇
　　Longhu Town, Ding'an County

✉ 571200

南湾猴岛生态景区
Nanwan Monkey Island Ecological Scenic Area

🏛 陵水县新村镇
　　Xincun Town, Lingshui County

✉ 572426

七仙岭温泉国家森林公园
Qixian(Seven Fairy) Mountain Hot Spring National Forest Park

🏛 保亭县东北约 8 公里处
　　About 8km Northeast of Baoting County

✉ 572300

海
南

重庆

CHONGQING

AAAAA

黑山谷生态旅游区
Black Valley Ecological Tourism Area

　　黑山谷生态旅游区地处云贵高原向四川盆地过渡的大娄山余脉，位于重庆市万盛经济技术开发区黑山镇境内，与南川金佛山、贵州桐梓柏箐自然保护区毗邻，山顶与谷底高差最大 1200 米，峡谷长 13 公里，河谷两岸坡度 70°～80°，是峡谷穿越、漂流观景、攀岩探险、野营露宿、垂钓狩猎的绝佳去处。

　　黑山谷生态旅游区由黑山谷、龙鳞石海、鲤鱼河漂流组成，有峻岭、峰林、幽峡、峭壁、森林、竹海、飞瀑、碧水、溶洞、仿古栈道、浮桥、云海、田园、原始植被、珍稀动植物等各具特色的景观，是目前重庆地区最大的、原始生态保护最为完好的自然生态风景区，被专家誉为"渝黔生物基因库""西南神农架"。

🏛 重庆市綦江区万盛经开区新田路 75 号
　　No.75 Xintian Road, Qijiang District

✉ 400800

🌐 http://www.hsgtour.net

🚌 在万盛观景湾车站乘坐万盛—黑山谷班车可达。

大足石刻艺术博物馆
Dazu Stone Carving Art Museum

　　大足石刻是大足区境内摩崖造像的总称，始凿于初唐，历经晚唐、五代、北宋，兴盛于南宋，延续至明、清，石刻题材以佛教为主，现存造像 5 万余尊，以宝顶山、北山、石篆山、南山、石门山摩崖造像（简称"五山"造像）为代表。大足石刻是 9～13 世纪中国石窟艺术史上最为壮丽辉煌的代表作，是佛、道、儒"三教"和谐共处和空前的石窟艺术生活化的

实物例证。大足石刻是中国石窟艺术宝库中的一颗璀璨明珠，是巴蜀地区石刻艺术的代表，也是中国晚期石窟艺术的优秀代表。

🏛 重庆市大足区龙岗镇北山中路 7 号
　　No.7 Middle Beishan Road, Longgang Town, Dazu District

✉ 402360

🌐 http://www.dzshike.com

🚌 重庆汽车西站每天有班车可到大足。

江津四面山景区
Jiangjin Simian Mountain Scenic Area

　　江津四面山景区属云贵高原大娄山北翼余脉，是地质学上的"倒置山"，拥有世界自然遗产"丹霞地貌"的特征，极具世界品质景观观赏价值。四面山景区主要由望乡台、土地岩、龙潭湖、洪海、珍珠湖等核心景区组成，自然景观独特，生态环境优美，旅游资源丰富，集山、林、水、瀑、石于一身，融幽、险、奇、雄、怪、秀为一体，是中国长寿之乡、富硒之地，是休闲度假首选的旅游目的地。

🏛 重庆江津区四面山镇文峰路 27 号
　　No.27 Wenfeng Road, Simianshan Town, Jiangjin District

✉ 402296

🚌 江津客运中心有班车直达四面山景区。

濯水景区
Zhuoshui Scenic Area

　　《楚辞》有曰："沧浪之水清兮，可以濯吾缨；沧浪之水浊兮，可以濯吾足。""濯"即洗濯、洗涤之义。濯水景区位于黔江区濯水镇，由国家 4A 级旅游景区濯水古镇、蒲花暗河以及蒲花河休闲农业体验园三部分组成。景区内旅游资源丰富，民族特色突出，拥有"世界第一风雨廊桥"濯水风雨廊桥及最为奇特罕见的"苍天有眼"景观。

　　濯水古镇文化积淀丰厚，非物质文化遗产后河古戏、西兰卡普等民间工艺交相辉映，码头文化、商贾文化、民族及民俗文化等源远流长。蒲花暗河属典型的喀斯特地貌，暗河内崖壁险绝，水入洞天，风光秀美，景色宜人。蒲花河休闲农业体验园位于美丽的濯水古镇景区西边、蒲花暗河景区东边的蒲花社区，将

重庆

两个核心景区串联为一体，园区以"一环、一轴、多园、九院落"的规划布局，打造濯水景区差异化旅游产品，形成渝东南地区集休闲、观光、采摘、体验为一体的特色农业观光园。

🏛 重庆市黔江区濯水镇
　　Zhuoshui Town, Qianjiang District

✉ 409700

南川金佛山景区
Jinfo Mountain Scenic Area

　　金佛山又名金山，古称九递山，位于重庆市南部边缘南川城区之南。每当夏秋晚晴，落日斜晖把层层山崖映染得金碧辉煌，如一尊金身大佛散发出万道霞光，异常壮观而美丽，金佛山因此而得名。金佛山景区有喀斯特世界自然遗产、生物多样性、佛教文化三大奇观。景区由金佛、柏枝、箐坝三山组成，自然景观主要有悬崖绝壁、峡谷、奇峰、溶洞、生态石林、泉瀑以及气象景观等。

🏛 重庆市南川区
　　Nanchuan District, Chongqing

✉ 408400

武隆喀斯特旅游区（天生三桥·仙女山·芙蓉洞）
Wulong Karst Tourism Area(Natural Tree Bridges, Fairy Mountain, Lotus Cave)

　　武隆喀斯特旅游区由3家旅游景区组成，分别是天生三桥、仙女山和芙蓉洞。其中的仙女山以其江南独具魅力的高山草原、南国罕见的林海雪原、清幽秀美的丛林碧野景观而被誉为"东方瑞士"。

　　天生三桥地处仙女山南部，景区内天生三桥——天龙桥、青龙桥、黑龙桥气势磅礴，恢宏壮观，规模庞大，具有雄、奇、险、秀、幽、绝等特点，是亚洲最大的天生桥群。天生三桥景区林森木秀，峰青岭翠，悬崖万丈，壁立千仞，绿草茵茵，修竹摇曳，飞泉流水，一派雄奇、苍劲、神秘、静幽的原始自然风貌，是一处高品位的生态旅游区。

　　芙蓉洞是一个大型石灰岩洞穴，洞中主要景点有金銮宝殿、雷峰宝塔、玉柱擎天、玉林琼花、犬牙晶花、千年之吻、动物王国、海底龙宫、巨幕飞瀑、石田珍珠、生殖神柱、珊瑚瑶池等。其中有宽15米、高21米的石瀑和石幕，有光洁如玉的棕桐状石笋，有璨然如繁星的卷曲石和石花等，其数量之多、形态之美、质地之洁、分布之广，为国内罕见。净水盆池中的红珊瑚和犬牙状的方解石结晶更是珍贵无比。芙蓉洞被冠以"溶洞之王"的美名，是公认的地下最美的风景。

🏛 重庆市武隆县巷口镇
　　Xiangkou Town, Wulong County

✉ 408500

🌐 http://www.wlkst.com

🚌 重庆四公里汽车枢纽站有班车到天生三桥和芙蓉洞景区。武隆汽车站有短途车到达仙女山。

云阳龙缸景区
Yunyang Longgang Scenic Area

　　云阳龙缸景区以龙缸岩溶天坑为主，地貌奇特，溶洞密布，奇峰怪石林立，石笋摩天，雄险俊秀，是自然科学的博物馆、地质景观的大观园。云阳龙缸景区集天坑、峡谷、溶洞、高山草场、森林、土家风情于一体，主要景点有龙缸天坑、云端廊桥、龙洞风光、龙窟峡、岐山草场、蔴草古长城、岐阳关古道遗址、盖下坝湖泊等。其中龙缸天坑呈椭圆形，缸内壁如刀削，壁缝松柏横卧，古藤倒垂，缸底四季吐翠，百鸟争鸣，因形状似一个天然大石缸，还流传樵夫与龙女爱情的美妙传说，因而得名"龙缸"，并被誉为"天下第一缸"。

🏛 重庆市云阳县双江街道杏花路60号
　　No.60 Xinghua Road, Shuangjiang Community, Yunyang County

✉ 404500

🌐 http://www.cqyylg.com

🚌 乘云阳至清水的大巴可到达景区。

奉节县白帝城·瞿塘峡景区
Fengjie Baidi City—Qutang Gorge Scenic Area

　　白帝城·瞿塘峡景区位于奉节县瞿塘峡口长江北岸的白帝山上，地处长江三峡西入口，东望夔门，南与白盐山隔江相望，西接奉节县城，北倚鸡公山。景区主要由白帝城、瞿塘峡两大景区构成，名胜古迹众多，融自然与人文、诗情与战火为一体，是饱览长江三峡壮丽之美的起点。

白帝城原名子阳城，西汉末年公孙述据险筑城，公元 25 年自封白帝，改为白帝城。公元 36 年，在白帝山修建了白帝庙以供奉祭祀公孙述。唐宋时期，李白、杜甫、白居易、刘禹锡等历代文人骚客或游历、或寓居、或为官，留下大量不朽的诗篇，因此，白帝城又有"诗城"之美誉。明嘉靖十二年（1533 年），庙内改祀刘备、诸葛亮。三峡工程蓄水后，水位抬高至 175 米，四面环水的白帝城已成为"高峡平湖"中的一座"绿岛"。

瞿塘峡紧邻白帝城，全长 8 公里，集雄、奇、险、峻于一身，是三峡中最短、最窄、最险的一段峡谷。瞿塘峡内北岸赤甲山上有老关庙文化遗址、大溪文化遗址、巫山猿人遗址三大遗址和老关庙信号台、赤甲楼、古炮台、古栈道、风箱峡悬棺等景点；南岸白盐山有孟良梯古栈道遗迹、摩崖石刻、犀牛望月峰、猿人峰等景观，浓缩了中国 200 万年的人类发展史。

🏛 重庆市奉节县白帝城
Baidicheng City, Fengjie County
✉ 404600
🌐 http://www.bdcqtx.com/

巫山小三峡—小小三峡风景区
Wushan Little Three Gorges Scenic Area

小三峡是大宁河下游流经巫山境内的龙门峡、巴雾峡、滴翠峡的总称，景区内有多姿多彩的峻岭奇峰、变幻无穷的云雾缭绕、清幽纯洁的飞瀑清泉、神秘莫测的悬岩古洞、茂密繁盛的山林竹林，还有迷存千古的巴人悬棺、船棺、古寨等珍贵的历史遗迹。小三峡奇特的峡谷风光，融自然景观与人文景观于一体，被誉为"天下奇峡"。

小小三峡是大宁河小三峡的姊妹峡，因比大宁河小三峡更小，故名"小小三峡"。是大宁河支流马渡河下游的三撑峡、秦王峡、长滩峡三段峡谷的总称，全长 15 公里。因其水道更为狭窄，山势显得尤为奇峻，峡谷越发幽深，壁立千仞，天开一线，舟行其间，夹岸风光无限，满目苍翠，甚为美观。

🏛 重庆市巫山县巫峡镇、双龙镇、大昌镇
Wuxia, Shuanglong & Dachang Town, Wushan County
✉ 404700
🚌 巫山县 101 路、105 路公交车可达小三峡游客接待中心。

酉阳桃花源景区
Youyang Utopia Scenic Area

晋人陶渊明的《桃花源记》里，"土地平旷，屋舍俨然，有良田美池桑竹之属。阡陌交通，鸡犬相闻"的记载，为世人留下了一处令人向往的"世外桃源"。据《酉阳直隶州总志》和《四川通志》的记载，专家们一致认为酉阳桃花源与陶渊明笔下的桃花源相似度极高。酉阳桃花源景区由世外桃源、太古洞、酉州古城、桃花源国家森林公园、桃花源广场、桃花源风情小镇、二酉山世外桃源文化主题公园和梦幻桃源实景剧八大部分组成，集岩溶地质奇观、秦晋农耕文化、土家民俗文化、自然生态文化、休闲养生文化、运动康体文化于一体，是现代人远离尘世喧嚣、步入秦晋田园、探寻科学奥秘、回归绿色天堂的好去处。

🏛 重庆市酉阳县桃花源路 232 号
No.232 Taohuayuan Road, Youyang County
✉ 409800
🌐 http://www.zgyythy.com

彭水阿依河景区
Pengshui Ayi River Scenic Area

阿依河地处重庆市彭水苗族土家族自治县，苗家人把善良、美丽、聪慧的女子称为"娇阿依"，阿依河因此得名。阿依河景区融山、水、林、泉、峡为一体，集雄、奇、险、秀、幽于一身。景区有峡谷观光区、步游观光区、竹筏观光区，有漂流体验区、户外体验区等，游览项目有峡谷听音、竹筏放歌、碧潭戏水、浪遏飞舟、情定苗寨、青龙天梯等。徒步穿行，可观奇花异草，古藤老树；荡舟江上，可享激流险滩，惊涛碧浪；夜宿山寨，可品苗家美味，体验民族风情，是休闲观光、民俗体验、户外攀岩及水上运动的首选之地。

🏛 重庆市彭水县绍庆街道阿依河社区 6 组
Group 6, Ayihe Community, Shaoqing Community, Pengshui County
✉ 409699

重庆

AAAA

重庆人民大礼堂及人民广场
Chongqing People's Auditorium and the People's Square

🏛 重庆市渝中区人民路 173 号
No.173 Renmin Road, Yuzhong District

✉ 400015

洪崖洞民俗风貌旅游区
Hongya Cave Folk Custom Tourism Area

🏛 重庆市渝中区嘉滨路 88 号
No.88 Jiabin Road, Yuzhong District

✉ 400010

重庆特园民主党派历史陈列馆
Chongqing Teyuan the Democratic Parties History Museum of China

🏛 重庆市渝中区上清寺街道嘉陵桥东村 1 号
No.1 Jialingqiaodong Village, Shangqingsi Community, Yuzhong District

✉ 400013

红岩革命纪念馆
Hongyan Revolutionary Museum

🏛 重庆市渝中区红岩村 52 号
No.52 Hongyan Village, Yuzhong District

✉ 400043

重庆市规划展览馆
Chongqing Planning Exhibition Hall

🏛 重庆市渝中区朝东路 1 号
No.1 Chaodong street, Yuzhong District

✉ 400011

重庆湖广会馆
Chongqing Huguang Clubhouse

🏛 重庆市渝中区芭蕉园 1 号
No.1 Bajiaoyuan, Yuzhong District

✉ 400013

重庆中国三峡博物馆
Chongqing Three Gorges Museum of China

🏛 重庆市渝中区人民路 236 号
No.236 Renmin Road, Yuzhong District

✉ 400015

重庆天地旅游区
ChongqingTiandi Tourism Area

🏛 重庆市渝中区化龙桥瑞天路 156 号
No.156 Ruitian Road, Hualongqiao, Yuzhong District

✉ 400013

万州大瀑布风景区
Wanzhou Waterfall Scenic Area

🏛 重庆市万州区白岩一支路 98 号
No.98 First Branch Baiyan Road, Wanzhou District

✉ 404003

白鹤梁水下博物馆
White Crane Underwater Museum

🏛 重庆市涪陵区滨江大道二段 185 号
No.185, Second Part of Binjiang Avenue, Fuling District

✉ 408000

涪陵武陵山大裂谷景区
Fuling Wuling Mountain Great Rift Valley Scenic Area

🏛 重庆市涪陵区武陵山乡
Wulingshan Town, Fuling District

✉ 408000

武陵山国家森林公园
Wuling Mountain National Forest Park

🏛 重庆市涪陵区白涛镇
Baitao Town, Fuling District

✉ 408000

大木花谷·林下花园景区
Damu Flower Valley—Linxia Garden Scenic Area

🏛 重庆市涪陵区大木乡
Damu Town, Fuling District

✉ 408015

Fuling
重庆市涪陵区

  重庆市涪陵区旅游资源丰富，全区共有国家 A 级旅游景区 12 家，其中 4A 级旅游景区 5 家、3A 级旅游景区 2 家、2A 级旅游景区 5 家，市级旅游度假区 1 个（武陵山旅游度假区），旅行社 13 家，星级酒店 3 家，星级农家乐 45 家。

  2022 年，涪陵区全年接待游客 2832.26 万人次，实现旅游收入 264.16 亿元。旅游产业增加值 33 亿元。全区旅游产业增加值稳中有升。

  加快智慧旅游发展。 加强旅游"云资源"管理，开通"涪陵文旅"抖音视频号，拓展微信公众号等新媒体营销渠道，整合报纸＋电视广播＋网络＋自媒体的宣传优势，建成涪陵文旅全媒体平台宣传矩阵。加快智慧旅游基础设施建设，实现全区旅游集散中心车站、码头、景区等场所移动通信网络全覆盖。加快打造"一部手机游涪陵"平台，支持鼓励景区、宾馆、特色酒店、民宿、餐饮、娱乐场所、文化场所进入该平台，实现一站式、一体化、一条龙服务。

  推进文化旅游产业赋能乡村振兴。 以涪陵区农业产业为基础，打造原乡休闲、山乡避暑、瓜果采摘、民俗体验、农耕研学、亲子游乐等乡村旅游产品，加快推进 29 个乡村旅游重点项目建设，建成投用国家现代农业产业园，大木乡获评全国第二批乡村旅游重点乡镇，江北街道二渡村、大顺镇大顺村获评市级乡村旅游重点村。

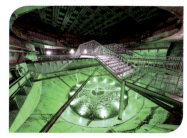

  文化和旅游产业招商引资成效。 组建文化旅游产业项目招商引资工作组，区政府相关部门齐心协力共抓招商引资工作。2022 年招商引资雪峰山旅游度假区项目、巴清湖户外运动旅游度假区项目、罗云镇千亩彩色油菜花乡村振兴综合体项目、重走长征路项目，协议资金 59.2 亿元。开工建设涪陵榨菜历史记忆馆和周煌故居修缮工程项目。建成投用蔺市镇美心红酒小镇 5、6、7 号线索道和红酒庄园项目。清溪镇家庭农场、罗云镇红军长征步道项目等一批乡村旅游项目相继建成投用。

重庆海洋公园
Chongqing Ocean Park

🏛 重庆市江北区洋河路 11 号
No.11 Yanghe Road, Jiangbei District

✉ 400020

金源方特科幻公园
Jinyuan Fantawild Hightech Themed Park

🏛 重庆市江北区董家溪
Dongjiaxi, Jiangbei District

✉ 400020

重庆科技馆
Chongqing Science & Technology Museum

🏛 重庆市江北区城西大街 7 号
No.7 Chengxi Avenue, Jiangbei District

✉ 400024

重庆观音桥商圈都市旅游区
Guanyin Bridge Metro Business & Tourism Area

🏛 重庆市江北区建新西路 2 号
No.2 West Jianxin Road, Jiangbei District

✉ 400020

铁山坪森林公园
Tieshanping Forest Park

🏛 重庆市江北区唐家沱岚垭村 120 号
No.120 Lanya Village, Tangjiatuo, Jiangbei District

✉ 400026

重庆歌乐山森林公园
Chongqing Gele Mountain Forest Park

🏛 重庆市沙坪坝区歌乐山镇
Geleshan Town, Shapingba District

✉ 400036

歌乐山烈士陵园
Gele Mountain Martyrs Cemetery

🏛 重庆市沙坪坝区红岩村 52 号
No.52 Hongyan Village, Shapingba District

✉ 400031

重庆磁器口古镇
Chongqing Ciqikou Ancient Town

🏛 重庆市沙坪坝区磁器口镇南街 1 号
No.1 South Street, Ciqikou Town, Shapingba District

✉ 400030

重庆海兰云天温泉度假区
Hailan Yuntian Hot Spring Resort

🏛 重庆市九龙坡区金凤镇海兰村
Hailan Village, Jinfeng Town

✉ 401329

贝迪颐园温泉度假村
Beidi Yiyuan Hot Spring Resort

🏛 重庆市九龙坡区白市驿镇农科大道 288 号
No.288 Nongke Ave, Baishiyi Town, Jiulongpo

✉ 401329

上邦温泉旅游区
Shangbang Hot Spring Tourism Area

🏛 重庆市九龙坡区金凤镇上邦路 3 号
No.3 Shangbang Road, Jinfeng Town, Jiulongpo District

✉ 401329

重庆市动物园
Chongqing Zoo

🏛 重庆市九龙坡区西郊一村 1 号
No.1 Village One of West Suburbs, Jiulongpo District

✉ 400050

重庆周君记火锅食品工业体验园
Chongqing Zhoujunji Hot Pot Food Industry Experience Garden

🏛 重庆市九龙坡区九龙工业园区华龙大道 16 号
No.16 Hualong Avenue, Jiulong Industry Garden, Jiulongpo District

✉ 400050

重庆南山植物园
Chongqing Nanshan Botanical Garden

🏛 重庆市南岸区南山公园路 101 号
No.101 Nanshan Park Road, Nan'an District

✉ 400065

重庆加勒比海水世界
Chongqing Caribbean Seawater World

🏛 重庆市南岸区崇文路 35 号
No.35 Chongwen Road, Nan'an District

✉ 400065

长嘉汇弹子石老街
Changjiahui Danzishi Old Street

🏛 重庆市南岸区南滨路
Nanbin Road, Nan'an District

✉ 400065

重庆缙云山国家自然保护区
Chongqing Jinyun Mountain National Nature Reserve

- 重庆市北碚区缙云山 27 号
  No.27 Jinyun Mountain, Beibei District
- 400702

重庆北温泉风景区
Chongqing North Hot Spring Scenic Area

- 重庆市北碚区北温泉风景区管理处
  Beibei District
- 400702

重庆金刀峡风景区
Chongqing Jindao Canyon Scenic Area

- 重庆市北碚区金刀峡镇小塘村 1 号
  No.1 Xiaotang Village, Jindaoxia Town, Beibei District
- 400718

重庆自然博物馆
Chongqing Nature Museum

- 重庆市北碚区枇杷山正街 74 号
  No.74 Zhengjie, Pipashan, Beibei District
- 400700

古剑山风景区
Gujianshan Scenic Area

- 重庆市綦江区古南镇清水村
  Qingshui Village, Gunan Town, Qijiang District
- 401420

万盛石林风景区
Wansheng Stone Forest Scenic Area

- 重庆市綦江区石林镇
  Shilin Town, Qijiang District
- 400800

重庆统景温泉风景区
Chongqing Tongjing Hot Spring Scenic Area

- 重庆市渝北区统景镇景泉路 66 号
  No.66 Jingquan Road, Tongjing Town, Yubei District
- 401142

重庆园博园
Chongqing Expo Park

- 重庆市渝北区龙泉路 1 号
  No.1 Longquan Road, Yubei District
- 401122

重庆东温泉风景区
Chongqing East Hot Spring Scenic Area

- 重庆市巴南区东泉镇正街 20 号
  No.20 Zhengjie Street, Dongquan Town, Banan District
- 401320

中泰天心佛文化旅游区
Zhongtai Tianxin Buddhism Culture Tourism Area

- 重庆市巴南区 103 乡道
  No.103 Township Road, Banan District
- 401320

丰盛古镇
Fengsheng Ancient Town

- 重庆市巴南区丰盛镇
  Fengsheng Town, Banan District
- 401320

黔江小南海旅游景区
Qianjiang Xiaonanhai Tourism Area

- 重庆市黔江区西沙北路 100 号
  No.100 North Xisha Road, Qianjiang District
- 409700

土家十三寨景区
Tu Nationality 13 Stocked Villages Scenic Area

- 重庆市黔江区小南海镇新建村
  Xinjian Village, Xiaonanhai Town, Qianjiang District
- 409700

芭拉胡景区
Balahu Scenic Area

- 重庆市黔江区濯水镇
  Zhuoshui Town, Qianjiang District
- 409700

长寿湖风景区
Changshou Lake Scenic Area

- 重庆市长寿区长寿湖镇正街
  Zhengjie Street, Changshouhu Town, Changshou District
- 401248

长寿菩提古镇文化旅游区
Changshou Puti Ancient Town Culture Tourism Area

- 重庆市长寿区长寿镇桃源西四路 2 号
  No.2 West 4th Taoyuan Road, Changshou Town, Changshou District
- 401220

重庆

菩提山文化旅游区
Puti Mountain Culture Tourism Area

重庆市长寿区长寿镇
Changshou Town, Changshou District

401220

重庆江津聂荣臻元帅陈列馆
Chongqing Jiangjin Marshal Nie Rongzhen's Exhibition Hall

重庆江津区几江镇鼎山大道
Dingshan Avenue, Jijiang Town, Jiangjin

402260

合川涞滩古镇
Hechuan Laitan Ancient Town

重庆市合川区涞滩镇南园东路 99 号
No.99 East Nanyuan Road, Laitan Town, Hechuan District

401520

合川钓鱼城古战场
Hechuan Fishing Town Ancient Battleground

重庆市合川区石马街 4 号
No.4 Shima Street, Hechuan

401520

重庆野生动物世界
Chongqing Wildlife World

重庆市永川区凤龙路 999 号
No.999 Fenglong Road, Yongchuan District

402168

永川茶山竹海旅游区
Yongchuan Tea Mountain and Bamboo Sea Tourism Area

重庆永川区渝西大道西段 168 号
No.168 Westpart of Yuxi Avenue, Yongchuan District

402160

观音塘湿地公园
Guanyintang Wetland Park

重庆市璧山区新生路 36 号
No.36 Xinsheng Road, Bishan District

402760

铜梁安居古城
Tongliang Anju Ancient Town

重庆市铜梁区安居镇油房街 258 号
No.258 Youfang Street, Anju Town, Tongliang District

402560

铜梁黄桷门奇彩梦园
Tongliang Huangjuemen Magic Dream Garden

重庆市铜梁区南城街道黄桷门村
Huangjuemen Village, Nancheng Community, Tongliang District

402560

杨公旧居（杨尚昆故里）
Yanggong Former Residence

重庆市潼南区双江镇正街 48 号
No.48 Main Street of Shuangjiang Town, Tongnan District

402660

大佛寺景区
Great Buddha Temple Scenic Area

重庆市潼南区梓潼街道石碾村
Shinian Village, Zitong Community, Tongnan District

402600

荣昌万灵古镇
Rongchang Wanling Ancient Town

重庆市荣昌区万灵镇学府路 75 号
No.75 Xuefu Road, Wanling Town, Rongchang District

402461

梁平滑石古寨景区
Liangping Huashi Ancient Stockaded Village Scenic Area

重庆市梁平县金带镇滑石村
Huashi Village, Jindai Town, Liangping County

405200

刘伯承同志纪念馆
Comrade Liu Bocheng's Memorial Museum

重庆市开州区汉丰街道盛山社区
Shengshan Community, Hanfeng Street, Kaizhou District

405499

汉丰湖景区
Hanfeng Lake Scenic Area

重庆市开州区文峰街道中原村
Zhongyuan Village, Wenfeng Community, Kaizhou District

405400

丰都名山旅游区
Fengdu Mingshan Mountain Tourism Area

重庆市丰都县名山镇名山路 152 号
No.152 Mingshan Road, Mingshan Town, Fengdu County

408200

丰都雪玉洞景区
Fengdu Xueyu Cave Scenic Area

🏛 重庆市丰都县三键乡
　　Sanjiang Township, Fengdu County

✉ 408200

忠县石宝寨
Zhongxian County Shibao Cottage

🏛 重庆市忠县石宝镇印山街 17 号
　　No.17 Yinshan Street, Shibao Street, Zhongxian County

✉ 404300

云阳张飞庙
Yunyang Zhang Fei's Temple

🏛 重庆市云阳县望江大道 886 号
　　No.886 Wangjiang Avenue, Yunyang County

✉ 404500

三峡梯城景区
Three Gorges Ladder City Scenic Area

🏛 重庆市云阳县双江街道杏花路 60 号
　　No.60 Xinghua Road, Shuangjiang Community, Yunyang County

✉ 404599

奉节天坑地缝旅游区
Fengjie Tiankeng Difeng Tourism Area

🏛 重庆市奉节县县政路 64 号
　　No.64 Xianzheng Road, Fengjie County

✉ 404600

巫山神女景区（神女峰 · 神女溪）
Wushan Mountain Shennü (Fairy) Scenic Area (Fairy Peak & Fairy Stream)

🏛 重庆市巫山县广东中路 177 号（管理处）
　　No.177 Middle Guangdong Road(Management Office), Wushan County

✉ 404700

红池坝森林旅游景区
Hongchiba Forest Tourism Area

🏛 重庆市巫溪县文峰镇
　　Wenfeng Town, Wuxi County

✉ 405803

大风堡景区
Dafengbao Scenic Area

🏛 重庆市石柱县黄水镇莼乡路 216 号
　　No.216 Chunxiang Road, Huangshui Town, Shizhu County

✉ 409168

川河盖景区
Chuanhegai Scenic Area

🏛 重庆市秀山县涌洞乡
　　Yongdong Town, Xiushan County

✉ 409900

龙潭古镇
Longtan Ancient Town

🏛 重庆市酉阳县龙潭镇
　　Longtan Town, Youyang County

✉ 409800

酉阳县龚滩古镇
Youyang County Gongtan Ancient Town

🏛 重庆市酉阳县龚滩镇
　　Gongtan Town, Youyang County

✉ 409800

重庆

四川
SICHUAN

AAAAA

青城山—都江堰景区
Qingchengshan—Dujiangyan Scenic Area

青城山位于都江堰市西南 15 公里处，背靠岷山雪岭，面向川西平原，群峰环绕，状若城郭，林深树密，四季常绿，丹梯千级，曲径通幽，故历来享有"青城天下幽"的美誉。青城山是中国道教的重要发祥地，为道教"第五洞天"，天师洞、建福宫、上清宫、祖师殿、圆明宫、老君阁、玉清宫、朝阳洞等 10 余座道教宫观保存完好，殿宇规模宏伟，雕刻精细，并珍藏着大量文物和名家手迹。

都江堰景区坐落在成都平原西部的岷江上，始建于秦昭王末年（前 256—前 251 年），是蜀郡太守李冰父子组织修建的大型水利工程，由分水鱼嘴、飞沙堰、宝瓶口等部分组成，2000 多年来一直发挥着防洪灌溉的作用，使成都平原成为水旱从人，沃野千里的"天府之国"，是全世界迄今为止，年代最久、唯一留存、仍在一直使用、以无坝引水为特征的宏大水利工程，凝聚着中国古代劳动人民勤劳、勇敢、智慧的结晶。

🏛 成都都江堰市青城山镇都江堰大道 231 号
　　No.31 Dujiangyan Avenue, Qingchengshan Town, Dujiangyan

✉ 611844

🌐 www.djy517.com

🚌 成都茶店子客运站和成都新南门汽车站（成都旅游集散中心）有发往都江堰、青城山的旅游专线车。

成都市安仁古镇景区
Chengdu Anren Ancient Town Scenic Area

安仁古镇历史悠久，至今已有 1380 余年的历史。走进安仁古镇，目睹街道古色古香，两岸街房青砖青瓦，砖木结构，木板铺面，呈现了昔日庄园老街建筑中式特点。安仁古镇景区拥有国家 4A 级旅游景区 2 家（全国重点文物保护单位——刘氏庄园，中国最大的民间博物馆聚落——建川博物馆聚落），有全国保存完好、中西合璧的老公馆群落 27 座、现代博物馆场馆 48 座、文保单位 16 处，共有藏品 1000 余万件，其中国家一级文物 3655 件。现存文物的价值和规模、拥有博物馆的数量，在全国同类小镇中已是首屈一指。

🏛 成都市大邑县安仁镇
　　Anren Town, Dayi County, Chengdu

✉ 611331

🌐 http://www.china-anren.com/

北川羌城旅游区
Beichuan Qiang Nationality Town Tourism Area

2008 年 5 月 12 日，一场突如其来的大地震，牵动了全国人民甚至全世界人民的心。四面八方的援助纷纷而来，所有的人都记住了这个地方——北川。震后，"5·12"汶川特大地震纪念馆在位于毗邻北川老县城地震遗址的任家坪建立，这成为北川羌城旅游区的一部分。

北川羌城旅游区由地震纪念地、大爱文化观赏区和禹羌文化体验区三大部分组成，包含北川老县城地震遗址、"5·12"汶川特大地震纪念馆、吉娜羌寨、北川羌族民俗博物馆、新北川巴拿恰商业街等景点。北川羌城旅游区是一个开放性景区，集纪念缅怀、感恩大爱、禹羌风情和生态休闲于一体，不仅记载着伟大的抗震救灾精神和大爱无疆的文化传承，同时也是领略禹羌文化的独特魅力、欣赏秀美壮丽的旖旎风光的理想旅游目的地。

🏛 绵阳市北川县永昌镇青片路
　　Qingpian Road, Yongchang Town, Beichuan County

✉ 622750

四川

剑门关风景区
Jianmen Pass Scenic Area

"剑阁峥嵘而崔嵬，一夫当关，万夫莫开。"唐代诗人李白《蜀道难》的千古名句让"峥嵘而崔嵬"的剑门关闻名于世。剑门关景区地处四川盆地北部边缘断褶带，为龙门山脉剑门山支干。这里悬崖峭壁，山高峰险，沟深谷狭。剑门关三国文化积淀深厚，三国蜀相诸葛亮依仗大、小剑山之险，在大剑山中断处，立石为门，修阁道三十里，始称"剑阁"。剑门关风景区由剑门关、翠云廊两个景区组成，主要景点有剑门关、剑阁道、七十二峰、小剑山、姜公祠、姜维墓、邓艾墓、钟会故垒、金牛道、后关门、石笋峰、梁山寺、雷霆峡、翠屏峰、仙峰观、古剑溪桥、志公寺、4D影院、鸟道、玻璃景观平台等。

🏛 广元市剑阁县下寺镇
　 Xiasi Town, Jiange County

✉ 628300

🚌 剑阁县有至剑门关的旅游专线车。

乐山大佛景区
Leishan Grand Buddha Scenic Area

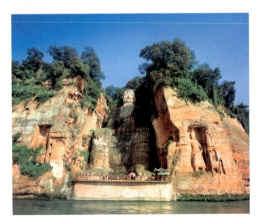

"山是一尊佛，佛是一座山。"乐山大佛通高71米，脚背宽8.5米，为当今世界第一大佛。乐山大佛为唐代开元名僧海通和尚创建，历时90载完成。大佛为一尊弥勒座像，雍容大度，气魄雄伟。

乐山大佛景区位于岷江、青衣江、大渡河三江汇流处，与乐山城隔江相望。这里依山傍水，风光旖旎，文化和自然景观和谐统一，构成一幅多彩的山水画卷。乐山大佛景区还有凌云山、麻浩岩墓、乌尤山、巨形卧佛等景点，其中的麻浩岩墓是汉代墓葬，墓门上均有精工雕刻，飞檐、瓦当、斗拱，花纹图案无一雷同，墓壁上还有许多历史故事和动物浮雕。乌尤山与凌云山并肩立于岷江之滨，四面环水，如一堆碧玉浮于江水之中。而乌尤山、凌云山、龟城山共同构成了乐山巨形卧佛景观，隔江望去，三山酷似一巨大佛像仰卧于三江之上，为大佛景区更添魅力。

🏛 乐山市市中区凌云路 2435 号
　 No.2435 Lingyun Road, Shizhong District, Leshan

✉ 614003

🌐 http://www.leshandafo.com

峨眉山旅游区
Emei Mountain Tourist Area

峨眉山是中国西部唯一的世界文化与自然双遗产景区，自古即有"山之领袖，佛之长子""峨眉天下秀""植物王国""动物乐园""地质博物馆"等美誉。作为中国佛教四大名山之一，峨眉山连续十年荣登"中国十大避暑名山"榜，是全球优秀生态旅游景区，全国首批国家级风景名胜区和国家5A级旅游景区，是山岳类中国优秀旅游景区、天府十大文化地标之首。峨眉山"春赏花、夏纳凉、秋赏叶、冬戏雪"的四季度假格局广为流传，"盛世普贤 行愿峨眉"祈福文化、"登峨眉山，行走自己的江湖"武术文化、"一山一茶，峨眉雪芽"禅茶文化等文化品牌深得人心。如今，峨眉山已成为海内外旅游者心中"观光度假休闲养生的天堂，祈福求祥净化心灵的圣地"。

🏛 乐山峨眉山市名山南路 41 号
No.41 South Mingshan Road, Emeishan

✉ 614200

🌐 www.ems517.com

🚌 乐山中心站、肖坝车站有班车发往峨眉山。成都新南门车站、绵阳也有发往峨眉山的直达车。

阆中古城
Langzhong Ancient Town

阆中古城迄今已有 2300 多年历史，拥有张飞庙、贡院、滕王阁佛塔、天宫院、华光楼、福音堂等众多文物古迹。阆中古城山锁四围、水绕三面，契合中国传统的风水格局，至善至美，自然天成，是当今保存最完好的一座"风水古城"。

阆中古城山水城相依相融，若即若离，亦真亦幻，犹如仙境。古城灿烂的历史人文与优美的自然风光交相辉映，是全国历史文化名城、中国优秀旅游城市、世界千年古县、中国春节文化之乡。

🏛 南充阆中市阆水中路 33 号
No.33 Middle Langshui Road, Langzhong

✉ 637400

🌐 www.alangzhone.com

南充市朱德故里琳琅山景区
Nanchong Zhu De's Hometown Linlang Mountain Scenic Area

朱德故里景区位于南充市仪陇县东部，景区内关刀山—琳琅山—狮墩包—轿顶山一线山岭由高到底，自东北向西南蜿蜒而下，将景区一分为二：西北部分为朱家湾，东南部分为琳琅水库、大湾堰，区内山岭纵横交错，溪沟蜿蜒曲折，形成凹凸的复杂地形，其整体地形如虎。朱德故里琳琅山景区由琳琅山、柏杨湖、蓬莱阁、插旗山景区和马鞍古镇五部分组成。其中，核心景区内有朱德故居、朱德诞生地、丁氏庄园、朱德故里碑等景点，是全国爱国主义教育示范基地、中国红色文化旅游精品景区。

🏛 南充市仪陇县马鞍镇大湾路
Dawan Road, Ma'an Town, Yilong County

✉ 637600

🌐 http://www.zhudeguli.com

邓小平故里景区
Deng Xiaoping's Former Residence Scenic Area

邓小平故里景区是集缅怀纪念、爱国主义教育、古镇文化、社会主义新农村展示、休闲度假于一体的复合型旅游景区。主要包括邓小平故里核心区、佛手山景区、翰林院子和协兴老街、牌坊新村等景点。经中共中央批准，修建了邓小平铜像广场、邓小平故居陈列馆和邓小平缅怀馆等纪念设施，恢复了清水塘、神道碑、德政坊、放牛坪等近 20 处邓小平青少年时期的重要活动场所。邓小平故里景区郁郁葱葱、井然有序、自然亲切，形成了令人仰慕的"天然纪念馆"风貌，是全国爱国主义教育示范基地、全国廉政教育基地、全国青少年教育基地。

🏛 广安市协兴镇牌坊村
Paifang Village, Xiexing Town, Guang'an

✉ 638000

🌐 www.dxpgl.cn

🚌 8 路公交车可达。

雅安碧峰峡旅游景区
Ya'an Bifengxia Tourism Area

碧峰峡因林木葱茏、四季青碧而得名。传说是补天英雄女娲所化而成，景区内 60 多个景点均与女娲有关，颇为神秘。景区内森林覆盖率达 95% 以上，素有"天府之肺"的美称，碧峰峡景区由野生动物世界、生态峡谷景区、大熊猫基地三个部分组成，其中的大熊猫基地是中国大熊猫保护研究中心的一个分基地，基地内现共有大熊猫 60 多只，是中国大熊猫的国家公园。生态峡谷景区由两条峡谷构成，左峡、右峡呈 V 形，是一个封闭式可循环游览的景区，在此可领略险、奇、秀、幽之原始风貌，植被、瀑布、峡景、云海是碧峰峡景区的鲜明特色。碧峰峡旅游景区是休闲度假、避暑纳凉的绝佳之地。

🏛 雅安市雨城区碧峰峡镇
Bifengxia Town, Yucheng District, Ya'an

✉ 625007

🌐 http://www.bifengxia.com/

四川

光雾山风景名胜区
Guangwu Mountain Famous Scenic Area

光雾山风景名胜区位于华夏版图腹心、米仓山腹地，地处中国南北气候分界线、冷暖气候交汇处，被称为"南方的北方，北方的南方"。景区山峰气势雄伟，常年云雾缠绕，独特的地理气候和特殊的大地构造背景造就出奇特的喀斯特岭脊峰丛地貌、古朴的原生态植被和清幽的峡谷风光，素有"山奇、石怪、谷幽、水秀、峰险"五绝，是国内资源禀赋极高的自然山水景区。这里重峦叠嶂，气势磅礴，集秀峰怪石、峭壁幽谷、溪流瀑潭、原始山林于一体，是国家级风景名胜区，是世界地质公园，是进行中国岩溶对比研究不可多得的科考样本。

光雾山不仅山奇水秀，有形有魂，更是一座底蕴深厚的文史宝库，米仓古道、秦汉文化、三国文化、红军文化、民俗风情共同演绎着波澜壮阔的历史，在这里留下了许多生动而神奇的故事，为光雾山注入了活的灵魂，形成另一道独特的风景线。

🏛 巴中市南江县光雾山镇
Guangwushan Town, Nanjiang County

✉ 636688

🌐 http://www.guangwushan.cn/

阿坝州汶川特别旅游区
Aba Wenchuan Special Tourims Area

汶川特别旅游区包括"震中映秀""水磨古镇""三江旅游区"三部分，其中的"震中映秀"在汶川县南部，与卧龙自然保护区相邻。"5·12"特大地震，震塌了镇内几乎所有建筑，灾情惨重。现经各方多年来的不懈努力，已将映秀镇建设为"现代抗震建筑博物馆"，各项建设事业蒸蒸日上。

"水磨古镇"在汶川县南部岷江支流寿溪河畔。由多条浸了百草的穿山泉溪汇成的寿溪湖水有延年益寿的功能，故从商代起，水磨镇就有"长寿之乡"的美誉。水磨古镇融和秀美的山水风光，散发出淳朴的民族风情。重建的民居是羌族传统工艺和现代建筑技术的结合，既新潮又古朴。水磨古镇被誉为"全球灾后重建的最佳例范"。

"三江生态旅游区"在都江堰北部，是通往九寨沟、黄龙、若尔盖、四姑娘山等地的必经之地。蓝色的漂流河谷，五彩的海子流泉，遮天的原始森林，珍稀的奇花珍兽，流云、霞光、红叶、白雪，朝气蓬勃，生机无限。

汶川特别旅游区可以使你零距离接触神圣的大自然，品味兄弟民族古朴的民风民情。

🏛 阿坝州汶川县映秀镇、水磨镇、三江乡
Yingxiu Town, Shuimo Town, Sanjiang Town, Wenchuan County

✉ 623000

🚌 都江堰客运站有到映秀、水磨和三江的班车。

黄龙风景名胜区
Huanglong Famous Scenic Area

在终年积雪的岷山主峰雪宝顶下，海拔3100多米处，一条长3600米、结构奇巧、规模宏大的地表钙华体滚滚而下，在山谷中形成了金色的巨龙，这条金龙翻腾于雪山云海之中，成为世界罕见的自然奇观，这便是黄龙山谷。黄龙风景名胜区由黄龙谷、丹云峡、牟尼沟、雪宝顶、雪山梁、红星岩、西沟等景区组成。主要景观集中于黄龙谷，谷内遍布碳酸钙华沉积，并呈梯田状排列，从谷口拾级而上，巨龙的脊背蜿蜒起伏，3400个五色彩池像龙鳞一样叠盖其上。其中的五彩池是黄龙谷内最大的一组彩池群，也是当今世界上规模最大、海拔最高的露天钙华彩池群。五彩池错落有致，汪汪池水漫溢，远远看去，宛如片片碧色玉盘，在阳光照射下，白、紫、蓝、绿，浓淡各异，色彩缤纷，极尽美丽娇艳，不愧为"世界奇观""人间瑶池"。

🏛 阿坝州松潘县黄龙乡瑟尔磋寨
Seercuo Village, Huanglong Town, Songpan County

✉ 623300

🌐 http://www.huanglong.com

🚌 成都新南门车站有班车到黄龙。川主寺镇九黄机场旅游季节亦有机场巴士前往黄龙。

九寨沟风景名胜区
Jiuzhaigou Famous Scenic Area

九寨沟地处岷山南段弓杆岭的东北侧，是长江水系嘉陵江上游白水江源头的一条大支沟。九寨沟的得名来自于景区内九个世代居住于此的藏族寨子。九寨沟是大自然鬼斧神工之杰作。这里四周雪峰高耸，湖水清澈艳丽，飞瀑多姿多彩，急流汹涌澎湃，林木青葱婆娑。九寨沟风景名胜区内，高山湖泊群、瀑布、彩林、雪峰、蓝冰和藏族风情构成了"九寨沟六绝"，被世人誉为"童话世界"，号称"水景之王"。古老村寨、栈桥、磨坊与秀丽的山川组成了一幅内涵丰富、和谐统一的优美画卷，历来被当地藏族同胞视为"神山圣水"。

🏛 阿坝州九寨沟县漳扎镇
Zhangzha Town, Jiuzhaigou County

✉ 623402

🌐 www.jiuzhai.com

🚌 九黄机场有旅游专车前往九寨沟景区。

泸定海螺沟冰川森林公园
Luding Hailuogou Glacier Forest Park

海螺沟冰川森林公园位于"蜀山之王"贡嘎山东坡，由海螺沟、燕子沟、磨子沟、南门关沟、雅家埂、磨西台地六个景区组成，是中国唯一的"冰川森林公园"，是贡嘎山的问鼎画卷和令人神往的"香巴拉门户"，是古代通往藏区茶马古道的必经之地。在这片广袤、古老、充满神奇色彩的大地上，居住着汉、彝、藏、白、蒙古等13个民族，是康巴地区多元文化的走廊。

这里，神圣的贡嘎山雄视东方，壮丽的冰川与森林共生，奇绝无比，雄伟的大冰瀑布宛如从蓝天直泻而下的一道银河，蔚为壮观；这里，原始森林树木参天，苍翠蓊郁，甘甜的山泉水或自地下涌出或成清澈的溪流或为石上飞瀑，轻柔温婉，玉珠挂帘；这里有最大规模的红石滩群，这里有低海拔现代冰川、高山湖泊，这里珍稀动植物种类丰富，这里"一沟有四季，十里不同天"。

🏛 甘孜州泸定县磨西镇二坪子
Erpingzi, Moxi Town, Luding County

✉ 626102

🌐 https://www.hailuogou.com

🚌 成都新南门车站有直达景区的旅游班车。

稻城亚丁旅游景区
Daocheng Yading Tourism Area

稻城亚丁旅游景区位于四川甘孜藏族自治州南部，地处著名的青藏高原东部，横断山脉中段，是国家级自然保护区、省级风景名胜区。亚丁藏语意为"向阳之地"，又名念青贡嘎日松贡布，即"圣地"之意。稻城亚丁旅游景区以其独特的原始生态环境，雄、奇、秀、美的高品位自然风光而闻名中外，主要由"仙乃日、央迈勇、夏诺多吉"三座神山和周围的河流、湖泊和高山草甸组成，雪域高原最美的一切几乎都汇聚于此。如当地虔诚的藏民一样，徒步转山是感受亚丁风光的最好方式。不过由于亚丁保护区海拔较高，全程徒步还是需要相当的体力。

四川

341

国际非物质文化遗产博览园
The International Intangible Cultural Heritage Expo Park

🏛 成都市青羊区光华大道二段 601 号
No.601 2nd Section of Guanghua Avenue, Qingyang District, Chengdu

✉ 610031

成都大熊猫繁育研究基地
Chengdu Panda Breeding Research Base

🏛 成都市成华区熊猫大道 1375 号
No.1375 Xiongmao Avenue, Chenghua District, Chengdu

✉ 610081

东郊记忆旅游景区
Dongjiaojiyi Tourism Area

🏛 成都市成华区建设南支路 1 号
No.1 South Branch, Jianshe Road, Chenghua District, Chengdu

✉ 610066

三圣花乡
Sansheng Huaxiang(Flower Town)

🏛 成都市锦江区三圣乡
Sansheng Town, Jinjiang District, Chengdu

✉ 610066

成都市欢乐谷景区
Chengdu Happy Valley

🏛 成都市金牛区西华大道 16 号
No.16 Xihua Avenue, Jinniu District, Chengdu

✉ 610036

成都乌木艺术博物馆
Chengdu Black Wood Art Museum

🏛 成都市金牛村
Jinniu Village, Chengdu

✉ 610036

成都武侯祠博物馆
Chengdu Wuhouci Museum

🏛 成都市武侯区武侯祠大街 231 号
No.231 Wuhouci Street, Wuhou District, Chengdu

✉ 610041

天艺·浓园艺术博览园
Tianyi — Nongyuan Art Expo Park

🏛 成都市武侯区
Wuhou District, Chengdu

✉ 610041

　　"仙乃日"藏语意为"观世音菩萨"。它是三座神山中的北峰，海拔 6032 米，是稻城县海拔最高的山峰，也是四川省第五大高峰。"夏诺多吉"藏语意为"金刚手菩萨"，为三座神山的东峰，海拔 5958 米。"央迈勇"藏语意为"文殊菩萨"，为三座神山的南峰，海拔 5958 米，位列三座神山之首。

🏛 甘孜州稻城县亚丁乡香格里拉镇
Shangrila Town, Daocheng County

✉ 626000

🌐 https://cn.yadingtour.com/

AAAA

成都杜甫草堂博物馆
Chengdu Du Fu Straw Hall Museum

🏛 成都市青羊区清华路 37 号
No.37 Qinghua Road, Qingyang District, Chengdu

✉ 610072

金沙遗址博物馆
Jinsha Site Museum

🏛 成都市青羊区金沙遗址路 2 号
No.2 Jinshayizhi Road, Qingyang District, Chengdu

✉ 610091

成都市洛带古镇
Chengdu Luodai Ancient Town

成都市龙泉驿区洛带镇
Luodai Town, longquanyi District, Chengdu

610100

桃花故里景区
Hometown of Peach Blossom Scenic Area

成都市龙泉驿区山泉镇
Shanquan Town, Longquanyi District, Chengdu

610100

宝光桂湖文化旅游区
Baoguang Guihu Lake Culture Tourism Area

成都市新都区桂湖中路 92 号
No.92 Middle Guihu Road, Xindu District, Chengdu

610500

锦门丝绸商贸旅游小镇景区
Jinmen Silk Trade & Travel Town Scenic Area

成都市新都区三河古镇
Sanhe Town, Xindu District, Chengdu

610500

国色天香乐园景区
Floraland Scenic Area

成都市温江区万春镇
Wanchun Town, Wenjiang District, Chengdu

611130

崇州街子古镇景区
Chongzhou Jiezi Ancient Town Tourism Area

成都崇州市街子镇
Jiezi Town, Chongzhou

611230

崇州元通古镇景区
Chongzhou Yuantong Ancient Town Scenic Area

成都崇州市元通镇
Yuantong Town, Chongzhou

611230

邛崃市平乐古镇景区
Qinglai Pingle Ancient Town Scenic Area

成都邛崃市平乐镇迎宾路 247 号
No.247 Yingbin Road, Pingle Town, Qionglai

611530

天台山旅游区
Tiantan Mountain Tourism Area

成都邛崃市天台山镇马坪村
Maping Village, Tiantai Town, Qionglai

611530

中国酒村—邛酒文化旅游风情村落景区
China Liquor Village — Qionglai Liquor Cultural Tourism Village

成都邛崃市临邛镇文笔山村
Wenbishan Village, Linqiong Town, Qionglai

611530

虹口景区
Hongkou Scenic Area

成都都江堰市虹口乡
Hongkou Town, Dujiangyan

611830

灌县古城旅游景区
Guanxian Ancient Town Tourism Area

成都都江堰市灌口镇
Guankou Town, Dujiangyan

611830

中法风情小镇旅游景区
China & France Style Town Tourism Area

成都彭州市白鹿镇
Bailu Town, Pengzhou

611930

彭州宝山旅游区
Pengzhou Baoshan Tourism Area

成都彭州市龙门山镇宝山村
Baoshan Village, Longmenshan Town, Pengzhou

611930

成都市五凤溪旅游景区
Chengdu Wufeng Stream Tourism Area

成都市金堂县五凤镇
Wufeng Town, Jintang County

610400

海昌极地海洋世界
Haichang Polar Ocean World

成都市双流县华阳镇天府大道南段 2037 号
No.2037 South Part of Tianfu Avenue, Huayang Town, Shuangliu County

610200

四川

343

黄龙溪古镇旅游区
Huanglongxi Ancient Town Tourism Area

🏛 成都县双流县黄龙溪镇
Huanglongxi Town, Shuangliu County

✉ 610200

海滨城旅游景区
Haibin(Seashore) City Tourism Area

🏛 成都市双流县双楠大道主干道与蛟龙大道交会处
Intersection of Main Way of Shuangnan Avenue & Jiaolong Avenue, Shuangliu County

✉ 610200

望丛祠景区
Wangcong Temple Scenic Area

🏛 成都市郫都区望丛中路 3-4 号
No.3-4 Middle Wangcong Road, Pidu District, Chengdu

✉ 611730

三道堰景区
Sandaoyan Scenic Area

🏛 成都市郫都区三道堰镇
Sandaoyan Town, Pidu District, Chengdu

✉ 611730

友爱农科村
You'ai Agriculture and Science Village

🏛 成都市郫都区友爱镇
You'ai Town, Pidu District, Chengdu

✉ 611735

大邑刘氏庄园
Dayi Liu's Manor

🏛 成都大邑县安仁镇场口
Anren Town, Dayi County

✉ 611331

四川省建川博物馆聚落
Sichuan Jianchuan Museums

🏛 成都市大邑县安仁镇
Anren Town, Dayi County

✉ 610015

新场古镇旅游景区
Xinchang Ancient Town Tourism Area

🏛 成都市大邑县新场镇
Xinchang Town, Dayi County

✉ 611830

花水湾温泉度假区
Huashui Bay Hot Spring Resort

🏛 成都大邑县花水湾镇温泉南街 7 号
No.7 South Wenquan Street, Huashuiwan Town, Dayi County

✉ 611830

西岭雪山风景名胜区
Xiling Snow Mountain Famous Scenic Area

🏛 成都大邑县西岭镇
Xiling Town, Dayi County

✉ 611830

石象湖生态风景区
Shixiang Lake Ecological Scenic Area

🏛 成都市蒲江县朝阳湖镇石象村
Shixiang Village, Chaoyanghu Town, Pujiang County

✉ 611630

花舞人间旅游景区
Flower Dance World Scenic Area

🏛 成都市新津县新蒲路梨花溪 1 号
No.1 Pear Creek, San Po Road, Xinjin County

✉ 611430

自贡恐龙博物馆
Zigong Dinosaur Museum

🏛 自贡市大安区大山铺 238 号
No.238 Dashanpu, Da'an District, Zigong

✉ 643013

荣县大佛景区
Rongxian County Grand Buddha Scenic Area

🏛 自贡市荣县旭阳镇大佛街
Dafo Street, Xuyang Town, Rongxian County

✉ 643100

二滩国家森林公园
Ertan National Forest Park

🏛 攀枝花市盐边县中环南路 11 号
No.11 South Zhonghuan Road, Yanbian County

✉ 617100

攀西大裂谷格萨拉生态旅游区
West Panzhihua Great Splited Valley Gesala Ecotourism Area

🏛 攀枝花市盐边县桐子林镇玉泉路 62 号
No.62 Yuquan Road, Tongzilin Town, Yanbian County

✉ 617100

泸州老窖旅游区
Luzhou Laojiao Tourism Area

🏛 泸州市江阳区三星街
Sanxing Street, Jiangyang District, Luzhou

✉ 646000

泸州张坝桂圆林旅游区
Luzhou Zhangba Longan Forest Tourism Area

🏛 泸州市江阳区沙湾乡
Shawan Village, Jiangyang District, Luzhou

✉ 646000

泸州天仙洞景区
Luzhou Tianxian Cave Scenic Area

🏛 泸州市纳溪区天仙镇
Tianxian Town, Naxi District, Luzhou

✉ 646300

花田酒地旅游景区
Huatian(Flower Field) Jiudi(Wine Place)Tourism Area

🏛 泸州市纳溪区大渡口镇
Dadukou Town, Naxi District, Luzhou

✉ 646300

云溪温泉旅游景区
Yunxi Hot Spring Tourism Area

🏛 泸州市纳溪区白节镇映月路 2 号
No.2 Yingyue Road, Baijie Town, Naxi District, Luzhou

✉ 6142000

龙桥文化生态园旅游景区
Longqiao Cultural & Ecological Tourism Area

🏛 泸州市泸县龙脑新农村示范片
Longnao New Village Demonstration Area, Luxian County

✉ 646100

尧坝古镇旅游区
Yaoba Ancient Town Tourism Area

🏛 泸州市合江县尧坝镇
Yaoba Town, Hejiang County

✉ 646000

泸州黄荆老林景区
Luzhou Huangjing Forest Scenic Area

🏛 泸州市古蔺县黄荆乡
Huangjing Village, Gulin County

✉ 646500

太平古镇景区
Taiping Ancient Town Scenic Area

🏛 泸州市古蔺县太平镇
Taiping Town, Gulin County

✉ 646500

广汉三星堆博物馆
Guanghan Sanxingdui Museum

🏛 德阳广汉市南兴镇真武村
Zhenwu Village, Nanxing Town Guanghan

✉ 618307

锦竹年画博物馆
Mianzhu New Year Picture Museum

🏛 德阳绵竹市孝德镇
Xiaode Town, Mianzhu

✉ 618200

九龙山—麓棠山旅游区
Jiulong—Lutang Mountain Tourism Area

🏛 德阳绵竹市九龙镇
Jiulong Town, Mianzhu

✉ 618200

白马关景区
Baimaguan Scenic Area

🏛 德阳市罗江县白马关镇
Baimaguan Town, Luojiang County

✉ 618500

绵阳市科技馆旅游景区
Mianyang Science & Technology Museum Tourism Area

🏛 绵阳市涪城区一环路东段 232 号
No.232 East Part of 1st Ring Road, Fucheng District, Mianyang

✉ 621000

越王楼·三江半岛景区
Yuewang Building — Sanjiang Peninsula Scenic Area

🏛 绵阳市涪城区与游仙区交界处
Intersection of Youxian & Fucheng District, Mianyang

✉ 621000

仙海风景区
Xianhai Scenic Area

🏛 绵阳市游仙区
Youxian District, Mianyang

✉ 621022

四川

寻龙山景区
Xunlong Mountain Scenic Area

🏛 绵阳市安州区安昌镇
Anchang Town, Anzhou District, Mianyang

✉ 622650

匡山佛爷洞风景区
Kuangshan Buddha Cave Scenic Area

🏛 绵阳江油市大康镇
Dakang Town, Jiangyou

✉ 621700

李白纪念馆
Li Bai's Memorial Museum

🏛 绵阳江油市文凤街 1 号
No.1 Wenfeng Street, Jiangyou

✉ 621700

李白故居景区
Li Bai's Former Residence Scenic Area

🏛 绵阳江油市青年镇
Qingnian Town, Jiangyou

✉ 621700

窦圌山风景区
Douchuang Mountain Scenic Area

🏛 绵阳江油市武都镇
Wudu Town, Jiangyou

✉ 621700

梓潼七曲山风景区
Zitong Qiqu Mountain Scenic Area

🏛 绵阳市梓潼县七曲山
Qiqu Mountain, Zitong County

✉ 622150

北川县西羌九皇山猿王洞景区
Beichuan County Xiyang Jiuhuang Mountain Yuanwang Cave Scenic Area

🏛 绵阳市北川县桂溪乡
Guixi Town, Beichuan County

✉ 622750

北川药王谷景区
Beichuan Medicine King Valley Scenic Area

🏛 绵阳市北川县桂溪乡林峰村
Linfeng Village, Guixi Town, Beichuan County

✉ 611730

维斯特农业休闲旅游区
West Agricultural & Leisure Tourism Area

🏛 绵阳市北川县东南部
Southeast of Beichuan County

✉ 622750

四川平武报恩寺
Sichuan Pingwu Bao'en Temple

🏛 绵阳市平武县龙安镇北街 63 号
No.63 North Street, Longan Town, Pingwu County

✉ 622550

广元市昭化古城
Guangyuan Zhaohua Ancient Town

🏛 广元市昭化区昭化镇
Zhaohua Town, Zhaohua District, Guangyuan

✉ 628017

广元市平乐旅游区
Guangyuan Pingle Tourism Area

🏛 广元市昭化区柳桥乡
Liuqiao Town, Zhaohua District, Guangyuan

✉ 628017

广元皇泽寺博物馆
Guangyuan Huangze Temple Museum

🏛 广元市利州区上西坝
Shangxiba, Lizhou District, Guangyuan

✉ 628017

广元千佛崖石刻摩崖造像
Guangyuan Qianfo (Thousand Buddha) Cliff Inscriptions & Reliefs

🏛 广元市利州区工农镇千佛村
Qianfo Village, Gongnong Town, Lizhou District, Guangyuan

✉ 628000

天曌山旅游景区
Tianzhao Mountain Tourism Area

🏛 广元市利州区
Lizhou District, Guangyuan

✉ 628000

朝天明月峡景区
Chaotian Bright Moon Canyon Scenic Area

🏛 广元市朝天区朝天镇
Chaotian Town, Chaotian District, Guangyuan

✉ 628017

Shehong
四川·射洪

诗酒之乡振翅欲飞

　　射洪已有 1500 多年的历史，素有"子昂故里""诗酒之乡""涪江明珠"的美誉。这里生态优美，交通便捷，人文荟萃，风景绝美，民俗灿烂，"乡村旅游文化惠民系列活动""遂宁陈子昂国际诗歌周""端午龙舟赛""舍得老酒节"等旅游节会品牌独具特色。

　　射洪已成功创建国家 4A 级旅游景区 3 家、3A 级旅游景区 4 家、省级工业旅游示范基地 2 个，省级及以上研学旅行基地 5 个。2023 年，射洪入围全国县域旅游综合实力百强县。在 2023 四川省文化和旅游发展大会上，射洪被正式授牌成为第五批天府旅游名县。以此为契机，射洪实现了从"单一景观点设计建设"向"全域吸引物规划开发"的思维转变，把文化传习、工业创新、乡村振兴、城镇更新深度融入旅游业的发展进程之中，形成了"南酒北诗""多元共融"的旅游大格局。

　　"千山景色此间有，万古书台别地无。"以陈子昂笔下的金华山为核心，子昂故里文化旅游区已创成国家 4A 级旅游景区、省级研学实践基地，成为文旅融合的典型案例。

　　凭借着国家非物质文化遗产——沱牌曲酒传统酿造技艺、中国食品文化遗产——泰安作坊，跻身国家 4A 级旅游景区之列的沱牌舍得文化旅游区已成为四川省工旅融合的典范。

　　龙凤峡沉寂一亿五千万年的恐龙化石和硅化木，一经出土就吸引了世界眼球，在这里建成的侏罗纪国家地质公园已创建成为国家 4A 级旅游景区、全国科普教育基地、港澳青少年游学基地。

　　诗里酒里，射洪等你。

曾家山旅游景区
Zengjia Mountain Tourism Area

🏛 广元市朝天区曾家镇
Zengjia Town, Chaotian District, Guangyuan

✉ 628017

龙门阁景区
Longmenge(Dragon Gate Pavilion) Scenic Area

🏛 广元市朝天区朝天镇
Chaotian Town, Chaotian District, Guangyuan

✉ 628017

水磨沟旅游景区
Shuimogou Tourism Area

🏛 广元市朝天区青林乡
Qinglin Town, Chaotian District, Guangyuan

✉ 628017

旺苍鼓城山—七里峡景区
Wangcang Gucheng Mountain—Qili Canyon Scenic Area

🏛 广元市旺苍县东河镇
Donghe Town, Wangcang County

✉ 628200

东河口地震遗址公园
East River Outlet Earthquake Ruins Park

🏛 广元市青川县红光乡
Hongguang Town, Qingchuan County

✉ 628100

清溪古城旅游景区
Qingxi Ancient Town Tourism Area

🏛 广元市青川县清溪镇
Qingxi Town, Qingchuan County

✉ 628100

唐家河自然保护区
Tangjia River Natural Reserve

🏛 广元市青川县青溪镇
Qingxi Town, Qingchuan County

✉ 628100

翠云廊景区
Cuiyunlang Scenic Area

🏛 广元市剑阁县剑门关镇北街
North Street, Jianmenguan Town, Jiange County

✉ 628300

苍溪红军渡—西武当山景区
Cangxi Red Army's Ferry—West Wudang Mountain Scenic Area

🏛 广元市苍溪县陵江镇
Lingjian Town, Cangxi County

✉ 628400

中国观音故里旅游区
China Bodhisattva Guanyin's Hometown Tourism Area

🏛 遂宁市城西船山区
Chuanshan District, West of Suining

✉ 629000

龙凤古镇景区
Longfeng (Dragon & Phoenix) Ancient Town Scenic Area

🏛 遂宁市船山区龙凤镇
Longfeng Town, Chuanshan District, Suining

✉ 629000

观音湖湿地公园旅游景区
Guangyin Lake Wetland Park Tourism Area

🏛 遂宁市船山区河东新区
Hedong New Area, Chuanshan District, Suining

✉ 629000

安居区七彩明珠景区
Anju District Colorful Pearls Scenic Area

🏛 遂宁市安居区玉丰镇鸡头寺村
Jitousi Village, Yufeng Town, Anju District, Suining

✉ 629000

子昂故里文化旅游区
Chen Zi'ang's Hometown Cultural Tourism Area

🏛 遂宁市射洪县金华镇
Jinhua Town, Shehong County

✉ 629200

中华侏罗纪探秘旅游区
China Jurassic Period Secrets Exploring Tourism Area

🏛 遂宁市射洪县明星镇龙凤村
Longfeng Village, Mingxing Town, Shehong County

✉ 629200

遂宁市中国死海旅游度假区
Suining China Dead Sea Tourist Resort

🏛 遂宁市大英县蓬莱镇江南路
Jiangnan Road, Penglai Village, Daying County

✉ 629300

石牌坊旅游区
Stone Gateway Tourism Area

🏛 内江市隆昌县
Longchang County

✉ 642150

隆昌古宇湖景区
Longchang Guyu Lake Scenic Area

🏛 内江市隆昌县金鹅镇古宇村
Guyu Village, Jine Town, Longchang County

✉ 642150

乌木珍品文化博物苑
Black Wood Works Museum

🏛 乐山市市中区苏稽镇乐峨西路 768 号
No.768 West Le'e Road, Suji Town, Shizhoung District, Leshan

✉ 614000

乐山东方佛都
Leshan Oriental Capital of Buddhism

🏛 乐山市市中区凌云路 362 号
No.362 Lingyun Road, Shizhong District, Leshan

✉ 614003

乐山郭沫若故居
Leshan Guo Moruo's Former Residence

🏛 乐山市沙湾区沫水街 96 号
No.96 Moshui Street, Shawan District, Leshan

✉ 614900

大佛禅院佛教文化旅游区
Great Buddha Temple Buddhist Culture Tourism Area

🏛 乐山峨眉山市光明大道 2 号
No.2 Guangming Avenue, Emeishan

✉ 614200

仙芝竹尖生态园旅游景区
Xianzhi Zhujian Ecotourism Area

🏛 乐山峨眉山市胜利镇名山路东段 105 号
No.105 East Part of Mingshan Road, Shengli Town, Emeishan

✉ 614200

乐山市旅博天地旅游景区
Leshan Lübotiandi Tourism Area

🏛 乐山峨眉山市名山路东段
East Part of Mingshan Road, Meishan

✉ 614200

嘉阳 · 桫椤湖景区
Jiayang Suoluo Lake Scenic Area

🏛 乐山市犍为县玉津镇凤凰路 652 号
No.652 Fenghuang Road, Yujin Town, Jianwei County

✉ 614400

夹江天福观光茶园
Jiajiang Tenfu Sightseeing Tea-garden

🏛 乐山市夹江县青州乡
Qingzhou Town, Jiajiang County

✉ 614100

桃园山居景区
Taoyuan Shanju Scenic Area

🏛 乐山市沐川县
Muchuan County

✉ 614500

黑竹沟风景区
Hezhugou (Black Bamboo Valley) Scenic Area

🏛 乐山市峨边县黑竹沟镇
Hezhugou Town, Ebian County

✉ 614300

南充西山风景区
Nanchong West Mountain Scenic Area

🏛 南充市顺庆区新建乡玉屏路 6 号
No.6 Yuping Road, Xinjian Town, Shunqing District, Nanchong

✉ 637000

南充凌云山旅游文化风景区
Nanchong Linyun Mountain Culture Tourism Area

🏛 南充市高坪区和平东路 103 号
No.103 East Heping Road, Gaoping District, Nanchong

✉ 637100

天宫院风水文化景区
Tiangongyuan (Heaven Palace) Geomantic Culture Scenic Area

🏛 南充阆中市天宫乡天宫街 1 号
No.1 Tiangong Street, Tiangong Town, Langzhong

✉ 637400

升钟湖旅游景区
Shengzhong Lake Torism Area

🏛 南充市南部县升水镇
Shengshui Town, Nanbu County

✉ 637300

四川

嘉陵第一桑梓旅游区
Jialing the First Hometown Tourism Area

南充市蓬安县滨江路
Binjiang Road, Peng'an County

637800

张澜故里景区
Zhan Lan's Hometown Scenic Area

南充市西充县莲池镇观音堂村
Guanyintang Village, Lianchi Town, Xichong County

637200

三苏祠博物馆景区
Sansuci Museum Scenic Area

眉山市东坡区纱縠行南段 72 号
No.72 South Part of Shahuxing, Dongpo District, Meishan

620010

黑龙滩旅游景区
Heilongtan Tourism Area

眉山市仁寿县黑龙滩镇
Heilongtan Town, Renshou County

612560

柳江古镇景区
Liujiang Ancient Town Scenic Area

眉山市洪雅县柳江镇
Liujiang Town, Hongya County

620360

江湾神木园景区
Jiangwan Magic Wood Garden Scenic Area

眉山市青神县
Qingshen County

620460

青神国际竹艺城
Qingshen International Bamboo Art Town

眉山市青神县南城镇
Nancheng Town, Qingshen County

620460

宜宾市李庄古镇
Yibin Lizhuang Ancient Town

宜宾市翠屏区李庄古镇
Lizhuang Town, Cuiping District, Yibin

644000

流杯池公园景区
Liubeichi Park Scenic Area

宜宾市翠屏区岷江东路 4 号
No.4 East Minjiang Road, Cuiping District, Yibin

644000

南溪古街景区
Nanxi Ancient Street Scenic Area

宜宾市南溪区
Nanxi District, Yibin

644100

蜀南花海景区
Shunan(South Sichuan) Flower Sea Scenic Area

宜宾市长宁县古河镇和乐村
Hele Village, Guhe Town, Changning County

644000

宜宾市夕佳山民居
Yibin Xijia Mountain Folk House

宜宾县江安县夕佳山镇坝上村
Bashing Village, Xijiashan Town, Jiangan County

644200

宜宾蜀南竹海风景名胜区
Yibing Shunan(South Sichuan) Zhuhai(Bamboo Sea) Scenic Area

宜宾市长宁县万岭镇
Wanling, Changning County

644000

七洞沟景区
Qidonggou(Seven Caves Valley) Scenic Area

宜宾市长宁县
Changning County

644300

兴文石海洞乡旅游区
Xingwen Shihaidongxiang Scenic Area

🏛 宜宾市兴文县兴宴乡
Xingyan Village, Xingwen County

✉ 644400

僰王山景区
Bowang Mountain Scenic Area

🏛 宜宾市文兴县僰王山镇
Bowangshan Town, Wenxing County

✉ 644400

神龙山巴人石头城景区
Shenlongshan Baren Stone City Scenic Area

🏛 广安市广安区城南公园街 188 号
No.188 Chengnan Gonyuan Street, Guang'an District, Guang'an

✉ 638000

天下情山——华蓥山旅游区
Huaying Mountain Scenic Area

🏛 广安华蓥市瓦店乡广安华蓥山旅游区
Wadian Village, Huaying

✉ 638601

广安宝箴塞民俗文化村
Guang'an Baojiansai Folk Custom Village

🏛 广安市武胜县宝箴塞乡方家沟村
Fangjiagou Village, Baojiansai Town, Wusheng County

✉ 638400

武胜县现代农业园（白坪—飞龙旅游区）
Wusheng County Modern Agriculture Garden (Baiping Feilong Tourism Area)

🏛 广安市武胜县沿口镇
Yankou Town, Wusheng County

✉ 638400

天意谷国家地质公园
Tianyi Valley National Geological Park

🏛 广安市邻水县甘坝乡
Ganba Town, Linshui County

✉ 638500

达州达川区真佛山景区
Dazhou Dachuan District Zhenfo Mountain Scenic Area

🏛 达州市达川区福善乡
Fushan Village, Dachuan District

✉ 635000

洋烈水乡景区
Yanglie Water Town Scenic Area

🏛 达州市宣汉县君塘镇洋烈社区
Yanglie Community, Juntang Town, Xuanhan County

✉ 636150

宣汉县巴山大峡谷旅游景区
Xuanhan County Bashan Mountain Great Valley Tourism Area

🏛 达州市宣汉县龙泉乡
Longquan Town, Xuanhan County

✉ 636150

峨城山旅游景区
Echeng Mountain Tourism Area

🏛 达州市宣汉县
Xuanhan County

✉ 636150

賨人谷旅游景区
Congrengu(Valley) Tourism Area

🏛 达州市渠县临巴镇龙潭乡
Linba Town, Longtan Town, Quxian County

✉ 635200

五峰山旅游景区
Wufeng(Five Peaks) Mountain Tourism Area

🏛 达州市大竹县竹林经营所
Dazhu County

✉ 635100

飞仙关旅游景区
Feixian Pass Tourism Area

🏛 雅安市东北部
Northeast of Ya'an

✉ 625000

雅安市上里古镇
Ya'an Shangli Ancient Town

🏛 雅安市雨城区上里镇
Shangli Town, Yucheng District, Ya'an

✉ 625000

金凤山景区
Jinfeng(Golden Phoenix) Mountain Scenic Area

🏛 雅安市雨城区金凤街附近
Near Jinfeng Street, Yucheng District, Ya'an

✉ 625000

四川

Shunan
蜀南竹海

翠甲天下的蜀南竹海位于四川省宜宾市境内，是国家旅游度假区、国家风景名胜区、国家 4A 级旅游景区，中国最美的十大森林之一，是集竹景、山水、湖泊、瀑布、古庙于一体的风景名胜区，500 多座山头上生长着 7 万余亩翠竹，竹生态资源丰富，竹连山，山连竹，连接成片，簇拥成海！

无竹不成席，蜀南竹海餐饮体系独具特色，更有以竹笋、竹荪蛋、竹荪菜、竹菌、竹海腊肉、竹筒豆花、竹筒饭、竹筒酒等"竹"菜汇成的"全竹宴"，满桌皆竹，令人大开眼界、垂涎欲滴。

住宿设施类型多样，包括主题特色型、中档舒适型、环保低碳型、家庭型等，能够充分满足不同类型游客的不同需求，还有丰富的乡村田园、亲子度假、竹林康养、演绎夜游等体验产品。

依托竹生态资源，以"竹文化"为主题特色，以理想的中国"竹"式生活为理念，蜀南竹海已经成为集主题度假、休闲娱乐、文化体验、健康养生、山水游憩等功能于一体的旅游度假区，树立起"栖心佳境、旅居天堂"的度假市场形象。

千峰万岭峰峰是竹，岭岭皆绿，饮一杯"竹海山泉"、品一盏"竹海美酒"、尝一尝"熊猫大餐"，可倾听阵阵竹涛，流连幽幽翠竹，领略山高水长的竹海魅力。

xingwenshihai
兴文石海景区

兴文石海景区位于宜宾市兴文县石海镇，这里集"世界规模地表石海""地球特大天坑""中国空间规模超大溶洞"三大喀斯特地质奇观于一体，被联合国教科文组织称为"喀斯特地貌博物馆、教科书式地质景观"和"兴文式"喀斯特地貌王国。这里是世界地质公园、国家风景名胜区、国家4A级旅游景区、全国科普教育基地、中国至美的十大地质公园之一、四川省研学旅行实践基地（地学类）。

兴文石海景区核心区内各类地质遗迹丰富，自然景观多样、优美，历史文化底蕴丰厚。地下洞穴纵横交错，天坑星罗棋布，石林形态多姿，峡谷雄伟壮观，瀑布灵秀飘逸，湖泊碧波荡漾。各类地质遗迹与独特的僰人历史文化和丰富多彩的苗族文化共同构成了一幅完美的自然山水画卷。

兴文石海户外运动基地五大户外项目，让游客在欣赏神奇地质景观的同时，也能挑战自我、放松身心。地质科普体验馆、火山熔岩、浪漫星河、月球基地等沉浸式体验项目，能带给游客不一样的游览体验。天坑露营基地、苗家长桌宴等特色餐饮、住宿，让游客解除旅途的疲惫。

蒙顶山旅游区
Mengding Mountain Scenic Area

- 雅安市名山区蒙阳镇
  Mengyang Town, Mingshan District Ya'an
- 625100

周公山温泉公园
Zhougongshan Hot Spring Park

- 雅安市雨城区孔坪乡、李坝乡
  Kongping Town, Liba Town, Yucheng District, Ya'an
- 625000

云峰山景区
Yunfeng Mountain Scenic Area

- 雅安市荥经县青龙乡
  Qinglong Town, Yingjing County
- 625200

花海果乡景区
Flower Sea & Fruit Town Scenic Area

- 雅安市汉源县
  Hanyuan County
- 625300

安顺场旅游景区
Anshunchang Tourism Area

- 雅安市石棉县安顺乡
  Anshun Town, Shimian County
- 625400

雅安二郎山·喇叭河森林公园
Ya'an Erlang Mountain Laba River Forest Park

- 雅安市天全县紫石乡
  Zishi Town, Tianquan County
- 625500

龙门古镇景区
Longmen Ancient Town Scenic Area

- 雅安市芦山县龙门乡
  Longmen Town, Lushan County
- 625600

汉姜古城旅游景区
Hanjiang Ancient Town Tourism Area

- 雅安市芦山县老城区
  Old Downtown of Lushan County
- 625600

东拉山大峡谷旅游景区
Dongla Mountain Great Canyon Tourism Area

- 雅安市宝兴县陇东镇
  Longdong Town, Baoxing County
- 625700

熊猫古城景区
Panda Ancient Town Scenic Area

- 雅安市宝兴县穆坪南街 21 号
  No.21 South Muping Street, Baoxing County
- 625700

硗碛藏寨·神木垒景区
Qiaoqi Tibetan Stockaded Village—Shenmulei Scenic Area

- 雅安市宝兴县
  Baoxing County
- 625700

蜂蛹寨邓池沟旅游景区
Fengyongzhai Dengchi Valley Tourism Area

- 雅安市宝兴县蜂桶寨乡
  Fengyongzhai Town, Baoxing County
- 625700

灵关石城旅游景区
Lingguan Stone City Tourism Area

- 雅安市宝兴县灵关镇
  Lingguan Town, Baoxing County
- 625700

山水化湖旅游景区
Shanshui Huahu Scenic Area

- 巴中市巴州区化成镇
  Huacheng Town, Bazhou District, Bazhong
- 636500

巴中市南龛山景区
Bazhong Nankan Mountain Scenic Area

- 巴中市巴州区巴州镇
  Bazhou Town, Bazhou District, Bazhong
- 636500

恩阳古镇旅游景区
Enyang Ancient Town Tourism Area

- 巴中市恩阳区
  Enyang District, Bazhong
- 636064

空山天盆旅游景区
Kongshan(Empty Mountain) Tianpen(Natural Basin) Tourism Area

🏛 巴中市通江县空山乡将军路
Jiangjun Road, Kongshan Town, Tongjiang County

✉ 636700

王坪红军烈士陵园
Wangping Cemetery of Revolutionary Martyrs

🏛 巴中市通江县沙溪乡王坪村
Wangping Village, Shaxi Town, Tongjiang County

✉ 636700

诺水河风景名胜区
Nuoshui River Famous Scenic Area

🏛 巴中市通江县诺水河镇
Nuoshuihe Town, Tongjiang County

✉ 636780

米仓山国家森林公园
Micang Mountain National Forest Park

🏛 巴中市南江县南江镇米仓山大道
Micangshan Avenue, Nanjiang Town, Nanjiang County

✉ 636600

最美玉湖—七彩长滩景区
The Most Beautiful Jade Lake—Colorful Long Beach Scenic Area

🏛 巴中市南江县
Nanjiang County

✉ 636600

云顶茶乡旅游景区
Yunding Tea Town Tourism Area

🏛 巴中市南江县南部
South of Nanjiang County

✉ 636600

佛头山旅游区
Fotou Mountain Tourism Area

🏛 巴中市平昌县江口镇
Jiangkou Town, Pingchang County

✉ 636400

巴灵台景区
Balingtai Scenic Area

🏛 巴中市平昌县灵山乡民意村

Minyi Village, Lingshan Town, Pingchang County

✉ 636400

驷马水乡景区
Sima Shuixiang(Water Town) Scenic Area

🏛 巴中市平昌县驷马镇
Sima Town, Pingchang County

✉ 636400

南天门旅游景区
Gate of South Haven Tourism Area

🏛 巴中市平昌县五木镇
Wumu Town, PIngchang County

✉ 636400

三十二梁旅游景区
Sanshierliang Tourism Area

🏛 巴中市平昌县云台镇龙尾村
Longwei Village, Yutai Town, PIngchang County

✉ 636400

陈毅故里景区
Chen Yi's Former Residence Scenic Area

🏛 资阳市乐至县劳动镇
Laodong Town, Lezhi County

✉ 641500

安岳石刻·圆觉洞旅游区
Anyue Stone Sculpture—Yuanjue Cave Tourism Area

🏛 资阳市安岳县岳阳镇顺成街
Shuncheng Street, Yuyang Town, Anyue County

✉ 642350

卓克基嘉绒藏族文化旅游区（卓克基官寨景区）
Zhuokeji Jiarong Tibetan Culture Tourism Area

🏛 阿坝州马尔康县卓克基镇
Zhuokeji Town, Ma'erkang County

✉ 624000

大禹文化旅游区
Dayu's Culture Tourism Area

🏛 阿坝州汶川县威州镇
Weizhou Town, Wenchuan County

✉ 623000

四川

毕棚沟自然生态旅游景区
Bipenggou Nature Ecotourism Area

🏛 阿坝州理县朴头乡梭罗沟
Suoluogou, Putou Town, Lixian County

✉ 623100

桃坪羌寨·甘堡藏寨旅游景区
Taoping Qiang Nationality Village & Ganbao Tibetan Nationality Stockaded Village Tourism Area

🏛 阿坝州理县桃坪乡桃坪羌寨
Taoping Qiang Nationality Stockaded Village, Taoping Town, Lixian County

✉ 623100

中国古羌城旅游景区
China Ancient Qiang Nationality Town Tourism Area

🏛 阿坝州茂县凤仪镇
Fengyi Town, Maoxian County

✉ 623200

叠溪·松坪沟旅游景区
Diexi Songpinggou Tourism Area

🏛 阿坝州茂县叠溪镇新磨村
Xinmo Village, Diexi Town, Maoxian County

✉ 623200

川主寺景区
Chuanzhusi Scenic Area

🏛 阿坝州松潘县川主寺镇
Chuanzhusi Town, Songpan County

✉ 623300

观音桥风景区
Guanyinqiao Scenic Area

🏛 阿坝州金川县观音桥镇
Guanyinqiao Town, Jinchuan County

✉ 624100

小金四姑娘山风景区
Xiaojin Siguniang Mountain Scenic Area

🏛 阿坝州小金县日隆镇
Rilong Town, Xiaojin County

✉ 624201

达古冰山风景名胜区
Dagu Iceberg Landscape Famous Scenic Area

🏛 阿坝州黑水县芦花镇马桥

Maqiao, Luhua Town, Heishui County

✉ 623500

黄河九曲第一湾景区
The First Bend of the Yellow River Scenic Area

🏛 阿坝州若尔盖县达扎寺镇麦溪路
Maixi Road, Dazhasi Town, Nuoergai County

✉ 624500

月亮湾景区
Moon Bay Scenic Area

🏛 阿坝州红原县安曲镇下哈拉玛村
Xiahalama Village, Anqu Town, Hongyuan County

✉ 624400

红原花海景区
Hongyuan Flower Sea Scenic Area

🏛 阿坝州红原县壤口乡壤口村
Rangkou Village, Rangkou Town, Hongyuan County

✉ 624400

泸定桥旅游景区
Luding Bridge Tourism Area

🏛 甘孜州泸定县开湘路 2 号
Kaixiang Road, Luding County

✉ 626100

甘孜州康定情歌（木格措）风景区
Ganzi Kangding Qingge(Muge Lake)Tourism Area

🏛 甘孜州康定县雅拉乡木格措
Mugecuo, Yala Town, Kangding County

✉ 626000

甲居藏寨景区
Jiaju Tibetan Village Scenic Area

🏛 甘孜州丹巴县巴旺乡扎科村
Zhake Village, Bawang Town, Danba County

✉ 626300

凉山州邛海泸山国家风景名胜区
Liangshan Qionghai Lushan Mountain National Famous Scenic Area

🏛 凉山州西昌市
Xichang

✉ 615000

螺髻山旅游景区
Luoji Mountain Tourism Area

凉山州西昌市螺髻山镇
Luoji Mountain Town, Xichang

615000

安哈彝寨仙人洞旅游景区
Anha Yi Nationality Village Fairy Cave Tourism Area

凉山州西昌市安哈镇
Anha Town, Xichang

615000

泸沽湖旅游景区
Lugu Lake Tourism Area

凉山州盐源县泸沽湖镇落水村
Luoshui Village, Luguhu Town, Yanyuan County

615700

会理古城景区
Huili Ancient Town Scenic Area

凉山州会理县
Huili County

615100

凉山冕宁县灵山旅游景区
Lingshan Mountain Scenic Area

凉山州冕宁县
Mianning County

615600

文昌故里景区
Wenchang's Hometown Scenic Area

凉山州越西县中所镇
Zhongsuo Town, Yuexi County

616650

四川

357

贵州

GUIZHOU

AAAAA

青岩古镇旅游区
Qingyan Ancient Town Tourism Area

青岩古镇因附近多青色岩峰而得名，古为屯田驻兵之地。青岩古镇历史悠久，人文荟萃，文化氛围极为浓郁。古镇始建于明洪武十年（1378年），建筑依山就势，布局合理。设计精巧、工艺精湛的明清古建筑交错密布，寺庙、楼阁画栋雕梁、飞角重檐。古镇的石雕、木雕工艺精湛，蕴含着许多神话传说和浓郁的地方特色，悠悠古韵，被誉为中国最具魅力小镇之一。

🏛 贵阳市花溪区青岩镇交通路
Jiaotong Road, Qingyan Town, Huaxi District, Guiyang

✉ 550027

🌐 http://www.qygztour.com

赤水丹霞旅游区
Chishui Danxia Tourism Area

赤水丹霞旅游区位于贵州省遵义市赤水市南部，由赤水大瀑布、佛光岩、燕子岩三大景区组成，区内瀑布成群、丹霞奇丽、竹林似海、杪椤繁茂、森林壮阔，是一个集山、谷、瀑、河、珍惜动植物为一体的丹霞地貌旅游区。

赤水大瀑布高76米、宽80米，是世界丹霞地貌第一瀑、长江水系第一瀑。佛光岩是巨型丹霞崖壁的典型代表，呈马蹄形水平展布，相对高度385米，弧长1117米。崖壁中央有一柱状瀑布，高269余米，宽42米，形似"佛"字，倾流而下的瀑布水声如雷，蔚为壮观。佛光岩在阳光照射下红光四射，如同一幅精美绝伦的山水画，极具视觉震撼力，堪称丹霞一绝。燕子岩瀑布从燕子岩悬崖顶端飞流而下，瀑布高87米、宽50米，两股瀑布一大一小呈燕尾形，形态修长，被赞誉为赤水千瀑之"瀑布王子"。

赤水丹霞旅游区内艳丽鲜红的丹霞赤壁、拔地而起的孤峰窄脊、仪态万千的奇山异石、巨大的岩廊洞穴和优美的丹霞峡谷与绿色森林、飞瀑流泉相映成

趣，具有极高的观赏价值，令人倾倒。

🏛 遵义赤水市复兴镇长江村
Changjiang Village, Fuxing Town, Chishui

✉ 564700

🌐 http://www.csdxcn.com/

龙宫景区
Loong Palace Scenic Area

龙宫风景名胜区集溶洞、峡谷、瀑布、峰林、绝壁、溪河、石林、漏斗、暗河等多种喀斯特地质地貌景观于一体，是喀斯特地貌形态展示最为集中、全面的景区，被誉为"天下喀斯特，尽在龙宫"。

龙宫风景名胜区由龙潭秘境和通漩田园两大主题片区组成，这里有中国最长最美水溶洞——一进、二进龙宫，有中国最大洞中佛堂——观音洞，有中国最大洞中岩溶瀑布——龙门飞瀑；这里有世界最大的水旱溶洞集群，有世界上最大单体汉字"龙"字田；这里是中国原子能机构测定的世界天然辐射剂量率最低的地方。龙宫风景名胜区自然风光奇特，人文资源也极为丰厚，以布依族、苗族为主的多样民族文化、独特的龙文化、淳朴的宗教信仰与清新的田园气息交相辉映，绘就一幅怡然自得的人间仙境画卷。

🏛 安顺市西秀区龙宫镇
Longgong Town, Xixiu District, Anshun

✉ 561021

🌐 http://www.china-longgong.com

🚌 安顺市客车东站有到龙宫旅游的大巴车。

黄果树大瀑布景区
Huangguoshu Waterfall Scenic Area

黄果树大瀑布景区以黄果树大瀑布为中心，分布着雄、奇、险、秀，风格各异的大小瀑布18个，形成一个庞大的瀑布群。黄果树大瀑布是黄果树瀑布群中最为壮观的瀑布，享有"中华第一瀑"之盛誉，是贵州第一胜景，中国第一大瀑布，是世界上唯一可以从上、下、前、后、左、右六个方位观赏的瀑布，也是世界上有水帘洞自然贯通且能从洞内外听、观、摸的瀑布。

黄果树瀑布群是祖国秀丽山川中一道美丽的独特风景。黄果树大瀑布景区内风景秀丽、环境优美、空气清新、气候宜人，有着悠久的历史文化，设施完善，是休

闲、度假、观光、疗养、吸氧"洗肺"的理想胜地。

🏛 安顺市镇宁县黄果树镇
　　Huangguoshu Town, Zhenning County

✉ 561022

🌐 http://www.hgscn.com

🚌 安顺南站有到黄果树的班车。安顺汽车西站可乘坐安顺一关岭的客车至黄果树停车场下车。

百里杜鹃景区
Hundred Miles Azalea Scenic Area

　　百里杜鹃景区位于毕节试验区中部，辖区面积700余平方公里，其中杜鹃花面积达125.8平方公里，是世界上最大的天然花园，被誉为"地球彩带、杜鹃王国"。景区内冬无严寒、夏无酷暑，森林覆盖率达80%，是得天独厚的天然氧吧，有"养生福地、清凉世界"的美称。

　　百里杜鹃景区内旅游资源丰富，原始杜鹃林带，杜鹃花品种众多，其中树龄1000余年的"千年花王"，花开时节繁花万朵、独树成春，是迄今为止地球上发现的最大杜鹃花树。这里的百里杜鹃大草原，植被生长奇特，天坑星罗棋布。这里的百里杜鹃湖，青山如黛，岛屿萦回。这里巍峨的九龙山，直指苍穹，仿若神剑。见证杜鹃花与杜鹃鸟爱情奇缘结晶的千年一吻，传承着"杜鹃啼血唤春归"的传说……

🏛 毕节市大方县普底乡
　　Pudi Town, Dafang County

✉ 551614

🌐 http://bldj.bijie.gov.cn

🚌 大方老客站有到普底的班车。

毕节织金洞景区
Bijie Zhijin Cave Scenic Area

　　织金洞景区是贵州唯一一家世界地质公园，景区有着多层次、多系统、多类别、多形态的完整岩溶系统，景观和空间造型奇特，具有"大""奇""全"的溶洞特色。洞内恒温10℃～16℃，是夏季的天然大冰箱、冬季的天然大温室。具有独特的地质遗迹特性和极高的审美价值，是目前世界上洞穴大厅分布密度最大、钟乳石分布密度最高、类型最丰富、珍稀形态最多的洞穴，是名副其实的"洞穴天堂"，是"行星

上的一大奇观""地下艺术宝库""天下第一洞""岩溶博物馆"。

🏛 毕节市织金县官寨苗族乡
　　Guanzhai Miao Nationality Town, Zhijin County

✉ 552100

🌐 http://www.gzzjd.com/

镇远古城旅游景区
Zhenyuan Ancient Town Tourism Area

　　镇远古城位于黔东南州镇远县，河水蜿蜒，以"S"形穿城而过，北岸为旧府城，南岸为旧卫城。两城池皆为明代所建，现尚存部分城墙和城门。城内外古建筑、传统民居、历史码头数量颇多。镇远古城有八大会馆、四洞、八祠等名胜古迹200多处。主要历史名胜包括青龙洞、中元婵院、万寿宫及寺庙、庵堂等。镇远古城是一个完全由名胜古迹集成的"传统文化迷宫"。

🏛 黔东南州镇远县舞阳镇西门街26号
　　No.26 Ximen Street, Wuyang Town, Urban Area of Zhenyuan County

✉ 557700

荔波樟江景区
Libo Zhangjiang Scenic Area

　　荔波樟江景区位于黔南布依族苗族自治州荔波县境内，山川秀美，自然风光旖旎而神奇。樟江景区由小七孔景区、大七孔景区、水春河景区和樟江沿河风光带组成，以丰富多样的喀斯特地貌、秀丽奇特的樟

江水景和繁盛茂密的原始森林、各类珍稀品种动植物为特色，集奇特的山水自然风光与当地布依族、水族、瑶族等民族特色于一身，是贵州首个世界自然遗产地。

- 🏛 黔南州荔波县樟江东路 33 号
  No.33 Zhangjiang East Road, Libo County
- 📞 0854-3619810
- ✉ 558400
- 🚌 荔波到麻尾的班车可达景区。

梵净山旅游景区
Fanjing Mountain Tourism Area

　　梵净山位于贵州铜仁地区，是武陵山脉主峰。梵净山山形复杂，环境多变，原始洪荒是梵净山的景观特征，全境山势雄伟，层峦叠嶂，溪流纵横，飞瀑悬泻。梵净山旅游景区标志性景点有红云金顶、月镜山、万米睡佛、蘑菇石、万卷经书、九龙池、凤凰山等。

　　梵净山自古就被佛家辟为"弥勒道场"，是中国第五大佛教名山。梵净山佛教开创于唐，鼎盛于明。明万历皇帝所立《敕赐碑》将梵净佛山誉为"立天地而不毁，冠古今而独隆"的"天下众名岳之宗"。佛光是梵净山最奇特的天象奇观之一，在旭日东升或夕阳西下时分，经常可以看到七色光彩组合成的巨大光环，里面佛影端坐，庄严肃穆，其景奇异之极，其光绚丽之极！

- 🏛 铜仁市江口县太平镇梵净山村
  Fanjingshan Village, Taiping Town, Jiangkou County
- ✉ 554400
- 🌐 http://www.fjsfjq.com
- 🚌 江口汽车站有至梵净山景区的班车。

AAAA

贵阳市黔灵公园
Guiyang Qianling Park

- 🏛 贵阳市枣山路 187 号
  No.187 Zaoshan Road, Guiyang
- ✉ 550003

阿哈湖湿地公园景区
Aha Lake Wetland Park Scenic Area

- 🏛 贵阳市南明区小车河路 6 号
  No.6 Xiaochehe Road, Nanming District, Guiyang
- ✉ 550002

多彩贵州城旅游综合体
Colorful Guizhou City Comprehensive Tourism Unit

- 🏛 贵阳市双龙区龙洞堡老里坡 1 号
  No.1 Laolipo, Longdongbao, Shuanglong District, Guiyang
- ✉ 550005

天河潭风景名胜区
Tianhetan Famous Scenic Area

- 🏛 贵阳市花溪区石板镇
  Shiban Town, Huaxi District, Guiyang
- ✉ 550009

花溪区湿地公园景区（孔学堂）
Huaxi District Wetland Park Scenic Area(Confucius' Academy)

- 🏛 贵阳市花溪区清溪路 212 号
  No.212 Qingxi Road, Huaxi District, Guiyang
- ✉ 550025

贵阳市保利国际温泉景区
Guiyang Poly International Hot Spring Scenic Area

- 🏛 贵阳市乌当区顺海中路 88 号
  No.88 Middle Shunhai Road, Wudang Distirct, Guiyang
- ✉ 550018

贵御温泉旅游区
Guiyu Hot Spring Tourism Area

- 🏛 贵阳市乌当区新添寨温泉路 555 号
  No.555 Wenquan Road, Xintianzhai, Wudang District, Guiyang
- ✉ 550018

蓬莱仙界·白云休闲农业旅游景区
Penglai Fairyland Baiyun(White Cloud) Leisure Agriculture Tourism Area

- 🏛 贵阳市白云区牛场乡蓬莱村
  Penglai Village, Niuchang Town, Baiyun District, Guiyang
- ✉ 550014

时光贵州景区
Time Guizhou Scenic Area

- 🏛 贵阳清镇市金清快速通道与百花大道交会处
  Intersection of Jinqing Expressway & Baihua Avenue, Qingzhen
- ✉ 551400

贵州

Xifengxian
息烽县

息烽县隶属贵阳市，东部接壤贵阳市开阳县，南面和西面抵临贵阳市修文县，北边与遵义市播州区、毕节市金沙县隔江相望，全县有苗族、布依族、彝族等31个少数民族。息烽之名由明朝崇祯皇帝于崇祯三年（1630年）御赐，寓意"平息烽火"。境内山峦起伏、地势险要，素有"川黔锁钥、黔中咽喉"之称，自古为兵家必争之地。

息烽冬无严寒，夏无酷暑，原始丛林绵延不绝，空气质量优良，有着"天然氧吧"之称。

息烽拥有"红色、温泉"两大特别资源和"生态、乡村"两大特色优势。红色资源丰厚。息烽境内有全国爱国主义教育基地息烽集中营革命历史纪念馆、息烽乌江峡两个全国红色旅游经典景区。温泉美名远扬。息烽已发现温泉资源点12个，有被誉为"液体黄金""天乳珍泉"的息烽温泉疗养院；有世界三大氡泉之一的南山天沐温泉，还有农文旅研融合、康养结合、适宜养生度假的

南山驿站温泉。自然生态良好。有西望山、南望山、天台山三大原始丛林，其中，西望山不仅自然风光雄奇秀丽，而且是黔中佛教名山；境内的乌江峡，水碧山青、悬崖峭壁，集聚了乌江画廊的百里锦绣，素有"小三峡"之称。乡村富有特色。有省级乡村旅游重点镇1个，省市级乡村旅游重点村7个，"又见南山""又见乌江"乡村精品民宿品牌惊艳亮相、极受追捧。建成狮子脑农业生态园、娘子庄园、锦绣桃源等乡村旅游景点。文化底蕴深厚。半边天文化发祥于息烽养龙司镇堡子村，这里书写了"中国男女同工同酬"的动人篇章。同时，佛教文化、黔商文化、土司文化、民族民俗文化与红色文化交相辉映，龙灯、花灯、阳戏和青山"四月八"、苗族刺绣等非物质遗产美不胜收。特色美食滋味鲜。息烽阳朗辣子鸡、息烽豆腐鱼、等美食和红岩葡萄、石硐猕猴桃、流长"红军梨"等果品让游客赞不绝口。

南江峡谷风景名胜区
Nanjiang Canyon Famous Scenic Area

🏛 贵阳市开阳县南江乡龙广村
Longguang Village, Nanjiang Town, Kaiyang County

✉ 550300

白马峪旅游景区
Baimayu Tourism Area

🏛 贵阳市开阳县双流镇白马村
Baima Village, Shuangliu Town, Kaiyang County

✉ 550300

贵阳野生动物园
Guiyang Wildlife Zoo

🏛 贵阳市修文县扎佐镇
Zhazuo Town, Xiuwen County

✉ 550200

桃源河旅游景区
Taoyuan River Tourism Area

🏛 贵阳市修文县六屯乡
Liutun Town, Xiuwen County

✉ 550200

中国阳明文化园旅游景区
China Yangming Culture Tourism Area

🏛 贵阳市修文县阳明大道 306 号
No.306 Yangming Avenue, Xiuwen County

✉ 550200

息烽集中营革命历史纪念馆
Xifeng Concentration Camp Revolutionary History Memorial Museum

🏛 贵阳市息烽县永靖镇猫洞村
Maodong Village, Yongjing Town, Xifeng County

✉ 551100

哒啦仙谷旅游景区
Dala Fairy Valley Tourism Area

🏛 六盘水市盘县滑石乡岩脚村
Yanjiao Village, Huashi Town, Panxian County

✉ 553524

妥乐古银杏旅游景区
Tuole Ancient Gingko Tourism Area

🏛 六盘水市盘县石桥镇妥乐村
Tuole Village, Shiqiao Town, Panxian County

✉ 553503

娘娘山旅游景区
Niangniang Mountain Tourism Area

🏛 六盘水市盘县普古乡舍烹村
Shepeng Village, Pugu Town, Panxian County

✉ 553522

玉舍国家森林公园
Yushe National Forest Park

🏛 六盘水市水城县玉舍镇海坪村
Haiping Village, Yushe Town, Shuicheng County

✉ 553000

遵义会议会址纪念馆
Memorial Museum of the Zunyi Meeting Site

🏛 遵义市红花岗区子尹路 96 号
No.96 Ziyin Road, Honghuagang District, Zunyi

✉ 563000

贵州酒文化博物馆
Guizhou Museum of Wine Culture

🏛 遵义市红花岗区凤凰山少年科技大厦
Phoenix Mountain Juvenile Technology Building, Honghuagang District, Zunyi

✉ 563000

水上大天门旅游景区
Datianmen(Great Heaven Gate) Over the Water Tourism Area

🏛 遵义市红花岗区三渡镇花桥村
Huaqiao Village, Sandu Town, Honghuagang District, Zunyi

✉ 563100

娄山关景区
Loushan Pass Scenic Area

🏛 遵义市汇川区板桥镇
Banqiao Town, Huichuan District, Zunyi

✉ 56300

海龙屯旅游景区
Hailongtun Tourism Area

🏛 遵义市汇川区高坪镇
Gaoping Town, Huichuan District, Zunyi

✉ 563000

赤水竹海旅游景区
Chishui Bamboo Sea Tourism Area

🏛 遵义市赤水市葫市镇
Hushi Town, Chishui

✉ 564700

贵州

四洞沟旅游景区
Sidonggou Tourism Area

🏛 遵义赤水市大同镇
Datong Town, Chishui

✉ 564700

中国酒文化城
China Alcoholic Culture City

🏛 遵义仁怀市茅台镇
Maotai Town, Renhuai

✉ 564500

贵州茅台酒镇旅游区
Guizhou Maotai Alcohol Town Tourism Area

🏛 遵义怀仁市茅台镇
Maotai Town, Huairen

✉ 564500

杉坪旅游景区
Shanping Tourism Area

🏛 遵义市桐梓县娄山关镇
Loushanguan Town, Tongzi County

✉ 563200

双河洞旅游景区
Shuanghedong Tourism Area

🏛 遵义市绥阳县温泉镇双河村
Shuanghe Village, Wenquan Town, Suiyang County

✉ 563300

红果树生态旅游景区
Hongguo(Red Fruit) Tree Ecotourism Area

🏛 遵义市绥阳县大路槽乡文星村
Wenxing Village, Dalucao Town, Suiyang County

✉ 563300

凤冈茶海之心景区
Fenggang Heart of Tea Sea Scenic Area

🏛 遵义市凤冈县永安镇田坝村
Tianba Village, Yong'an Town, Fenggang County

✉ 564200

湄潭县茶海生态园
Meitan County Tea Sea Ecological Garden

🏛 遵义市湄潭县湄江镇核桃坝村
Hetaoba Village, Meijiang Town, Meitan County

✉ 564100

湄潭县天下第一壶茶文化公园
Meitan County the Number One Tea Culture Park

🏛 遵义市湄潭县塔坪街
Taping Street, Meitan County

✉ 564100

余庆县飞龙寨景区
Yuqing County Flying Dragon Stockaded Village Scenic Area

🏛 遵义市余庆县大乌江镇
Dawujiang Town, Yuqing County

✉ 564400

习水中国丹霞谷旅游度假区
Xishui Chinese Danxia Valley Tourism Resort

🏛 遵义市习水县三岔河乡
Sanchahe Town, Xishui County

✉ 564600

遵义市四渡赤水纪念馆
Memorial Museum for Red Army Crossed Chishui River Four Times

🏛 遵义市习水县土城镇长征街
Changzheng Street, Tucheng Town, Xishui County

✉ 564600

务川县仡佬文化旅游景区
Wuchuan County Gelao Nationality Culture Tourism Area

🏛 遵义市务川县大坪镇龙潭村
Longtan Village, Daping Town, Wuchuan County

✉ 564300

贵州多彩万象旅游综合体
Guizhou Colorful Scenes Tourism Comprehensive Unit

🏛 安顺市西航大道
Xihang Avenue, Anshun

✉ 561000

安顺市兴伟石博园
Anshun Xingwei Expo Garden of Stone

🏛 安顺市西秀区迎宾路
Yingbin Road, Xixiu District, Anshun

✉ 561000

云峰八寨文化旅游区
Yunfeng Eight Stockaded Villages Culture Tourism Area

🏛 安顺市西秀区七眼桥镇云山村
Qiyanqiao Town, Xixiu District, Anshun

✉ 561000

安顺市旧州生态文化旅游古镇
Anshun Jiuzhou Ancient Town Ecotourism Area

🏛 安顺市西秀区旧州镇
Jiuzhou Town, Xixiu District, Anshun

✉ 561000

天台山、天龙屯堡文化旅游区
Tiantai Mountain, Tianlong Tunbu Cultural Tourism Area

🏛 安顺市平坝区天龙镇
Tianlong Town, Pingba District, Anshun

✉ 561107

夜郎湖省级风景名胜区
Yelang Lake Provincial Famous Scenic Area

🏛 安顺市普定县城关镇
Chengguan Town, Puding County

✉ 562100

夜郎洞景区
Yelang Cave Scenic Area

🏛 安顺市镇宁县扁担山乡上硐村
Shangdong Village, Biandanshan Town, Zhenning County

✉ 561200

紫云格凸河省级风景名胜区
Ziyun Grid Convex River Provincial Famous Scenic Area

🏛 安顺市紫云县松山镇城墙路
Chengqiang Road, Songshan Town, Ziyun County

✉ 550800

古彝文化产业园—慕俄格古城景区
Ancient Yi Nationality Industry Garden—Mu'ege Ancient Town Scenic Area

🏛 毕节市大方县城东北
Northeast of Dafang County

✉ 551600

阿西里西韭菜坪风景区
Oresearch Jiucaiping Scenic Area

🏛 毕节市赫章县珠市镇
Zhushi Town, Hezhang County

✉ 553200

草海国家自然保护区
Caohai National Nature Reserve

🏛 毕节市威宁县草海镇渔市路 130 市
No.130 Yushi Road, Caohai Town, Weining County

✉ 553100

大明边城景区
Daming Paradise Scenic Area

🏛 铜仁市碧江区寨桂村
Zhaigui Village, Bijiang District, Tongren

✉ 554300

万山区国家矿山公园
Wanshan National Mine Park

🏛 铜仁市万山区万山镇土坪社区
Tuping Community, Wanshan Town, Wanshan District, Tongren

✉ 554200

九丰农业博览园
Jiufeng Agriculture Expo Garden

🏛 铜仁市万山区高楼坪乡
Gaolouping Town, Wanshan District, Tongren

✉ 554200

江口云舍土家民俗文化村
Jiangkou Yunshe Tujia Folk Culture Village

🏛 铜仁市江口县太平乡云舍村
Yunshe Village, Taiping Village, Jiangkou County

✉ 554400

亚木沟生态旅游区
Yamu Valley Ecotourism Area

🏛 铜仁市江口县太平镇寨抱村
Zhaibao Village, Taiping Town, Jiangkou County

✉ 554400

夜郎古泉旅游区
Yelang Ancient Hot Spring Tourism Area

🏛 铜仁市石阡县汤山镇温泉社区
Wenquan Community, Tangshan Town, Shiqian County

✉ 555100

佛顶山旅游景区
Foding Mountain Tourism Area

🏛 铜仁市石阡县汤山镇
Tangshan Town, Shiqian County

✉ 555100

贵州

尧上旅游景区
Yaoshang Tourism Area

🏛 铜仁市石阡县坪山乡尧上村
Yaoshang Village, Pingshan Town, Shiqian County

✉ 555100

温泉—石林旅游景区
Hot Spring & Stone Forest Tourism Area

🏛 铜仁市思南县长坝镇龙门村
Longmen Village, Changba Town, Sinan County

✉ 565100

苗王城省级风景名胜区
Miaowangcheng Provincial Famous Scenic Area

🏛 铜仁市松桃县正大乡苗王城村
Miaowangcheng Village, Zhengda Town, Songtao County

✉ 554100

马岭河峡谷风景区
Maling River Valley Scenic Area

🏛 黔西南州兴义市桔山镇
Jushan Town, Xingyi

✉ 562400

万峰林景区
Wanfeng Forest Scenic Area

🏛 黔西南州兴义市下五屯镇
Xiawutun Town, Xingyi

✉ 562400

史迪威·24 道拐旅游景区
Stilwell — 24 Turns Tourism Area

🏛 黔西南州晴隆县城南 1 公里
1km South of Qinglong County

✉ 561400

双乳峰景区
Shuangru Peak Scenic Area

🏛 黔西南州贞丰县者相镇
Zhexiang Town, Zhenfeng County

✉ 562400

凯里云谷田园生态农业旅游综合体
Kaili Yungu Field Ecological Agriculture Tourism Comprehensive Unit

🏛 黔东南州凯里市舟溪镇星光村

Xingguang Village, Zhouxi Town, Kaili

✉ 556000

施秉杉木河景区
Shibing Shanmu River Scenic Area

🏛 黔东南州施秉县
Shibing County

✉ 556200

施秉云台山旅游景区
Shibing Yuntai Mountain Toursm Area

🏛 黔东南州施秉县城关镇百垛乡
Baiduo Town, Shibing County

✉ 556200

黎平肇兴侗寨文化旅游景区
Liping Zhaoxing Dong Nationality Culture Tourism Area

🏛 黔东南州黎平县肇兴乡
Zhaoxing Town, Liping County

✉ 557300

雷山西江千户苗寨景区
Leishan Xijiang Miao Nationality Thousand Households Village Scenic Area

🏛 黔东南州雷山县西江镇西江村
Xijiang Village, Xijiang Town, Leishan County

✉ 557106

福泉古城文化旅游区
Fuquan Ancient City Culture Tourism Area

🏛 黔南州福泉市金山北路与葛境路交会处
Intersection of North Jinshan Road & Gejing Road, Fuquan

✉ 550500

瓮安草塘千年古邑旅游区
Weng'an Caotang Ancient Town With Thousand Years History Tourism Area

🏛 黔南州瓮安县猴场镇
　　Houchang Town, Weng'an County

✉ 550400

平塘掌布"藏字石"景区
Pingtang Zhangbu Hiding Words Stone Scenic Area

🏛 平塘县掌布乡桃坡村
　　Taopo Village, Zhangbu Town, Pingtang County

✉ 558300

巫山峡谷景区
Wushan Valley Scenic Area

🏛 黔南州龙里县双龙镇
　　Shuanglong Town, Longli County

✉ 551200

贵州

云 南

YUNNAN

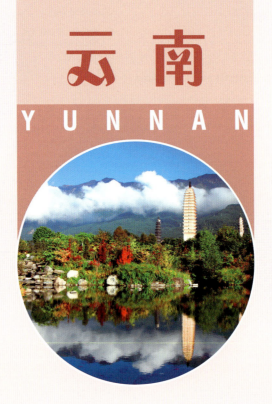

AAAAA

昆明世界园艺博览园
Kunming the Garden of the World Horticultural Exposition

　　昆明世界园艺博览园（世博园）位于昆明市区东北部，是 1999 年昆明世界园艺博览会会址。园区整体规划依山就势、错落有致、气势恢宏，集庭院建筑和科技成就于一园，体现了"人与自然和谐发展"的时代主题，塑造了"云南特色、中国气派、世界一流"的园林园艺精品大观园。

🏛 昆明市盘龙区世博路 10 号
　　No.10 shibo Road, Panlong District, Kunming

✉ 650224

云南石林风景区
Yunnan Stone Forest Scenic Area

　　被誉为"天下第一奇观"和"阿诗玛故乡"的石林风景名胜区位于石林彝族自治县境内，是世界上唯一处于亚热带高原地区的喀斯特地貌奇观。石林风景名胜区景观类型多样，面积广大，岩溶发育独特，地质演化复杂，科教价值、美学价值极高，享有"世界喀斯特的精华""造型地貌天然博物馆"的美誉。

　　石林风景名胜区包括"二林、二湖、二洞、一瀑、一园"，分别是大小石林、长湖和月湖、奇风洞和芝云洞、大叠水瀑布以及圭山国家森林公园。石林风景名胜区融雄、奇、险、秀、幽、奥、旷为一体，奇山怪石，惟妙惟肖，气势恢宏，令人惊叹。同时，这里还有举世闻名的阿诗玛民族文化：长诗《阿诗玛》成为中国少数民族叙事长诗经典，电影《阿诗玛》享誉海内外，舞剧《阿诗玛》成为中国经典舞蹈。

🏛 昆明市石林县
　　Shilin County

✉ 652211

🌐 www.chinastoneforest.com

🚌 石林县城客运站乘 5 路公交车可到石林风景名胜区。昆明东部汽车客运站也有直达石林风景名胜区的班车。

腾冲火山热海旅游区
Tengchong Valcano Atami Tourism Area

　　腾冲，与缅甸山水相连，是中国陆路通向南亚、东南亚的重要门户，是中缅贸易的重要前沿。这座古老而又神秘的城池被徐霞客誉为"极边第一城"。海拔 5000 米的高黎贡山西侧，大大小小、高高矮矮的火山，构成了一个庞大的火山群景观。这里有中国最密集的火山群和地热温泉。腾冲火山国家地质公园以古火山地质遗迹及相伴生的地热泉为特色。公园内各种类型的火山锥、火山口、熔岩台地、熔岩流堰塞湖泊等火山地貌十分醒目，构成壮丽的火山旅游景观。

　　腾冲热海是中国的三大地热区之一，有"地热博物馆"之美誉，热海温泉水被誉为最具养生价值温泉和最具原生态温泉，热海景区以奇特而壮观的地热景观著称，这里有日夜沸腾的大滚锅、热箭四射的万年蛤蟆嘴、令人浮想联翩的珍珠泉、怀胎井、美女池……种种奇观妙景展现出热海景区的百态千姿和无穷奥妙。

🏛 保山腾冲市城南 12 公里清水乡
　　Qingshui Town, 12km South of Tengchong

✉ 679100

🚌 腾冲旅游客运站有至火山国家地质公园的专线公交车。乘坐 2 路公交车可达热海景区。

云
南

玉龙雪山旅游度假区
Snow Capped Yulong Mountain Tourist Resort

绵延 30 多公里、最高峰海拔 5596 米的玉龙雪山从海拔 2400 米的丽江坝子拔地而起，显得尤为神圣与威武。在丽江境内的几乎每个角落，都能看到那白皑皑的雪山一角。玉龙雪山在纳西语中被称为"欧鲁"，意为银色的山岩。玉龙雪山是纳西族人民心中的神山，传说是纳西族保护神"三多"的化身。纳西族人民都对绵延的玉龙雪山有着崇高的敬意。

玉龙雪山自然资源丰富，以险、奇、美、秀著称于世，其最具观赏价值的是高山雪域景观、水域景观、森林景观和草甸景观，目前已经开发的旅游景区主要有冰川公园、甘海子、蓝月谷、云杉坪、牦牛坪、玉水寨、东巴谷、玉柱擎天、东巴万神园、东巴王国、玉峰寺和白沙壁画等。

🏛 丽江市大研镇福慧路
　　Fuhui Road, Dayan Town, Lijiang

✉ 674100

丽江古城景区
Lijiang Ancient Town Scenic Area

丽江古城又名大研镇，坐落在丽江坝中部，是中国"保存最为完好的四大古城"之一。丽江古城是一座没有城墙的城池，光滑洁净的青石板路、完全手工建造的土木结构的房屋、无处不在的小桥流水，处处都能入诗入画。丽江古城的街道依山傍水修建，铺的大多都是红色角砾岩，雨季不会泥泞、旱季也不会飞灰，石上花纹图案自然雅致，与整个古城环境相得益彰。

🏛 丽江市五一街文智巷 72 号
　　No.72 Wenzhi Lane, Wuyi Street, Lijiang

✉ 674199

普者黑旅游景区
Puzhehei Tourism Area

普者黑景区——国家 5A 级旅游景区、国家风景名胜区、国家湿地公园，位于云南省文山州丘北县境内。"普者黑"是彝族语言，意为盛满鱼虾的湖泊。景区总面积 388 平方公里，核心景区面积为 15 平方公里，景区为发育典型的高原喀斯特岩溶地貌，以"水上田园、彝家水乡、荷花世界、岩溶湿地、湖泊峰林、鱼鸟天堂"六大景观而著称，景区有孤峰、清流、幽洞、奇石的灵秀，又有小桥、流水、人家的古朴神韵。景区内 256 个景点各具千秋，312 座孤峰星罗棋布，83 个溶洞千姿百态，54 个湖泊相连贯通，4 万亩野生荷花婀娜多姿，6 万亩高原喀斯特湿地让人叹为观止，壮族、苗族、彝族等少数民族风情绚丽多彩，被誉为"世间罕见、中国独一无二的喀斯特山水田园风光"。

🏛 文山州丘北县 305 省道与 206 省道交叉口
　　Intersection of 305 & 206 Provincial Road, Qiubei County

✉ 663200

中科院西双版纳热带植物园
Chinese Academy of Science Xishuangbanna Tropic Botanical Garden

中国科学院西双版纳热带植物园（以下简称"版纳植物园"）是在我国著名植物学家蔡希陶教授的领导下于 1959 年创建的。版纳植物园是我国面积最大、收集物种最丰富、植物专类园区最多的植物园，也是世界上户外保存植物种数和向公众展示的植物类群数最多的植物园。版纳植物园是集科学研究、物种保存和科普教育为一体的综合性研究机构和国内外知名的风景名胜区。

🏛 西双版纳州勐腊县勐仑镇
　　Menglun Town, Mengla County

✉ 666303

🌐 http://www.xtbg.ac.cn

🚌 在景洪汽车客运站乘坐到勐仑、勐腊的班车到勐仑下车即可。

大理崇圣寺三塔
Dali Three Pagodas of Chongsheng Monastery

　　大理崇圣寺三塔是大理胜景之一，是大理古文化的象征。崇圣寺三塔的主塔名千寻塔，为方形16层密檐式塔，与西安大小雁塔同是唐代的典型建筑。塔的基座呈方形，分三层，下层四周有石栏，栏的四角柱头雕有石狮；上层东面正中有石照壁，上有"永镇山川"四个大字，庄重雄奇，颇有气魄。南北小塔均为10层，为八角形密檐式空心砖塔。三座塔鼎足而立，千寻塔居中，二小塔拱卫。塔下仰望，只见塔矗云端，云移塔驻，似有倾倒之势。

🏛 大理州大理市大理古城北郊
　　North Suburb of Dali Ancient Town, Dali
✉ 671000
🚌 从下关可乘班车至崇圣寺三塔。

普达措国家公园
Potatso National Park

　　普达措国家公园位于滇西北"三江并流"世界自然遗产中心地带，公园核心资源由"三江并流"世界自然遗产红山片区之属都湖及国际重要湿地碧塔海构成，是中国大陆第一个国家公园，是香格里拉旅游的主要景点之一。普达措国家公园经过几年的开发，已初步建成了一条集观光旅游、科研考察与高原植被知识普及于一体的精品旅游线路。

　　普达措国家公园借鉴、吸收了国外国家公园成功的管理模式，结合迪庆州实际情况，创造性地把公园打造成具有香格里拉地域、民族特色的国家公园。

🏛 迪庆州香格里拉市
　　Shangrila
✉ 674400
🌐 http://www.pdcuo.com/
🚌 香格里拉客运站每天一班去普达措的班车。

AAAA

昆明大观公园
Kunming Grand View Park

🏛 昆明市西滇池湖畔
　　Lakefront Xidian Lake, Kunming
✉ 650228

七彩云南景区
Colorful Yunnan Scenic Area

🏛 昆明经济技术开发区石安公路12公里处
　　12km of Anshi Road, Economic & Technology Development Area, Kunming
✉ 650501

昆明金殿风景区
Kunming Golden Hall Scenic Area

🏛 昆明市盘龙区金殿风景区
　　Jindian Scenic Area, Panlong District, Kunming
✉ 650224

云南野生动物园
Yunnan Wild Zoological Garden

🏛 昆明市盘龙区金殿
　　Jindian, Panlong District, Kunming
✉ 650011

昆明西山森林公园
Kunming West Hill Forest Park

🏛 昆明市西山区高峣镇
　　Gaoxiao Town, Xishan District, Kunming
✉ 650111

官渡古镇
Guandu Ancient Town

🏛 昆明市官渡区官渡镇
　　Guandu Town, Guandu District, Kunming
✉ 650000

螺蛳湾国际商贸城
Luoshiwan International Trade Center

🏛 昆明市官渡区彩云北路
　　North Caiyun Road, Guandu District, Kunming
✉ 650200

云南

371

云南民族村
Yunnan Ethnic Village

🏛 昆明市西山区滇池路 1310 号
No.1310 Dianchi Road, Xishan District, Kunming

✉ 650228

宜良九乡风景区
Yiliang Jiuxiang Scenic Area

🏛 昆明市宜良县九乡风景名胜区
Jiuxiang Famous Scenic Spot, Yiliang County

✉ 652114

沾益县珠江源风景区
Zhanyi County Zhujiangyuan Scenic Area

🏛 曲靖市沾益区炎方乡
Yanfang Town, Zhanyi District, Qujing

✉ 655331

九龙瀑布群风景区
Jiulong Waterfalls Scenic Area

🏛 曲靖市罗平县城东北 22 公里处
22km Northeast of Luoping County

✉ 655800

师宗凤凰谷
Shizong Fenghuang(Phoenix) Valley

🏛 曲靖市师宗县丹凤镇漾月雨路 11 号
No。11 Yangyueyu Road, Danfeng Town, Shizong County

✉ 655700

陆良彩色沙林景区
Luliang Colorful Sand Forest Scenic Area

🏛 曲靖市陆良县彩色沙林
Colorful Sand Forest, Luliang County

✉ 655600

大海草山景区
Dahai Caoshan Scenic Area

🏛 曲靖市会泽县大海乡
Dahai Town, Huize County

✉ 654200

汇龙生态园
Huilong Ecological Park

🏛 玉溪市红塔区大营街镇玉泉路 1 号
No.1 Yuquan Road, Dayingjie Town, Yuxi

✉ 651300

抚仙湖禄充风景区
Fuxian Lake Luchong Scenic Area

🏛 玉溪市抚仙湖
Fuxian Lake, Yuxi

✉ 652500

玉溪映月潭修闲文化中心
Yingyue Pond Leisure Cultural Center

🏛 玉溪市红塔区大营街
Daying Street, Hongta District, Yuxi

✉ 653100

通海秀山公园
Tonghai Xiushan Park

🏛 玉溪市通海县秀山镇
Xiushan Town, Tonghai County

✉ 652700

磨盘山国家森林公园
Mopan Mountain National Forest Park

🏛 玉溪市新平县
Xinping County

✉ 653400

和顺古镇
Heshun Ancient Town

🏛 保山腾冲市和顺镇
Heshun Town, Tengchong

✉ 679100

西部大峡谷温泉旅游区
West Valley Hot Spring Tourism Area

🏛 昭通市水富县新滩坝
Xintan Dam, Shuifu County

✉ 657800

丽江束河古镇
Lijiang Shuhe Ancient Town

🏛 丽江市束河镇
Shuhe Town, Lijiang

✉ 674100

丽江观音峡景区
Lijiang Guanyin Valley Scenic Area

🏛 丽江市古城区七河乡
Qihe Town, Gucheng District, Lijiang

✉ 674100

丽江黑龙潭公园
Lijiang Heilong Pond Park

丽江市大研镇黑龙潭
Heilong Pond, Dayan Town, Lijiang

674100

丽江古城博物院（木府）
Ancient Lijiang City Museum(Mu's Mansion)

丽江市大研镇古城
Ancient City of Dayan Town, Lijiang

674100

东巴谷生态民族村
Dongba Valley Ecological Nationality Village

丽江市玉龙县
Yulong County

674100

玉水寨景区
Yushuizhai Scenic Area

丽江市玉龙县白沙乡玉龙村
Yulong Village, Beisha Town, Yulong County

674100

宁蒗县泸沽湖景区
Ninglang County Lugu Lake Scenic Area

丽江市宁蒗县永宁乡落水村
Luoshui Village, Yongning Town, Ninglang County, Lijiang

674300

墨江北回归线标志园
Mojiang Symbol Garden of Tropic of Cancer

普洱市墨江县城
Mojiang County

654800

楚雄州彝人古镇
Chuxiong Yi Nationality Ancient Town

楚雄市永安路
Chuxiong

675000

楚雄州博物馆
Chuxiong Prefecture Museum

楚雄市鹿城南路南门坡
Nanmenpo, South Lucheng Road, Chuxiong

675000

姚安光禄古镇
Yao'an Guanglu Ancient Town

楚雄州姚安县光禄镇
Guanglu Town, Yao'an County

675300

元谋土林风景区
Yuanmou Earth Forest Scenic Area

楚雄州元谋县物茂乡
Wumao Town, Yuanmou County

651311

武定狮子山景区
Wuding Lion Mountain Scenic Area

楚雄州武定县狮子山
Shizi Mountain, Wuding County

651600

禄丰世界恐龙谷
Lufeng World Dinosaur Valley

楚雄州禄丰县川街乡阿纳村
Ana Village, Chuanjie Town, Lufeng County

651200

燕子洞风景名胜区
Swallow Cave Famous Scenic Area

红河州建水县
Jianshui County

654316

建水县朱家花园
Jianshui County Zhu Familiy's Garden

红河州建水县临安镇建新街 133 号
No.133 Jianxin Street, Lin'an Town, Jianshui County

654300

建水团山古村景区
Jianshui Tuanshan Ancient Village Scenic Area

红河州建水县西庄镇团山村
Tuanshan Village, Xizhuang Town, Jianshui County

654300

建水县文庙
Jianshui County Confucius' Temple

红河州建水县临安镇建中路 319 号
No.319 Jianzhong Road, Lin'an Town, Jianshui County

654300

云南

可邑小镇景区
Keyi Little Town Scenic Area

🏛 红河州弥勒市西三镇
Xisan Town, Mile

✉ 652300

弥勒湖泉生态园
Mile Lake & Spring Ecological Garden

🏛 红河州弥勒市温泉路
Wenquan Road, Mele

✉ 652300

元阳哈尼梯田
Yuanyang Hani Terraced Field

🏛 红河州元阳县
Yuanyang County

✉ 652300

泸西阿庐古洞风景区
Luxi Alu Ancient Cave Scenic Area

🏛 红河州泸西县泸源洞村
Luyuandong Village, Luxi County

✉ 652400

西双版纳原始森林公园
Xishuangbanna Virgin Forest Park

🏛 西双版纳州昆洛国道距景洪城 8 公里
8 Kilometers of Jinghong City of Kunluo National Highway

✉ 666100

西双版纳傣族园
Xishuangbanna Dai Nationality Garden

🏛 西双版纳州景洪市勐罕镇橄榄坝
Ganlan Bay, Menghan Town Jinghong

✉ 666108

西双版纳热带花卉园
Xishuangbanna Tropic Flower Garden

🏛 西双版纳州景洪市景洪西路 28 号
No.28 West Jinghong Road, Jinghong

✉ 666100

景洪曼听公园
Jinghong Manting Park

🏛 西双版纳州景洪市曼听路 1 号
No.1 Manting Road, Jinghong

✉ 666106

野象谷景区
Wild Elephant Valley Scenic Area

🏛 西双版纳州景洪市勐养镇
Mengyang Town, Jinghong

✉ 666106

勐泐大佛寺景区
Mengle Great Buddha Temple Scenic Area

🏛 西双版纳州景洪市勐泐大道顶端 4 路 1 号
No.1, the Forth Road, End of Mengle Avenue, Jinghong

✉ 666100

茶马古道景区
Ancient Tea-horse Road Scenic Area

🏛 西双版纳州勐海县勐海乡
Menghai Town, Menghai County

✉ 666201

望天树森林公园
Wangtianshu (Skytree) Forest Park

🏛 西双版纳州勐腊县补蚌保护区
Buwa Reserve, Mengla County

✉ 666300

大理古城风景区
Dali Ancient Town Scenic Area

🏛 大理州大理市大理镇
Dali Town, Dali

✉ 671000

水目山景区
Shuimu Mountain Scenic Area

🏛 大理州祥云县云南驿镇
Yunnanyi Town, Xiangyun County

✉ 672100

宾川鸡足山景区
Binchuan Jizu Mountain Scenic Area

🏛 大理州宾川县金牛镇
Jinniu Town, Binchuan County

✉ 671600

大理南诏风情岛
Dali Nanzhao Customs Island

🏛 大理州洱源县双廊乡
Shuanglang Town, Eryuan County, Dali

✉ 671300

石宝山风景名胜区
Shibao Mountain Famous Scenic Area

🏛 大理州剑川县石宝山
Shibao Mountain, Jianchuan County

✉ 671300

鹤庆县银都水乡新华民族村
Heqing County Yindu Water Town Xinhua Ethnic Village

🏛 大理州鹤庆县草海镇新华村
Xinhua Village, Caohai Town, Heqing County

✉ 671500

漾濞县石门关景区
Yangbi County Shimen Pass Scenic Area

🏛 大理州漾濞县金牛村
Jinniu Village, Yangbi County

✉ 672500

巍山古城—巍宝山旅游区
Weishan Ancient Town—Weibao Mountain Tourism Area

🏛 大理州巍山县城南 10 公里
10 Kilometers South of Weishan County

✉ 672400

勐巴娜西大花园
Mengba Naxi Great Garden

🏛 德宏州芒市青年路 13 号
No.13 Qingnian Road, Mangshi

✉ 678400

莫里热带雨林风景旅游区
Moli Tropic Rain Forest Scenic Area

🏛 德宏州瑞丽市莫里乡
Moli Town, Ruili

✉ 678600

梁河县南甸宣抚司署景区
Lianghe County Nandian the Government Office of Xuanfusi Scenic Area

🏛 德宏州梁河县南甸路
Nandian Road, Lianghe County

✉ 679200

迪庆虎跳峡景区
Hutiaoxia(Jumping Tiger Valley) Scenic Area

🏛 迪庆州香格里拉市桥头镇
Qiaotou Town, Shangrila

✉ 674400

香格里拉蓝月山谷景区
Shangrila Blue Moon Valley Tourism Area

🏛 迪庆州香格里拉市西南部
Southwest of Shangrila

✉ 674400

香格里拉松赞林景区
Shangrila Songzanlin (Temple) Scenic Area

🏛 迪庆州香格里拉以北 5 公里
5km North of Shangrila

✉ 674400

香格里拉大峡谷 · 巴拉格宗景区
Shangrila Canyon Balagezong Scenic Area

🏛 迪庆州香格里拉市康珠大道
Kangzhu Ave., Shangrila

✉ 674400

梅里雪山景区
Meili Snow Mountain Scenic Area

🏛 迪庆州德钦县城升平镇西
West of Shengping Town, Deqin County

✉ 674500

西藏

XIZANG

AAAAA

布达拉宫
Tibet Potala Palace

"高原圣殿"布达拉宫始建于7世纪，是藏王松赞干布为迎娶远嫁西藏的唐朝文成公主而建。布达拉宫建于海拔3700多米的红山之上，共有999间房屋，全部为石木结构，5座宫顶覆盖镏金铜瓦，金光灿烂，气势雄伟，是藏族古建筑艺术的精华。布达拉宫主体建筑为白宫和红宫，其中的白宫是达赖喇嘛的冬宫，也曾是原西藏地方政府的办事机构所在地。寂圆满大殿是布达拉宫最大的殿堂，是达赖喇嘛坐床、亲政大典等重大宗教和政治活动场所。布达拉宫因其悠久的历史，独特的建筑特征以及对研究藏民族社会历史、文化、宗教所具有的特殊价值，而成为举世闻名的名胜古迹。

🏛 拉萨市北京中路贡觉巷 1 号
　 No.1 Gongjue Lane, Beijing Middle Road, Lhasa
✉ 850000
🌐 http://www.potalapalace.cn
🚍 布达拉宫位于市中心，大巴、中巴，或者包车都可到达。

大昭寺
Tibet Jokhang Temple

大昭寺又名"祖拉康""觉康"，由藏王松赞干布建造，距今已有1300多年的历史。大昭寺是一座藏传佛教寺院，位于拉萨老城区中心，寺庙最初称"惹萨"，后来惹萨又成为这座城市的名称，并演化成当下的"拉萨"。大昭寺是西藏现存最辉煌的吐蕃时期的

建筑，也是西藏最早的土木结构建筑，并且开创了藏式平川式的寺庙规式。大昭寺融合了藏、唐、尼泊尔、印度的建筑风格，成为藏式宗教建筑的千古典范。

🏛 拉萨市城关区八廓西街 28 号
　 No.28 West Bakuo Street, Lhasa
✉ 850000

日喀则扎什伦布寺
Xigaze Tashilhunpo Temple

扎什伦布寺位于日喀则市城西的尼色日山坡上，全名为"扎什伦布白吉德钦曲唐结勒南巴杰瓦林"，意为"吉祥须弥聚福殊胜诸方州"，因此也称"吉祥须弥寺"，是西藏日喀则地区最大的寺庙，为四世班禅之后历代班禅喇嘛驻锡之地。扎什伦布寺与拉萨的"三大寺"甘丹寺、色拉寺、哲蚌寺合称格鲁派的"四大寺"。寺内最宏伟的建筑是大弥勒殿和历代班禅灵塔殿。大弥勒殿藏语为"强巴康"，中间供奉着弥勒佛坐像。

🏛 日喀则市几吉郎卡路 1 号
　 No.1 Jijilangka Road, Xigaze
✉ 857000

林芝巴松措旅游区
Linzhi Bassongcuo Tourism Area

巴松措又名错高湖，藏语中是"绿色的水"的意思，湖面海拔3700多米，位于工布江达县50多公里处巴河上游的高峡深谷里，是藏传佛教宁玛派的一处著名神湖和圣地。巴松措旅游区以其林木繁茂和群山耸立中的那一池碧水而广为外界所知，集雪山、湖

西藏

泊、森林、瀑布、牧场、文物古迹、名胜古刹于一体，景色殊异，四时不同，各类野生珍稀植物会集，胜似人间天堂，有"小瑞士"之美誉。

🏛 林芝地区工布江达县
Gongbujiangda County

✉ 850000

雅鲁藏布大峡谷旅游景区
Yarlung Zangbu Grand Canyon Tourism Area

　　雅鲁藏布大峡谷是世界上最大、最深的峡谷。大峡谷北起米林县大渡卡村（海拔 3000 米），经由排龙乡的雅鲁藏布江大拐弯，南到墨脱县巴昔卡村（海拔 115 米），全长 504.6 公里。整个峡谷地区冰川、绝壁、陡坡、泥石流和巨浪滔天的大河交错在一起，环境十分恶劣。许多地区至今仍无人涉足，堪称"地球上最后的秘境"。

🏛 林芝地区米林县派镇
Pai Town, Milin County

✉ 855300

AAAA

罗布林卡
Tibet Norbu Lingka

🏛 拉萨市罗布林卡路 21 号
No.21 Norbu Lingka Road, Lhasa

✉ 850000

哲蚌寺景区
Zhebang Temple Scenic Area

🏛 拉萨市北京西路 276 号
No.276 West Beijing Road, Lhasa

✉ 850000

西藏牦牛博物馆
Tibet Yak Museum

🏛 拉萨市柳梧新区
Liuwu New District, Lhasa

✉ 850000

珠穆朗玛峰国家自然保护区
Qomolangma Mountain National Nature Reserve

🏛 日喀则市定日县白坝乡白坝村
Baiba Village, Baiba Township, Dingri County

✉ 858200

桑耶寺
Sangye Monastery

🏛 山南市扎囊县桑耶镇
Sangye Town, Zhanang County

✉ 850800

鲁朗风景区
Lulang Scenic Area

🏛 林芝市巴宜区鲁朗镇
Lulang Town, Bayi District, Linzhi

✉ 860100

南伊沟景区
Nanyigou Scenic Area

🏛 林芝地区米林县南伊珞巴民族乡
South Yiluoba Town, Milin County

✉ 850500

Dazi
西藏 · 拉萨达孜区

　　达孜，藏语意为"虎峰"，地处拉萨河两岸河谷平原地区，距离拉萨城区仅 20 公里，素有拉萨"东大门"之称，交通便利。达孜区内共有寺庙、日追、拉康 14 座，历史文化厚重，其中历史悠久的甘丹寺、扎叶巴寺在国内外均享有盛名。达孜自然资源丰富，有唐嘎湿地等多处湿地资源。

　　扎叶巴寺位于达孜区邦堆乡叶巴村叶巴沟，全寺建筑紧嵌在崖峰壁间，至今已有 1500 多年历史，是西藏历史上有名的寺庙之一。寺庙周围的植被四季常青，每到春夏时节，漫山的野花和翠绿的松柏，交相辉映，为扎叶巴寺平添了亮丽的色彩。

　　甘丹寺修建在海拔 3800 米的达孜区章多乡旺固尔山和贡巴山的山坳至山顶处，群楼密布，重重叠叠，是一座规模宏大、气势雄伟的寺院建筑群。始建于 15 世纪初，是由黄教创始人宗喀巴亲自主持修建的，距今已有 600 多年的历史。

　　桑阿寺位于达孜县老城区中心，建于 1419 年，由宗喀巴大师创建，是一座格鲁派密宗寺庙，至今有 587 年历史。

　　白纳沟位于德庆镇白纳村，距离拉萨城 36 公里，在白纳沟深处有众多大小湖泊、美丽清澈的河、绿油油的草地、各种各样的植被，还有野生鹿、雪豹、狼、棕熊等各种野生动物，是难得一见的美丽景区。

　　巴嘎雪湿地是雅鲁藏布中游河谷黑颈鹤国家自然保护区的核心区。进入湿地，景色美不胜收，在吸引黑颈鹤与斑头雁等国家保护鸟类的同时也吸引了众多游客驻足领略，更成了摄影爱好者的天堂。

陕西
SHAANXI

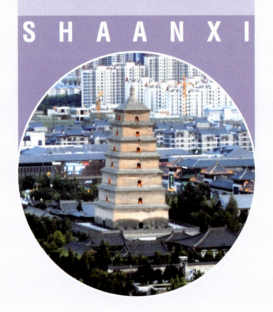

AAAAA

大明宫旅游景区
Daming Palace Tourism Area

大明宫是唐朝帝国最宏伟壮丽的宫殿建筑群，也是当时世界上面积最大的宫殿建筑群，是唐朝的国家象征，初建于唐太宗贞观八年（634年），面积3.5平方公里，其面积相当于3个凡尔赛宫、4.5个故宫、12个克里姆林宫、13个卢浮宫、15个白金汉宫，有"千宫之宫"的美誉，充分显示了唐代宫城建筑的雄伟风貌。然而被誉为"丝绸之路"上东方圣殿的大明宫却毁于唐末。大明宫旅游景区就建立在大明宫国家遗址公园的基础之上，是世界文化遗产，全国重点文物保护单位，是国际古遗址理事会确定的具有世界意义的重大遗址保护工程，是丝绸之路整体申请世界文化遗产的重要组成部分。

🏛 西安市新城区自强东路585号
　　No.585 East Ziqiang Road, Xincheng District, Xi'an

✉ 710015

🌐 http://www.dmgpark.com/

西安市城墙 · 碑林历史文化景区
Xi'an City Wall—Stele Forest History Culture Scenic Area

西安城墙是中国历史最悠久、规模最宏大、保存最完整的古代城垣，也是西安的形象"代言人"之一。西安城墙建于明洪武七年到十一年（1374—1378年），是在唐代皇城长安城和元代奉元城基础上扩建而成。轮廓呈封闭长方形。墙高12米，底宽18米，顶宽15米，总周长11.9公里。西安城墙包括护城河、吊桥、闸楼、箭楼、正楼、角楼、敌楼、女儿墙、垛口等一系列军事设施，构成严密完整的军事防御体系。东、西、南、北四面均开设城门，东名"长乐"，西名"安定"，南名"永宁"，北名"安远"。

被称为"历史文化宝库、书法艺术殿堂"的西安碑林博物馆，是我国古代碑石时间最早、名碑最多的首批"国家一级博物馆"。西安碑林始建于宋哲宗元祐二年（1087年），经金、元、明、清、民国历代的维修及增建，规模不断扩大，藏石（碑）日益增多，现收藏自汉代至今的碑石、墓志4000余件，数量为全国之最，藏品时代系列完整，时间跨度达2000多年。

城墙之于西安人，那是老城完整轮廓的记忆。碑林之于西安人，那是文化的根基所在。

🏛 城墙：西安市曲江新区；碑林：西安市碑林区三学街15号
　　Qujiang New District, Stele Forest: No. 15 Sanxue Street, Beilin District, Xi'an

✉ 710002　710001

西安大雁塔 · 大唐芙蓉园
Xi'an Dayan Pagoda—Datang Lotus Garden

西安曲江大雁塔·大唐芙蓉园景区位于曲江新区核心区域，汇聚了"六园一城一塔"精品景观。六园即大唐芙蓉园、曲江池遗址公园、唐城墙遗址公园、唐大慈恩寺遗址公园、寒窑遗址公园、秦二世陵遗址公园；一城即大唐不夜城；一塔即大慈恩寺大雁塔。

"驱山晚照光明显，雁塔晨钟在城南。"作为关中八景之一的大雁塔高高耸立在西安市南郊大慈恩寺内。大慈恩寺的首任住持就是被称为"法门领袖，民族脊梁"的玄奘法师，大雁塔是由玄奘亲自设计并督建的，是我国现存最早、规模最大的唐代四方楼阁式砖塔，是佛塔这种古印度佛寺的建筑形式随佛教传入中原地区并融入华夏文化的典型物证，是凝聚了中国古代劳动人民智慧结晶的标志性建筑。

大唐芙蓉园与大雁塔遥遥相望。它是在原唐代芙蓉园遗址上建造的，是中国第一个全方位展示盛唐风貌的大型皇家园林式文化主题公园。

🏛 西安市曲江新区芙蓉西路99号
　　No.99 West Furong Road, Qujiang New District, Xi'an

✉ 710061

陕西

华清池景区
Huaqing Pool Scenic Area

"春寒赐浴华清池，温泉水滑洗凝脂。"唐代诗人白居易的一曲《长恨歌》让唐玄宗和杨贵妃的爱情故事流传千古，也让华清池声名鹊起。华清池景区位于西安城东 30 公里处的骊山北麓，与"世界第八大奇迹"兵马俑相毗邻。这里不仅是唐明皇与杨贵妃"缓歌慢舞凝丝竹"之地，也曾是"周幽王烽火戏诸侯"和"西安事变"发生地，华清池景区内有唐御汤遗址博物馆、西安事变旧址——五间厅、九龙湖与芙蓉湖风景区、唐梨园遗址博物馆等文化区和飞霜殿、万寿殿、长生殿、环园和禹王殿等标志性建筑群，是中国唐宫廷文化旅游标志性景区。

🏛 西安市临潼区华清路 38 号
　　No.38 Huaqing Road, Lintong District Xi'an

✉ 710600

🌐 http://www.hqc.cn

秦始皇帝陵博物院
Emperor Qinshihuang's Mausoleum Site Museum

20 世纪 70 年代，在中国西安临潼区骊山北麓，一个庞大的地下军队出土，震惊了全世界，这就是秦始皇兵马俑。秦始皇兵马俑以其严密的军事组织、雄伟壮观的气势、精美的雕刻艺术、深厚的文化内涵征服了世界，被誉为"世界第八大奇迹""20 世纪最伟大的考古发现之一"。1987 年秦始皇兵马俑被列入世界文化遗产名录。

秦始皇帝陵博物院就建在出土了这地下军队的

遗址之上，是以秦始皇兵马俑博物馆为基础，以秦始皇陵遗址公园为依托的一座大型遗址博物院，包括秦兵马俑博物馆、秦始皇陵、秦始皇陵遗址公园、百戏俑坑博物馆和石铠甲俑坑博物馆。秦始皇兵马俑博物馆共有一、二、三号 3 个兵马俑坑。这是一座庞大的地下军阵，也是一座重要的古代艺术宝库。秦始皇陵布局缜密、规模宏大，具有重大的历史、科学和艺术价值。秦始皇陵遗址公园主要景点包括秦始皇陵封土、已探明的主要建筑遗址、陪葬坑等。

🏛 西安市临潼区
　　Lintong District, Xi'an

✉ 710600

🌐 www.bmy.com.cn

法门寺佛文化旅游区
Famen Temple Buddha Culture Tourism Area

法门寺佛文化旅游区始建于东汉末年，至今有 1700 多年的历史，有"关中塔庙始祖"之称。法门寺因安置释迦牟尼佛指骨舍利而成为举国仰望的佛教圣地。

法门寺佛文化旅游区整体规划依托佛文化资源和地域文化资源，佛文化展示区以佛家千年传承之佛、法、僧"三宝"为总纲，将佛、法、僧三区成"品"字形布局。安奉佛祖真身指骨舍利的合十舍利塔，塔高 148 米，庄严肃穆，气势恢宏，供奉着世界唯一的释迦牟尼佛真身指骨舍利。供僧俗四众瞻礼朝拜的 10 万人广场象征着和谐安康、国泰民安的旷古盛世。以当代法门学研究和科技发展成果为基础的法区，全面展现了世界佛教 2500 年、中国佛教 2000 多年的历史文化及唐代地宫珍宝之精华。以大唐法门寺瑰琳宫二十四院为蓝本的僧区，再现唐代法门寺的壮丽景观。

🏛 宝鸡市扶风县法门镇
　　Famen Town, Fufeng County

✉ 722201

🌐 http://www.famensi.com

🚌 扶风汽车站有前往法门寺景区的班车。

太白山国家森林公园
Taibai Moutain National Forest Park

太白山是秦岭山脉主峰，以高、寒、险、奇、秀、富饶和神秘的特点闻名于世。太白山国家森林公园因太白山而得名，公园共有8大景区180多个景点，是我国海拔最高的国家森林公园。太白山国家森林公园以森林景观为主体，以苍山奇峰为骨架，以清溪碧潭为脉络，以人文景观为内涵，构成了一幅静态景观与动态景观相协调、自然景观与人文景观浑然一体、风格独特的生动画卷，这里山峦叠翠，山清水秀，湖光山色恬静瑰丽，曲流溪涧晶莹碧透，烟雾浩渺、吐珠溅玉，奇峰怪石，如塑似画。置身其中，石径萦回，古枫垂阴，沟壑幽深，令人陶醉与神往。

🏛 宝鸡市眉县汤峪镇
   Tangyu Town, Meixian County

✉ 722305

🌐 www.tbpark.com

🚌 眉县汽车站乘203路公交车可达景区。

华山风景名胜区
Hua Mountain Famous Scenic Area

华山是著名的中华五岳之一，由一块硕大无比的花岗岩形成，北魏著名的地理学家郦道元在《水经注》中记载：华山广十里，高五千仞，一石也。

奇险天下的华山，东、西、南、北、中五座主峰雄浑耸立，36小峰罗列于前，虎踞龙盘，气象森森。《史记》记载，秦始皇、汉武帝、武则天、唐玄宗等数位帝王曾到华山进行过大规模的祭祖活动。山上历代摩岩石刻多达上千处。位于山下的西岳庙始建于汉代，是历代帝王祭祀华山神的场所，素有"五岳第一

庙"之美誉。

华山还是道教有名的"洞天福地"，山上现存72个半悬空洞，道观20余座。

🏛 渭南华阴市玉泉路
   Yuquan Road, Huayin

✉ 714200

🌐 http://www.huashan16.com

🚌 华阴市乘603路公交车可达华山。在西安火车站乘游1路旅游专线车可直达华山景区。西安城东客运站也有长途汽车到达华山。

延安革命纪念地景区
Yan'an Revolution Memorial Museum Scenic Area

延安革命纪念地景区由宝塔山、枣园革命旧址、杨家岭革命旧址、中共中央西北局旧址、延安革命纪念馆组成。景区是延安445处革命遗存中的经典代表，是全国重点文物保护单位，全国爱国主义、革命传统、延安精神三大教育示范基地，全国首批红色旅游经典景区。

🏛 延安市宝塔区王家坪
   Wangjiaping, Baota District, Yan'an

✉ 716000

黄河壶口瀑布旅游区
Yellow River Hukou Waterfall Tourism Area

黄河壶口瀑布西临陕西省延安市宜川县壶口镇，东濒山西省临汾市吉县壶口镇，为两省共有旅游景区。壶口瀑布上游黄河水面宽300米，在不到500

陕西

米长距离内，被压缩到 20 ～ 30 米的宽度。流速每秒 1000 立方米的黄河水，从 20 多米高的陡崖上倾注而泻，形成"黄河之水天上来"的气概。壶口瀑布是中国第二大瀑布，世界上最大的黄色瀑布。

🏛 延安市宜川县壶口乡
   Hukou Town, Yichuan County

✉ 716200

延安黄帝陵旅游区
Yan'an Emperor Huang Mausoleum Tourism Area

黄帝是中华民族的祖先，黄帝逝世后安葬于今黄陵县桥山之巅，这便是天下第一陵——黄帝陵。黄帝陵旅游区景色迷人，山麓有建于汉代的轩辕庙，庙东侧碑廊珍藏历代帝王御制祭文碑 57 通，现又新增香港、澳门"回归纪念碑"。陵、庙所在地桥山现有千年古柏 8 万余株，是我国最大的古柏群。每年清明节、重阳节，海内外炎黄子孙都会聚集于此，举行隆重的祭祀大典。

🏛 延安市黄陵县东关街前区 179 号
   No.179 Front Block of Dongguan Street, Huangling County

✉ 727300

🚌 延安汽车站有班车开往景区，西安城东客运站也有去黄帝陵的班车。

金丝大峡谷国家森林公园
Jinsi Great Canyon National Forest Park

金丝大峡谷国家森林公园地处秦岭南麓，连接巴山北坡，居长江流域汉江水系丹江中游地区。景区内有白龙峡、黑龙峡、青龙峡、石燕寨和丹江源五大景区，100 多个景点。金丝大峡谷总长度 20.5 公里，纵深十多公里，是国内最窄的嶂谷，有发育完整、国内罕见的溶洞，是国家地质遗迹洋壳残片存留和商丹断裂的命名地。金丝大峡谷以窄、幽、秀、奇而闻名，河流密布、森林茂密、野生动物、植物繁多，原始生态保存完好。"一日历三季，十里兰花香"，金丝大峡谷是休闲度假、寻觅探幽的旅游胜地。

🏛 商洛市商南县金丝峡镇
   Jinsixia Town, Shangnan County

✉ 726300

🌐 http://www.sxjsx.cn

AAAA

西安世博园
Xi'an Expo Park

🏛 西安市浐灞生态区浐灞大道 1 号
   No.1 Chanba Avenue, Chanba Ecological Area, Xi'an

✉ 710024

西安浐灞国家湿地公园景区
Xi'an Chanba National Wetland Park Scenic Area

🏛 西安市浐灞生态区滨河西路 9 号
   No.9 West Binhe Road, Chanba Ecological Area, Xi'an

✉ 710014

西安汉城湖旅游景区
Xi'an Hancheng Lake Tourism Area

🏛 西安市未央区朱宏路与凤城二路十字路口北
   North of the Intersection of Zhuhong & 2nd Fengcheng Road,
   Weiyang District, Xi'an

✉ 710014

西安博物院—小雁塔
Xi'an Museum—Xiaoyan Pagoda

🏛 西安市碑林区友谊西路 72 号
   No.72 West Youyi Road, Beilin District, Xi'an

✉ 710068

西安大唐西市文化景区
Xi'an Tang West Market Culture Scenic Area

🏛 西安市碑林区劳动南路 118 号
   No.118 South Laodong Road, Beilin District, Xi'an

✉ 710075

西安半坡博物馆
Xi'an Banpo Museum

🏛 西安市灞桥区半坡路 155 号
   No.155 Banpo Road, Baqiao District, Xi'an

✉ 710038

陕西历史博物馆
Shaanxi History Museum

🏛 西安市雁塔区小寨东路 91 号
   No.91 Xiaoqian East Road, Yanta District, Xi'an

✉ 710061

陕西自然博物馆
Shaanxi Nature Museum

西安市雁塔区长安南路 88 号
No.88 Chang'an South Road, Yanta District, Xi'an

710061

西安曲江海洋极地公园
Xi'an Qujiang Polar Ocean Park

西安市雁塔区曲江二路 1 号
No.1 Second Qujiang Road, Yanta District, Xi'an

710061

www.xaoceanpark.cn

骊山国家森林公园
Lishan Mountain National Forest Park

西安市临潼区环城东路 3 号
No.3 East Ring Road, Lintong District, Xi'an

710600

乐华城·乐华欢乐世界景区
Yuehua City—Yuehua Happy World Scenic Area

西安市西咸新区
Xixian New District, Xi'an

710086

关中民俗艺术博物院
Guangzhong(Central Shaanxi)Folk Custom Art Museum

西安市长安区五台镇南五台山路 1 号
No.1 South Wutaishan Road, Wutai Town, Chang'an District, Xi'an

710107

西安秦岭野生动物园
Xi'an Qinling Wildlife Park

西安市长安区滦镇
Luanzhen Town, Chang'an District, Xi'an

710100

西安翠华山旅游风景区
Xi'an Cuihua Mountain Scenic Area

西安市长安区太乙宫镇
Taiyi Palace Town, Chang'an District, Xi'an

710105

西安沣东现代都市农业博览园景区
Xi'an Fengdong Modern Agriculture Expo Garden Scenic Area

西安市长安区斗门镇张村
Zhangcun Village, Doumen Town, Chang'an District, Xi'an

710100

西安汤峪旅游度假区
Xi'an Tangyu Tourism Resort

西安市蓝田县汤峪镇塘子村
Tangzi Village, Tangyu Town, Lantian County

710516

王顺山森林公园
Wangshun Mountain Forest Park

西安市蓝田县蓝桥乡
Lanqiao Township, Lantian County

710500

西安楼观中国道教文化展示区
Xi'an Louguan China Taoist Culture Exhibition Area

西安市周至县楼观镇
Louguan Town, Zhouzhi County

710404

黑河森林公园
Heihe (Black River) Forest Park

西安市周至县厚畛子镇
Houzhenzi Town, Zhouzhi County

710402

周至水街沙沙河景区
Zhouzhi Shuijie Shasha River Scenic Area

西安市周至县周城公路西 50 米
50m West of Zhoucheng Way, Zhouzhi County

710400

陕西太平森林公园
Shaanxi Taiping Forest Park

西安市鄠邑区沣京路 26 号
No.26 Fengjing Road, Huyi District, Xi'an

710300

玉华宫风景区
Yuhua Palace Scenic Area

铜川市印台区金锁关镇玉华村
Yuhua Village, Jinsuoguan Town, Yintai District, Tongchuan

727015

铜川药王山
Yaowang(God of Medicine) Mountain

铜川市耀州区
Yaozhou District, Tongchuan

727100

陕西

Chanba
西安浐灞生态区

浐灞生态区成立于2004年，规划面积129平方公里，是全国率先以生态命名的开发区和国家绿色生态示范区。成立以来，始终坚持"生态立区，产业兴城"的发展战略。

全区创新打造"生态＋文旅"体验区，全力推进文旅产业高质量发展。探索旅游演艺＋"微"度假的特色发展道路。拥有西安世博园、西安浐灞国家湿地公园等六大生态公园，打造城市绿肺；引进西北首家保利大剧院，上演《千里江山》等文化演出百余场；两大名牌演艺《驼铃传奇》秀、《西安千古情》，让"家门口"的文化盛宴常有常新。西安国际会展中心、长安书院等用现代建筑语言打造浐灞特色国际合作交流平台；依托洲际、万豪、喜来登等二十余家高品质酒店群以及独一无二的水韵光影秀，串联最美水岸经济带。打造"星河如梦灞上夜""冬季来浐灞看鸟"沉浸式旅游品牌，发布丝路光影、浪漫诗情、静谧月光、纵享潮流、长安新光影等5大主题夜游线路，让游客体验浐灞夜色；推出"漫游浐灞""畅游浐灞""乐游浐灞"等多条沉浸式文旅体验线路。浐河、灞河穿城而过，水上项目独树一帜，文旅资源突出，会奖旅游人群全年导流，后海等网红打卡地引爆客流，形成"食、住、行、游、购、娱"全链条文旅产业发展模式，不断扩大文旅融合外延。

独具特色的灞柳迎送、月光宝盒、星河如梦、灞上明珠等文旅新场景，创造着西安不一样的诗与远方。多彩浐灞，大美如画！

照金香山景区
Zhaojin Xiangshan Scenic Area

🏛 铜川市耀州区柳林镇田家咀村
Tianjiazui Village, Liulin Town, Yaozhou District, Tongchuan

✉ 727100

中华石鼓园景区
China Shigu (Stone Drum) Garden Scenic Area

🏛 宝鸡市滨河大道
Binhe Avenue, Baoji

✉ 721000

大水川景区
Dashuichuan Scenic Area

🏛 宝鸡市陈仓区香泉镇
Xiangquan Town, Chencang District, Baoji

✉ 721300

陕西岐山周公庙风景名胜区
Shaanxi Qishan Zhougong Temple Famous Scenic Area

🏛 宝鸡市岐山县凤鸣镇
Fengming Town, Qishan County

✉ 722400

红河谷森林公园
Honghegu Forest Park

🏛 宝鸡市眉县营头镇
Yingtou Town, Meixian County

✉ 722307

关山草原景区
Guanshan Grassland Scenic Area

🏛 宝鸡市陇县关山镇
Guanshan Town, Longxian County

✉ 721200

宝鸡碑亭景区
Baoji Beiting(Stele & Pavilion) Scenic Area

🏛 宝鸡市麟游县西大街
West Street, Linyou County

✉ 721500

宝鸡凤凰湖景区
Baoji Phoenix Lake Scenic Area

🏛 宝鸡市凤县县城
Downtown of Fengxian County

✉ 721700

通天河国家森林公园
Tongtian River National Forest Park

🏛 宝鸡市凤县大庆路 99 号
No.99 Daqing Road, Fengxian County

✉ 721006

消灾寺景区
Xiaozai Temple Scenic Area

🏛 宝鸡市凤县凤州镇凤州村
Fengzhou Village, Fengzhou Town, Fengxian County

✉ 721700

青峰峡森林公园
Qingfeng Valley Forest Park

🏛 宝鸡市太白县桃川镇
Taochuan Town, Taibai County

✉ 721600

杨凌现代农业示范园创新园
Yangling Modern Agriculture Demonstration Park Innovation Area

🏛 咸阳市杨凌示范区杨扶路
Yangfu Road, Yangling District, Xianyang

✉ 712100

杨凌农业博览园
Yangling Agricultural Exposition Garden

🏛 咸阳市杨凌区邰城路 3 号
No.3 Taicheng Road, Yangling District, Xianyang

✉ 712100

汉阳陵博物馆
Hanyangling Museum

🏛 咸阳市渭城区正阳镇张家湾村
Zhangjiawan Village, Zhengyang Town, Weicheng District, Xianyang

✉ 712000

陕西张裕瑞那城堡酒庄景区
Shaanxi Zhangyu Ruina Castle Chateau Scenic Area

🏛 咸阳市渭城区渭城镇坡刘村
Poliu Village, Weicheng Town, Weicheng District, Xianyang

✉ 712000

咸阳马嵬驿民俗文化体验园
Xianyang Maweiyi Folk Culture Experience Garden

🏛 咸阳兴平市马嵬街道李家坡村
Lijiapo Village, Mawei Community, Xingping

✉ 713100

陕西

茂陵博物馆
Maoling Museum

🏛 咸阳兴平市西吴镇道常村
Daochang Village, Xiwu Town, Xingping

✉ 713100

乾陵博物馆
Qianling Museum

🏛 咸阳市乾县乾陵城关镇西金村
Xijin Village, Chengguan Town, Qianxian County

✉ 713300

袁家村关中印象体验地
Yuanjia Village Guangzhong(Central Shaanxi) Experience Park

🏛 咸阳市礼泉县烟霞镇袁家村
Yuanjia Village, Yanxia Town, Liquan County

✉ 713200

马栏革命旧址景区
Malan Revolutionary Site Scenic Area

🏛 咸阳市旬邑县马栏镇
Malan Town, Xunyi County

✉ 711300

石门山国家森林公园
Shimen Mountain National Forest Park

🏛 咸阳市旬邑县清塬镇石门关村
Shimenguan Village, Qingyuan Town, Xunyi County

✉ 711300

渭南老街景区
Weinan Old Street Scenic Area

🏛 渭南市朝阳大街与滨河大道交叉处
Intersection of Chaoyang Street & Binhe Avenue, Weinan

✉ 714000

汉太史司马迁祠
Han Dynasty Historian Sima Qian's Temple

🏛 渭南韩城市芝川镇
Zhichuan Town, Hancheng

✉ 715409

韩城市博物馆
Hancheng City Museum

🏛 渭南韩城市金城区学巷 45 号
No.45 Xue Lane, Jincheng District, Hancheng

✉ 715400

韩城党家村民居
Hancheng Dangjia Village Residential Area

🏛 渭南韩城市西庄镇党家村
Xizhuang Town, Dangjia Village, Hancheng

✉ 715403

少华山森林公园
Shaohua Mountain Forest Park

🏛 渭南市华县莲花寺镇
Lianhuasi Town, Huaxian County

✉ 714100

同州湖景区
Tongzhou Lake Scenic Area

🏛 渭南市大荔县城南 1.2 公里
1.2km South of Dali County

✉ 715100

卤阳湖景区
Luyang Lake Scenic Area

🏛 渭南市蒲城县党睦镇北 3 公里处
3km North of Dangmu Town, Pucheng County

✉ 715500

洽川风景名胜区
Qiachuan Famous Scenic Area

🏛 渭南市合阳县洽川镇
Qiachuan Town, Heyang County

✉ 715301

尧头窑文化旅游生态园区
Yaotou Kiln Culture Ecotourism Area

🏛 渭南市澄城县尧头镇
Yaoyou Town, Chengcheng County

✉ 715200

富平陶艺村
Fuping Pottery Art Village

🏛 渭南市富平县乔山路 1 号
No.1 Qiaoshan Road, Fuping County

✉ 711700

延安黄陵国家森林公园
Yan'an Huangling National Forest Park

🏛 延安市黄陵县双龙镇索洛湾村
Suoluowan Village, Shuanglong Town, Huangling County

✉ 727300

石门栈道风景区
Stone Gate Plank Road Scenic Area

🏛 汉中市汉台区河东店镇
Hedongdian Town, Hantai District, Hanzhong

✉ 723000

黎坪国家森林公园
Liping National Forest Park

🏛 汉中市南郑县黎坪镇
Liping Town, Nanzheng County

✉ 723100

华阳景区
Huayang Scenic Area

🏛 汉中市洋县华阳镇
Huayang Town, Yangxian County

✉ 723300

陕西朱鹮自然保护区·梨园景区
Shaanxi Crested Ibis Nature Reserve—Pears Garden Scenic Area

🏛 汉中市洋县洋州镇周家坎村
Zhoujiakan Village, Yangzhou Town, yangxian County

✉ 723300

武侯墓景区
Wuhou Tomb Scenic Area

🏛 汉中市勉县定军镇
Dingjun Town, Mianxian County

✉ 724207

武侯祠博物馆景区
Wuhou Temple Museum Scenic Area

🏛 汉中市勉县武侯镇
Wuhou Town, Mianxian County

✉ 724200

汉中宁强青木川景区
Hanzhong Ningqiang Qingmuchuan Scenic Area

🏛 汉中市宁强县青木川镇
Qingmuchuan Town, Ningqiang County

✉ 724400

略阳五龙洞国家森林公园
Lueyang Wulong Cave National Forest Park

🏛 汉中市略阳县
Lueyang County

✉ 724300

张良庙·紫柏山风景区
Zhangliang Temple—Zibai(Purple Cypress) Mountain Scenic Area

🏛 汉中市留坝县留侯镇庙台子街
Miaotaizi Street, Liuhou Town, Liuba County

✉ 724100

二郎山景区
Erlang Mountain Scenic Area

🏛 榆林市神木县
Shenmu County

✉ 719300

红碱淖景区
Hongjiannao Scenic Area

🏛 榆林市神木县尔林兔镇
Erlintu Town, Shenmu County

✉ 719300

白云山景区
Baiyun Mountain

🏛 榆林市佳县城南 5 公里处
5km South of Jiaxian County

✉ 719200

香溪洞风景区
Xiangxi Cave Scenic Area

🏛 安康市汉滨区香溪路 58 号
No.58 Xiangxi Road, Hanbin District, Ankang

✉ 725000

瀛湖风景区
Yinghu Scenic Area

🏛 安康市汉滨区瀛湖镇
Yinghu Town, Hanbin District, Ankang

✉ 725000

安康双龙生态旅游景区
Ankang Shuanglong Ecotourism Area

🏛 安康市汉滨区双龙镇
Shuanglong Town, Hanbin District, Ankang

✉ 725000

汉江燕翔洞生态景区
Hanjiang River Yanxiang Cave Ecotourism Area

🏛 安康市石泉县熨斗镇
Yundou Town, Shiquan County

✉ 725200

陕
西

中坝大峡谷景区
Zhongba Grand Canyon Scenic Area

🏛 安康市石泉县中坝乡
Zhongba Town, Shiquan County

✉ 725200

简车湾风景区
Jianchewan Scenic Area

🏛 安康市宁陕县简车湾镇许家城村
Xujiacheng Village, Jianchewan Town, Ningshan County

✉ 711600

南宫山国家森林公园
Nangong Mountain Nantional Forest Park

🏛 安康市岚皋县溢河镇、花里镇
Yihe & Huali Town, Langao County

✉ 725400

天书峡景区
Tianshu Valley Scenic Area

🏛 安康市平利县八仙镇
Baxian Town, Pingli County

✉ 725500

棣花古镇文化旅游景区
Dihua Ancient Town Culture Tourism Area

🏛 商洛市丹凤县棣花镇
Dihua Town, Danfeng County

✉ 726200

木王国家森林公园
Muwang National Forest Park

🏛 商洛市镇安县杨泗镇桂林村
Guilin Village, Yangsi Town, Zhen'an County

✉ 711508

柞水溶洞
Zhashui Limestone Cave

🏛 商洛市柞水县石瓮镇
Shiweng Town, Zhashui County

✉ 711400

牛背梁国家森林公园
Niubeiliang National Forest Park

🏛 商洛市柞水县营盘镇朱家湾村
Zhujiawan Village, Yingpan Town, Zhashui County

✉ 711400

天竺山景区
Tianzhu Mountain Scenic Area

🏛 商洛市山阳县法官镇僧道关
Sengdaoguan, Faguan Town, Shanyang County

✉ 726400

漫川古镇景区
Manchuan Ancient Town Scenic Area

🏛 商洛市山阳县漫川关镇
Manchuanguan Town, Shanyang County

✉ 726400

甘肃
GANSU

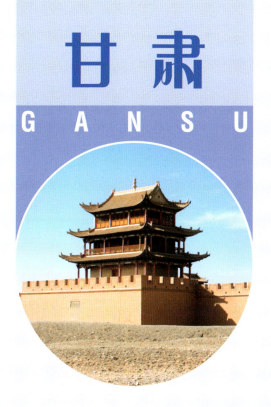

AAAAA

嘉峪关长城文化旅游景区
Jiayuguan Pass Great Wall Culture Tourism Area

嘉峪关是明代万里长城最西端的关口，历史上曾被称为河西咽喉，因地势险要，建筑雄伟，被称为"天下第一雄关""连陲锁钥"。嘉峪关是古代"丝绸之路"的交通要塞，是长城的"天然博物馆"。嘉峪关由内城、外城、城壕三道防线组成重叠并守之势，形成五里一燧，十里一墩，三十里一堡，一百里一城的军事防御体系。内城有东、西两门，东为光化门意为紫气东升，光华普照；西为柔远门意为以怀柔而致远，安定西陲。在两门外各有一瓮城围护，嘉峪关内城墙上还建有箭楼、敌楼、角楼、阁楼、闸门楼共14座。嘉峪关关城是长城众多关城中保存最为完整的一座。

🏛 嘉峪关市峪泉镇
　　Yuquan Town, Jiayuguan

✉ 735100

天水麦积山景区
Tianshui Maiji Mountain Scenic Area

麦积山风景名胜区地处秦岭、贺兰山、岷山三大山系交会处，包括麦积山、仙人崖、石门、曲溪四大景区和一个古镇街亭温泉景区。其中麦积山石窟是核

心景区，其与敦煌莫高窟、龙门石窟、云冈石窟并列为中国四大石窟。

麦积山是小陇山中的一座孤峰，因山形酷似麦垛而得名。麦积山石窟始建于后秦（384—417年），现存有221座洞窟、10632座泥塑石雕、1300余平方米壁画，以其精美的泥塑艺术闻名世界，被誉为东方雕塑艺术陈列馆。

仙人崖由三崖、五峰、六寺所组成。仙人崖三崖中，以西崖面积和佛殿数量为最，14座殿宇内有唐、宋、明、清各代佛像100多尊，艺术价值极高。石门壁立千仞，四周峭崖，只有一条小路连接南北两峰，且南北峰之间的聚仙桥下石壁上，有一大方形黑浑圈，状若门楣，故名石门。曲溪景区深藏在小陇山林区茫茫的林海里，人迹罕至，景色佳妙。石门景区以西，就是街亭温泉景区，泉水温度40℃左右，出水量大，水质优良，有极好的保健作用。

🏛 天水市麦积区泉湖路2号
　　No.2 of Quanhu Road, Maiji District, Tianshui

✉ 741022

张掖七彩丹霞景区
Zhangye Colorful Danxia Scenic Area

张掖七彩丹霞景区以地貌色彩艳丽、层理交错、气势磅礴、场面壮观而称奇。张掖七彩丹霞是我国北方干旱地区发育最典型的丹霞地貌，是国内唯一的丹霞地貌与彩色丘陵景观高度复合区，色彩之缤纷、观赏性之强、面积之大冠绝全国，集雄、险、奇、幽、美于一身，具有很高的旅游观赏价值和地质科考价值。

张掖七彩丹霞景区内有七彩云海、七彩仙缘、七彩锦绣、七彩虹霞、最佳摄影点、七彩熬河台、万象土林谷7处观景台。登临览胜，薄层状泥岩、砂质泥岩及页岩互层交错，紫红色、灰绿色、黄绿色、灰黑色等色彩交相辉映，组合有序，极富有韵律感和层次感，体现了西部特有的粗犷雄奇、瑰丽险绝、气象万千。

🏛 张掖市临泽县倪家营乡
　　Nijiaying Town, Linze County

✉ 734200

平凉崆峒山风景名胜区
Pingliang Kongtong Mountain Famous Scenic Area

崆峒山自古以来就是一座仙山。相传广成子修炼得道于此山，人文始祖轩辕黄帝问道于广成子也在此山，因此崆峒山也被称为"天下道教第一山"。

崆峒山层峦叠嶂，崖壁峭立，平台幽寂，怪石嶙峋，洞穴深邃，林木葱郁，湖光野岚，相映成趣，既有北方山势之雄，又有南方山色之秀，不愧为"西镇奇观""神州西来第一山"。

崆峒山后来发展为道、儒、佛三教合一、共尊共荣的宗教摇篮。崆峒山集奇险灵秀的自然景观和古朴精湛的人文景观于一身，具有极高的观赏、文化和科考价值，是丝绸之路旅游热线上的一个亮点。

🏛 平凉市崆峒区西郊 12 公里
12 Killometres of Western Suburb, Kongdong District, Pingliang

✉ 744021

敦煌鸣沙山月牙泉景区
Dunhuang Mingsha Mountain Crescent Moon Spring Scenic Area

这里沙山与泉水共处，历来以"沙漠奇观"著称于世，是敦煌的名片之一。这里沙峰起伏，人们顺坡滑落，沙子便会发出轰鸣声，似敲锣打鼓，让人胆战心惊又颇感刺激，鸣沙山因此得名。月牙泉位于鸣沙山下，处在沙丘环抱之中，其形酷似一弯新月，因而得名月牙泉。因为地势的关系，刮风时沙子不往山下走，而是往山上流动，所以月牙泉永远不会被沙子埋没。在这里你可以爬上鸣沙山，俯瞰月牙泉，还能在山顶上欣赏大漠日落，感受西北大漠的苍凉广阔。

🏛 酒泉敦煌市鸣沙山月牙泉村
Crescent Moon Spring of Mingya Mountain, Dunhuang

✉ 736200

陇南官鹅沟大景区
Longnan Guanegou Great Scenic Area

官鹅沟大景区位于宕昌县，地处青藏高原东部边缘与秦岭、岷山两大山系支脉的交错地带，气候湿润，交通便利。官鹅沟大景区由官珠沟、鹅嫚沟和雷古山三大游览片区组成，其森林覆盖率高，是不可多得的康养胜地。景区内幽谷纵横，峡曲林密，峰奇石怪，草甸与花海相映、雪山与碧湖交辉，涧水接飞瀑、高岩藏古木，是一处四季皆宜的旅游胜地。

官鹅沟历史悠久，文化底蕴深厚。据史料记载，古宕昌国建立于北魏时期，属于羌人政权，宕羌傩舞源于古羌民族的宗教祭祀活动，已有千年历史，正在申报进入"国家级非物质文化遗产保护名录"。官鹅沟大景区不仅是国家森林公园，还是沉积—构造建造型地质遗迹类国家地质公园，地质遗迹规模宏大，种类齐全，是自然景观的天然宝库。

🏛 陇南市宕昌县城关镇官鹅村
Guan'e Village, Chengguan Town, Dangchang County

✉ 748500

🌐 https://www.gegdjq.com/

炳灵寺世界文化遗产旅游区
Bingling Temple the World Cultural Heritage Tourism Area

炳灵寺世界文化遗产旅游区总面积 150 平方公里，由炳灵寺石窟、炳灵石林、炳灵湖三大区域组成。其中的炳灵寺石窟开创于十六国西秦时期，距今已有 1600 多年，石窟主要由下寺区、上寺区和洞沟区三部分组成。现存窟龛 216 个，各类造像 800 余尊，藏族、汉族两种风格的壁画 1000 多平方米，佛塔 56 座，藏品 345 件。窟内现存西秦建弘元年（420 年）的墨书题记，是迄今为止我国已知石窟中最早的造窟题记，为早期石窟的分期断代提供了重要标尺。

🏛 临夏州永靖县西南 35 公里处小积石山中
In the Mountain of Xiaojishi, 35km Southwest of Yongjing County

✉ 731600

甘肃

AAAA

兰州水车博览园
Lanzhou Waterwheel Expo Garden

兰州市城关区雁宁路中立桥西黄河南岸
Yanning Road, South Bank of the Yellow River, West Zhongli Bridge, Chengguan District, Lanzhou

730030

兰州吐鲁沟国家森林公园
Lanzhou Tulugou National Forest Park

兰州市永登县连城自然保护区
Yongdeng County

730333

什川古梨园景区
Shichuan Ancient Pears Garden Scenic Area

兰州市皋兰县什川镇上车村
Shangche Village, Shichuan Town, Gaolan County

730206

兴隆山自然护区
Xinlong Mountain Natural Protection Area

兰州市榆中县西南隅
Southwest of Yuzhong County

730117

榆中青城古镇景区
Yuzhong Qingcheng Ancient Town Scenic Area

兰州市榆中县青城镇校场路
Jiaochang Road, Qingcheng Town, Yuzhong County

730121

嘉峪关市东湖生态旅游景区
Jiayuguan East Lake Ecotourism Area

嘉峪关市南市区
Nanshi District, Jiayuguan

735100

嘉峪关市紫轩葡萄酒庄园
Jiayuguan Zixuan Wine Village

嘉峪关市机场路嘉东工业园区北侧 5396 号
No.5396 North of Jiadong Factory Area, Airport Road, Jiayuguan

735100

中华孔雀苑景区
China Peacock Garden Scenic Area

嘉峪关市峪泉镇
Yuquan Town, Jiayuguan

735100

嘉峪关市方特欢乐世界
Jiayuguan Fangta World

嘉峪关市方特大道 4111 号
No.4111 Fangte Avenue, Jiayuguan

735100

金昌金水湖景区
Jinchang Jinshui Lake Scenic Area

金昌市金川区
Jinchuan District, Jinchang

737100

金昌市紫金花城景区
Jinchang Zijin Flower City Scenic Area

金昌市金川区紫金花卉种植基地
Zijin Flower Planting Base, Jinchuan District, Jinchang

737100

骊靬古城景区
Liqian Ancient City Scenic Area

金昌市永昌县焦家庄乡骊靬村 1 号
No.1 Liqian Village, Jiaojiazhuang Town, Yongchang County

737200

会宁县红军会宁会师旧址
Site of Red Army Joined Forces in Huining

白银市会宁县会师镇会师南路 7 号
No.7 South Huishi Road, Huishi Town, Huining County

730700

景泰黄河石林风景旅游区
Jingtai Yellow River Stone Forest Tourism Area

白银市景泰县中泉乡龙湾村
Longwan Village, Zhongquan Town, Jingtai County

730400

天水市伏羲庙景区
Tianshui Fuxi's Temple Scenic Area

天水市秦州区伏羲路 110 号
No.110 Fuxi Road, Qinzhou District, Tianshui

741000

天水市南郭寺景区
Tianshui Nanguo Temple Scenic Area

天水市秦州区南郭寺院内
Inside of Nanguo Temple, Qinzhou District, Tianshui

741000

天水市玉泉观公园
Tianshui Yuquanguan Park

天水市秦川区上庵沟
Shang'an Ditch, Qinzhou District, Tianshui

741000

凤山景区
Fengshan Mountain Scenic Area

天水市秦安县兴国镇先农街 38 号
No.38 Xiannong Street, Xingguo Town, Qin'an County

741600

甘谷县大象山
Gangu County Daxiang Mountain

天水市甘谷县五里铺
Wulipu Village, Gangu County

741200

武山县水帘洞石窟景区
Area Wushan County Shuiliandong Grotto Scenic

天水市武山县榆盘乡钟楼村
Bell Tower Village, Yupan Town, Wushan County

741300

张家川回乡风情园
Zhangjiachuan Hui Nationality Custom Garden

天水市张家川县阿阳大道 2 号
No.2 Ayang Avenue, Zhangjiachuan County

741500

武威雷台公园
Wuwei Leitai Park

武威市凉川区北关中路 257 号
No.257 Middle Beiguan Road, Liangzhou District, Wuwei

733000

武威市沙漠公园
Wuwei Desert Park

武威市凉州区清源镇王庄村
Wangzhuang Village, Qingyuan Town, Liangzhou District, Wuwei

733000

武威文庙（武威市博物馆）
Wuwei Confucius' Temple (Wuwei Museum)

武威市凉州区东大街新青年巷 43 号
No.43 New Youth Lane, East Street, Liangzhou District, Wuwei

733000

武威神州荒漠野生动物园
Wuwei Shenzhou Safari Park in Desert

武威市凉州区西大街西环路 80 号
No.80 Xihuan Road, West Street, Liangzhou District, Wuwei

733000

凉州百塔寺
Liangzhou Baita(Hundred Towers) Temple

武威市凉州区武南镇
Wunan Town, Liangzhou District, Wuwei

733000

天祝冰沟河景区
Tianzhu Binggou River Scenic Area

武威市天祝县
Tianzhu County

733200

张掖国家湿地公园
Zhangye National Wetland Park

张掖市甘州区张靖公路 4 公里处
4km From Zhangjing Highway, Ganzhou District, Zhangye

734000

张掖甘州大佛寺旅游景区
Ganzhou Buddhist Temple Tourism Area

张掖市甘州区民主西街大佛寺巷
Dafosi Lane, West Minzhu Street, Ganzhou District, Zhangye

734000

张掖市玉水苑景区
Zhangye Yushuiyuan Scenic Area

张掖市甘州区滨河新区
Binhe New Area, Ganzhou District, Zhangye

734000

平山湖景区
Pingshan Lake Scenic Area

张掖市甘州区平山湖乡
Pingshanhu Town, Ganzhou District, Zhangye

734000

甘肃

扁都口景区
Biandukou Scenic Area

🏛 张掖市民乐县南丰乡
Nanfeng Town, Minle County

✉ 734500

大湖湾水利风景区
Dahuwan(Big Lake Bay) Water Conservancy Area

🏛 张掖市高台县宣化镇上庄村
Shangzhuang Village, Xuanhua Town, Gaotai County

✉ 734308

西路军纪念馆
Memorial Museum for Red Army West Branch

🏛 张掖市高台县城关镇人民东路 47 号
No.47 East Renmin Road, Chengguan Town, Gaotai County

✉ 734300

高台县月牙湖公园
Gaotai County Yueya Lake Park

🏛 张掖市高台县县府街 31 号
No.31 Xianfu Street, Gaotai County

✉ 734300

山丹焉支山森林公园
Shandan Yanzhi Mountain Forest Park

🏛 张掖市山丹县大马营乡中河村
Zhonghe Village, Damaying Town, Shandan County

✉ 743115

山丹大佛寺景区
Shandan Buddhist Temple Scenic Area

🏛 张掖市山丹县清泉镇南湾村
South Bay Village, Spring Town, Shandan County

✉ 743100

肃南马蹄寺风光旅游区
Sunan Horse's Hoof Temple Tourism Area

🏛 张掖市肃南县马蹄寺旅游区管理委员会办公室
Horse's Hoof Temple Tourism Area Management Office, Sunan County

✉ 734028

肃南文殊寺石窟群景区
Sunan Wenshu Temple Grottoes Scenic Area

🏛 张掖市肃南县祁丰藏族乡
Qifeng Tibetan Nationality Village, Sunan County

✉ 734400

肃南裕固风情走廊
Sunan Yugu Nationality Custom Corridor

🏛 张掖市肃南县康乐乡
Kangle Town, Sunan County

✉ 734404

肃南裕固族民俗度假区
Sunan Yugu Nationality Folk Custom Resort

🏛 张掖市肃南县
Sunan County

✉ 734100

肃南冰沟丹霞景区
Sunan Binggou(Ice Valley) Danxia Scenic Area

🏛 张掖市肃南县康乐乡
Kangle Town, Sunan County

✉ 734400

泾川县田家沟水土保持生态景区
Jingchuan County Tianjiagou Soil & Water Conservation Ecotourism Area

🏛 平凉区泾川县北
North of Jingchuan County

✉ 744300

泾川大云寺王母宫景区
Jingchuan Dayun Temple & Wangmu Palace Scenic Area

🏛 平凉市泾川县城西 1 公里
1 Killometres West of Jingchuan County

✉ 744300

古灵台·荆山森林公园
Ancient Lingtai—Jingshan Forest Park

🏛 平凉市灵台县荆山路
Jingshan Road, Lingtai County

✉ 744400

崇信龙泉寺
Chongxin Longquan Temple

🏛 平凉市崇信城南 1.5 公里
1.5 Killometres South of Chongxin County

✉ 744200

华亭莲花台景区
Huating Lianhuatai(Lotus Platform) Scenic Area

🏛 平凉市华亭县西华镇草滩村
Caotan Village, Xihua Town, Huating County

✉ 744106

云崖寺景区
Yunya Temple Tourism Area

平凉市庄浪县
Zhuanglang County

744609

西汉酒泉胜迹景区
Jiuquan Site of West Han Dynasty Scenic Area

酒泉市肃州区公园路 100 号
No.100 Gongyuan Road, Suzhou District, Jiuquan

735000

赤金峡水利风景区
Chijinxia Irrigation Scenic Area

酒泉玉门市赤金镇金峡村赤金峡水库
Chijinxia Reservoir, Jinxia Village, Chijin Town, Yumen

735207

阳关文物景区
Yangguan Relic Scenic Area

酒泉敦煌市鸣沙山路 36 号
No.36 Mingshashan Road, Dunhuang

736200

敦煌雅丹国家地质公园
Dunhuang Yadan National Geological Park

洒泉敦煌市西北 180 公里处
180 Kilometres Northwest of Dunhuang

736200

金塔沙漠胡杨林景区
Jinta Desert Populus Diversifolia Forest Scenic Area

酒泉市金塔县县城西北 8 公里
8km Northwest of Jinta County

735300

草圣故里——张芝纪念馆
Zhang Zhi's Memorial Museum

酒泉市瓜州县渊泉镇
Yuanquan Town, Guazhou County

736100

瓜州锁阳城景区
Guazhou Suoyangcheng Scenic Area

酒泉市瓜州县锁阳城镇南坝村
Nanba Village, Suoyangcheng Town, Guazhou County

736100

天富亿生态民俗村景区
Tianfuyi Ecological Folk Custom Village Scenic Area

庆阳市西峰区温泉乡黄官寨村
Huangguanzhai Village, Wenquan Town, Xifeng District, Qingyang

745000

庆阳周祖陵森林公园
Qingyang Zhouzuling Forest Park

庆阳市庆城县城
Qingcheng County

745100

华池南梁红色旅游景区
Huachi Nanliang Red Tourism Area

庆阳市华池县南梁镇荔园堡村
Liyuanpu Village, Nanliang Town, Huachi County

745614

贵青山遮阳山旅游区
Guiqing Mountain & Zheyang Mountain Tourism Area

定西市漳县武阳路 75 号
No.75 Wuyang Road, Zhang County

748300

渭河源景区
Source of Weihe River Scenic Area

定西市渭源县城南 25 公里
25km South of Weiyuan County

748200

武都万象洞
Wudu Vientiane Hole

陇南武都区汉王镇
Hanwang Town, Wudu District, Longnan County

746041

金徽酒文化生态旅游景区
Jinhui Alcoholic Culture Ecotourism Area

陇南市武都区
Wudu District, Longnan

746000

成县"西峡颂"风景区
Chengxian County *Xixia Ode* Scenic Area

陇南市成县抛沙镇
Paosha Town, Chengxian County

742500

甘肃

康县阳坝自然风景区
Kangxian County Yangba Natrue Scenic Area

🏛 陇南市康县城南阳坝镇
　　Yangba Town, Kangxian County

✉ 741600

花桥村景区
Huaqiao Village Scenic Area

🏛 陇南市康县长坝镇花桥村
　　Huaqiao Village, Changba Town, Kangxian County

✉ 741600

西和晚霞湖景区
Xihe Sunset Glow Lake Scenic Area

🏛 陇南市西和县姜席镇
　　Jiangxi Town, Xihe County

✉ 742100

秦文化博物馆景区
Qin Dynasty Culture Museum Scenic Area

🏛 陇南市礼县城关镇
　　Chengguan Town, Lixian County

✉ 742200

云屏三峡旅游景区
Yunping Three Gorge Tourism Area

🏛 陇南市两当县城东南 36 公里处
　　36km Southeast of Liandang County

✉ 742400

两当兵变红色景区
Liangdang Mutiny Red Tourism Area

🏛 陇南市两当县
　　Liandang County

✉ 742400

康乐莲花山景区
Kangle Lianhua(Lotus) Mountain Scenic Area

🏛 临夏州康乐县
　　Kangle County

✉ 731500

黄河三峡风景名胜区
Yellow River Three Gorges Scenic Area

🏛 临夏州永靖县刘家峡镇川东路
　　Chuandong Road, Liujiaxia Town, Yongjing County

✉ 731600

松史鸣岩风景名胜区
Songshi Mingyan Famous Scenic Area

🏛 临夏县和政县吊滩乡
　　Diaotan Town, Hezheng County

✉ 731200

和政古动物化石博物馆
Hezheng Ancient Animals Fossil Museum

🏛 临夏州和政县城关镇梁家庄村
　　Liangjiazhuang Village, Chengguan Town, Hezheng County

✉ 731200

合作市当州草原风景区
Hezuo Dangzhou Grassland Scenic Area

🏛 甘南州合作市
　　Hezuo

✉ 747000

冶力关风景区
Yeli Pass Scenic Area

🏛 甘南州临潭县城北大街 160 号
　　No.160 Chengbei Avenue, Lintan County

✉ 747506

大峪沟生态旅游景区
Dayu Ditch Ecological Tourism Area

🏛 甘南州卓尼县柳林镇
　　Liulin Town, Zhuoni County

✉ 747600

舟曲拉尕山景区
Zhouqu Laga Mountain Scenic Area

🏛 甘南州舟曲县立节乡
　　Lijie Town, Zhouqu County

✉ 746300

碌曲则岔石林旅游景区
Luqu Zecha Stone Forest Torism Area

🏛 甘南州碌曲县拉仁关乡则岔村
　　Zezha Village, Larenguan Town, Luqu County

✉ 747200

拉卜楞寺
Labuleng Temple

🏛 甘南州夏河县拉卜楞镇
　　Labuleng Town, Xiahe County

✉ 747300

青海
QINGHAI

AAAAA

塔尔寺旅游区
Ta'er Temple Tourism Area

　　塔尔寺是中国藏传佛教格鲁派（黄教）六大寺院之一，是青海省和中国西北地区的佛教中心和黄教的圣地，至今已有 400 多年历史。塔尔寺因先有塔，而后有寺，故名塔尔寺。寺内的酥油花、壁画和堆绣，被称为"塔尔寺三绝"，具独特的民族风格和很高的艺术价值。塔尔寺主要建筑依山傍塬，分布于莲花山的一沟两面坡上，殿宇高低错落，布局严谨，风格独特，气势壮观。主要建筑有大金瓦寺、大经堂、弥勒殿、九间殿、花寺、小金瓦寺、居巴扎仓、丁科扎仓、曼巴扎仓、大拉浪、大厨房、如意宝塔等 9300 余间（座），是集汉藏技术于一体的庞大建筑群。

🏛 西宁市湟中县鲁沙尔镇金塔路 3 号
　　No.3 Jinta Road, Lusha'er Town, Huangzhong County

✉ 811600

🚌 西宁汽车站有直达塔尔寺的班车。

互助土族故土园旅游区
Huzhu Tu Nationality Homeland Park Tourism Area

　　互助县是我国唯一的以土族为主体民族的自治县，被称为"土族之乡"，土族民族风情又是青海省最具吸引力的民族文化旅游资源，因而互助的旅游景区统称为互助土族故土园。互助土族故土园旅游区内自然环境原始纯朴，生态环境雄奇独特，文化遗迹古老神秘，民族风情风格迥异。极具特色土族民族文化、发育完好的高原生态系统、历史悠久的宗教文化和青稞酒文化构成了互助旅游的四大品牌。旅游区共有 5 个核心景区，分别是彩虹部落土族园、纳顿庄园、小庄民俗文化村、西部土族民俗文化村、天佑德中国青稞酒之源。互助土族故土园旅游区是集游览观光、休闲度假、体验民俗、宗教朝觐于一体的综合旅游景区。

🏛 海东市互助县威远镇北大街 1 号
　　No.1 North Street, Weiyuan Town, Huzhu County

✉ 810500

🚌 乘西宁到互助的班车即可到达景区。

青海湖景区
Qinghai（Blue）Lake Scenic Area

　　青海湖地处青海高原东北部，是我国第一大内陆湖泊，也是我国最大的咸水湖。青海湖远处四周被巍巍高山所环抱：北面是崇高壮丽的大通山，东面是巍峨雄伟的日月山，南面是逶迤绵延的青海南山，西面是峥嵘嵯峨的橡皮山。湖区有大小河流近 30 条，主要有布哈河、巴戈乌兰河、倒淌河等，其中以布哈河最大。湖东岸有两个子湖，一名尕海，为咸水；一名耳海，为淡水。青海湖近处周围是茫茫草原，地势开阔平坦，是水草丰美的天然牧场。夏秋季的大草原，绿茵如毯，金黄色的油菜花，迎风飘香，牧民的帐篷，星罗棋布，成群的牛羊，飘动如云。日出日落的迷人景色，更充满了诗情画意，使人心旷神怡。

🏛 海北州刚察县南部
　　South of Gangcha County

✉ 812300

🌐 http://www.qhhly.cn

阿咪东索景区
Amidongsuo Scenic Area

　　阿咪东索（牛心山）海拔 4667 米，是全国百座避暑名山之一，是祁连山的支脉——托来山的主峰。阿咪东索四周的地形呈吉祥八宝之相，祁连地区的藏族、蒙古族、裕固族等信仰藏传佛教的群众更是敬奉阿咪东索为祁连众神山之王。由于其高度原因，山脚处和山顶处温差较大，每到盛夏阿咪东索山体底部麦浪翻滚，油菜花香，一派高原河谷的农家景象，春意盎然。向上绿草如茵是优良的牧场，自古就有"祁连山下好牧场"之美称；中部或稍向上的广阔区域灌木丛生，俨然一派林海风光，秋意瑟瑟；而峰顶的积雪是终年不化的，冬意怆然。"一山览尽四季美景"是阿咪东索景色最好的写照。

🏛 海北州祁连县城东南 2 公里处
　　2km Southeast of Qilian County

✉ 810400

青海藏医药文化博物馆
Qinghai Tibetan Medicine Culture Museum

🏛 西宁市生物产业园
　　Biology Industrial Garden, Xining

✉ 810000

西宁市动物园
Xining Zoo

🏛 西宁市胜利路 72 号
　　No.72 of Victory Road, Xining

✉ 810001

青海省博物馆
Qinghai Province Museum

🏛 西宁市西关大街新宁广场
　　Xinning Square, Xiguan Avenue, Xining

✉ 810001

青藏高原野生动物园
Qinghai-Tibet Plateau Wildlife Park

🏛 西宁市城西区行知路 9 号
　　No.9 Xingzhi Road, Chengxi District, Xining

✉ 810001

老爷山风景名胜区
Laoye Mountain Famous Scenic Area

🏛 西宁市大通县桥头镇
　　Qiaotou Town, Datong County

✉ 810100

湟源丹噶尔古城旅游区
Dangar Ancient Town Tourism Area

🏛 西宁市湟源县
　　Huangyuan County

✉ 812100

青海藏文化馆
Qinghai Tibetan Culture Museum

🏛 西宁市湟中县迎宾路 A1 号
　　No.A1 Yingbin Road, Huangzhong County

✉ 811600

彩虹部落土族园景区
Rainbow Tribe Tu Nationality Garden Scenic Area

🏛 海东市互助县威远镇振兴大道西路口
　　West End of Zhenxing Avenue, Weiyuan Town, Huzhu County

✉ 810500

循化撒拉族绿色家园
Xunhua Green Garden of Sala Nationality

🏛 海东市循化县积石镇
　　Jishi Town, Xunhua County

✉ 811100

青海金银滩景区
Qinghai Golden & Silver Beach Scenic Area

🏛 海北州海晏县西海镇西北
　　Nothwest of Xihai Town, Haiyan County

✉ 812200

祁连山风光旅游景区
Qilian Mountain Scenic Area

🏛 海北州祁连县八宝镇
　　Babao Town, Qilian County

✉ 810400

青海

百里油菜花海景区
Hundred Miles Cole Flower Sea Scenic Area

- 海北州门源县东街
  East Street, Menyuan County
- 810300

同仁县热贡国家历史文化名城旅游区
Tongren County Regong National History & Culture Town Tourism Area

- 黄南州同仁县隆务镇
  Longwu Town, Tongren County
- 811300

坎布拉森林公园
Kanbula Forest Park

- 黄南州尖扎县西北部黄河南岸
  South Bank of Yellow River, Northwest of Jianzha County
- 811200

贵德高原养生休闲区
Guide Plateau Health Care & Leisure Area

- 海南州贵德县
  Guide County
- 811700

久治县年宝玉则景区
Jiuzhi County Nianbaoyuze Scenic Area

- 果洛州久治县智青松多镇
  Zhiqingsongduo Town, Jiuzhi County
- 624700

称多县拉布民俗村
Chengduo County Labu Folk Village

- 玉树州称多县拉布乡
  Labu Town, Chengduo County
- 815100

格尔木昆仑旅游区
Golmud Kunlun Tourism Area

- 海西州格尔木市八一中路 60 号
  No.60 Middle Bayi Road, Germu
- 816000

茶卡盐湖旅游景区
Chaka Yanhu (Salt Lake) Tourism Area

- 海西州乌兰县茶卡镇盐湖路 9 号
  No.9 Yanhu Road, Chaka Town, Ulan Coutny
- 817101

宁夏

N I N G X I A

AAAAA

宁夏华夏西部影视城
China Western Studio Ltd. of Ningxia

"远山卧佛梦初醒，白云出岫空如洗。古堡虽孤辟蹊径，无限风光皆从此。"镇北堡原是明代沿长城西北线所建的众多军事要塞之一，1738年，镇北堡兵营毁于地震。1740年，乾隆皇帝下旨又在此夯筑了另一个兵营"清城"。20世纪60年代初著名作家张贤亮偶遇了镇北堡，不但把它写进了自己的小说中，同时又积极向电影界推介，注定了古代兵营废墟有繁华的今天。

荒凉、粗犷、原始、自然的镇北堡遗址上，产生了《牧马人》《老人与狗》《红高粱》等著名电影，另外，《黄河谣》《大话西游》《越光宝盒》等百余部影视片在这里留下了近200处景点。因为在这里拍摄的影片多、走出的明星多、获得的国内外大奖多，所以宁夏华夏西部影视城享有"中国电影从这里走向世界"的美誉。

🏛 银川市西夏区镇北堡西部影城
　 Zhenbeipu, Xixia District Town

✉ 750021

银川市水洞沟旅游区
Yinchuan Shuidonggou(Stream, Cave & Valley) Tourism Area

水洞沟是中国发掘最早的旧石器时代文化遗址，被誉为"中国史前考古的发祥地""中西方文化交流的历史见证"。独特的雅丹地貌，鬼斧神工地造就了魔鬼城、旋风洞、卧驼岭、摩天崖、断云谷、怪柳沟等20多处奇绝景观，记录了3万年来人类生生不息的活动轨迹，使这里充满了玄远、雄浑的旷古神韵。水洞沟还是我国明代长城、烽燧、城堡、沟堑、藏兵洞、大峡谷、墩台等军事防御建筑大观园，是中国目前唯一保存最为完整的长城立体军事防御体系。

水洞沟是一个神奇的地方，一步一景，绝无类同，或原始、古朴、纯净，或苍凉、怪诞、孤独，或美丽、安然、闲逸、悠远、宁静，或险峻、奇绝、神秘，"步步有亮点，处处有惊险"。

🏛 银川灵武市临河镇
　 Linhe Town, Lingwu

✉ 750004

🌐 http://www.shuidonggou.com

🚌 银川北门旅游汽车站、银川南关汽车站、银川新月广场、银川火车站游客集散中心均有直达水洞沟的大巴。

沙湖生态旅游区
Sand Lake Ecological Tourism Area

宁夏沙湖生态旅游区镶嵌在贺兰山下、黄河岸边，22.52平方公里的沙漠与45平方公里的水域毗邻而居，融江南水乡之灵秀与塞北大漠之雄浑为一体，被誉为"丝路驿站"上的旅游明珠。烟波浩渺的湖水，金沙如画的沙漠，婀娜多姿的芦苇，成千上万的候鸟，种类繁多的游鱼，加上远山、彩荷，使这里成为鸟的天堂、鱼的世界、游人的乐园。

沙湖生态旅游区四季皆宜游，早晚景俱奇。春季踏春观鸟，夏季沙水冲浪，秋季渔歌唱晚，冬季冰雪狂欢。"早观芦荡日出，晚听驼铃叮当"，是沙湖美景和游客体验的生动写照。

🏛 石嘴山市平罗县沙湖旅游区
　 Sand Lake Tourism Zone, Pingluo County

✉ 753402

🌐 http://www.nxshahu.com

🚌 银川北门旅游汽车站有沙湖旅游专线车，石嘴山大武口区汽车站乘坐前往银川的班车可途经沙湖。

沙坡头旅游区
Shapotou Tourism Area

　　沙坡头旅游区位于宁夏、内蒙古、甘肃三省（区）的交接点，黄河第一入川口，是欧亚大通道——古丝绸之路的必经之地。这里南靠山峦叠嶂、巍峨雄奇的祁连山余脉香山，北连沙峰林立、绵延万里的腾格里大沙漠，中间被奔腾而下、一泻千里的黄河横穿而过。旅游区以沙坡头黄河两岸山水田园以及北部的腾格里沙漠为核心。浩瀚无垠的腾格里大沙漠、蕴灵孕秀的黄河、横亘南岸的香山与世界文化遗产战国秦长城、秦始皇长城、秦代陶窑遗址、新旧石器遗址、黄河两岸的史前岩画以及滴翠流红的河湾园林在这里交会，谱写了一曲大自然瑰丽的交响曲。其多元融合的历史流光溢彩，其独具特色的景观使人流连忘返。丰富独特的旅游资源，悠久厚重的历史文化，享誉世界的治沙成果，确立了沙坡头在中国乃至世界旅游界的独特地位。

　　"九曲黄河万里沙，浪淘风簸自天涯。"沙坡头，是一片钟灵毓秀的宝地，是一片永远在创造着奇迹的沃土，是一部与日俱新、永远也没有结尾且充满深邃韵味的旅游宝典。

🏛 中卫市沙坡头区迎水桥镇
Shapotou District, Zhongwei

✉ 755000

AAAA

西夏王陵旅游区
Xixia King's Cemetery Tourism Area

🏛 银川市西夏区平吉堡
Pingjibu, Xixia District, Yinchuan

✉ 750001

银川黄河军事文化博览园
Yinchuan Yellow River Military Culture Expo Garden

🏛 银川市滨河新区
Binhe New District, Yinchuan

✉ 750004

宁夏张裕摩塞尔十五世酒庄
Ningxia Zhangyu Mosel 15th Chateau

🏛 银川市高新技术产业开发区
Hightec Industry Development Zone, Yinchuan

✉ 750004

银川市黄沙古渡原生态旅游区
Yinchuan Yellow Sand Ancient Port Original Ecotourism Area

🏛 银川市兴庆区月牙湖乡
Yueyahu Township, Xingqing District, Yinchuan

✉ 750001

黄河横城国际休闲度假旅游区
The Yellow River Hengcheng International Leisure Tourism Resort

🏛 银川市兴庆区黄河大桥北侧
North Side of Yellow River Bridge, Xingqing District, Yinchuan

✉ 750001

宁夏

Xixia
做活贺兰山东麓文旅融合发展文章
唱响贺兰山下醉美西夏品牌

银川市西夏区地处宁夏西线旅游、贺兰山东麓葡萄酒产业核心区，北纬38°黄金地带，交通区位优势便利，文化底蕴深厚，旅游资源丰富。贺兰山文化、西夏历史文化、葡萄酒文化、影视文化、现代艺术在这里交融共生，汇聚了"中国电影从这里走向世界"的镇北堡西部影城、西夏陵、漫葡·看见贺兰沉浸式演艺小镇等诸多旅游景区。依托富集的文旅资源，探索出一条"文旅融合、全域发展"推动经济社会高质量发展之路。

西夏区践行"绿水青山就是金山银山"的理念，走出了贺兰山东麓"绿色旅游＋生态修复＋葡萄酒"产业融合发展典范之路；坚持以市场为导向、服务为核心、项目为支撑、资源为抓手，在挖掘特色上出亮点，"葡萄酒文化＋旅游""影视文化＋旅游""历史文化＋旅游""夜经济＋旅游""文化艺术＋旅游""体育＋旅游"等多业态竞相迸发、多点开花。先后获评全国文化先进县区、国家全域旅游示范区、中华诗词之乡、中国贺兰砚之乡、国家体育旅游精品目的地、西北地区十大旅游潜力县、历史文化名城等，入选2021年度中国旅游高质量发展县（区）案例、2023中国旅游产业影响力案例，成功入选国家文旅融合示范区创建单位，西夏区已逐步成为文旅融合的生态"践行者"、业态"创新者"和高质量发展"引领者"。

银川市鸣翠湖景区
Yinchuan Mingcui Lake Scenic Area

🏛 银川市兴庆区掌政镇
Zhangzheng Town, Xingqing District, Yinchuan

✉ 750005

中华回乡文化园
China Hui Nationality Culture Garden

🏛 银川市永宁县城西高速公路出口处
Near the Exit of Highway, West Yongning County

✉ 750100

苏峪口国家森林公园
Suyukou National Forest Park

🏛 银川市贺兰县苏峪口
Suyukou, Helan County

✉ 750021

贺兰山岩画景区
Helan Mountain Rock Paintings Scenic Area

🏛 银川市贺兰山县
Helan County

✉ 750021

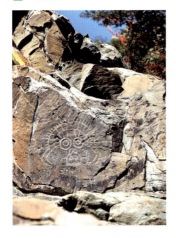

青铜峡黄河大峡谷旅游区
Qingtongxia(Copper Canyon) Yellow River Canyon Tourism Area

🏛 吴忠青铜峡市青铜峡镇黄河大坝内
Yellow River Dam, Qingtongxia

✉ 751600

固原博物馆
Guyuan Museum

🏛 固原市原州区政府街
Government Street, Yuanzhou District, Guyuan

✉ 756000

固原须弥山石窟
Guyuan Xumi Mountain Grotto

🏛 固原市原州区石窟管理所
Caves Administrative Office, Yuanzhou District, Guyuan

✉ 756000

六盘山风景旅游区
Liupan Mountain Tourism Area

🏛 固原市西城路 135 号
No.135 of West City Road, Guyuan

✉ 756400

火石寨国家地质公园
Huoshizhai National Geological Park

🏛 固原市西吉县火石寨乡
Huoshizhai Town, Xiji County

✉ 756200

腾格里沙漠·金沙岛休闲度假区
Tengger Desert—Golden Sand Island Leisure Resort

🏛 中卫市沙坡头区
Shapotou District, Zhongwei

✉ 755000

宁夏

新疆
XINJIANG

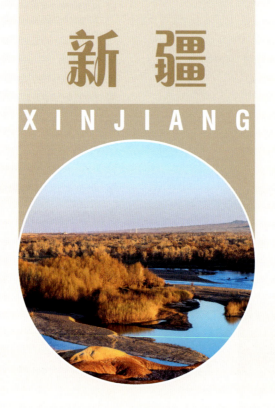

AAAAA

天山大峡谷景区
Tianshan Grand Canyon Scenic Area

天山大峡谷景区三面环山，是天山北坡最完整、最具观赏价值的原始雪岭云杉林，囊括了除沙漠以外的新疆所有自然景观，是人类农耕文明之前游牧文化的活博物馆，具有极高的旅游欣赏、科学考察和历史文化价值。天山大峡谷景区内有八大独特景点，即天山坝休闲区、照壁山度假游乐区、加斯达坂观光区、天鹅湖自然风景区、牛牤湖林海松涛观光区、哈萨克民族风情园区、高山草原生态区、雪山冰川观光区。天山大峡谷景区同时兼有"泰山之雄伟、峨眉之秀丽、雁荡之巧石、华山之险峻"，有"百里黄金旅游走廊、休闲度假户外天堂"的赞誉。

🏛 乌鲁木齐市乌鲁木齐县板房沟乡
Banfanggou Township, Urumqi County

✉ 830063

🌐 http://www.wlmqtsdxg.com

世界魔鬼城景区
The World Devil's Town Scenic Area

克拉玛依市北行 120 公里，有一个梦幻般的迷宫世界，这就是著名的"魔鬼城"。历经亿万年的风削雨蚀、水刷日照，这里形成了与风向平行、相间排列的高大土墩，如古堡遗迹，突兀于戈壁。土墩间的风蚀凹地，若八川分流，蜿蜒于荒漠。其土墩有方有圆，多有窍孔，高者可达 30 多米。如碉堡，似佛龛，形态各异，有若宫墙合围，有似粮仓座座，更有亭台楼阁之形、庙宇浮屠之状。千座土墩，千般形态，百个土墚，百种风姿。观时视角选准则形神兼备，视角错位则影像它移，如魔变其形，似鬼隐其身。每当大风袭来，声尖唳而音凄惨，如同鬼哭，"魔鬼城"名副其实。

🏛 克拉玛依市乌尔禾区乌尔禾乡
Wurhe District, Karamay

✉ 834012

吐鲁番葡萄沟风景区
Turpan Grape Valley Scenic Area

吐鲁番葡萄沟风景区位于著名的火焰山中，是火焰山下的一处峡谷。沟内有布依鲁克河流过，主要水源为高山融雪，葡萄沟因盛产葡萄而得名，是新疆吐鲁番地区的旅游胜地。在这里，不仅能认识不同种类的葡萄、亲自采摘并品尝不同种葡萄的美味，还能参观杏园、阿凡提故居、巴依豪宅、葡萄晾房、千米葡萄长廊、斗鸡场、古县长办公点等。葡萄节期间还能尝到大馕坑里烤出来的美味新疆大馕。

🏛 吐鲁番市高昌区葡萄乡
Grape Township, Gaochang District, Turpan

✉ 838000

喀什噶尔老城景区
Kashgar Ancient Town Scenic Area

喀什噶尔老城景区位于喀什市城北的高崖上，以江库尔干巷和布拉克贝希巷为主线，是一处保存完整的"迷宫式"城市街区。喀什噶尔老城景区是 2000 多年前西域三十六国之一古疏勒国的国都所在地，留下众多厚重的历史文化遗存，主要有老城街巷、维吾尔民居、九龙泉等，景区涵盖老城核心区、艾提尕尔清真寺、高台民居等 18 个景点，其中老城是世界上现存规模最大的生土建筑群之一，街巷纵横交错，建筑高低错落，宛如迷宫。

🏛 喀什市亚瓦格路 10 号
No. Yawage Road, Kashi

✉ 844000

金胡杨国家森林公园
Jinhuyang(Golden Diversiform-leaved Poplar) National Farest Park

金胡杨国家森林公园位于泽普县城西南 40 公里的戈壁深处，坐落在叶尔羌河冲积扇上缘，三面环水，景色宜人。景区内天然胡杨林面积广达 12 平方公里，夏季浓荫蔽日，杂花生树间；入秋黄叶如染，如诗如画。"胡杨、水、绿洲、戈壁"四位一体的独特自然风貌向人们展示了一幅塞外边疆独有的画卷，堪称塔里木盆地西边缘不可多得的一处旅游胜地。

🏛 喀什地区泽普县奎依巴格乡亚斯墩林场
Yasidun Forest Center, Kuiyibage Town, Zepu County

✉ 844800

帕米尔旅游区
Pamir Tourism Area

帕米尔旅游区旅游资源丰富、独特。这里有举世闻名的石头城遗址，独具特色的塔吉克民俗风情，令人神往的国家级湿地公园金草滩，历史悠久的丝路文化，珍贵奇异的高原生物，令人大开眼界。帕米尔旅游区规划总面积 3.1 平方公里，由石头城景区、金草滩、塔吉克民俗村、综合服务中心、旅游购物中心五大区域组成，2014 年被授予全国首家"国际高原风情旅游目的地"的称号。2020 年 1 月 7 日，被文化和旅游部确定为国家 5A 级旅游景区。

🏛 喀什地区塔什库尔干塔吉克自治县中巴友谊路
Zhongbayouyi Road, Tajik Autonomous County of Taxkorgan

✉ 845250

🌐 http://www.pmrjq.com

天山天池风景区
Tianshan Tianchi Scenic Area

西王母与周穆王瑶池相会的神话，极具浪漫色彩。唐代诗人李白有"请君赎献穆天子，犹堪弄影舞天池"的名句。天山天池位于博格达峰北坡半山腰，是一个湖面呈半月形天然的高山湖泊，传说这里即是西王母沐浴之所。天池湖面海拔 1900 多米，一泓碧波高悬半山，就像一只玉盏被岩山的巨手高高擎起。沿岸苍松翠柏，怪石嶙峋，环山绿草如茵，羊群游移，更有千年冰峰，银装素裹，神峻异常，整个湖光山色，美不胜收。天山天池风景区以天池为中心，以完整的 4 个垂直自然景观带和雪山冰川、高山湖泊为主要特征，以远古瑶池西王母神话以及宗教和独特的民族民俗风情为文化内涵，融森林、草原、雪山、人文景观为一体，风光别具一格。

🏛 昌吉州阜康市准葛尔路 501 号

No.501 Zhungeer Road, Fukang

✉ 831500

昌吉江布拉克景区
Changji Jiangbulake Scenic Area

江布拉克景区位于天山北麓，准噶尔盆地东南缘，是典型温带干旱区山地垂直综合景观和特有的山地麦田版画的完美结合，是新疆天山世界自然遗产地延续景观，被中科院确定为保护最完整的最早的绿洲文化之一。江布拉克是古丝绸北道重要景区之一，由万亩旱麦田、天山怪坡、汉疏勒城、木栈道、黑湖等景点构成。景区旅游资源得天独厚，融雄伟壮丽的自然风光、历史悠久的人文景观、绚丽多姿的民族风情为一体，景点特色鲜明，景色优美，既有世界珍稀的旅游资源，也有风格独特的奇山异水，每年吸引众多国内外游客前来观光旅游，现已成为新疆旅游产业发展的知名品牌和休闲旅游度假胜地。

🏛 昌吉州奇台县半截沟镇
Banjiegou Town, Qitai County

✉ 831800

赛里木湖景区
Sayram Lake Scenic Area

赛里木湖位于博乐市境内天山西段的高山盆地中，蒙语称"赛里木卓尔"，意为"山脊梁上的湖"。赛里木湖是新疆海拔最高、面积最大、风光秀丽的高山湖泊，又是大西洋暖湿气流最后眷顾的地方，因此有"大西洋最后一滴眼泪"的说法。

赛里木湖风景区是以赛里木湖为中心，包括湖周围风光旖旎的山地森林和湖滨草原，组成一个湖泊型风景名胜区。赛里木湖长期以来流传着湖怪、湖心风洞、漩涡与海底磁场等传说。每年 7 月底至 8 月初，这里的蒙古族和哈萨克族牧民，都要举行国家级的节庆活动——赛里木湖那达慕大会，那时是您到这里观光旅游的好时机！

🏛 博尔塔拉州博乐市北京路
Beijing Road, Bole

✉ 833400

巴音布鲁克景区
Bayin Buluke Scenic Area

这里是梦中草原、骏马天堂、天鹅故乡、东归故里。巴音布鲁克景区是天山山脉中段的高山间盆地，四周为雪山环抱。景区因自然生态景观和人文景观独具特色，被称为"绿色净土"，是我国最大高寒草甸草原所在地。巴音布鲁克蒙古语意为"丰富的泉水"。这里草原地势平坦，水草丰盛，不但有雪山环抱下的世外桃源，有"九曲十八弯"的开都河，更有优雅迷人的天鹅湖。巴音布鲁克天鹅湖是亚洲最大、我国唯一的天鹅自然保护区，栖息着我国最大的野生天鹅种群。

巴音郭楞州和静县巴音布鲁克镇
Bayin Buluke Town, Hejing County

841300

博斯腾湖旅游景区
Bositeng Lake Tourism Area

博斯腾湖旅游景区境内有全国最大的内陆淡水湖——博斯腾湖。博斯腾湖古称"西海"，水域面积为1646平方公里，分为大湖区和小湖区，拥有丰富的渔业、芦苇、食盐、蒲草等自然资源。湖内有全国最大的野生睡莲群、种类数量众多的候鸟和湖泊景观。博斯腾湖旅游景区现已开发建设大河口（西海渔村）、莲花湖、阿洪口、扬水站、银沙滩、白鹭洲（双湾竞秀、海龙度假村、白鹭园、白鹭洲头、金海湾）等13个旅游景点，是"新疆十大风景名胜旅游区"之一。

巴音郭楞州博湖县团结西路11号
No.11 West Tuanjie Road, Bohu County

841400

那拉提旅游风景区
Nalati Tourism Area

那拉提意为"最先见到太阳的地方"。那拉提旅游风景区地处天山腹地，在被誉为"塞外江南"的伊犁河谷东端，三面环山，巩乃斯河蜿蜒流过，可谓是"三面青山列翠屏，腰围玉带河纵横"。风景区自南向北由高山草原观光区、哈萨克民俗风情区、旅游生活区组成。这里河谷草原与高山草甸贯通交叠，蜿蜒河

流与涓涓山溪纵横交错。它独特神奇的自然景观、内涵丰富的人文景观、悠久的历史文化和浓郁的民族风情构成了独具特色的边塞风光，向世人展示天山深处一道宛如立体画卷般的风景长廊。

伊犁州新源县
Xinyuan County

835800

https://www.nalati.com

喀拉峻国际生态旅游区
Kalajun International Ecotourism Area

"喀拉峻"是哈萨克语，意思是"山脊上的莽原"。喀拉峻山是一条东西向绵延的山岭，它的两侧是沟壑梳状密布的山地，山原起伏跌宕，生长着茂密的原始云杉林。喀拉峻国际生态旅游区地处天山中部的比依克山北麓，东至阿克布拉克（白泉），西至阔克苏河谷，南至中天山雪峰，北至喀甫萨朗村委会，由阔克苏大峡谷、西喀拉峻、东喀拉峻、中天山雪峰和天籁之林五大景区构成。喀拉峻大草原是哈萨克牧民的夏牧场，生长着104种天然优质牧草，属典型的"高山五花天然草甸"草原，是"世界上少有的高山天然优质大草原"。草原尽头是阔克苏大峡谷，极为险峻，峡谷内森林密布、溪水潺潺、松涛鸟鸣，远处蓝天白云、雪山皑皑，与博大、辽阔、俊美的草原美景形成极大的反差。喀拉峻山峦连绵起伏，雪山云杉相映成辉，犹如一幅大气磅礴的天然画卷。

伊犁州特克斯县喀拉峻大草原
Kalajun Prairie, Tekesi County

835500

新疆生产建设兵团第十师白沙湖景区
Xinjiang PCC the 10th Division Baisha Lake Scenic Area

沙漠奇景白沙湖藏在第十师185团3连的沙漠深处，离185团的团部有25公里。白沙湖位于沙漠之中，海拔650米，南北长约2100米，东西宽1300米。无论春秋冬夏，湖水始终不增不减、不凝不浊，此水来自何处，又为何能常年保持常态，至今是谜，这也正是白沙湖充满魅力的一个重要原因。白沙湖湖中四

周生长着密密丛丛的芦苇、菖蒲、野荷花等水生植物，湖周围是高大茂密的银灰杨、白杨、白桦混生的林带，林带之外的沙丘上，则生长着额河杨、山楂、白杨、绣线菊等植物。远处的金色鸣沙山倒映在碧绿的湖水中，湖边各类树木层层叠叠，交相辉映，犹如一个完美无缺的自然大盆景，人称"塞北小江南"。

🏛 阿勒泰地区新疆生产建设兵团十师 185 团 3 连
3rd Group, 185 Regiment, 10th Division, Xinjiang PCC

✉ 836500

喀纳斯风景名胜区
Kanas Famous Scenic Area

喀纳斯是世界的净土。喀纳斯是"人间仙境""神的花园"。喀纳斯，蒙语意指"美丽又神秘"，位于中国西北角边缘，布尔津县北部。喀纳斯风景名胜区共有大小景点 50 余处，主要包括喀纳斯国家自然保护区、喀纳斯国家地质公园、白哈巴国家森林公园、贾登峪国家森林公园、喀纳斯河谷、禾木河谷、那仁草原、禾木草原及禾木村、白哈巴村、喀纳斯村等国内外享有盛名的八大自然景观区和三大人文景观区。喀纳斯湖是喀纳斯风景名胜区的核心景区，是中国最美湖泊，是中国最深的冰碛堰塞湖，是一个坐落在阿尔泰深山密林中的高山湖泊、内陆淡水湖。喀纳斯湖雪峰耸峙，湖光山色美不胜收。喀纳斯湖中央有变色湖，湖水会随着季节和天气的变化而变换颜色。禾木村、白哈巴村、喀纳斯村是仅存的三个图瓦人村落，充满了原始的味道。

🏛 阿勒泰地区布尔津县友谊峰路 2 号
No.2 Youyifeng Road, Buerjin County

✉ 836600

🌐 http://www.kns.gov.cn

富蕴县可可托海景区
Fuyun County Keketuohai Scenic Area

可可托海景区由额尔齐斯大峡谷、可可苏里、伊雷木特湖、卡拉先格尔地震断裂带四部分组成。额尔齐斯大峡谷全长约 8 公里，额尔齐斯河从中流过。两岸分列着神钟山、飞来峰、骆驼峰、神象峰、神鹰峰、小石门、人头马面等无数个极具个性的奇峰怪石，俱是裸露的花岗岩，石壁陡峻。可可苏里又称野鸭湖，是一片湿地，

远远望去，水边绿草如盖，蓝天、白云、苇丛倒影如画，湖面颜如玉、明如镜，是额尔齐斯河散落在大地上的一颗珍珠。伊雷木特湖是额尔齐斯河和喀依尔特河交汇储水而成的水库型湖泊。东西两侧雄峰屹立，南北两侧绿树环绕，良田万顷，村舍镶嵌，倒影于水中，形成两幅重叠相连的画面。伊雷木特湖近看似长江三峡，登高俯视，则宛如巨大无比的海蓝宝石。卡拉先格尔地震断裂带是 1931 年 8 月 11 日发生的里氏 8 级大地震遗迹，是世界上罕见的地震断裂带之一，也是世界上最典型、保存最完好的地震遗迹，素有"地震博物馆"之称。

🏛 阿勒泰地区富蕴县赛尔江西路
West Sairjiang Road, Fuyun County

✉ 836100

塔克拉玛干·三五九旅文化旅游区
Taklimakan Desert—359 Brigade Culture & Tourism Area

塔克拉玛干·三五九旅文化旅游区位于阿拉尔市，包括三五九旅屯垦纪念馆、沙漠之门景区等，融合了红色旅游、大农业观光、沙漠体育休闲等资源，是兵团重要的红色旅游基地。三五九旅屯垦纪念馆展示了三五九旅"生在井冈山，长在南泥湾，转战数万里，屯垦在天山"的辉煌史迹。

🏛 阿拉尔市
Alaer

✉ 843300

AAAA

乌鲁木齐水磨沟公园
Urumqi Shuimogou Park

🏛 乌鲁木齐市水磨沟路 46 号
No.46 Shuimogou Road, Urumqi

✉ 830002

红山公园
Hongshan Park

- 乌鲁木齐市水磨沟区红山路 40 号
  No.40 Hongshan Road, Shuimogou District, Urumqi
- 830002

新疆民街民俗博物馆
Xinjiang Minjie Folk Custom Museum

- 乌鲁木齐市龙泉街 349 号
  No.349 Longquan Street, Urumqi
- 830002

乌鲁木齐西山老君庙
Urumqi West Mountain Laojun's Temple

- 乌鲁木齐市西山路 104 团团场机关西侧
  Xishan Road, Urumqi
- 830002

红光山生态园
Hongguang(Red Light) Mountain Ecological Garden

- 乌鲁木齐市米东南路 2 号
  No.2 South Midong Road, Urumqi
- 830002

新疆国际大巴扎
Xinjiang International Dabazha

- 乌鲁木齐市天山区
  Tianshan District, Urumqi
- 830002

农十二师九龙生态园
Agriculture 19th Division Jiulong(Nine Dragons) Ecological Garden

- 乌鲁木齐市沙依巴克区
  Shayibak District, Urumqi
- 830009

乌鲁木齐市丝绸之路国际度假区
Urumqi Silk Road International Resort

- 乌鲁木齐市
  Urumqi
- 830002

新疆维吾尔自治区博物馆
Xinjiang Uygur Autonomous Region Museum

- 乌鲁木齐市西北路 581 号
  No.581 Xibei Road, Urumqi
- 830000

乌鲁木齐市天山野生动物园
Urumqi Tianshan Mountain Wildlife Garden

- 乌鲁木齐达坂城区西部
  West of Dabancheng District, Urumqi
- 830039

乌鲁木齐县苜蓿台生态公园
Uramqi County Muxutai Ecotourism Park

- 乌鲁木齐市乌鲁木齐县托里乡
  Tuoli Township, Urumqi County
- 830063

克拉玛依河景区
Karamay River Scenic Area

- 克拉玛依市克拉玛依区滨河南路 125 号
  No.125 South Binhe Road, Karamay District, Karamay
- 834000

吐鲁番坎儿井乐园
Turpan Kan'erjing Amusement Park

- 吐鲁番市高昌区亚尔乡亚尔村
  Ya'er Village, Ya'er Town, Gaochang District, Turpan
- 838000

坎儿井民俗园
Kan'erjing Folk Park

- 吐鲁番市高昌区新城路 1618 号
  No.1618 Xincheng Road, Gaochang District, Turpan
- 838000

吐鲁番火焰山景区
Turpan Huoyan(Fire) Mountain Scenic Area

- 吐鲁番市高昌区三堡乡
  Sanbao Town, Gaochang District, Turpan
- 838000

吐鲁番市博物馆
Turpan Museum

- 吐鲁番市高昌区木纳尔路 1268 号
  No.1268 Munaer Road, Gaochang District, Turpan
- 838000

大交河景区
Great Jiaohe River Scenic Area

- 吐鲁番市高昌区亚尔乡西 6 公里
  6km West of Yaer Town, Gaochang District, Turpan
- 838000

新疆

413

库木塔格沙漠风景区
Kumutage Desert Scenic Area

🏛 吐鲁番市鄯善县公园路 999 号
No.999 Gongyuan Road, Shanshan County

✉ 838200

哈密东天山风景名胜区
Hami East Tianshan Mountain Famous Scenic Area

🏛 哈密市伊州区天山西路 2 号
No.2 Tianshan West Road, Yizhou District, Hami

✉ 839000

哈密雅尔丹风景旅游区
Hami Yaerdan Scenic Area

🏛 哈密市伊州区五堡乡
Wupu Town, Yizhou District, Hami

✉ 839000

哈密王府景区
Hami King's Palace Scenic Area

🏛 哈密市伊州区环城路 8 号
No.8 Huancheng Road, Yizhou District, Hami

✉ 839000

伊吾胡杨林生态园
Yiwu Diversiform-leaved Poplar Forest Ecological Garden

🏛 哈密市伊吾县
Yiwu County

✉ 839300

巴里坤县古城景区
Balikun County Ancient City Scenic Area

🏛 哈密市巴里坤县城南街榆树巷 5 号
No.5 Yushu Lane, Balikun County

✉ 839200

巴里坤湖景区
Balikun Lake Scenic Area

🏛 哈密市巴里坤县西 18 公里海子沿乡
Haiziyan Town, 18km West of Balikun County

✉ 839200

阿克苏市多浪河景区
Aksu Duolang River Scenic Area

🏛 阿克苏地区阿克苏市西大街
West Street, Aksu

✉ 843000

阿克苏地区文博院（博物馆）
Akesu Area Museum

🏛 阿克苏地区阿克苏市友谊路
Youyi Road, Akesu

✉ 843000

阿克苏天山神木园
Aksu Tianshan Shenmu Park

🏛 阿克苏地区温宿县
Wensu County

✉ 843100

龟兹绿洲生态园
Qiuci Green Island Ecological Garden

🏛 阿克苏地区库车县塔化路东 19 号
N0.19 East of Tahua Road, Kuche County

✉ 842000

库车王府
Kuche Prince's Palace

🏛 阿克苏地区库车县老城林基路街
Linjilujie, Kuche County

✉ 842000

阿克苏天山神秘大峡谷景区
Aksu Tianshan Mysterious Grand Canyon Scenic Area

🏛 阿克苏地区库车县阿格乡
Age Town, Kuche County

✉ 842000

沙雁洲景区
Shayanzhou(Sand Geese Islet) Scenic Area

🏛 阿克苏地区沙雅县盖孜库木乡盖孜库木村
Gaizikumu Village, Gaizikumu Town, Shaya County

✉ 842200

新和县沙漠花海景区
Xinhe County Flower Sea on Desert Scenic Area

🏛 阿克苏地区新和县塔什艾日克乡乔勒潘巴格村
Qiaolepanbage Village, Tashiairike Town, Xinhe County

✉ 842100

康其湿地景区
Kangqi Wetland Scenic Area

🏛 阿克苏地区拜城县康其乡阿热勒村
Arele Village, Kangqi Town, Baicheng County

✉ 842300

沙棘林湿地公园
Sea-buckthorn Forest Wetland Park

阿克苏地区乌什县
Wushi County

843400

乌什燕泉山景区
Wushi Yanquan Mountain Scenic Area

阿克苏地区乌什县城西
West of Wushi County

843400

阿瓦提刀郎部落
Awati Daolang Tribe

阿克苏地区阿瓦提县洋瓦力克镇
Yangwalike Town, Awati County

843200

喀什市艾提尕尔民俗文化旅游区
Kashi Aitige'er Folk Cultural Tourism Area

喀什地区喀什市市中心
Centre of Kashi

844000

南湖旅游度假区
Nanhu（South Lake）Tourism Resort

喀什地区英吉沙县
Yingjisha County

844500

刀郎画乡
Daolang Painting Town

喀什地区麦盖提县库尔库萨尔乡
Kurkusar Town, Maigaiti County

844600

岳普湖县达瓦昆沙漠旅游风景区
Yuepuhu County Dawakun Desert Tourism Area

喀什地区岳普湖县
Yuepuhu County

844400

巴楚县红海湾景区
Bachu County Honghaiwan(Red Sea Bay) Scenic Area

喀什地区巴楚县红海水库
Honghai Reservior, Bachu County

843800

石头城景区
Stone City Scenic Area

喀什地区塔什库尔干县
Taxkorgan County

845250

花儿为什么这样红景区
Why Flowers are so Red Scenic Area

喀什地区塔什库尔干县班迪尔乡坎尔洋村
Kaneryang Village, Bandier Town, Taxkorgan County

845250

和田市团城景区
Hetian Tuancheng Scenic Area

和田地区和田市塔乃依北路
North Tanaiyi Road, Hetian

848000

和田博物馆
Hetian Museum

和田地区和田市昆仑路
Kunlun Road, Hetian

848000

和田乌鲁瓦提风景区
Hetian Wuluwati Scenic Area

和田地区和田县朗如乡
Langru Town, Hetian County

845150

拉里昆国家湿地公园
Lalikun National Wetland Park

和田地区墨玉县雅瓦乡
Yawa Town, Moyu County

848100

墨玉老城景区
Moyu Old City Scenic Area

和田地区墨玉县喀拉喀什路
Kalakashi Road, Moyu County

848100

昌吉杜氏旅游度假村
Changji Dushi Tourism Resort

昌吉州昌吉市六工镇
Liugong Town, Changji

831100

新疆

呼图壁县世纪公园
Hutubi County Century Garden

🏛 昌吉州呼图壁县乌伊路 14 号
No.14 Wuyi Road, Hutubi County

✉ 831200

中华碧玉园
China Green Jade Garden

🏛 昌吉州玛纳斯县玛纳斯镇
Manasi Town, Manasi County

✉ 832200

一万泉旅游度假村
Yiwanquan Tourism Resort

🏛 昌吉州奇台县农六师奇台农场哈拉萨依沟
Halasayi, Qitai Farm, Qitai County

✉ 831800

千佛洞景区
Thousand Buddha Cave Scenic Area

🏛 昌吉州吉木萨尔县
Jimusar County

✉ 831700

北庭故城考古遗址公园
Beiting Ancient City Archaeology Site Park

🏛 昌吉州吉木萨尔县北庭镇
Beiting Town, Jimusar County

✉ 831700

水磨河避暑休闲旅游度假区
Shuimo River Summer Leisure Tourism Resort

🏛 昌吉州木垒县西吉尔镇水磨沟村
Shuimogou Village, Xijier Town, Mulei County

博州怪石峪旅游风景区
Bortala Guaishi Valley Tourism Area

🏛 博尔塔拉州博乐市卡浦牧尕依沟
Kapumuga Valley, Bole

✉ 833400

阿拉山口边境旅游区
Alashankou Border Tourism Area

🏛 博尔塔拉州阿拉山口市
Alashankou

✉ 833400

圣泉景区
Shengquan(Saint Spring) Scenic Area

🏛 博尔塔拉州温泉县
Wenquan County

✉ 833500

天鹅河景区
Swan River Scenic Area

🏛 巴音郭楞州库尔勒市南市区
Nanshi District, Kuerle

✉ 841000

巴州博物馆
Bayin'guoleng Prefecture Museum

🏛 巴音郭楞州库尔勒市石化大道迎宾路口
Yingbin Intersection, Shihua Avenue, Kuerle

✉ 841000

塔里木胡杨林公园
Talimu Diversiform-leaved Poplar Forest Park

🏛 巴音郭楞州轮台县轮南镇
Lunnan Town, Luntai County

✉ 841600

罗布人村寨
Luobu Village

🏛 巴音郭楞州尉犁县墩阔坦乡
Kuotan Township, Weili County

✉ 841500

巩乃斯景区
Gongnaisi Scenic Area

🏛 巴音郭楞州和静县巩乃斯林场
Gongnaisi Forest Center, Hejing County

✉ 841300

和硕县金沙滩旅游度假区
Heshuo County Golden Beach Tourism Resort

🏛 巴音郭楞州和硕县
Heshuo County

✉ 841200

阿克陶县冰川公园
Aketao County Glacier Park

🏛 克孜勒苏柯尔克孜州阿克陶县奥依塔克镇皮拉勒村
Pilale Village, Oyitake Town, Aketao County

✉ 845550

伊犁河景区
Yili River Scenic Area

🏛 伊犁州伊宁市郊 16 公里
10km Suburb of Yining

✉ 835000

伊宁市六星街景区
Yining Liuxing Street Scenic Area

🏛 伊犁州伊宁市黎光街十巷
10th Lane, Liguang Street, Yining

✉ 835000

伊宁县托乎拉苏景区
Yining County Tuohulasu Scenic Area

🏛 伊犁州伊宁县喀拉亚尕奇乡
Kalayagaqi Town, Yining County

✉ 835100

霍城县大西沟福寿山景区
Huocheng County Daxigou Fushou Mountain Scenic Area

🏛 伊犁州霍城县大西沟乡
Daxigou Town, Huocheng County

✉ 835200

惠远古城景区
Huiyuan Ancient Town Tourism Area

🏛 伊犁州霍城县东南 5 公里处
5km Southeast of Huocheng County

✉ 835200

巩留县库尔德宁生态旅游区
Gongliu County Kuerdening Ecological Tourism Area

🏛 伊犁州巩留县
Gongliu County

✉ 835400

巩留县野核桃沟景区
Gongliu County Wild Walnuts Valley Scenic Area

🏛 伊犁州巩留县城东南部
Northeast of Gongliu County

✉ 835400

那拉提国家湿地公园景区
Nalati National Wetland Park Scenic Area

🏛 伊犁州新源县肖尔布拉克镇洪土拜村
Hongtubai Village, Xiaoerbulake Town, Xinyuan County

✉ 835800

西域天马文化园景区
Western Region Tianma Culture Garden Scenic Area

🏛 伊犁州昭苏县
Zhaosu County

✉ 835600

圣佑庙景区
Shengyou Temple Scenic Area

🏛 伊犁州昭苏县
Zhaosu County

✉ 835600

八卦城景区
Bagua City Scenic Area

🏛 伊犁州特克斯县古勒巴格街
Gulebage Street, Tekesi County

✉ 835500

伊犁州湿地古杨风景区
Yili Wetland Ancient Poplar Scenic Area

🏛 伊犁州尼勒克县
Nileke County

✉ 835700

尼勒克县唐布拉景区
Nileke County Tangbula Scenic Area

🏛 伊犁州尼勒克县
Nileke County

✉ 835800

吉林台亲水旅游区
Jilintai Water Loving Tourism Area

🏛 伊犁州尼勒克县
Nileke County

✉ 835800

察布查尔锡伯自治县锡伯民俗风情园
Qapqal Xibe Autonomous County Xibe Folk Customes Park

🏛 伊犁州察布查尔锡伯县孙扎齐牛录乡
Sunzhaqi Niulu Town, Chabuchar Xibo County

✉ 835300

乌苏佛山国家森林公园
Wusu Foshan National Forest Park

🏛 塔城地区乌苏市和平路 9 号
No.9 Heping Road, Wusu

✉ 833000

新疆

沙湾县鹿角湾景区
Shawan County Lujiao Bay Scenic Area

🏛 塔城地区沙湾县城西南 60 公里
   60km Southwest of Shawan County

✉ 832100

巴尔鲁克旅游风景区
Barlook Tourism Area

🏛 塔城地区裕民县
   Yumin County

✉ 824800

布尔津五彩滩景区
Buerjin Colorful Sand Beach Scenic Area

🏛 阿勒泰地区布尔津县也格孜托别乡
   Yegezituobie Township, Buerjin County

✉ 836600

草原石人哈萨克民族文化产业园
Prairie Shiren(Stoneman) Kazakh Nationality Culture Industry Garden

🏛 阿勒泰地区布尔津县阿贡盖提草原
   Agonggaiti Prairie, Buerjin County

✉ 836600

乌伦古湖景区
Wulun Ancient Lake Tourism Area

🏛 阿勒泰地区福海县人民东路 175 号（管理处）
   No.175 East Renmin Road(Management office), Fuhai County

✉ 836400

哈巴河县白桦树景区
Habahe County Birch Forest Scenic Area

🏛 阿勒泰地区哈巴河县团结路
   Tuanjie Road, Habahe County

✉ 836700

青河县三道海子景区
Qinghe County Sandaohaizi Scenic Area

🏛 阿勒泰地区青河县东北部
   Northeast of Qinghe County

草原石城景区
Prairie Stone City Scenic Area

🏛 阿勒泰地区吉木乃县托斯特乡
   Tuosite Town, Jimunai County

新疆生产建设兵团军垦博物馆
Xinjiang Production and Construction Corps Millitry Museum

🏛 石河子市北子午路
   North Ziwu Road, Shihezi

✉ 832000

驼铃梦坡沙漠
Camel Bell & Dream Slope Desert

🏛 石河子市北 110 公里处
   110km North of Shihezi

✉ 832000

石河子市屯恳第一连景区
Shihezi Construction and Cultivation 1st Group Scenic Area

🏛 石河子市二十号小区 249 号
   No.249 Ershihao District, Shihezi

✉ 832002

新疆五家渠青格达湖旅游风景区
Xinjiang Wujiaqu Qinggeda Lake Toueism Area

🏛 五家渠市青湖管理处
   Qinghu Management Office, Wujiaqu

✉ 831300

后记

　　《中国旅游景区纵览》是一部反映我国旅游景区基本信息的资料性图书。该书自 2005 年首版以来（原名《中国旅游景区黄页》《中国旅游景区资讯通览》），至今已出版 12 期，以其信息准确、信息量大、覆盖面广、便于查询的特点，受到业内人士和游客的广泛好评。本书的出版既满足了广大旅游者对旅游景区信息的需要，又为旅游景区及城市的推介提供了良好平台。

　　《中国旅游景区纵览》共有两大模块，其中一个模块为彩页宣传版，分别设置了"时尚文旅目的地""著名旅游金名片"等专版，旨在为旅游城市、旅游景区提供充分展示自身形象和产品的平台，将特色旅游精品推向国际市场，为旅游企业创造新的、更多的商机。

　　第二个模块为文字资料，内容共分两部分，第一部分为旅游景区发展概况，收录业界专家学者多篇综述性文章，为业界提供有价值的参考信息。第二部分为旅游景区基本资讯，收录了全国 31 个省（区、市）高 A 级旅游景区的基本信息。

　　本书旅游景区基本资讯部分按各省、自治区、直辖市顺序编排，以方便读者检索与查找。本书未收录我国港澳台地区的相关资料。另外，由于图书出版时间限制，基本信息截至 2022 年年底，景区等级情况、公交线路情况、景区网址信息等可能有变化，请以景区及当地交通部门的实时信息为准，特此说明。

　　本书在编写过程中，得到了各方的大力支持，在此一并表示感谢！

联系方式：

中国旅游出版社有限公司美丽中国编辑部

地址：北京市朝阳区静安东里 6 号

电话：010-57377171　57377170

联系人：王军、张旭

邮编：100028

中国旅游出版社有限公司

美丽中国编辑部

2023 年 12 月

责任编辑：王　军
责任印制：冯冬青

图书在版编目（ＣＩＰ）数据

中国旅游景区纵览.2023-2024:汉、英/美丽中
国编辑部编.－－北京：中国旅游出版社,2023.12
　ISBN 978-7-5032-7273-8

Ⅰ.①中… Ⅱ.①美… Ⅲ.①旅游区－经济发展－概
况－中国－2023-2024－汉、英 ②旅游区－介绍－中国－
2023-2024－汉、英 Ⅳ.① F592.3 ② K928.70

中国国家版本馆 CIP 数据核字 (2023) 第 254787 号

书　　　名：中国旅游景区纵览.2023-2024

作　　　者：美丽中国编辑部编
出版发行：中国旅游出版社
　　　　　（北京静安东里6号　邮编：100028）
　　　　　https://www.cttp.net.cn　E-mail: cttp@mct.gov.cn
　　　　　营销中心电话：010-57377103、010-57377106
　　　　　读者服务部电话：010-57377107
排　　版：北京中文天地文化艺术有限公司
印　　刷：北京金吉士印刷有限责任公司
版　　次：2023 年 12 月第 1 版　2023 年 12 月第 1 次印刷
开　　本：710 毫米 ×1000 毫米　1/16
印　　张：27.5
字　　数：798 千
定　　价：88.00 元
ISBN　978-7-5032-7273-8